독자의 1초를 아껴주는 정성을 만나보세요!

세상이 아무리 바쁘게 돌아가더라도 책까지 아무렇게나 빨리 만들 수는 없습니다.

인스턴트 식품 같은 책보다 오래 익힌 술이나 장맛이 밴 책을 만들고 싶습니다.

땀 흘리며 일하는 당신을 위해 한 권 한 권 마음을 다해 만들겠습니다.

마지막 페이지에서 만날 새로운 당신을 위해 더 나은 길을 준비하겠습니다.

AWS 교과서

AWS TEXTBOOK

초판 발행 • 2023년 10월 20일
초판 3쇄 발행 • 2024년 10월 14일

지은이 • 김원일, 서종호, 김석필
발행인 • 이종원
발행처 • (주)도서출판 길벗
출판사 등록일 • 1990년 12월 24일
주소 • 서울시 마포구 월드컵로 10길 56(서교동)
대표 전화 • 02)332-0931 | **팩스** • 02)323-0586
홈페이지 • www.gilbut.co.kr | **이메일** • gilbut@gilbut.co.kr

기획 및 책임편집 • 이다빈(dabinlee@gilbut.co.kr) | **디자인** • 이유나(북디자인 서랍) | **제작** • 이준호, 손일순, 이진혁, 김우식
영업마케팅 • 임태호, 전선하, 차명환, 박민영, 지운집, 박성용 | **영업관리** • 김명자 | **독자지원** • 윤정아, 전희수

교정교열 • 김윤지 | **전산편집** • 박진희 | **출력 · 인쇄 · 제본** • 정민 문화사

ISBN 979-11-407-0666-2 93000
(길벗 도서번호 080340)

정가 38,000원

AWS
TEXTBOOK

AWS 교과서

김원일, 서종호, 김석필 지음

길벗

온프레미스로 서비스를 운영하거나 이미 구축되어 있는 클라우드 서비스를 이용하다 보니, 새로운 클라우드 환경으로 서비스를 구축할 때 서비스 개념과 기능을 정확히 이해하지 못하고 있다고 생각해서 베타테스터로 참여했습니다. 〈AWS 교과서〉는 앞서 말했던 고민에 답변이 된 것 같습니다. 클라우드 컴퓨팅이란 무엇인가와 같은 아주 기본적인 개념부터 네트워킹, 스토리지, 데이터베이스 등 서비스를 구성하는 데 필요한 필수 요소들을 중심으로 설명하여 좋았습니다. 또한 개념마다 실습으로 직접 구현해 볼 수 있어 좀 더 빨리 이해할 수 있었습니다. 클라우드 서비스를 도입하려는 사람에게 추천합니다.

이호섭_프런트엔드 개발자

EC2, S3, CF 등 AWS와 관련된 용어를 들어 본 적은 있지만 실무에 적용해 볼 기회가 없었습니다. 이 책으로 각 서비스를 직접 실습해 보면서 개념들을 깊게 파악하고, AWS 구조를 이해할 수 있었습니다. 그렇기에 AWS에 관심이 있거나 클라우드 컴퓨팅을 입문하려는 사람들에게 더할 나위 없이 따라 하면서 보기에 좋은 책이라고 생각합니다. AWS의 복잡한 개념을 빠르게 숙지하고 실무에 적용할 수 있는 기반을 다져 더 나은 개발자로 성장할 수 있을 것입니다.

이호철_신세계아이앤씨

AWS를 모르는 사람도 쉽게 접근할 수 있도록 AWS 구조를 자세하게 설명하고 있어서 왜 그런 구성이 필요한지 쉽게 이해할 수 있었습니다. 단계별로 설명이 잘 되어 있기 때문에 따라 하다 보면 AWS와 관련된 개념을 자연스럽게 익히게 됩니다. 실제 서비스를 제공하는 데 필요한 핵심 개념들도 잘 다루고 있습니다. AWS에 관심이 있거나 도입을 고려하고 있다면 읽기에 매우 좋은 책입니다.

류영표_프리랜서 개발자

AWS를 들어 본 적은 있지만 서비스와 기능이 복잡하여 깊게 알지 못하고 있어 이번 베타테스트에 신청하게 되었습니다. 관련 도서를 여러 권 읽었어도 머릿속에 궁금증만 가득하여 인터넷으로 검색하기 부지기수였는데, 이 책은 찰떡같이 비유를 들어 설명해 주기 때문에 '아, 이게 이 뜻이구나!'라는 깨달음을 얻게 되었습니다. 그러다 보니 AWS에 흥미가 생기기 시작했습니다. 실습 역시 그림과 이미지로 꼼꼼하게 알려 주기 때문에 문제없이 금방 따라 할 수 있었고 지금은 AWS와 많이 친해졌습니다. AWS가 어려워서 도전하지 못했던 모든 사람에게 이 책을 추천합니다.

최설화_웹 개발자

시중에 있는 인프라 입문용 도서를 여러 권 보고 클라우드에 입문하게 되었는데, 기존 책들은 이론만 설명하거나 그림만 있거나 실습이 있어도 깊이가 있지 않았습니다. AWS 입문서에 이렇게까지 실무와 이론이 적절하게 잡힌 책이 있을까 싶습니다. EC2, ELB, RDS, DNS, CDN, IAM, 오토 스케일링 등 인프라에 필요한 이론과 이에 꼭 필요한 실습까지 이 책으로 두 마리 토끼를 모두 잡을 수 있습니다! 이외에도 다양한 클라우드 리소스를 다룰 수 있는 기본 지식을 모두 배울 수 있습니다. 클라우드 입문자부터 AWS 지식을 탄탄히 다지고 싶은 현업 엔지니어까지 읽어 보기를 권합니다.

최치영_클라우드메이트

AWS를 처음 공부했는데, 클라우드 서비스의 개념과 용어가 잘 설명되어 있고 실습 과정이 자세히 나와 있어 쉽게 따라 할 수 있습니다. 불필요한 과금 방지를 위해 실습한 후 꼭 삭제해야 한다는 당부도 여러 번 언급해 주어 저자의 세심함이 잘 느껴졌습니다. AWS와 클라우드 서비스를 공부하고 싶은 사람에게 추천합니다.

진다솜_백엔드 개발자

AWS 클라우드 – 현대 기술 혁명의 중심

여러분은 현대 기술 혁명의 중심에 설 수 있는 축복을 받았습니다. 기업과 조직은 클라우드 컴퓨팅의 도래로 비즈니스를 다시 정의하고 새로운 경험을 제공하며 업계의 경쟁자들을 앞서 나가고 있습니다.

AWS 클라우드의 혁신

AWS 클라우드는 현대 비즈니스에 혁신과 열정을 불어 넣는 데 중요한 역할을 합니다. AWS는 전 세계에서 수백만 명의 활성 고객을 보유하며, 그들에게 비즈니스 운영과 개발 프로세스를 혁신하고 최적화할 기회를 제공합니다. 이를 통해 고객은 자원을 효율적으로 관리하고, 보안을 강화하며, 애플리케이션을 신속하게 개발하고 배포하여 비즈니스 성과를 극대화할 수 있습니다.

AWS 클라우드의 핵심 가치

AWS 클라우드는 다양한 이점을 제공하는데, 주요한 가치와 이점은 다음과 같습니다.

- **탄력성과 확장성**: 자원의 확장과 축소를 신속하게 처리하여 요구 사항에 맞게 조절할 수 있도록 지원
- **보안**: 강력한 보안 기능과 규정 준수를 제공하여 고객의 데이터와 애플리케이션을 안전하게 보호
- **다양한 서비스와 도구**: 200개 이상의 서비스와 다양한 개발 도구를 제공하여 다양한 비즈니스 요구 사항을 지원

이 책의 목표

이 책은 AWS 클라우드를 이해하고 활용하는 데 도움을 주려고 만들었습니다. 우리는 AWS의 핵심 서비스와 개념을 살펴보고, 실제 실습으로 따라 하고 배우는 형식을 취합니다. 이렇게 AWS 클라우드 컴퓨팅을 처음 접하고 관심 있는 사람을 위한 실용적인 가이드로 마치 AWS의 교과서 역할을 하는 것이 목표입니다.

클라우드 서비스는 현대 비즈니스의 중요한 요소 중 하나로 자리 잡았습니다. AWS로 여러분의 기술적 비전을 실현하고 혁신을 추진하세요. 이 책은 여러분을 AWS 클라우드의 환상적인 세계로 안내할 것이며, 클라우드의 무한한 가능성을 탐험하는 데 길잡이 역할을 할 것입니다.

이 책의 특징

이 책은 AWS 주요 서비스들을 각 장에서 다루고 있습니다. 앞부분에서 이론을 설명하고 해당 서비스동작을 이해하기 쉽게 뒷부분은 실습으로 구성하고 있습니다.

입문자도 최대한 실습을 많이 하면서 각 서비스의 핵심 동작을 스스로 익힐 수 있게 구성되어 있으므로 차근차근 따라 하다 보면 AWS의 구조가 어느 정도 익숙해질 것입니다.

마지막으로 이 책이 완성될 때까지 여러모로 도움을 주신 많은 분께 감사 말씀드립니다. 앞으로도 양질의 콘텐츠로 좋은 지식을 공유하는 활동을 꾸준히 진행하겠습니다.

2023년 10월

김원일, 서종호, 김석필

1. 이 책은 본문에 나오는 명령어를 모은 파일을 별도로 제공하고 있습니다. 길벗출판사 웹 사이트(https://www.gilbut.co.kr/)에서 'AWS 교과서'를 입력한 후 자료실에 들어가서 파일을 내려받아주세요. 명령어를 입력할 때 본문과 함께 읽으면서 명령어가 어떤 역할을 하는지 숙지하면서 공부하기 바랍니다.

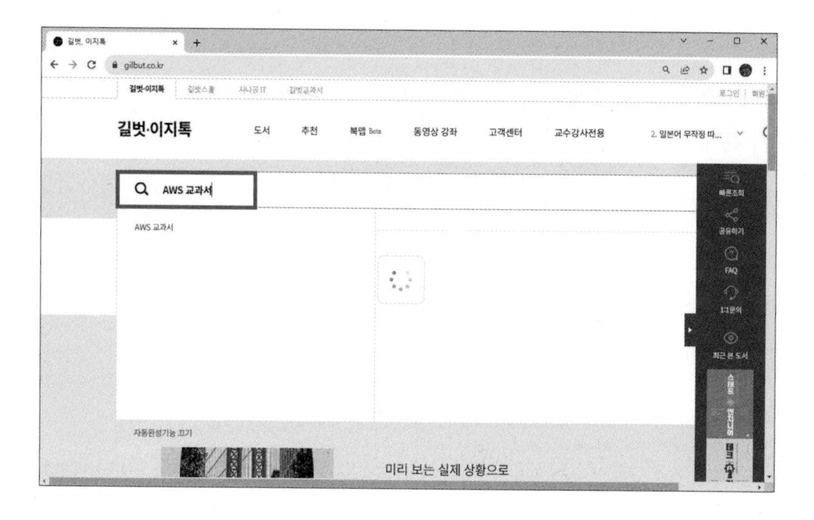

2. 실습 UI 및 AWS와 관련된 이슈는 저자 노션 페이지에서 계속 업데이트할 예정입니다. 가장 최신 버전 설명은 다음 저자 노션 페이지를 참고해 주세요.
   - 저자 노션 페이지: http://bit.ly/awstextbook

3. 이 책은 매 장마다 AWS 실습이 포함되어 있습니다. 실습할 땐 일정 수준의 시간과 용량까지 무료로 쓸 수 있는 플랜을 사용하지만, 과금이 발생할 우려가 있습니다. 과금은 시간과 사용량에 비례하므로 실습이 끝나면 생성된 자원은 바로 삭제해 주세요. 또한 유료 실습이 포함된 장도 있으므로 실습할 때는 이 점에 유의해서 진행해 주세요.

1장 AWS란 ····· 17

2장 AWS 컴퓨팅 서비스 ····· 37

1장

AWS란

1.1 클라우드 컴퓨팅

1.1.1 클라우드 컴퓨팅이란

IT 자원을 구축하는 전통적인 방법에 온프레미스(on-premises) 구축 방법이 있습니다. 프레미스(premise)는 기본, 건물, 토지라는 뜻이므로, 온프레미스는 자체적인 공간과 자원을 이용하여 사용자가 직접 구축 및 운영하는 방식을 의미한다고 볼 수 있습니다. 사용자 입장에서 이런 구축 방식은 모든 것을 수행해야 하기 때문에 부담이 클 수밖에 없으며, 비용 또한 만만치 않습니다.

이런 문제점을 고려하여 효율적으로 IT 자원을 구축하는 방법으로 **클라우드**(cloud) **구축 방법**이 떠오르고 있으며, 많은 비즈니스 환경에서 이 방식을 도입하자는 요구가 있습니다. 클라우드가 '구름'을 뜻한다는 것은 쉽게 알 수 있지만, 과연 IT 영역에서 클라우드는 어떤 의미일까요? 일반적으로 IT 자원 구성도를 그릴 때, 인터넷에 있는 다양한 자원을 구름 형태로 표현하고는 합니다. 이에 클라우드는 구름처럼 눈에 보이지 않는 형태로 집합되어 있는 IT 자원들이라고 생각할 수 있습니다.

클라우드 컴퓨팅은 인터넷을 통해 요구가 있을 때 즉시(온디맨드(on-demand)) IT 자원을 제공하며, 사용한 만큼 비용을 지불하는 서비스입니다. 좀 더 이해하기 쉽게 앞서 설명한 클라우드 단어 의미와 연결하여 생각하면, 인터넷 구간 어딘가에 구름 형태로 쌓여 실제 물리적인 자원은 보이지 않지만 IT 자원을 원하는 대로 가져다 사용할 수 있는 컴퓨팅 서비스를 의미합니다. AWS(Amazon Web Service)와 같은 클라우드 공급자에게 필요에 따라 다양한 IT 자원을 공급받을 수 있습니다.

▼ 그림 1-1 클라우드 컴퓨팅

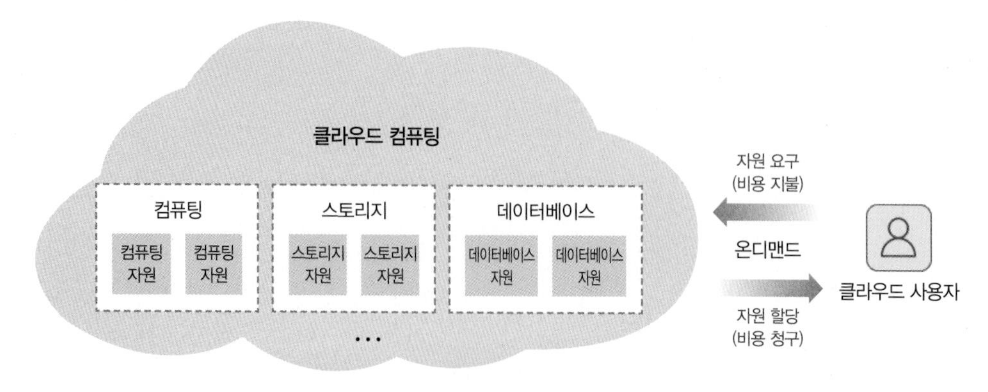

요약

온프레미스와 클라우드 정의

- 온프레미스(on-premises): 사용자 입장에서 공간, 자원 등 모든 것을 자체적으로 구축 및 운영하는 방식
- 클라우드(cloud): 인터넷 구간 어딘가에 눈에 보이지 않는 형태로 구성된 IT 자원 집합
- 클라우드 컴퓨팅(cloud computing): 인터넷을 통해 IT 자원 요구에 따라 사용한 만큼 비용을 지불하는 서비스

1.1.2 클라우드 컴퓨팅 이점

클라우드 컴퓨팅을 활용하여 인프라를 구성하면 어떤 이점이 있을까요? 세 가지 측면에서 클라우드 컴퓨팅 이점을 살펴봅시다.

민첩성

클라우드를 통해 광범위한 기술에 쉽게 접근할 수 있어 거의 모든 것을 빠르고 혁신적으로 구축할 수 있습니다. 컴퓨팅, 스토리지, 데이터베이스 등 인프라 서비스부터 사물 인터넷, 머신 러닝, 빅데이터 분석까지 필요한 자원을 빠르게 구동할 수 있습니다.

탄력성

클라우드 컴퓨팅을 사용하면 기존 온프레미스 환경처럼 향후 비즈니스 확장을 고려한 IT 자원을 사전에 과하게 구성할 필요가 없습니다. 필요한 만큼 자원을 할당받아 사용하면 됩니다. 비즈니스 요구가 가변적인 상황에서 자원을 손쉽게 확장하거나 축소하여 탄력적으로 운영할 수 있습니다.

비용 절감

클라우드 컴퓨팅은 Pay Per Use로, IT 자원을 사용한 만큼 비용을 지불하면 됩니다. IT 자원이나 자원을 구축하는 공간(데이터 센터)에 소요되는 비용을 생각하면 규모에 따라 다르겠지만 클라우드 컴퓨팅 서비스를 사용하는 것이 훨씬 더 비용을 절감할 수 있습니다.

이렇듯 클라우드 컴퓨팅 이점 덕분에 다양한 비즈니스 환경에서 구성되거나 도입을 고려하고 있습니다.

1.1.3 클라우드 컴퓨팅 서비스 유형

최근 IT 영역에서 사용하는 서비스형(as-a-service)이라는 단어에서 여러 분야의 서비스 유형을 분류하는 용어가 많이 파생되고 있습니다. 클라우드 컴퓨팅 서비스도 다음과 같은 유형으로 분류해서 표현하고 있습니다. 클라우드 사용자가 어느 영역까지 관리하는지, 반대로 클라우드 공급자가 어느 영역까지 관리하는지에 따라 유형을 분류합니다.

IaaS

IaaS(Infrastructure as a Service)는 말 그대로 인프라에 대한 클라우드 서비스 유형을 의미합니다. 여기에서 의미하는 인프라에는 서버, 네트워크, 스토리지 등 하드웨어 영역과 가상화 기능이 해당됩니다. 클라우드 공급자는 해당 인프라 영역을 관리하고 서비스를 제공하며, 클라우드 사용자가 나머지 영역을 직접 관리하는 구조입니다.

▼ 그림 1-2 IaaS 관리 범위 구분

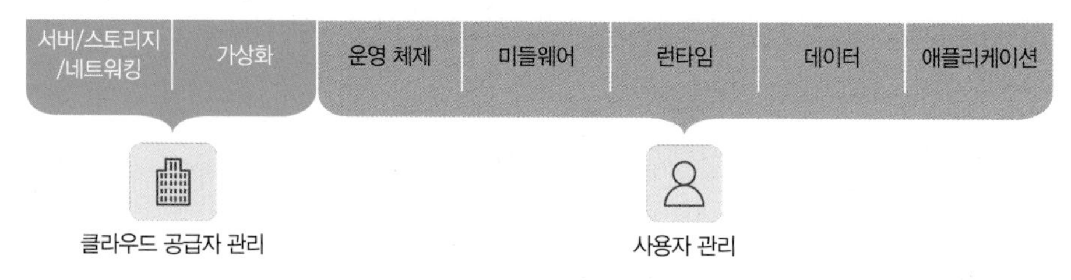

PaaS

PaaS(Platform as a Service)는 플랫폼 형태로 제공되는 클라우드 서비스 유형을 의미합니다. 클라우드 공급자가 자체적으로 구축한 플랫폼을 제공하며, 클라우드 사용자는 별도의 플랫폼을 구축하지 않고 애플리케이션을 개발 및 관리만 하면 됩니다. 즉, 클라우드 사용자는 애플리케이션 영역만 담당하고 나머지는 클라우드 공급자가 관리 및 제공하는 구조입니다.

▼ 그림 1-3 PaaS 관리 범위 구분

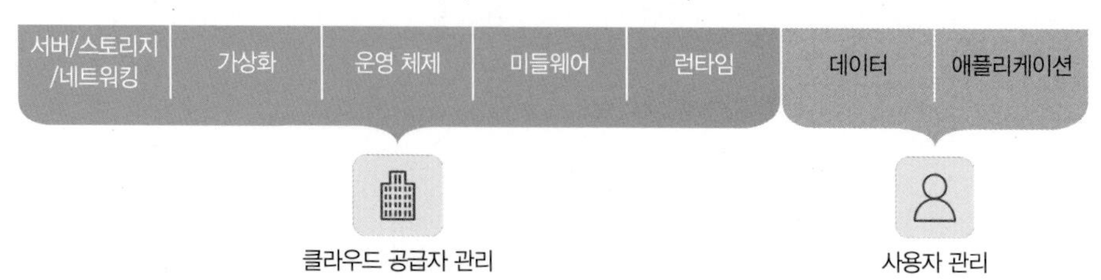

SaaS

SaaS(Software as a Service)는 소프트웨어 영역까지 클라우드 공급자가 관리 및 제공하는 유형을 의미합니다. 클라우드 사용자는 별도의 애플리케이션을 설치하거나 운영할 필요 없이 클라우드 서비스를 제공받을 수 있습니다. 즉, 클라우드 공급자가 모든 것을 제공하고 클라우드 사용자는 서비스만 받는 구조입니다.

▼ 그림 1-4 SaaS 관리 범위 구분

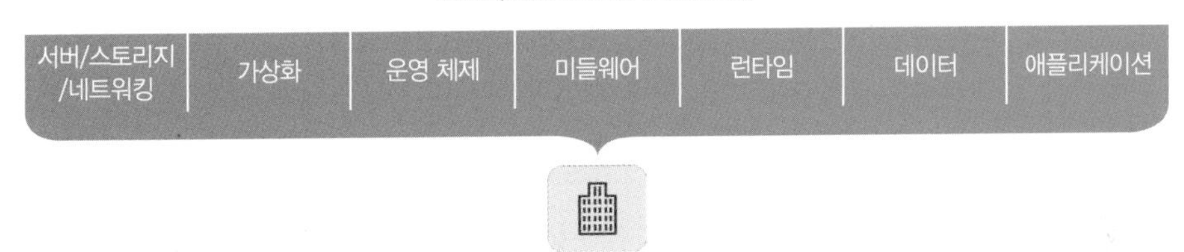

앞서 설명한 클라우드 서비스 유형의 차이를 다음과 같이 음식을 조리하는 방식으로도 표현할 수 있습니다.

먼저 온프레미스가 재료 구매, 손질, 조리 등 모든 것을 집에서 직접 만들어 먹는 방식이라면 IaaS는 마트에서 밀키트 제품을 구입하여 약간의 조리 과정만 직접 수행하는 방식과 같습니다. PaaS는 음식점이라는 플랫폼을 활용하여 음식을 배달시켜 먹는 방식과 같고, SaaS는 출장 뷔페를 불러서 먹는 개념으로 업체가 모든 과정을 알아서 수행하는 방식입니다. 결론적으로 클라우드 사용자와 클라우드 공급자 입장에서 어디까지 관여하는지에 따라 클라우드 서비스 유형을 분류할 수 있습니다.

요약

클라우드 서비스 유형

- IaaS(Infrastructure as a Service): 서버, 네트워크, 스토리지 등 하드웨어 자원을 클라우드 공급자가 제공하는 클라우드 서비스 유형
- PaaS(Platform as a Service): 플랫폼 영역까지 클라우드 공급자가 제공하며, 사용자는 애플리케이션 영역만 관여하는 클라우드 서비스 유형
- SaaS(Software as a Service): 애플리케이션 영역까지 모든 영역을 클라우드 공급자가 제공하는 클라우드 서비스 유형

1.1.4 클라우드 구축 모델

클라우드 서비스를 위한 자원의 소유권, 위치, 주체에 따라 **퍼블릭 클라우드**, **프라이빗 클라우드**, **하이브리드 클라우드** 구축 모델로 분류됩니다.

퍼블릭 클라우드 구축 모델

퍼블릭 클라우드(public cloud)는 일반적으로 사용자가 클라우드 자원을 소유하지 않으며, 자체적인 공간에 위치하지 않고 클라우드 공급자가 서비스를 제공하는 환경입니다. 즉, 퍼블릭 클라우드는 서비스의 주체가 '클라우드 공급자'입니다. 대표적인 퍼블릭 클라우드 공급자에는 아마존 웹 서비스(Amazon Web Service, AWS), 구글 클라우드 플랫폼(Google Cloud Platform, GCP), 마이크로소프트 애저(Microsoft Azure) 등이 있습니다.

퍼블릭 클라우드는 온디맨드(on-demand) 형태로 사용자 요구에 따라 클라우드 공급자에게서 IT 자원을 할당받아 확장성이 우수하며, 여러 국가의 지역에 데이터 센터를 보유하고 있어 글로벌 서비스 제공에도 유리합니다.

프라이빗 클라우드 구축 모델

프라이빗 클라우드(private cloud)는 사용자 전용 클라우드 환경으로, 자원 소유권은 사용자한테 있고 프라이빗 클라우드는 온프레미스 환경에 구축되어 서비스를 받는 환경입니다. 즉, 프라이빗 클라우드는 서비스 주체가 '사용자'입니다. 프라이빗 클라우드는 온프레미스 환경에 구축되어 보안이 우수하지만, 퍼블릭 클라우드보다 서비스 확장성은 떨어집니다.

하이브리드 클라우드 구축 모델

하이브리드 클라우드(hybrid cloud)는 퍼블릭 클라우드와 프라이빗 클라우드의 단점을 보완하려고 등장한 클라우드 모델입니다. 다수의 클라우드 시스템이 혼합되어 있는 형태로, 클라우드 시스템이 서로 연결된 모델입니다.

▼ 그림 1-5 클라우드 구축 모델 비교

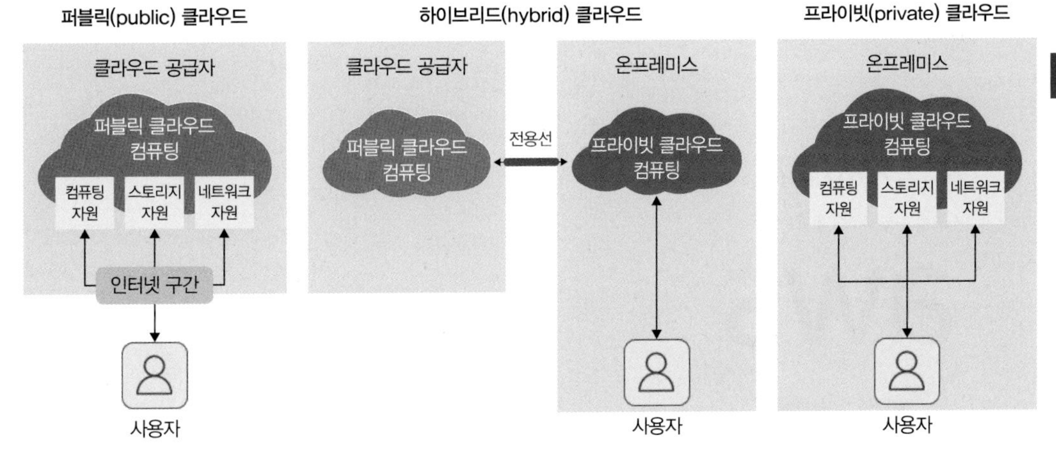

물론 최근에 퍼블릭 클라우드 제공 업체는 사용자의 자체 데이터 센터에서 클라우드 서비스를 구동하기 시작했습니다. 그래서 클라우드 자원의 위치와 소유권으로만 구분하기에는 모호한 측면이 있지만, 일반적인 상황을 기준으로 각 모델별 차이점을 이해하기 바랍니다.

요약

클라우드 구축 모델

- 퍼블릭 클라우드: 클라우드 서비스 공급자에게서 클라우드 자원을 공급받아 서비스하는 모델
- 프라이빗 클라우드: 사용자 자신의 온프레미스 환경에 클라우드 자원을 직접 구축하여 서비스하는 모델
- 하이브리드 클라우드: 퍼블릭 클라우드와 프라이빗 클라우드 모두에 서비스하는 모델

지금까지 클라우드 컴퓨팅을 간략하게 소개했습니다. 이 책에서는 퍼블릭 클라우드 컴퓨팅 서비스 중 하나인 AWS를 알아봅니다.

1.2 AWS 서비스

1.2.1 AWS 소개

▼ 그림 1-6 AWS 로고

AWS는 Amazon 자회사로, 다양한 퍼블릭 클라우드 컴퓨팅 서비스를 제공하고 있습니다. 앞서 설명했듯이, 직접 장비를 구매하거나 임대하지 않고 필요한 만큼 자원을 제공하는 클라우드 컴퓨팅 서비스를 제공합니다. 클라우드 컴퓨팅 서비스가 지속적으로 발전하면서 현재 AWS는 200개 이상의 클라우드 서비스를 제공하며, 광범위한 글로벌 클라우드 인프라를 통해 글로벌 점유율 1위를 기록하고 있습니다.

AWS는 32개의 **리전**(클라우드 서비스를 위해 자원이 모여 있는 물리적 데이터 센터의 지리적 위치)과 102개의 **가용 영역**(리전 내 구성되는 하나 이상의 개별 데이터 센터)을 운영하며, 글로벌 클라우드 인프라를 제공합니다(2023년 12월 기준).

참고로 우리나라에는 서울 리전과 네 개의 가용 영역이 있습니다.

▼ 그림 1-7 AWS 글로벌 클라우드 인프라

▼ 그림 1-8 리전과 가용 영역

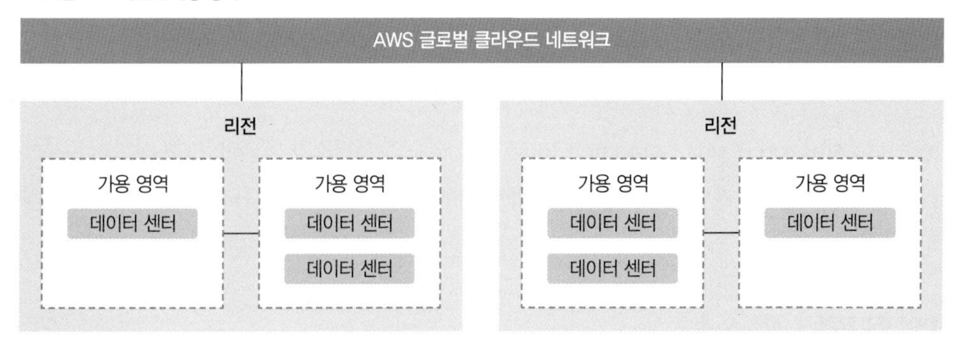

요약

리전과 가용 영역

- 리전(region): 데이터 센터가 집합된 물리적 위치(지역)
- 가용 영역(availability zone): 리전 내 구성된 하나 이상의 개별 데이터 센터

1.2.2 AWS 서비스 라인업

AWS는 컴퓨팅, 스토리지, 데이터베이스 등 인프라 서비스부터 사물 인터넷, 머신 러닝, 빅데이터 분석까지 클라우드 기반의 다양한 서비스가 존재하며, 지속적으로 서비스를 개선하고 신규 서비스를 라인업하고 있습니다. 이 책에서 다루고자 하는 주요 AWS 서비스 위주로 살펴보겠습니다.

▼ 그림 1-9 AWS 서비스 대분류

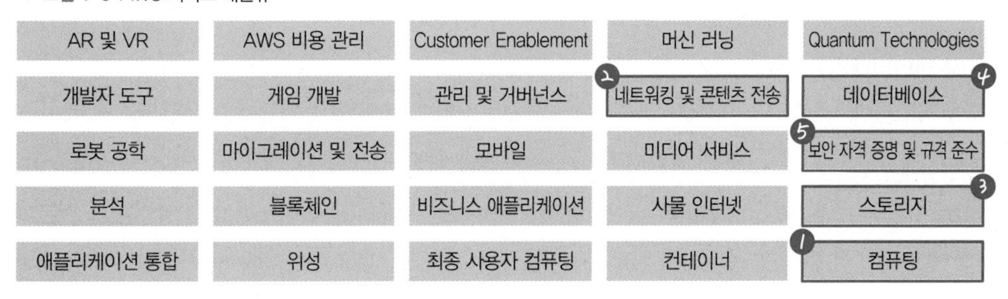

앞의 그림과 같이 AWS는 'AR 및 VR'부터 '컴퓨팅'까지 현 시점에서 크게 총 25개로 나뉘어 있으며, 각 분류별로 200개 이상의 세부 서비스가 있습니다. 이 책에서는 우리가 궁극적으로 구성하고자 하는 클라우드 기반의 웹 서비스에 필요한 '컴퓨팅', '네트워킹', '스토리지', '데이터베이스', '보안 자격'을 간략히 알아보겠습니다.

AWS 컴퓨팅

AWS 컴퓨팅은 퍼블릭 클라우드의 서버 자원에 대해 가상 머신을 생성하고, 비용 및 용량을 관리할 수 있는 서비스들로 구성되어 있습니다.

대표적으로 Amazon Elastic Compute Cloud(Amazon EC2) 서비스가 있으며, EC2 서비스 덕분에 클라우드에서 안전하고 가변성이 보장되는 컴퓨팅 자원을 제공받을 수 있습니다. '2장 AWS 컴퓨팅 서비스', '9장 AWS 오토 스케일링 서비스'에서 자세한 설명과 함께 실습을 진행할 예정입니다.

AWS 네트워킹 및 콘텐츠 전송

AWS 네트워킹 및 콘텐츠 전송은 퍼블릭 클라우드에 생성한 다양한 자원으로 내·외부 통신을 하는 네트워크 서비스들로 구성되어 있습니다.

대표적 서비스로 Amazon Virtual Private Cloud(VPC), Amazon CloudFront, Amazon Route53 등이 있으며, 해당 서비스로 생성된 클라우드 자원의 통신 환경을 구성할 수 있습니다. '3장 AWS 네트워킹 서비스', '4장 AWS 부하분산 서비스', '7장 AWS 고급 네트워킹 서비스'에서 자세한 설명과 함께 실습을 진행할 예정입니다.

AWS 스토리지

AWS 스토리지는 퍼블릭 클라우드에 안정적이고 확장성이 높은 스토리지 서비스들로 구성되어 있습니다. 대표적 서비스로 Amazon Simple Storage Service(S3), Amazon Elastic File System(EFS), Amazon Elastic Block Store(EBS) 등이 있으며, 해당 서비스 덕분에 클라우드에서 빠르고 안정적으로 데이터를 저장할 수 있습니다. '5장 AWS 스토리지 서비스'에서 자세한 설명과 함께 실습을 진행할 예정입니다.

AWS 데이터베이스

AWS 데이터베이스는 데이터베이스 목적과 용도에 따라 퍼블릭 클라우드에 다양한 데이터베이스 엔진을 제공하여 완전 관리형 데이터베이스 서비스를 하고 있습니다. 대표적 서비스로 Amazon Relational Database Service(RDS), Amazon Aurora, Amazon DynamoDB 등이 있으며, 데이터베이스 유형에 따라 선택해서 사용할 수 있습니다. '6장 AWS 데이터베이스 서비스'에서 자세한 설명과 함께 실습을 진행할 예정입니다.

AWS 보안 자격 증명 및 규격 준수

AWS 보안 자격 증명 및 규격 준수는 퍼블릭 클라우드 자원과 사용자 자격 증명 및 접근 관리, 데이터 · 네트워크 · 애플리케이션 보호와 위협 탐지 및 모니터링을 위한 다양한 서비스로 구성되어 있습니다. 대표적인 자격 증명 및 접근 관리 서비스로 AWS Identity & Access Management(IAM)가 있으며, 서비스 및 자원에 대한 안전한 접근 관리를 제공합니다. '8장 AWS IAM 서비스'에서 자세한 설명과 함께 실습을 진행할 예정입니다.

1.2.3 AWS 과금 체계

AWS는 Pay Per Use로, IT 자원을 사용한 만큼 비용을 지불하는 형태로 서비스를 제공합니다. 물론 무료 서비스도 있지만, AWS 서비스 과금은 서비스마다 책정하는 방식과 기준이 다릅니다. 클라우드 서비스를 도입하기에 앞서 비용 검토가 선행되어야 하고 필요 자원을 산정해야 합니다. 항상 과금은 시간과 사용량에 비례하여 사용한 만큼 부여한다는 점을 유의해야 합니다.

이 책의 실습은 AWS를 학습하는 형식으로 구성되어 있습니다. 이에 따라 과금이 발생할 우려가 있습니다. 다행히 AWS는 처음으로 회원 가입을 한 경우 12개월간 프리 티어(free-tier)라는 플랜으로 과금을 부여합니다. 일정 수준의 시간과 용량까지 무료로 사용할 수 있는 과금 정책으로, 실습에 필요한 서비스 정도는 충분히 프리 티어로 사용할 수 있습니다. 다만 일부 실습은 비용이 발생하는 서비스가 필요한 경우가 있습니다. 과금은 시간과 사용량에 비례하므로 실습이 끝나면 생성된 자원을 바로 삭제하는 것이 좋습니다.

자세한 프리 티어 관련 정책은 https://aws.amazon.com/ko/free/를 참고하기 바랍니다.

AWS TEXTBOOK

1.3 실습 AWS 가입하기 – 프리 티어

실습 목표

앞으로 진행할 실습을 위해 AWS에 가입하고 관리 콘솔에 로그인하여 간단히 콘솔 구성을 확인해봅니다.

실습 단계

1. AWS 웹 사이트에 접속하여 가입하고 계정을 생성합니다.
2. AWS 관리 콘솔을 둘러봅니다.

1.3.1 AWS 계정 생성하기

이 책에서 진행하는 AWS 클라우드 컴퓨팅을 실습하기 위한 첫걸음으로 AWS 웹 사이트에 접속하여 계정을 생성해 보겠습니다.

1. 인터넷 웹 브라우저를 실행한 후 https://aws.amazon.com/ko/에 접속합니다. 오른쪽 위에 있는 **AWS 계정 생성**을 누릅니다.

▼ 그림 1-10 AWS 웹 사이트 접속

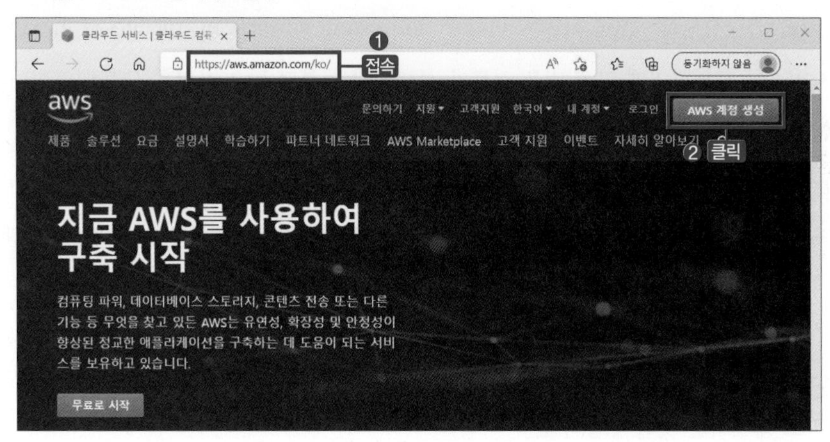

2. 이메일 주소와 계정 이름을 입력하고 **이메일 주소 확인**을 누릅니다.

▼ 그림 1-11 이메일 주소와 AWS 계정 이름 입력

3. AWS에서 이메일 주소를 확인하려고 확인 코드 여섯 자리를 발송합니다. 확인 코드에 여섯 자리 코드를 입력한 후 **확인**을 누릅니다.

▼ 그림 1-12 확인 코드 입력

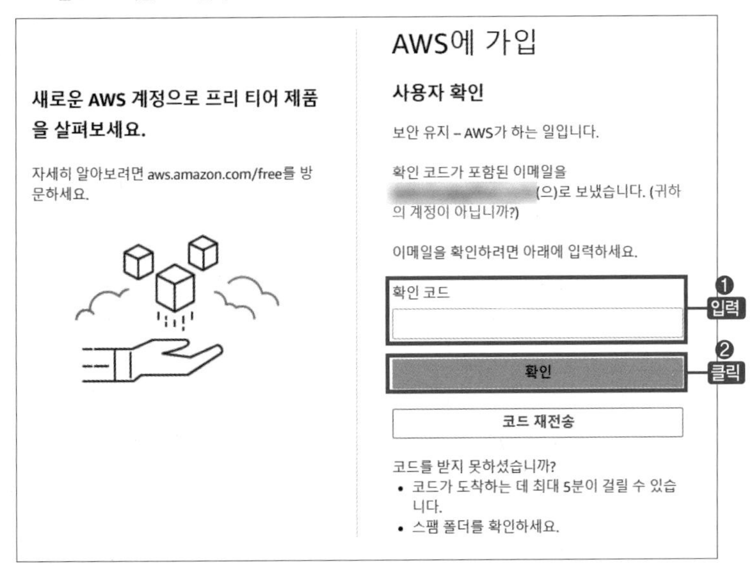

4. 암호를 생성하기 위해 기준에 부합하게 루트 사용자 암호를 입력하고, 다시 입력하여 암호를 제대로 입력했는지 확인합니다. 이후 **계속(1/5단계)**을 누릅니다.

▼ 그림 1-13 AWS 암호 생성

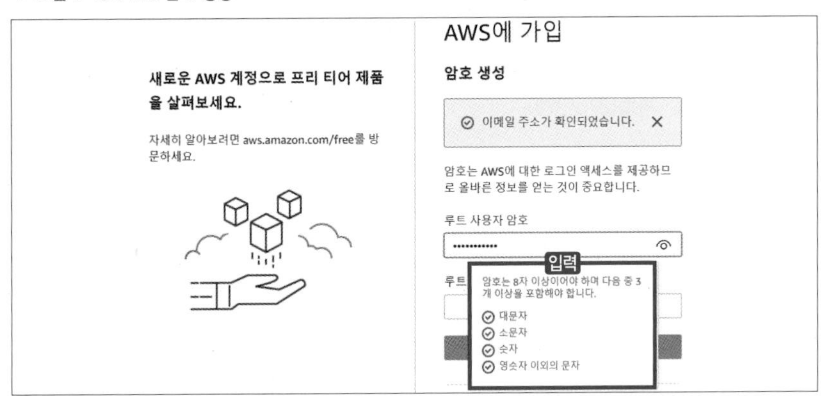

5. 간단한 개인 정보를 영문으로 입력해야 합니다. 전체 이름, 전화번호, 국가 또는 리전, 주소, 우편 번호 등을 입력한 후 개인 정보 수집에 동의하고 **계속(2/5단계)**을 누릅니다.

▼ 그림 1-14 개인 정보 입력

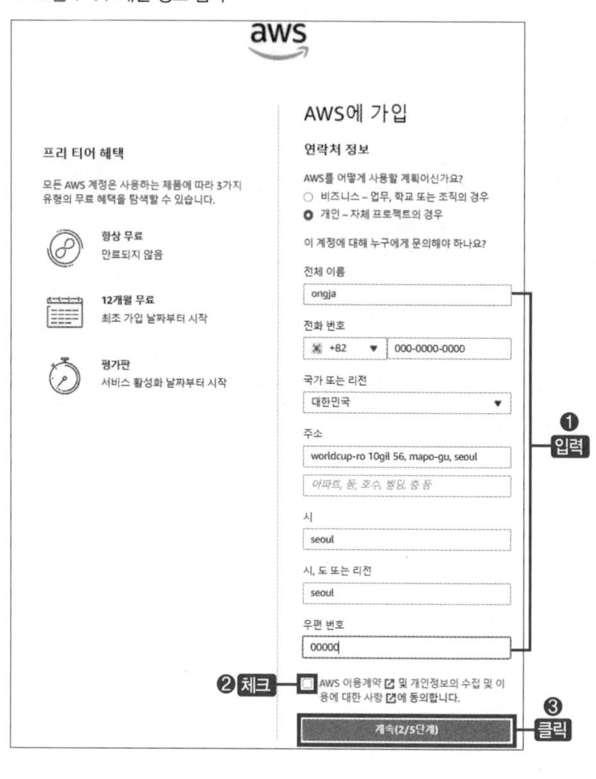

6. 다음은 결제 정보를 입력하는 단계로, AWS에 최초로 가입할 경우 1년간 프리 티어 정책을 따르며 무료이거나 소량의 금액이 발생할 수 있습니다. 정보를 입력한 후 **확인 및 계속(3/5단계)**을 누릅니다. 이때 새로운 웹 페이지로 전환되는데, 여기에서 신용 카드 추가 정보와 생년월일을 입력한 후 **다음**을 클릭합니다. 이때 결제 확인을 위해 100원이 결제된 후 바로 결제 취소되니 참고하기 바랍니다.

▼ 그림 1-15 결제 정보 입력

7. AWS 계정을 사용하려면 전화번호 확인을 거치는 자격 증명이 필요합니다. 국가 코드를 선택한 후 휴대 전화번호를 입력하고, 보안 검사를 위한 캡차(capcha) 정보를 입력한 후 **SMS 전송(4/5단계)**을 누릅니다.

▼ 그림 1-16 AWS 자격 증명 확인

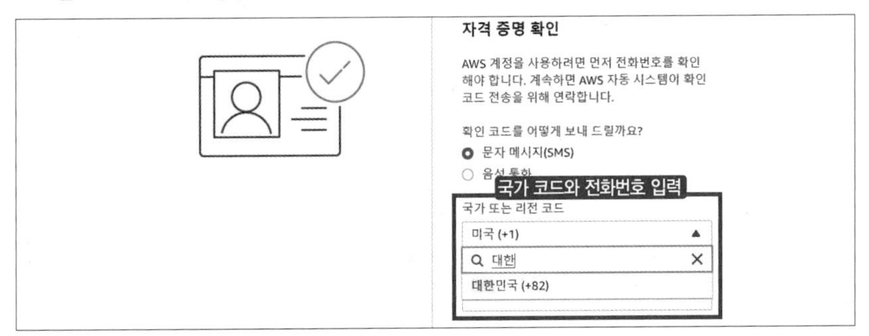

등록한 휴대 전화로 발송된 문자 메시지를 확인하여 코드 번호를 입력하고 **계속(4/5단계)**을 누릅니다.

8. 그다음 단계에서는 AWS 가입을 위한 서포트 플랜을 선택해야 합니다. 이 책에서 수행하는 실습 수준인 **기본 지원 – 무료**에 해당하는 프리 티어 정책의 서포트 플랜을 선택하고 **가입 완료**를 누릅니다.

▼ 그림 1-17 AWS 서포트 플랜 선택

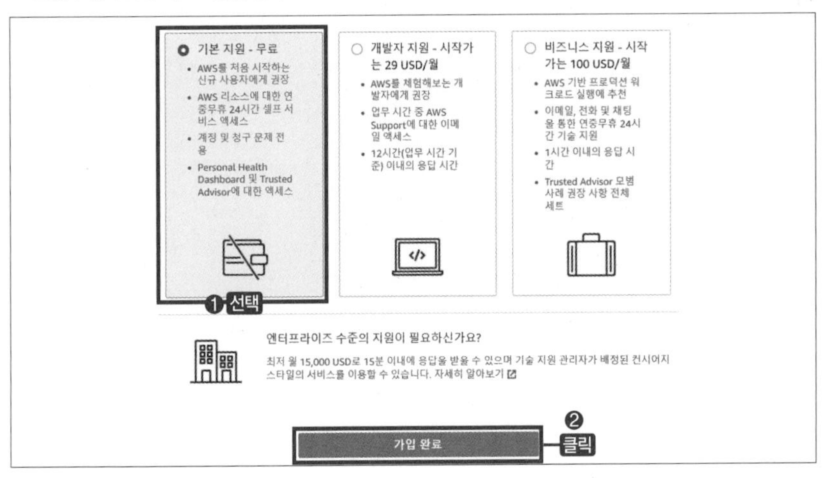

AWS 가입이 완료되었습니다. AWS 클라우드 컴퓨팅을 위한 첫걸음을 떼었습니다. 축하합니다. 잠시 기쁨을 만끽하고, 다음 단계를 위해 아래쪽에 있는 **AWS Management Console로 이동**을 누릅니다.

1.3.2 AWS 관리 콘솔 둘러보기

AWS 클라우드 컴퓨팅 서비스의 자원을 관리하는 방법은 크게 세 가지가 있습니다. 첫 번째는 AWS 관리 콘솔(management console)을 이용한 방법으로, 웹 기반으로 손쉽게 AWS 클라우드 자원을 관리할 수 있습니다. 두 번째는 AWS CLI(Command Line Interface)를 이용한 방법으로, 셸 프로그램을 사용한 명령어 기반으로 AWS 클라우드 자원을 관리할 수 있습니다. 마지막은 AWS IaC(Infrastructure as Code)로, 코드 기반으로 AWS 클라우드 자원을 관리할 수 있습니다.

이 책에서는 AWS 클라우드 자원을 관리하는 방법 중 첫 번째로 소개한 AWS 관리 콘솔을 이용한 방법으로 AWS 클라우드 자원을 관리할 것입니다. 그러면 AWS 관리 콘솔은 어떻게 구성되어 있는지 살펴보겠습니다.

1. 바로 앞에서 했던 **AWS Management Console로 이동**을 누르면 다음과 같이 로그인 페이지가 보입니다. 로그인 유형에서 **루트 사용자**를 선택한 후 가입한 이메일 주소를 입력하고 **다음**을 누르세요.

▼ 그림 1-18 AWS 로그인 페이지

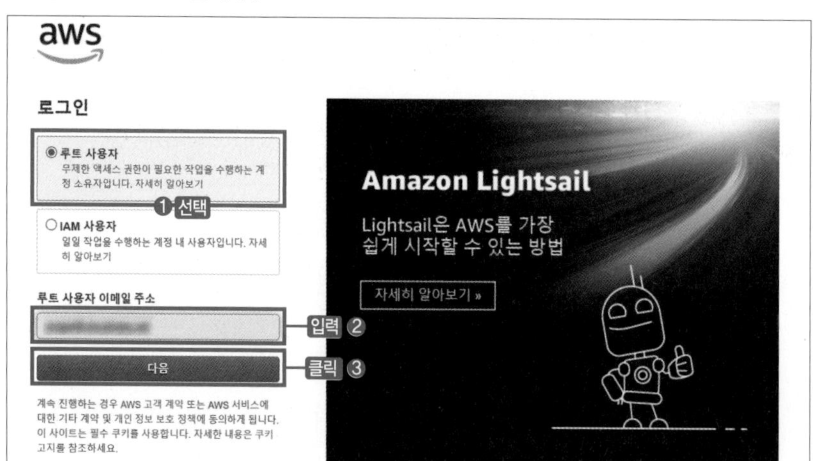

보안 증명을 위한 캡차 정보와 생성한 암호를 입력하고 **로그인**을 누릅니다. 참고로 로그인 유형 중 IAM 사용자는 '8장 AWS IAM 서비스'에서 다룰 예정입니다.

2. 정상적으로 로그인하면 다음 그림과 같이 AWS 관리 콘솔 홈에 접근할 수 있습니다.

▼ 그림 1-19 AWS 관리 콘솔 - 홈

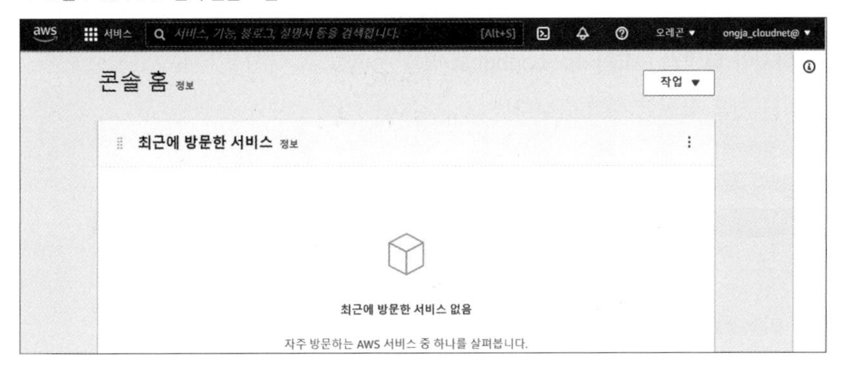

3. 왼쪽 위에서 **서비스** 메뉴를 선택하면 AWS에서 제공하는 다양한 서비스를 볼 수 있습니다. 왼쪽에는 AWS 서비스 대분류가 나열되어 있으며, 대분류 중 하나를 선택하면 오른쪽에 하위 서비스가 나타납니다. 원하는 서비스를 선택하여 해당 서비스 관리 페이지로 진입할 수 있습니다. 이 장에서는 AWS 관리 콘솔 구조를 살펴보는 정도면 충분하니 간단히 확인만 하기 바랍니다.

▼ 그림 1-20 AWS 관리 콘솔 - 서비스

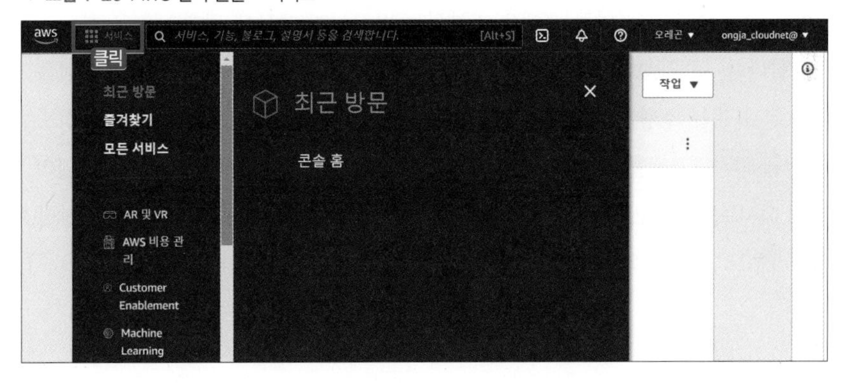

이번에는 리전을 살펴봅시다.

AWS 클라우드 자원은 리전별로 분리되어 관리됩니다. 예를 들어 서울 리전에 생성한 AWS 클라우드 자원은 서울 리전에만 국한되며, 다른 리전에는 해당 자원이 존재하지 않습니다. 그런 면에서 AWS 클라우드 자원을 생성할 때 항상 어느 리전에 위치하고 있는지 확인해야 합니다.

4. 다음 그림과 같이 오른쪽 위를 확인해 보면 오레곤 리전에 위치하고 있는 것을 알 수 있습니다. 리전을 변경하고 싶다면 해당 **오레곤** 리전을 클릭합니다. AWS에서 제공하는 다수의 리전이 나타납니다. 앞으로 진행할 실습은 별도의 상황이 발생하지 않는 한 서울 리전에서 진행할 것입니다. **아시아 태평양 (서울) ap-northeast-2**를 선택한 후 다시 오른쪽 위를 보면 서울 리전으로 변경된 것을 확인할 수 있습니다.

▼ 그림 1-21 AWS 관리 콘솔 – 리전

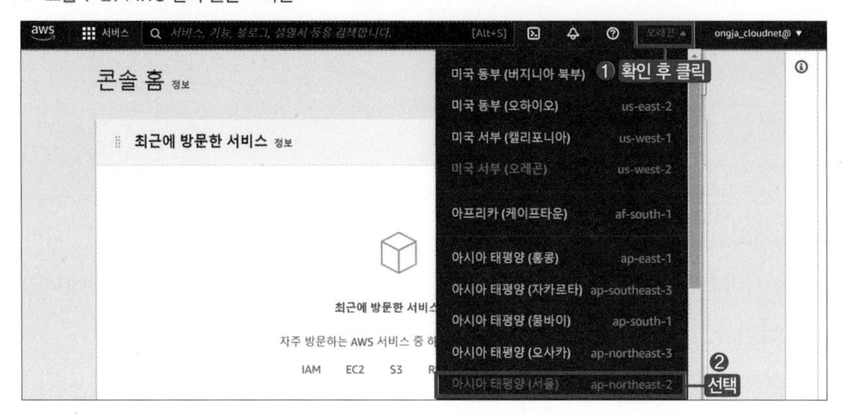

다음은 결제 대시보드를 살펴보겠습니다.

AWS는 클라우드 자원을 사용한 만큼 금액을 지불하는 방식이기 때문에 결제 내역을 항상 확인하는 습관이 중요합니다. 물론 AWS에 최초로 가입한 경우 프리 티어 플랜에 따라 많은 자원을 사용하지 않는 이상 무료 또는 소량의 과금이 발생할 수 있어 과금에 대한 불안 요소가 어느 정도 해소됩니다. 하지만 클라우드 자원을 사용하고 나서 실수로 반환하지 않으면 의도하지 않은 과금이 발생할 수 있어 결제 대시보드를 확인하는 것은 매우 중요합니다. 이 책에서 실습을 진행할 때 항상 마지막 단계에서 클라우드 자원을 회수하도록 언급하니 본문대로 잘 따라오면 큰 무리는 없습니다.

5. AWS 관리 콘솔 오른쪽 위를 보면 자신의 AWS 계정 이름을 확인할 수 있습니다. 해당 계정 이름을 클릭하면 몇 가지 메뉴가 출력되는데, 이 중 **결제 대시보드** 메뉴를 선택합니다.

▼ 그림 1-22 AWS 관리 콘솔 – 결제 대시보드

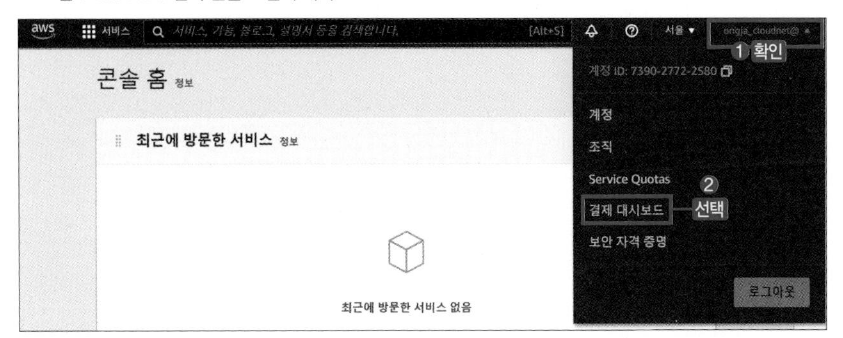

해당 AWS 결제 대시보드 페이지에서 결제 내역을 확인할 수 있습니다. 현재는 아무런 데이터가 없을 것입니다. 앞의 그림에서 왼쪽 위의 **AWS 스마일 로고**를 클릭하면 다시 AWS 콘솔 홈으로 이동합니다. AWS 계정 이름을 선택하면 맨 아래쪽에 **로그아웃**이 보이는데, 이 버튼을 누르면 AWS 관리 콘솔에서 로그아웃할 수 있습니다.

이 장 실습은 AWS 클라우드 컴퓨팅 서비스의 첫걸음으로, AWS 계정 가입과 AWS 관리 콘솔을 간단히 둘러보았습니다. 눈에 익는 정도로만 살펴보면 되고, 2장부터 본격적으로 진행되는 실습에서 AWS 관리 콘솔을 자주 볼 수 있을 것입니다.

2장

AWS 컴퓨팅 서비스

2.1 AWS 컴퓨팅 서비스

2.1.1 컴퓨팅 정의

컴퓨트(compute) 용어의 사전적 정의는 '계산하다', '답을 구하다', '추정하다'입니다. 어떤 것에 대해 계산하여 답을 구하고 추정하는 행위를 **컴퓨팅**(computing)이라고 볼 수 있습니다. 이런 컴퓨팅을 전문적으로 수행하기 위해 인간이 아닌 컴퓨팅을 목적으로 하는 특화된 장비(device)들이 있는데, 서버(server)가 대표적입니다. 참고로 서버는 특수성과 전문성을 위해 일반적인 컴퓨터에 비해 높은 사양이 요구되는 고성능 컴퓨팅 자원입니다. 이런 서버 자원은 온프레미스 형태로 구축해서 사용할 수도 있지만, 퍼블릭 클라우드 환경에서 컴퓨팅 자원을 제공받아 가상 서버를 구성하여 손쉽게 워크로드(workload)를 수행할 수 있습니다.

2.1.2 AWS 컴퓨팅 서비스

AWS 컴퓨팅 서비스는 퍼블릭 클라우드에서 컴퓨팅 자원을 활용하여 다양한 워크로드를 수행할 수 있는 서비스입니다. 우리는 컴퓨팅 자원을 사용할 수 있는 비용만 지불하면 수분 내로 가상의 서버 자원을 생성하고 관리할 수 있습니다. AWS는 다양한 형식의 컴퓨팅 서비스를 제공하는데, 다음 그림은 AWS 컴퓨팅의 대표적인 서비스입니다.

▼ 그림 2-1 AWS 컴퓨팅 주요 서비스

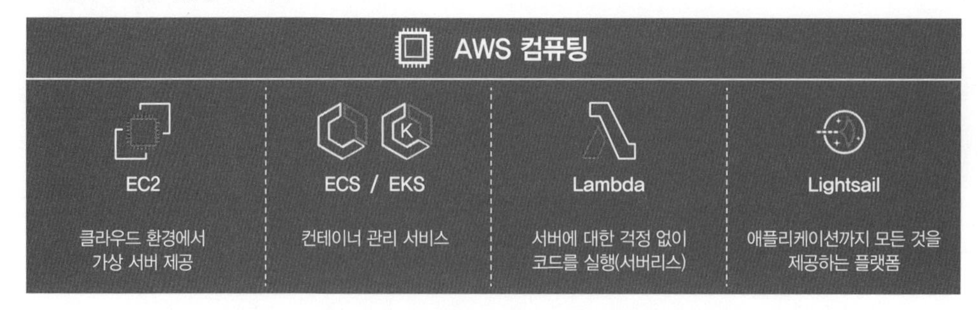

- EC2(Elastic Compute Cloud): 클라우드 환경에서 서버 자원을 인스턴스(instance)라는 가상 머신(Virtual Machine, VM) 형태로 제공하는 가장 기본적인 AWS 컴퓨팅 서비스

- **ECS**(Elastic Container Service): EC2 기반 관리형 클러스터에서 실행되는 컨테이너 형태의 자원에 대해 배포, 스케줄링(scheduling), 스케일링(scaling) 등을 관리하는 서비스
- **Lambda**: 서버리스(serverless) 컴퓨팅 서비스로, 서버리스라는 말 그대로 별도의 서버 설정이 없는 환경을 제공하여 코드만 실행해 주는 서비스
- **Lightsail**: 독립적인 환경을 제공하며, 최소한의 설정만으로도 손쉽게 사용 가능한 컴퓨팅 서비스

앞서 설명했듯이, AWS는 다양한 컴퓨팅 서비스를 제공하며 비즈니스 환경과 워크로드 형태에 따라 적절한 컴퓨팅 서비스를 선택하고 사용할 수 있습니다.

책에서는 Amazon EC2 서비스를 중점적으로 설명하고 실습을 진행합니다.

2.2 Amazon EC2 소개

Amazon EC2(Amazon Elastic Compute Cloud)는 AWS의 퍼블릭 클라우드 환경에서 확장 가능한 컴퓨팅 자원을 제공하여 가상의 서버를 운영할 수 있는 서비스입니다.

AWS의 서비스나 기능들의 용어를 살펴보다 보면 Elastic이라는 단어가 빈번하게 나옵니다. 여기에서 Elastic은 '탄력적인'이라는 뜻이며, 컴퓨팅 자원에 대해 원하는 만큼 확장하거나 축소하여 유연하게 사용할 수 있는 개념으로 이해하면 됩니다.

▼ 그림 2-2 Amazon EC2 아이콘 및 주요 제공 기능

- 운영 체제: 리눅스, 윈도우, macOS
- CPU 옵션: Arm, x86
- 다양한 인스턴스 유형 제공: 범용 및 워크로드에 맞게 최적화 가능
- 구매 옵션: 온디맨드, 예약 인스턴스, 스팟 인스턴스 등

Amazon EC2는 인스턴스라는 가상 컴퓨팅 환경을 기반으로 하며, **AMI**(Amazon Machine Image)를 이용하여 인스턴스에 필요한 소프트웨어 정보를 정의합니다. 이렇게 Amazon EC2 인스턴스는 사용자가 요구하는 CPU, 메모리, 디스크, 운영 체제, 소프트웨어 등을 제공하여 워크로드에 맞는

최적화된 가상의 서버를 생성하고 관리할 수 있습니다. 그럼 Amazon EC2의 주요 기능들을 자세히 살펴봅시다.

2.2.1 Amazon EC2 인스턴스

Amazon EC2 인스턴스는 가상의 컴퓨팅 환경으로 CPU, 메모리, 스토리지, 네트워킹 용량을 결정하는 다양한 인스턴스 유형을 제공합니다. 인스턴스가 '실행 중인 임의의 프로세스'로 해석된다는 점과 클라우드 컴퓨팅이 '가상의 환경에서 필요한 자원을 임대해서 사용한다'는 점이 서로 일맥상통합니다. 즉, 클라우드 환경에서 컴퓨팅 자원을 필요한 만큼 사용하고, 쓰임을 다하면 자원을 반납하는 형태로 임의로 구성된 인스턴스라고 할 수 있습니다.

인스턴스 유형

Amazon EC2는 500개가 넘는 인스턴스 유형을 제공하여 사용자 목적과 비즈니스 환경에 맞게 최적화된 선택을 할 수 있습니다.

▼ 그림 2-3 Amazon EC2 인스턴스 유형 및 구조

범용: 균형 있는 컴퓨팅 자원을 제공

Mac	T4g	T3	T3a	T2	M6g	M6i	M6a	M5	M5a	M5n	M5zn	M4	A1

컴퓨팅 최적화: 고성능 프로세서를 활용하는 컴퓨팅 집약적인 애플리케이션에 적합

C7g	C6g	C6gn	C6i	C6a	Hpc6a	C5	C5a	C5n	C4				

메모리 최적화: 메모리에서 대규모 데이터를 처리하는 워크로드에 적합

R6g	R6i	R5	R5a	R5b	R5n	R4	X2gd	X2idn	X2iedn	X2iezn	X1ezn	X1	z1d

가속화된 컴퓨팅: GPU 기반의 고성능 컴퓨팅이 실행되는 환경에 적합

P4	P3	P2	DL1	Trn1	Inf1	G5	G5g	G4dn	G4ad	G3	F1	VT1	

스토리지 최적화: 로컬 디스크에 매우 큰 데이터의 액세스를 요구하는 워크로드에 적합

Im4gn	Is4gen	I4i	I3	I3en	D2	D3	D3en	H1					

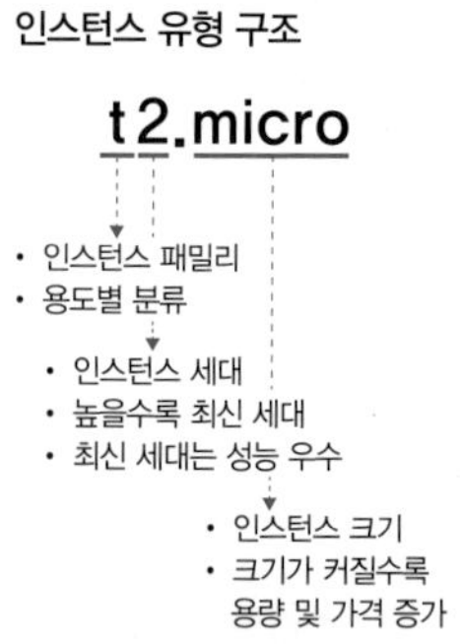

인스턴스 유형 구조

t2.micro

- 인스턴스 패밀리
- 용도별 분류

- 인스턴스 세대
- 높을수록 최신 세대
- 최신 세대는 성능 우수

- 인스턴스 크기
- 크기가 커질수록 용량 및 가격 증가

앞의 그림과 같이 인스턴스 유형은 크게 범용, 컴퓨팅 최적화, 메모리 최적화, 가속화된 컴퓨팅, 스토리지 최적화로 사용자 용도에 맞추어 분류됩니다. 각 인스턴스 유형별로 명칭을 부여해서 CPU, 메모리, 네트워크 등 자원을 정의합니다.

Note ≡ https://aws.amazon.com/ko/ec2/instance-types/에서 인스턴스 유형별 자원을 상세히 확인해 볼 수 있습니다.

현재 AWS 프리 티어 정책은 1년간 매달 750시간의 EC2 인스턴스 무료 서비스를 제공합니다. 단 모든 인스턴스 유형에 해당하지 않으며 t2.micro 인스턴스 유형만 해당합니다. 책에서 진행할 실습의 EC2 인스턴스 유형은 프리 티어 정책에서 무료로 제공하는 't2.micro 인스턴스'를 사용할 예정이니 참고해 주세요.

인스턴스 상태

인스턴스 상태는 일반적으로 일곱 가지로 분류할 수 있으며, 어떤 행위에 최종적으로 도달하는 상태와 진행 과정에 따른 상태로 나눌 수 있습니다. 최종적으로 도달하는 상태는 '실행 중(running)', '중지됨(stopped)', '종료됨(terminated)' 상태이며, 진행 과정에 따른 상태는 '대기 중(pending)', '중지 중(stopping)', '재부팅(rebooting)', '종료 중(shutting-down)' 상태입니다. 다음 그림에서 인스턴스 수명 주기에 따른 상태 정보를 살펴봅시다.

▼ 그림 2-4 Amazon EC2 인스턴스 수명 주기

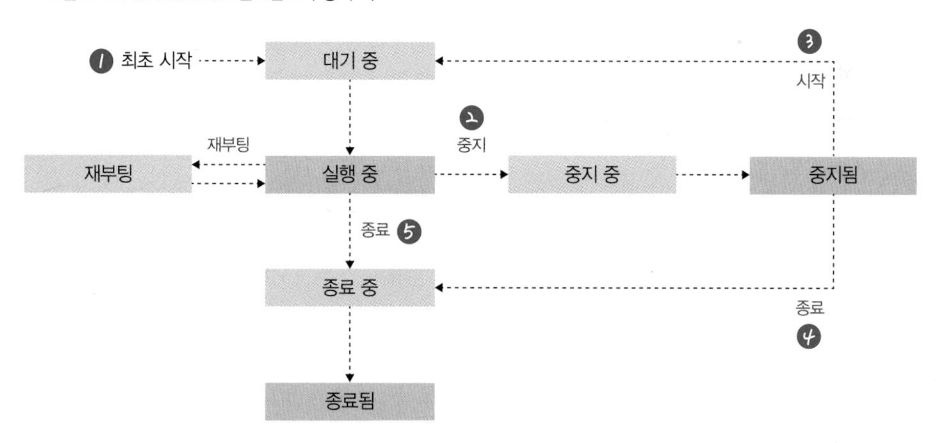

인스턴스 상태 변화에 따른 동작 흐름을 알아보면 다음과 같습니다.

❶ **최초 인스턴스를 시작하는 행위**: 대기 중 → 실행 중(특별한 이상이 없을 경우)

❷ **실행 중인 인스턴스를 중지하는 행위**: 실행 중 → 중지 중 → 중지됨(인스턴스 종료가 아닌 일시적 중지 상태로 얼마든지 다시 시작 가능)

❸ **중지된 인스턴스를 시작하는 행위:** 중지됨 → 대기 중 → 실행 중

❹ **중지된 인스턴스를 종료하는 행위:** 중지됨 → 종료 중 → 종료됨(인스턴스 영구 삭제)

❺ **실행 중인 인스턴스를 종료하는 행위:** 실행 중 → 종료 중 → 종료됨(인스턴스 영구 삭제)

일반적인 흐름이라고 이해하기는 어렵지 않지만, 여기에서 몇 가지 주의해야 할 점이 있습니다.

먼저 '중지됨' 상태와 '종료됨' 상태의 차이를 명확하게 알아야 합니다. '중지됨' 상태는 '인스턴스를 유지한 채 일시적으로 중지한' 상태이기 때문에 얼마든지 다시 구동할 수 있습니다. 반대로 '종료됨' 상태는 '인스턴스를 영구 삭제'하기 때문에 다시 사용하기 어렵습니다. EC2 인스턴스 사용 중 중지 상태로 전환이 필요할 때는 실수로 종료하여 열심히 설정한 인스턴스 정보가 삭제되지 않도록 주의해야 합니다.

그리고 '종료됨' 상태가 되어도 관리 콘솔상에서 바로 삭제되지 않음에 유의해 주세요. 종료되어도 인스턴스가 금방 사라지지 않고 일정 시간 정보를 출력합니다. 종료되지 않아서 남아 있는 것은 아니므로 '종료됨' 상태를 보면 안심하고 다른 작업을 수행하세요.

2.2.2 AMI

AMI(Amazon Machine Image)는 인스턴스를 시작할 때 필요한 정보를 제공하는 것으로 운영 체제와 소프트웨어를 적절히 구성한 상태로 제공되는 템플릿(template)입니다. 인스턴스를 생성할 경우 AMI를 지정해야 하며, 하나의 AMI로 동일한 구성의 여러 인스턴스를 손쉽게 생성할 수 있습니다. 이런 AMI는 사용자 정의의 AMI를 생성하여 활용할 수도 있고, AWS Marketplace에서 제공하는 서드 파티용 AMI를 선택하거나 AWS 자체적으로 정의된 기본 AMI를 선택해서 활용할 수도 있습니다. 책에서 하는 실습은 AWS에서 자체적으로 정의한 AMI를 활용하여 EC2 인스턴스를 생성하는데, 사용자 정의 AMI는 어떤 흐름에 따라 생성되는지 다음 그림에서 확인하고 넘어갑시다.

▼ 그림 2-5 사용자 정의 AMI 생성 및 배포

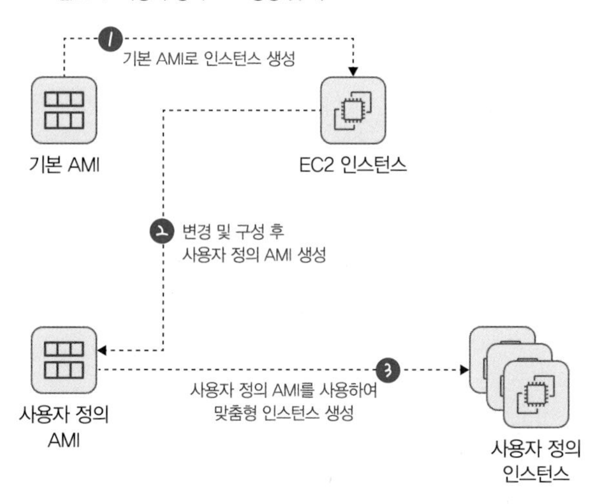

우선 AWS에서 자체적으로 제공하는 기본 AMI를 활용하여 Amazon EC2 인스턴스를 생성하고, 사용자 요구에 따라 변경하거나 구성하여 사용자 정의 AMI 이미지를 생성합니다. 이렇게 만들어진 사용자 정의 AMI를 활용하여 다른 Amazon EC2 인스턴스를 생성할 수도 있습니다. AMI는 동일 리전 또는 다른 리전으로 복사할 수 있고, 더 이상 필요 없는 AMI는 등록을 취소할 수 있습니다.

2.2.3 Amazon EC2 스토리지

AMI를 통해 Amazon EC2 인스턴스 환경을 설정했다면, 다음으로 어떤 저장소를 사용할지 결정해야 합니다. Amazon EC2는 유연하고 효율적이며 사용하기 쉬운 데이터 스토리지 기능을 제공합니다. 여기에서 **스토리지**(storage)는 데이터를 저장하는 공간이라는 의미로, 서버 자원에서 발생되는 다양한 데이터를 보관하려면 필수적으로 존재해야 하는 요소입니다. 이 장에서는 간단하게 Amazon EC2에서 제공하는 스토리지 유형을 알아볼 것이며, '5장 AWS 스토리지 서비스'에서 상세하게 다루겠습니다. Amazon EC2 인스턴스용 스토리지 유형은 기본적으로 인스턴스 스토어(instance store)와 블록 스토리지인 Amazon EBS(Elastic Block Store)로 나뉩니다.

인스턴스 스토어

인스턴스 스토어는 인스턴스에 바로 붙어 있는 저장소로, Amazon EC2 인스턴스를 생성하면 기본적으로 존재하는 스토리지입니다. 다만 일부 인스턴스 유형은 인스턴스 스토어를 지원하지 않습니다. 특히 책 실습에서 주로 사용하는 t2.micro 인스턴스 유형은 인스턴스 스토어를 지원하지 않습니다.

아무래도 직접 붙어 있는 구조 덕분에 매우 빠른 I/O(Input/Output)를 보장한다는 장점이 있지만, 인스턴스 스토어는 Amazon EC2 인스턴스를 중지하거나 종료하면 인스턴스 스토어에 저장된 데이터가 모두 손실된다는 단점이 있습니다. 이런 측면에서 임시적인 데이터 저장소로 생각할 수 있으며, 장기적으로 보존해야 하는 데이터는 인스턴스 스토어에 저장하지 않는 것이 좋습니다.

Amazon EBS

Amazon EBS는 쉽게 외장 하드디스크와 비슷한 개념으로 연상하면 이해하기 쉽습니다. 인스턴스에 연결 및 제거를 하는 형태로 구성되는 블록 스토리지입니다.

인스턴스 스토어와 다르게 직접 연결된 구조가 아닌 인스턴스가 네트워킹을 통해 Amazon EBS에 접근하여 연결되는 구조로, 영구 보존이 가능한 스토리지입니다. 즉, Amazon EC2 인스턴스가 중지되거나 종료되어도 Amazon EBS에 보존하는 데이터는 그대로 유지할 수 있습니다. 이런 Amazon EBS는 관리 콘솔을 통해 스냅샷을 생성하여 백업하거나 Amazon EBS 연결을 해제한 후 다른 인스턴스에 연결할 수 있다는 특징이 있습니다.

▼ 그림 2-6 인스턴스 스토어와 Amazon EBS

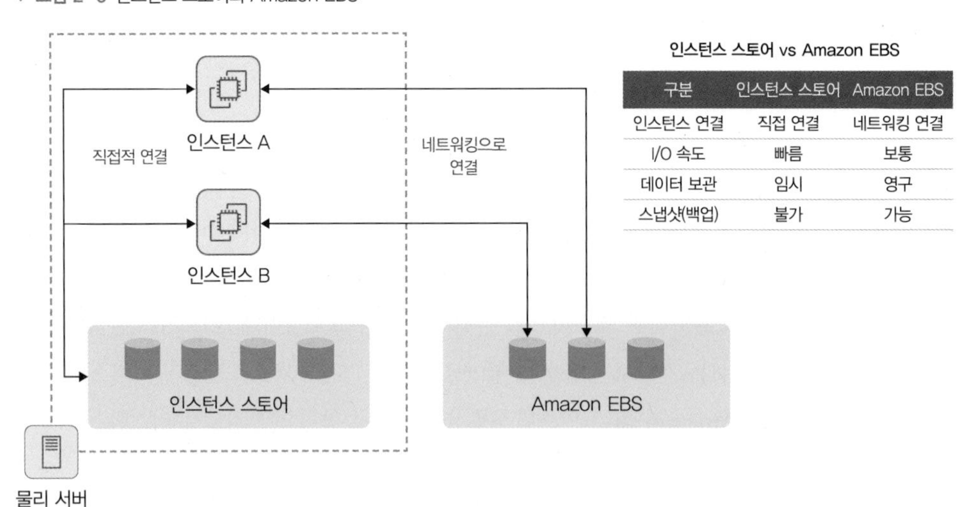

구분	인스턴스 스토어	Amazon EBS
인스턴스 연결	직접 연결	네트워킹 연결
I/O 속도	빠름	보통
데이터 보관	임시	영구
스냅샷(백업)	불가	가능

> **Note** Amazon EC2 인스턴스용 스토리지 유형
>
> EC2 인스턴스와 함께 사용할 수 있는 스토리지 유형으로 파일 스토리지인 EFS(Elastic File Store)와 오브젝트 스토리지인 S3(Simple Storage Service)도 있습니다. 자세한 내용은 5장에서 살펴보겠습니다.

2.2.4 Amazon EC2 네트워킹

근본적으로 Amazon EC2 인스턴스는 어떤 서비스를 수행하는 특수한 목적으로 만들어진 가상 서버 자원입니다. 서비스를 제공하려면 자연스럽게 통신이 가능한 환경으로 구성되어야 합니다. 따라서 Amazon EC2 인스턴스 통신을 위한 Amazon EC2 네트워킹 요소들을 알아보겠습니다. 물론 AWS 네트워킹과 관련된 자세한 내용은 '3장 AWS 네트워킹 서비스'에서 상세하게 알아볼 것이므로, 여기에서는 주요 요소만 간략하게 이해하고 넘어가겠습니다.

Amazon VPC

Amazon VPC(Virtual Private Cloud)는 AWS 퍼블릭 클라우드 안에서 논리적으로 격리된 가상의 클라우드 네트워크입니다. 생성된 Amazon EC2 인스턴스는 별도로 구성된 하나의 Amazon VPC 안에 생성되어 네트워킹됩니다.

네트워크 인터페이스

인터페이스는 '서로 연결한다'는 의미로, 네트워킹을 수행하려면 네트워크 인터페이스(network interface)가 필요합니다. Amazon EC2 인스턴스도 마찬가지로 네트워킹을 수행할 수 있는 네트워크 인터페이스가 필요합니다. AWS에서는 ENI(Elastic Network Interface)라는 논리적 네트워크 인터페이스가 VPC 내 생성되며, ENI를 EC2 인스턴스에 연결해서 네트워킹을 수행합니다. 쉽게 일반 컴퓨터로 생각하면 통신 케이블을 장착하는 어댑터를 떠올리면 됩니다. 단 ENI는 어댑터가 논리적으로 구성된 가상의 어댑터로 이해해 주세요.

IP 주소

앞서 설명한 네트워크 인터페이스에는 IP(Internet Protocol) 주소가 있으며, IP 주소로 대상을 구분하고 네트워킹을 수행합니다. 이런 IP 주소는 크게 프라이빗 IP와 퍼블릭 IP로 나뉩니다. 프라이빗 IP는 내부 구간의 통신을 위한 사설 IP고, 퍼블릭 IP는 외부 구간의 통신을 위한 공인 IP입니다.

다음 그림에 표현된 Amazon EC2 네트워킹 요소에 따라 좀 더 쉽게 이해할 수 있을 것입니다.

▼ 그림 2-7 Amazon EC2 네트워킹 요소

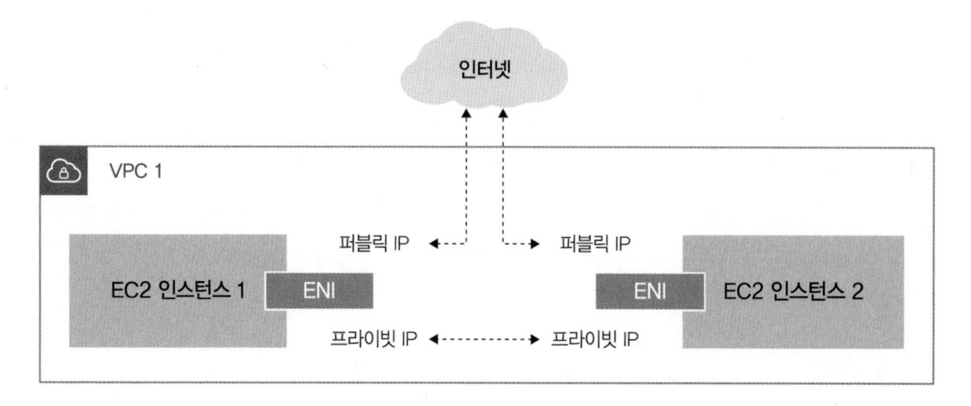

그림보다 세부적으로 더 많은 네트워킹 요소들로 통신을 하며, 3장에서 자세히 살펴보겠습니다.

2.2.5 Amazon EC2 보안

AWS에서는 클라우드 보안을 중요하게 인식하고 있으며, Amazon EC2도 안정적으로 서비스를 제공하고 관리하기 위해 EC2 보안 기능을 제공합니다. 주요 Amazon EC2 보안 기능을 살펴보겠습니다.

보안 그룹

보안 그룹(security group)은 Amazon EC2 인스턴스의 송수신 트래픽을 제어하는 가상의 방화벽 역할을 합니다. Amazon EC2 인스턴스 기준으로 수신 트래픽에 대한 인바운드(inbound) 규칙과 송신 트래픽에 대한 아웃바운드(outbound) 규칙으로 되어 있으며, 대상 트래픽에 대한 허용과 거부를 결정합니다. 즉, Amazon EC2 인스턴스로 들어오는 트래픽을 허용 또는 거부하거나 반대로 나가는 트래픽을 허용 또는 거부하는 규칙을 정의할 수 있습니다. 참고로 트래픽을 정의하는 방법에 프로토콜, 포트 번호, IP 대역 등이 있습니다.

키 페어

키 페어(key pair)는 Amazon EC2 인스턴스에 연결할 때 자격을 증명하는 보안 키입니다. 키 페어는 퍼블릭 키와 프라이빗 키로 구성됩니다. 퍼블릭 키는 Amazon EC2 인스턴스에 저장되고, 프라이빗 키는 사용자 컴퓨터에 별도로 저장됩니다. Amazon EC2 인스턴스를 생성한 후 가상 서버에 접근하여 설정이 필요하면 사용자가 보관하고 있는 프라이빗 키를 활용하여 자격을 증명하고 접근할 수 있습니다. 자세한 사항은 이후 실습으로 알아보겠습니다.

2.2.6 Amazon EC2 모니터링

Amazon EC2 인스턴스의 모니터링(monitoring)은 서비스 안정성과 가용성, 성능 유지에 필요한 중요한 영역입니다. 특히나 불특정 다수에게 제공되는 서비스는 언제 어느 시점에 트래픽이 몰려와 부하가 발생할지 알 수 없습니다. Amazon EC2 인스턴스의 자원은 유한하며, 자원 이상의 부하가 있을 때는 분명 장애가 발생할 수 있습니다.

이런 측면에서 모니터링은 실제 서비스를 운영할 때 중요하게 살펴볼 영역이며, 실제 모니터링 및 경보를 수행할 때는 다음과 같은 모니터링 계획을 정의해서 생성해야 합니다.

- 모니터링 목표
- 모니터링 대상 자원
- 모니터링 빈도
- 모니터링 수행 도구
- 모니터링 작업을 수행할 사람
- 문제가 발생할 때 경보를 알려야 할 대상

Amazon EC2 모니터링은 다양한 지표(metric)에 대해 수동 모니터링과 자동 모니터링으로 분류할 수 있으며, 각 분류에 따라 다양한 모니터링 도구가 있습니다. 그중 몇 가지 도구를 알아보겠습니다.

수동 모니터링 도구

수동 모니터링은 말 그대로 관리자가 직접 관리 콘솔을 이용하여 모니터링을 수행하는 것입니다. Amazon EC2 대시보드에서 간단한 통계 정보를 확인하거나 Amazon CloudWatch라는 모니터링 전용 서비스를 이용하여 상세한 통계 정보를 모니터링할 수 있습니다.

자동 모니터링 도구

자동 모니터링은 대상 자원의 지표에 대해 임곗값을 정하고, 임곗값을 초과하면 경보(alarm)를 내리는 형태의 동적인 모니터링 방법을 의미합니다. Amazon EC2의 자동 모니터링 도구는 다양하지만, 그중 한 가지만 살펴보겠습니다. Amazon CloudWatch 경보 시스템을 이용하여 동적으로 단일 지표를 관찰하고 지정된 임곗값을 기준으로 경보 작업을 수행할 수 있습니다. 이런 경보 작업은 Amazon SNS(Simple Notification Service)라는 알림 시스템으로 관리자 이메일을 호출하거나 다른 방법으로 호출하거나 Amazon EC2 인스턴스 자원을 동적으로 확장할 수 있습니다.

▼ 그림 2-8 Amazon EC2 인스턴스에 대해 CloudWatch를 이용한 수동 및 자동 모니터링

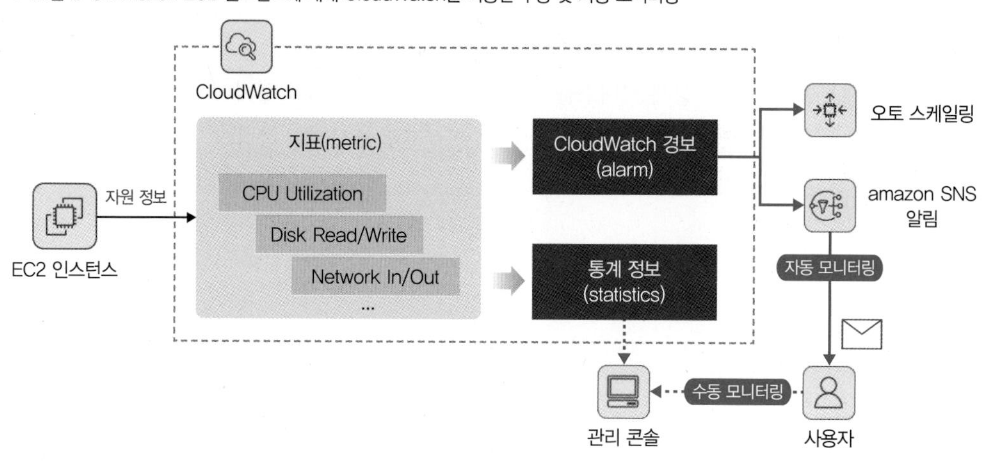

앞의 그림과 같이 대상 Amazon EC2 인스턴스에 대한 자원 정보를 Amazon CloudWatch로 전달하고, 이것으로 CPU, 디스크, 네트워크 등 다양한 지표를 생성합니다. 지표의 통계 정보(statistics)를 구성한 후 AWS 관리 콘솔을 이용하여 수동 모니터링을 수행하거나, 임곗값 기준에 따른 경보를 설정한 후 그에 따른 작업을 진행하면서 자동 모니터링을 수행할 수도 있습니다.

> **Note** **Amazon CloudWatch 경보에 따른 작업**
>
> 앞서 설명한 Amazon CloudWatch 경보 설정에 따른 작업 중 동적 확장(오토 스케일링: Auto Scaling)을 수행하는 내용은 '9장 AWS 오토 스케일링 서비스'에서 다루겠습니다.

뒤에서 실습으로 수동 모니터링과 Amazon CloudWatch 경보, Amazon SNS를 통한 자동 모니터링을 확인해 보겠습니다.

2.2.7 Amazon EC2 인스턴스 구입 옵션

Amazon EC2 인스턴스에는 다양한 구입 옵션이 있습니다. 사용자의 요구와 비용 측면을 고려하여 알맞은 형태의 옵션을 선택해야 합니다.

- **온디맨드 인스턴스**: 시작하는 인스턴스에 대한 비용을 초 단위로 지불
- **Savings Plans**: 1년 또는 3년 동안 시간당 비용을 약정하여 일관된 컴퓨팅 사용량을 제공
- **예약 인스턴스**: 1년 또는 3년 동안 인스턴스 유형과 리전을 약정하여 일관된 인스턴스를 제공
- **스팟 인스턴스**: 미사용 중인 인스턴스에 대해 경매 방식 형태로 할당하는 방식

물론 여러분은 신규 계정을 생성한 상태로, AWS 프리 티어 정책 적용에 따라 1년간 매달 750시간의 리눅스 및 윈도우 서버 t2.micro 인스턴스를 사용할 수 있습니다. 앞의 Amazon EC2 인스턴스 구입 옵션은 참고만 하기 바랍니다.

요약

- EC2(Elastic Compute Cloud): 클라우드 환경에서 탄력적으로 확장 가능한 컴퓨팅 자원 제공 서비스
- EC2 인스턴스: 가상의 컴퓨팅(가상 서버) 환경
- AMI(Amazon Machine Image): EC2 인스턴스에 대한 운영 체제와 소프트웨어를 정의한 템플릿
- EC2 스토리지: EC2 인스턴스의 데이터 저장소
  - 인스턴스 스토어: EC2 인스턴스에 바로 붙어 있는 기본적으로 생성되는 임시 저장소
  - EBS(Elastic Block Store): EC2 인스턴스에 네트워킹을 통해 연결 및 제거가 가능한 블록 스토리지
- EC2 네트워킹: EC2 인스턴스가 통신할 수 있는 네트워크 환경
  - VPC(Virtual Private Cloud): AWS 클라우드상 논리적으로 격리된 가상의 클라우드 네트워크
  - ENI(Elastic Network Interface): VPC에 생성되는 네트워크 인터페이스로 EC2 인스턴스에 연결
  - IP 주소: EC2 인스턴스의 통신을 위한 네트워크 주소
- EC2 보안(security): EC2 인스턴스의 안정적인 서비스를 위한 보안 정책
  - 보안 그룹(security group): EC2 인스턴스에 대한 송수신 트래픽을 제어하는 접근 제어 정책
  - 키 페어(key pair): EC2 인스턴스 접근에 대한 자격 증명을 위한 보안 키
- EC2 모니터링: EC2 인스턴스의 자원 상태에 대한 수동 · 자동 모니터링
  - 수동 모니터링: 관리자가 직접적으로 관리 콘솔에 접근하여 EC2 자원 모니터링
  - 자동 모니터링: 특정 지표에 대한 임곗값 기준에 따라 동적인 경보 작업을 수행하는 모니터링

지금까지 Amazon EC2 개념과 기능을 살펴보았습니다. 다음 절에서 실제 Amazon EC2 인스턴스를 배포하고 접근하는 실습을 해 보겠습니다.

2.3 실습 Amazon EC2 인스턴스 배포 및 접근하기

실습에 앞서 준비하기

Amazon EC2 인스턴스의 배포 및 접근을 위한 실습에 앞서 준비 사항 두 가지를 선행한 후 진행하겠습니다.

SSH 클라이언트 설치하기

Amazon EC2 인스턴스를 생성하고 해당 가상 서버에 접속하여 설정하는 단계가 있습니다. 실습에서 주로 사용하는 EC2 인스턴스의 운영 체제는 '리눅스'이며, 해당 인스턴스 접근은 SSH(Secure SHell)를 통해 셸 명령어 기반으로 설정할 것입니다. 따라서 실습용 데스크톱에 SSH 클라이언트 프로그램을 설치해야 합니다. 사용 중인 SSH 클라이언트가 있다면 해당 프로그램을 사용해도 무방하고, 없다면 'MobaXterm'이라는 무료 라이선스 프로그램을 설치하기 바랍니다.

URL https://mobaxterm.mobatek.net/download.html

이 URL에 접속하고 무료로 사용 가능한 'Home Edition' 프로그램을 선택해서 설치합니다. 설치 과정에는 별다른 이슈가 없으므로 그 과정은 생략하겠습니다.

> Note ≡ 앞 설명은 실습용 데스크톱이 윈도우 기반일 때만 해당하며, macOS 기반일 때는 별도의 프로그램 설치 없이 내장 SSH를 사용해도 무방합니다.

▼ 그림 2-9 SSH 클라이언트 프로그램 화면

EC2 키 페어 내려받기

EC2 인스턴스에 접근할 때 자격을 증명하는 데 보안 키 정보가 필요하다고 설명했습니다. 보안 키를 발급받으려면 AWS에서 키 페어를 생성해야 하며, 프라이빗 키 파일을 본인의 실습용 데스크톱에 저장해 두어야 합니다.

1. AWS 웹 페이지에 접근해서 관리 콘솔에 로그인합니다. 왼쪽 위에 있는 **서비스**를 클릭하고 **컴퓨팅 > EC2**를 선택해서 EC2 설정 페이지로 진입합니다.

❯ 그림 2-10 관리 콘솔: 서비스 > 컴퓨팅 > EC2 진입

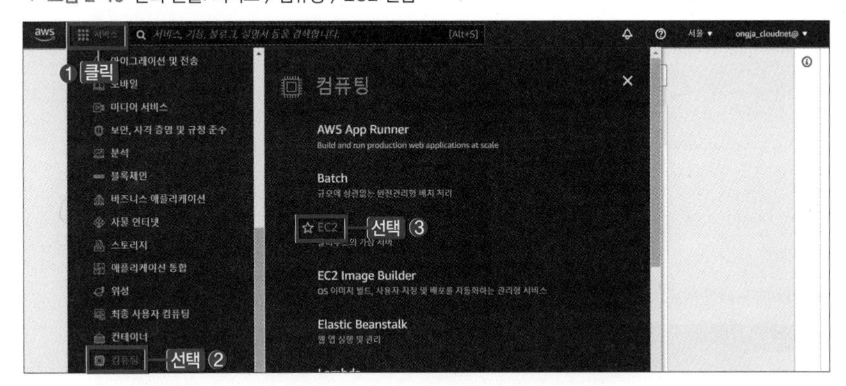

2. 왼쪽 EC2 설정 메뉴에서 **네트워크 및 보안 > 키 페어**를 선택하고 **키 페어 생성**을 누릅니다.

❯ 그림 2-11 EC2 설정

3. 키 페어 설정 페이지에서 이름을 입력하고, 프라이빗 키 파일 형식에서 .pem을 선택한 후 **키 페어 생성**을 누릅니다.

❯ 그림 2-12 키 페어 설정

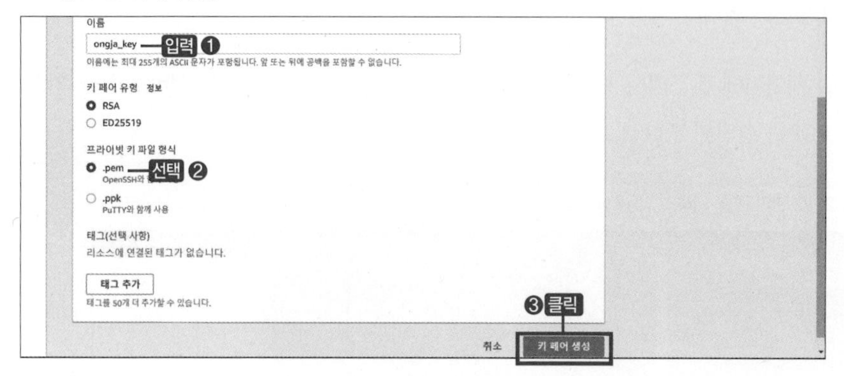

4. 키 페어가 생성된 것을 확인할 수 있습니다.

❯ 그림 2-13 키 페어 생성 완료

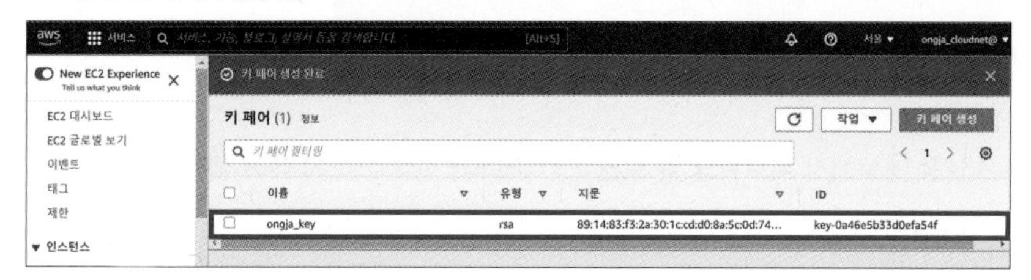

5. 키 페어가 생성되면 이름.pem 파일을 내려받아 데스크톱의 적절한 디렉터리(보통은 다운로드 폴더)에 해당 파일을 보관합니다. 키 파일 저장 위치는 꼭 기억하기 바랍니다.

그럼 이제 본격적으로 실습에 들어가 봅시다.

실습 목표

AWS 컴퓨팅 서비스 중 대표적인 Amazon EC2를 실습해 보는 것으로, Amazon EC2 인스턴스를 배포하고 간단한 웹 서비스를 생성해서 서비스에 접근해 봅니다. 이 실습으로 앞서 설명한 EC2와 관련된 여러 가지 요소를 연결 지어 충분히 이해할 수 있을 것입니다.

▼ 그림 2-14 목표 구성도

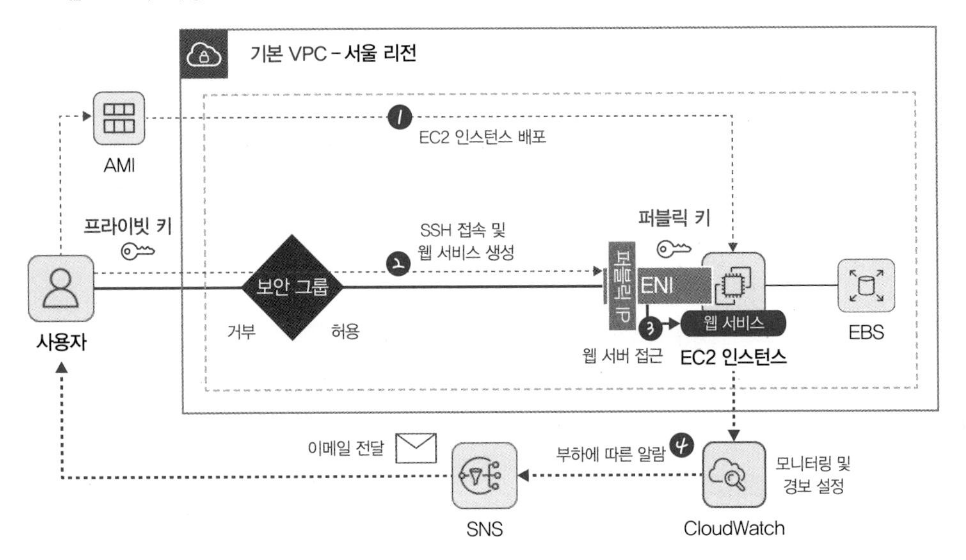

실습 단계

1. AMI를 이용한 EC2 인스턴스를 배포합니다.
2. SSH로 EC2 인스턴스에 접속하여 웹 서비스를 설정합니다.
3. EC2 인스턴스에 생성된 웹 서비스에 접속합니다.
4. EC2 인스턴스의 모니터링을 설정합니다.
5. 번외 리눅스 명령어를 사용하여 EC2 인스턴스 정보를 확인합니다.
6. 실습을 위해 생성된 자원을 모두 삭제합니다.

2.3.1 AMI를 이용한 EC2 인스턴스 배포하기

AWS 관리 콘솔에서 EC2 서비스에 대한 인스턴스를 손쉽게 배포할 수 있습니다. 사용자 요구에 따라 기본적으로 다음 사항을 정의해야 합니다.

- 이름 및 태그
- 애플리케이션 및 OS 이미지(AMI)
- 인스턴스 유형

- 키 페어
- 네트워크 설정
- 스토리지 구성

1. 이 작업을 위해 AWS에 로그인하고 **서비스 > 컴퓨팅 > EC2**를 선택합니다. EC2 대시보드가 나타나면 **인스턴스 시작**을 눌러 EC2 인스턴스를 생성하는 설정 페이지로 넘어갑니다.

▼ 그림 2-15 인스턴스 시작

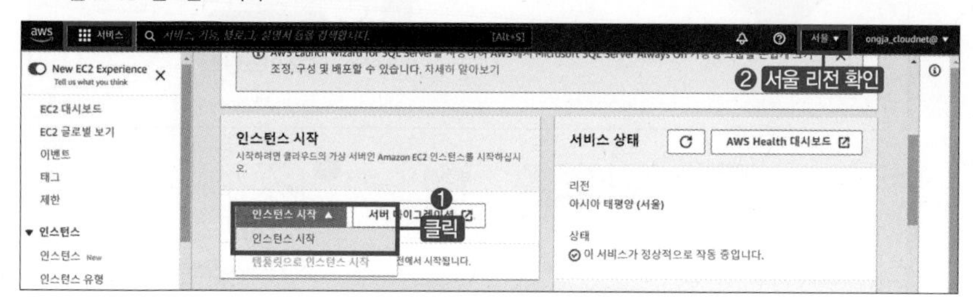

물론 이 실습은 서울 리전에서 수행하니 혹시 다른 리전에 있다면 서울 리전으로 변경한 후 진행하기 바랍니다.

2. 이름 및 태그에서 EC2 인스턴스 생성을 위해 이름 및 태그를 정의합니다. 이름은 EC2 인스턴스별로 독립적이므로 다른 EC2 인스턴스와 중복되어도 상관없습니다. 각자 원하는 EC2 인스턴스 이름을 입력하세요. 본문에서는 'MyFirstEC2'로 입력했습니다.

▼ 그림 2-16 EC2 인스턴스의 이름 및 태그 설정

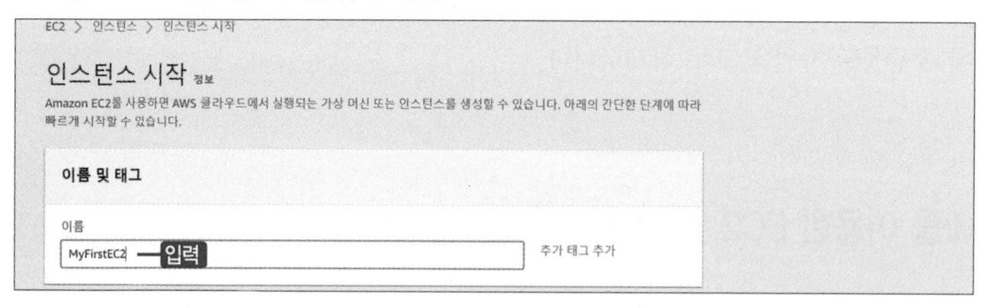

3. 애플리케이션 및 OS 이미지에서 인스턴스의 운영 체제 및 소프트웨어 영역을 정의하는 AMI를 선택해야 합니다. AWS에서는 기본적으로 다양한 OS와 애플리케이션을 정의한 기본 AMI를 제공하는데, 이 실습에서는 Amazon Linux 2 AMI (HVM)를 선택합니다.

▼ 그림 2-17 EC2 인스턴스의 애플리케이션 및 OS 이미지(AMI) 설정

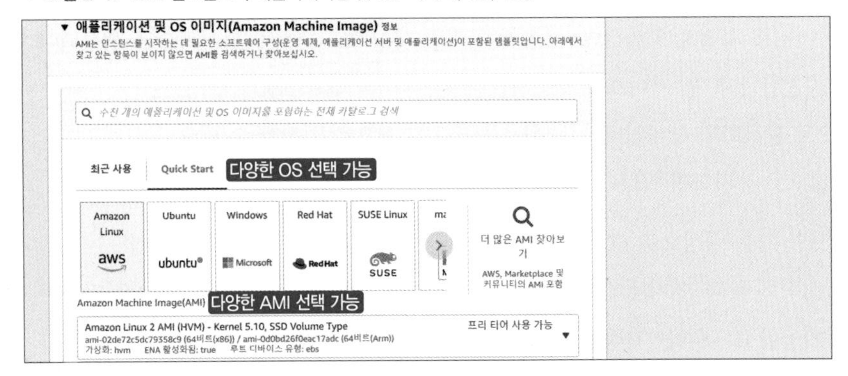

프리 티어를 사용한다면 선택한 AMI는 1년간 매달 750시간 무료로 사용 가능합니다.

4. 인스턴스 유형에서는 다양한 인스턴스 유형을 이용하여 CPU와 메모리를 지정하고 있는데, 이 중에서 **t2.micro** 유형을 선택합니다. 앞서 설명했듯이 프리 티어 용도로 t2.micro를 제공하며, 실습에 필요한 성능은 t2.micro 인스턴스 유형으로도 충분합니다.

▼ 그림 2-18 EC2 인스턴스 유형 설정(t2.micro)

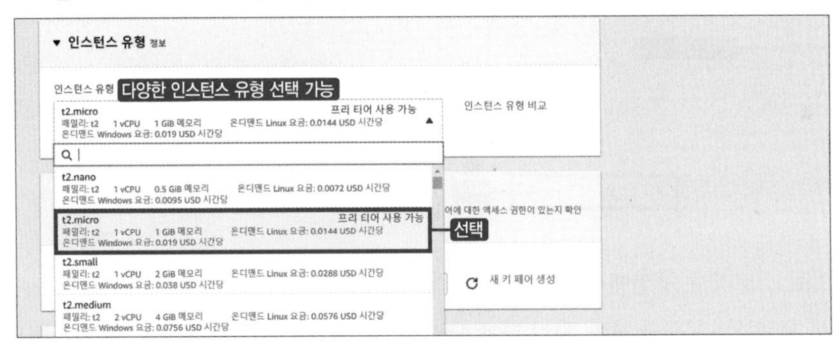

5. 키 페어에서 EC2 인스턴스에서 사용할 키 페어를 선택해야 합니다. 각자 생성해서 저장한 키 페어 이름을 선택합니다.

▼ 그림 2-19 EC2 인스턴스 키 페어 설정

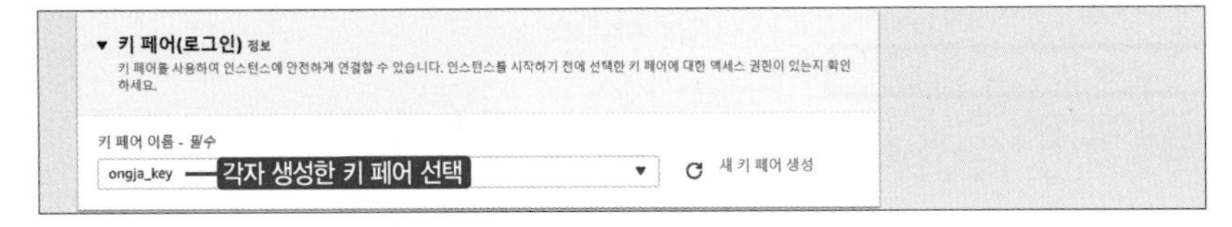

6. 네트워크 설정은 EC2 인스턴스에 대한 네트워크 설정을 수행하는 영역으로, 먼저 인스턴스가 속할 VPC를 지정해야 합니다. 사용자가 직접 생성해도 되지만 기본적으로 생성되어 있는 VPC를 지정합니다. 웹 서비스를 제공하려면 퍼블릭 IP 자동 할당은 활성화로 지정해야 하며, 기본값으로 활성화된 상태입니다. **편집**을 눌러 세부적으로 설정할 수 있으나 현재 기본적으로 설정된 값으로 유지하면 됩니다.

   그다음 보안 그룹 설정으로 EC2 인스턴스가 제공할 서비스 접근 제어를 설정할 수 있습니다. 'SSH 트래픽 허용'과 '인터넷에서 HTTP 트래픽 허용'에 체크합니다. 추가적으로 각 서비스별로 접근 가능한 IP 대역을 지정할 수 있습니다. 서비스를 제공받을 대상을 고려하면 SSH 접근은 관리자 자신만 접근하면 되는 서비스이기에 보안 측면을 고려하여 **위치 무관 > 내 IP**로 선택합니다. 물론 **편집**을 눌러 세부적인 보안 그룹을 설정할 수 있습니다.

❯ 그림 2-20 EC2 인스턴스 네트워크 설정

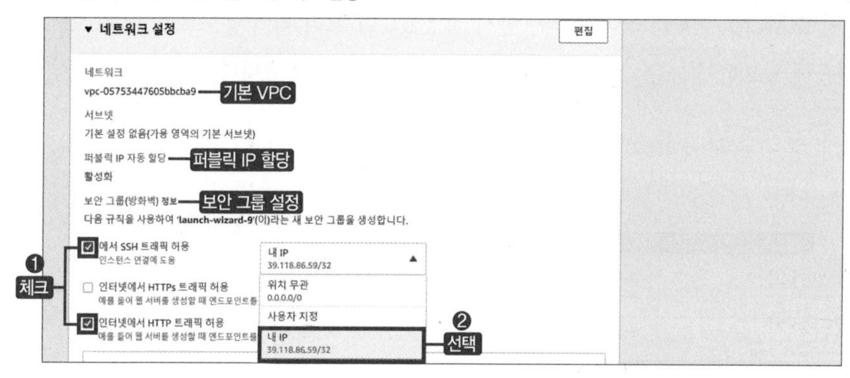

7. 마지막으로 스토리지 구성에서 EC2 인스턴스에 구성될 스토리지를 설정할 수 있습니다. AWS에서 제공하는 문구를 보면 '프리 티어 사용자는 최대 30GB의 EBS 범용 SSD 또는 마그네틱 스토리지를 사용할 수 있다'고 합니다. 기본값으로 8GiB 용량과 gp3로 지정되어 있는데, 설정으로 충분한 용량이므로 그대로 유지합니다.

❯ 그림 2-21 EC2 인스턴스 스토리지 구성

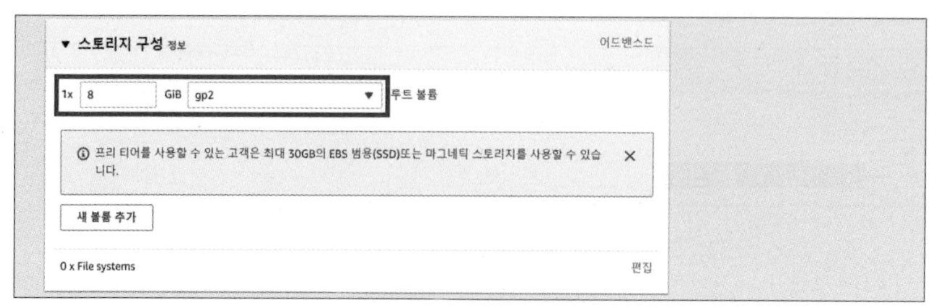

8. 그 밖에 고급 세부 정보를 활용하여 다양한 사용자 요구를 정의할 수 있지만, 현재는 고급 정보를 살펴보지 않고 넘어가겠습니다. 모든 작업이 완료되면 EC2 인스턴스 설정 페이지 맨 아래쪽에 있는 **인스턴스 시작**을 누릅니다. 모든 설정이 정상적으로 입력되면 다음 그림과 같이 표시됩니다. 아래쪽에 있는 **모든 인스턴스 보기**를 누릅니다.

▼ 그림 2-22 정상적인 EC2 인스턴스 생성

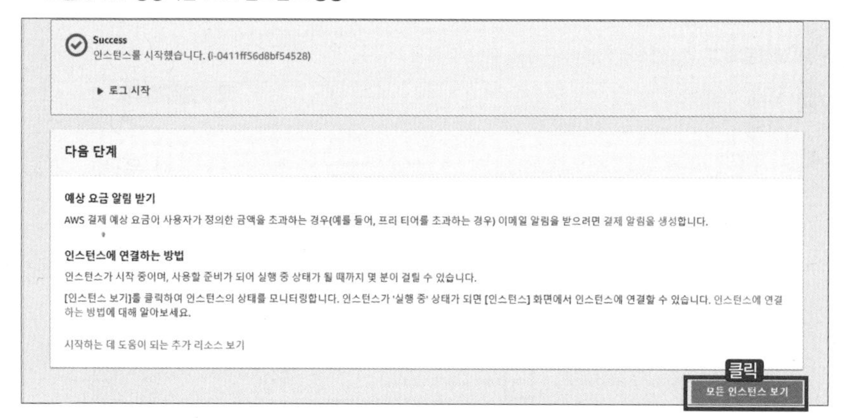

9. 현재 리전에 존재하는 EC2 인스턴스 정보를 확인할 수 있습니다. 인스턴스 이름으로 생성한 인스턴스를 구분해서 볼 수 있으니 방금 생성한 인스턴스를 확인해 보세요. 인스턴스 상태는 약간의 시간이 지난 후 '실행 중'인 상태로 전환됩니다. 생성한 EC2 인스턴스를 선택하면 아래쪽에 지금까지 설정한 인스턴스 정보들을 볼 수 있습니다.

▼ 그림 2-23 EC2 인스턴스 생성 확인

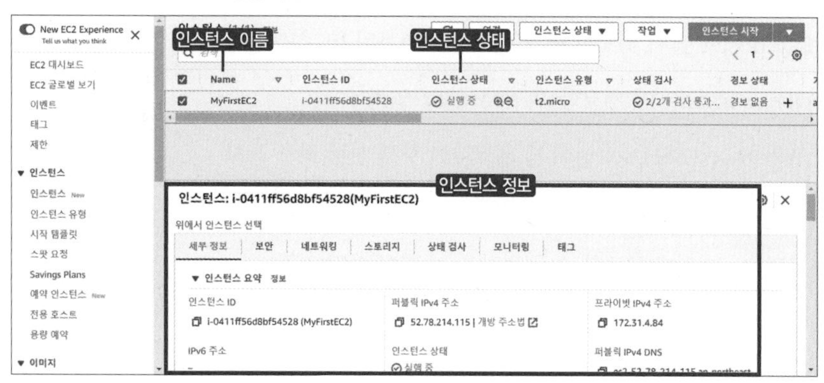

이것으로 내 첫 EC2 인스턴스가 생성되었습니다. 축하합니다! 이제 EC2 인스턴스의 SSH 접속과 웹 서비스를 설정해 보겠습니다.

2.3.2 SSH로 EC2 인스턴스에 접속하여 웹 서비스 설정하기

앞서 생성한 EC2 인스턴스에 웹 서비스를 설정해 보겠습니다.

1. EC2 인스턴스 접속을 위해서는 퍼블릭 IP 주소를 확인해야 합니다. 생성된 EC2 인스턴스에 체크하면 아래쪽 인스턴스 세부 정보에서 '퍼블릭 IP 주소'를 확인할 수 있습니다.

▼ 그림 2-24 생성된 EC2 인스턴스의 퍼블릭 IP 주소 확인 및 복사

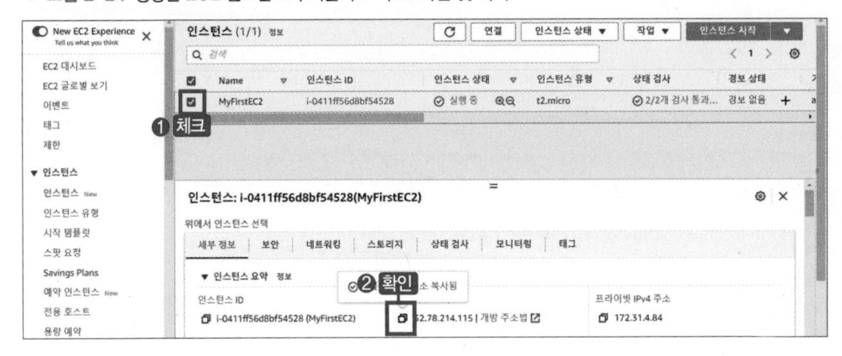

IP 주소 왼쪽에 있는 아이콘을 클릭하면 주소가 복사되니 이 퍼블릭 IP 주소를 따로 메모해 두세요.

2. 앞서 진행한 '실습에 앞서 준비하기'에서 설치한 SSH 프로그램(MobaXterm)을 실행하여 다음 순서대로 설정합니다.

   ❶ 메인 메뉴에서 **Session**을 클릭하여 Session settings 창 열기

   ❷ Session settings 창에서 **SSH 탭**을 클릭하여 SSH 설정 정보 표시

   ❸ Remote host에 앞서 복사한 EC2 인스턴스 퍼블릭 IP 주소 붙여 넣기

   ❹ 'Specify username'에 체크한 후 'ec2-user' 입력

   ❺ 아래 'Advanced SSH settings'에 체크하여 상세 설정 정보 표시

   ❻ SSH-browser type은 **None**으로 선택

   ❼ 'Use private key'에 체크한 후 내려받은 키 페어 파일 지정

   ❽ 모든 설정이 끝나면 **OK** 누르기

❤ 그림 2-25 SSH 프로그램(MobaXterm) 설정 화면

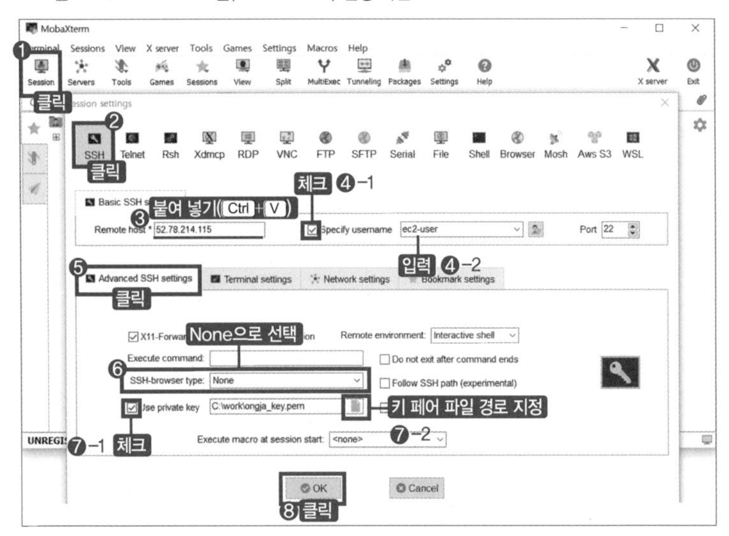

3. 정상적으로 설정되면 다음 그림과 같이 SSH 접속을 하며, 리눅스 셸 명령어를 수행할 수 있는 터미널이 보입니다.

❤ 그림 2-26 EC2 인스턴스의 SSH 터미널 접속 화면

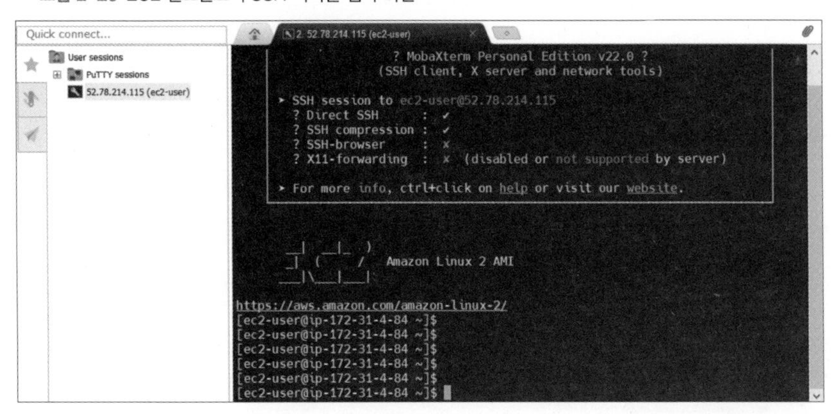

4. 다음과 같이 명령어를 하나씩 입력하여 웹 서비스(HTTP 데몬)를 설치하고, 미리 만들어 놓은 최초 웹 페이지를 내려받습니다.

```
# MyFirstEC2 인스턴스에 SSH 접속하기
# 슈퍼 유저로 변경
sudo su -

# http 데몬 설치
yum install httpd -y
```

```
...
Complete!

# http 데몬 실행
systemctl start httpd

# 웹 서비스 최초 페이지 내려받기
curl -L https://bit.ly/afbtest01 > /var/www/html/index.html
```

이것으로 간단하게 웹 서비스 설치 및 설정을 완료했습니다.

> **Note** 리눅스 명령어
>
> 이 책의 목적은 리눅스 명령어를 자세히 설명하는 것이 아닙니다. 다만 필요에 따라 간략하게 참고용으로 언급하겠습니다. 자세한 사항은 검색으로 확인하기 바랍니다.
>
> - `sudo su -`: 특정 명령어는 권한에 따라 사용할 수 없는 명령어들이 있습니다. 이에 따라 슈퍼 유저로 변환하는 명령어를 미리 수행합니다.
> - `yum`: 특정 패키지를 설치 및 삭제할 수 있는 명령어입니다.
> - `systemctl`: 특정 데몬을 실행, 중지, 재시작하는 명령어입니다.
> - `curl`: HTML URL을 실행하는 명령어입니다.

2.3.3 EC2 인스턴스에 생성된 웹 서비스 접속하기

현재 동작 중인 EC2 인스턴스의 웹 서비스에 접속하기 위해 앞서 확인한 퍼블릭 IP 주소를 다시 확인하고 인터넷 웹 브라우저(browser)에서 입력하여 접속합니다.

▼ 그림 2-27 내 첫 EC2 인스턴스 웹 서버 접속

모든 작업을 정상적으로 했다면 앞의 그림과 같이 인터넷 창이 열릴 것입니다. 지금까지 Amazon EC2 인스턴스를 배포하고 인스턴스에 SSH로 접속해서 웹 서비스를 설치하여 웹 접근 최초 페이지를 작업했습니다. 배포한 EC2 인스턴스는 웹 서비스를 제공하는 웹 서버로 동작하며, 인터넷 웹 브라우저에서 웹 페이지를 확인할 수 있습니다.

2.3.4 EC2 인스턴스의 모니터링 설정하기

앞서 생성한 Amazon EC2 인스턴스에 대해 수동 모니터링과 자동 모니터링을 설정할 수 있습니다. Amazon EC2 인스턴스에서 **모니터링 탭**을 클릭하면 기본적으로 다양한 지표와 함께 통계 정보가 나타납니다.

수동 모니터링

1. 다음 그림과 같이 앞서 진행했던 Amazon EC2 인스턴스 생성 화면에서 아래쪽에 있는 **모니터링 탭**을 클릭합니다. 다양한 지표에서 통계 정보를 확인할 수 있고, 필요에 따라 특정 지표 화면을 최대화하여 출력하거나 통계 기간 및 자동 갱신 시간도 설정할 수 있습니다.

▼ 그림 2-28 EC2 인스턴스에서 수동 모니터링

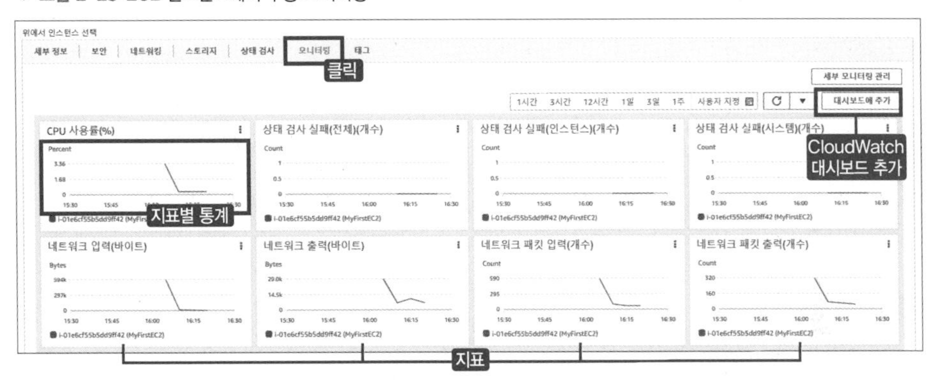

2. 이런 Amazon EC2 인스턴스의 기본적인 모니터링에서 좀 더 상세한 지표나 규칙을 부여하고 싶다면 **대시보드에 추가**를 눌러 Amazon CloudWatch 대시보드에서 모니터링을 수행할 수도 있습니다. 그다음 **새로 생성 > 새 대시보드 이름 입력 > 생성 > 대시보드에 추가**를 차례로 진행하여 CloudWatch 대시보드를 생성합니다.

▼ 그림 2-29 Amazon CloudWatch 대시보드 추가 설정

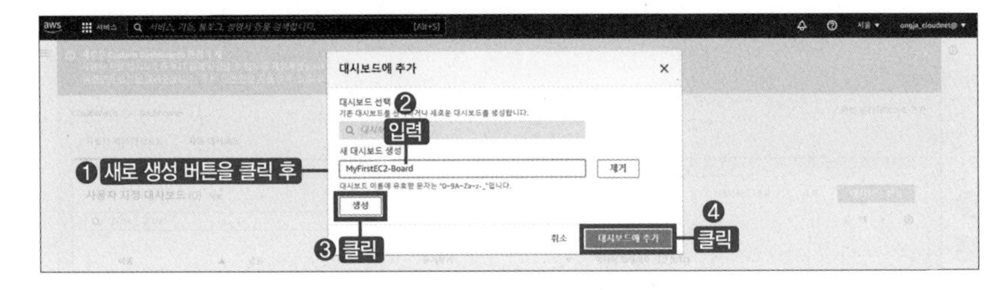

3. Amazon EC2 인스턴스 모니터링에 있던 지표들이 CloudWatch 대시보드에 출력되며, 좀 더 상세한 작업이나 추가적인 위젯도 생성할 수 있습니다. 이 실습의 목적은 수동 모니터링 도구를 살펴보는 것이므로 상세한 모니터링 작업은 범위에 벗어납니다. 간단히 살펴보고 왼쪽 맨 위에 **Dashboards**를 클릭하여 대시보드 초기 화면으로 이동합니다.

▼ 그림 2-30 Amazon CloudWatch 대시보드 화면

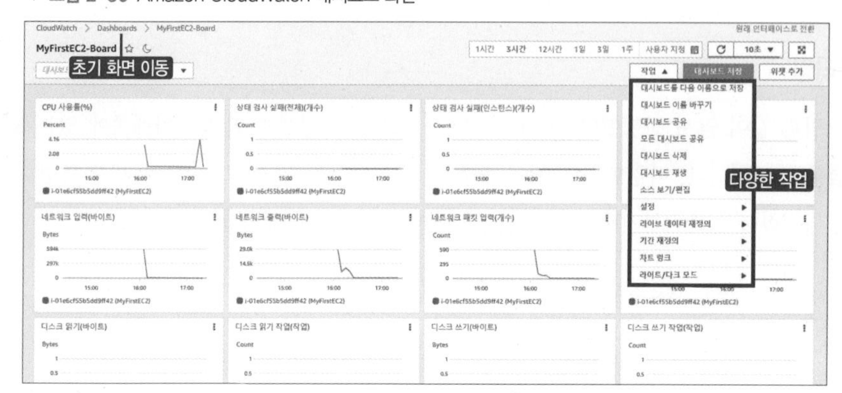

대시보드 초기 화면에서 생성된 대시보드를 선택하고 오른쪽 위에 있는 **삭제**를 누르면 대시보드가 삭제됩니다.

자동 모니터링

이번에는 Amazon CloudWatch 경보를 설정하여 자동 모니터링을 수행해 보겠습니다.

1. 가장 먼저 수행할 작업은 Amazon EC2 인스턴스의 세부 모니터링 관리 기능을 활성화시키는 것입니다. 기능을 활성화하면 1분 간격으로 모니터링을 수행하는데 미미한 비용이 발생할 수 있습니다. 그림 2-28에서 모니터링 탭 오른쪽에 있는 **세부 모니터링 관리**를 눌러 세부 모니터링 관리 페이지로 이동하고, '활성화'에 체크한 후 **저장**을 누릅니다.

▼ 그림 2-31 EC2 인스턴스의 세부 모니터링 활성화

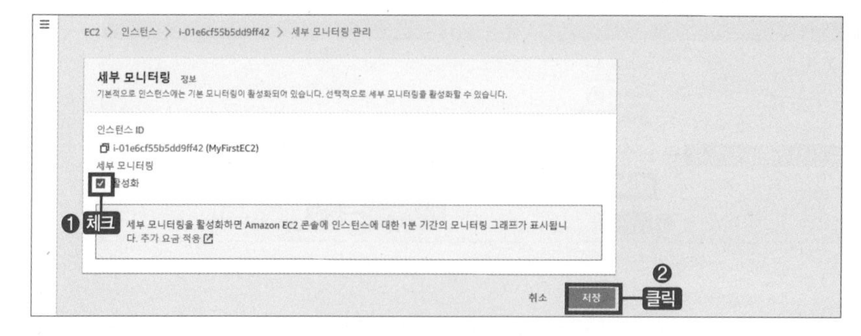

2. 세부 모니터링 기능을 활성화했다면 Amazon CloudWatch 서비스로 진입합니다. Amazon CloudWatch 서비스는 **서비스 > 관리 및 거버넌스 > CloudWatch**로 접근하거나 다음 그림과 같이 돋보기 아이콘 옆에 서비스명을 입력하면 손쉽게 접근할 수 있습니다. 그다음 경보 생성을 위해 **경보 생성** 링크를 클릭합니다. 경보 페이지로 진입하면 가운데에 위치한 **경보 생성**을 눌러 설정합니다.

▼ 그림 2-32 Amazon CloudWatch 메인 화면

3. Amazon CloudWatch 경보를 생성하는 첫 번째 단계로 지표 및 조건을 설정하는 페이지로 진입했습니다. 설정을 위해 **지표 선택**을 누릅니다.

▼ 그림 2-33 지표 및 조건 지정 페이지 – 지표 선택

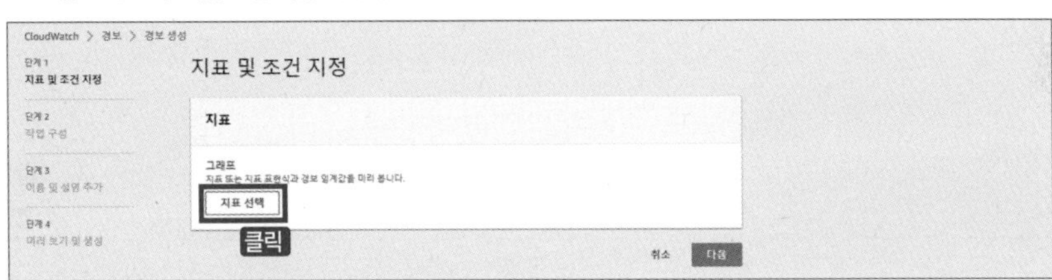

4. 지표 선택 페이지가 표시되면 찾아보기 탭에서 'CPUUtilization'을 검색한 후 **EC2 > 인스턴스별 지표**를 선택합니다. 필터링 대상 중 자신이 생성한 EC2 인스턴스에 체크한 후 **그래프로 표시된 지표 탭**을 클릭합니다.

▼ 그림 2-34 지표 선택 페이지 – 찾아보기 설정

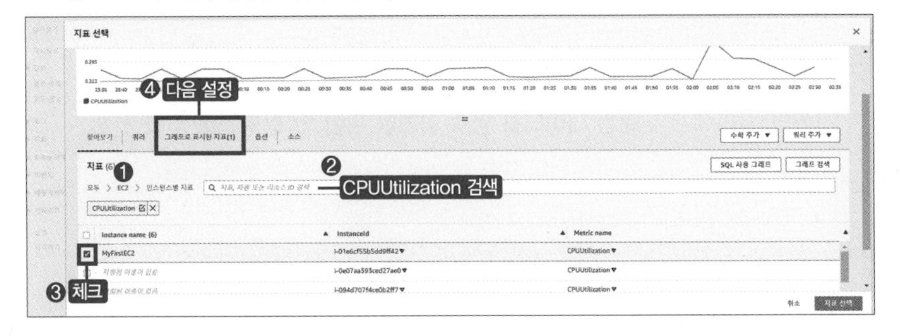

5. 그래프로 표시된 지표 페이지에 진입하면 기간을 5분에서 **1분**으로 변경하고 **옵션 탭**을 클릭하여 다음 단계로 넘어갑니다.

그림 2-35 지표 선택 페이지 - 그래프로 표시된 지표 설정

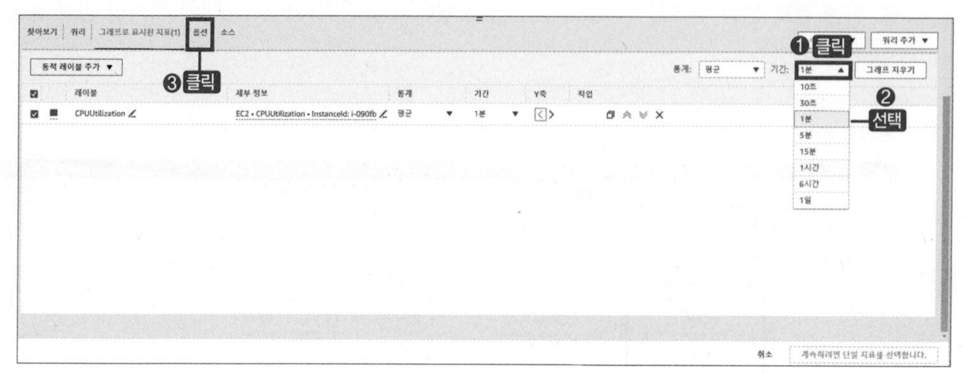

6. 옵션 페이지에서 위젯 유형을 **누적 면적**으로 선택하고 **지표 선택**을 누릅니다.

그림 2-36 지표 선택 페이지 - 옵션 설정

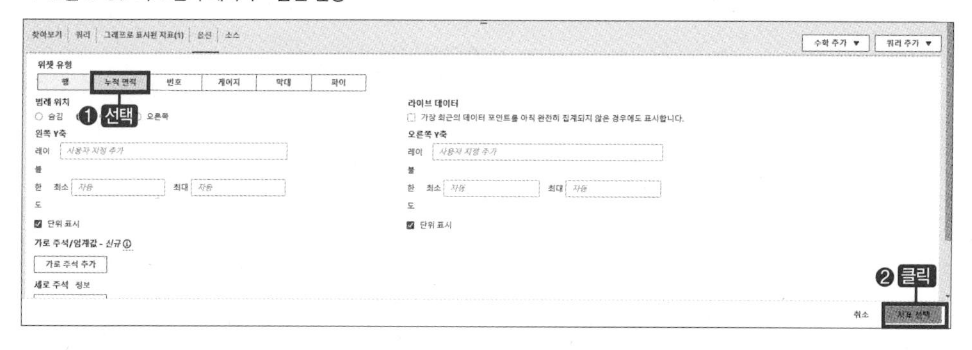

7. 쭉 아래로 내려 지표 선택 아래쪽에 위치한 조건 설정 영역으로 넘어갑니다. 조건은 다음과 같이 설정하고 **다음**을 누릅니다.

❶ 임곗값 유형은 **정적** 선택

❷ 경보 조건은 **보다 큼** 선택

❸ ...보다 입력에는 '50'을 입력

❹ **추가 구성** 클릭

❺ 누락된 데이터 처리에서 **누락된 데이터를 양호(임계값 위반 안 함)(으)로 처리** 선택

❻ **다음** 누르기

✔ 그림 2-37 지표 선택 페이지 – 조건 설정

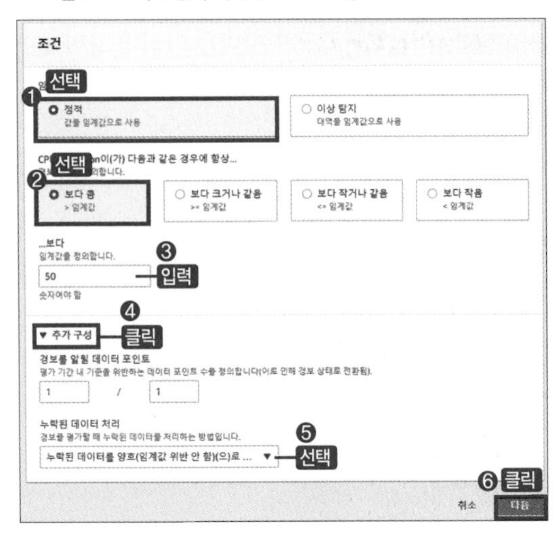

8. 작업 구성 페이지로 넘어가면 경보 설정에 따른 알림을 설정합니다.

❶ 경보 상태 트리거는 **경보 상태** 선택

❷ SNS 주제 선택은 '새 주제 생성'에 체크

❸ 새 주제 생성... 입력에 'EC2_CPU_High_Alarm'을 입력

❹ 알림을 수신할 이메일 엔드포인트 입력에는 자신의 이메일 주소 입력

❺ **주제 생성** 누르기

✔ 그림 2-38 작업 구성 페이지 – 알림 설정

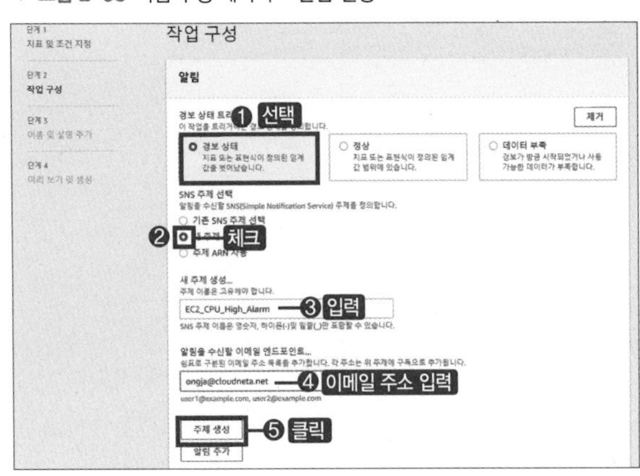

9. 앞과 같이 **주제 생성**을 누르면 입력한 이메일 주소로 Subscription Confirm 이메일이 전송됩니다. 이메일을 확인한 후 **Confirm Subscription** 링크를 클릭하면 다음 그림과 같이 승인 메시지가 출력됩니다.

✔ 그림 2-39 Amazon SNS 구독 승인 메시지

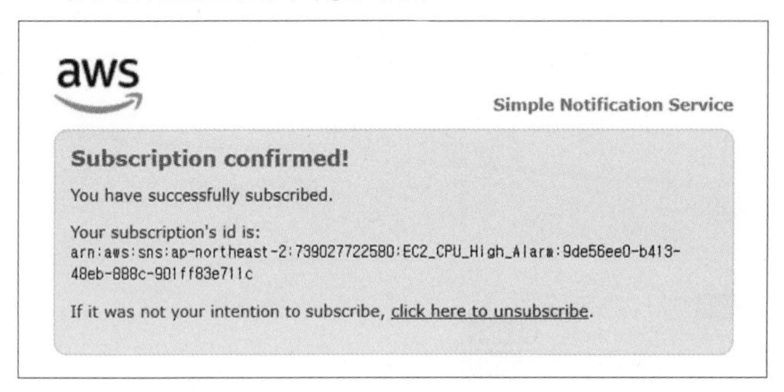

10. 그다음 알람 설정 아래쪽에 EC2 작업을 설정합니다. EC2 작업 설정 영역에서 다음과 같이 설정을 진행합니다.

❶ **EC2 작업 추가** 누르기

❷ 경보 상태 트리거는 **경보 상태** 선택

❸ 다음 작업 수행...은 **이 인스턴스 재부팅** 선택

❹ **다음** 누르기

✔ 그림 2-40 작업 구성 페이지 – EC2 작업 설정

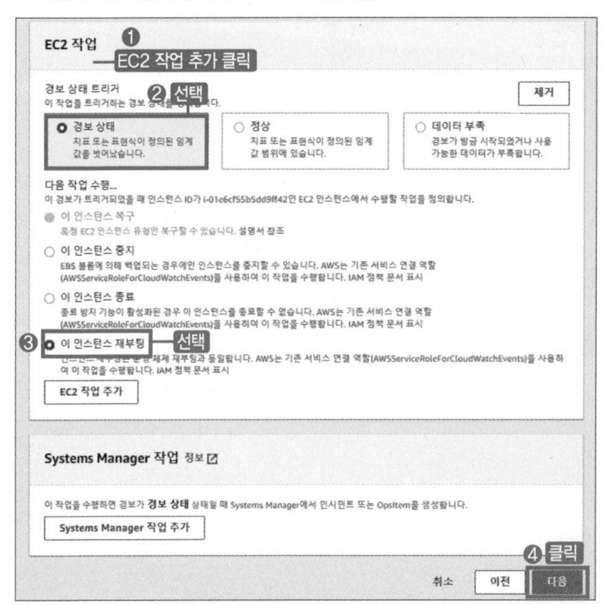

11. 생성할 경보 이름과 설명을 입력하는 단계로 넘어갑니다. 자신만의 경보 이름을 입력하고 **다음**을 누릅니다. 본문에서는 'MyFirstEC2_CPU_High_Alarm'으로 입력했습니다.

▼ 그림 2-41 이름 및 설명 추가 페이지 – 경보 이름 설정

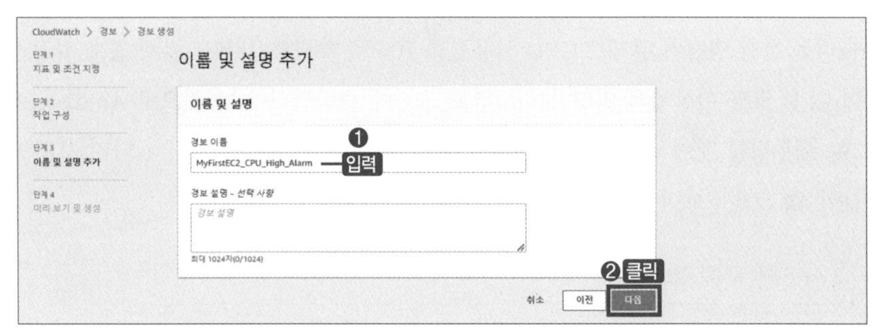

12. 마지막으로 지금까지 설정한 정보를 미리보기하는 단계로 설정된 내용을 훑어보고 맨 아래쪽 **경보 생성**을 눌러 마무리합니다. 다음과 같이 생성된 Amazon CloudWatch 경보를 볼 수 있습니다.

▼ 그림 2-42 Amazon CloudWatch 경보 생성

설정하는 과정이 조금 길고 복잡했지만, 순서대로 잘 따라오면 앞의 그림과 같이 Amazon CloudWatch 경보를 잘 생성할 수 있습니다.

지금까지 설정한 Amazon CloudWatch 경보 설정은 CPU 사용률이 임곗값(50%) 이상일 경우 이메일로 알림을 수행하는 것입니다. 하지만 현재는 CPU 부하가 거의 없는 상태이기 때문에 자동 경보 실습을 진행하기가 어렵습니다. 따라서 CPU 부하를 강제로 발생하는 툴을 설치하여 실습을 진행하겠습니다.

13. 관련 툴 설치와 실행을 위해 SSH 터미널에 접근하여 다음과 같이 명령어를 입력합니다.

```
# MyFirstEC2 인스턴스 SSH 터미널 접속
# CPU 부하 설정 툴 설치
amazon-linux-extras install -y epel
yum install -y stress-ng
```

```
# CPU 부하 발생(70%)
stress-ng --cpu 1 --cpu-load 70% --timeout 10m --metrics --times --verify

stress-ng: info:  [3386] dispatching hogs: 1 cpu
```

14. stress-ng라는 툴의 명령어 강제로 CPU 사용률을 70%로 발생시킵니다. 현재 경보 설정 임곗값 기준이 CPU 50% 이상에서 발생하므로 경보 요건에 충족됩니다. 이것으로 Amazon EC2 인스턴스는 재부팅할 것이고 경보에 따른 이메일을 송신할 것입니다. 잠시 기다려 보면 다음 그림과 같이 AWS에서 보낸 경보 메일이 수신됩니다.

▼ 그림 2-43 AWS에서 보내온 경보 메일

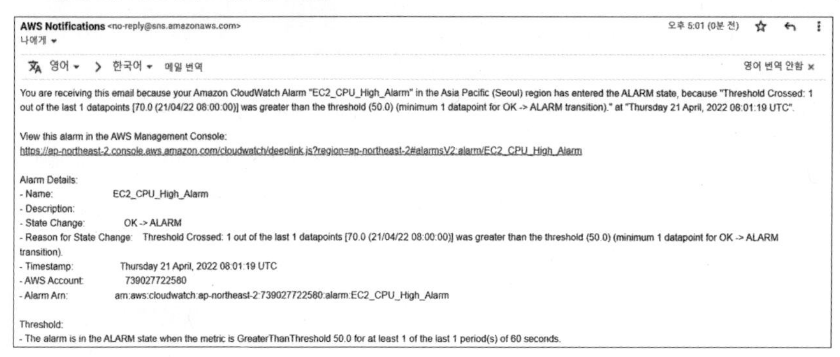

AWS Notifications <no-reply@sns.amazonaws.com> 오후 5:01 (0분 전)
나에게

영어 > 한국어 메일 번역 영어 번역 안함

You are receiving this email because your Amazon CloudWatch Alarm "EC2_CPU_High_Alarm" in the Asia Pacific (Seoul) region has entered the ALARM state, because "Threshold Crossed: 1 out of the last 1 datapoints [70.0 (21/04/22 08:00:00)] was greater than the threshold (50.0) (minimum 1 datapoint for OK -> ALARM transition)." at "Thursday 21 April, 2022 08:01:19 UTC".

View this alarm in the AWS Management Console:
https://ap-northeast-2.console.aws.amazon.com/cloudwatch/deeplink.js?region=ap-northeast-2#alarmsV2:alarm/EC2_CPU_High_Alarm

Alarm Details:
- Name: EC2_CPU_High_Alarm
- Description:
- State Change: OK -> ALARM
- Reason for State Change: Threshold Crossed: 1 out of the last 1 datapoints [70.0 (21/04/22 08:00:00)] was greater than the threshold (50.0) (minimum 1 datapoint for OK -> ALARM transition).
- Timestamp: Thursday 21 April, 2022 08:01:19 UTC
- AWS Account: 739027722580
- Alarm Arn: arn:aws:cloudwatch:ap-northeast-2:739027722580:alarm:EC2_CPU_High_Alarm

Threshold:
- The alarm is in the ALARM state when the metric is GreaterThanThreshold 50.0 for at least 1 of the last 1 period(s) of 60 seconds.

15. 알림 설정에 따라 60초 동안 1회 CPU 임곗값인 50%를 넘어서 Amazon SNS를 통해 이메일을 전송한 것이며, EC2 작업 설정에 따라 Amazon EC2 인스턴스는 재부팅됩니다. 자세한 확인을 위해 이메일에 있는 **링크**를 클릭하여 접속해 봅니다.

▼ 그림 2-44 Amazon CloudWatch 경보 그래프

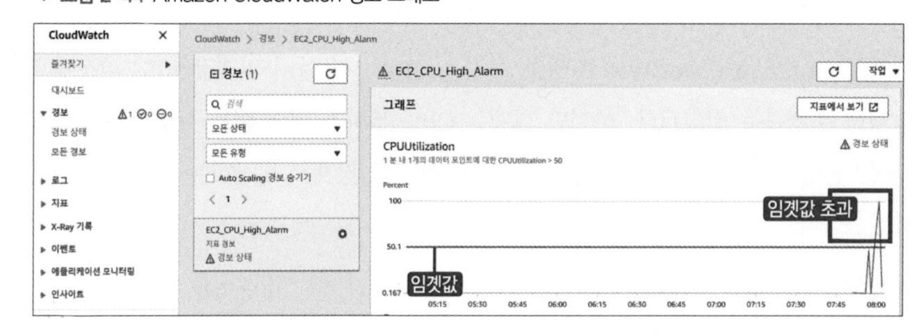

앞의 그림과 같이 Amazon CloudWatch 경보 그래프에서 임곗값 기준과 임곗값 기준 초과 시점 등을 확인해 볼 수 있습니다.

이렇게 자동 모니터링 도구를 이용하여 관리자가 관리 콘솔을 지속적으로 지켜보지 않아도 동적으로 알림을 수행해서 이벤트 상황에 빠르게 대처할 수 있습니다.

2.3.5 번외 리눅스 명령어를 사용하여 EC2 인스턴스 정보 확인하기

추가로 SSH 터미널에서 리눅스 명령어를 이용하여 EC2 인스턴스의 다양한 구성 요소를 확인해 볼 수 있습니다. 리눅스 명령어의 이해보다는 참고용으로 확인하기 바랍니다.

```
# SSH 터미널 접속
# CPU 정보 확인
cat /proc/cpuinfo | grep name
model name      : Intel(R) Xeon(R) CPU E5-2676 v3 @ 2.40GHz

# 메모리 용량 확인
cat /proc/meminfo | grep MemTotal
MemTotal:         988680 kB

# 프라이빗 IP 주소 확인
ip -br -c addr show eth0
eth0             UP             172.31.4.84/20 fe80::58:22ff:fe42:5a9a/64

# 퍼블릭 IP 주소 확인
curl ipinfo.io/ip
52.78.214.115

# 스토리지 확인(EBS 볼륨 확인)
lsblk
NAME      MAJ:MIN  RM  SIZE  RO  TYPE  MOUNTPOINT
xvda      202:0     0    8G   0  disk
└─xvda1   202:1     0    8G   0  part  /

df -hT -t xfs
/dev/xvda1      8.0G  1.6G  6.4G  20% /
```

2.3.6 실습을 위해 생성된 모든 자원 삭제하기

우리는 이번 실습으로 EC2 인스턴스를 만들고 웹 서비스를 생성해서 접속하고 정보도 확인해 보았습니다. 앞서 몇 번 강조했지만, 모든 실습이 끝나면 항상 AWS 클라우드 자원을 삭제해서 반환해야 합니다. 이렇게 해야 불필요한 과금을 막을 수 있습니다.

1. Amazon EC2 인스턴스를 삭제하겠습니다. **EC2 > 인스턴스**에서 생성한 EC2 인스턴스를 선택한 후 **인스턴스 상태 > 인스턴스 종료**를 선택합니다. 이후 새로운 창이 열리면 맨 아래쪽에 있는 **종료**를 누릅니다.

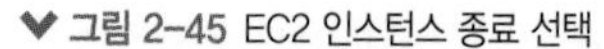

▼ 그림 2-45 EC2 인스턴스 종료 선택

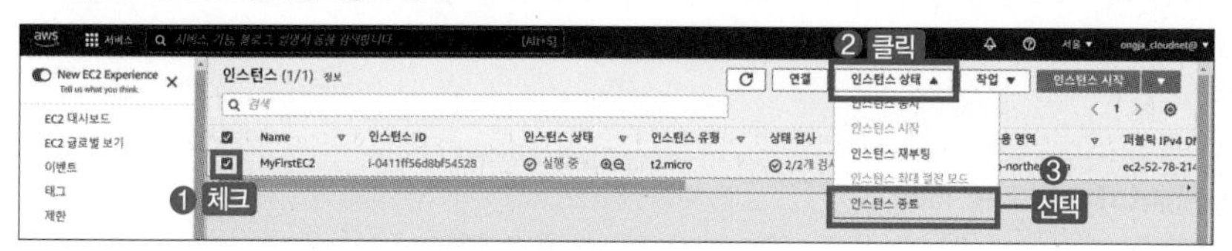

2. 그러면 인스턴스 상태는 수분 내로 '종료 중 → 종료됨' 상태로 전환됩니다. '종료됨' 상태가 되면 정상적으로 EC2 인스턴스가 삭제된 것이니 안심하고 다른 작업을 해도 됩니다(참고로 수분 내외로 '종료됨' 상태가 표출됩니다).

▼ 그림 2-46 EC2 인스턴스 종료 상태 확인

3. CloudWatch > **모든 경보**에서 생성한 경보에 체크하고 **작업 > 삭제**를 선택해서 삭제합니다.

▼ 그림 2-47 Amazon CloudWatch 경보 삭제

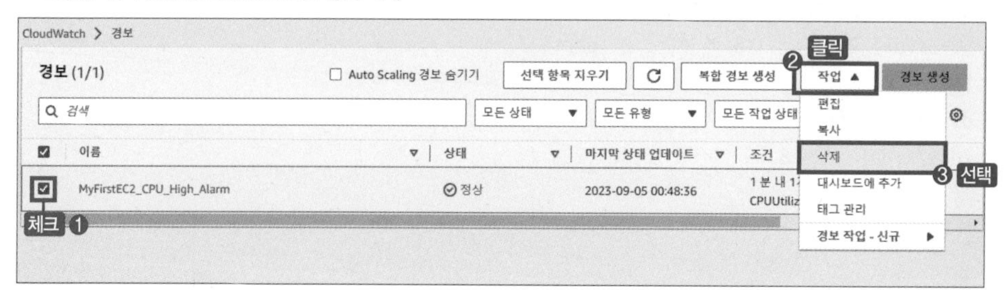

3장

AWS 네트워킹 서비스

3.1 네트워킹이란

3.1.1 네트워킹 정의

네트워킹(networking)은 '서로 연결한다'는 뜻으로, 서로 간에 의사소통(communication)을 하는 환경입니다. 일상에서도 자주 사용하지만, IT에서는 IT 자원 간 연결하여 통신하는 환경을 의미합니다. 어떤 IT 서비스를 제공하고자 한다면, 그 전에 먼저 다양한 IT 자원이 통신할 수 있는 네트워킹 환경이 구성되어야 합니다. 이런 측면에서 네트워킹은 IT 영역에서 필수이자 모든 IT 환경의 밑바탕이 되는 초석이라고 볼 수 있습니다.

인터넷을 이용하여 어떤 IT 서비스를 받는 것은 네트워킹을 통해 자연스럽게 이루어지는 과정이기 때문에 우리는 그 과정을 쉽게 인지하기 어렵습니다. 실제 네트워킹을 수행한다는 것은 굉장히 다양한 요소가 유기적으로 연결되고 복잡한 과정을 거치는 것입니다. 다음 장에서는 AWS 클라우드 네트워킹을 이해하는 데 필요한 주요 네트워킹 요소들을 알아보겠습니다.

▼ 그림 3-1 IT 영역에서 꼭 필요한 네트워킹

3.1.2 네트워킹 요소

IT 자원들이 통신할 때는 다양한 네트워킹 요소 간에 복잡한 과정을 거칩니다. 이런 복잡한 과정을 좀 더 쉽게 이해할 수 있도록 계층별로 분류하는 모델이 여러 개 있습니다. 그중 대표적인 모델은 국제표준화기구(ISO)에서 개발한 **OSI 7계층 모델**로, 네트워킹 통신 구조를 계층 일곱 개로 분류하는 방식입니다.

▼ 그림 3-2 OSI 7계층

7계층	응용 계층(application layer)	HTTP, SSH, DNS, FTP 등
6계층	표현 계층(presentation layer)	ASCII, JPG, XDR, AFP 등
5계층	세션 계층(session layer)	NetBIOS, SSL, TLS 등
4계층	전송 계층(transport layer)	TCP, UDP 등
3계층	네트워크 계층(network layer)	IP, ICMP, IPsec, ARP 등
2계층	데이터링크 계층(datalink layer)	Ethernet, PPP, MAC, LLC 등
1계층	물리 계층(physical layer)	100BASE-TX, ISDN, Wireless 등

- **1계층 – 물리 계층**: 네트워크 하드웨어 전송 기술을 이루는 계층으로, 물리적으로 연결된 매체가 서로 데이터를 송수신할 수 있게 연결하고 유지하는 역할을 합니다.
- **2계층 – 데이터링크 계층**: 물리 계층에서 송수신되는 정보의 오류와 흐름을 제어합니다.
- **3계층 – 네트워크 계층**: 데이터를 목적지까지 전달하는 계층으로, 최적의 통신 경로를 찾습니다.
- **4계층 – 전송 계층**: 종단의 대상 간에 데이터 전송을 다루는 계층으로, 데이터 전송의 유효성과 효율성을 보장합니다.
- **5계층 – 세션 계층**: 종단의 대상 간 응용 프로세스 통신을 관리하는 방법으로, 데이터 통신을 위한 논리적인 연결을 담당합니다.
- **6계층 – 표현 계층**: 데이터 형식에 차이가 있을 때 데이터를 서로 이해할 수 있는 형태로 변환하는 역할을 합니다.
- **7계층 – 응용 계층**: 응용 프로세스와 직접 연계하여 실제 응용 프로그램을 서비스하는 역할을 합니다.

이와 같이 OSI 7계층으로 네트워킹 요소들이 유기적으로 동작하고 있으며, 이 장을 위해 반드시 알아 두어야 할 네트워킹 요소를 몇 가지 살펴보겠습니다.

IP 주소와 서브넷

IP 주소

IP(Internet Protocol) 주소는 인터넷상에서 IT 자원을 식별하는 고유한 주소입니다. IP 버전에는 IPv4(Internet Protocol version 4)와 IPv6(Internet Protocol version 6) 두 가지가 있으며, 일반적으로 IPv4를 더 많이 사용합니다. IPv4는 10진수(0~255) 또는 2진수(0~1) 네 자리로 되어 있으며, 각 자리는 온점(.)으로 구분해서 표현합니다.

예를 들어 192.168.100.1과 같은 형태나 11000000.10101000.01100100.00000001과 같은 형태로 표현되며, 보통 전자처럼 10진수 네 자리로 표현합니다. 이 책에서는 특별한 언급이 없는 한 IP 주소는 IPv4로 정의하겠습니다.

> **Note** IPv4는 가용 범위가 부족하고 효율성이 떨어진다는 단점이 있습니다. 이를 개선하고자 가용 범위가 큰 IPv6를 개발하여 점차 활용하는 추세이지만, 여전히 IPv4를 더 많이 사용합니다. 물론 IPv4의 가용 범위가 부족한 것을 보완하고자 여러 네트워킹 기법(NAT, 서브넷팅, 프라이빗 IP 등)을 활용하고 있습니다.

퍼블릭 IP 주소와 프라이빗 IP 주소

IP 주소는 통신 용도에 따라 퍼블릭 IP 주소와 프라이빗 IP 주소로 분류됩니다. 퍼블릭 IP 주소는 실제 인터넷에서 사용하려고 인터넷 서비스 공급자(ISP)에서 제공하는 유일한 공인 IP 주소입니다. 반면 프라이빗 IP 주소는 인터넷이 아닌 독립된 네트워크 내부에서만 사용하려고 네트워크 관리자가 제공하는 사설 IP 주소입니다.

> **Note** 프라이빗 IP 주소는 세 가지 클래스로 범위가 정해져 있습니다.
>
> - **클래스 A**: 10.0.0.0~10.255.255.255
> - **클래스 B**: 172.16.0.0~172.31.255.255
> - **클래스 C**: 192.168.0.0~192.168.255.255

고정 IP 주소와 유동 IP 주소

IP 주소는 할당하는 방식에 따라 고정 IP 주소와 유동 IP 주소로 분류됩니다. 고정 IP 주소는 네트워크 관리자가 수동으로 할당하는 방식이며, 유동 IP 주소는 특정 서버가 IP 주소 범위에 따라 동적으로 할당하는 방식입니다.

유동 IP 주소는 DHCP(Dynamic Host Configuration Protocol) 프로토콜을 통해 주소를 제공하는 서버와 주소를 할당받는 클라이언트로 구성되며, IP 주소를 임대(lease)하는 형태를 취합니다.

Note DHCP 프로토콜은 DHCP 서버와 DHCP 클라이언트 관계에 따라 동적으로 IP 주소를 할당합니다. 크게 네 가지 메시지로 동적인 IP 주소를 할당합니다.

- **DHCP Discover**: DHCP 클라이언트에서 DHCP 서버를 찾는 메시지
- **DHCP Offer**: DHCP 서버에서 할당할 IP 주소와 임대 시간을 알리는 메시지
- **DHCP Request**: DHCP 클라이언트에서 DHCP 서버로 할당받을 IP 주소를 요청하는 메시지
- **DHCP Ack**: DHCP 서버에서 최종적으로 할당할 IP 주소 승인을 알리는 메시지

서브넷과 서브넷 마스크

모든 네트워크는 하나의 네트워크로만 구성되어 있지 않습니다. 주체와 목적에 따라 부분 네트워크로 나뉘고, 서로 연결하여 거대한 네트워크 환경을 이루고 있습니다. 여기에서 서브넷(subnet)은 부분 네트워크를 의미하며, 다양한 서브넷이 연결되어 거대한 네트워크 환경을 이루고 있다고 이해하면 됩니다. 그렇다면 부분 네트워크인 서브넷은 어떻게 구분하고 식별할 수 있을까요? 이때 사용하는 것이 서브넷 마스크(subnet mask)입니다.

서브넷 마스크는 IP 주소와 동일한 32비트 구조에 네트워크 ID와 호스트 ID로 구성되어 있습니다. 여기에서 네트워크 ID는 서브넷을 구분하는 기준 값이고, 호스트 ID는 동일 서브넷 내에서 대상을 구분하는 기준 값입니다. 서브넷 마스크 구조를 좀 더 살펴보면 32비트로, 32개의 2진수 값 중 1은 네트워크 ID 영역이며 0은 호스트 ID 영역입니다. 참고로 네트워크 ID 영역(2진수 값이 1)이 먼저 나열되며, 이후 호스트 ID 영역이 연속적으로 나열됩니다.

그림 3-3 서브넷 마스크를 이용한 서브넷 구분

	네트워크 ID			호스트 ID	
서브넷 마스크	255 11111111	255 11111111	255 11111111	0 00000000	/24
IP 주소	192 11000000	168 10101000	100 01100100	1 00000001	동일한 서브넷
IP 주소	192 11000000	168 10101000	100 01100100	2 00000010	동일한 서브넷
IP 주소	192 11000000	168 10101000	200 11001000	1 00000001	다른 서브넷

앞의 그림과 같이 동일한 서브넷이라면 IP 주소의 네트워크 ID 영역 값은 동일하고 호스트 ID 영역 값은 서로 다릅니다. 반대로 다른 서브넷이라면 IP 주소에서 네트워크 ID 영역 값은 서로 다릅니다.

서브넷 마스크 표현법은 다음 세 가지 형태로 표현할 수 있습니다.

- **10진수 4자리:** 예 255.255.255.0
- **2진수 32자리:** 예 11111111.11111111.11111111.00000000
- **/네트워크 ID 비트 수:** 예 /24

이 중에서 10.0.0.0/8, 10.1.0.0/16, 10.1.1.0/24 형태로 표현하는 방식을 IP CIDR(Classless Inter Domain Routing) 표기법이라고 합니다. 일반적으로 IP CIDR 표기법으로 서브넷 마스크를 표현합니다.

라우팅과 라우터

라우팅(routing)은 네트워킹 통신을 수행할 때 목적지 경로를 선택하는 작업을 의미하며, 이를 수행하는 장비를 라우터(router)라고 합니다. 이런 라우터는 라우팅 테이블이라는 서브넷의 경로 리스트를 가지고 목적지 네트워크에 대한 최적 경로를 선택해서 전달하는 역할을 합니다. 정리해 보면, 다양한 서브넷이 서로 연결된 복잡한 네트워크 환경에서 라우팅을 통해 최적 경로를 찾아 통신합니다.

▼ 그림 3-4 라우팅, 라우터, 라우팅 테이블

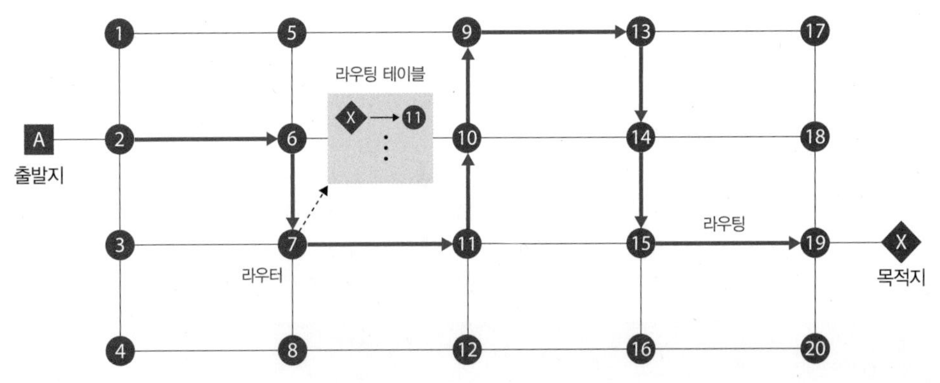

TCP와 UDP

OSI 7계층의 전송 계층에서 사용하는 프로토콜에는 대표적으로 TCP(Transmission Control Protocol)와 UDP(User Diagram Protocol)가 있으며, 데이터 전송을 담당합니다.

TCP

TCP는 송수신 대상 간 연결을 맺고 데이터 전송 여부를 하나씩 확인하며 전송하는 연결형 프로토콜로, 신뢰성 있는 데이터 전송을 보장합니다. 연결을 맺고 확인하는 작업에 따라 신뢰성은 높아지겠지만 아무래도 전송 속도는 느릴 수밖에 없습니다. 이런 측면에서 TCP는 속도보다 안정적인 데이터 전송을 보장하는 응용 서비스에 활용됩니다.

UDP

UDP는 TCP와 반대로 송수신 대상 간 연결 없이 전달하는 비연결형 프로토콜입니다. 연결이나 제어를 위한 작업이 없어 신뢰성 있는 전송을 보장할 수는 없지만, 빠르게 데이터를 전송할 수 있습니다. 데이터 유실에 큰 지장이 없고 빠른 데이터 전송을 위한 응용 서비스에 활용됩니다.

▼ 표 3-1 TCP와 UDP 차이점

구분	TCP	UDP
OSI 7계층	전송 계층	전송 계층
연결성	연결 프로토콜	비연결 프로토콜
신뢰성	높음	낮음
제어	혼잡 제어, 흐름 제어	제어에 관여하지 않음
속도	느림	빠름
주요 서비스	HTTP, SSH 등	DNS, DHCP 등

포트 번호

TCP와 UDP를 사용하는 응용 서비스는 서로 구분할 수 있도록 포트 번호를 사용합니다. 이런 포트 번호는 IANA(Internet Assigned Numbers Authority)라는 인터넷 할당 번호 관리 기관에서 정의합니다. 예를 들어 HTTP 프로토콜은 TCP 80번 포트를 사용하며, DNS 서비스는 UDP 53번 포트를 사용합니다.

Note ≡ IANA에서 정의하는 포트 번호 범위는 다음과 같습니다.

- **잘 알려진 포트 번호(well-known port)**: 0~1023
- **등록된 포트 번호(registered port)**: 1024~49151
- **동적 포트(dynamic port)**: 49152~65535

요약

- OSI 7계층: 국제표준화기구(OSI)에서 개발한 모델로, 네트워크 통신 구조를 일곱 개의 계층으로 분류해서 표현한 것입니다.
- IP 주소: 인터넷상에서 IT 자원을 식별하는 고유 주소로 IPv4와 IPv6 두 가지 버전이 있는데, 일반적으로 IPv4를 더 많이 사용합니다.
- 퍼블릭 IP 주소: 실제 인터넷 구간의 통신을 위해 사용하는 공인 IP 주소입니다.
- 프라이빗 IP 주소: 독립된 네트워크의 내부에서만 사용하는 사설 IP 주소입니다.
- 서브넷: 부분 네트워크를 의미합니다.
- 서브넷 마스크: IP 주소에 대한 서브넷을 식별하는 기준 값입니다.
- 라우팅: 다수로 연결된 서브넷에서 최적 목적지 경로를 선택하는 작업입니다.
- 라우터: 라우팅을 수행하는 장비입니다.
- TCP: 송수신 대상끼리 연결을 맺고 데이터 전송 여부를 하나씩 확인하면서 전송하는 연결형 프로토콜을 의미합니다.
- UDP: 송수신 대상끼리 연결 없이 전달하는 비연결형 프로토콜을 의미합니다.
- 포트 번호: TCP와 UDP를 사용하는 응용 서비스가 서로 구분하는 번호입니다.

3.2 AWS 네트워킹 소개

AWS 네트워킹 서비스는 AWS 글로벌 인프라에서 생성된 다양한 자원의 워크로드를 수행하는 네트워킹 서비스입니다. AWS 네트워킹 서비스를 이용하여 최적의 안정성과 보안성, 성능을 보장받는 애플리케이션을 실행할 수 있습니다. 이런 AWS 네트워킹 서비스를 소개하기에 앞서 리전, 엣지, 글로벌 네트워크의 물리적 인프라가 어떻게 구성되어 있는지 간략히 알아보겠습니다.

3.2.1 AWS 리전 네트워킹 디자인

리전은 전 세계 주요 도시의 데이터 센터를 군집화(clustering)하는 물리적인 위치를 의미합니다. AWS 리전 내부에는 트랜짓 센터(transit center)와 가용 영역이 서로 연결되어 네트워크 환경을 이루고 있으며, 네트워킹 측면으로 어떤 대상과 연결되었는지에 따라 다음과 같이 분류할 수 있습니다.

Intra-AZ 연결

리전 내부에는 논리적인 데이터 센터의 집합인 가용 영역이 여럿 존재합니다. 가용 영역에 존재하는 데이터 센터들은 고밀도 광섬유 케이블을 사용하여 100GE 또는 400GE(Gigabit Ethernet)로 상호 연결되어 네트워킹 환경을 구성합니다. 이런 데이터 센터 간 연결을 Intra-AZ 연결(connection)이라고 합니다.

Inter-AZ 연결

리전 내부에 위치하는 가용 영역은 실제 100km(서로 60마일 간격) 이내로 떨어져 있습니다. 이렇게 물리적으로 거리를 두는 이유는 정전이나 자연재해 같은 문제에 가용성을 유지하기 위함입니다. 또한 AWS 클라우드 자원을 다수의 가용 영역에서 실행하도록 설계하여 내결함성을 강화할 수 있습니다. 지리적으로 떨어져 있는 가용 영역끼리 연결되어 네트워킹 환경을 구성하고 있으며, 이런 가용 영역 간 연결을 Inter-AZ 연결(connection)이라고 합니다.

트랜짓 센터 연결

리전에서 외부 인터넷 구간과 통신이 필요할 때는 트랜짓 센터를 통해 통신합니다. 내부에 있는 가용 영역들은 외부 인터넷 통신을 위해 트랜짓 센터와 연결되어 네트워킹 환경을 구성하며, 이런 가용 영역 간 연결을 트랜짓 센터 연결(transit center connection)이라고 합니다.

▼ 그림 3-5 AWS 리전과 가용 영역

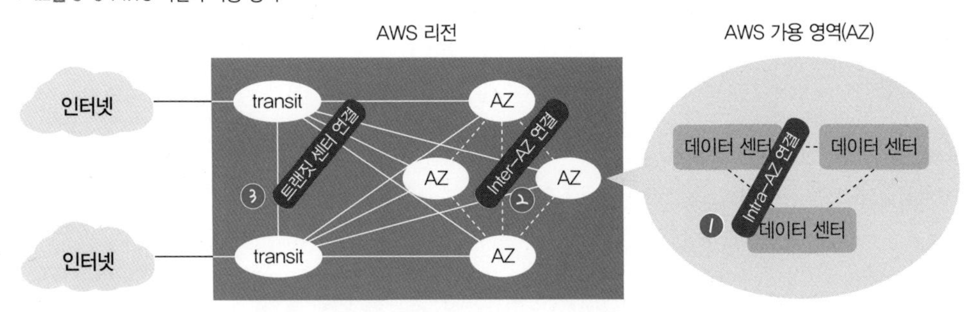

3.2.2 AWS 글로벌 네트워크와 엣지 POP

엣지 POP(edge Point Of Presence)는 AWS 글로벌 네트워크라는 전용망을 활용하여 안정적으로 고성능 서비스를 제공하는 센터입니다. 엣지 POP를 통해 사용자에게 글로벌 서비스 콘텐츠를 빠르게 제공할 수 있습니다.

엣지 POP는 엣지 로케이션(edge location)과 리전별 엣지 캐시(regional edge cache)로 구성되며, 전 세계 300개 이상의 엣지 로케이션과 13개의 리전별 엣지 캐시가 서로 연결된 AWS 글로벌 네트워크를 구성하고 있습니다.

▼ 그림 3-6 AWS 글로벌 네트워크 연결

앞의 그림과 같이 AWS 글로벌 네트워크는 다수의 100GE 케이블로 중국을 제외한 여섯 대륙을 상호 연결합니다. 전 세계에 고루 분포된 엣지 POP로 구성된 AWS 글로벌 네트워크라고 이해하면 됩니다. 이런 글로벌 네트워크를 활용하는 서비스는 짧은 지연 시간과 높은 처리량을 목적으로 합니다. 대표적으로 Amazon CloudFront, Amazon Route 53, AWS Shield, AWS Global Accelerator 등이 있습니다.

그렇다면 AWS 글로벌 네트워크를 활용하는 엣지 POP는 앞서 설명한 AWS 리전과 어떻게 연결될까요?

▼ 그림 3-7 AWS 리전과 엣지 POP 디자인

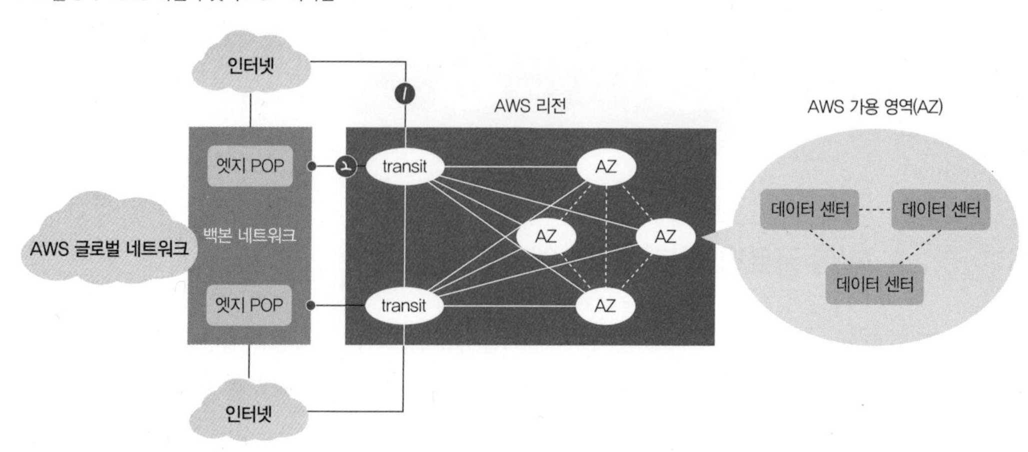

앞의 그림과 같이 엣지 POP가 속해 있는 AWS 백본 네트워크는 AWS 글로벌 네트워크와 연결되어 있으며, 모든 리전(중국 리전 제외)은 백본 네트워크를 중심으로 서로 연결되어 있습니다. 서비스별로 통신 흐름을 살펴보면 다음과 같습니다.

❶ **일반적인 서비스**: 트랜짓 센터에서 인터넷 구간으로 통신

❷ **엣지 POP를 활용한 서비스**: 트랜짓 센터에서 AWS 백본 네트워크를 통해 엣지 POP를 경유하고 AWS 글로벌 네트워크로 통신

> Note ≡ 백본 네트워크는 다양한 네트워크를 상호 연결하는 컴퓨터 네트워크 일부로, 정보를 교환할 수 있는 경로를 제공합니다.

지금까지 물리적인 AWS 인프라 구성을 알아보았습니다. 아무래도 다양한 용어가 등장해서 혼란스러울 것 같지만 너무 어렵게 생각하지 마세요.

단지 'AWS의 물리적인 인프라 구성을 기반으로 다양한 서비스가 효율적이고 안정적으로 동작하고 있구나!' 정도로만 이해하면 됩니다.

3.2.3 AWS 네트워킹 서비스 소개

AWS의 다양한 자원이 서로 원활하게 통신할 수 있도록 도와주는 것이 바로 AWS 네트워킹 서비스입니다. 다음 그림은 대표적인 AWS 네트워킹 서비스입니다.

▼ 그림 3-8 AWS 네트워킹 서비스

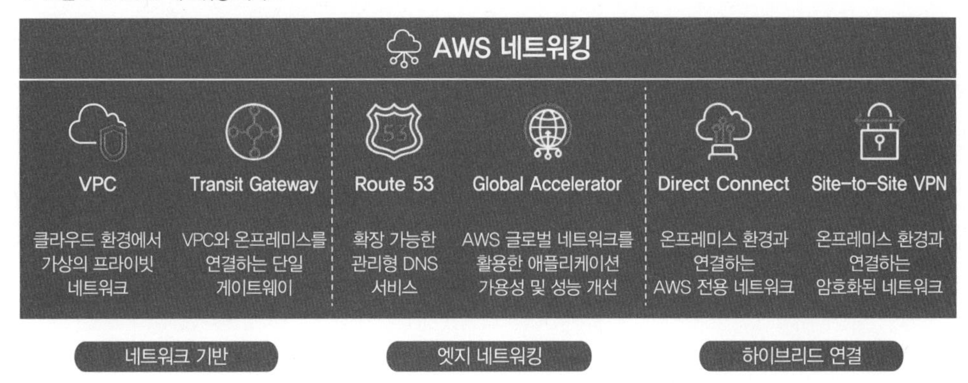

대표적인 AWS 네트워킹 서비스를 정리해 보면 다음과 같습니다.

- **VPC**: 사용자 전용 가상의 프라이빗 클라우드 네트워크로, 네트워크 자원을 탄력적으로 활용하는 서비스를 제공합니다.
- **Transit Gateway**: 중앙 허브 개념처럼 VPC와 온프레미스 네트워크를 연결하는 게이트웨이 역할의 서비스를 제공합니다.
- **Route 53**: AWS에서 제공하는 관리형 DNS 서비스로 도메인 등록, 라우팅, 상태 확인 등 서비스를 제공합니다.
- **Global Accelerator**: AWS 글로벌 네트워크를 통해 애플리케이션을 빠르고 안정적으로 사용할 수 있도록 가용성 및 성능을 보장하는 서비스를 제공합니다.
- **Direct Connect**: 온프레미스 환경에서 AWS와 전용 네트워크 연결 서비스를 제공합니다.
- **Site-to-Site VPN**: IPsec VPN 연결을 생성하여 암호화된 네트워크를 구성하는 서비스를 제공합니다.

다음 절부터 이런 다양한 AWS 네트워킹 서비스 중 Amazon VPC를 알아보고 실습을 진행하겠습니다.

3.3 Amazon VPC 소개

Amazon VPC(Virtual Private Cloud)는 사용자 정의로 구성된 가상의 프라이빗 클라우드 네트워크입니다. 사용자는 Amazon VPC에서 제공하는 다양한 네트워킹 요소를 이용하여 가상의 클라우드 네트워크를 구성할 수 있습니다. 마치 자신만의 데이터 센터에서 네트워크 환경을 구성하는 것처럼 말이죠.

이 절에서는 Amazon VPC의 기본 구성 요소를 살펴보고, 다음 절에서는 실습으로 Amazon VPC의 구성 요소들을 직접 확인해 보겠습니다.

3.3.1 Amazon VPC 기본 구성 요소

리전과 VPC

Amazon VPC는 리전마다 독립적으로 구성되어 있습니다. 예를 들어 서울 리전에 VPC를 생성했다면 생성한 VPC는 서울 리전에만 있으며, 다른 리전에는 없습니다. 또한 리전 내에는 다수의 VPC를 생성할 수 있으며, 각 VPC는 서로 독립적으로 분리됩니다. 이런 측면에서 사용자는 어느 리전에 VPC를 생성할지 미리 계획해야 합니다.

▼ 그림 3-9 VPC의 독립적 구성

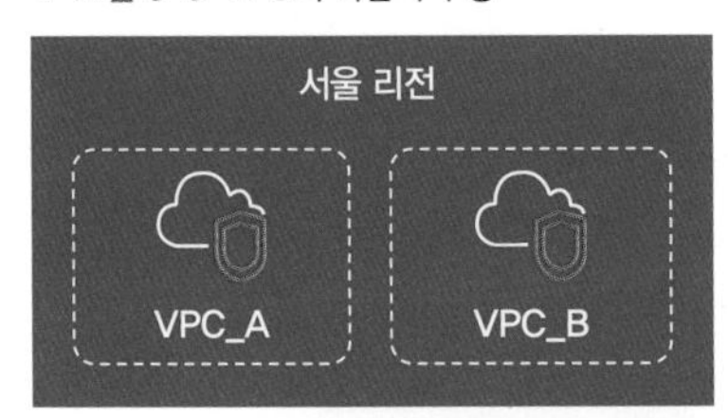

VPC는 독립된 가상의 클라우드 네트워크

> **Note ≡** 독립적으로 구성된 VPC는 필요에 따라 동일 리전이나 다른 리전에 위치한 VPC들을 서로 연결하여 클라우드 네트워크를 확장할 수도 있습니다.

서브넷과 가용 영역

Amazon VPC라는 하나의 독립된 클라우드 네트워크에도 서브넷을 이용하여 분리된 네트워크로 구성할 수 있습니다. 서브넷은 VPC 내 별도로 나누어진 네트워크라고 생각하면 됩니다. 그리고 서브넷은 반드시 하나의 가용 영역에 종속적으로 위치합니다.

▼ 그림 3-10 VPC 내 서브넷과 가용 영역

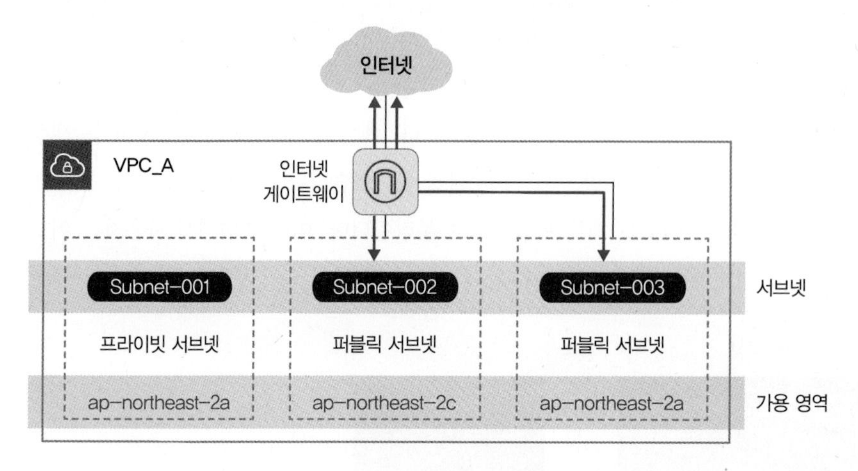

앞의 그림과 같이 VPC_A에 세 개의 서브넷(Subnet-001~003)으로 VPC 네트워크를 분리할 수 있으며, 서브넷은 하나의 가용 영역에 위치합니다.

서브넷은 VPC 네트워크 환경 구성에 따라 **퍼블릭 서브넷**과 **프라이빗 서브넷**으로 분류할 수 있습니다. 퍼블릭 서브넷은 인터넷 구간과 연결되어 있어 외부 인터넷 통신이 가능한 네트워크 영역이고, 프라이빗 서브넷은 인터넷 구간과 연결되지 않은 폐쇄적인 네트워크 영역입니다. 그림에서 Subnet-001은 프라이빗 서브넷이고 Subnet-002와 Subnet-003은 퍼블릭 서브넷입니다.

IP CIDR

IP CIDR은 네트워크에 할당할 수 있는 IP 주소 범위를 표현하는 방법입니다. Amazon VPC는 내부에 생성할 서브넷의 IP 주소 범위를 할당하기 위해 IP CIDR을 가지고 있으며, VPC 내 생성된 서브넷도 VPC의 IP CIDR에서 분할된 IP CIDR을 가지고 있습니다. 즉, VPC라는 큰 네트워크의 IP CIDR에서 서브넷이라는 작은 네트워크의 IP CIDR이 분할되어 있습니다. 결론적으로 서브넷에 생성되는 자원은 IP CIDR 범위 안에 있는 IP 주소를 할당받을 수 있습니다.

▼ 그림 3-11 VPC의 IP CIDR 블록과 서브넷의 IP CIDR 블록

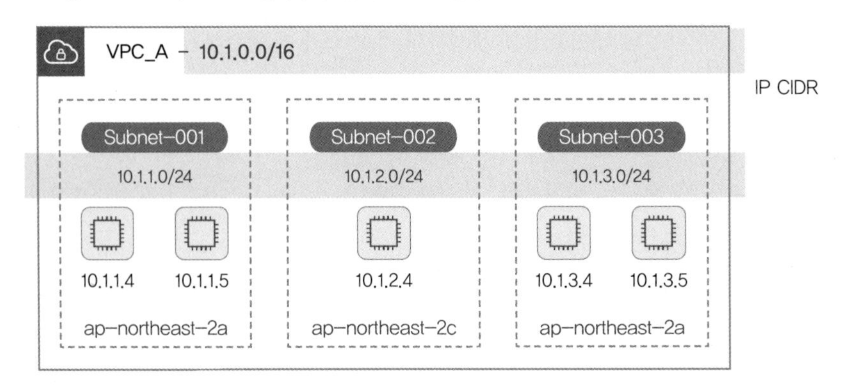

앞의 그림과 같이 VPC_A는 10.1.0.0/16의 IP CIDR로 할당되어 있고, VPC_A 내부에 Subnet-001~003은 10.1.1.0/24와 10.1.2.0/24와 10.1.3.0/24의 IP CIDR로 분리되어 있습니다. 이렇게 서브넷별로 생성된 자원들은 IP CIDR 범위 안에서 IP 주소를 할당합니다.

가상 라우터와 라우팅 테이블

Amazon VPC를 생성하면 기본적으로 네트워크 경로를 확인하여 트래픽을 전달하는 목적의 가상 라우터가 생성됩니다. 이렇게 생성된 가상 라우터는 기본 라우팅 테이블을 보유하고 있으며, 라우팅 테이블을 통해 네트워크 경로를 식별할 수 있습니다. 물론 기본 라우팅 테이블 외에 별도의 라우팅 테이블을 생성할 수 있고, 생성된 라우팅 테이블은 서브넷과 연결(attach)하여 서브넷마다 라우팅 테이블을 가질 수도 있습니다.

▼ 그림 3-12 VPC의 가상 라우터와 라우팅 테이블

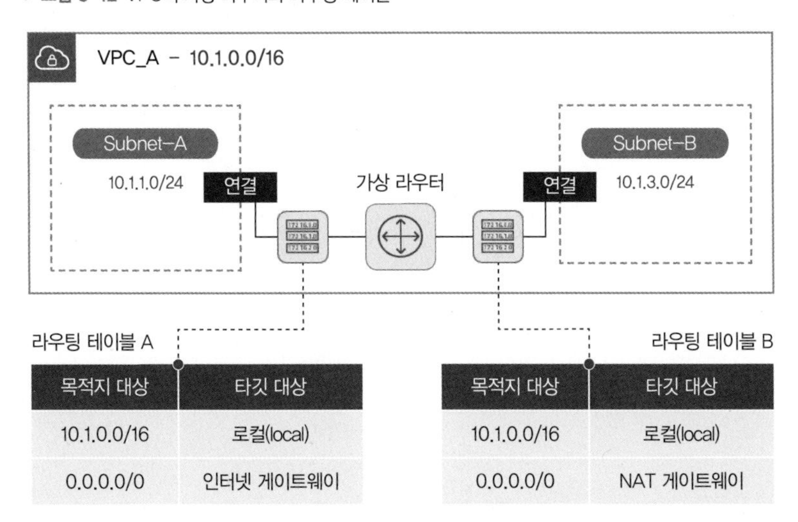

앞의 그림과 같이 VPC_A를 생성하면 자동으로 가상 라우터가 생성됩니다. 이렇게 생성된 가상 라우터에 라우팅 테이블 A와 라우팅 테이블 B를 생성하여 각 서브넷에 연결하면, 서브넷마다 라우팅 테이블을 두어 별도로 관리할 수 있습니다.

라우팅 테이블은 목적지 대상의 IP CIDR 블록과 타깃 대상으로 구성되어 있습니다. 참고로 타깃 대상에서 로컬은 VPC 내부 간 통신을 의미하며, 특수한 목적을 수행하는 인터넷 게이트웨이나 NAT 게이트웨이 등을 타깃 대상으로 지정할 수 있습니다.

보안 그룹과 네트워크 ACL

Amazon VPC는 보안 그룹(security group)과 네트워크 ACL(Access Control List) 같은 가상의 방화벽(firewall) 기능을 제공하여 서브넷과 생성된 자원에 대한 트래픽을 보호합니다. 트래픽 접근을 통제하는 것이 주된 목적이며, IP CIDR 블록, 프로토콜, 포트 번호 등을 정의하여 허용(allow)과 거부(deny)를 결정하는 보안 규칙을 만듭니다. 마치 검문소에서 출입을 통제하는 것처럼 말이죠. 여기에서 중요한 점은 보안 규칙에는 방향성이 있다는 것입니다. 가상의 방화벽을 기준으로 들어오는 인바운드(inbound) 규칙과 빠져나가는 아웃바운드(outbound) 규칙이 있기 때문에 트래픽 흐름을 고려한 보안 규칙을 세워야 합니다.

보안 그룹과 네트워크 ACL은 송수신 트래픽의 접근을 통제한다는 점에서 서로 같지만, 차이점이 있습니다. 차이점은 크게 세 가지로 나뉘는데, 차례대로 확인해 보겠습니다.

트래픽 접근 제어 대상

보안 그룹과 네트워크 ACL의 가장 큰 차이점은 접근 제어 대상이 서로 다르다는 것입니다. 보안 그룹은 인스턴스와 같은 자원 접근을 제어하며, 네트워크 ACL은 서브넷 접근을 제어합니다.

❤ 그림 3-13 보안 그룹과 네트워크 ACL

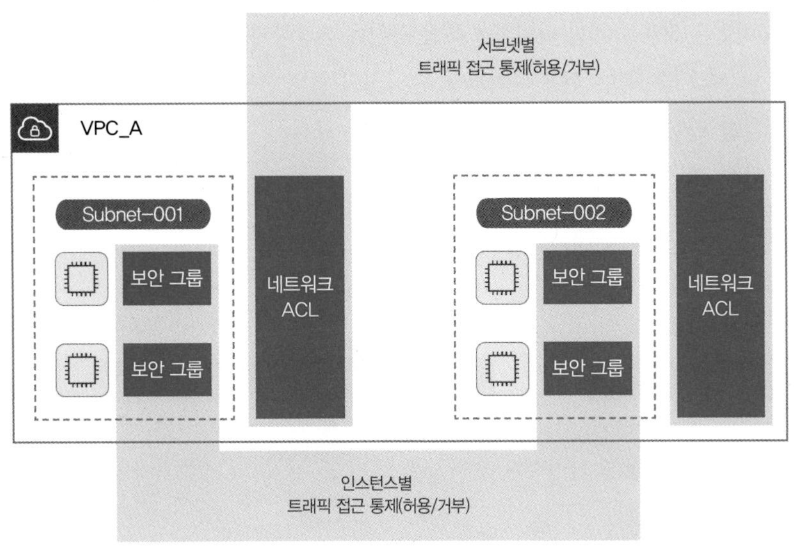

스테이트풀과 스테이트리스

보안 그룹은 이전 상태 정보를 기억하고 다음에 그 상태를 활용하는 스테이트풀(stateful) 접근 통제를 수행하며, 네트워크 ACL은 이전 상태 정보를 기억하지 않아 다음에 그 상태를 활용하지 않는 스테이트리스(stateless) 접근 통제를 수행합니다.

❤ 그림 3-14 보안 그룹의 스테이트풀 동작과 네트워크 ACL의 스테이트리스 동작

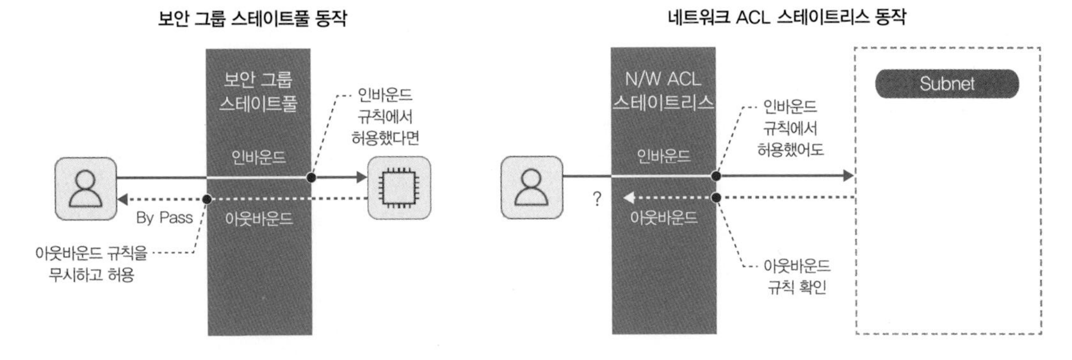

보안 그룹의 스테이트풀 동작을 보면 인바운드 규칙에 따라 트래픽을 허용한 경우 정보를 기억하고 아웃바운드 규칙에 상관없이 자동으로 접근이 허용됩니다. 반대로 네트워크 ACL의 스테이트리스 동작을 보면 인바운드 규칙에 따라 트래픽을 허용했어도 아웃바운드 규칙으로 트래픽 허용 여부를 판단합니다.

허용 및 거부 정책

보안 그룹의 정책 테이블은 허용 규칙만 나열하며 허용 규칙에 해당하지 않으면 자동 거부됩니다. 반면 네트워크 ACL의 정책 테이블은 허용 규칙과 거부 규칙이 모두 존재하여 규칙을 순차적으로 확인하고 허용과 거부를 판단합니다. 네트워크 ACL에도 모든 규칙이 매칭되지 않으면 거부하는 규칙이 기본적으로 있습니다.

▼ 그림 3-15 보안 그룹의 정책 테이블과 네트워크 ACL의 정책 테이블

보안 그룹 테이블

허용 대상만 나열

프로토콜	포트 범위	출발지 IP CIDR
TCP	80	10.1.1.0/24
TCP	22	0.0.0.0/0
UDP	67~68	0.0.0.0/0
ICMP	-	10.0.0.0/8
보안 그룹 리스트 매칭이 실패하면 트래픽 거부		

순차적으로 매칭 확인

네트워크 ACL 테이블

허용/거부 설정 가능

프로토콜	포트 범위	출발지 IP CIDR	허용/거부
TCP	80	10.1.1.0/24	허용
TCP	22	0.0.0.0/0	허용
UDP	67~68	0.0.0.0/0	거부
ICMP	-	10.0.0.0/8	허용
ALL	모두	모두	거부

네트워크 ACL의 마지막 규칙은 모든 트래픽 거부

3.3.2 Amazon VPC와 다른 네트워크 연결

Amazon VPC의 독립된 클라우드 네트워크에서 다른 네트워크와 연결하는 다양한 기능을 알아보겠습니다.

인터넷 게이트웨이

Amazon VPC는 프라이빗 클라우드 네트워크 환경으로, 외부 인터넷 구간과 연결되지 않은 독립적인 네트워크입니다. 외부 인터넷 구간과 연결이 필요하면 인터넷 게이트웨이라는 네트워킹 자원을 생성한 후 Amazon VPC와 연결하여 외부 인터넷과 통신합니다. 여기에서 인터넷 게이트웨이는 VPC와 인터넷 구간의 논리적인 연결이자 인터넷으로 나가는 관문이 되는 네트워킹 자원입니다.

퍼블릭 서브넷은 외부 인터넷 통신이 가능한 네트워크입니다. 서브넷의 라우팅 테이블에서 외부 인터넷으로 나가는 타깃 대상을 인터넷 게이트웨이로 지정하여 퍼블릭 서브넷 환경을 만듭니다.

▼ 그림 3-16 인터넷 게이트웨이와 퍼블릭 서브넷

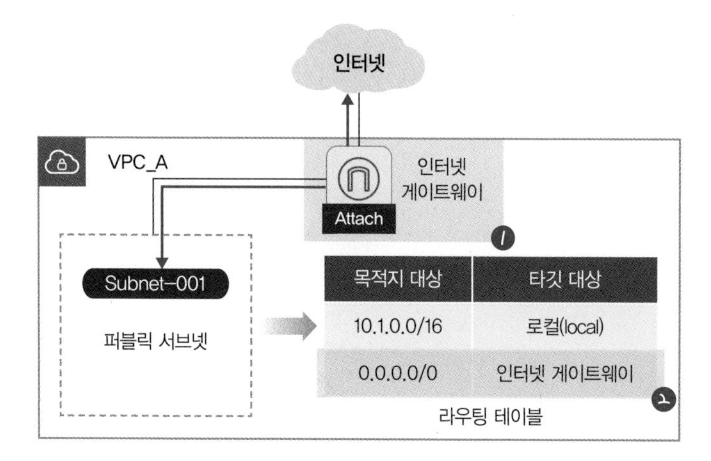

앞의 그림과 같이 Amazon VPC에서 퍼블릭 서브넷을 구성할 경우 다음과 같은 단계를 수행합니다.

❶ 인터넷 게이트웨이를 생성하고 Amazon VPC에 연결합니다.

❷ 서브넷의 라우팅 테이블에 타깃 대상을 인터넷 게이트웨이로 지정합니다.

NAT 게이트웨이

NAT 게이트웨이(Network Address Translation gateway)는 프라이빗 서브넷에서 외부 인터넷으로 통신하는 관문 역할을 합니다. NAT는 IP 주소를 변환하는 기능을 제공하며, 프라이빗 IP 주소를 퍼블릭 IP 주소로 변환하여 외부 인터넷 구간 통신 환경을 만듭니다.

프라이빗 서브넷은 외부 인터넷 구간과 단절된 독립된 네트워크이지만 외부 인터넷 구간과 통신이 필요할 때는 NAT 게이트웨이를 통해 프라이빗 IP 주소를 퍼블릭 IP 주소로 변환하여 외부 인터넷 구간과 통신할 수 있습니다.

▼ 그림 3-17 퍼블릭 서브넷과 프라이빗 서브넷의 외부 인터넷 구간 통신

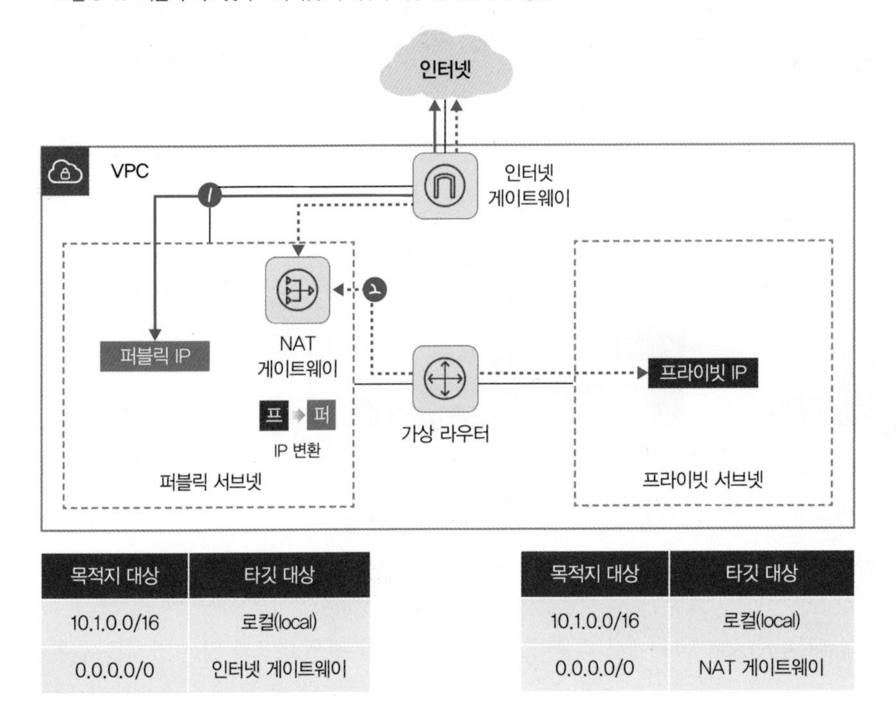

목적지 대상	타깃 대상
10.1.0.0/16	로컬(local)
0.0.0.0/0	인터넷 게이트웨이

목적지 대상	타깃 대상
10.1.0.0/16	로컬(local)
0.0.0.0/0	NAT 게이트웨이

앞의 그림은 퍼블릭 서브넷과 프라이빗 서브넷의 외부 인터넷 구간 통신 동작을 표현하고 있습니다. 차이를 비교하면 다음과 같습니다.

❶ 퍼블릭 서브넷에서 외부 인터넷 구간 통신

퍼블릭 서브넷은 퍼블릭 IP 주소를 가지고 인터넷 게이트웨이를 통해 외부 인터넷 구간과 데이터를 송수신할 수 있습니다. 반대로 외부 인터넷 구간에서도 퍼블릭 서브넷의 퍼블릭 IP로 데이터를 송수신할 수 있습니다.

❷ 프라이빗 서브넷에서 외부 인터넷 구간 통신

프라이빗 서브넷은 프라이빗 IP 주소를 NAT 게이트웨이로 전달하여 퍼블릭 IP 주소로 변환한 후 인터넷 게이트웨이를 통해 외부 인터넷 구간과 데이터를 송수신할 수 있습니다. 반대로 외부 인터넷 구간에서 프라이빗 서브넷의 프라이빗 IP 주소로는 데이터를 송수신할 수 없습니다.

즉, 프라이빗 서브넷에서 출발하여 NAT 게이트웨이를 통해 외부 인터넷 구간으로 도착할 수 있지만, 외부 인터넷 구간에서 출발하여 프라이빗 서브넷으로 도착할 수는 없습니다.

Note ≡ NAT 게이트웨이는 프라이빗 서브넷의 외부 인터넷 구간을 돕는 역할을 하지만 실제 인터넷 게이트웨이와 연결된 퍼블릭 서브넷에 위치합니다.

VPC 피어링

VPC 피어링은 서로 다른 VPC를 연결하는 기능입니다. 동일 리전뿐만 아니라 다른 리전에 위치한 VPC와 연결할 수도 있고, 다른 계정에 위치한 VPC까지 연결할 수 있습니다.

VPC 피어링으로 연결할 경우 IP CIDR 블록이 중복되면 연결이 불가능한 제약이 있어 VPC 피어링으로 클라우드 네트워크를 확장할 때는 IP 주소 대역을 반드시 점검해야 합니다.

전송 게이트웨이

전송 게이트웨이(transit gateway)는 다수의 VPC나 온프레미스를 단일 지점으로 연결하는 중앙 집중형 라우터입니다. 단일 지점 연결이라 네트워크 구성이 간소화되고 비용도 절감되는 효과가 있습니다.

▼ 그림 3-18 VPC 피어링과 전송 게이트웨이 비교

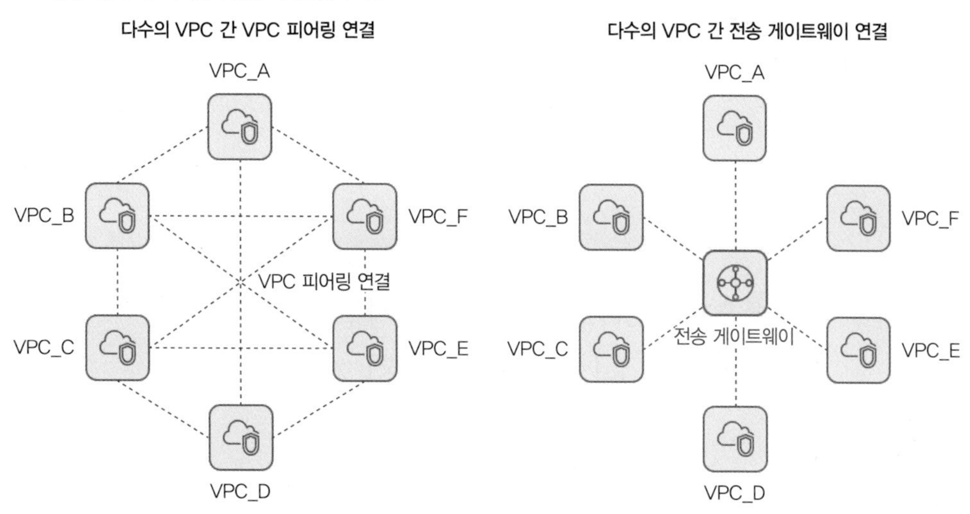

가상 프라이빗 게이트웨이

가상 프라이빗 게이트웨이(virtual private gateway)는 관리형 AWS Site-to-Site VPN을 연결하거나 AWS Direct Connect로 온프레미스 환경을 연결합니다.

지금까지 Amazon VPC와 다른 네트워크를 연결하는 기능을 알아보았습니다. 3.4절에서 인터넷 게이트웨이와 NAT 게이트웨이를 실습으로 좀 더 알아볼 것이며, 나머지 기능은 간단히 이해하는 정도로만 넘어가기 바랍니다.

3.3.3 Amazon VPC 요금

기본적으로 Amazon VPC를 사용하면서 요금은 발생하지 않지만, VPC 기능 중 일부는 요금이 발생할 수 있습니다.

3.4절 실습에서 사용할 NAT 게이트웨이가 그 예입니다. NAT 게이트웨이는 최초 프로비저닝한 후 시간에 따른 요금이 부과되며, 기가바이트 단위로 데이터 처리 요금도 부과됩니다. 실습을 진행할 때는 기가바이트 단위의 데이터가 발생하지 않아 문제가 되지는 않지만, 시간에 따른 요금이 발생하는 것은 불가피합니다. 참고로 서울 리전의 NAT 게이트웨이는 1시간당 0.059USD, 한화로 100원 미만의 요금이 발생할 수 있습니다.

> **Note** ≡ 2024년 2월부터 서비스 연결 여부에 관계없이 모든 퍼블릭 IP 주소 사용에 따른 요금이 1시간당 0.005 USD, 한화로 7원 미만의 요금이 발생합니다. Amazon VPC 요금 관련 내용은 https://aws.amazon.com/ko/vpc/pricing/ 링크를 참고하기 바랍니다.

3.4 실습 Amazon VPC로 퍼블릭 및 프라이빗 서브넷 구성하기

실습 목표

Amazon VPC를 생성하여 퍼블릭 서브넷 환경과 프라이빗 서브넷 환경을 구성하고 통신을 확인하는 것이 목표입니다. 실습하면서 앞서 설명한 네트워킹 요소를 이해할 수 있을 것입니다.

▼ 그림 3-19 목표 구성도

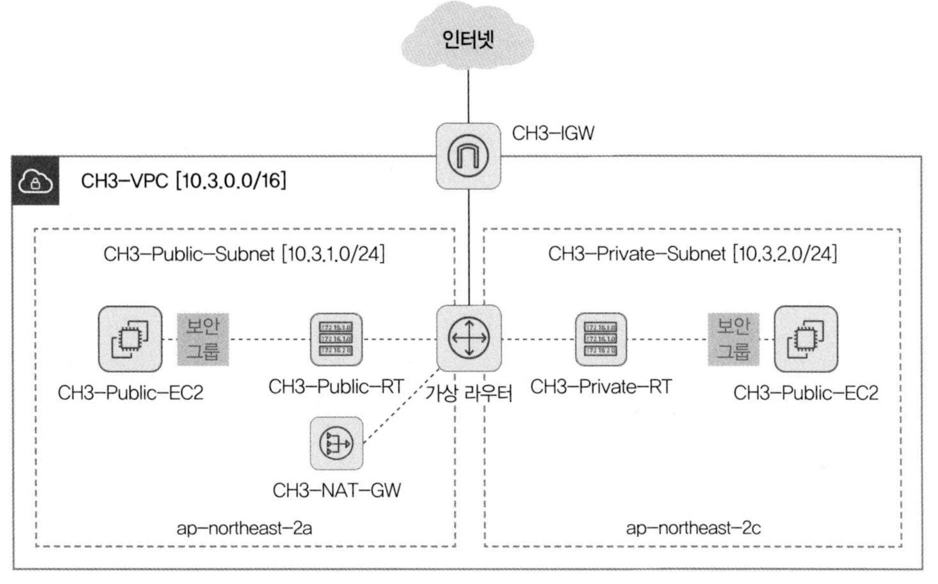

목적지 대상	타깃 대상
10.3.0.0/16	로컬(local)
0.0.0.0/0	igw-xxxx (CH3-IGW)

목적지 대상	타깃 대상
10.3.0.0/16	로컬(local)
0.0.0.0/0	nat-xxxx (CH3-NAT-GW)

실습 단계

1. 사용자 VPC를 생성합니다.
2. 퍼블릭 서브넷을 생성합니다.
3. 퍼블릭 서브넷 환경에서 통신을 확인합니다.
4. 프라이빗 서브넷을 생성합니다.
5. 프라이빗 서브넷 환경에서 통신을 확인합니다.
6. 실습을 위해 생성된 자원을 모두 삭제합니다.

Note ☰ 기본 라우팅 테이블 정보가 보이지 않을 경우 우측 상단에 새로 고침 버튼을 클릭하고 확인해 주세요.

3.4.1 사용자 VPC 생성하기

Amazon VPC는 생성 주체에 따라 기본 VPC(default VPC)와 사용자 VPC(custom VPC)로 구분합니다. 기본 VPC는 리전마다 한 개씩 가지고 있으며, AWS 네트워킹 리소스를 미리 정해서 생성되어 있습니다. 반면 사용자 VPC는 사용자에 따라 수동으로 정의하는 VPC로 리전마다 최대 다섯 개까지 생성할 수 있습니다.

이번 실습은 사용자 VPC를 사용하여 진행할 것이며, 사용자 요구에 따라 다음 사항을 정의해야 합니다.

- 이름 태그
- IPv4 CIDR(/16~/28 범위의 서브넷 마스크 사용)

1. AWS에 로그인하고 **서비스 > 네트워킹 및 콘텐츠 전송 > VPC**를 선택하면 VPC 대시보드가 나타납니다.

▼ 그림 3-20 VPC 대시보드 페이지

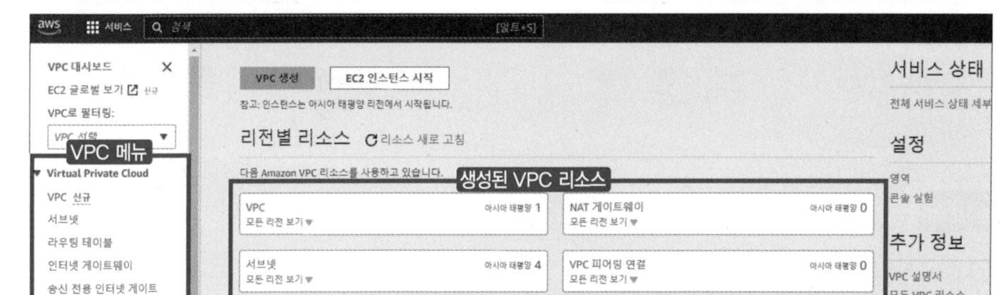

VPC 대시보드를 살펴보면, 왼쪽에는 VPC 관련 메뉴가 나열되어 있고 가운데에서는 리전마다(서울 리전) 생성된 VPC 리소스를 확인할 수 있습니다.

Note ≡ 별도의 작업을 수행하지 않았지만, VPC 리소스가 존재하고 있습니다. 앞서 설명한 기본 VPC에서 정의된 리소스입니다.

2. VPC 설정을 위해 위쪽에 있는 **VPC 생성**을 눌러 VPC 생성 페이지에 진입합니다. VPC 생성 페이지에서 다음과 같이 설정합니다.

❶ 생성할 리소스는 **VPC만** 선택하고 이름 태그는 'CH3-VPC'를 입력

❷ IPv4 CIDR 블록은 **IPv4 CIDR 수동 입력** 선택, IPv4 CIDR 대역을 '10.3.0.0/16'으로 입력

❸ 아래쪽에 있는 **VPC 생성** 누르기

▼ 그림 3-21 VPC 생성 페이지

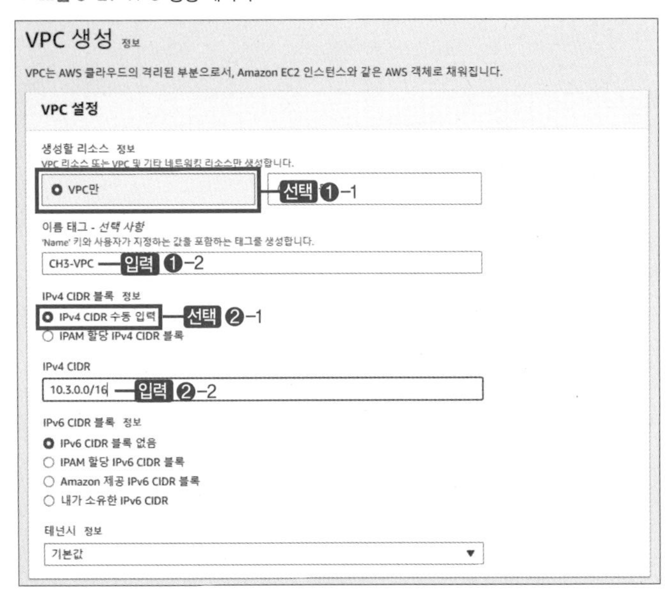

3. 가장 위쪽에 VPC가 생성되었다는 메시지가 보이고 설정한 세부 정보를 출력합니다. 왼쪽 메뉴에서 **VPC**를 선택하면 현재 리전에 존재하는 VPC 정보를 확인할 수 있습니다.

▼ 그림 3-22 생성된 VPC 정보 확인

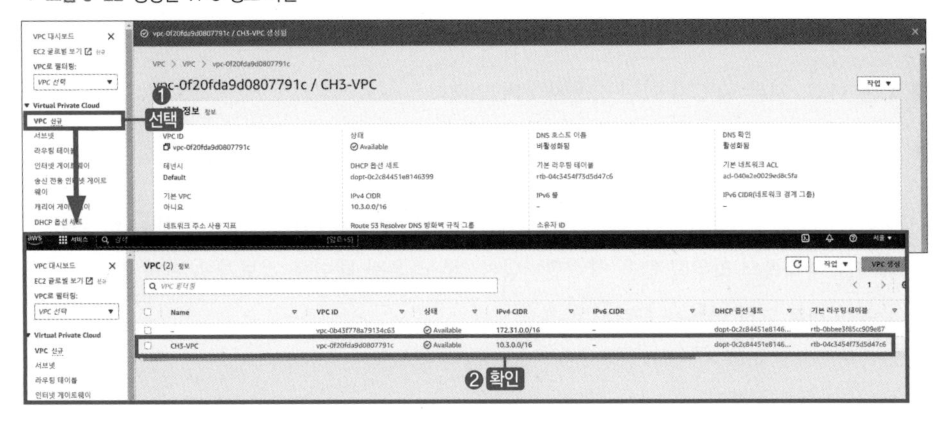

4. VPC 리스트를 보면 기본 VPC와 새로 생성한 사용자 VPC 두 개가 있습니다. 이번에 생성한 'CH3-VPC'에 체크합니다.

▼ 그림 3-23 VPC 세부 정보 확인

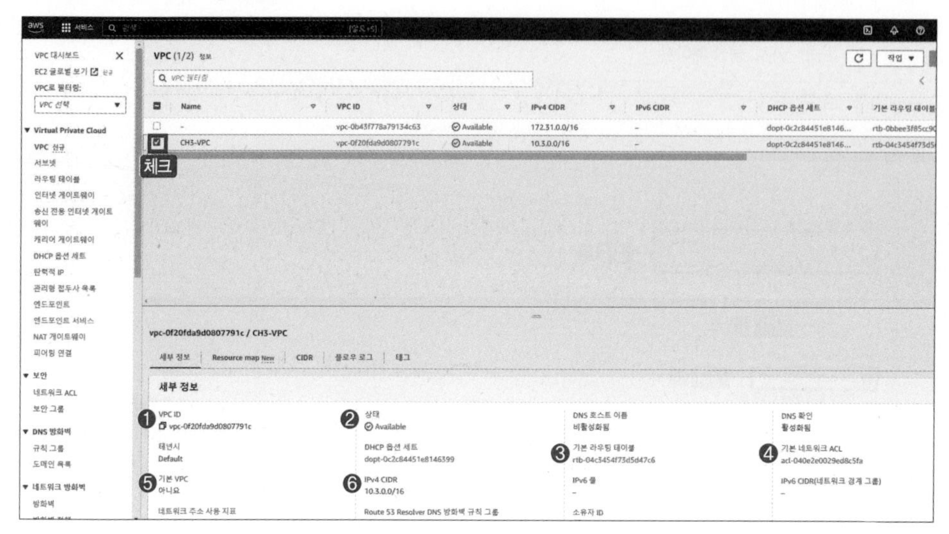

VPC의 세부 정보에서 몇 가지 사항을 확인해 보면 다음과 같습니다.

❶ **VPC ID**: VPC마다 고유한 ID로 자동 생성됩니다. 아무래도 길고 복잡한 구조라서 VPC 식별은 이름 태그를 활용합니다.

❷ **상태**: 현재 VPC는 Available로 사용할 수 있는 상태입니다.

❸ **기본 라우팅 테이블**: VPC에서 사용하는 기본 라우팅 테이블입니다.

❹ **기본 네트워크 ACL**: VPC 네트워크에 대해 접근 통제를 수행하는 보안 정책입니다.

❺ **기본 VPC**: 기본 VPC가 아닌 사용자 VPC입니다.

❻ **IPv4 CIDR**: VPC에서 사용하는 IP 대역입니다.

5. 기본 라우팅 테이블을 확인하기 위해 기본 라우팅 테이블의 ID를 체크합니다. 표시된 라우팅 테이블 아래쪽의 **라우팅 탭**을 클릭합니다. 기본 라우팅 테이블 정보가 보이지 않을 경우 우측 상단에 **새로 고침** 버튼을 클릭해 주세요.

▼ 그림 3-24 기본 라우팅 테이블 확인

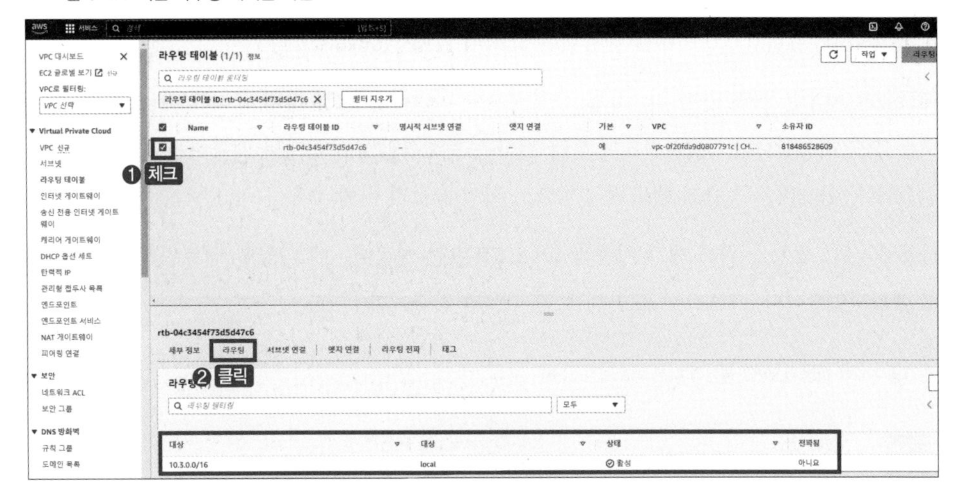

앞의 그림과 같이 자동으로 기본 라우팅 테이블이 생성되며, 테이블 정보를 확인해 보면 IP 대역 10.3.0.0/16에 대한 타깃 대상은 로컬(local)입니다. 여기에 라우팅 테이블이 존재하는 것으로 가상 라우터가 있는 것을 알 수 있습니다.

6. 다시 VPC 페이지로 이동한 후 네트워크 ACL을 확인하기 위해 기본 네트워크 ACL 링크를 클릭합니다. 표시된 네트워크 ACL에 체크한 후 아래쪽 **인바운드 규칙 탭**을 클릭합니다.

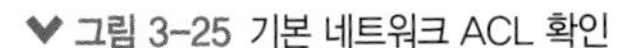

▼ 그림 3-25 기본 네트워크 ACL 확인

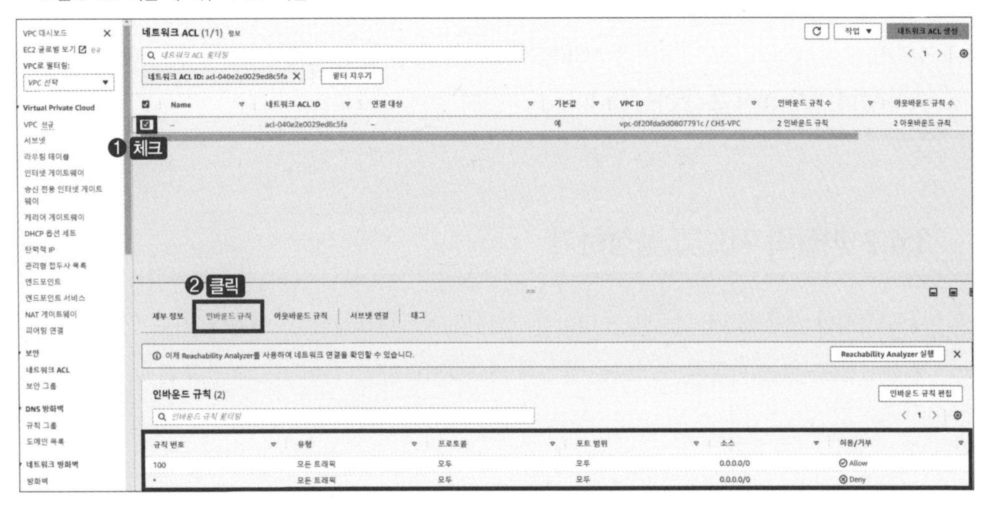

앞의 그림과 같이 자동으로 기본 네트워크 ACL이 생성되며, 정보를 확인해 보면 모든 트래픽 유형과 모든 IP 범위(0.0.0.0/0)를 허용하는 규칙이 앞에 있습니다.

네트워크 ACL은 여러 규칙 리스트를 순차적으로 확인하므로 첫 번째 규칙에 따라 모든 트래픽과 모든 IP를 허용합니다. 물론 필요에 따라 원하는 트래픽만 허용하거나 거부하는 규칙을 편집할 수 있습니다. 아웃바운드 규칙 탭도 동일하므로 확인해 보기 바랍니다.

사용자 VPC 생성을 위해 태그 이름과 IPv4 CIDR만 설정했는데 다양한 네트워킹 자원이 자동으로 생성되었습니다. 그림으로 표현해 보면 다음과 같습니다.

▼ 그림 3-26 사용자 VPC 생성에 따른 네트워킹 요소

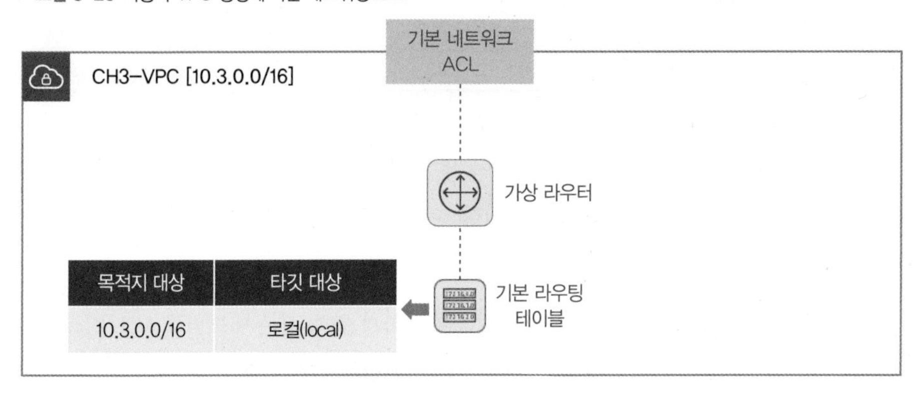

사용자 VPC를 생성하면 기본 라우팅 테이블을 사용하는 가상 라우터가 생성되고 로컬 통신이 가능합니다. 그리고 기본 네트워크 ACL이 생성되는데, 모든 트래픽과 IP 대역을 허용하는 기본 규칙이 있어 제약 없이 통신 가능합니다.

3.4.2 퍼블릭 서브넷 생성하기

새로 생성한 사용자 VPC는 10.3.0.0/16 하나의 네트워크입니다. 여기에 외부 인터넷과 자유롭게 통신할 수 있는 퍼블릭 서브넷을 생성해 보겠습니다.

서브넷 생성하기

서브넷은 분리된 네트워크로 VPC의 IP CIDR에서 분할된 IP CIDR을 정의하며, 하나의 가용 영역에 종속되어 있습니다. 이런 서브넷을 생성할 때는 기본적으로 다음 사항을 정의해야 합니다.

- VPC ID(연결한 대상의 VPC)
- 서브넷 이름
- 가용 영역
- IPv4 CIDR 블록(VPC의 IPv4 CIDR에서 나누어진 대역)

1. 왼쪽 VPC 메뉴에서 **서브넷**을 선택합니다. 서브넷 페이지를 보면 현재 기본 VPC로 자동 생성된 서브넷이 네 개 있습니다. 우리는 사용자 정의로 서브넷을 생성할 것이니 오른쪽 위의 **서브넷 생성**을 누릅니다.

▼ 그림 3-27 VPC 서브넷 페이지

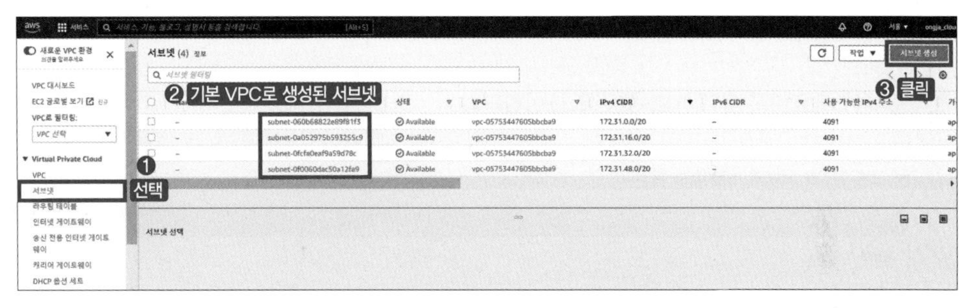

2. 서브넷 생성 페이지에서 다음과 같이 설정합니다.

   ❶ 서브넷을 생성할 VPC ID 선택

   ❷ 서브넷 이름을 'CH3-Public-Subnet'으로 입력

   ❸ 가용 영역은 **아시아 태평양 (서울) / ap-northeast-2a** 선택

   ❹ IPv4 subnet CIDR block을 '10.3.1.0/24'로 입력

   ❺ 아래쪽에 있는 **서브넷 생성** 누르기

▼ 그림 3-28 서브넷 생성 페이지

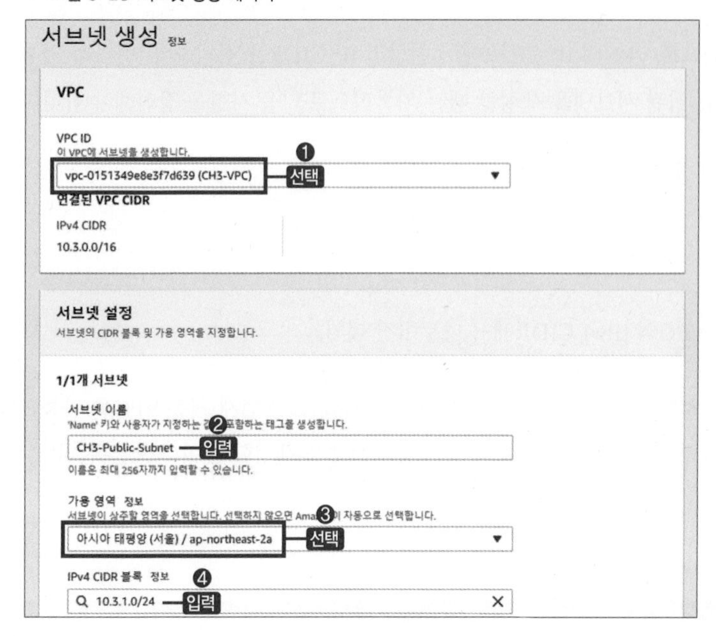

3. 생성한 서브넷을 클릭하고 정보를 확인합니다.

▼ 그림 3-29 서브넷 세부 정보 확인

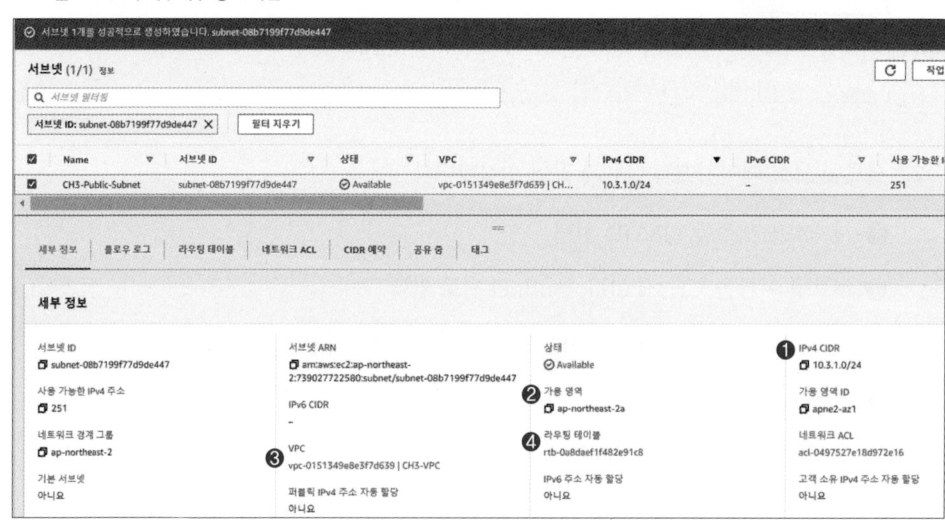

생성한 서브넷의 몇 가지 세부 정보를 확인해 봅시다.

❶ **IPv4 CIDR**: 서브넷에서 사용하는 IP 대역입니다.

❷ **가용 영역**: 서브넷이 위치한 가용 영역입니다.

❸ **VPC**: 서브넷이 속한 VPC 정보입니다.

❹ **라우팅 테이블**: 서브넷이 사용하는 라우팅 테이블로 현재 기본 라우팅 테이블을 사용합니다.

서브넷 생성 작업까지 그림으로 표현하면 다음과 같습니다.

▼ 그림 3-30 서브넷 생성 구성도

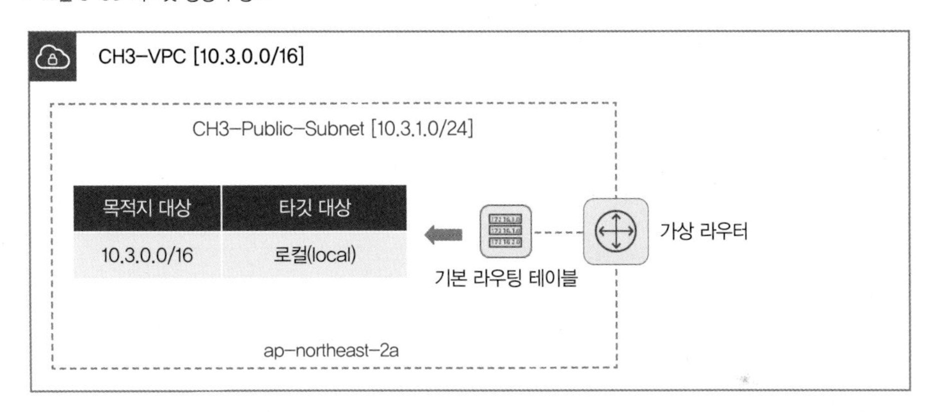

라우팅 테이블 생성하기

새로 생성한 서브넷은 기본 라우팅 테이블을 사용합니다. 이번 실습에는 서브넷마다 라우팅 테이블을 생성해서 연결하겠습니다. 이런 라우팅 테이블을 생성할 때는 기본적으로 다음 사항을 정의해야 합니다.

- 라우팅 테이블 이름
- VPC(연결한 대상의 VPC)
- 서브넷 연결

1. 왼쪽 VPC 메뉴에서 **라우팅 테이블**을 선택합니다. 라우팅 테이블 페이지가 표시되며 현재 기본 VPC의 기본 라우팅 테이블과 사용자 VPC의 기본 라우팅 테이블이 있습니다. 우리는 사용자 VPC의 사용자 정의로 라우팅 테이블을 생성할 것이니 오른쪽 위의 **라우팅 테이블 생성**을 누릅니다.

▼ 그림 3-31 라우팅 테이블 페이지

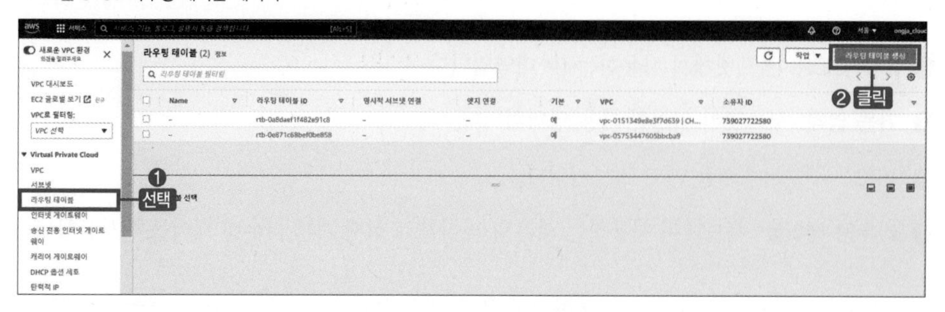

2. 라우팅 테이블 생성 페이지에서 다음과 같이 설정합니다.

   ❶ 라우팅 테이블을 식별할 수 있도록 이름은 'CH3-Public-RT'로 입력

   ❷ 라우팅 테이블을 사용할 VPC(CH3-VPC) 선택

   ❸ 아래쪽에 있는 **라우팅 테이블 생성** 누르기

▼ 그림 3-32 라우팅 테이블 생성 페이지

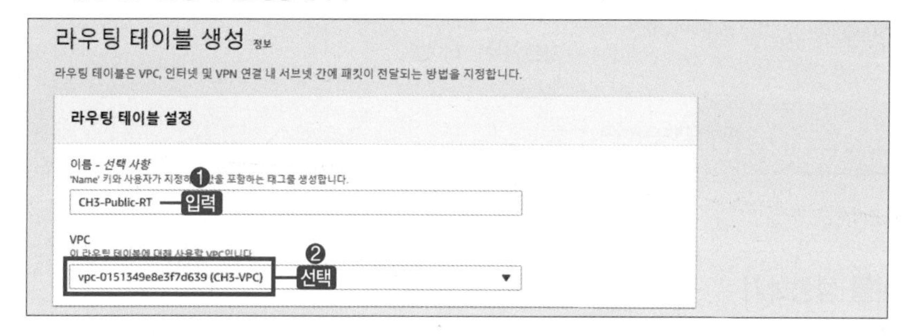

3. 다시 라우팅 페이지로 들어가서 새로 생성한 라우팅 테이블을 체크하면 세부 정보를 확인할 수 있습니다.

▼ 그림 3-33 라우팅 테이블 세부 정보

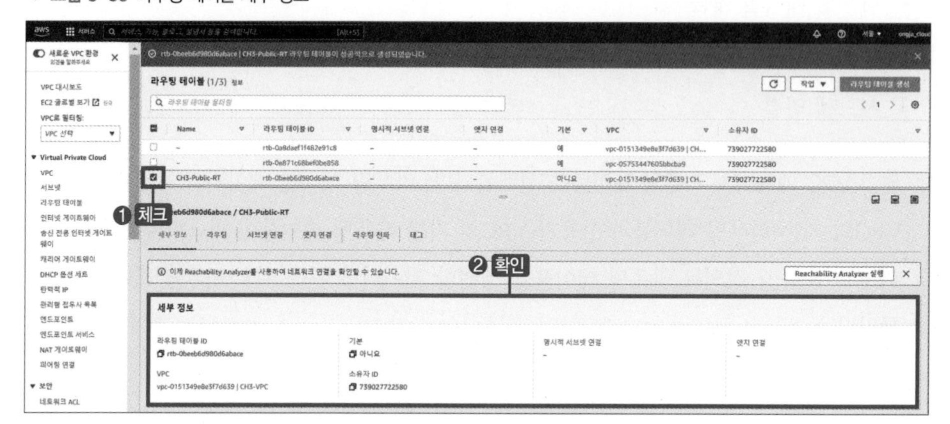

현재 라우팅 테이블은 기본 라우팅 테이블이 아닌 일반 라우팅 테이블이며, 서브넷과 연결되지 않고 덩그러니 있습니다. 생성된 라우팅 테이블을 서브넷과 연결하는 작업이 필요합니다.

4. 생성된 라우팅 테이블 아래쪽에서 **서브넷 연결 탭**을 클릭합니다. 현재 연결된 서브넷이 없는 상태로 오른쪽에 있는 **서브넷 연결 편집**을 누릅니다.

▼ 그림 3-34 라우팅 테이블 - 서브넷 연결 페이지

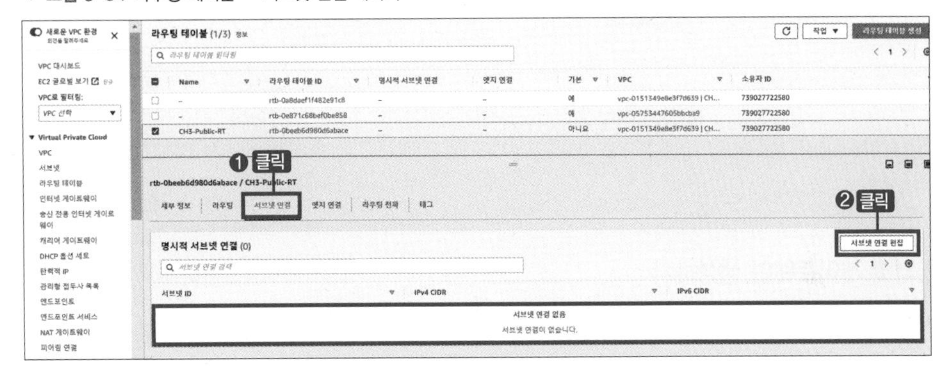

5. 라우팅 테이블에 새로 생성한 서브넷을 체크하고, 아래쪽에 **연결 저장**을 누릅니다.

▼ 그림 3-35 서브넷 연결 편집 페이지

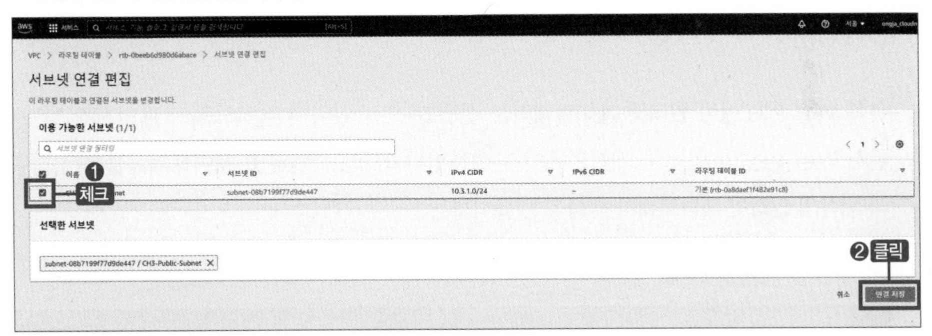

다시 라우팅 테이블 페이지로 들어가서 대상 라우팅 테이블을 선택한 후 서브넷 연결 탭으로 진입하면 서브넷과 연결된 것을 확인할 수 있습니다.

라우팅 테이블 생성 작업까지 그림으로 표현하면 다음과 같습니다.

▼ 그림 3-36 라우팅 테이블 구성도

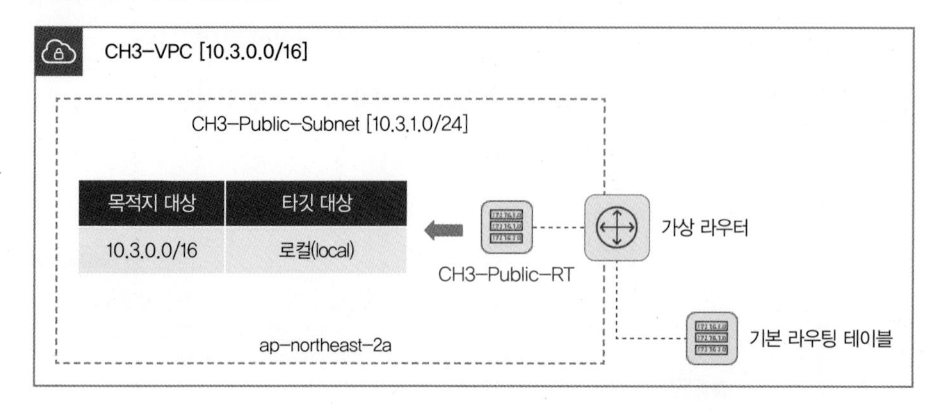

인터넷 게이트웨이 생성하기

퍼블릭 서브넷은 외부 인터넷 구간과 자유롭게 통신할 수 있는 환경으로, 이 환경을 만들려면 인터넷 게이트웨이가 필요합니다. 이런 인터넷 게이트웨이를 생성할 때는 기본적으로 다음 사항을 정의해야 합니다.

- 이름 태그(인터넷 게이트웨이 이름)
- VPC 연결

1. 왼쪽 VPC 메뉴에서 **인터넷 게이트웨이**를 선택합니다. 인터넷 게이트웨이 페이지가 나타나며 현재 기본 VPC의 인터넷 게이트웨이가 존재합니다. 신규 인터넷 게이트웨이를 생성하기 위해 위쪽의 **인터넷 게이트웨이 생성**을 누릅니다.

▼ 그림 3-37 인터넷 게이트웨이 페이지

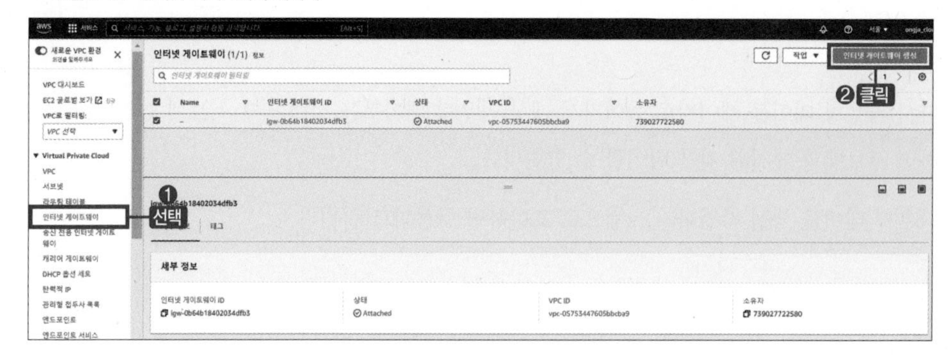

2. 인터넷 게이트웨이 생성 페이지에서 다음과 같이 설정합니다.

❶ 인터넷 게이트웨이 이름 태그를 'CH3-IGW'로 입력

❷ 아래쪽에 있는 **인터넷 게이트웨이 생성** 누르기

▼ 그림 3-38 인터넷 게이트웨이 생성 페이지

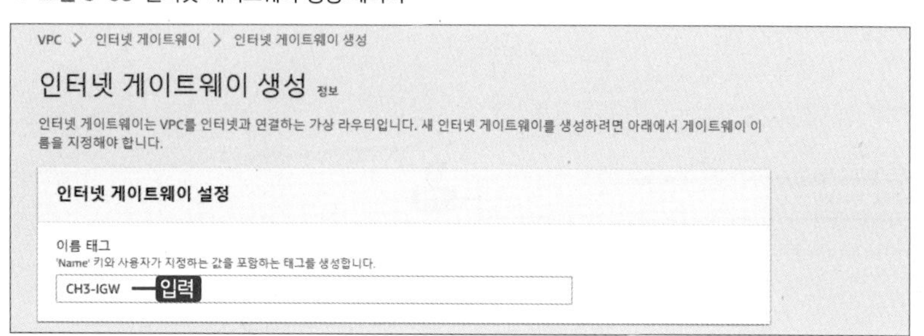

인터넷 게이트웨이 페이지로 들어가면 신규 인터넷 게이트웨이가 생성된 것을 확인할 수 있습니다. 하지만 현재는 'Detached(분리)'로 뜨는데 VPC와 연결되지 않은 상태입니다.

3. VPC와 연결할 수 있도록 방금 생성한 인터넷 게이트웨이를 체크하고 위쪽의 **작업**을 클릭하여 **VPC에 연결**을 선택합니다.

▼ 그림 3-39 인터넷 게이트웨이 세부 정보

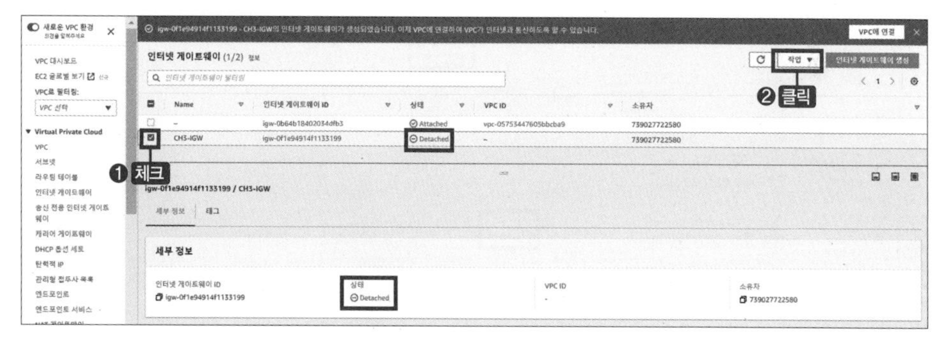

4. VPC에 연결 페이지가 표시되면 연결할 VPC를 선택하고 아래쪽의 **인터넷 게이트웨이 연결**을 누릅니다.

▼ 그림 3-40 인터넷 게이트웨이 연결

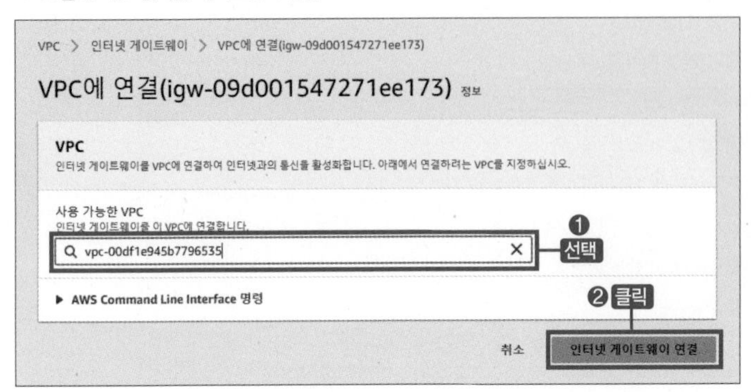

5. 다시 인터넷 게이트웨이 페이지로 들어가면 상태 정보가 'Detached'에서 'Attached(연결)'로 변경된 것을 확인할 수 있습니다.

▼ 그림 3-41 인터넷 게이트웨이 생성 페이지

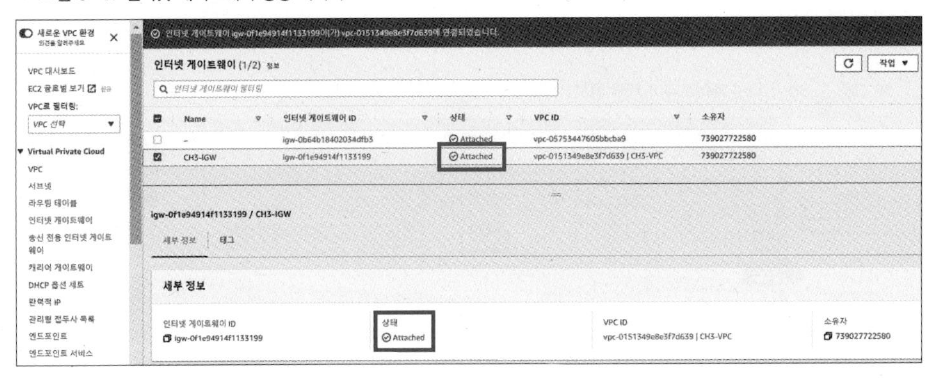

인터넷 게이트웨이 생성 작업까지 그림으로 표현하면 다음과 같습니다.

▼ 그림 3-42 인터넷 게이트웨이 생성 구성도

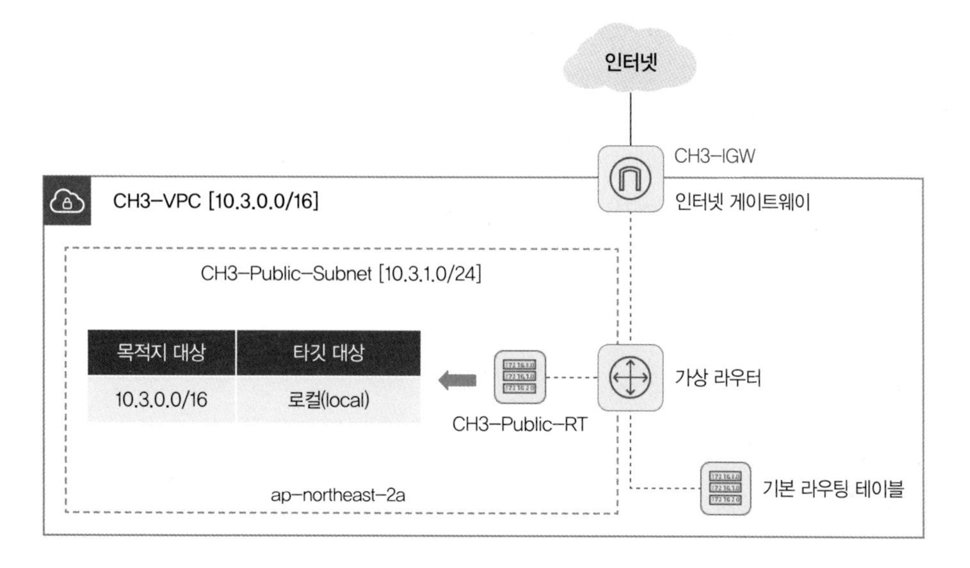

라우팅 테이블 편집하기

퍼블릭 서브넷 환경을 위해 인터넷 게이트웨이까지 생성했습니다. 하지만 퍼블릭 서브넷의 라우팅 테이블은 로컬 통신 경로만 있을 뿐 외부 인터넷 구간으로 갈 수 있는 경로 정보는 없습니다. 라우팅 테이블 수정 작업을 수행합니다.

1. 라우팅 테이블로 들어가서 생성한 라우팅 테이블을 체크한 후 **라우팅 탭**을 클릭합니다. 라우팅 테이블 정보를 확인해 보면 10.3.0.0/16 대상에 대한 타깃 대상은 로컬로, 로컬 통신만 가능합니다. 오른쪽에 있는 **라우팅 편집**을 누릅니다.

▼ 그림 3-43 라우팅 테이블 - 라우팅 탭 페이지

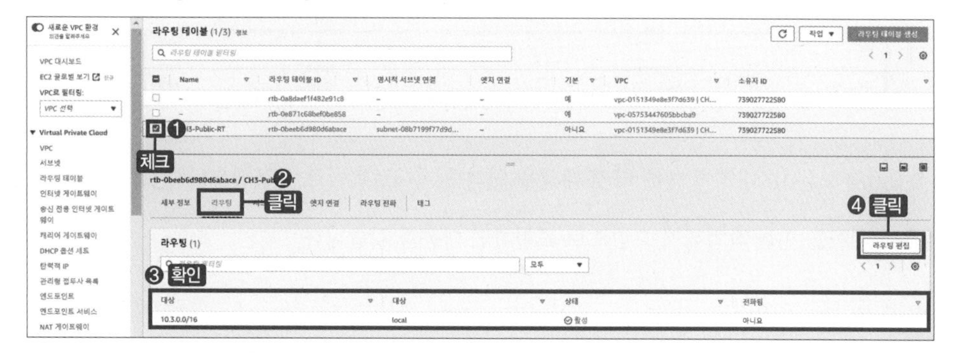

2. 라우팅 편집 페이지에서 다음과 같이 설정합니다.

❶ 먼저 **라우팅 추가** 누르기

❷ IP CIDR에 '0.0.0.0/0(모든 IP 대역)'을 입력

❸ 타깃 대상에 인터넷 게이트웨이를 선택하고 생성한 인터넷 게이트웨이 ID를 선택

❹ 가장 아래쪽으로 내려가서 **변경 사항 저장** 누르기

▼ 그림 3-44 라우팅 편집 페이지

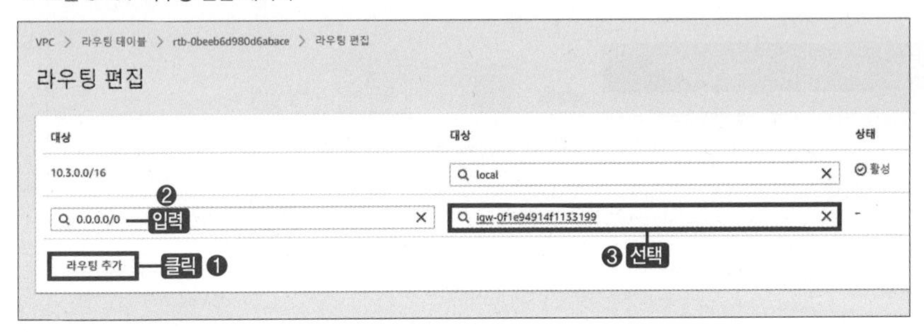

3. 편집된 라우팅 정보를 확인합니다.

▼ 그림 3-45 편집된 라우팅 정보

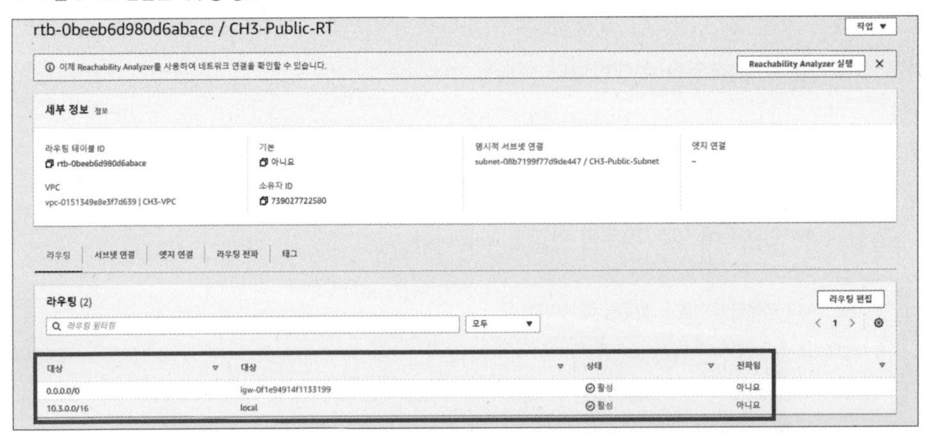

0.0.0.0/0 모든 IP 대역에 대해 타깃 대상을 인터넷 게이트웨이로 설정했습니다.

라우팅 테이블 편집 작업까지 그림으로 표현하면 다음과 같습니다.

▼ 그림 3-46 라우팅 테이블 편집 구성도

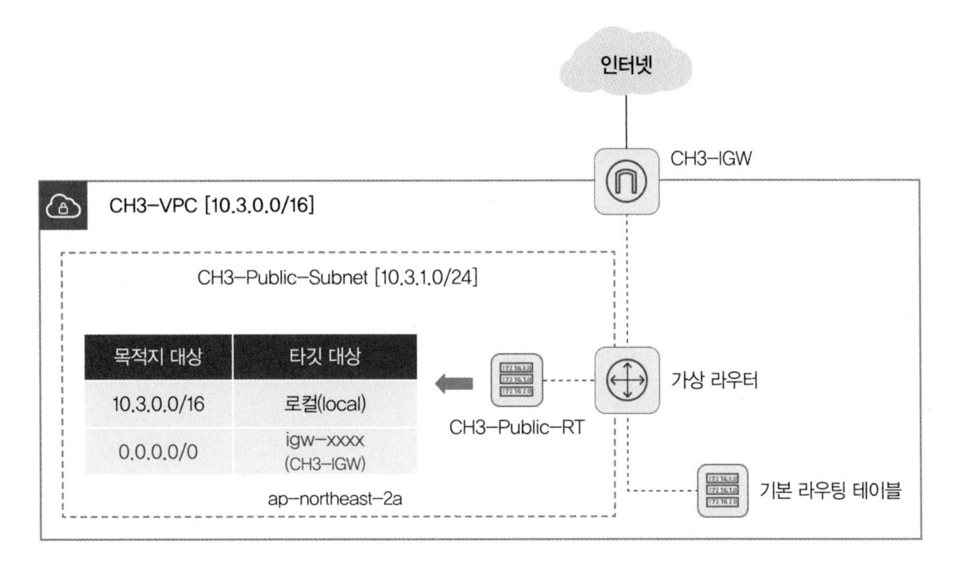

여기까지 VPC를 생성하고 퍼블릭 서브넷 환경 구성을 완료했습니다. 다음 절에서는 퍼블릭 서브넷에 EC2 자원을 생성하고 통신해 보겠습니다.

3.4.3 퍼블릭 서브넷 통신 확인하기

앞서 실습으로 퍼블릭 서브넷 환경을 구성했습니다. 이런 퍼블릭 서브넷에 EC2 인스턴스를 생성하여 통신을 확인하겠습니다. EC2 인스턴스 생성은 2장에서 다룬 관계로 설정값 위주로 진행합니다.

보안 그룹 생성하기

EC2 인스턴스는 기본적으로 한 개의 보안 그룹으로 접근을 통제합니다. 2장 실습에서 크게 언급하지 않았지만, EC2 인스턴스를 설정할 때 별도의 보안 그룹을 지정하지 않으면 신규 보안 그룹이 자동으로 생성됩니다. 이렇게 자동으로 생성되는 신규 보안 그룹으로만 실습해도 무방하지만, 이번에는 수동으로 보안 그룹을 생성해 보겠습니다.

1. 왼쪽 VPC 메뉴에서 **보안 그룹**을 선택합니다. 새로운 보안 그룹을 만들기 위해 위쪽에 있는 **보안 그룹 생성**을 누릅니다.

▼ 그림 3-47 보안 그룹 페이지

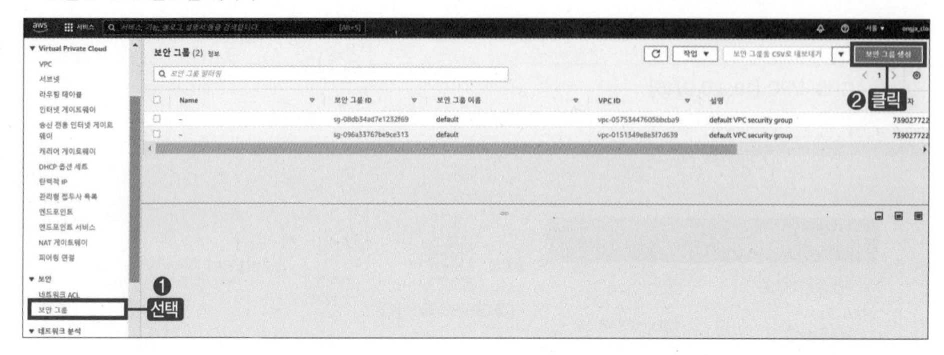

Note 2장 실습으로 만든 보안 그룹이 있습니다. 별도 요금이 발생하는 것이 아니라 유지해도 무방하고, 보안 그룹이 default인 대상만 제외하고 삭제해도 무방합니다.

2. 보안 그룹 생성 페이지에서 보안 그룹 이름과 VPC 정보를 다음과 같이 입력합니다.

❶ 보안 그룹 이름을 'MY-WEB-SSH-SG'로 입력

❷ 설명에 영문이나 숫자로 입력

❸ 먼저 오른쪽에 있는 X를 클릭한 후 새로 생성한 VPC를 선택

❹ 인바운드 규칙을 추가하기 위해 **규칙 추가** 누르기

❺ 인바운드 규칙에서 유형은 HTTP, 소스는 **내 IP** 선택

❻ 다시 **규칙 추가**를 눌러 유형은 SSH, 소스는 **내 IP** 선택

❼ 아래쪽에 있는 **보안 그룹 생성** 누르기

▼ 그림 3-48 보안 그룹 생성 페이지

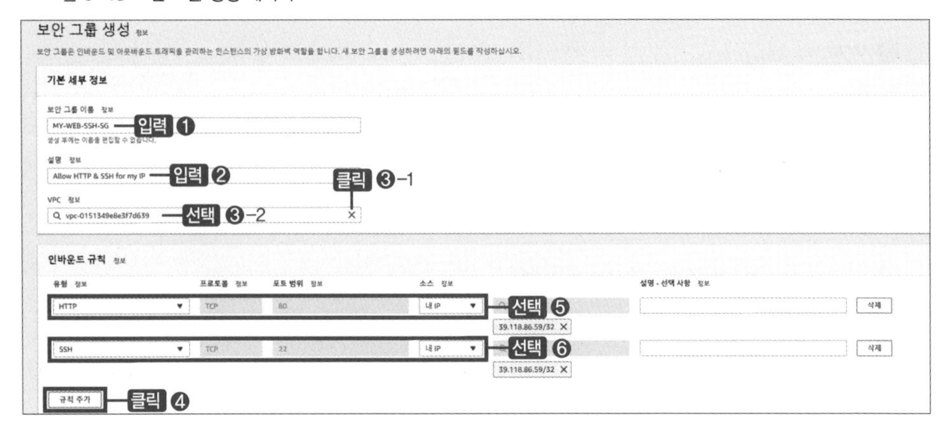

3. 다시 보안 그룹 페이지로 들어가서 생성한 보안 그룹을 체크하고 아래쪽에 있는 **인바운드 규칙 탭**을 클릭합니다.

▼ 그림 3-49 보안 그룹 - 인바운드 규칙 확인

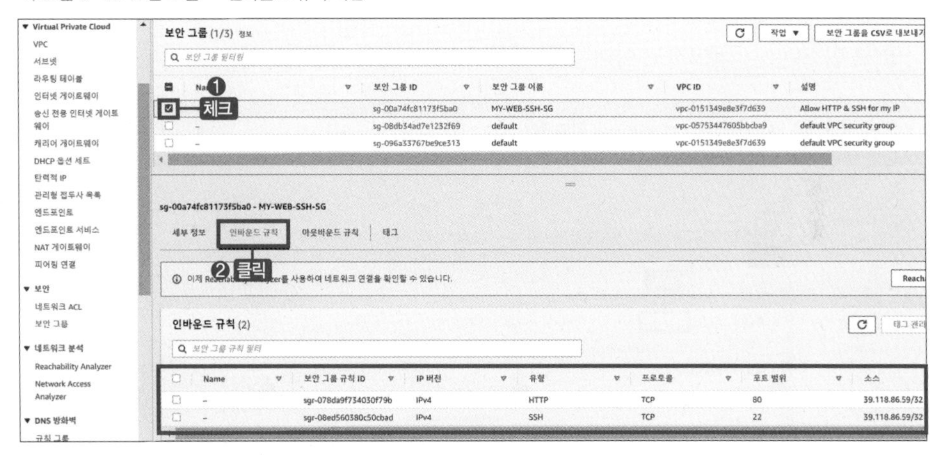

생성한 보안 그룹은 HTTP와 SSH 프로토콜에 대해 특정 IP 주소만 허용하는 보안 정책입니다. 여기에서 특정 IP 주소는 현재 설정한 내 PC의 공인 IP 주소를 의미합니다.

EC2 인스턴스 생성하기

1. EC2 인스턴스를 생성할 때는 다음과 같이 설정합니다. 참고로 명시하지 않는 설정은 기본값을 유지합니다. EC2 인스턴스를 생성하는 방법은 2장에서 이미 실습한 적이 있으므로 여기에서는 간단하게 텍스트로 언급합니다.

❶ **서비스 > EC2 > 인스턴스** 메뉴를 선택하고 **인스턴스 시작** 누르기

❷ 이름 및 태그에서 이름 설정(책에서는 'CH3-Public-EC2'로 설정)

❸ 키 페어(로그인)에서 키 페어 이름을 기존에 생성한 키 페어 파일로 선택

❹ Network settings(네트워크 설정)에서 **편집** 누르기

❺ VPC는 **CH3-VPC** 선택

❻ 서브넷은 **CH3-Public-Subnet** 선택

❼ 퍼블릭 IP 자동 할당은 **활성화** 선택

❽ 방화벽(보안 그룹)은 **기존 보안 그룹** 선택

❾ 일반 보안 그룹은 **MY-WEB-SSH-SG** 선택

❿ **인스턴스 시작** 누르기

⓫ **모든 인스턴스 보기** 누르기

2. 왼쪽 EC2 메뉴에서 **인스턴스**를 선택하면 생성된 EC2 인스턴스를 확인할 수 있습니다. 생성된 EC2 인스턴스에 체크하고 아래쪽에 있는 **네트워킹 탭**을 클릭합니다.

▼ 그림 3-50 EC2 인스턴스 - 네트워킹 정보 확인

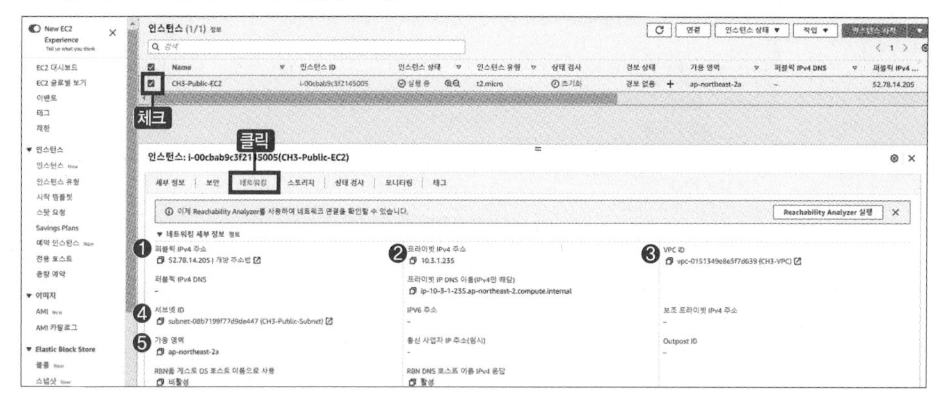

생성한 EC2 인스턴스의 네트워킹 세부 정보를 확인하면 다음과 같습니다.

❶ **퍼블릭 IPv4 주소**: EC2 인스턴스가 사용할 공인 IP 주소입니다. 실습을 위해 IP 주소를 메모해 둡니다.

❷ **프라이빗 IPv4 주소**: EC2 인스턴스가 내부 통신을 할 때 사용할 사설 IP 주소입니다.

❸ **VPC ID**: 앞서 생성한 사용자 VPC입니다.

❹ **서브넷 ID**: 퍼블릭 서브넷 용도로 생성한 서브넷에 위치합니다.

❺ **가용 영역**: 퍼블릭 서브넷에 설정한 가용 영역입니다.

> Note ≡ EC2 인스턴스의 보안 탭에 접근하면 앞서 생성한 보안 그룹 정보도 확인할 수 있습니다.

EC2 인스턴스 생성 작업까지 그림으로 표현하면 다음과 같습니다.

▼ 그림 3-51 EC2 인스턴스 생성 구성도

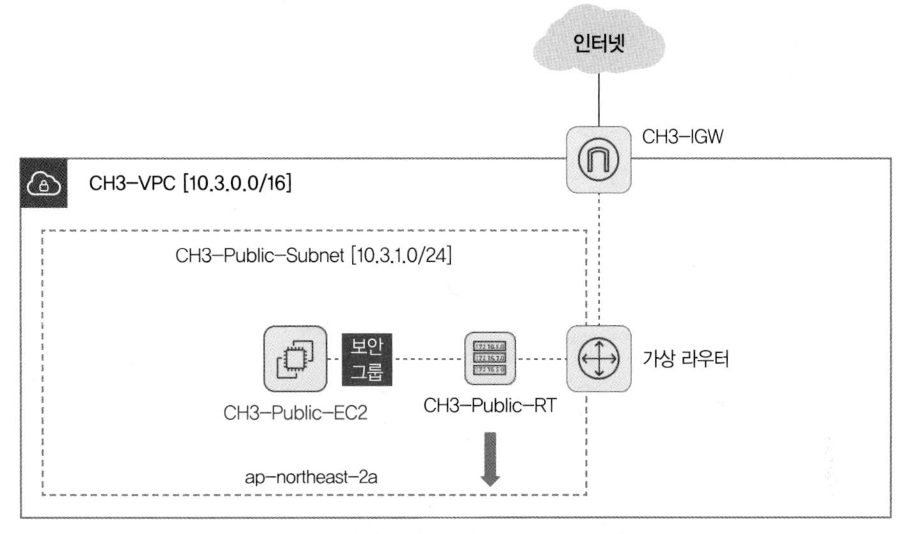

목적지 대상	타깃 대상
10.3.0.0/16	로컬(local)
0.0.0.0/0	igw-xxxx (CH3-IGW)

EC2 인스턴스 실습 환경 설정하기

1. 생성된 EC2 인스턴스의 퍼블릭 IP 주소로 SSH 접근을 합니다. 2장에서 SSH 프로그램을 이용하여 접근했던 것처럼 SSH 프로그램(MobaXterm)을 실행하고 다음과 같이 설정하면 됩니다.

   ❶ 메인 메뉴에서 **Session**을 클릭하여 Session settings 창 열기

   ❷ Session settings 창에서 **SSH 탭**을 클릭하여 SSH 설정 정보 표시

   ❸ Remote host에 EC2 인스턴스 퍼블릭 IP 주소 붙여 넣기

❹ 'Specify username'에 체크한 후 'ec2-user' 입력

❺ 아래 'Advanced SSH settings'에 체크하여 상세 설정 정보 표시

❻ SSH-browser type은 None으로 선택

❼ 'Use private key'에 체크한 후 내려받은 키 페어 파일 지정

❽ OK 누르기

▼ 그림 3-52 SSH 프로그램 설정 화면

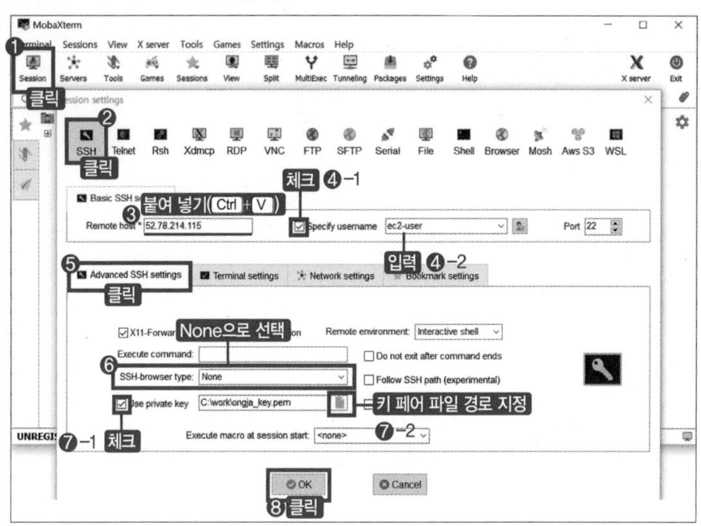

2. SSH 터미널에서 EC2 인스턴스에 웹 서비스를 설치합니다.

```
# SSH 터미널 접속
# 슈퍼 유저로 변경
sudo su -

# http 데몬 설치
yum install httpd -y
...
Complete!

# http 데몬 실행
systemctl start httpd

# 웹 서비스 최초 페이지 내려받기
curl -L https://bit.ly/afbtest02 > /var/www/html/index.html
```

퍼블릭 서브넷의 통신을 확인하는 모든 설정이 완료되었습니다.

EC2 인스턴스에서 외부 인터넷으로 통신 확인하기

SSH 터미널에서 간단하게 외부 인터넷 통신을 확인합니다.

```
# SSH 터미널 접속
# 외부 인터넷 구간으로 ping 테스트
ping google.com

PING google.com (142.251.42.206) 56(84) bytes of data.
64 bytes from nrt12s47-in-f14.1e100.net (142.251.42.206): icmp_seq=1 ttl=104 time=33.6
ms
64 bytes from nrt12s47-in-f14.1e100.net (142.251.42.206): icmp_seq=2 ttl=104 time=33.6
ms
64 bytes from nrt12s47-in-f14.1e100.net (142.251.42.206): icmp_seq=3 ttl=104 time=33.6
ms

ctrl+c

# 외부 인터넷 구간으로 HTTP 접근 테스트
curl google.com

<HTML><HEAD><meta http-equiv="content-type" content="text/html;charset=utf-8">
<TITLE>301 Moved</TITLE></HEAD><BODY>
<H1>301 Moved</H1>
The document has moved
<A HREF="http://www.google.com/">here</A>.
</BODY></HTML>
```

퍼블릭 서브넷에 위치한 EC2 인스턴스는 외부 인터넷 구간의 대상과 정상적으로 통신합니다.

외부 인터넷에서 EC2 인스턴스로 통신 확인하기

외부 인터넷 구간에서 통신은 현재 작업 중인 각자의 PC와 스마트폰에서 진행하고 결과를 확인합니다.

1. **PC에서 웹 서비스에 접근 수행**: 웹 서비스 접근 가능
2. **PC에서 터미널 창을 열고 ping 테스트 수행**: ping 통신 불가
3. **스마트폰에서 와이파이 연결을 해제하고 웹 서비스 접근**: 웹 서비스 접근 불가
4. **스마트폰에서 와이파이를 연결하고 웹 서비스 접근**: 웹 서비스 접근 가능

퍼블릭 서브넷 환경은 외부 인터넷 구간과 통신 제약이 없지만 왜 통신이 불가능한 경우가 발생할까요? 그 이유는 보안 그룹 설정에 있습니다. 바로 보안 그룹 설정 때문에 HTTP와 SSH 프로토콜에 대해 내 IP(작업 중인 PC의 IP)만 허용합니다.

Note ≡ 스마트폰에서 집 무선 공유기에 와이파이를 연결하면 공유기의 NAT 기능을 이용하여 작업 중인 PC와 동일한 공인 IP 주소로 통신합니다.

3.4.4 프라이빗 서브넷 생성하기

프라이빗 서브넷 용도의 서브넷을 생성해 보겠습니다.

서브넷 생성하기

1. **서비스** > VPC > **서브넷**에서 **서브넷 생성**을 누릅니다.

▼ 그림 3-53 서브넷 생성

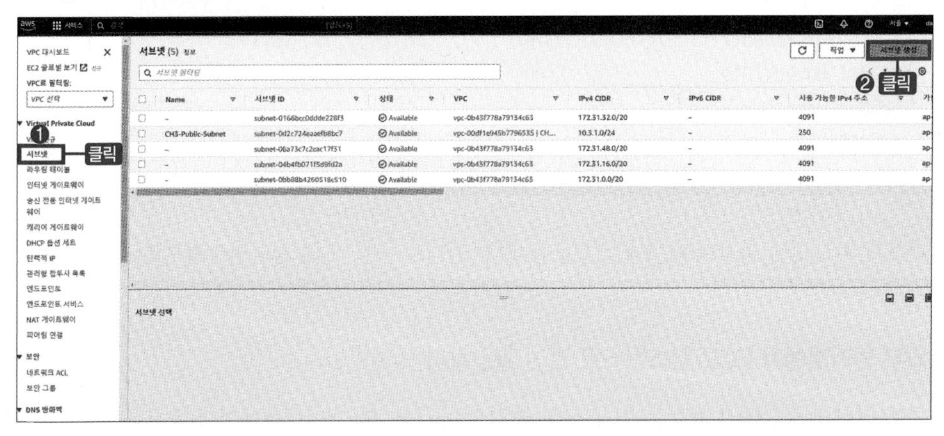

2. 다음과 같이 설정하여 서브넷을 생성합니다. 이때 명시하지 않는 설정은 기본값을 유지합니다.

❶ [VPC]에서 VPC ID는 **CH3-VPC**로 선택

❷ [서브넷 설정] 서브넷 이름은 'CH3-Private-Subnet' 입력, 가용 영역은 **아시아 태평양 (서울) / ap-northeast-2c** 선택, IPv4 subnet CIDR block은 '10.3.2.0/24'를 입력

❸ **서브넷 생성** 누르기

▼ 그림 3-54 서브넷 생성 설정

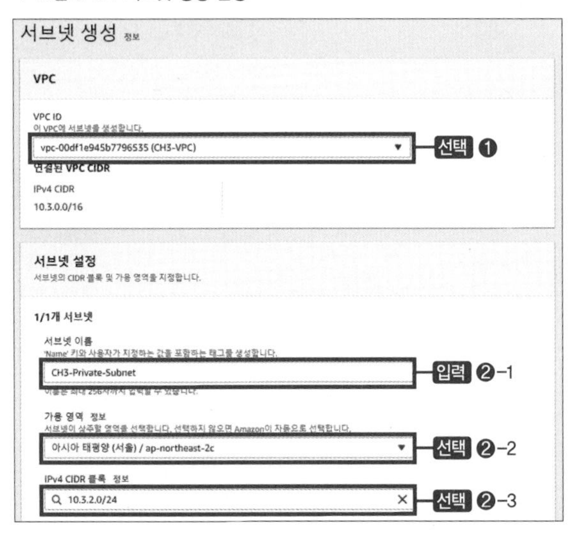

3. 다시 **서브넷** 메뉴를 선택하여 생성한 서브넷을 체크한 후 정보를 확인합니다.

▼ 그림 3-55 서브넷 생성 확인

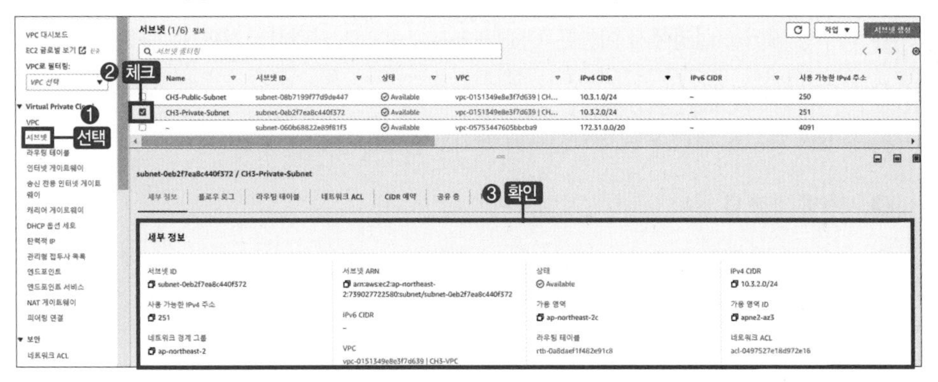

프라이빗 서브넷 생성까지 그림으로 표현하면 다음과 같습니다.

▼ 그림 3-56 서브넷 생성 확인

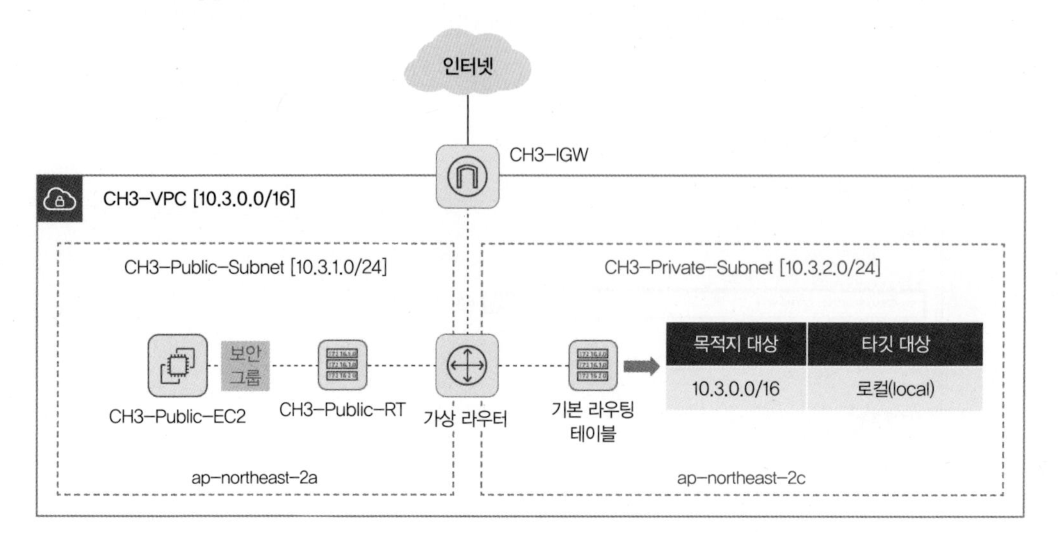

계속해서 라우팅 테이블을 생성하겠습니다.

라우팅 테이블 생성하기

1. 라우팅 테이블(**서비스 > VPC > 라우팅 테이블**)에 들어가서 **라우팅 테이블 생성**을 눌러 다음과 같이 설정합니다. 이때 따로 명시하지 않은 설정은 기본값을 유지합니다.

   ❶ 라우팅 테이블 설정에서 이름은 'CH3-Private-RT'로 입력하고 VPC는 **CH3-VPC**로 선택

   ❷ **라우팅 테이블 생성** 누르기

   ❸ 라우팅 테이블 메뉴에 다시 들어가서 생성한 라우팅 테이블 선택

   ❹ **서브넷 연결** 탭 클릭

   ❺ **서브넷 연결 편집** 누르기

   ❻ 'CH3-Private-Subnet'에 체크

   ❼ **연결 저장** 누르기

2. 라우팅 테이블에 들어가서 생성된 라우팅 테이블의 서브넷 연결 정보를 확인합니다.

▼ 그림 3-57 라우팅 테이블의 서브넷 연결 확인

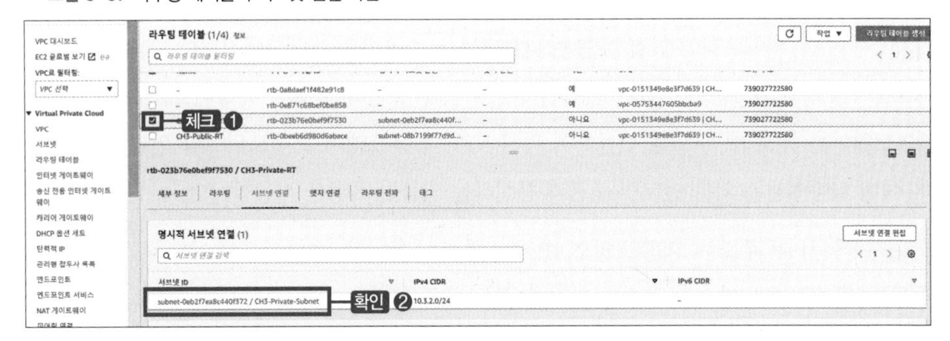

프라이빗 라우팅 테이블 생성까지 그림으로 표현하면 다음과 같습니다.

▼ 그림 3-58 라우팅 테이블의 서브넷 연결 확인

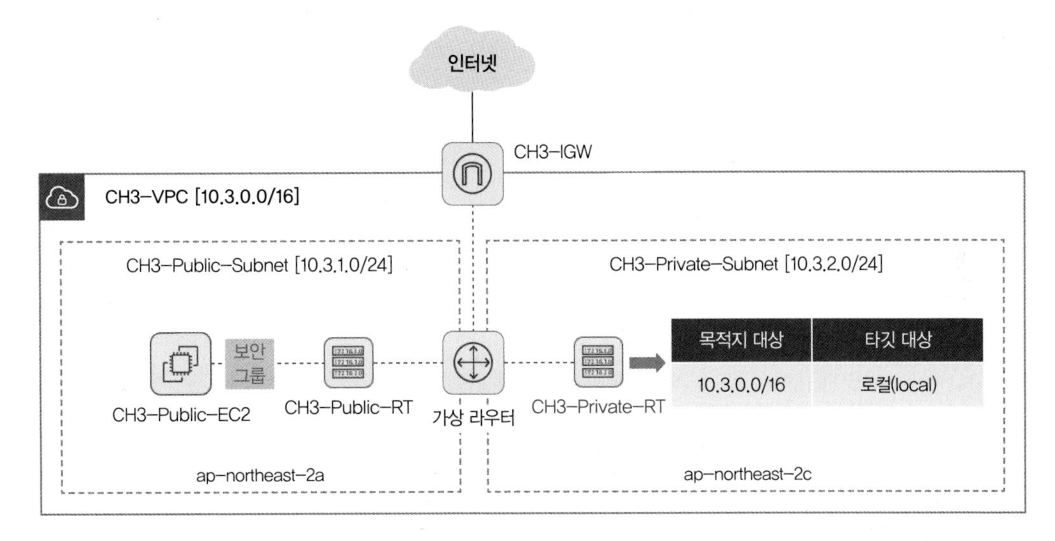

NAT 게이트웨이 생성하기

프라이빗 서브넷은 독립된 네트워크에서만 내부 통신하는 환경이지만, 외부 인터넷 통신을 위해 NAT 게이트웨이를 활용할 수 있습니다. 이런 NAT 게이트웨이를 생성할 때는 기본적으로 다음 사항을 정의해야 합니다.

- 이름
- 서브넷

- 연결 유형(퍼블릭/프라이빗)
- 탄력적 IP 할당 ID

여기에서 NAT 게이트웨이 연결 유형은 퍼블릭과 프라이빗으로 나누어집니다. 퍼블릭은 NAT 게이트웨이를 통해 IP 주소를 변환하여 인터넷 구간과 통신하는 연결 유형이고, 프라이빗은 NAT 게이트웨이를 통해 IP 주소를 변환하여 다른 VPC나 온프레미스 네트워크와 연결하는 유형입니다. 이번 실습에서는 외부 인터넷 구간과 통신하는 퍼블릭 유형을 사용합니다.

그리고 탄력적 IP 주소는 고정된 공인 IP 주소를 의미합니다. 기본적으로 AWS에서 부여하는 퍼블릭 IP 주소는 유동적으로 주소를 관리합니다. 예를 들어 EC2 인스턴스에 퍼블릭 IP 주소를 할당했다고 가정하면, EC2 인스턴스를 중지한 후 다시 시작할 때 할당받은 퍼블릭 IP 주소는 다른 주소로 변경됩니다. 이를 해결할 수 있는 주소가 탄력적 IP 주소로, 특정 이벤트가 있어도 할당받은 주소를 그대로 유지하는 특징이 있습니다.

Note 탄력적 IP 주소는 비용이 발생하는 서비스입니다. 서울 리전 기준으로 시간당 0.005USD로, 한화로는 6~7원 정도 과금됩니다. 사용 시간이 아닌 생성 시간으로 탄력적 IP 주소를 생성한 후 다른 리소스에 연결하지 않아도 계속 과금되므로 주의합니다. 결론적으로 탄력적 IP 주소 사용이 끝나면 반드시 반납해야 합니다.

Warning NAT 게이트웨이를 생성하면 시간당 과금이 발생합니다. 될 수 있으면 실습을 끝까지 마치고 자원을 반납하기를 권장하며, 부득이하게 중간에 실습을 마칠 경우에는 NAT 게이트웨이를 반드시 삭제하기 바랍니다.

1. 왼쪽 VPC 메뉴에서 **NAT 게이트웨이**를 선택합니다. NAT 게이트웨이 페이지가 나타나며, 새로 NAT 게이트웨이를 생성하기 위해 위쪽에 있는 **NAT 게이트웨이 생성**을 누릅니다.

▼ 그림 3-59 NAT 게이트웨이 생성

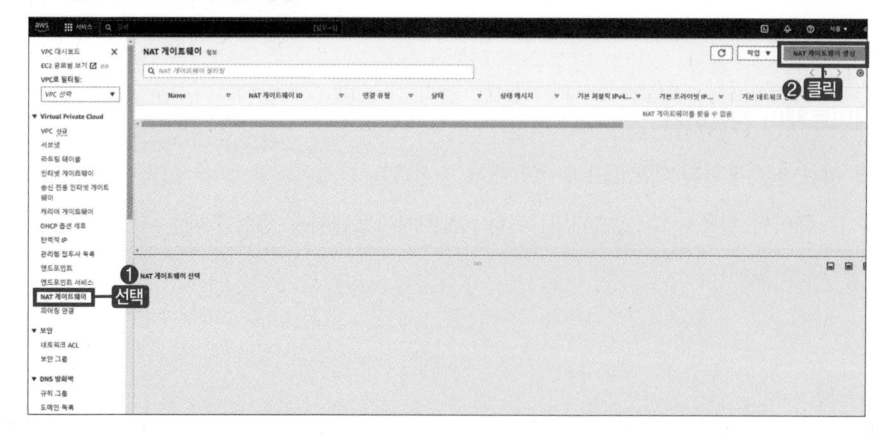

2. NAT 게이트웨이 생성 페이지에서 다음과 같이 설정합니다.

   ❶ NAT 게이트웨이 이름을 'CH3-NAT-GW'로 입력

   ❷ 서브넷은 앞서 설정한 퍼블릭 서브넷(CH3-Public-Subnet) 선택

   ❸ 연결 유형은 **퍼블릭** 선택

   ❹ **탄력적 IP 할당** 누르기

   ❺ 아래쪽에 있는 **NAT 게이트웨이 생성** 누르기

▼ 그림 3-60 NAT 게이트웨이 생성 페이지

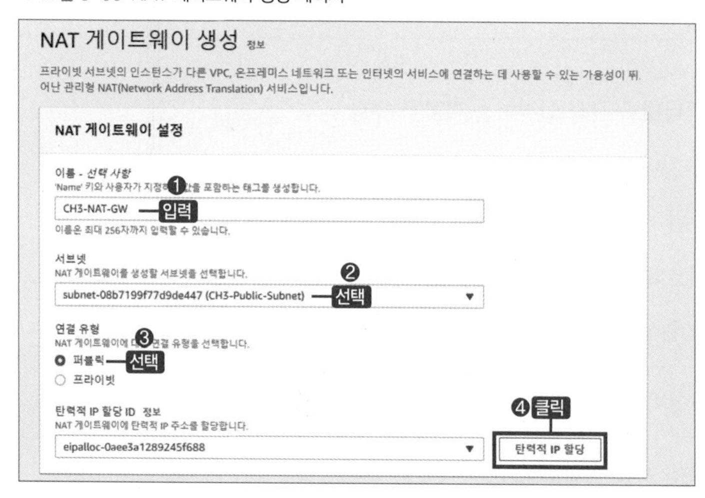

NAT 게이트웨이 설정에서 서브넷은 퍼블릭 서브넷으로 선택해야 합니다. 프라이빗 서브넷의 외부 인터넷 구간 통신을 하기 위해 NAT 게이트웨이를 사용하는 측면에서 프라이빗 서브넷을 선택해야 한다고 착각할 수 있습니다. 하지만 NAT 게이트웨이가 위치하는 서브넷을 의미하므로 인터넷 게이트웨이가 연결된 퍼블릭 서브넷을 선택해야 합니다.

3. 다시 NAT 게이트웨이 메뉴로 들어가면 신규 NAT 게이트웨이가 생성된 것을 확인할 수 있습니다. 하지만 상태 정보를 보면 현재 대기 상태(pending)입니다. NAT 게이트웨이는 바로 생성되는 것이 아니라 약간의 대기 시간이 필요합니다. 잠시 기다리면 사용 가능한 상태로 변환됩니다.

▼ 그림 3-61 NAT 게이트웨이 세부 정보

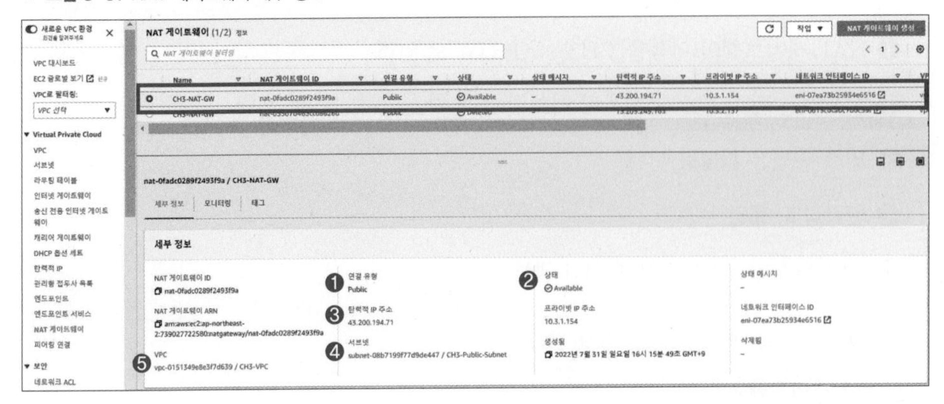

❶ **연결 유형**: 외부 인터넷 구간과 연결하는 퍼블릭 유형

❷ **상태**: 일정 시간이 지나면 'Available' 상태가 됨

❸ **탄력적 IP 주소**: NAT 게이트웨이가 사용할 고정된 공인 IP 주소

❹ **서브넷**: NAT 게이트웨이가 생성된 서브넷으로, 우리가 생성한 퍼블릭 서브넷에 위치

❺ **VPC**: NAT 게이트웨이가 생성된 VPC

NAT 게이트웨이 생성 작업까지 그림으로 표현하면 다음과 같습니다.

▼ 그림 3-62 NAT 게이트웨이 생성 구성도

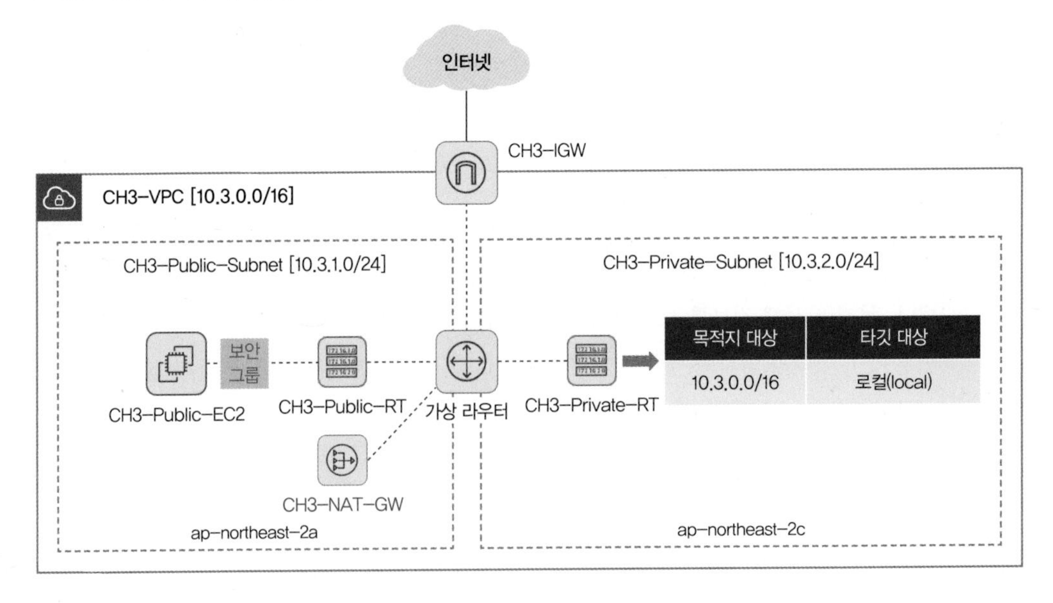

라우팅 테이블 편집하기

프라이빗 서브넷의 외부 인터넷 구간 통신을 위해 NAT 게이트웨이까지 생성했습니다. 하지만 프라이빗 서브넷의 라우팅 테이블은 로컬 통신 경로만 있을 뿐 외부 인터넷 구간으로 갈 수 있는 경로 정보는 없습니다. 라우팅 테이블 수정 작업을 수행합니다.

1. 라우팅 테이블로 들어가서 생성한 프라이빗 라우팅 테이블을 체크한 후 **라우팅 탭**을 클릭합니다. **라우팅 편집**을 눌러 라우팅 편집 페이지에서 다음과 같이 설정합니다.

   ❶ **라우팅 추가** 누르기

   ❷ IP CIDR에 '0.0.0.0/0(모든 IP 대역)' 입력

   ❸ 타깃 대상에 NAT 게이트웨이를 선택하고 생성한 NAT 게이트웨이 ID 선택

   ❹ 가장 아래쪽으로 내려가서 **변경 사항 저장** 누르기

▼ 그림 3-63 라우팅 편집 페이지

2. 편집된 라우팅 정보를 확인합니다.

▼ 그림 3-64 편집된 라우팅 정보

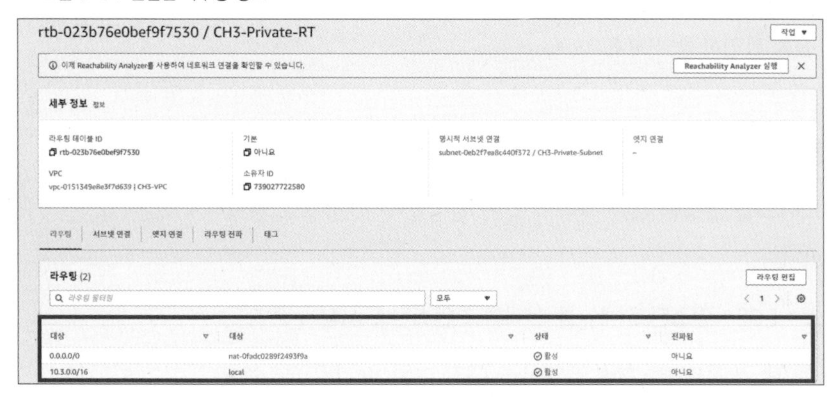

0.0.0.0/0 모든 IP 대역에 대해 타깃 대상을 NAT 게이트웨이로 설정했습니다.

라우팅 테이블 편집 작업까지 그림으로 표현하면 다음과 같습니다.

▼ 그림 3-65 라우팅 편집 구성도

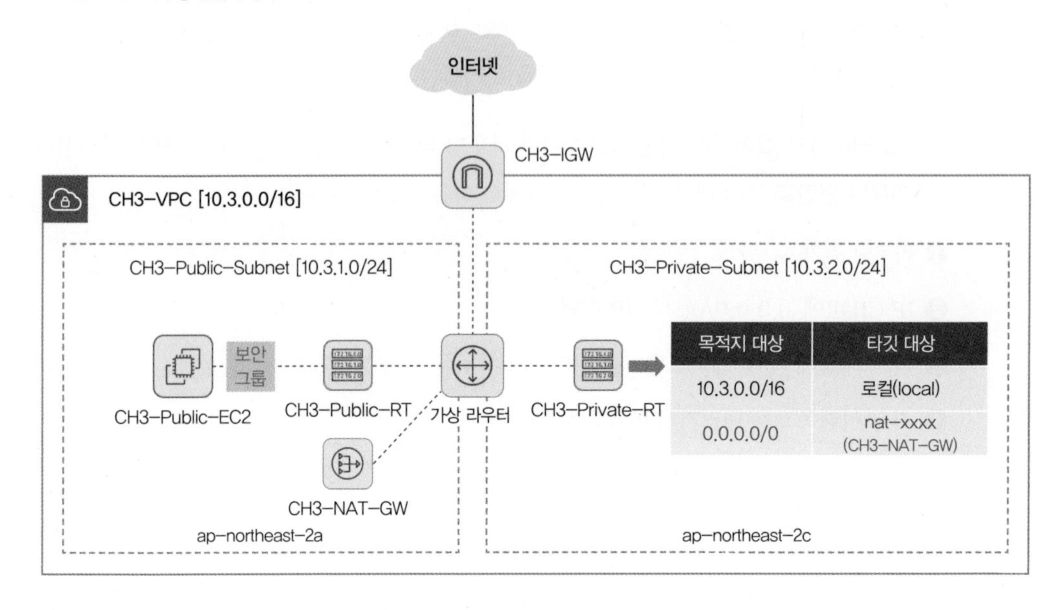

여기까지 프라이빗 서브넷 환경 구성을 완료했습니다. 이번에는 프라이빗 서브넷에 EC2 자원을 생성하고 통신을 확인해 보겠습니다.

3.4.5 프라이빗 서브넷 통신 확인하기

앞서 실습으로 프라이빗 서브넷 환경을 구성했습니다. 이런 프라이빗 서브넷에 EC2 인스턴스를 생성하여 통신을 확인하겠습니다.

EC2 인스턴스 생성하기

1. EC2 인스턴스를 생성할 때는 다음과 같이 설정합니다. 참고로 명시하지 않은 설정은 기본값을 유지합니다.

   ❶ **서비스 > EC2 > 인스턴스** 메뉴를 선택하고 **인스턴스 시작** 누르기

   ❷ 이름 및 태그에서 이름 설정(책에서는 'CH3-Private-EC2'로 설정)

   ❸ 키 페어(로그인)에서 키 페어 이름을 기존에 생성한 키 페어 파일로 선택

❹ Network settings(네트워크 설정)에서 **편집** 누르기

❺ VPC는 **CH3-VPC** 선택

❻ 서브넷은 **CH3-Private-Subnet** 선택

❼ 퍼블릭 IP 자동 할당은 **비활성화** 선택

❽ 방화벽(보안 그룹)은 **보안 그룹 생성** 선택

❾ **고급 세부 정보**에서 사용자 데이터는 다음 코드 입력(SSH 설정)

```
#!/bin/bash
(
echo "qwe123"
echo "qwe123"
) | passwd --stdin ec2-user
sed -i "s/^PasswordAuthentication no/PasswordAuthentication yes/g" /etc/ssh/sshd_
config
systemctl restart sshd
```

❿ **인스턴스 시작** 누르기

⓫ **모든 인스턴스 보기** 누르기

> Note ≡ EC2 인스턴스를 생성할 때 고급 세부 정보 영역의 사용자 데이터는 EC2 인스턴스가 부팅할 때 미리 수행하는 명령어입니다.

2. 왼쪽 EC2 메뉴에서 다시 인스턴스 메뉴로 들어가면 생성된 EC2 인스턴스를 확인할 수 있습니다. 생성된 EC2 인스턴스에 체크하고 아래쪽에 있는 **네트워킹 탭**을 클릭합니다.

▼ 그림 3-66 EC2 인스턴스 - 네트워킹 정보 확인

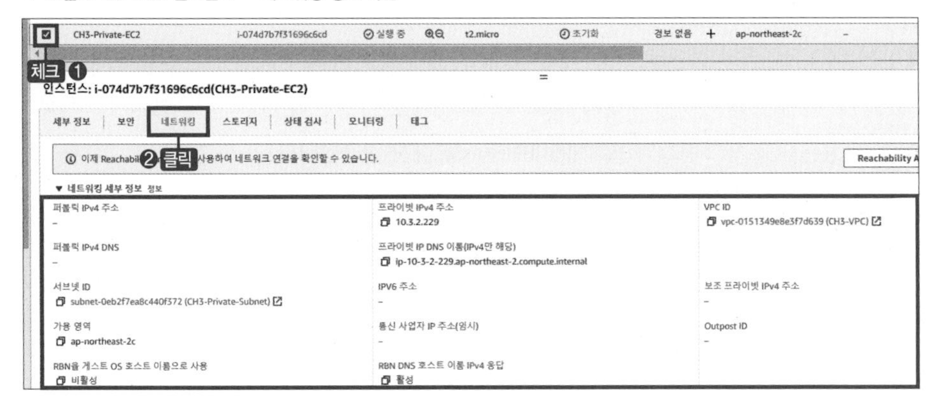

프라이빗 서브넷에 위치한 EC2 인스턴스에는 퍼블릭 IP 주소가 없습니다. 다음 SSH 접근을 위해 프라이빗 IP 주소를 메모합니다.

프라이빗 EC2 인스턴스 생성 작업까지 그림으로 표현하면 다음과 같습니다.

▼ 그림 3-67 프라이빗 EC2 인스턴스 생성 구성도

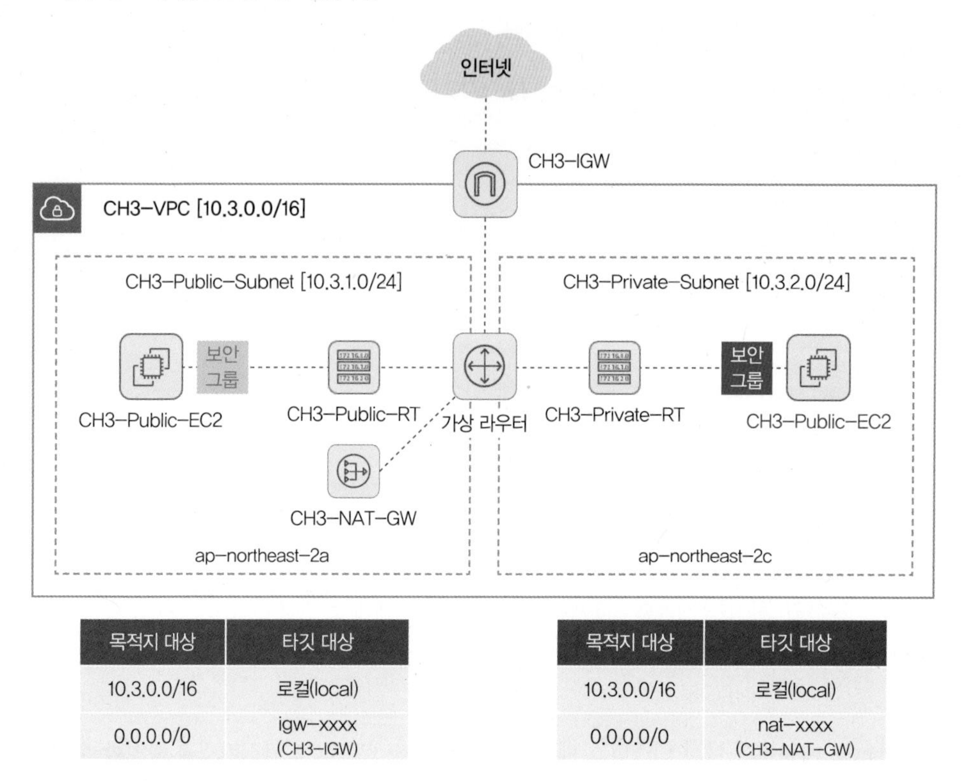

목적지 대상	타깃 대상
10.3.0.0/16	로컬(local)
0.0.0.0/0	igw-xxxx (CH3-IGW)

목적지 대상	타깃 대상
10.3.0.0/16	로컬(local)
0.0.0.0/0	nat-xxxx (CH3-NAT-GW)

EC2 인스턴스에서 외부 인터넷 통신 확인하기

생성된 EC2 인스턴스는 퍼블릭 IP 주소가 없는 프라이빗 서브넷에 위치합니다. 현재 작업 중인 PC에서 SSH 접근을 바로 수행할 수 없는 관계로, 퍼블릭 서브넷의 EC2 인스턴스에 SSH로 접근한 후 생성된 EC2 인스턴스의 프라이빗 IP 주소로 다시 접근합니다.

1. 퍼블릭 서브넷에 위치한 EC2 인스턴스에 SSH 접근을 하고, 프라이빗 서브넷에 위치한 EC2 인스턴스의 프라이빗 IP 주소로 SSH 접근을 합니다.

```
# 프라이빗 서브넷의 EC2 인스턴스로 SSH 접근
ssh ec2-user@[복사한 프라이빗 IP 주소]10.3.2.229

The authenticity of host '10.3.2.229 (10.3.2.229)' can't be established.
ECDSA key fingerprint is SHA256:XG2hI2w2c3wBBdekrnFpCzq4b+WD2lfHrghsZvj7Rzo.
ECDSA key fingerprint is MD5:c1:39:a7:94:80:e3:29:f7:eb:32:29:b5:e5:df:5a:87.
Are you sure you want to continue connecting (yes/no)? yes
Warning: Permanently added '10.3.2.229' (ECDSA) to the list of known hosts.
root@10.3.2.229's password: qwe123

[root@ip-10-3-2-229 ~]#
```

2. 프라이빗 EC2 인스턴스 SSH 터미널에서 외부 인터넷 통신을 확인합니다.

```
# 프라이빗 EC2 인스턴스 SSH 터미널 접속
# 외부 인터넷 구간으로 ping 테스트
ping google.com

PING google.com (142.251.42.206) 56(84) bytes of data.
64 bytes from nrt12s47-in-f14.1e100.net (142.251.42.206): icmp_seq=1 ttl=104 time=33.6
ms
64 bytes from nrt12s47-in-f14.1e100.net (142.251.42.206): icmp_seq=2 ttl=104 time=33.6
ms

# 외부 인터넷 구간으로 HTTP 접근 테스트(인터넷 통신을 할 경우 공인 IP 주소 확인)
curl ipinfo.io/ip

39.118.XX.XX
```

프라이빗 서브넷에 위치한 EC2 인스턴스는 외부 인터넷 구간의 대상과 정상적으로 통신이 가능합니다.

하지만 외부 인터넷에서는 어떻게 프라이빗 EC2 인스턴스로 통신을 확인할까요? 퍼블릭 IP 주소가 없는 대상으로 외부 인터넷 구간에서 프라이빗 서브넷의 EC2 인스턴스로 통신이 불가능합니다.

실습으로 통신을 확인한 부분을 정리하면 다음 표와 같습니다.

▼ 표 3-2 실습으로 통신 대상 확인

출발지	목적지	통신 여부
퍼블릭 서브넷	외부 인터넷	가능
외부 인터넷	퍼블릭 서브넷	가능
프라이빗 서브넷	외부 인터넷	가능
외부 인터넷	프라이빗 서브넷	불가능

3.4.6 실습을 위해 생성된 모든 자원 삭제하기

3장의 모든 실습이 끝났습니다. 차례대로 따라 하면서 실습할 때 생성한 모든 자원을 삭제합니다.

Amazon EC2 인스턴스 삭제하기

서비스 > EC2 > 인스턴스 > 인스턴스 선택 > 인스턴스 상태 > 인스턴스 종료를 순서대로 클릭하여 생성한 EC2 인스턴스를 삭제합니다.

▼ 그림 3-68 인스턴스 삭제

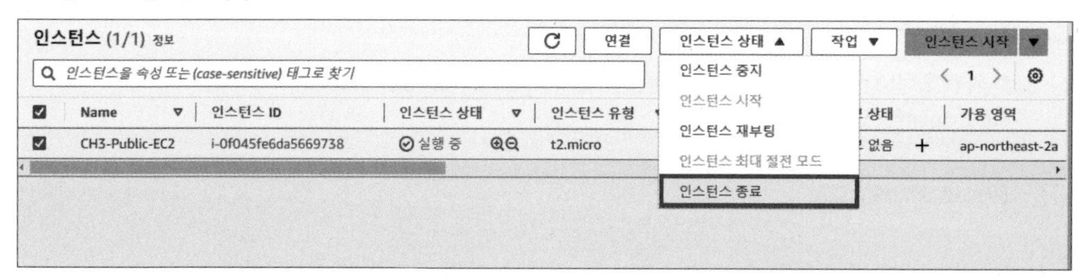

NAT 게이트웨이 삭제하기

서비스 > VPC > NAT 게이트웨이 > NAT 게이트웨이 선택 > 작업 > NAT 게이트웨이 삭제를 순서대로 클릭한 후 '삭제'를 입력합니다. 참고로 NAT 게이트웨이가 삭제(deleted)될 때까지 다소 시간이 걸리므로 잠시 기다려 주세요.

▼ 그림 3-69 NAT 게이트웨이 삭제

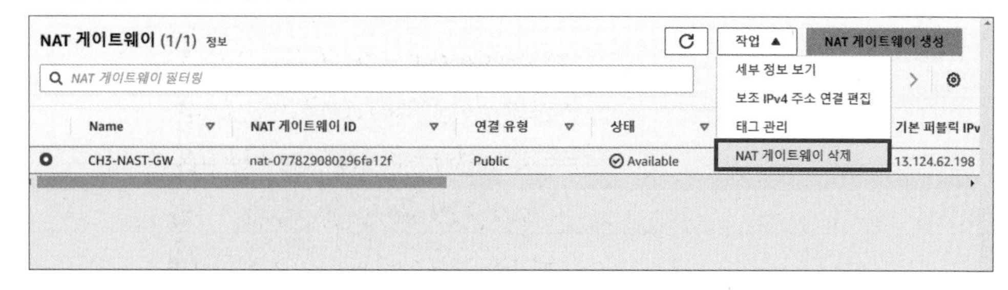

탄력적 IP 삭제하기

서비스 > VPC > 탄력적 IP > 탄력적 IP 선택 > 작업 > 탄력적 IP 주소 릴리스를 순서대로 클릭한 후 삭제합니다.

▼ 그림 3-70 탄력적 IP 주소 삭제

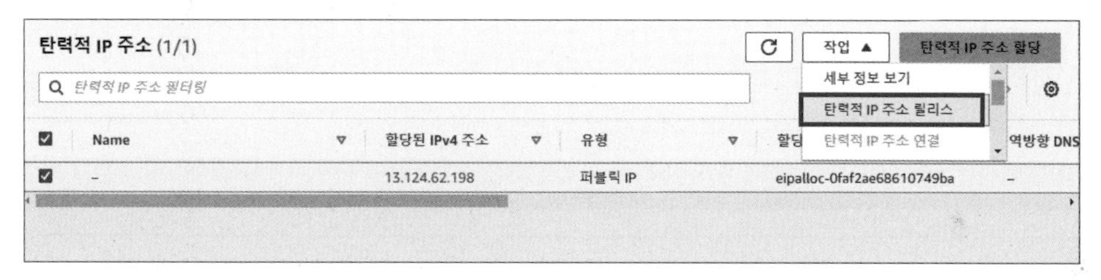

VPC 삭제하기

서비스 > VPC > VPC 선택 > 작업 > VPC 삭제를 순서대로 클릭한 후 '삭제'를 입력합니다.

▼ 그림 3-71 VPC 삭제

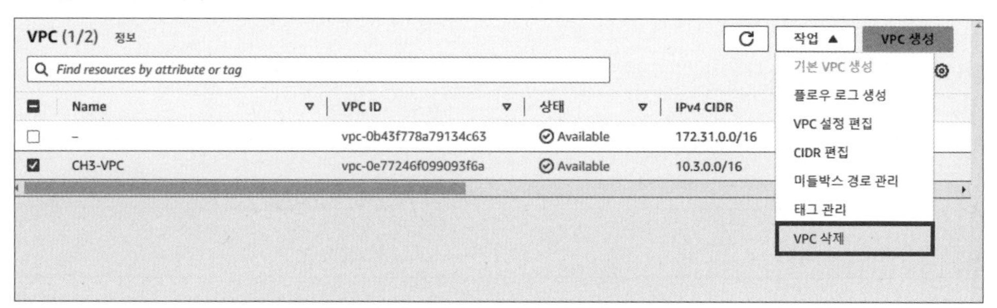

4장

AWS 부하분산 서비스

4.1 Amazon ELB 기능 소개

4.1.1 부하분산이란

부하분산은 서버-클라이언트 환경에서 서버가 클라이언트 요청을 받아 처리하는 과정에서 발생하는 부하(연산 작업)에 대해 동일한 목적을 수행하는 다수의 서버에 분산 처리하는 기능입니다. 부하분산을 사용하면 고가용성 및 내결함성이 향상되어 장애가 발생할 때 유연하게 대처할 수 있고, 서비스를 안정적으로 유지할 수 있어 클라우드를 구성할 때 반드시 사용해야 하는 기술입니다. 이런 부하분산을 **로드 밸런싱**(load balancing)이라고 하며, 부하분산을 수행하는 대상을 **로드 밸런서**(load balancer)라고 합니다. 따라서 부하분산 용어에서 혼란을 줄이고자 책에서는 로드 밸런싱으로 통일하여 사용합니다. 다음 그림으로 로드 밸런싱 서비스가 왜 필요한지 다시 한 번 설명하겠습니다.

▼ 그림 4-1 로드 밸런싱 기능

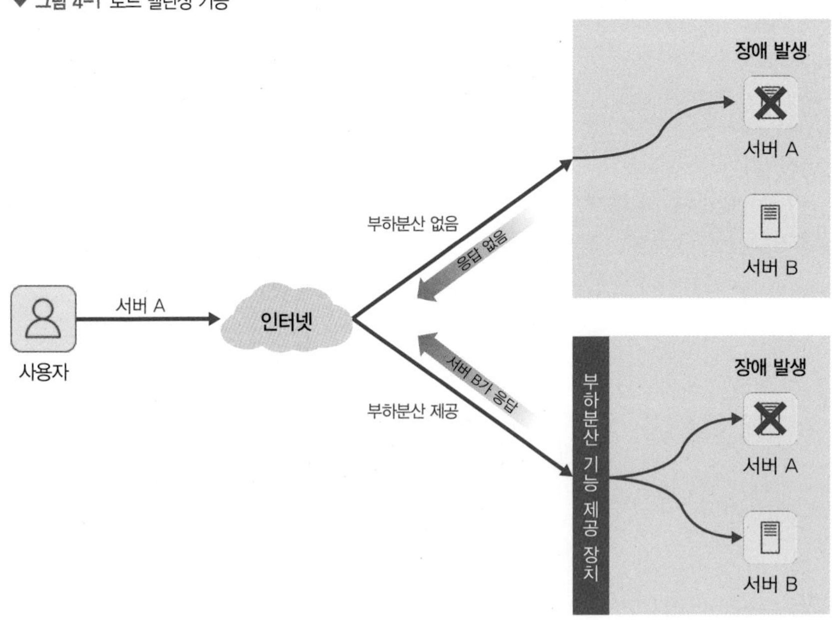

앞의 그림과 같이 서버에 발생할 장애에 대비하여 여러 대의 서버를 운영하더라도 로드 밸런싱 기능이 없으면 서버로 향하는 트래픽을 효율적으로 배분하기가 어렵습니다. 또한 서버 하나에 장애가 발생한다면 접근하는 서비스에 따라 다른 결과가 나올 수도 있습니다. 이런 문제를 해결하는 기능이 바로 로드 밸런싱이며, 로드 밸런서 장치를 이용하여 서비스 안정화를 구현할 수 있습니다.

Note ≡
- **고가용성**: 시스템이나 서비스가 지속적으로 작동 가능하도록 하는 기능입니다.
- **내결함성**: 시스템의 일부 구성 요소가 작동하지 않더라도 계속 작동할 수 있는 기능입니다.

4.1.2 Amazon ELB 기능

AWS에서는 ELB(Elastic Load Balancing)라는 로드 밸런싱 기술을 제공합니다. ELB는 Amazon EC2 인스턴스에서 운영 중인 애플리케이션, 마이크로서비스 또는 컨테이너 서비스로 유입되는 트래픽을 자동 분산 처리하는 기술입니다. ELB는 여러 가용 영역에서 작동하여 애플리케이션 가용성을 향상시키고 HTTP, HTTPS, TCP, SSL 등 다양한 프로토콜을 지원하며, 사용자가 같은 인스턴스에서 세션을 유지할 수 있도록 지원합니다. 또한 AWS의 CloudWatch 기능을 이용하여 로그와 메트릭을 모니터링할 수 있으며, AWS의 오토 스케일링 기능과 결합해서 트래픽이 증가할 때 자동으로 인스턴스를 추가하거나 제거하면서 애플리케이션 가용성을 유지합니다. ELB는 네트워크 및 응용 프로그램 수준의 로드 밸런싱을 지원하여 다양한 애플리케이션에 적용할 수 있으며, SSL 암호화를 지원하여 애플리케이션의 보안을 강화합니다.

▼ 그림 4-2 Amazon ELB 기능

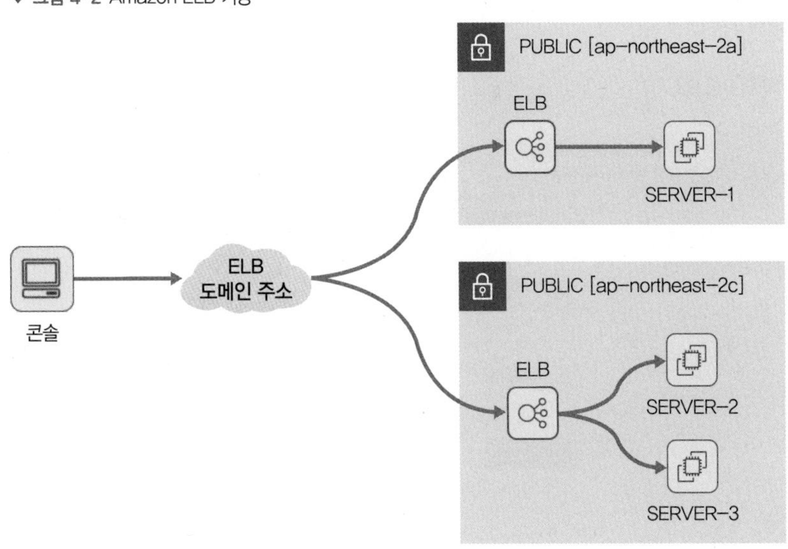

앞의 그림으로 살펴보면 클라이언트에서 인스턴스로 향하는 트래픽을 ELB가 받아 다수의 대상으로 로드 밸런싱해서 전달하는 것을 확인할 수 있습니다.

4.1.3 Amazon ELB 구성 요소

Amazon ELB는 세 가지 요소로 구성되어 있습니다.

- **로드 밸런서**: 여러 대의 EC2 인스턴스, IP 주소, 람다 등을 사용하여 트래픽을 대상 그룹에 있는 인스턴스로 분산시켜 애플리케이션의 가용성을 유지하는 역할을 합니다. 로드 밸런서는 사용자 요청을 받아 애플리케이션 서버로 전달하고, 애플리케이션 서버의 응답을 사용자에게 반환합니다.
- **대상 그룹**: 로드 밸런서에서 분산할 대상의 집합을 정의하는 구성 요소입니다. 대상 그룹의 인스턴스에 대해 정적 또는 동적으로 구성할 수 있으며, 라우팅 규칙에 따라 요청을 받아들일 대상 그룹을 선택합니다. 로드 밸런서는 대상 그룹에 포함된 대상들의 상태를 정기적으로 확인하여 장애 발생 대상을 자동으로 제외하고, 정상적으로 동작하는 대상에만 요청을 전달합니다.
- **리스너**: 로드 밸런서에서 사용할 포트와 프로토콜을 설정하는 구성 요소입니다. 리스너는 로드 밸런서에서 클라이언트 요청을 수신하고, 해당 요청을 처리할 대상 그룹을 선택하는 역할을 합니다. 리스너는 로드 밸런서에 연결된 프로토콜과 포트를 사용하여 클라이언트 요청을 수신하고, 해당 요청을 대상 그룹으로 라우팅합니다.

Amazon ELB의 구성 요소가 어떻게 동작하는지 살펴보겠습니다.

▼ 그림 4-3 Amazon ELB 구성 요소

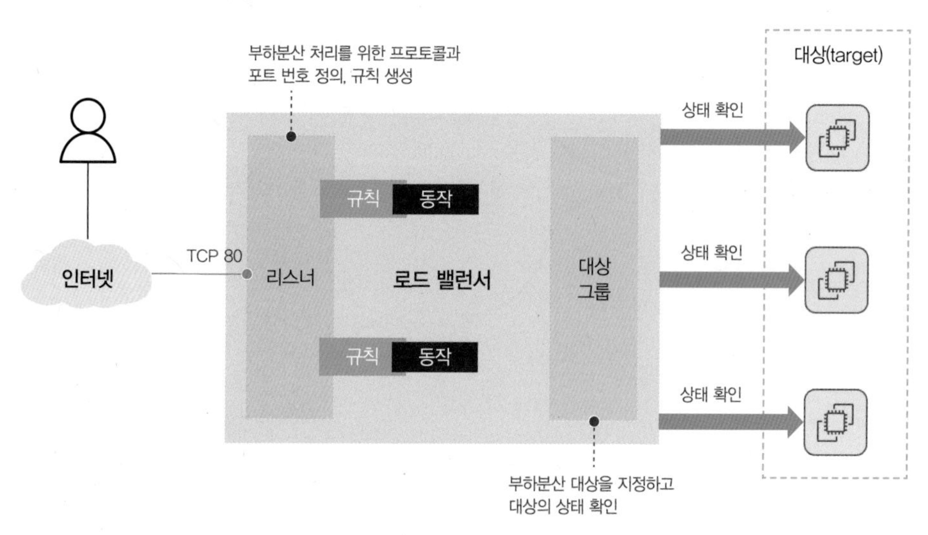

사용자와 인스턴스 간 로드 밸런싱 통신을 할 수 있도록 로드 밸런서가 위치하고 있습니다. 이 로드 밸런서는 대상 그룹을 통해 로드 밸런싱 대상을 지정하고 상태를 확인합니다.

리스너는 로드 밸런싱을 처리하는 트래픽의 프로토콜과 포트 번호를 정의하고 대상 트래픽을 어떻게 처리할지 규칙을 생성합니다. 앞의 그림과 같이 TCP 80번 포트로 로드 밸런싱 트래픽을 정의하며, 이런 대상 트래픽에 대한 규칙(rule)을 생성하고 어떤 동작(action)을 수행할지 정의합니다.

이런 Amazon ELB 구성 요소를 통해 애플리케이션의 가용성과 확장성을 향상시킬 수 있습니다.

4.1.4 Amazon ELB 동작 방식

Amazon ELB를 생성하면 설정한 가용 영역별로 로드 밸런서 노드가 생성되고 앞단에 리스너를 실행합니다. 이런 리스너는 다양한 프로토콜(HTTP, HTTPS, TCP 등)을 지원하며, 요청에 대한 대상 그룹의 라우팅을 정의합니다. 이에 따라 로드 밸런서는 가용 영역에 속한 대상 그룹의 인스턴스로 트래픽을 전달합니다.

ELB가 동작하는 과정을 그림으로 더 자세히 살펴보겠습니다.

▼ 그림 4-4 Amazon ELB 동작 방식

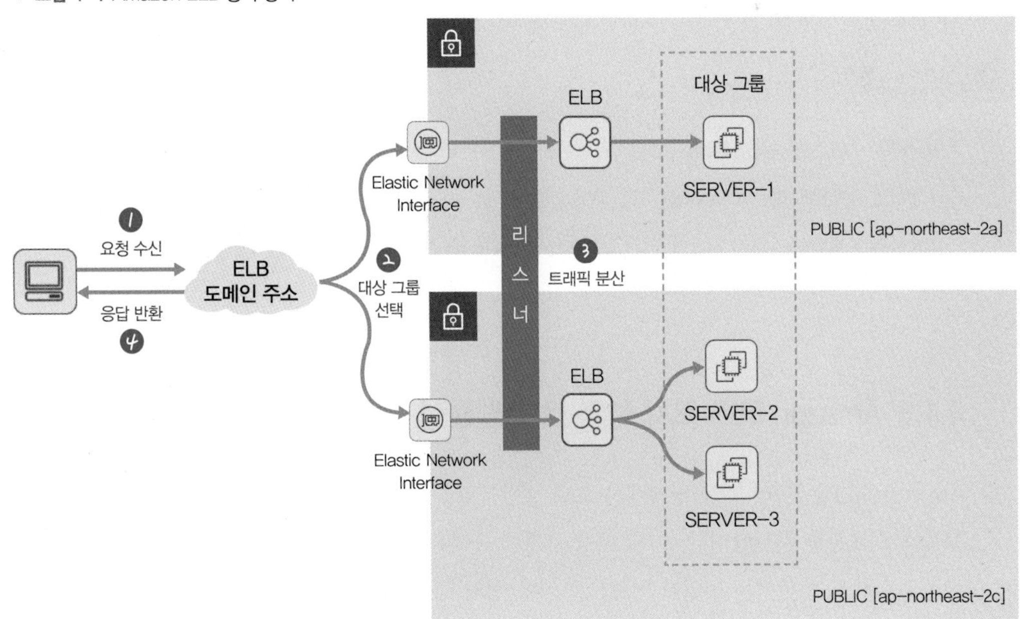

❶ **클라이언트 요청 수신**: 로드 밸런서에서 클라이언트 요청을 수신합니다. 로드 밸런서는 클라이언트와 연결을 유지하며, 요청을 수신하려고 리스너를 등록합니다.

❷ **대상 그룹 선택**: 수신한 클라이언트 요청을 처리할 대상 그룹을 선택합니다. 대상 그룹은 인스턴스, IP 주소, 람다 함수, ALB 등 여러 유형의 대상으로 구성됩니다.

❸ **트래픽 분산**: 선택된 대상 그룹에서 요청을 처리할 대상을 선택하고 해당 대상으로 요청을 분산합니다. 이때 로드 밸런서는 각 대상의 가용성 상태를 모니터링하고 가용하지 않은 대상을 제외합니다.

❹ **응답 반환**: 분산된 요청을 대상에서 처리하고 클라이언트에 응답을 반환합니다. 이때 응답은 로드 밸런서에서 수신한 것으로 반환되므로, 클라이언트는 로드 밸런서가 대상 그룹에서 선택한 대상에게서 마치 응답을 받는 것처럼 느낄 수 있습니다.

앞의 그림과 같이 클라이언트가 ELB의 DNS 주소로 트래픽을 전달한다고 가정해 보겠습니다. 클라이언트의 요청 트래픽을 받은 ELB는 로드 밸런싱 알고리즘을 사용하여 가용 영역에 위치한 로드 밸런서에 트래픽을 분산하고, 대상 그룹 중에서 이 트래픽을 처리할 인스턴스로 로드 밸런싱합니다. 해당 인스턴스는 전달받은 요청 트래픽을 처리하고 ELB로 응답 트래픽을 전달하며, ELB는 최종적으로 클라이언트에 응답 트래픽을 전달합니다. 이런 ELB는 대상 그룹에 대해 수평적 확장을 지원하여 대상을 추가하거나 제거할 수 있습니다. 이것으로 높은 가용성과 안정적인 성능을 제공할 수 있습니다.

Note ≡ ELB를 생성할 때 로드 밸런서와 통신하는 방식은 다음과 같습니다.

- **인터넷 경계 로드 밸런서**: 외부에서 직접 로드 밸런서에 접근하는 방식
- **내부 로드 밸런서**: 외부의 접근이 차단된 격리된 네트워크(내부 서버 전용)에서 로드 밸런서를 사용하는 방식

4.1.5 Amazon ELB 교차 영역 로드 밸런싱

Amazon ELB는 여러 가용 영역에서 로드 밸런서 노드를 실행하며, 각 노드는 가용 영역 내 대상 그룹으로 요청을 분산합니다. 이때 대상 그룹에 등록된 대상이 여러 가용 영역에 걸쳐 있다면 기본적으로 로드 밸런서는 동일한 비중으로 가용 영역 내에 있는 대상으로 트래픽을 분산합니다. 이는 대상 그룹의 가용성을 높이는 방법이라 유용하지만, 가용 영역 내 인스턴스 수량이 불균형할 때는 일부 인스턴스로 트래픽이 몰리고 다른 인스턴스는 유휴 상태가 되는 불균형 처리 문제가 발

생할 수 있습니다. 그러면 교차 영역 로드 밸런싱이 비활성화된 상태에서 동작 흐름을 살펴보겠습니다.

▼ 그림 4-5 교차 영역 로드 밸런싱 비활성화

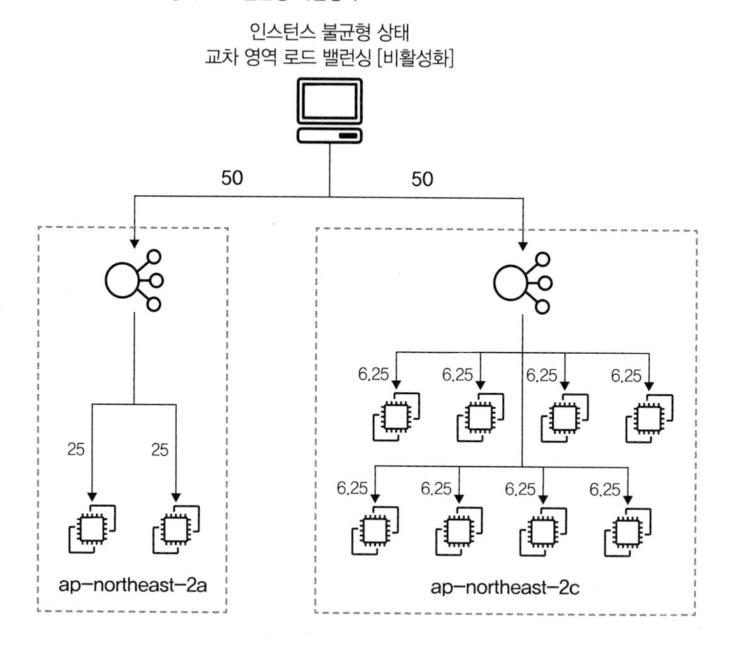

앞의 그림에서 가용 영역별로 로드 밸런서가 배치되고 다수의 인스턴스가 구성되어 있습니다. 이때 대상 인스턴스 수량이 첫 번째 가용 영역은 두 대, 두 번째 가용 영역은 여덟 대로 영역별로 불균형하게 구성되어 있습니다. 사용자 PC에서 ELB 도메인 주소로 트래픽을 전송하면, 도메인을 해석하여 50:50 비중으로 각 가용 영역에 위치한 로드 밸런서로 전달할 것입니다. 그러면 첫 번째 로드 밸런서는 총 50이라는 비중에서 두 대의 대상 인스턴스에 25의 비중으로 트래픽을 로드 밸런싱할 것입니다. 두 번째 로드 밸런서도 총 50이라는 비중에서 여덟 대의 대상 인스턴스에 6.25 비중으로 트래픽을 로드 밸런싱할 것입니다. 따라서 첫 번째 가용 영역에 위치한 대상 인스턴스에 트래픽 부하도가 높아지게 되며, 전체적으로 로드 밸런싱이 불균형해지는 것을 확인할 수 있습니다.

이런 불균형 로드 밸런싱을 해결하는 데 Amazon ELB에서 제공하는 교차 영역 로드 밸런싱 기능을 사용할 수 있는데, **ELB 교차 영역 로드 밸런싱**(cross-zone load balancing)은 여러 가용 영역에 걸쳐 있는 EC2 인스턴스나 컨테이너 등 대상을 더 효과적으로 로드 밸런싱하는 기능입니다. 이런 교차 영역 로드 밸런싱은 가용 영역별로 인스턴스 수량이 불균형하게 위치할 때 트래픽 비중을 보정할 수 있으며, 트래픽을 분산하는 기준이 가용 영역이 아닌 대상 그룹에 속한 자원을 기준으로 균일한 비중의 로드 밸런싱을 수행할 수 있습니다. 그러면 교차 영역 로드 밸런싱이 활성화된 상태에서 동작 흐름을 살펴보겠습니다.

▼ 그림 4-6 교차 영역 로드 밸런싱 활성화

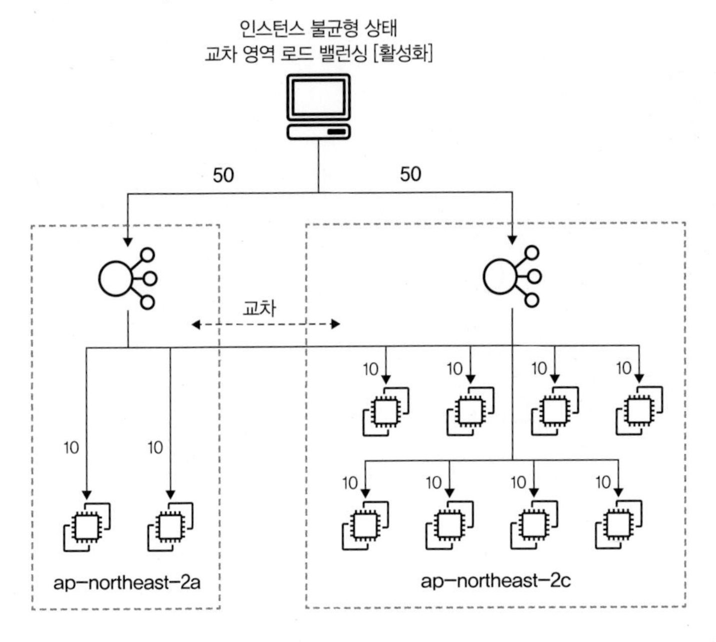

앞의 환경과 동일하게 가용 영역별 인스턴스 수량이 불균형한 환경에서 가용 영역별로 50:50 비중으로 트래픽을 전달한다고 합시다. 대상 자원의 비율에 따라 가용 영역을 교차하기 때문에 각 10의 비중을 맞추어 균일하게 열 대의 인스턴스 대상에 로드 밸런싱하는 것을 확인할 수 있습니다. 이렇게 교차 영역 로드 밸런싱을 활성화하면 가용 영역과 무관하게 대상 자원의 비율을 고려하여 가용 영역을 교차할 수 있어 좀 더 효율적으로 로드 밸런싱을 할 수 있습니다. 교차 영역 로드 밸런싱은 ALB를 사용할 때 기본적으로 활성화되어 있으나, NLB는 비활성화되어 있습니다. 또한 교차 영역 로드 밸런싱은 대상 그룹 수준에서 구성할 수 있으므로 필요에 따라 각 대상 그룹별로 별도로 구성할 수 있습니다. 단 사용할 때 가용 영역 간에 통신 비용이 발생할 수 있습니다.

4.1.6 Amazon ELB 종류

Amazon ELB에서 제공하는 로드 밸런서 종류는 트래픽의 프로토콜 종류나 서비스의 목적과 대상에 따라 네 가지로 분류할 수 있습니다.

CLB

CLB(Classic Load Balancer)는 Amazon ELB의 가장 초기에 출시된 로드 밸런서로, 4계층과 7계층 프로토콜을 모두 지원합니다. HTTP/HTTPS 요청에 따른 최신 HTTPv1.2 프로토콜과 TCP의 SSL/TLS 암호화 프로토콜도 지원하며, SSL 인증서를 사용합니다. 고정 IP 주소를 사용하여 로드 밸런서를 생성하고, 로드 밸런서에 대한 DNS 이름으로 액세스할 수 있습니다. 그러나 CLB는 서버의 기본 주소가 변경되면 로드 밸런서를 새로 생성해야 하며, 기능적인 한계 때문에 포트나 헤더 같은 데이터를 수정하거나 변경할 수 없는 등 제약 사항이 있습니다. 이런 특징은 서버의 구성과 아키텍처가 커지고 복잡해질수록 사용 비용이 증가합니다. 현재는 NLB와 ALB 같은 새로운 로드 밸런서 서비스가 출시되어 CLB를 대체해서 사용하는 추세이며, CLB는 레거시(legacy) 서비스로 분류됩니다.

ALB

ALB(Application Load Balancer)는 AWS에서 제공하는 L7 로드 밸런서로, HTTP/HTTPS 같은 웹 애플리케이션 프로토콜을 지원합니다. ALB는 대상 그룹 단위로 트래픽을 분산하며, 각 대상 그룹은 ALB가 요청을 전달할 EC2 인스턴스, 람다 함수, 컨테이너 및 IP 주소로 라우팅하는 기능을 제공합니다.

ALB는 다음 특징이 있습니다.

- HTTP 헤더를 확인하여 다양한 라우팅 기능을 제공합니다.
  - 경로 기반 라우팅: URL 경로를 기반으로 요청을 분산합니다.
  - 호스트 기반 라우팅: 호스트 이름을 기반으로 요청을 분산합니다.
  - 쿼리 문자열 기반 라우팅: URL 쿼리 문자열을 기반으로 요청을 분산합니다.
- 오토 스케일링과 함께 사용하여 확장성 있는 애플리케이션을 구성할 수 있습니다.
- 대상 그룹 내 인스턴스에 대해 상태 검사를 수행하고, 문제가 발생하면 자동으로 장애 조치를 취할 수 있습니다.
- Amazon CloudWatch Logs와 통합되어 로그 및 지표 데이터를 수집하고 모니터링 및 분석을 할 수 있습니다.

따라서 ALB는 웹 애플리케이션에 특화된 세밀한 라우팅을 제어할 수 있어 웹 애플리케이션을 위한 로드 밸런서로 사용합니다.

NLB

NLB(Network Load Balancer)는 AWS에서 제공하는 L4 로드 밸런서로, TCP · UDP · TLS 프로토콜을 지원합니다. NLB는 앞서 설명한 ALB와 달리, 클라이언트와 로드 밸런서 간 연결을 TCP 레벨에서 유지하므로 대규모 트래픽을 처리할 수 있습니다. 이를 위해 NLB는 높은 처리량, 초당 연결 수, 대역폭 등 기능을 제공하며 동일한 IP 주소에서 여러 대상 그룹을 지원할 수 있습니다.

NLB는 다음 특징이 있습니다.

- **높은 처리량**: 초당 수백만 개의 연결을 처리할 수 있습니다.
- **빠른 응답 시간**: 빠른 응답 시간을 위해 최적화된 L4 로드 밸런싱 알고리즘을 사용합니다.
- **높은 가용성**: 여러 가용 영역에서 인스턴스를 실행하고 매우 빠른 인스턴스 검색을 수행하여 신속하게 장애를 복구합니다.
- **IP 주소 보존**: 클라이언트 IP 주소를 원래 IP 주소로 보존할 수 있습니다. 이것은 클라이언트 IP 주소를 유지하면서 로드 밸런싱을 수행할 수 있다는 것을 의미합니다.
- **모니터링**: AWS CloudTrail, Amazon CloudWatch Logs 같은 모니터링 기능을 지원합니다.

따라서 NLB는 대규모 네트워크 트래픽을 처리하고 대상 그룹의 대상이 IP 주소로 식별될 때 유용합니다. 또한 AWS에서 제공하는 다른 로드 밸런서보다 높은 처리량과 빠른 응답 시간을 보장하므로 게임 서버, VoIP 서비스, 미디어 스트리밍 등에서 사용됩니다.

GWLB

GWLB(GateWay Load Balancer)는 네트워크 트래픽을 서드 파티의 방화벽/어플라이언스 장비로 부하분산 처리하는 로드 밸런서입니다. GWLB를 사용하면 서드 파티의 방화벽/어플라이언스 장비를 쉽게 배포하고 확장 및 관리할 수 있습니다. 요청에 따라 트래픽을 확장하거나 축소하면서 다수의 서드 파티 장비에 로드 밸런싱을 처리합니다. GWLB는 VPC 내에서 실행되는 애플리케이션의 가용성과 확장성을 향상시키는 데 사용되며, TCP 및 UDP 프로토콜을 지원하여 다양한 유형의 애플리케이션에 유연하게 적용할 수 있습니다.

각 로드 밸런서 종류는 고유한 기능들을 제공하며, 사용자 요구 사항에 따라 다음 표와 같이 적절한 로드 밸런서를 선택하는 것이 중요합니다.

❤ 표 4-1 AWS 로드 밸런서 종류

구분	Classic Load Balancer	ALB (Application Load Balancer)	NLB (Network Load Balancer)	GWLB (GateWay Load Balancer)
주요 특징	EC2-Classic을 대상으로 트래픽을 부하분산 처리하는 로드 밸런서	HTTP와 HTTPS에 대한 트래픽을 부하분산 처리하는 OSI 7계층의 로드 밸런서	TCP와 UDP에 대한 트래픽을 부하분산 처리하는 OSI 4계층의 로드 밸런서	VPC 내부 라우팅으로 서드 파티의 방화벽/어플라이언스 대상으로 경유하는 트래픽을 부하분산 처리하는 로드 밸런서
유형	4계층, 7계층	7계층	4계층	3계층 게이트웨이, 4계층 로드 밸런서
프로토콜	TCP, SSL/TLS, HTTP, HTTPS	HTTP, HTTPS, gRPC	TCP, UDP, TLS	IP
대상 유형	EC2-Classic	IP, 인스턴스, AWS Lambda, 컨테이너	IP, 인스턴스, ALB, 컨테이너	IP, 인스턴스
고정 IP 제공	미지원	미지원	지원	미지원
보안 그룹	보안 그룹 사용	보안 그룹 사용	보안 그룹 미사용	보안 그룹 사용

Note ALB vs NLB

- **ALB**: HTTP/HTTPS 처리에 특화된 애플리케이션 레벨의 로드 밸런서로, OSI 모델의 7계층에서 라우팅 동작이 가능합니다. 람다(lambda)를 대상 그룹 지정할 수 있습니다.
- **NLB**: TCP, UDP, TLS에 대한 트래픽을 처리할 수 있는 OSI 4계층의 로드 밸런서로, ELB 중 가장 빠르고 높은 처리량을 지원합니다. 고정 IP를 사용할 수 있습니다.

4.2 실습 ALB와 NLB를 이용한 로드 밸런싱 구성하기

실습 목표

이번 실습은 Amazon ELB의 ALB와 NLB로 로드 밸런싱 환경을 구성하여 다수의 인스턴스를 이용한 ELB의 동작 및 활용을 확인해 봅니다.

▼ 그림 4-7 목표 구성도

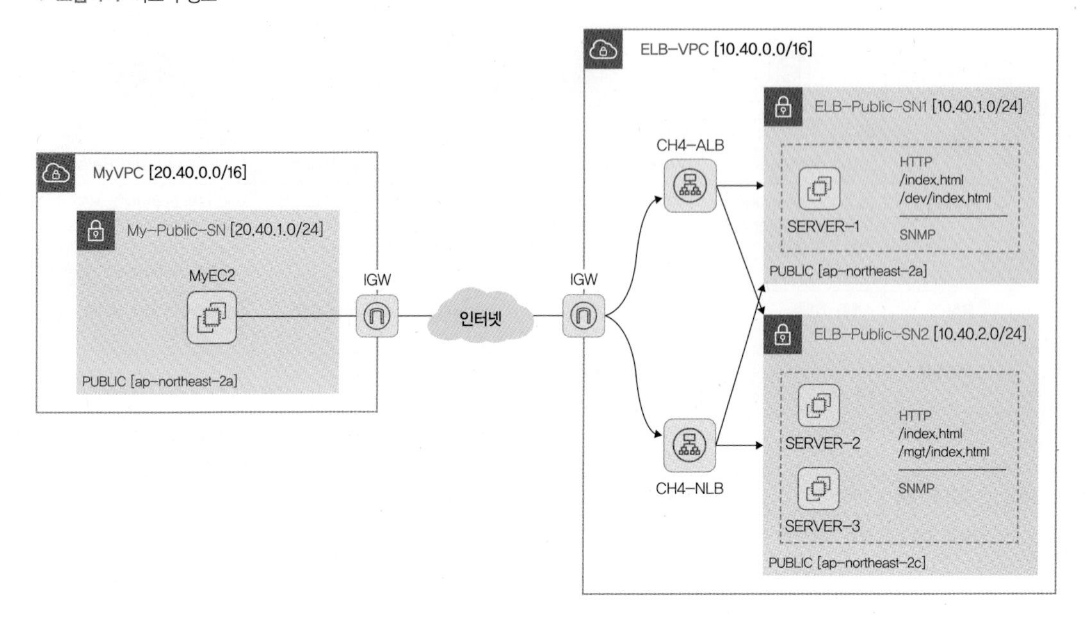

실습 단계

1. 실습을 위한 기본 인프라를 CloudFormation으로 배포합니다.
2. 기본 인프라 환경을 검증합니다.
3. ALB를 생성하고 동작 과정을 확인해 봅니다.
4. ALB의 경로 기반 라우팅 기능을 이용한 로드 밸런싱 방법을 구성하고 확인해 봅니다.
5. ALB의 User-Agent를 활용한 로드 밸런싱 방법을 구성하고 확인해 봅니다.
6. NLB를 생성하고 교차 영역 로드 밸런싱 기능 여부를 동작 과정을 거쳐 확인해 봅니다.
7. ALB와 NLB의 출발지 IP 보존 방식에 대한 동작 과정을 확인해 봅니다.
8. 실습을 위해 생성된 자원을 모두 삭제합니다.

4.2.1 CloudFormation 소개

앞선 실습에서 다양한 AWS 인프라를 하나씩 수동으로 생성해서 사용했습니다. 이렇게 수동으로 실습 환경을 구성하는 것은 시간이 많이 소요되며, 인프라의 생성 순서와 연결 방식을 정확하게 알고 있지 않으면 뜻하지 않은 실수가 발생할 수 있습니다. 이런 문제를 해결하기 위해 실습 환경을 코드 기반으로 생성하는 기술인 CloudFormation을 사용하여 더 빠르고 정확한 실습 환경을 구성할 수 있습니다.

CloudFormation은 IaC(Infrastructure as Code) 기반으로 AWS 인프라 리소스를 자동으로 생성하는 서비스입니다. CloudFormation을 사용하면 앞서 실습에 사용했던 VPC, EC2 등 리소스를 수동으로 생성할 필요 없이 리소스들을 템플릿(코드)으로 구성하고 스택을 생성하여 해당 서비스의 프로비저닝과 설정을 미리 구성할 수 있습니다. 또한 인프라를 더욱 빠르게 프로비저닝하고 보안성을 높이고 변경 사항을 추적할 수 있으며, 생성된 템플릿을 재사용하거나 수정해서 활용할 수 있습니다.

CloudFormation 특징을 정리하면 다음과 같습니다.

- **IaC**: 용어 뜻대로 수동으로 자원을 만들지 않고 선언된 코드로 자원을 생성하는 것으로, 불필요한 오류를 줄일 수 있습니다. CloudFormation 템플릿을 작성해서 인프라를 생성할 때 같은 템플릿을 사용하면 다른 환경에서도 인프라를 쉽게 생성할 수 있습니다. 또한 변경 사항을 추적하고 변경 내용을 승인하며 이전 버전으로 롤백하는 것이 쉽습니다.
- **AWS 리소스 간 종속성 관리**: CloudFormation을 사용하면 AWS 리소스 간 종속성을 템플릿에 정의할 수 있으므로, 이런 종속성을 수동으로 관리하는 것보다 훨씬 쉽고 안정적입니다.
- **인프라 관리의 자동화**: CloudFormation을 사용하면 인프라 구성을 자동화하여 운영 비용을 줄이고 인프라 관리를 간소화할 수 있습니다. 지속적 배포를 지원하는 CI/CD 파이프라인과 통합할 수 있습니다.

하지만 CloudFormation을 사용할 때는 템플릿 구조와 코드 형태의 이해가 필요하며, CloudFormation을 이용하여 모든 AWS 인프라를 정의하고 생성할 수 없다는 점은 참고하기 바랍니다.

물론 이 책에서는 CloudFormation의 템플릿 구조와 코드 이해가 목적이 아닙니다. 단지 제공되는 CloudFormation 템플릿을 활용하여 기본 인프라 환경을 배포하고 실습 편의만 챙기면 되니 너무 염려하지 않아도 됩니다.

CloudFormation 구성 요소를 살펴보면 다음과 같습니다.

- **템플릿**: AWS 인프라를 JSON 또는 YAML 형식의 코드로 정의하는 파일입니다. 이 템플릿을 이용하여 AWS 인프라의 속성, 관계, 종속성 등을 정의합니다.
- **스택**: CloudFormation을 이용하여 생성하는 AWS 인프라의 집합입니다.
- **리소스**: AWS CloudFormation이 생성하는 AWS 리소스입니다. 이런 리소스에는 Amazon EC2 인스턴스, Amazon RDS 데이터베이스, Amazon S3 버킷 등이 포함됩니다.
- **파라미터**: 스택을 생성할 때 전달할 수 있는 매개변수입니다. 이런 파라미터를 사용하면 템플릿을 재사용하여 다른 환경에 대한 스택을 쉽게 생성할 수 있습니다.
- **이벤트**: CloudFormation 스택에서 발생하는 모든 이벤트를 기록합니다. 이런 이벤트는 스택 생성, 변경, 삭제와 관련된 정보를 제공합니다. 이런 정보를 활용하여 스택 문제를 해결할 수 있습니다.
- **CloudFormation**: 템플릿을 해석해서 스택을 생성하고, 정의된 AWS 인프라를 생성 · 변경 · 삭제할 수 있습니다.

▼ 그림 4-8 CloudFormation의 대표 구성 요소

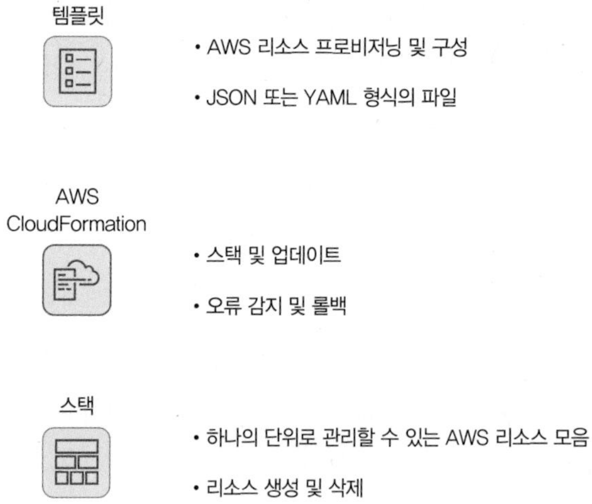

템플릿

- AWS 리소스 프로비저닝 및 구성
- JSON 또는 YAML 형식의 파일

AWS CloudFormation

- 스택 및 업데이트
- 오류 감지 및 롤백

스택

- 하나의 단위로 관리할 수 있는 AWS 리소스 모음
- 리소스 생성 및 삭제

AWS CloudFormation을 실행하면 각 구성 요소는 다음 그림과 같이 동작합니다.

▼ 그림 4-9 CloudFormation 동작 순서

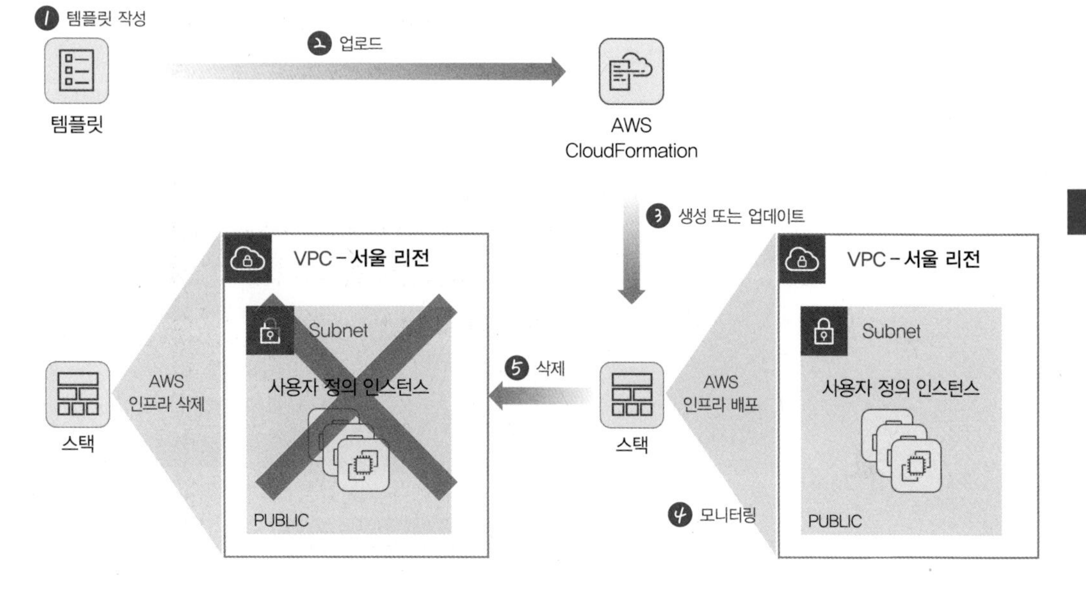

❶ **CloudFormation 템플릿 작성**: CloudFormation을 사용하여 관리하고자 하는 인프라를 정의하는 템플릿을 작성합니다. 템플릿은 JSON 또는 YAML 형식으로 작성할 수 있습니다.

❷ **템플릿 업로드**: 작성한 템플릿을 AWS CloudFormation 서비스에 업로드합니다.

❸ **스택 생성 또는 업데이트**: AWS CloudFormation 서비스를 사용하여 업로드한 템플릿으로 스택을 생성하거나 업데이트합니다. 이때 템플릿 파일에 정의된 AWS 인프라가 생성되거나 업데이트됩니다.

❹ **스택 모니터링**: CloudFormation 서비스는 스택 생성 또는 업데이트를 수행하면서 로그와 이벤트를 생성합니다. 이것으로 스택 생성 또는 업데이트 상태를 모니터링할 수 있습니다.

❺ **스택 삭제**: CloudFormation 서비스에서 스택을 삭제하면 스택에 속한 모든 AWS 인프라도 함께 삭제됩니다.

이렇게 AWS CloudFormation은 앞의 다섯 단계를 거쳐 순차적으로 동작합니다.

그러면 이 장부터 실습은 AWS CloudFormation으로 기본 인프라를 배포할 것이며, 각 실습에 필요한 템플릿 파일은 URL로 제공합니다.

4.2.2 CloudFormation으로 기본 인프라 배포하기

기본 실습 동작에 필요한 기본 인프라 자원은 AWS CloudFormation으로 자동 배포합니다.

1. AWS 관리 콘솔에서 **서비스** > CloudFormation 서비스로 들어가 **스택 생성**을 누릅니다.

▼ 그림 4-10 CloudFormation 스택 생성 진입

2. 아래쪽 Amazon S3 URL에 다음 URL을 입력하고 **다음**을 누릅니다.

URL https://cloudneta-aws-book.s3.ap-northeast-2.amazonaws.com/chapter4/elblab.yaml

▼ 그림 4-11 CloudFormation 템플릿 URL 입력

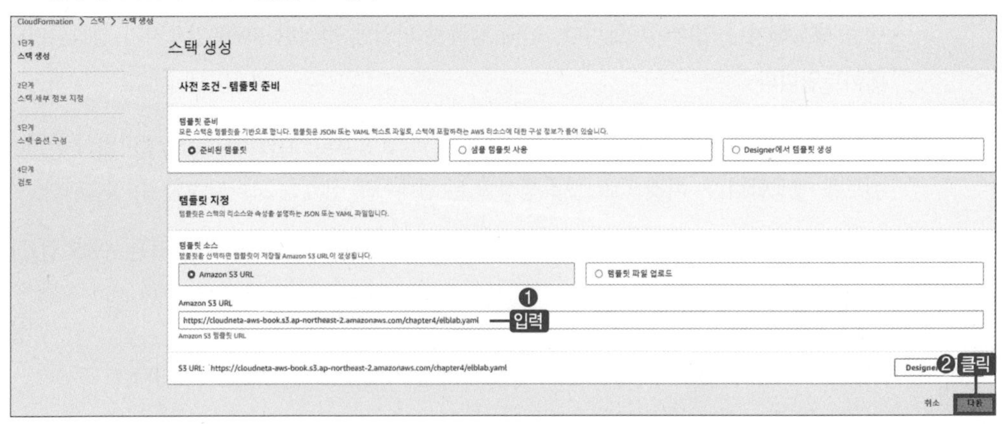

3. 스택 세부 정보 지정 페이지에서 다음과 같이 설정하고 **다음**을 누릅니다.

❶ 스택 이름은 'elblab'로 입력

❷ KeyName에서 사용자 키 페어 파일 선택

✔ 그림 4-12 CloudFormation 스택 세부 정보 지정

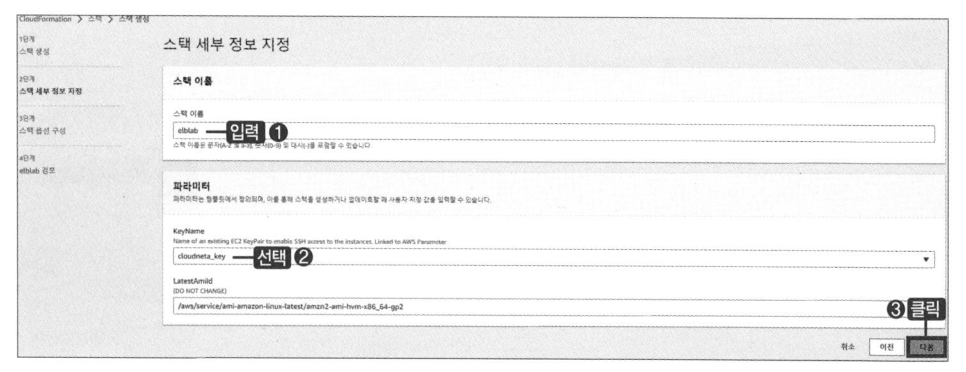

4. 스택 옵션 구성 페이지에서는 별도의 설정 없이 **다음**을 누릅니다. elblab 검토에서는 별도의 설정 없이 **전송**을 눌러 스택을 생성합니다.

✔ 그림 4-13 CloudFormation 스택 생성

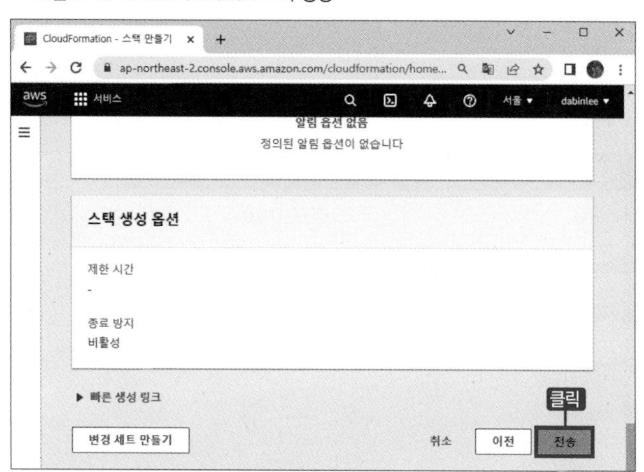

5. AWS CloudFormation 기본 인프라를 배포하고 일정 시간(약 5분)이 지나 스택 상태가 'CREATE_COMPLETE'가 되면 모든 인프라 배포가 정상적으로 완료된 것입니다.

✔ 그림 4-14 CloudFormation 스택 생성 완료

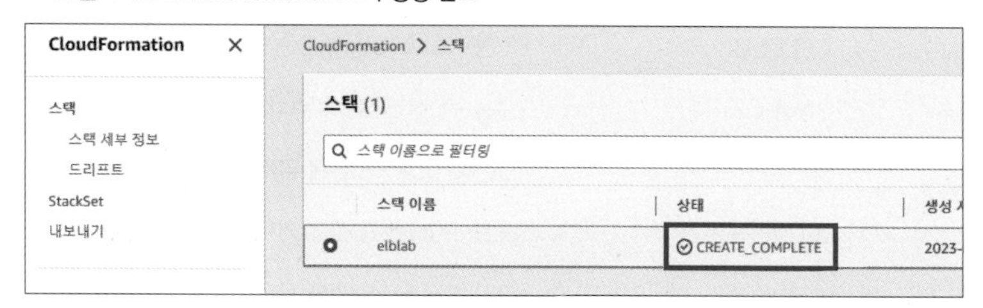

AWS CloudFormation으로 생성된 기본 인프라 자원 정보는 다음과 같습니다.

▼ 그림 4-15 CloudFormation으로 생성된 기본 인프라 자원

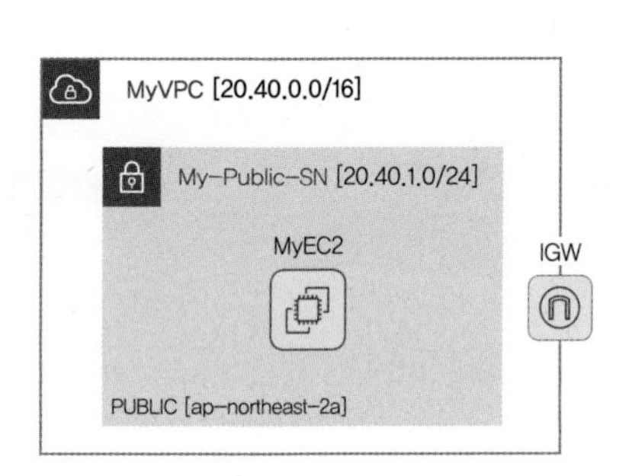

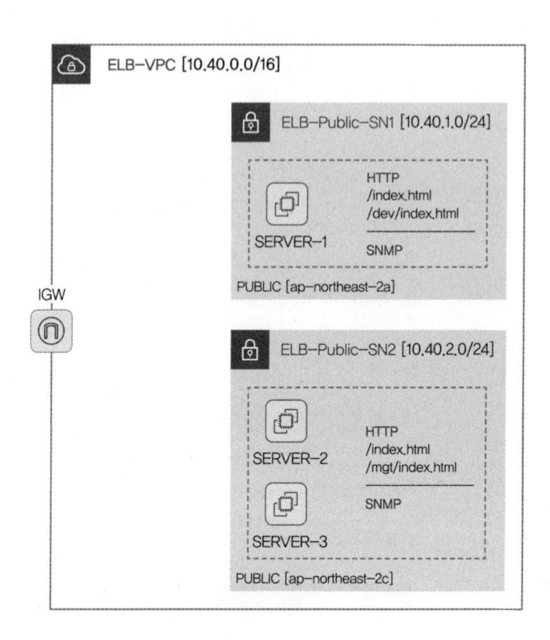

생성 자원	이름	정보
VPC	MyVPC	20.40.0.0/16
	ELB-VPC	10.40.0.0/16
인터넷 게이트웨이	My-IGW	
	ELB-IGW	
퍼블릭 라우팅 테이블	MyPublicRT	My-IGW 연결
	ELBPublicRT	ELB-IGW 연결
서브넷	My-Public-SN	MyVPC에 위치 [20.40.1.10/24]
	ELBPublicSN1	ELB-VPC에 위치 [10.40.1.0/24]
	ELBPublicSN2	ELB-VPC에 위치 [10.40.2.0/24]
보안 그룹	MySG	TCP 22, ICMP 허용
	ELBSG	TCP 22/80, ICMP 허용, UDP 161 허용
EC2 인스턴스	MyEC2	My-Public-SN에 위치
	SERVER-1	ELB-Public-SN1에 위치
	SERVER-2	ELB-Public-SN2에 위치
	SERVER-3	ELB-Public-SN2에 위치

4.2.3 기본 인프라 환경 검증하기

앞의 표에서 기본 인프라로 생성된 자원을 보면 MyVPC와 ELB-VPC가 있습니다. MyVPC에는 MyEC2 서버를 배치하여 ELB에서 제공하는 로드 밸런싱 기능을 테스트하게 합니다. 반면 ELB-VPC에는 실습에 사용되는 서버가 위치하며, ELB-VPC의 첫 번째 서브넷에 한 대, ELB-VPC의 두 번째 서브넷에 두 대 등 총 세 대의 서버를 서비스 제공용으로 배치해서 향후 실습에 활용합니다. 실습을 위해 구성된 세 대의 인스턴스에는 HTTP와 SNMP 서비스를 미리 설치해 두었습니다.

HTTP란

인터넷에서 데이터를 주고받을 수 있게 하는 표준 프로토콜로, 웹 서버와 클라이언트 간에 데이터를 주고받을 때 사용합니다. 클라이언트는 서버에 HTTP 요청(request)을 보내고, 서버는 그에 대한 응답(response)을 반환합니다. HTTP(HyperText Transfer Protocol)는 다양한 메소드(method)를 사용하여 요청과 응답을 일반 텍스트 형식으로 주고받으며, 사용하는 메소드로는 `GET`, `POST`, `PUT`, `DELETE` 등이 있습니다. `GET` 메소드는 서버에서 리소스를 요청하고, `POST` 메소드는 서버로 데이터를 보내고, `PUT` 메소드는 서버에 새로운 데이터를 업로드하고, `DELETE` 메소드는 서버에서 데이터를 삭제합니다. HTTP는 TCP 프로토콜을 사용하여 신뢰성 있게 데이터를 송수신하며, 80번 포트를 사용합니다.

SNMP

SNMP는 네트워크 장비들을 모니터링하고 관리하는 프로토콜입니다. 이를 위해 SNMP(Simple Network Management Protocol)는 네트워크 장비들에 에이전트(agent)를 설치하고, SNMP 관리자와 에이전트 간에 메시지를 주고받는 방식으로 동작합니다. SNMP는 일반적으로 MIB(Management Information Base)라는 데이터베이스를 사용하여 네트워크 장비의 상태 정보를 저장하는데, 이를 OID라고 합니다. 이 정보는 SNMP 관리자가 해당 ID를 요청할 때마다 에이전트가 그에 맞는 자원 정보를 전달하는 방식입니다.

SNMP는 네트워크 장비들의 성능 모니터링, 구성 변경, 장애 진단 등 다양한 용도로 사용되며, 이것으로 네트워크의 안정성과 가용성을 높일 수 있습니다. 이런 SNMP는 UDP 프로토콜을 사용하며 161번 포트를 씁니다.

모든 구간은 퍼블릭 용도의 서브넷으로 구성되며, 인터넷 게이트웨이를 이용하여 외부 구간과 통신이 가능한 환경으로 구성했습니다.

이제 직접 기본 인프라 환경을 확인해 봅시다. 참고로 검증에 필요한 툴은 인스턴스의 User-data로 정의해서 미리 설치되어 있습니다.

> Note ≡ User-data: 인스턴스를 부팅할 때 자동으로 수행하는 명령어 집합을 의미합니다. 인스턴스가 초기화되는 동안 필요한 구성, 설치, 설정 등을 수행하는 데 사용됩니다.

1. SERVER-1 · 2에 설치된 툴과 파일을 확인하겠습니다. SERVER-1과 SERVER-2에 SSH로 접속하고 다음 명령어를 입력합니다.

```
# SERVER-1의 SSH 터미널
# 디렉터리(폴더) 트리 구조 출력
tree /var/www/html
/var/www/html
├── dev
│   └── index.html
├── index.html
└── xff.php

# xff.php 파일 정보 확인(웹에서 해당 파일에 접근할 때 접속자 정보가 출력되도록 만든 실습 파일)
cat /var/www/html/xff.php
CloudNeta ELB Test Page

...(생략)...

# SERVER-2의 SSH 터미널
tree /var/www/html
/var/www/html/
├── index.html
├── mgt
│   └── index.html
└── xff.php
cat /var/www/html/xff.php
```

SERVER-1에는 dev라는 폴더가 생성되었고, SERVER-2 · 3에는 mgt라는 폴더가 생성된 것을 확인합니다. 각 서버에 있는 다른 이름의 폴더는 향후 로드 밸런싱 실습에 사용할 것입니다.

2. MyEC2에서 SERVER-1 · 2 · 3으로 HTTP 서비스와 SNMP 서비스를 확인해 보겠습니다.

```
# MyEC2의 SSH 터미널
# SERVER-1 · 2 · 3의 퍼블릭 IP를 변수에 지정 → 아래 EC21, EC22, EC23 IP 정보는 각자의 IP 정보 입력
EC21=13.125.22.69
EC22=13.209.75.185
EC23=13.124.213.166

# 변수 지정 확인
echo $EC21
13.125.22.69
echo $EC22
13.209.75.18
echo $EC23
13.124.213.166

# SERVER-1 웹 서비스 확인
curl $EC21
<h1>ELB LAB Web Server-1</h1>

curl $EC21/dev/
<h1>ELB LAB Dev Web Page</h1>

curl $EC21/mgt/
<!DOCTYPE HTML PUBLIC "-//IETF//DTD HTML 2.0//EN">
<html><head>
...
<h1>Not Found</h1>
<p>The requested URL was not found on this server.</p>
</body></html>

curl $EC21/xff.php
CloudNeta ELB Test Page
Sun, 09 Apr 23 23:03:22 +0900
Current CPU Load:0%
Last Client IP: 13.209.80.41      # 웹 서버에 접근한 클라이언트 IP로 MyEC2 서버의 IP
Server Public IP = 13.125.22.69  # 웹 서버의 퍼블릭 IP
Server Private IP: 10.40.1.10     # 웹 서버의 프라이빗 IP
X-Forwarded-for:

# SERVER-1 SNMP 서비스 확인
snmpget -v2c -c public $EC21 1.3.6.1.2.1.1.5.0
```

```
SNMPv2-MIB::sysName.0 = STRING: SERVER-1

snmpget -v2c -c public $EC21 1.3.6.1.2.1.1.3.0
DISMAN-EVENT-MIB::sysUpTimeInstance = Timeticks: (2259621) 6:16:36.21

# SERVER-2 웹 서비스 확인
curl $EC22
curl $EC22/dev/
curl $EC22/mgt/
curl $EC22/xff.php

# SERVER-2 SNMP 서비스 확인
snmpget -v2c -c public $EC22 1.3.6.1.2.1.1.5.0
snmpget -v2c -c public $EC22 1.3.6.1.2.1.1.3.0

# SERVER-3 웹 서비스 확인
curl $EC23
curl $EC23/dev/
curl $EC23/mgt/
curl $EC23/xff.php

# SERVER-3 SNMP 서비스 확인
snmpget -v2c -c public $EC23 1.3.6.1.2.1.1.5.0
snmpget -v2c -c public $EC23 1.3.6.1.2.1.1.3.0
```

Note ≡ SNMP에서 정의된 기본 OID 정보

- 1.3.6.1.2.1.1.1.0 - **sysDescr**: sysDescr 값은 장비 설명이며, 장비 제조사에 따라 크기에 차이가 있습니다. 장비 정보를 출력할 때는 부가 정보로 출력합니다.
- 1.3.6.1.2.1.1.2.0 - **sysObjectID**: sysObjectID 값은 장비의 고유한 ID 값을 반환하며, 해당 값을 사용하여 장비 벤더, 장비 종류를 독자적으로 관리할 수 있습니다.
- 1.3.6.1.2.1.1.3.0 - **sysUpTime**: sysUpTime 값은 장비가 부팅되어 현재까지 동작한 milli-second 값이며, 쿼리할 때 업데이트되는 정보입니다.
- 1.3.6.1.2.1.1.5.0 - **sysName**: sysName은 사용자가 장비에 설정한 장비 이름으로, 설정하지 않으면 Null 값을 출력합니다. Null 값을 출력할 때 해당 장비 이름은 IP 주소 혹은 장비 Alias 이름(별칭)으로 출력됩니다.

4.2.4 ALB를 생성하고 동작 과정 확인하기

앞서 구성된 기본 환경 구성을 바탕으로 다음 그림과 같이 ALB를 생성해서 각 가용 영역별 로드 밸런싱 동작 과정을 확인해 보겠습니다.

▼ 그림 4-16 ALB 생성

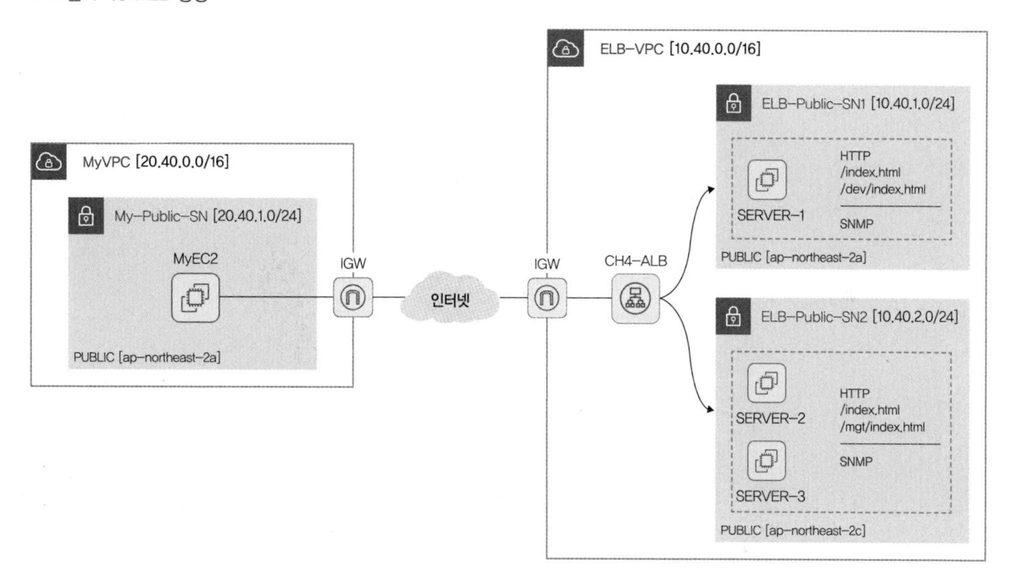

ALB 생성하기

1. EC2 > **로드 밸런싱** > **대상 그룹** 메뉴를 선택한 후 출력되는 페이지에서 **대상 그룹 생성**을 누릅니다.

▼ 그림 4-17 로드 밸런싱 대상 그룹 생성 진입

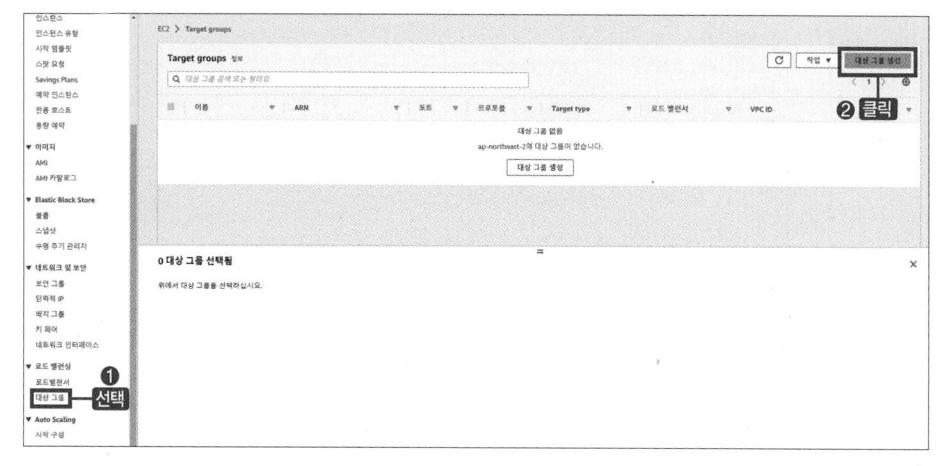

2. 그룹 세부 정보 지정 페이지에서 다음과 같이 설정하고 **다음**을 누릅니다.

❶ 대상 그룹 이름에 'ALB-TG'를 입력

❷ VPC에서 **ELB-VPC** 선택

▼ 그림 4-18 대상 그룹 생성 - 그룹 세부 정보 지정

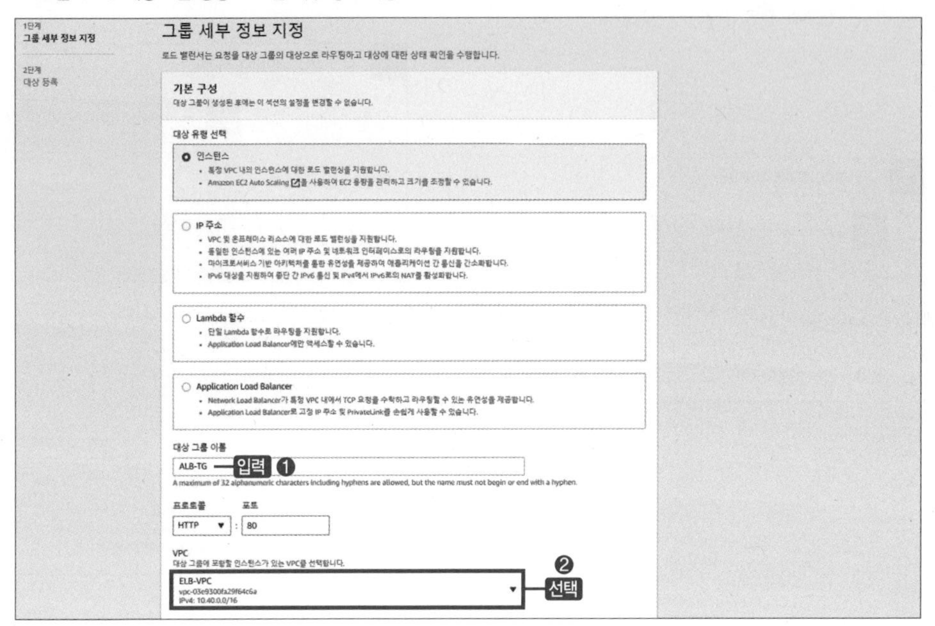

3. 대상 등록에서 실습에 사용할 모든 인스턴스를 체크한 후 **아래에 보류 중인 것으로 포함**을 누릅니다.

▼ 그림 4-19 대상 그룹 생성 - 대상 등록

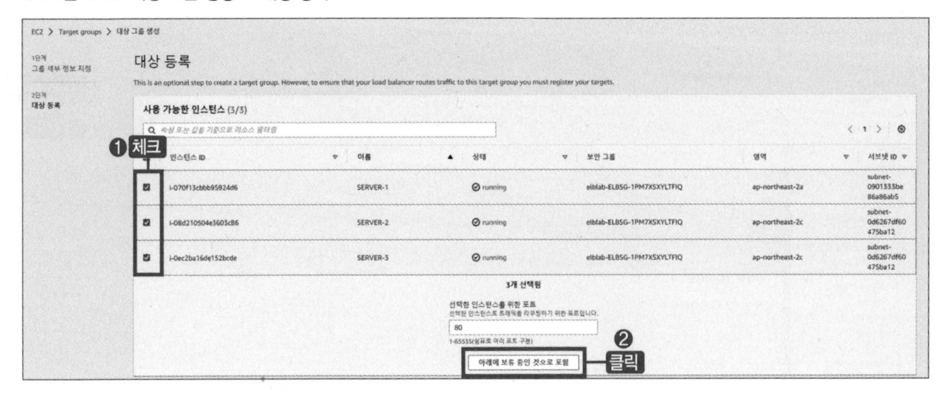

4. 앞서 선택한 인스턴스가 대상으로 이동된 것을 확인한 후 **대상 그룹 생성**을 누릅니다.

▼ 그림 4-20 대상 그룹 생성 - 대상 등록

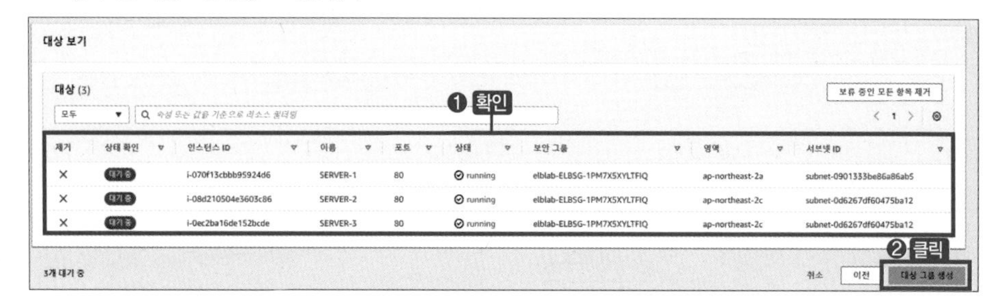

5. 다음 그림과 같이 대상 그룹이 생성된 것을 확인할 수 있습니다.

▼ 그림 4-21 대상 그룹 생성 확인

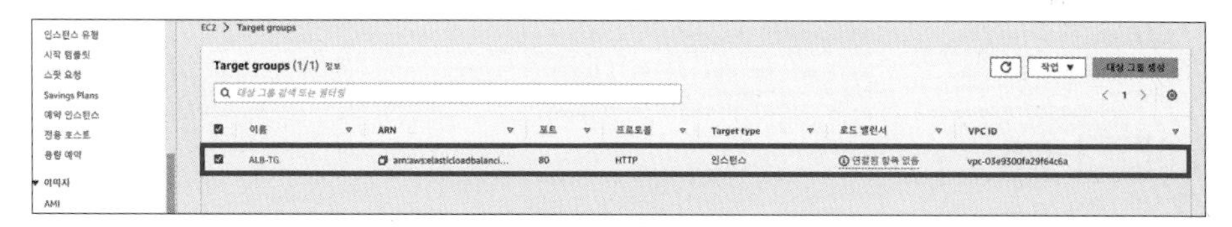

대상 그룹이 생성되었으니 이번에는 로드 밸런서를 생성해 보겠습니다.

6. EC2 > **로드밸런서**에 들어가서 **로드 밸런서 생성**을 누릅니다.

▼ 그림 4-22 로드 밸런서 생성 진입

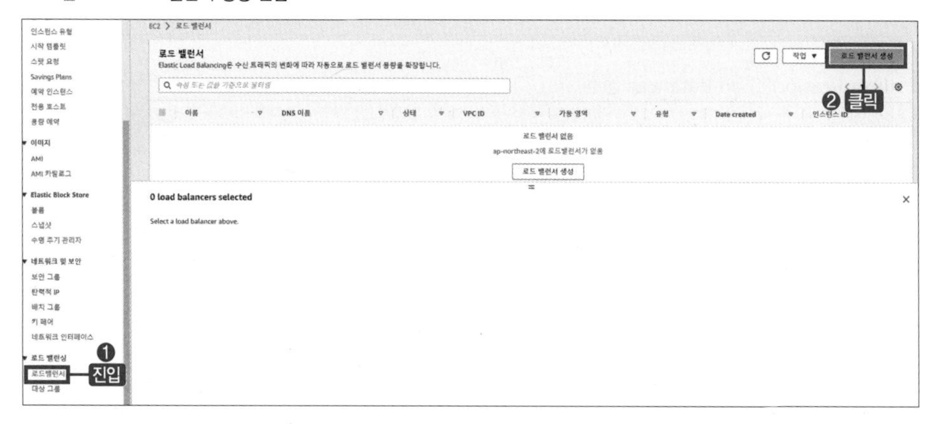

7. 로드 밸런서 유형 선택 페이지에서 Application Load Balancer의 **생성**을 누릅니다.

▼ 그림 4-23 로드 밸런서 유형 선택

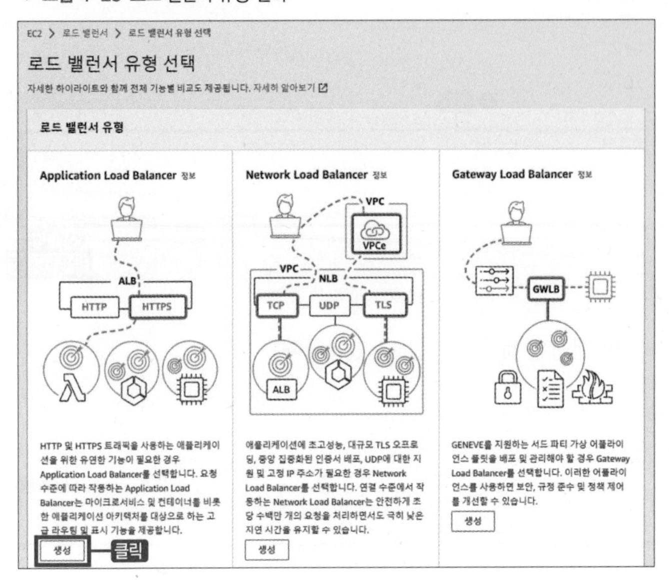

8. Application Load Balancer 생성 페이지에서 다음과 같이 설정하고 아래쪽에 있는 **로드 밸런서 생성**을 누릅니다.

   ❶ [기본 구성] 로드 밸런서 이름을 'ALB'로 입력

▼ 그림 4-24 ALB 생성 - 기본 구성

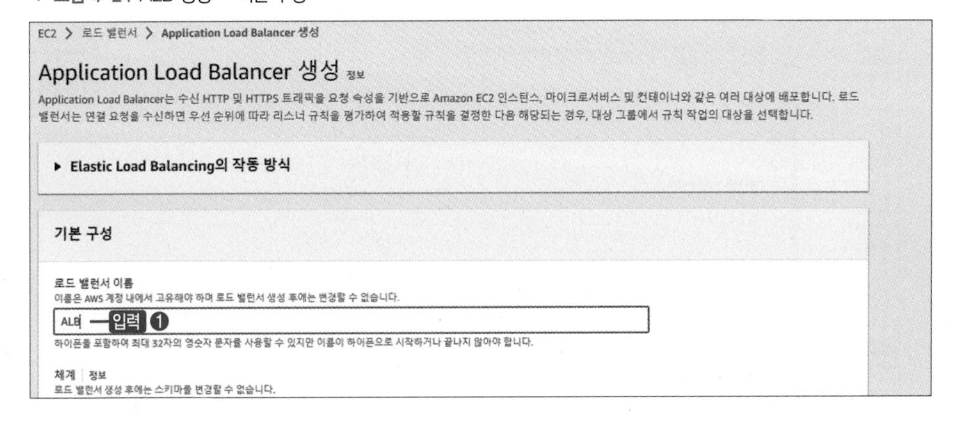

   ❷ [네트워크 매핑] VPC는 ELB-VPC 선택

   ❸ 선택한 VPC에서 사용할 가용 영역을 모두 체크

▼ 그림 4-25 ALB 생성 - 네트워크 매핑

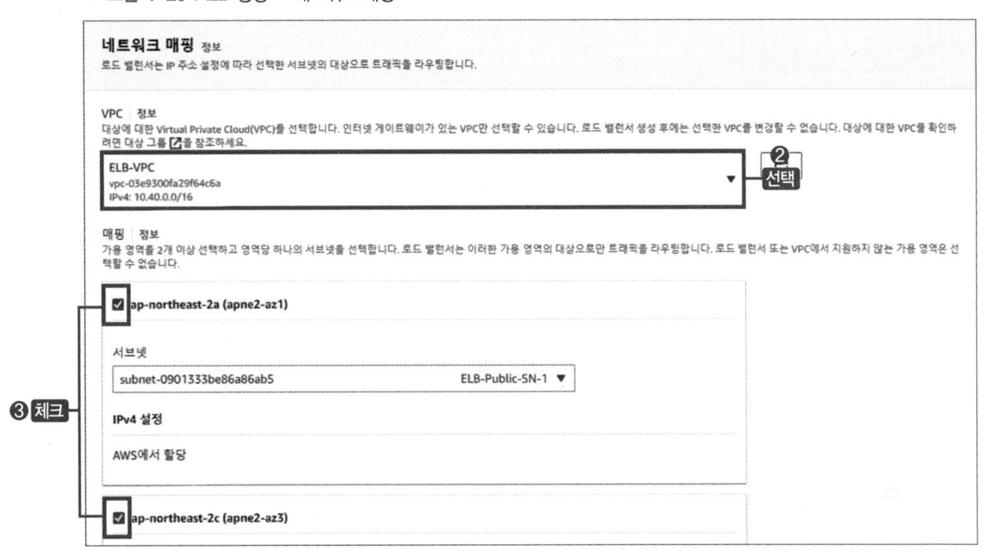

❹ [보안 그룹] 보안 그룹은 기존 default를 제거한 후 **elblab-ELBSG-XXXX** 선택

❺ [리스너 및 라우팅] 리스너 **HTTP:80** 기본값, 대상 그룹은 앞서 설정한 **ALB-TG** 선택

▼ 그림 4-26 ALB 생성 - 보안 그룹과 리스너 및 라우팅

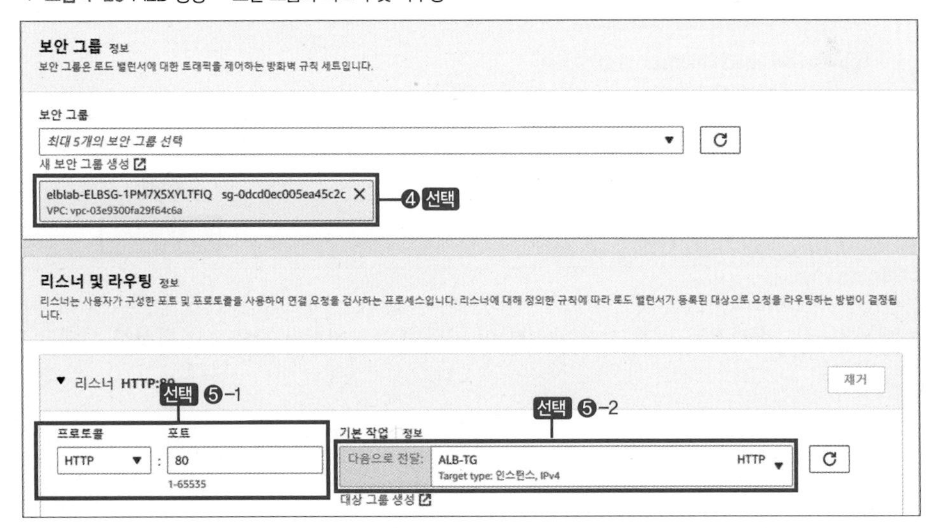

❻ 가장 아래쪽에 있는 **로드 밸런서 생성** 누르기

❤ 그림 4-27 ALB 생성 - 요약

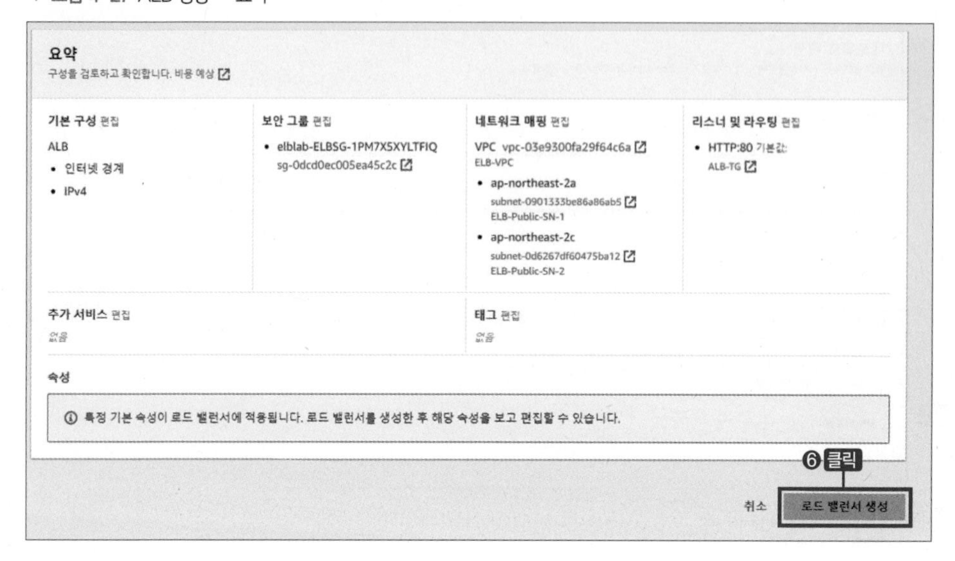

9. Application Load Balancer 생성 페이지에서 **로드 밸런서 보기**를 누릅니다.

❤ 그림 4-28 ALB 생성 - 완료

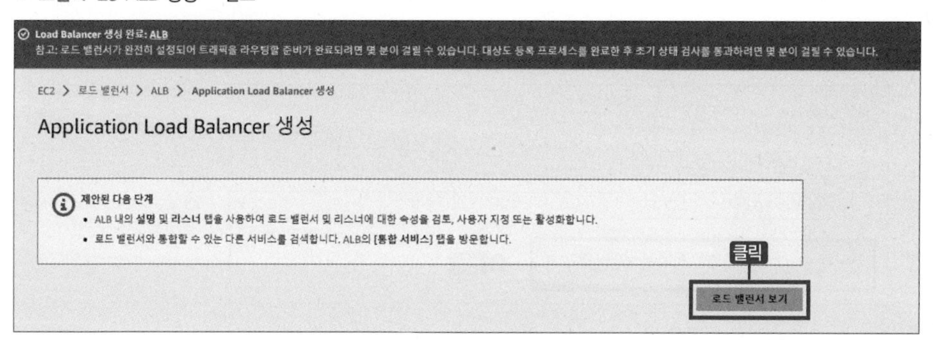

10. 생성된 로드 밸런서는 일정 시간(약 5분)이 지나면 프로비저닝 상태에서 활성화 상태로 변경됩니다.

❤ 그림 4-29 ALB 상태 확인

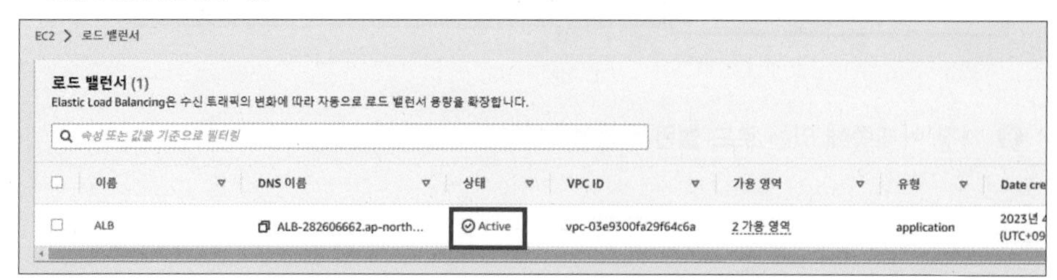

11. 생성된 로드 밸런서의 상세 정보를 확인합니다.

▼ 그림 4-30 ALB 상세 정보

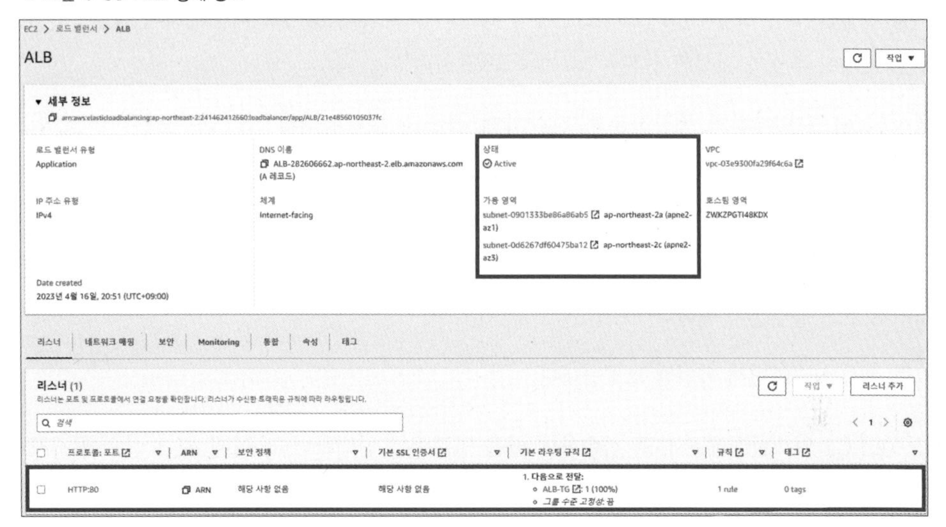

지금까지 ALB 로드 밸런서를 생성했습니다. 이제 생성된 ALB가 어떻게 동작하는지 확인하겠습니다.

ALB 동작 확인하기

생성된 ALB가 어떻게 동작하는지 다음 그림으로 살펴보겠습니다.

▼ 그림 4-31 ALB 동작

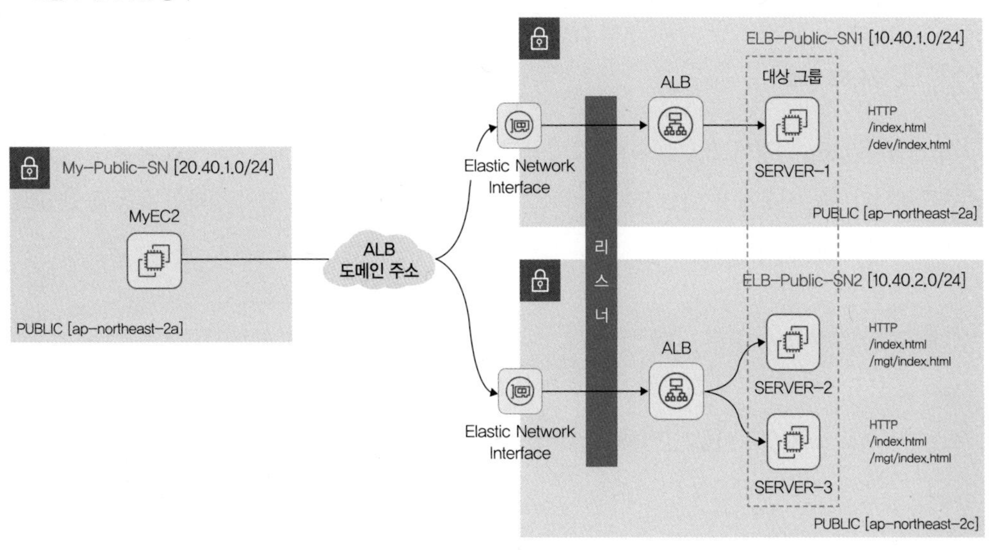

앞의 그림과 같이 ALB-TG 대상 그룹에 인스턴스들을 포함했으며, 생성된 로드 밸런서는 두 개의 가용 영역에 각각 생성됩니다. 이때 로드 밸런서는 통신을 위한 ENI를 생성하고 퍼블릭 IP 주소를 할당합니다. 또한 ALB 로드 밸런서가 생성되면 각각의 ALB로 나누어서 전달할 수 있도록 ALB 도메인 주소가 생성됩니다.

생성된 ALB가 어떻게 동작하는지 간단하게 설명해 보겠습니다. HTTP 클라이언트 입장인 MyEC2에서 HTTP 서버 입장인 SERVER-1 · 2 · 3으로 접근할 때, 각각의 인스턴스로 직접 HTTP 접근을 하지 않고 ALB 도메인 주소로 접근하게 합니다. 이때 앞서 정의한 로드 밸런서의 리스너 정책(HTTP:80에 대해 대상 그룹으로 전달하는 규칙)에 따라 생성된 ALB를 이용하여 각 서버로 로드 밸런싱이 됩니다.

그럼 직접 실습하면서 확인해 보겠습니다.

1. MyEC2 인스턴스에 SSH로 접속하여 다음 명령어를 입력합니다. 이때 ALB 변수에는 각자의 ALB DNS 이름을 입력해야 합니다. ALB DNS 이름은 AWS의 로드 밸런서 페이지에서 생성된 로드 밸런서를 클릭하면 알 수 있습니다.

```
# MyEC2의 SSH 터미널
# ALB DNS 이름 변수 지정
ALB=ALB-2027847173.ap-northeast-2.elb.amazonaws.com  # 각자의 ALB DNS 이름 입력

echo $ALB
ALB-2027847173.ap-northeast-2.elb.amazonaws.com

# dig로 도메인에 대한 질의 수행
dig $ALB +short
52.79.117.174
13.124.83.226
```

이 결과처럼 dig 명령어로 ALB DNS 도메인 주소에 대한 질의를 할 때는 두 개의 유동 공인 IP가 출력됩니다. 즉, 사용자가 ALB 도메인 주소로 접속을 시도하면 DNS 질의 결과인 유동 공인 IP로 번갈아 가며 접속하게 됩니다.

> **Note** dig $ALB +short 명령어로 확인된 공인 IP는 가용 영역당 각각 생성된 ALB의 ENI 유동 IP입니다.

2. 다음으로 curl 명령어를 입력하고 결과를 확인합니다.

```
# MyEC2의 SSH 터미널
# curl 접속 테스트 - ALB는 기본 라운드 로빈 방식으로 대상 분산
curl $ALB
<h1>ELB LAB Web Server-3</h1>

curl $ALB
<h1>ELB LAB Web Server-2</h1>

# 반복문을 활용하여 curl 접속 테스트(for 문으로 20번 반복 접속을 수행한 후 동일한 결과 값을 모아
출력)
for i in {1..20}; do curl $ALB --silent ; done | sort | uniq -c | sort -nr
      7 <h1>ELB LAB Web Server-2</h1>
      7 <h1>ELB LAB Web Server-1</h1>
      6 <h1>ELB LAB Web Server-3</h1>

# 반복문을 활용하여 curl 접속 테스트(for 문으로 90번 반복 접속을 수행한 후 동일한 결과 값을 모아
출력)
for i in {1..90}; do curl $ALB --silent ; done | sort | uniq -c | sort -nr
      30 <h1>ELB LAB Web Server-3</h1>
      30 <h1>ELB LAB Web Server-2</h1>
      30 <h1>ELB LAB Web Server-1</h1>
```

이 반복 접속 수행 결과는 ALB 도메인 주소로 접속을 시도하면 세 대의 웹 서버가 배치된 대상 그룹으로 거의 33% 비중으로 균등하게 로드 밸런싱이 되는 것을 보여 줍니다.

ALB의 로드 밸런싱 동작 과정을 그림으로 더 자세히 살펴보겠습니다.

▼ 그림 4-32 ALB 로드 밸런싱 동작

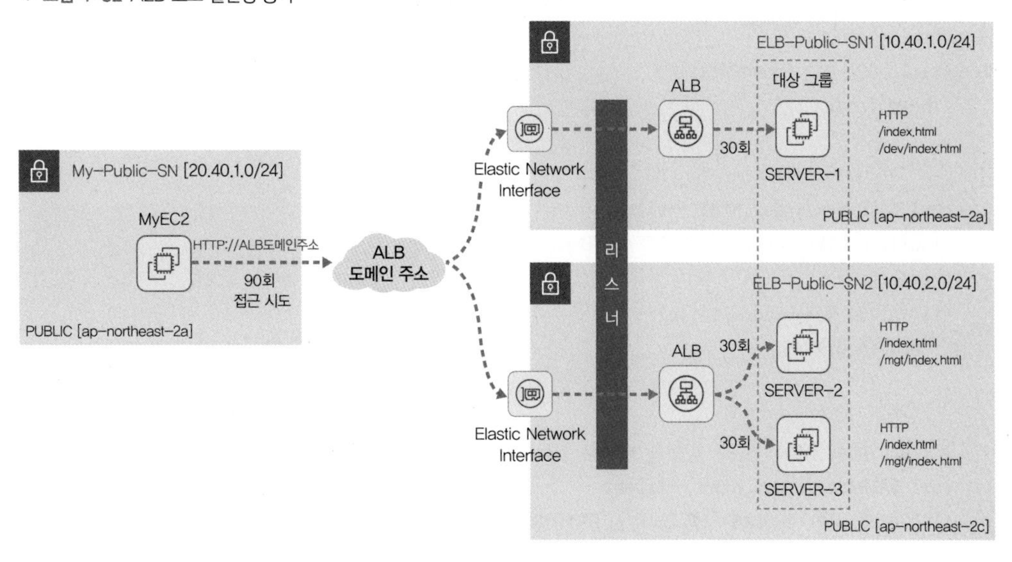

앞의 그림과 같이 MyEC2에서 ALB 도메인 주소로 HTTP 접근을 90회 시도하면 ALB 도메인 주소를 IP 주소로 해석해서 각각의 가용 영역에 있는 ALB 로드 밸런서에 전달합니다. 그러면 리스너 규칙에 따라 HTTP 80번 포트의 트래픽을 대상 그룹으로 전달하며, ALB 로드 밸런서는 로드 밸런싱해서 대상 그룹에 속한 SERVER-1 · 2 · 3에 동일한 트래픽을 30회씩 전달합니다.

로드 밸런싱은 기본적으로 라운드 로빈 방식으로 동작하여 각 ALB당 동일한 트래픽을 전달합니다. 따라서 현재 가용 영역에 있는 서버의 수가 다르므로 당연히 적은 수의 서버에 더 많은 부하가 발생하는 것이라고 예상할 수 있습니다. 그럼에도 동일한 횟수로 전달되는 이유는 교차 영역 로드 밸런싱 기능 때문에 가용 영역을 교차하여 대상 자원에 균등한 로드 밸런싱을 제공하기 때문입니다.

참고로 ELB 중 ALB는 교차 영역 로드 밸런싱이 기본적으로 활성화된 상태로 동작합니다.

4.2.5 ALB 경로 기반 라우팅 기능을 구성하고 확인하기

MyEC2 인스턴스에 SSH로 접속하여 다음 명령어를 입력해 보겠습니다.

```
# MyEC2의 SSH 터미널
# /dev/index.html 접근 → 로드 밸런싱 기능으로 SERVER-1만 접근 가능
curl $ALB/dev/index.html --silent
<h1>ELB LAB Dev Web Page</h1>

curl $ALB/dev/index.html --silent
<!DOCTYPE HTML PUBLIC "-//IETF//DTD HTML 2.0//EN">
<html><head>
<title>404 Not Found</title>
</head><body>
...

curl $ALB/dev/index.html --silent
<!DOCTYPE HTML PUBLIC "-//IETF//DTD HTML 2.0//EN">
<html><head>
<title>404 Not Found</title>
</head><body>
...

# /mgt/index.html 접근 → 로드 밸런싱 기능 때문에 SERVER-2,3만 접근 가능
curl $ALB/dev/index.html --silent
<!DOCTYPE HTML PUBLIC "-//IETF//DTD HTML 2.0//EN">
```

```
<html><head>
<title>404 Not Found</title>
</head><body>
...

curl $ALB/mgt/index.html --silent
<h1>ELB LAB Mgt Web Page</h1>

curl $ALB/mgt/index.html --silent
<h1>ELB LAB Mgt Web Page</h1>
```

앞서 실습을 위해 미리 각 서버에 웹 접근을 할 때 사용되는 다른 이름의 HTML 경로를 만들어 두었습니다. 앞의 결과처럼 웹 접근을 할 때 사용되는 경로가 다를 경우에는 해당 경로를 갖지 않는 서버는 로드 밸런싱이 요청한 응답을 오류 메시지로 전달하는 것을 확인했습니다. 로드 밸런싱의 기본 동작이 라운드 로빈 방식으로 동작하여 ALB를 생성할 때 동일한 대상 그룹에 묶여 있는 서버에 순차적으로 응답을 요청하기 때문입니다. 이 문제를 해결하기 위해 동일한 경로 서비스를 하는 서버를 각 대상 그룹으로 묶고, **ALB의 경로 기반 라우팅 기능**을 이용하여 웹에 접근할 때 HTML 경로에 해당하는 그룹으로 접근하는 규칙을 생성해 보겠습니다.

▼ 그림 4-33 ALB 경로 기반 라우팅 기능 동작

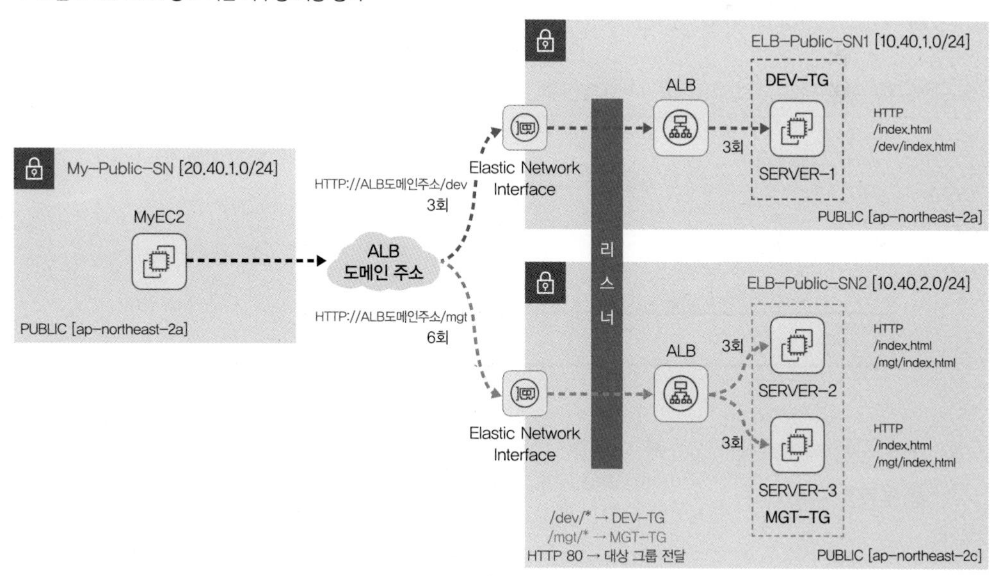

1. 먼저 DEV-TG 대상 그룹을 만들겠습니다. EC2 > **로드 밸런싱** > **대상 그룹**에 들어가 **대상 그룹 생성**을 누릅니다.

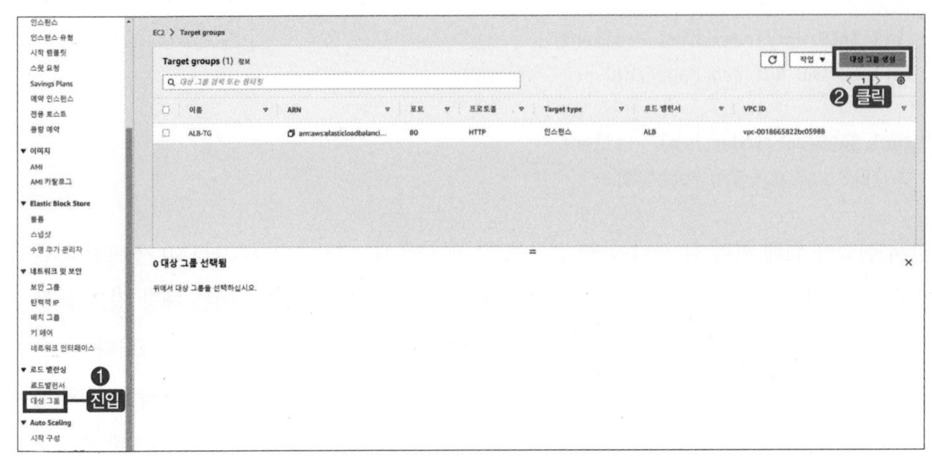

▼ 그림 4-34 로드 밸런싱 대상 그룹 생성 진입

2. 그룹 세부 정보 지정 페이지에서 다음과 같이 설정하고 **다음**을 누릅니다.

❶ 대상 그룹 이름에 'DEV-TG' 입력

❷ VPC에서 ELB-VPC 선택

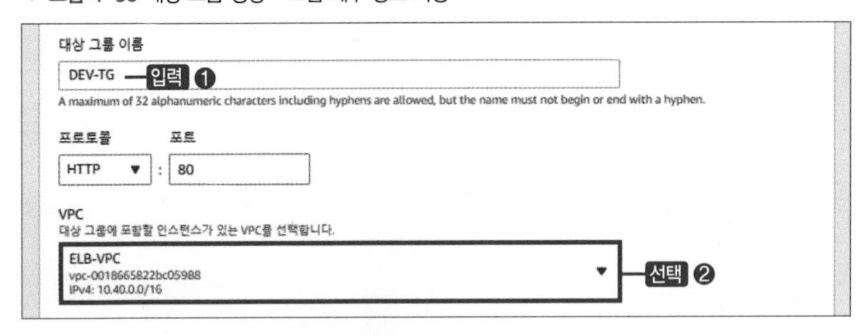

▼ 그림 4-35 대상 그룹 생성 – 그룹 세부 정보 지정

3. 대상 등록 페이지에서 실습에 사용할 SERVER-1 인스턴스를 체크한 후 **아래에 보류 중인 것으로 포함**을 누릅니다.

▼ 그림 4-36 대상 그룹 생성 - 대상 등록

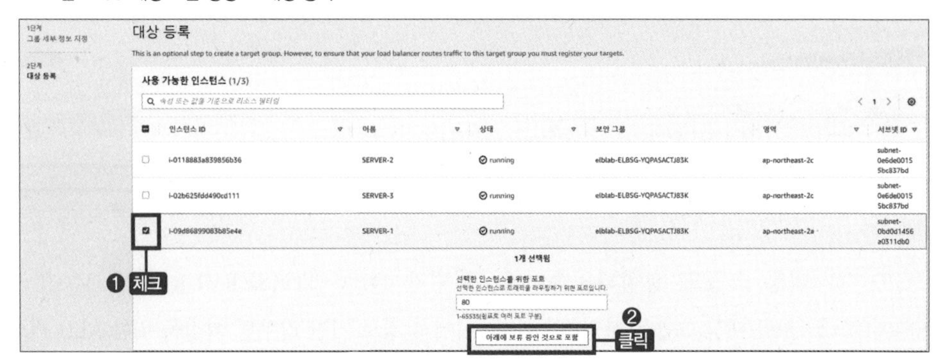

4. 앞서 선택한 인스턴스가 대상으로 이동된 것을 확인한 후 **대상 그룹 생성**을 누릅니다.

▼ 그림 4-37 대상 그룹 생성 - 대상 등록

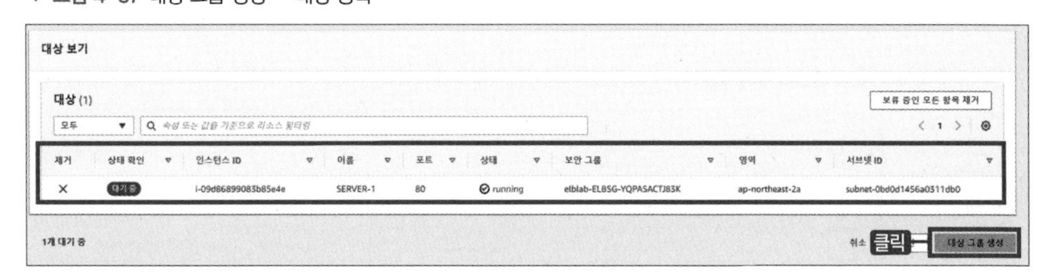

5. 다음 그림과 같이 대상 그룹이 생성된 것을 확인할 수 있습니다.

▼ 그림 4-38 대상 그룹 생성 확인

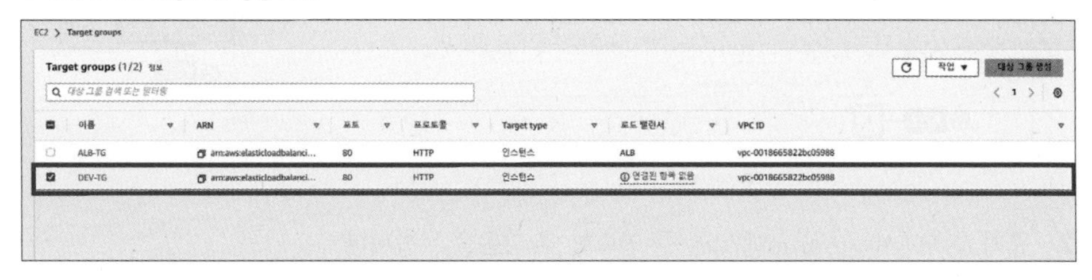

6. DEV-TG 대상 그룹을 생성한 방법으로 MGT-TG 대상 그룹도 생성합니다.

❶ 대상 그룹 이름에 'MGT-TG' 입력

❷ VPC에서 **ELB-VPC** 선택

❸ 대상 등록에서 실습에 사용할 **SERVER-2 · 3 인스턴스** 선택

❹ **아래에 보류 중인 것으로 포함** 누르기

❺ **대상 그룹 생성** 누르기

그림 4-39 대상 그룹 생성 확인

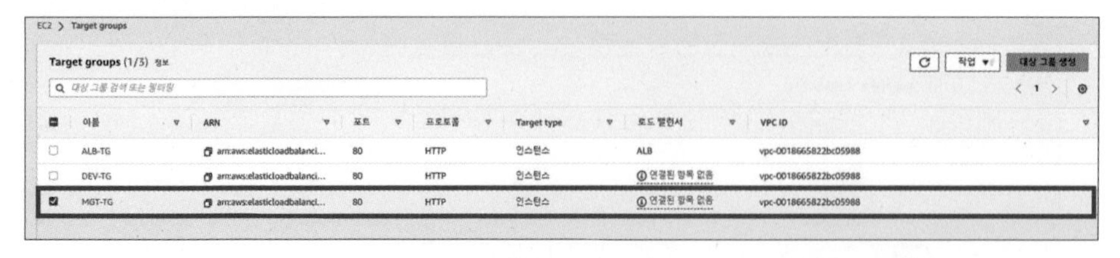

MGT-TG 대상 그룹도 생성되었습니다. 이렇게 DEV-TG(SERVER-1)와 MGT-TG(SERVER-2 · 3)로 대상 그룹을 분리했습니다. 이어서 경로 기반 라우팅 설정을 위한 ALB 리스너 규칙을 추가하겠습니다.

1. EC2 > **로드 밸런서**에서 생성된 ALB를 체크합니다. 그런 다음 **리스너 및 규칙 탭**을 클릭한 후 생성된 라우팅 규칙에 체크하고 오른쪽에서 **규칙 관리 > 규칙 추가**를 선택합니다.

그림 4-40 ALB 리스너 규칙 확인

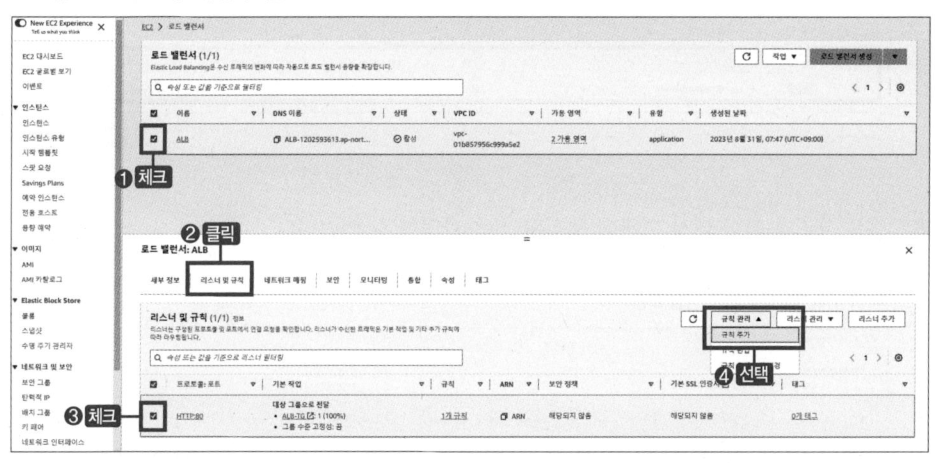

2. 규칙 추가에서는 Name에 'dev'를 입력한 후 **다음**을 누릅니다.

그림 4-41 ALB 리스너 규칙 삽입

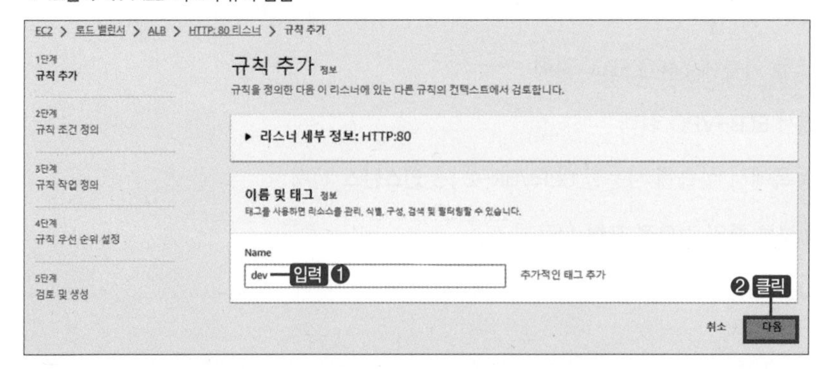

3. 규칙 조건 정의와 규칙 작업 정의에서 다음과 같이 설정합니다.

❶ **조건 추가** 클릭 후 규칙 조건 유형에서 **경로** 선택

❷ 값 영역에 '/dev/*' 입력 후 **확인** > **다음** 클릭

❸ 작업 유형에서 **대상 그룹으로 전달** 선택

❹ 대상 그룹으로 전달에서 DEV-TG 선택 후 **다음** 클릭

▼ 그림 4-42 ALB 리스너 dev 규칙 설정

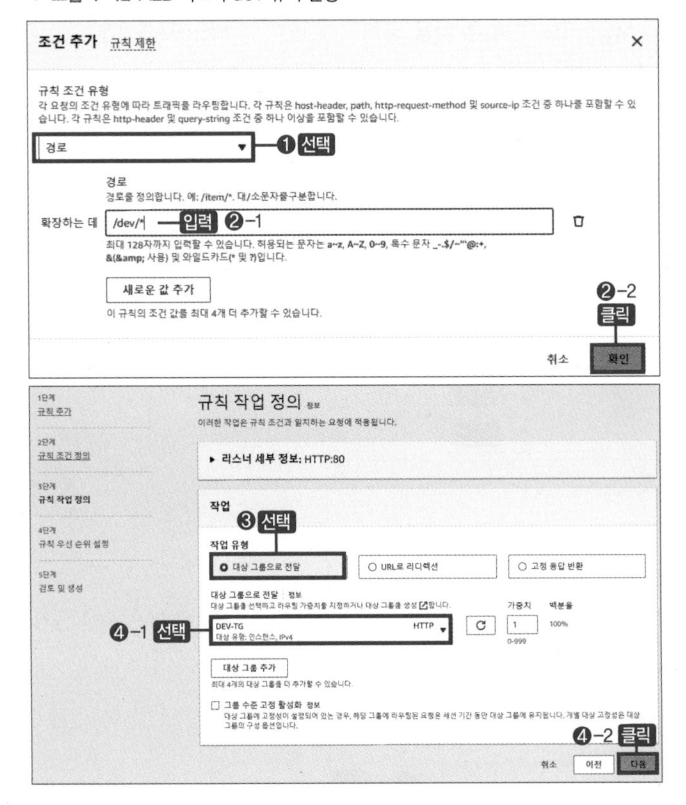

4. 규칙 우선순위 설정에서는 임의로 우선순위를 설정한 후 **다음** > **생성**을 누르면 규칙이 생성된 것을 확인할 수 있습니다.

▼ 그림 4-43 ALB 리스너 dev 규칙 생성 확인

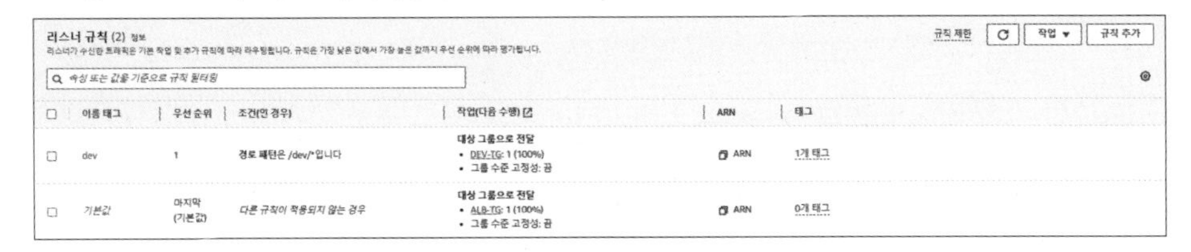

5. /dev/ 경로 규칙을 생성한 방법으로 /mgt 경로 규칙도 생성합니다.

   ❶ **리스너 및 규칙 탭**에서 **규칙 관리 > 규칙 추가** 선택

   ❷ 규칙 추가에서 Name에 'mgt'를 입력 후 **다음** 클릭

   ❸ 규칙 조건 정의에서 **조건 추가** 클릭 후 규칙 조건 유형에서 **경로** 선택

   ❹ 값 영역에 '/mgt/*' 입력 후 **확인 > 다음** 클릭

   ❺ 규칙 작업 정의에서 **대상 그룹으로 전달** 선택

   ❻ 대상 그룹으로 전달에서 MGT-TG 선택 후 **다음** 클릭

   ❼ 우선순위는 임의로 설정하고 **다음 > 생성** 클릭

▼ 그림 4-44 ALB 리스너 mgt 규칙 설정

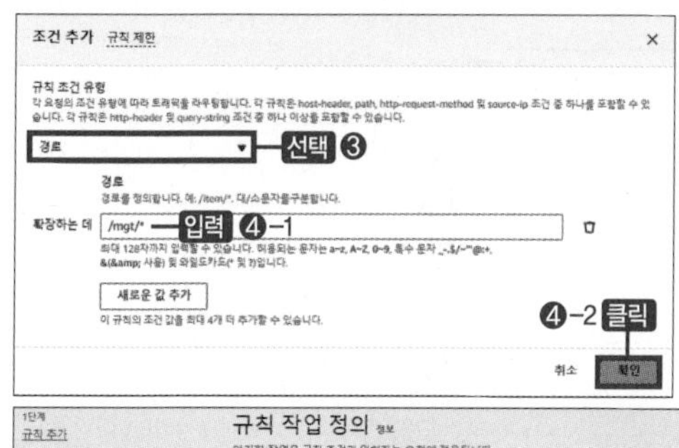

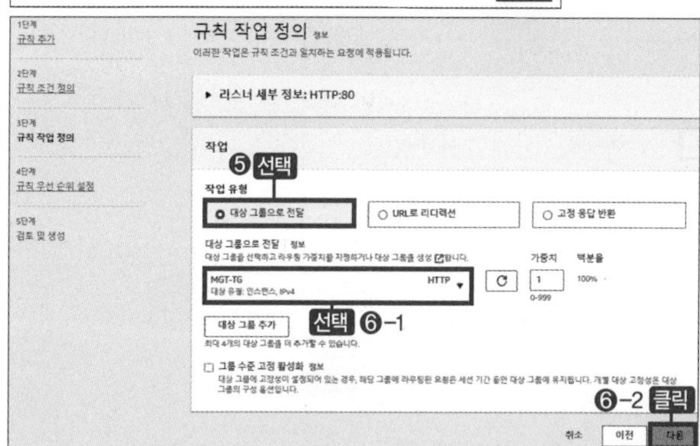

6. 다음과 같이 규칙이 생성된 것을 확인할 수 있습니다.

▼ 그림 4-45 ALB 리스너 mgt 규칙 생성 확인

리스너 규칙 (4) 정보

리스너가 수신한 트래픽은 기본 작업 및 추가 규칙에 따라 라우팅됩니다. 규칙은 가장 낮은 값에서 가장 높은 값까지 우선 순위에 따라 평가됩니다.

규칙 제한 | 작업 ▼ | 규칙 추가

속성 또는 값을 기준으로 규칙 필터링

이름 태그	우선 순위	조건(인 경우)	작업(다음 수행)	ARN	태그
-	2	경로 패턴은 /mgt/입니다	대상 그룹으로 전달 • MGT-TG: 1 (100%) • 그룹 수준 고정성: 끔	ARN	0개 태그
-	3	경로 패턴은 /dev/입니다	대상 그룹으로 전달 • DEV-TG: 1 (100%) • 그룹 수준 고정성: 끔	ARN	0개 태그

ALB 리스너 규칙을 추가하여 접근 경로(URL)에 /mgt/* 경로는 MGT-TG로 전달하고, /dev/* 경로는 DEV-TG로 전달하는 규칙을 생성했습니다. 그럼 경로 기반 라우팅에 따라 경로별 index.html로 정상적으로 동작하는지 실습으로 확인해 보겠습니다.

7. 다음 명령어를 입력하고 결과를 확인합니다.

```
# MyEC2의 SSH 터미널
# /dev/index.html 접근
curl $ALB/dev/index.html --silent
<h1>ELB LAB Dev Web Page</h1>

for i in {1..3}; do curl $ALB/dev/ --silent ; done | sort | uniq -c | sort -nr
      3 <h1>ELB LAB Dev Web Page</h1>

# /mgt/index.html 접근
curl $ALB/mgt/index.html --silent
<h1>ELB LAB Mgt Web Page-1</h1>

curl $ALB/mgt/index.html --silent
<h1>ELB LAB Mgt Web Page</h1>

for i in {1..6}; do curl $ALB/mgt/ --silent ; done | sort | uniq -c | sort -nr
      3 <h1>ELB LAB Mgt Web Page</h1>
      3 <h1>ELB LAB Mgt Web Page-1</h1>

# /index.html 접근
for i in {1..9}; do curl $ALB --silent ; done | sort | uniq -c | sort -nr
      3 <h1>ELB LAB Web Server-3</h1>
      3 <h1>ELB LAB Web Server-2</h1>
      3 <h1>ELB LAB Web Server-1</h1>
```

모든 접근이 규칙에 매칭되어 동작 중인 것을 확인할 수 있습니다.

4.2.6 ALB의 User-Agent를 활용한 로드 밸런싱을 구성하고 확인하기

이번에는 ALB 고급 라우팅 기능 중에서 HTTP 헤더 기반 라우팅을 구성하고 검증합니다. HTTP 프로토콜은 HTTP 헤더라는 공간에 다양한 정보를 담아 전달하는데, 그중 User-Agent 필드에는 HTTP 요청을 보내는 클라이언트 프로그램 정보가 포함되어 있습니다. 실제로 이 정보를 이용하여 서비스를 제공하는 서버는 클라이언트 프로그램(웹 브라우저)에 맞는 최적의 데이터를 보낼 수 있게 됩니다. 이 정보를 활용하여 각자 스마트폰의 인터넷 웹 브라우저에서 ALB 도메인 주소로 접근할 때 User-Agent 정보를 확인해서 특정 장치의 접근을 차단하는 실습을 해 보겠습니다.

▼ 그림 4-46 ALB의 User-Agent를 활용한 동작 확인

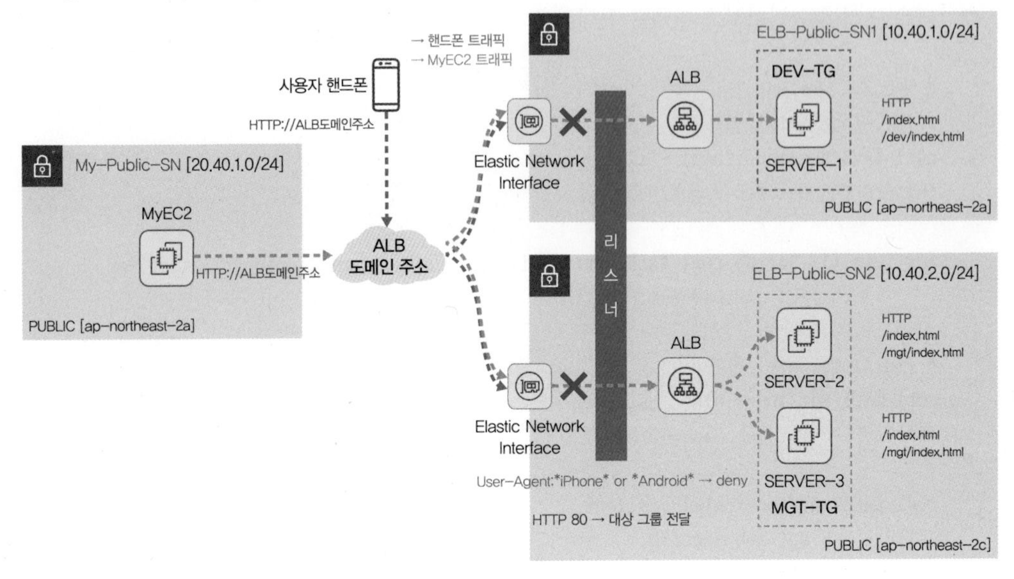

먼저 각자의 스마트폰에서 ALB로 HTTP 접근을 시도합니다. 이때 접근 편의를 위해 ALB 도메인 주소가 아닌 ALB 도메인에 등록된 주소를 확인하고 그 주소로 접근하겠습니다.

1. MyEC2 인스턴스에 SSH로 접속하여 다음 명령어를 수행하고 확인합니다.

```
# MyEC2의 SSH 터미널
dig $ALB +short
3.36.221.170
3.36.240.117
```

2. 출력된 IP 주소 중 한 개를 선택하고 스마트폰의 인터넷 웹 브라우저에 직접 입력해서 접근을 확인해 봅니다.

▼ 그림 4-47 스마트폰에서 ALB 접근 확인

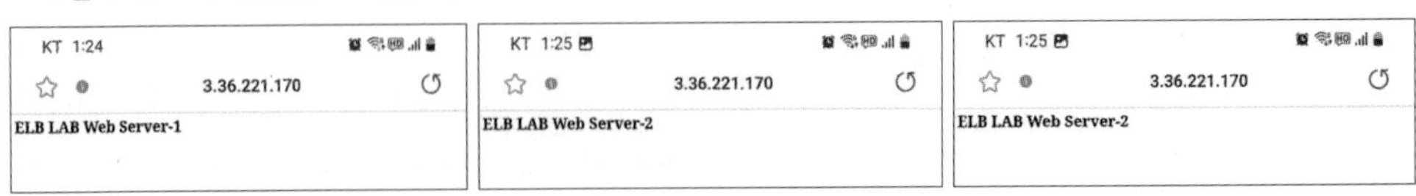

정상적으로 접근하고 있습니다. 이제 HTTP 헤더의 User-Agent를 통해 특정 스마트폰의 접근을 막는 규칙을 생성한 후 확인하겠습니다.

3. EC2 > **로드 밸런서**에서 생성된 ALB를 체크합니다. 그런 다음 **리스너 및 규칙 탭**을 클릭한 후 생성된 라우팅 규칙에 체크하고 오른쪽에서 **규칙 관리** > **규칙 추가**를 선택합니다.

▼ 그림 4-48 ALB 리스너 규칙 선택

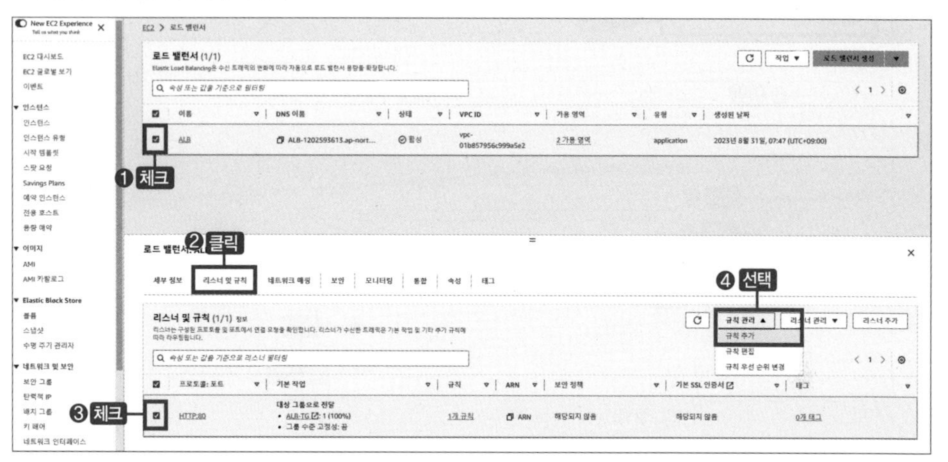

4. 규칙 추가에서는 Name에 'User-Agent'를 입력한 후 **다음**을 누릅니다.

▼ 그림 4-49 ALB 리스너 규칙 삽입

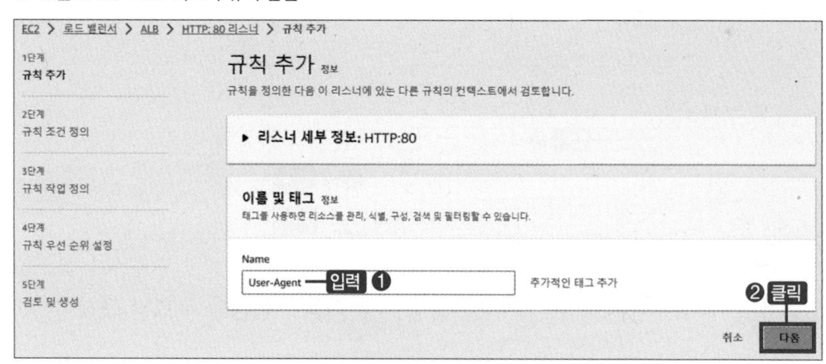

5. 규칙 조건 정의와 규칙 작업 정의에서 다음과 같이 설정합니다.

   ❶ **조건 추가** 클릭 후 규칙 조건 유형에서 **HTTP 헤더** 선택

   ❷ HTTP 헤더 이름에 'User-Agent' 입력

   ❸ 값은 '*iPhone*'으로 입력한 후 **새로운 값 추가** 클릭, 다음 값은 '*Android*'로 입력한 후 **확인** > **다음** 클릭

   ❹ [규칙 작업 정의] 작업 유형에서 **고정 응답 반환** 선택

   ❺ 응답 본문에 'iPhone or Android Access Deny' 입력 후 **다음** 클릭

▼ 그림 4-50 ALB 리스너 User-Agent 규칙 설정

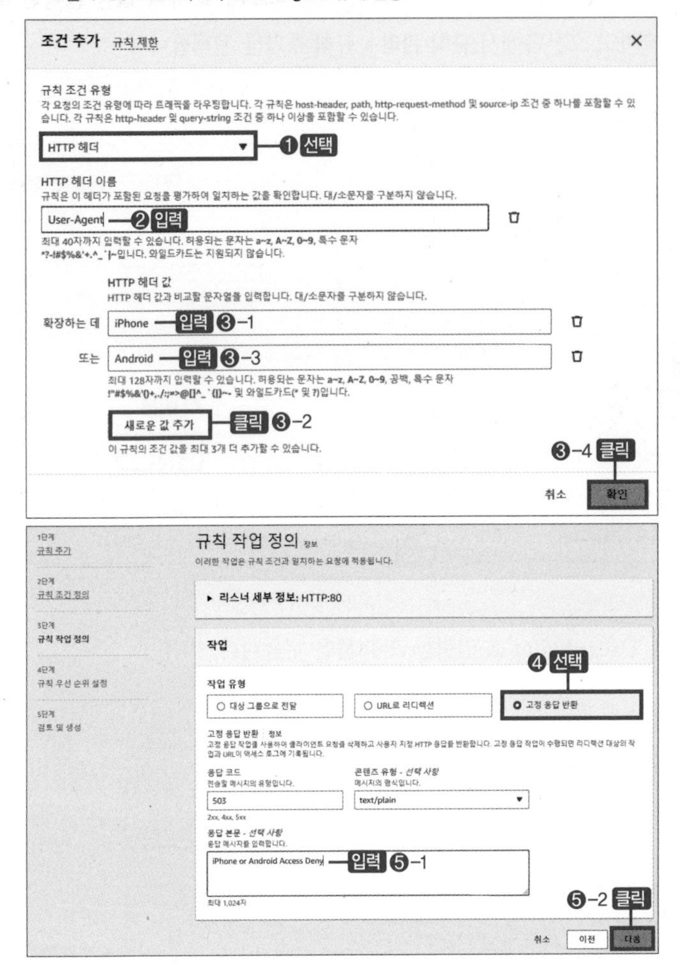

6. 규칙 우선순위 설정에서는 임의로 우선순위를 설정한 후 **다음** > **생성**을 누르면 규칙이 생성된 것을 확인할 수 있습니다.

▼ 그림 4-51 ALB 리스너 User-Agent 규칙 생성 확인

리스너 규칙 (4) 정보

리스너가 수신한 트래픽은 기본 작업 및 추가 규칙에 따라 라우팅됩니다. 규칙은 가장 낮은 값에서 가장 높은 값까지 우선 순위에 따라 평가됩니다.

규칙 제한 | 작업 ▼ | 규칙 추가

속성 또는 값을 기준으로 규칙 필터링

이름 태그	우선 순위	조건(인 경우)	작업(다음 수행)	ARN	태그
dev	1	경로 패턴은 /dev/*입니다	대상 그룹으로 전달 • DEV-TG: 1 (100%) • 그룹 수준 고정성: 끔	ARN	1개 태그
mgt	2	경로 패턴은 /mgt/*입니다	대상 그룹으로 전달 • MGT-TG: 1 (100%) • 그룹 수준 고정성: 끔	ARN	1개 태그
User-Agent	3	HTTP 헤더 User-Agent은(는) iPhone 또는 Android입니다	고정 응답 반환 • 응답 코드: 503 • 응답 본문: iPhone or Android Access Deny • 응답 콘텐츠 유형: text/plain	ARN	1개 태그
기본값	마지막 (기본값)	*다른 규칙이 적용되지 않는 경우*	대상 그룹으로 전달 • ALB-TG: 1 (100%) • 그룹 수준 고정성: 끔	ARN	0개 태그

7. ALB 리스너에 HTTP 헤더의 User-Agent가 'iPhone' 또는 'Android' 값이면 연결을 거부하는 규칙을 추가했습니다. 그럼 추가된 규칙이 정상적으로 동작하는지 스마트폰 인터넷 웹 브라우저에 앞서 입력한 IP를 직접 입력해서 접근해 보겠습니다.

▼ 그림 4-52 ALB 리스너 User-Agent 규칙 동작 확인

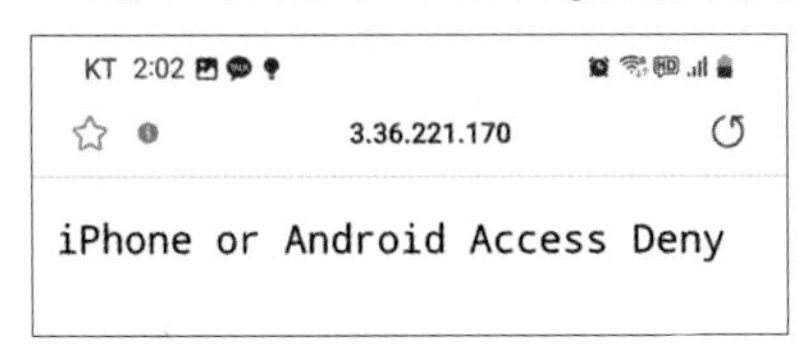

8. MyEC2 인스턴스에 SSH로 접속하여 다음 명령어를 입력합니다.

```
# MyEC2의 SSH 터미널
curl $ALB
<h1>ELB LAB Web Server-1</h1>

curl $ALB
<h1>ELB LAB Web Server-2</h1>

curl $ALB
<h1>ELB LAB Web Server-3</h1>
```

MyEC2 인스턴스에서는 정상적으로 접근하는 것을 확인할 수 있습니다. ALB 리스너는 HTTP 헤더의 User-Agent 정보를 활용하여 접근을 제어할 수 있는데, 이는 ALB가 HTTP 정보를 확인할 수 있는 L7 로드 밸런서이기 때문입니다. 따라서 ALB 로드 밸런서는 기본적인 부하분산 기능과 함께 다양한 고급 라우팅을 이용한 동작을 활용할 수 있습니다.

4.2.7 NLB를 생성하고 교차 영역 로드 밸런싱 동작 확인하기

앞선 실습에서 ALB 로드 밸런서를 생성하고 로드 밸런싱과 그에 따른 특징을 확인했습니다. 이번 실습에서는 NLB 로드 밸런서를 생성하고 로드 밸런싱 동작 및 그에 따른 특징을 살펴본 후 ALB와 차이점을 확인해 보겠습니다.

▼ 그림 4-53 NLB 생성

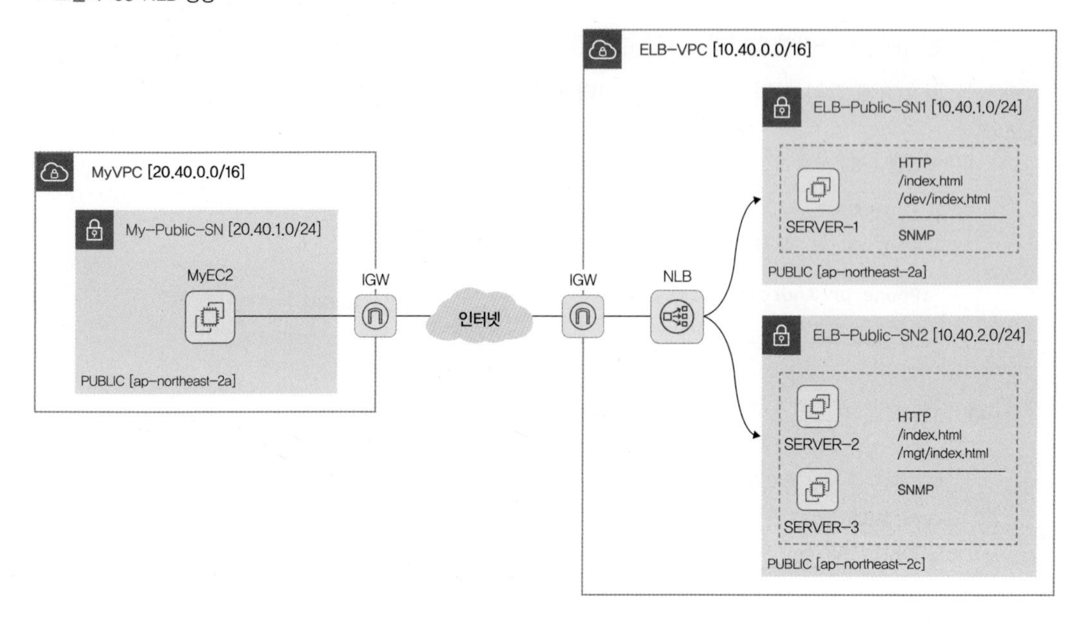

NLB 생성하기

1. EC2 > **대상 그룹**에서 **대상 그룹 생성**을 누릅니다.

▼ 그림 4-54 로드 밸런싱 대상 그룹 생성 진입

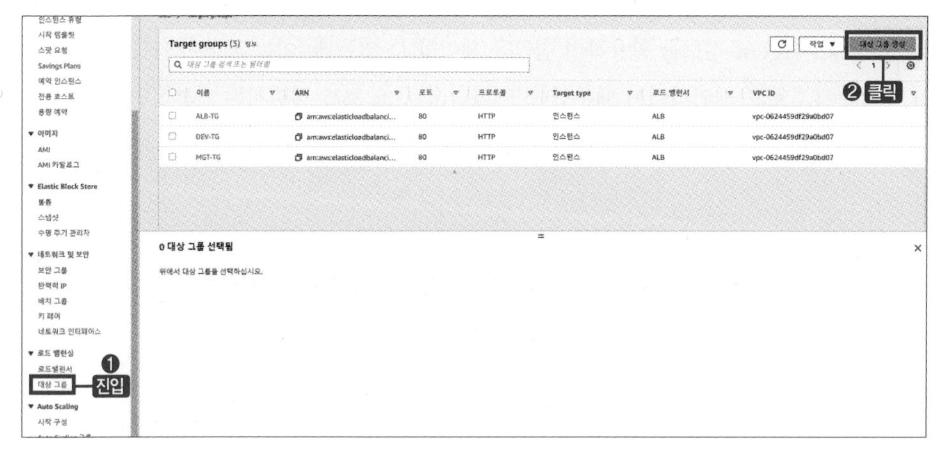

2. 그룹 세부 정보 지정 페이지에서 다음과 같이 설정하고 **다음**을 누릅니다.

❶ 대상 그룹 이름에 'NLB-TG' 입력

❷ 프로토콜은 UDP 선택, 포트에 '161' 입력

❸ VPC는 **ELB-VPC** 선택

❹ 상태 검사 프로토콜은 **HTTP** 선택

❺ 고급 상태 검사 설정에서 **재정의** 선택, '80' 입력

▼ 그림 4-55 대상 그룹 생성 - 그룹 세부 정보 지정

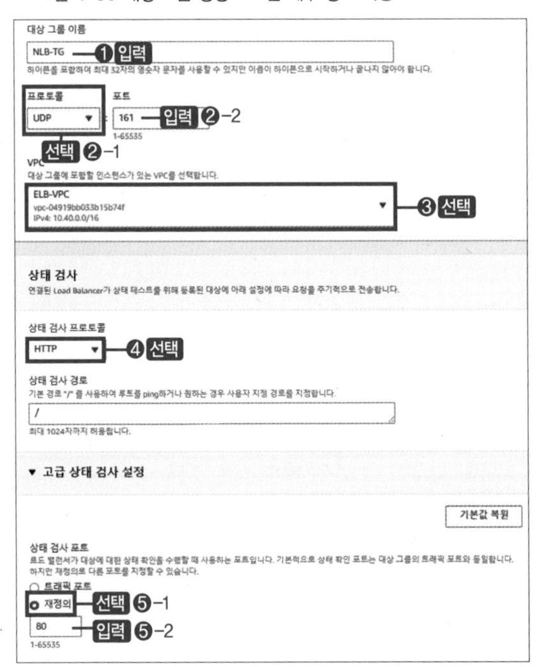

3. 대상 등록에서 실습에 사용할 모든 인스턴스를 선택한 후 **아래에 보류 중인 것으로 포함**을 누릅니다.

▼ 그림 4-56 대상 그룹 생성 - 대상 등록

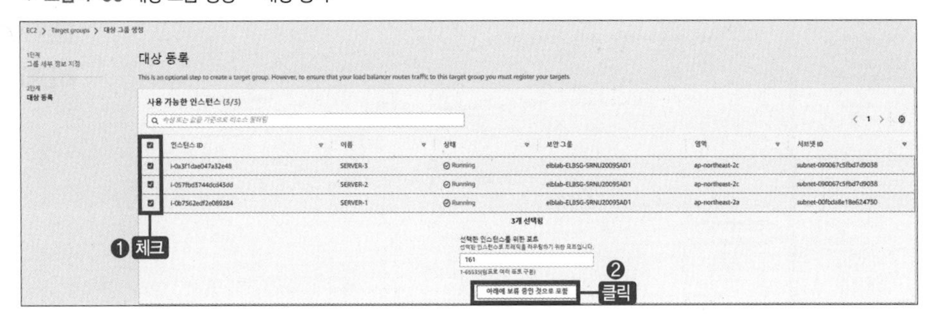

4. 앞서 선택한 인스턴스가 대상으로 이동된 것을 확인한 후 **대상 그룹 생성**을 누릅니다.

▼ 그림 4-57 대상 그룹 생성 - 대상 등록

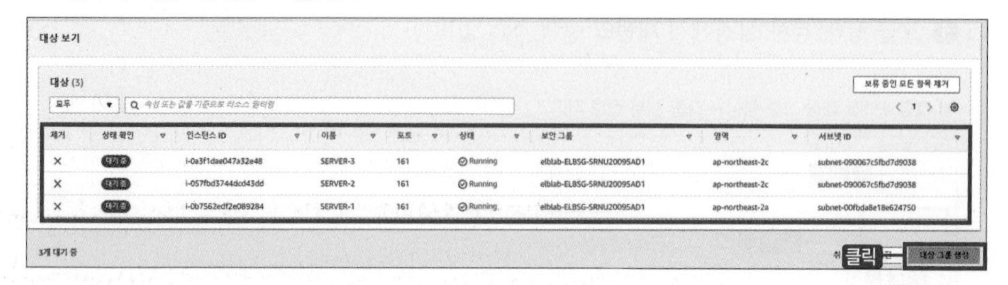

5. 다음 그림과 같이 대상 그룹이 생성된 것을 확인할 수 있습니다.

▼ 그림 4-58 대상 그룹 생성 확인

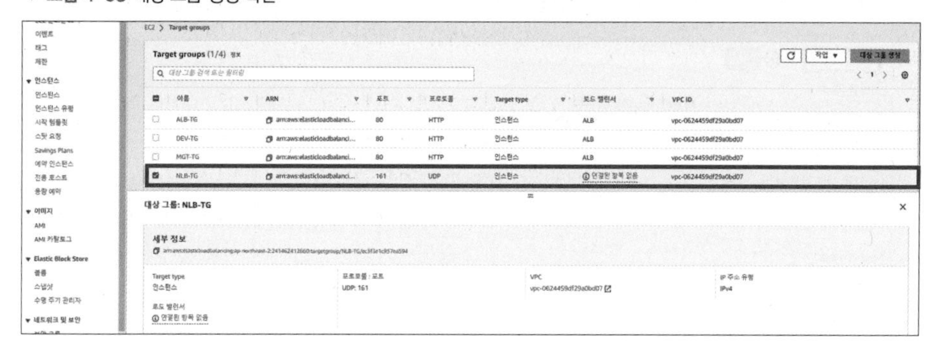

대상 그룹이 생성되었으니 이번에는 NLB 로드 밸런서를 생성해 보겠습니다.

6. EC2 > **로드밸런서**에서 **로드 밸런서 생성**을 누릅니다.

▼ 그림 4-59 로드 밸런서 생성 진입

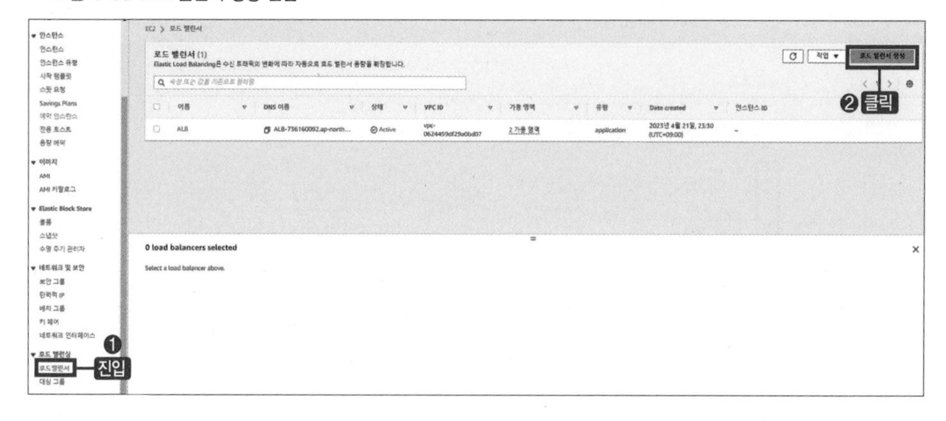

7. 로드 밸런서 유형 선택 페이지에서 Network Load Balancer의 **생성**을 누릅니다.

▼ 그림 4-60 로드 밸런서 유형 선택

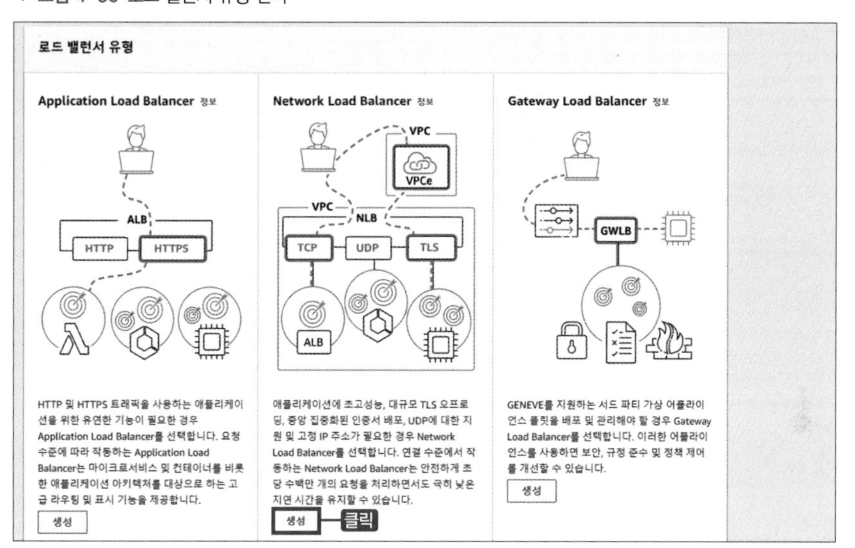

8. Network Load Balancer 생성 페이지에서 다음과 같이 설정하고 아래쪽에 있는 **로드 밸런서 생성**을 누릅니다.

❶ [기본 구성] 로드 밸런서 이름에 'NLB' 입력

▼ 그림 4-61 NLB 생성 - 기본 구성

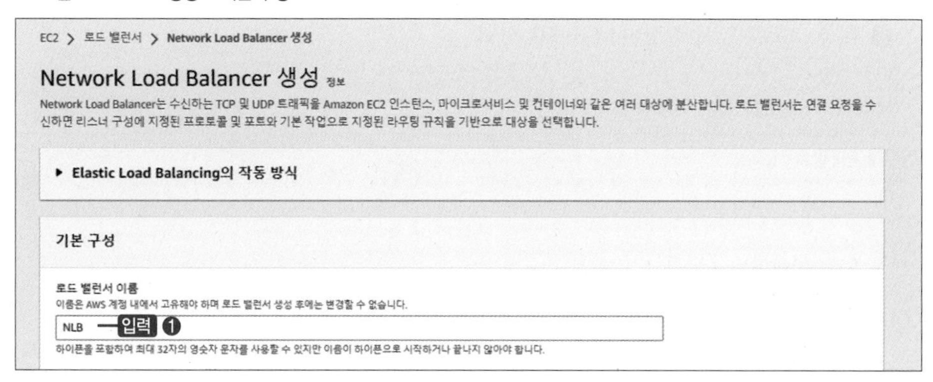

❷ [네트워크 매핑] VPC는 ELB-VPC 선택

❸ 선택된 VPC에서 사용할 가용 영역을 모두 체크

❹ [보안 그룹] elblab-ELBSG-XXXX 선택

❤ 그림 4-62 NLB 생성 - 네트워크 매핑 및 보안 그룹

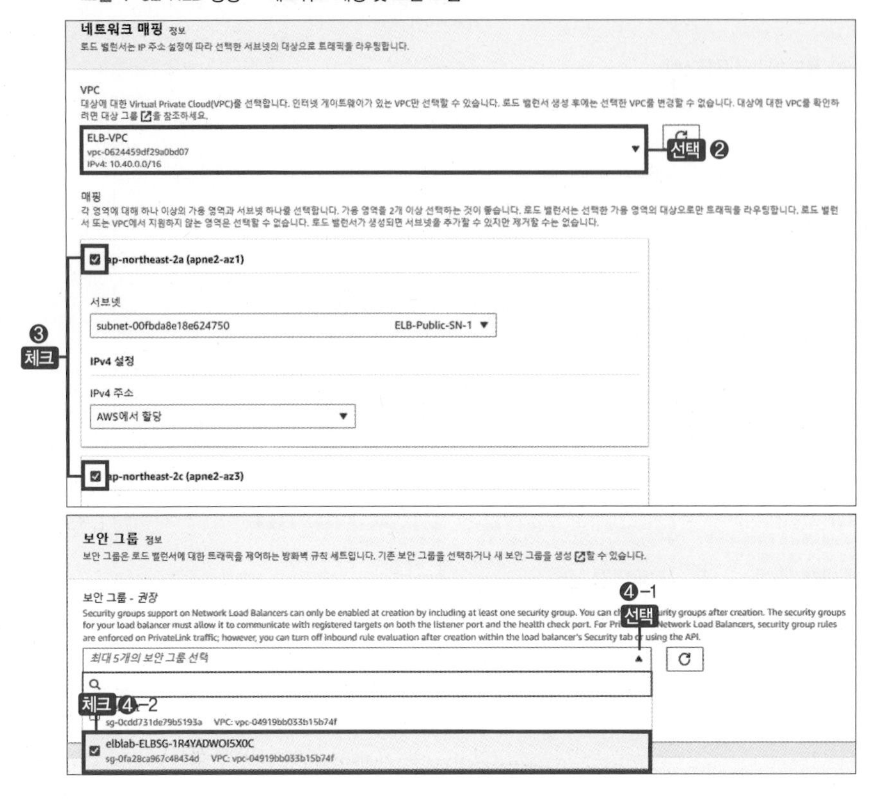

❺ [리스너 및 라우팅] 프로토콜은 UDP 선택, 포트에 '161' 입력

❻ 대상 그룹은 앞서 설정한 NLB-TG 선택

❤ 그림 4-63 NLB 생성 - 리스너 및 라우팅

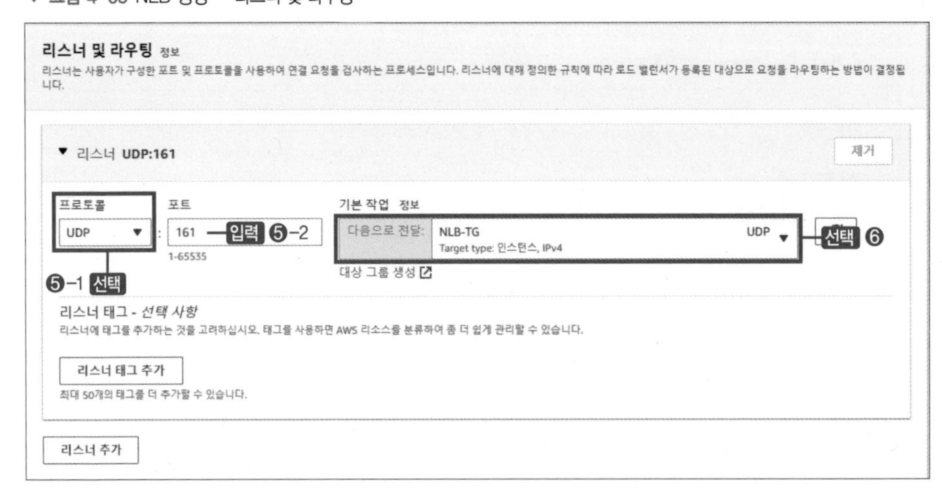

❼ **로드 밸런서 생성** 누르기

❤ 그림 4-64 NLB 생성 - 요약

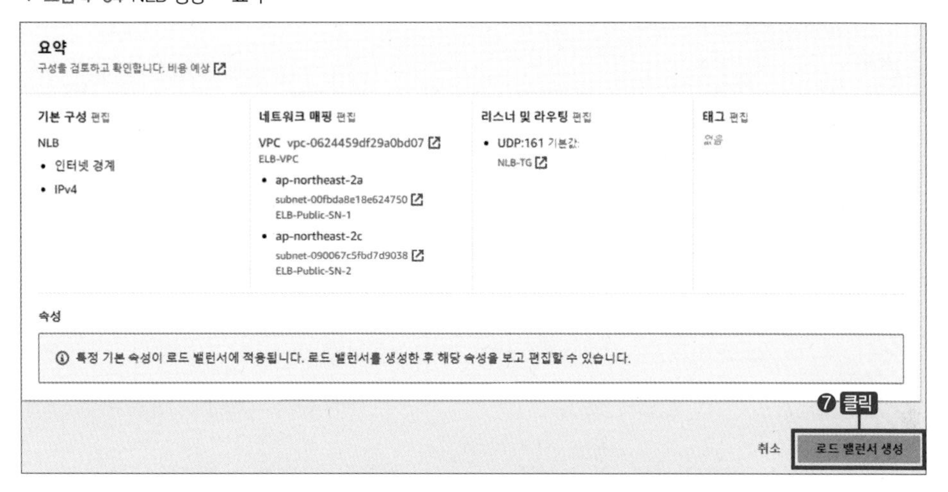

9. Network Load Balancer 생성 페이지에서 **로드 밸런서 보기**를 누릅니다.

❤ 그림 4-65 NLB 생성 - 완료

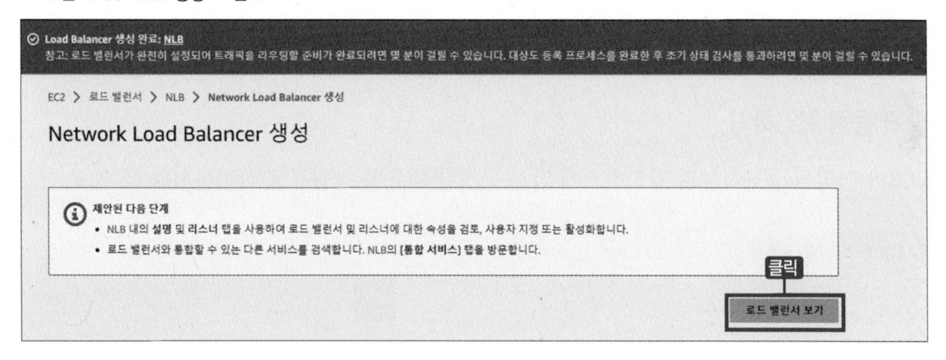

10. 생성된 로드 밸런서는 일정 시간(약 5분)이 지나면 프로비저닝 상태에서 활성화 상태로 변경됩니다.

❤ 그림 4-66 NLB 상태 확인

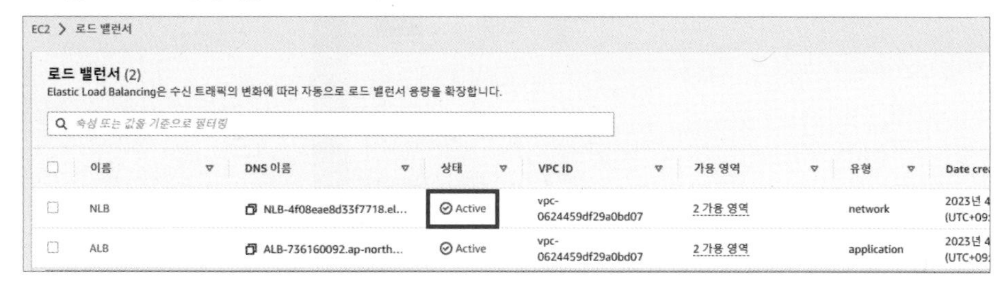

11. 생성된 로드 밸런서의 상세 정보를 확인합니다.

▼ 그림 4-67 NLB 상세 정보 확인

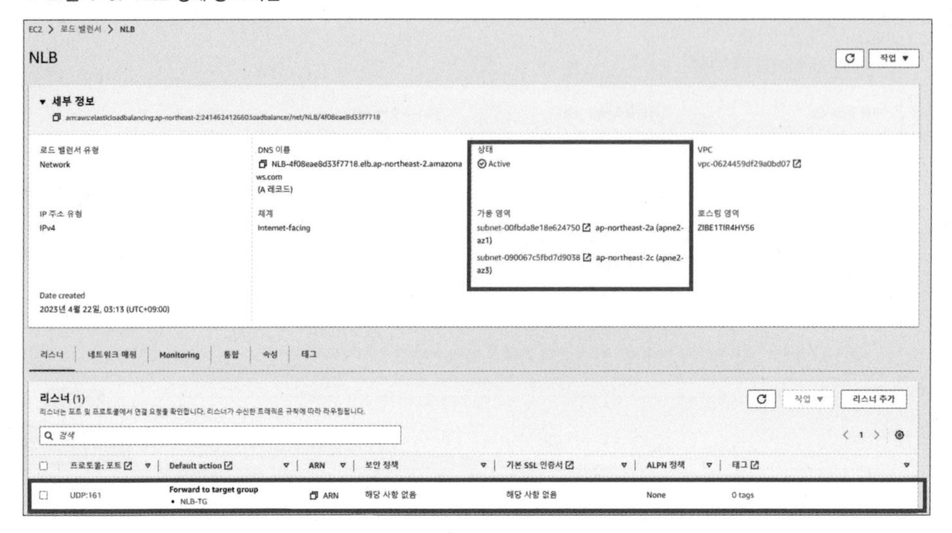

지금까지 대상 그룹을 생성하고 NLB 로드 밸런서를 생성하여 리스너 규칙에 대상 그룹을 연결하는 작업을 수행했습니다. 이제 생성된 NLB 동작을 확인하겠습니다.

NLB 동작 확인하기

NLB가 어떻게 동작하는지 확인하기에 앞서 구성한 내용을 그림으로 살펴봅시다.

▼ 그림 4-68 NLB 동작

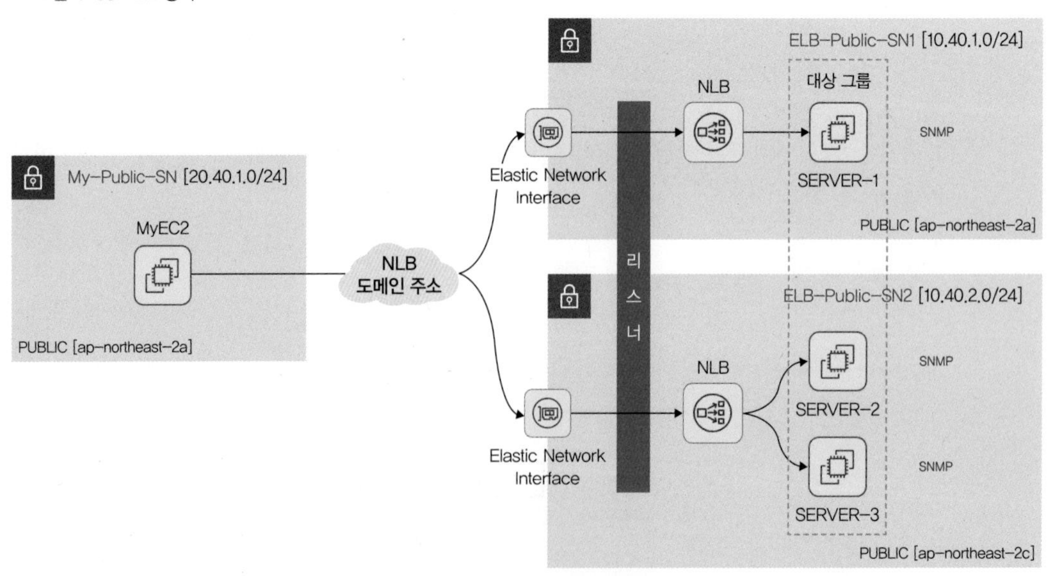

앞의 그림에 표시된 것처럼 NLB-TG 그룹에 각 인스턴스 서버를 포함했으며, 로드 밸런서는 두 개의 가용 영역에 각각 생성됩니다. 이때 로드 밸런서는 통신을 위한 ENI를 생성하고 퍼블릭 IP 주소를 할당합니다. 여기에서 NLB의 퍼블릭 IP 주소를 자신이 가진 EIP를 사용하여 고정된 IP 주소로 NLB에 접근할 수 있으나, AWS에서 제공하는 퍼블릭 IP 주소를 사용하면 유동적으로 변경될 수 있습니다.

Note ≡ 기본적으로 ALB는 탄력적 IP 주소를 할당할 수 없습니다.

또한 NLB 로드 밸런서가 생성되면 각각의 NLB로 분산하여 전달하려고 NLB 도메인 주소를 생성합니다. 생성된 NLB 동작을 간단하게 설명하겠습니다. MyEC2에서 ELB-VPC에 있는 SERVER-1 · 2 · 3의 SNMP 정보를 확인할 때는 각각의 인스턴스로 직접 요청하는 것이 아니라 NLB 도메인 주소 및 NLB 로드 밸런서의 IP 주소로 요청합니다. 이때 생성된 NLB로 앞서 정의한 로드 밸런서의 리스너 정책(SNMP:161에 대해 대상 그룹으로 전달하는 규칙)에 따라 각 서버로 로드 밸런싱됩니다. 이때 로드 밸런싱되는 과정이 앞서 확인한 ALB와 어떤 차이가 있는지 실습으로 알아볼 것입니다.

1. MyEC2 인스턴스에 SSH로 접속하여 다음 명령어를 입력합니다.

```
# MyEC2의 SSH 터미널
# NLB DNS 이름을 변수로 지정 → 각자의 NLB DNS 이름 입력
NLB=NLB-9b95787b0cc63bdb.elb.ap-northeast-2.amazonaws.com

echo $NLB
NLB-9b95787b0cc63bdb.elb.ap-northeast-2.amazonaws.com

# NLB에 매칭된 공인 IP 주소 확인
dig $NLB +short
3.35.245.254
13.209.28.141

# NLB IP를 변수에 지정 → 앞서 확인한 공인 IP 주소 입력
NLB1=3.35.245.254
NLB2=13.209.28.141

# snmp 서비스 확인
for i in {1..60}; do snmpget -v2c -c public $NLB 1.3.6.1.2.1.1.5.0 ; done | sort |
uniq -c | sort -nr
     30 SNMPv2-MIB::sysName.0 = STRING: SERVER-1
```

```
15 SNMPv2-MIB::sysName.0 = STRING: SERVER-2
15 SNMPv2-MIB::sysName.0 = STRING: SERVER-3
```

```
for i in {1..60}; do snmpget -v2c -c public $NLB1 1.3.6.1.2.1.1.5.0 ; done | sort |
uniq -c | sort -nr
     60 SNMPv2-MIB::sysName.0 = STRING: SERVER-1

for i in {1..60}; do snmpget -v2c -c public $NLB2 1.3.6.1.2.1.1.5.0 ; done | sort |
uniq -c | sort -nr
     30 SNMPv2-MIB::sysName.0 = STRING: SERVER-3
     30 SNMPv2-MIB::sysName.0 = STRING: SERVER-2
```

NLB의 로드 밸런싱 동작 과정을 그림으로 더 자세히 살펴보겠습니다.

▼ 그림 4-69 NLB 로드 밸런싱 동작 과정

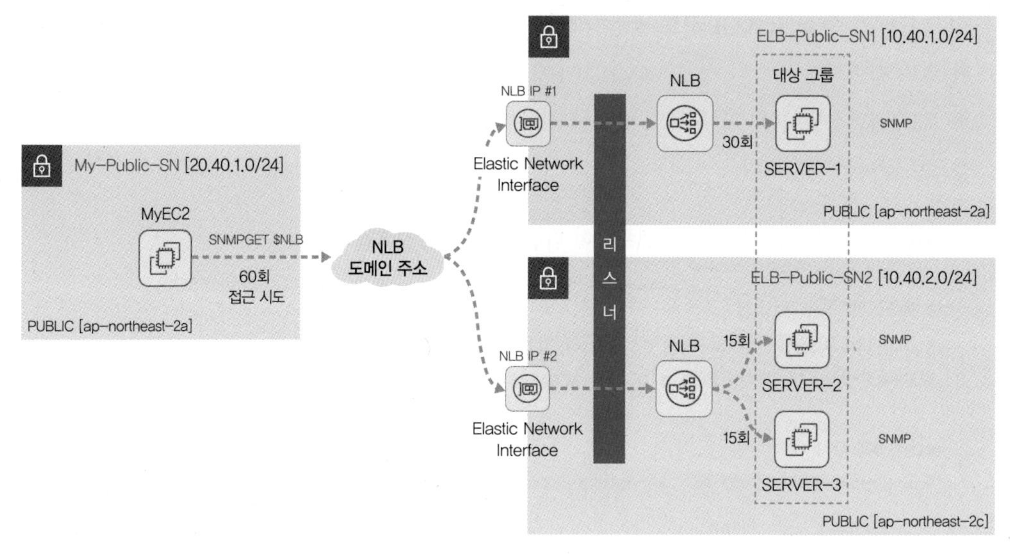

앞의 그림과 같이 MyEC2에서 NLB 도메인 주소로 SNMPGET 명령어를 요청하면 NLB 도메인 주소에 매칭된 각각의 가용 영역에 있는 NLB 로드 밸런서에 전달합니다. 그러면 리스너 규칙에 따라 UDP 161번 포트의 트래픽을 대상 그룹으로 전달하게 되며, NLB 로드 밸런서는 대상 그룹에 속한 SERVER-1에는 30회, SERVER-2 · 3에는 15회씩 전달합니다. 이 동작으로 앞서 ALB 로드 밸런서의 로드 밸런싱과 다르게 기본적인 로드 밸런싱 동작인 라운드 로빈(round-robin) 방식으로 동작하는 것을 확인할 수 있습니다. 이는 ALB와 다르게 교차 영역 로드 밸런싱이 기본적으로 비활성화 상태이기 때문입니다. 따라서 각 영역별 NLB 접근 결과도 다음 그림과 같습니다.

✔ 그림 4-70 각 영역별 NLB 동작 과정

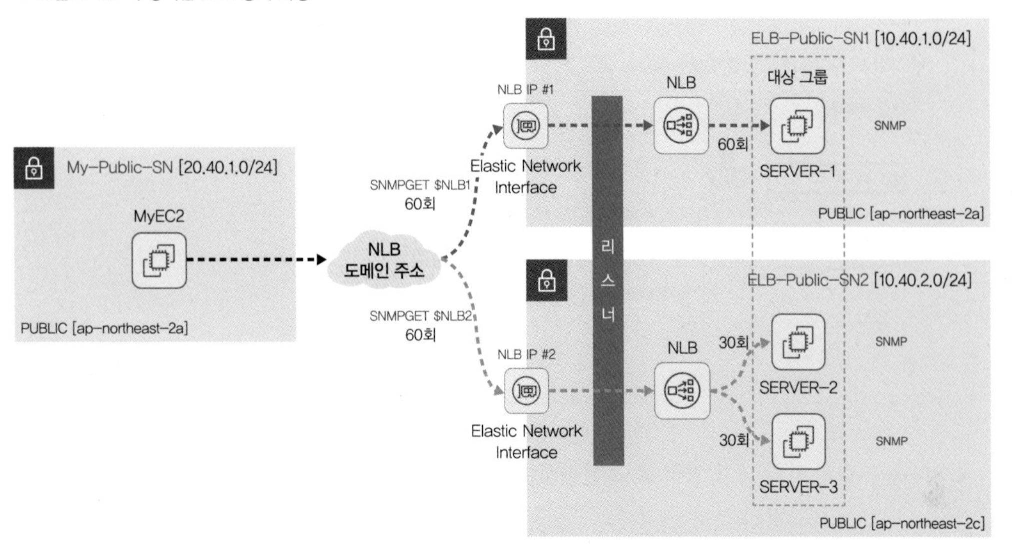

Note ≡

- ALB: Cross Zone Load Balancing(교차 영역 로드 밸런싱)이 활성화 상태
- NLB: Cross Zone Load Balancing(교차 영역 로드 밸런싱)이 비활성화 상태

그러면 NLB의 교차 영역 로드 밸런싱을 활성화하고 로드 밸런싱 동작을 확인해 보겠습니다.

2. EC2 > **로드밸런서**로 들어가서 'NLB'에 체크하고 **속성 탭**을 클릭한 후 **편집**을 누릅니다.

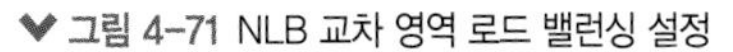
✔ 그림 4-71 NLB 교차 영역 로드 밸런싱 설정

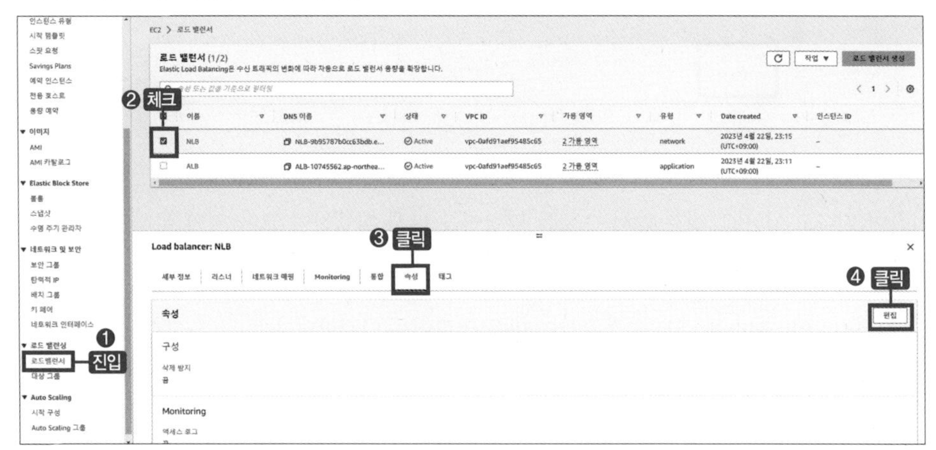

3. **교차 영역 로드 밸런싱**을 선택하고 **변경 내용 저장**을 누릅니다.

▼ 그림 4-72 NLB 교차 영역 로드 밸런싱 설정

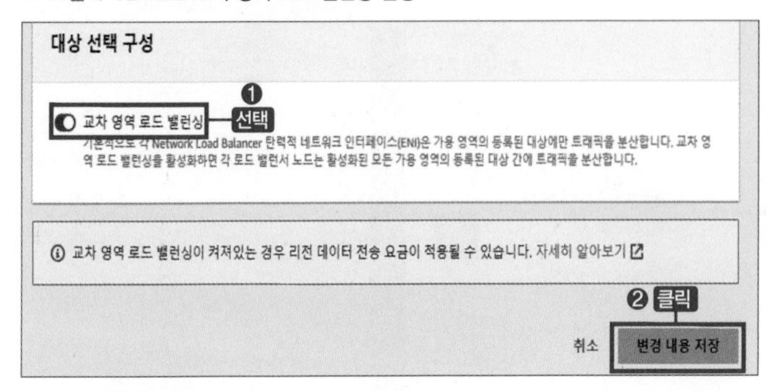

4. 다음 그림과 같이 교차 영역 로드 밸런싱이 활성화된 것을 확인할 수 있습니다.

▼ 그림 4-73 NLB 교차 영역 로드 밸런싱 설정 확인

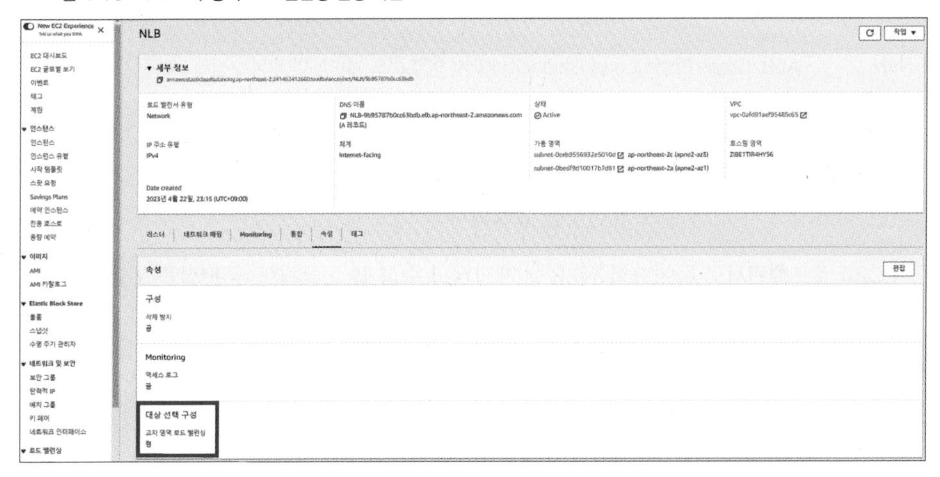

교차 영역 부하분산을 수정하면 즉시 적용되지 않고 약 5분 정도 대기 시간이 필요합니다. 대기 시간이 지나고 MyEC2에서 앞서 수행한 명령어를 다시 실행하여 교차 영역 부하분산 기능을 확인하겠습니다.

5. MyEC2 인스턴스에 SSH로 접속하여 다음 명령어를 입력합니다.

```
# MyEC2의 SSH 터미널
# snmp 서비스 확인
for i in {1..60}; do snmpget -v2c -c public $NLB 1.3.6.1.2.1.1.5.0 ; done | sort |
uniq -c | sort -nr
     21 SNMPv2-MIB::sysName.0 = STRING: SERVER-3
```

```
     21 SNMPv2-MIB::sysName.0 = STRING: SERVER-2
     18 SNMPv2-MIB::sysName.0 = STRING: SERVER-1

for i in {1..60}; do snmpget -v2c -c public $NLB1 1.3.6.1.2.1.1.5.0 ; done | sort |
uniq -c | sort -nr
     21 SNMPv2-MIB::sysName.0 = STRING: SERVER-3
     20 SNMPv2-MIB::sysName.0 = STRING: SERVER-2
     19 SNMPv2-MIB::sysName.0 = STRING: SERVER-1
```

앞서 확인된 결과와 다르게 가용 영역을 교차해서 응답하는 것을 확인할 수 있습니다.

NLB의 교차 영역 로드 밸런싱 기능을 활성화한 후 로드 밸런싱이 어떻게 동작하는지 다음 그림으로 더 자세히 살펴보겠습니다.

▼ 그림 4-74 NLB 교차 영역 로드 밸런싱 동작 과정

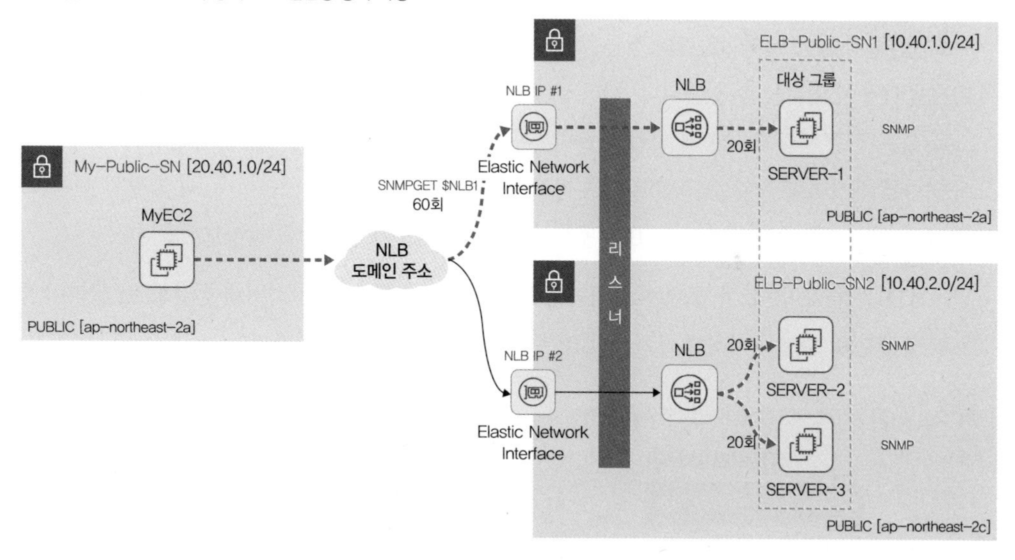

앞의 그림과 같이 MyEC2에서 NLB IP #1 주소로 SNMPGET 명령어를 60회 요청하면 기존 SERVER-1에는 트래픽을 60회 보내는 것과 달리, SERVER-1 · 2 · 3에는 균일한 비중으로 트래픽을 보내는 것을 확인할 수 있습니다. 이렇게 교차 영역 로드 밸런싱의 활성화와 비활성화 동작을 비교해 보았습니다.

4.2.8 ALB와 NLB의 출발지 IP 보존 확인하기

일반적으로 클라이언트와 서버가 통신을 하면 클라이언트는 IP 헤더에 출발지 IP 주소와 목적지 IP 주소를 기입하고 트래픽을 전달합니다.

▼ 그림 4-75 클라이언트와 서버 간 통신 주소 확인

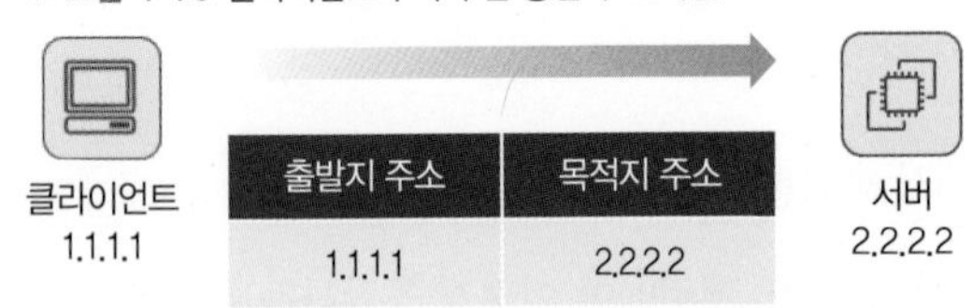

이때 서버 입장에서는 IP 헤더 정보를 바탕으로 어떤 IP 주소를 사용하는 클라이언트가 자신에게 접속했는지 알 수 있습니다. 이 출발지 IP 주소를 알 수 없거나 변경되었다면 어떤 문제가 발생할까요? 원하지 않는 클라이언트의 접근을 제어하는 것이 원칙적으로 불가능할 수 있으며, 각 보안 이슈에 대응이 어려울 수 있습니다. 물론 IP 헤더상에 출발지 IP 주소를 보존하는 것이 꼭 절대적으로 옳은 것은 아니고 상황에 따라 다르며, 서버에 출발지 IP 주소를 보존하지 않더라도 서버가 아닌 다른 대상이 확인할 수도 있고 다른 방식으로 정보를 알릴 수도 있습니다. 이 출발지 IP 주소를 보존하는 것에 대해 ALB와 NLB는 동작이 서로 다른데, 그 차이점을 알아보겠습니다.

먼저 ALB는 클라이언트가 보내는 트래픽을 ALB가 로드 밸런싱해서 서버에 전달할 때 클라이언트의 출발지 IP 주소를 자신의 프라이빗 IP 주소로 변경해서 전달합니다.

▼ 그림 4-76 ALB를 이용한 클라이언트와 서버 간 통신 주소 확인

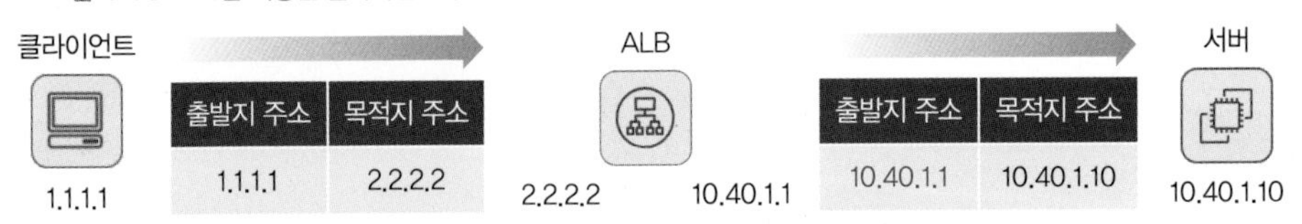

그럼 이 과정을 직접 확인해 봅시다.

1. SERVER-1 인스턴스에 SSH로 접속하여 다음 명령어를 입력합니다.

```
# SERVER-1의 SSH 터미널
# 실시간 기록 로그 정보 확인
tail -f /var/log/httpd/access_log | grep -v "ELB-HealthChecker/2.0"
10.40.2.7 - - [30/Apr/2023:16:01:14 +0000] "GET / HTTP/1.1" 200 30 "-" "curl/7.88.1"
10.40.1.44 - - [30/Apr/2023:16:01:26 +0000] "GET / HTTP/1.1" 200 30 "-" "curl/7.88.1"
```

```
# HTTP 트래픽 확인을 위한 패킷 덤프
tcpdump tcp port 80 -nn
tcpdump: verbose output suppressed, use -v or -vv for full protocol decode
listening on eth0, link-type EN10MB (Ethernet), capture size 262144 bytes
15:54:35.974736 IP 10.40.2.7.27992 > 10.40.1.10.80: Flags [S], seq 3602653876, ...
15:54:35.974771 IP 10.40.1.10.80 > 10.40.2.7.27992: Flags [S.], seq 897766977, ack
3602653877, ...
15:54:35.975863 IP 10.40.2.7.27992 > 10.40.1.10.80: Flags [.], ack 1, ...
15:54:35.975884 IP 10.40.2.7.27992 > 10.40.1.10.80: Flags [P.], seq 1:247, ack 1, ...
15:54:35.975902 IP 10.40.1.10.80 > 10.40.2.7.27992: Flags [.], ack 247, ...
15:54:35.976175 IP 10.40.1.10.80 > 10.40.2.7.27992: Flags [P.], seq 1:316, ack 247,
win 219, options [nop,nop,TS val 741660286 ecr 4089323526], length 315: HTTP: HTTP/1.1
200 OK

ctrl+c
```

2. MyEC2 인스턴스에 SSH로 접속하여 다음 명령어를 입력하고 결과를 확인합니다.

```
# MyEC2의 SSH 터미널
# MyEC2 서버의 IP 주소 확인
curl ipinfo.io/ip
52.79.220.232

# 실습을 위해 SERVER-1에 접근할 때까지 반복
curl $ALB
<h1>ELB LAB Web Server-1</h1>

curl $ALB
<h1>ELB LAB Web Server-1</h1>
...
```

앞의 그림과 같이 실제 접속한 MyEC2의 IP 주소가 아닌 ALB의 사설 IP 주소로 전달하는 것을 확인할 수 있습니다. 이렇게 ALB는 출발지 IP 주소를 보존하지 않고 동작합니다. 하지만 실제로 접근한 클라이언트가 아닌 ALB의 주소만 확인되면 사용자 IP를 기반으로 하는 비즈니스 서비스 활용은 제한되고 보안 이슈가 발생할 수 있습니다. 따라서 이런 문제를 해결하기 위해 ALB 환경에서도 서버가 클라이언트 IP 주소를 알 수 있는 방법이 있습니다. HTTP 헤더에 X-Forwarded-For(XFF) 필드를 이용하는 방법입니다. 외부 사용자 주소를 전달하기 위해 ALB는 HTTP 정보를 전달할 때 사용하는 HTTP 헤더 안에 X-Forwarded-For 필드를 추가하여 클라이언트 IP 주소를 전달하며, 웹 서버는 HTTP 헤더를 읽어 클라이언트 IP 주소를 알 수 있습니다.

▼ 그림 4-77 ALB를 이용하여 클라이언트와 서버 간에 통신을 할 때 XFF 필드로 주소 확인

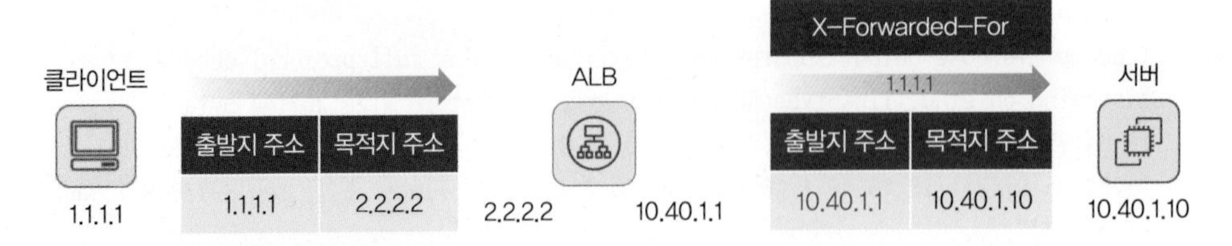

직접 실습하면서 확인해 봅시다.

3. SERVER-1 인스턴스에 SSH로 접속하여 기본 로그 설정 정보를 확인합니다.

```
# SERVER-1의 SSH 터미널
# Apache 기본 로그 설정 정보 확인
grep -n LogFormat /etc/httpd/conf/httpd.conf
196:    LogFormat "%h %l %u %t \"%r\" %>s %b \"%{Referer}i\" \"%{User-Agent}i\""
combined
197:    LogFormat "%h %l %u %t \"%r\" %>s %b" common
201:    LogFormat "%h %l %u %t \"%r\" %>s %b \"%{Referer}i\" \"%{User-Agent}i\" %I %O"
combinedio
```

4. SERVER-1 인스턴스에 SSH로 접속한 후 vi 편집기에서 196번 줄에 `%{X-Forwarded-For}i`를 추가하고 `:wq`를 입력해서 빠져나옵니다.

```
# SERVER-1의 SSH 터미널
# Apache 기본 로그 설정 변경: 196번 줄에 %{X-Forwarded-For}i 추가
vi /etc/httpd/conf/httpd.conf

196 LogFormat "%{X-Forwarded-For}i %h %l %u %t \"%r\" %>s %b \"%{Referer}i\" \"%{User-
Agent}i\"" combined
:wq로 저장하고 빠져나오기


# HTTP reload로 적용
systemctl reload httpd

# 실시간 로그 출력 후 모니터링
tail -f /var/log/httpd/access_log |grep -v "ELB-HealthChecker/2.0"
```

❤ 그림 4-78 196번 줄에 %{X-Forwarded-For}i 추가

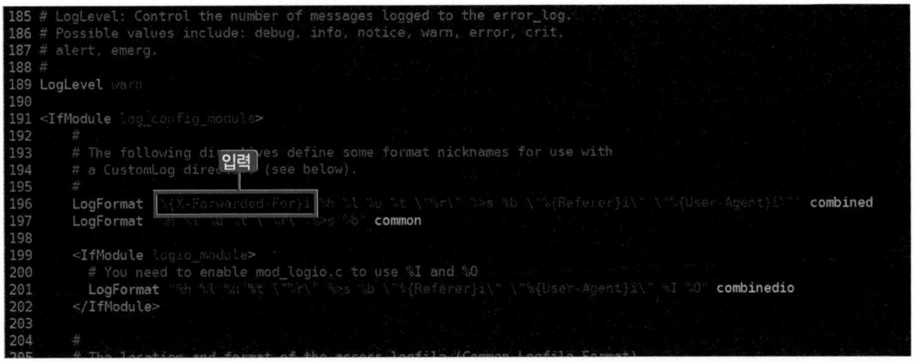

5. MyEC2 인스턴스에 SSH로 접속하여 다음 명령어를 입력하고 결과를 확인합니다.

```
# MyEC2의 SSH 터미널
# 실습을 위해 SERVER-1에 접근할 때까지 반복
curl $ALB
<h1>ELB LAB Web Server-1</h1>

curl $ALB
<h1>ELB LAB Web Server-1</h1>
...
```

6. SERVER-1 인스턴스에 SSH로 접속한 후 실시간 로그 모니터링을 확인합니다.

```
# SERVER-1의 SSH 터미널
# 실시간 로그 출력 결과 내용 확인
tail -f /var/log/httpd/access_log |grep -v "ELB-HealthChecker/2.0"
52.79.220.232 10.40.2.184 - - [30/Apr/2023:16:46:41 +0000] "GET / HTTP/1.1" 200 30 "-"
"curl/7.88.1"
```

ALB에서 X-Forwarded-For 필드에 클라이언트 IP 정보를 담아 전달하여 서버에서 그 정보를 확인했습니다. 이렇게 ALB의 XFF를 이용하여 클라이언트의 IP를 보존한다면 민감 정보가 제공되는 웹 서버의 로그를 기록할 때 실제 접속한 클라이언트의 IP를 수집하는 데 도움이 됩니다.

Note reload와 restart 차이점

- restart 명령어는 해당 서비스를 종료하고 시작하는 작업을 합니다. 그런데 현재 접속 상태에 따라서 이 과정이 빠르게 끝날 수도 있고 그렇지 않을 수도 있기 때문에 경우에 따라서는 약 10초 가량 시간이 소요될 수 있습니다. 이 시간 동안에는 접속되지 않거나 이상 현상이 발생할 수 있습니다.
- reload 명령어는 서버를 종료하지 않은 채 conf 설정 파일들만 새로 갱신해 준다는 차이점이 있습니다. 이 때문에 기존 접속자는 과거 설정대로 접속을 유지한 채 새롭게 연결되는 접속부터 서버 변경점이 적용됩니다.
- 최대한 reload로 적용하고 reload 적용이 불가능할 때만 restart를 사용합니다.

Note 실습 환경을 구성하는 경우 각 서버에 xff.php 파일을 구성한 덕분에 해당 실습을 간단하게 다음 내용으로 확인할 수 있습니다.

```
# SERVER-1의 SSH 터미널
curl $EC21/xff.php
CloudNeta ELB Test Page

Mon, 01 May 23 00:35:18 +0900

Current CPU Load:0%

Last Client IP: 52.79.220.232
Server Public IP = 3.35.134.152
Server Private IP: 10.40.1.10
X-Forwarded-for:

curl $ALB/xff.php
CloudNeta ELB Test Page

Mon, 01 May 23 00:35:43 +0900

Current CPU Load: 0%

Last Client IP: 10.40.2.68
Server Public IP = [alb-3308451.ap-northeast-2.elb.amazonaws.com](http://alb-
3308451.ap-northeast-2.elb.amazonaws.com/)
Server Private IP: 10.40.1.10
X-Forwarded-for: 52.79.220.232 -> MyEC2의 실제 공인 아이피
```

이번에는 NLB의 출발지 IP 보존 방식을 알아보겠습니다. NLB가 클라이언트가 보내는 트래픽을 로드 밸런싱하여 서버에 전달할 때 클라이언트의 출발지 IP 주소를 보존한 채로 전달합니다.

❤ 그림 4-79 NLB를 이용한 클라이언트와 서버 간 통신 주소 확인

7. 해당 내용을 확인하기 위해 SERVER-1 인스턴스에 SSH로 접속하여 다음 명령어를 수행하고 SERVER-1 인스턴스에서 접근한 후 확인합니다.

```
# SERVER-1의 SSH 터미널
# SNMP 트래픽 확인을 위한 패킷 덤프
tcpdump udp port 161 -nn
tcpdump: verbose output suppressed, use -v or -vv for full protocol decode
listening on eth0, link-type EN10MB (Ethernet), capture size 262144 bytes
17:17:30.186601 IP 52.79.220.232.40824 > 10.40.1.10.161:  GetRequest(28)
.1.3.6.1.2.1.1.5.0
17:17:30.187009 IP 10.40.1.10.161 > 52.79.220.232.40824:  GetResponse(36)
.1.3.6.1.2.1.1.5.0="SERVER-1"
```

8. MyEC2 인스턴스에 SSH로 접속하여 다음 명령어를 수행하고 확인합니다.

```
# MyEC2의 SSH 터미널
# MyEC2 서버의 IP 주소 확인
curl ipinfo.io/ip
52.79.220.232

# 실습을 위해 SERVER-1에 접근할 때까지 반복
snmpget -v2c -c public $NLB 1.3.6.1.2.1.1.5.0
SNMPv2-MIB::sysName.0 = STRING: SERVER-1
```

이렇게 패킷을 덤프할 때 클라이언트 IP가 NLB를 경유해서 인입했지만 출발지 IP 주소는 보존하는 것을 확인했습니다. 또한 NLB는 클라이언트 IP를 확인하는 HTTP 헤더의 XFF를 사용할 수 없는데, NLB가 4계층까지 이해하고 통제가 가능하여 HTTP 헤더를 이해하지 못하기 때문입니다.

> **Note** NLB 환경에서 대상 그룹을 인스턴스가 아닌 IP 대상으로 지정하면 출발지 IP 주소를 보존하지 않습니다.

여기까지 ALB와 NLB의 출발지 IP 보존 방식의 동작 과정을 확인해 보았습니다. 4장 실습이 모두 끝났습니다. 다음 단계에서 실습에서 생성한 모든 자원을 삭제하겠습니다.

4.2.9 실습을 위해 생성된 모든 자원 삭제하기

실습을 위해 생성된 모든 자원을 삭제하기 위해 다음 순서대로 진행합니다.

로드 밸런서 삭제하기

1. EC2 > **로드밸런서**로 들어갑니다. 실습에서 생성한 대상을 전부 체크하고 오른쪽에 있는 **작업** > **로드 밸런서 삭제**를 선택합니다.

▼ 그림 4-80 로드 밸런서 삭제

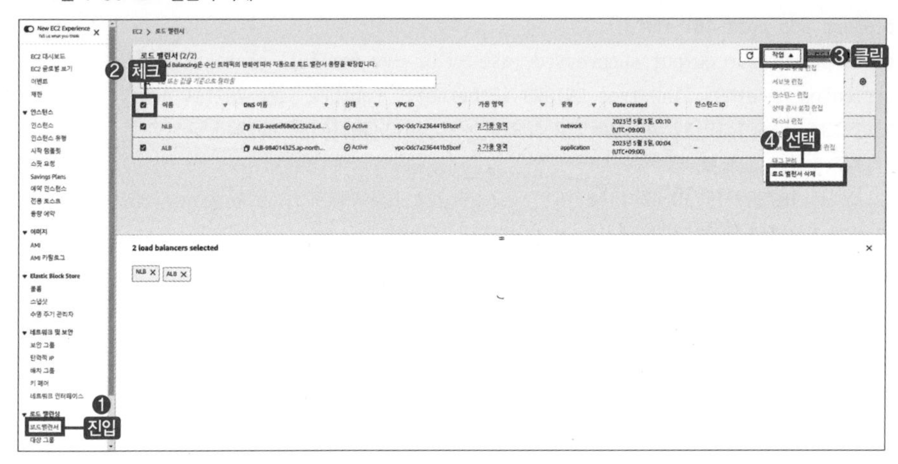

2. 출력되는 창에서 '확인'을 입력한 후 **삭제**를 누릅니다.

▼ 그림 4-81 로드 밸런서 삭제 확인

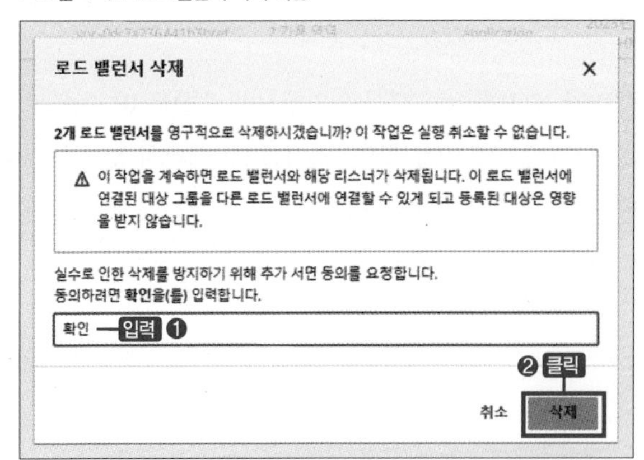

대상 그룹 삭제하기

1. EC2 > **대상 그룹**에서 생성한 대상을 전부 체크하고 오른쪽에 있는 **작업** > **삭제**를 선택합니다.

▼ 그림 4-82 대상 그룹 삭제

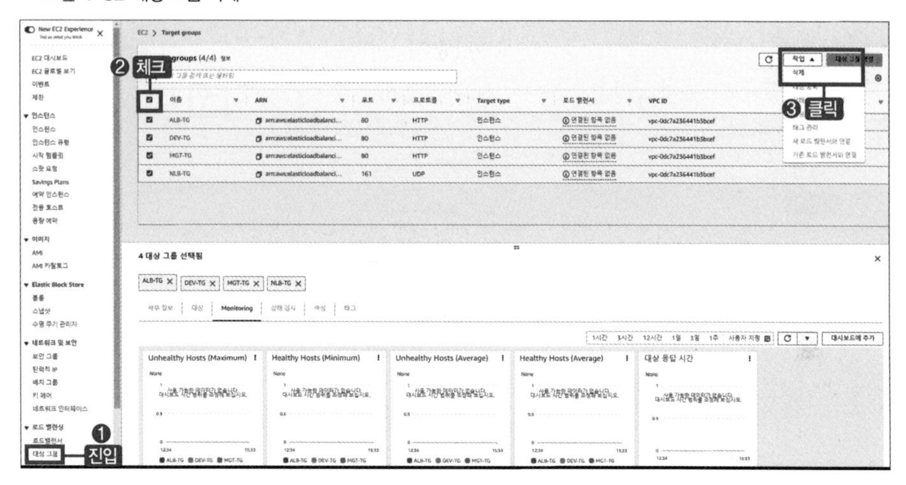

2. 출력되는 창에서 **예, 삭제합니다.**를 누릅니다.

▼ 그림 4-83 대상 그룹 삭제 확인

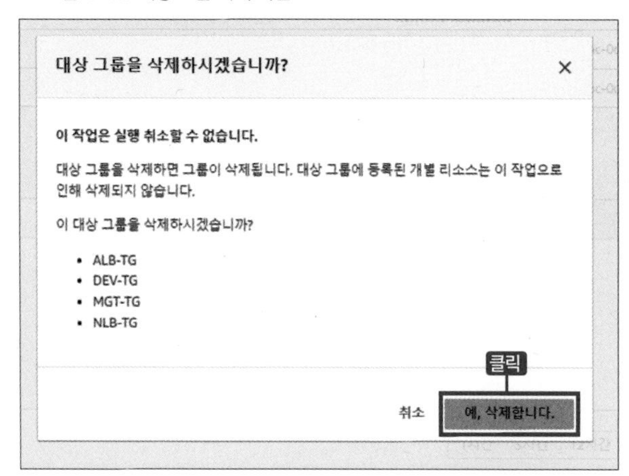

CloudFormation 스택 삭제하기

CloudFormation > **스택**에서 elblab를 선택한 후 **삭제**를 누릅니다. 이후 열리는 창에서 **스택 삭제**를 누릅니다. 정상적으로 삭제되었는지 꼭 확인하기 바랍니다.

▼ 그림 4-84 CloudFormation 스택 삭제

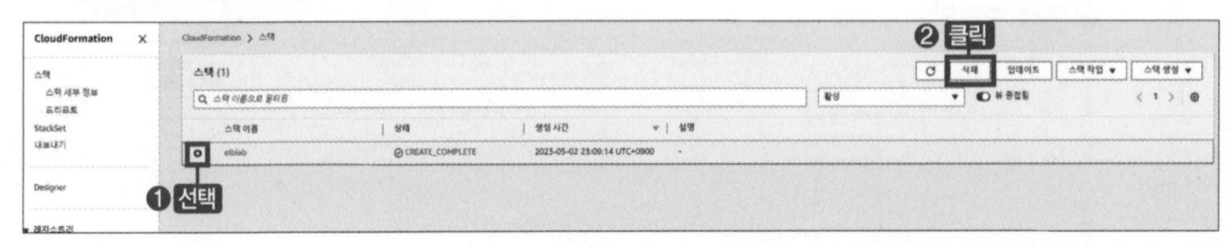

5장

AWS 스토리지 서비스

5.1 스토리지 개요

스토리지(storage)란 데이터를 보관하는 장소로, 우리가 사용하는 모든 저장 장치를 스토리지라고 할 수 있습니다. 데이터 보관 방식과 데이터 사용 용도에 따라 여러 형태가 있습니다. 예를 들어 이동성 및 휴대성을 고려해서 간단한 데이터를 보관할 때 사용하는 **USB**(Universal Serial Bus), 대용량의 데이터를 보관하거나 백업할 때 사용하는 외장 하드(SSD, HDD)가 있습니다.

IT가 발전하면서 스토리지도 변화했으며, 클라우드 환경에서 사용되는 스토리지 역시 그 목적에 따라 다양하게 변화했습니다. AWS에서 사용되는 스토리지는 어떤 목적에서 쓰며, 그에 따라 어떤 특징이 있는지 알아보겠습니다.

5.2 스토리지 서비스 및 주요 기능

AWS에서 제공하는 스토리지 서비스 종류에는 블록(block) 스토리지, 파일(file) 스토리지, 객체(object) 스토리지가 있는데, 각 목적에 따른 사용을 권장합니다. 각 스토리지의 특징을 알아보겠습니다.

5.2.1 블록 스토리지

블록 스토리지는 그 이름에서 알 수 있듯이, 단일 스토리지 볼륨(volume)을 '블록'이라는 개별 단위로 분할해서 저장합니다. 각 블록은 저장된 위치에 고유한 주소가 있기 때문에 서버에서 파일을 요청하면 블록들을 재구성하여 하나의 데이터로 서버에 전달합니다. 클라우드 환경에서 블록 스토리지의 각 블록은 가상 머신 인스턴스에 위치하며, 마치 일반 컴퓨터에 하드디스크를 추가하여 C 드라이브, D 드라이브처럼 논리적으로 구분해서 사용하는 것과 같습니다.

일반적으로 블록 스토리지는 **SAN**(Storage Area Network) 또는 가상 머신의 디스크로 사용됩니다.

Note ≡ SAN(Storage Area Network): 서로 다른 종류의 데이터 저장 장치를 한 데이터 서버에 연결하여 총괄적으로 관리해 주는 네트워크를 의미합니다.

5.2.2 파일 스토리지

파일 스토리지는 파일 수준 또는 파일 기반 스토리지라고 하며, 디렉터리(directory) 구조로 파일을 저장합니다. 각 파일은 폴더에 종속되고 폴더 역시 다른 폴더에 종속되어 계층 구조를 이룹니다. 따라서 파일을 찾으려면 어느 위치에 있는지 알아야 합니다. 파일 스토리지는 개인용 컴퓨터와 서버에서 일상적인 작업을 공유하여 사용할 수 있지만, 파일이 늘어나면 분류하거나 정리(file system indexing)하는 데 시간이 점점 더 소요된다는 단점이 있습니다.

일반적으로 파일 스토리지는 NAS(Network Attached Storage)에 사용됩니다.

Note ≡ NAS(Network Attached Storage): 컴퓨터 네트워크에 연결된 파일 수준의 컴퓨터 기억 장치로, 서로 다른 네트워크 클라이언트에 데이터 접근 권한을 제공합니다.

5.2.3 객체 스토리지

객체 스토리지는 각 데이터 조각을 가져와서 객체로 지정하고, 개별 단위로 저장합니다. 파일 스토리지와 다르게 모든 객체는 중첩된 계층 구조 없이 단일한 평면적인 주소 공간에 저장됩니다. 이 평면 주소 공간에는 데이터 및 관련 메타데이터(metadata)로 구성된 객체에 고유 식별자가 있습니다. OS나 파일 시스템에 의존하지 않으면서 데이터를 저장하고 객체에 쉽게 접근할 수 있습니다.

객체 스토리지 시스템에서는 객체의 키(이름)만 알고 있으면 쉽고 빠르게 대상을 검색할 수 있습니다. 객체 스토리지 접근에는 HTTP 프로토콜 기반의 REST(REpresentational State Transfer) API(Application Programming Interface)를 사용합니다.

객체 스토리지는 저장할 수 있는 데이터의 수와 파일 크기에 제한이 없으며 데이터 저장의 총 용량 역시 무제한에 가깝다고 할 수 있습니다. 오늘날 많은 사용자가 사용하는 이미지, 영상 등 복잡하고 대용량인 비정형 데이터를 효율적으로 처리할 수 있어 대부분의 스토리지 서비스로 사용됩니다.

✔ 표 5-1 스토리지 종류 및 특징

구분	블록 스토리지	파일 스토리지	객체 스토리지
종류			
AWS 스토리지 서비스	Amazon EBS	Amazon EFS	Amazon S3
주요 특징	• 데이터를 블록 단위로 저장 • 호스트에서 파일 시스템 생성 • FC, iSCSI를 이용하여 접근 • SAN(Storage Area Network)	• 디렉터리 구조로 파일 저장 • 스토리지에서 파일 시스템 생성 • NFS, CIFS를 이용하여 접근 • NAS(Network Attached Storage)	• 데이터를 객체 단위로 저장 • 데이터 검색을 위한 메타데이터와 식별자 사용 • REST 기반의 API 호출을 통해 접근 • HTTP/HTTPS
사용 사례	호스트에서 직접 파일을 액세스하고 기록하며 빠른 성능을 요하는 경우	다수의 장치가 데이터를 공유하여 동일한 서비스를 사용해야 하는 경우	대량의 데이터를 저장하거나 다수의 서버에서 해당 데이터에 접근해야 하는 경우

5.2.4 스토리지 선택 기준

클라우드 스토리지는 어디에서나 접근할 수 있는 편의성, 대량의 데이터를 수용할 수 있는 확장성을 갖추고 있습니다. 따라서 다음 표와 같이 스토리지를 도입할 때는 클라우드 스토리지의 종류별 특징을 충분히 이해하고 목적과 상황에 맞게 선택해야 합니다.

✔ 표 5-2 스토리지를 선택할 때 고려 사항

	내구성	가용성	보안	비용	확장성	성능	통합
주요 내용	데이터 손실 가능성	서비스 지속 시간	저장 및 전송 중 데이터 보안	스토리지 단위 가격	스토리지 크기 및 사용자 수 변경	스토리지 크기 및 사용자 수 변경	다른 서비스와 호환성

5.3 Amazon EBS

5.3.1 EBS란

Amazon EBS(Elastic Block Store)는 EC2 인스턴스에 사용할 수 있는 블록 스토리지 볼륨을 제공하는 서비스입니다. 블록 스토리지 특성을 이용한 저장 방식이므로 데이터를 일정한 크기의 블록으로 나누어 분산 저장하는데, 볼륨 위에 파일 시스템을 생성하거나 하드디스크 드라이브 같은 블록 디바이스를 사용하는 것처럼 볼륨을 쓸 수 있습니다. 쉽게 운영 체제에 외장 하드디스크를 연결해서 데이터를 저장한다고 생각하면 됩니다. 또한 인스턴스에 연결된 EBS 볼륨의 구성을 동적으로 변경할 수 있습니다. 이처럼 EBS는 데이터베이스처럼 데이터 출입이 많은 서비스에 적합합니다.

EBS 스토리지는 AWS 관리 콘솔에서 필요한 용량과 성능에 맞추어서 볼륨을 생성한 후 EC2 인스턴스에 연결하고 파일 시스템을 포맷한 후 사용합니다. 이때 파일 시스템 포맷은 운영 체제에 따라 다르게 사용됩니다. 리눅스는 xfs 또는 ext4 유형이 주로 사용되며, 윈도우는 NTFS 포맷이 주로 사용됩니다. 포맷이 완료되면 해당 볼륨을 서버에서 마운트한 후 데이터를 해당 디렉터리에 저장해서 사용합니다.

EBS는 고속 네트워크로 연결되어 있으며, 데이터 수명 시간이 독립되어 있습니다. 독립된 데이터 수명 시간이란 '서로 연결된 인스턴스와 볼륨을 사용하다 해당 인스턴스를 삭제해도 볼륨은 계속 사용할 수 있고 그 볼륨에 저장된 데이터도 다른 인스턴스와 연결하여 이어서 사용할 수 있다'는 의미입니다. 결론적으로 인스턴스와 EBS 볼륨은 서로 종속 관계에 있지 않으며, 인스턴스는 다수의 볼륨을 연결하여 사용할 수 있습니다. 하지만 하나의 EBS 볼륨은 한 번에 하나의 인스턴스에만 연결할 수 있고, 해당 인스턴스에서 지원하는 형태의 시스템으로 포맷해야만 사용할 수 있습니다.

▼ 그림 5-1 Amazon EBS 스토리지

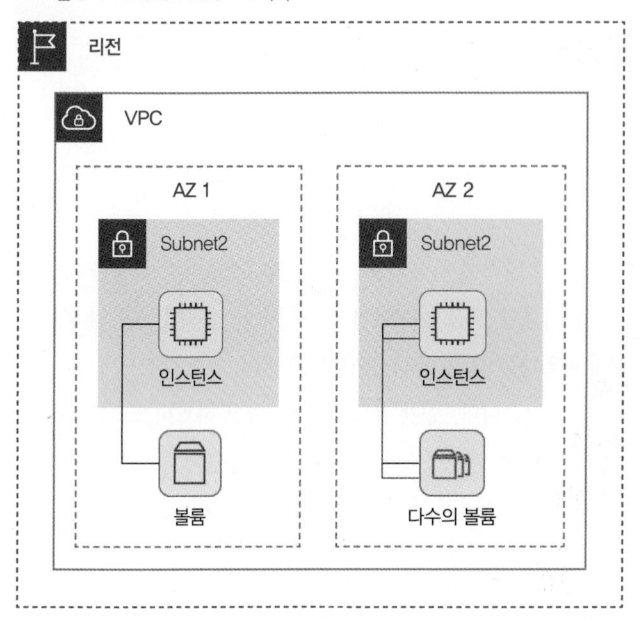

5.3.2 EBS 특징

EBS는 다음 특징이 있습니다.

- **데이터 가용성**: 단일 하드웨어 구성 요소의 장애 때문에 데이터가 손실되지 않도록 해당 가용 영역 내에서 자동으로 데이터를 복제합니다.
- **데이터 지속성**: EBS 볼륨은 인스턴스 수명과 관계없이 유지되는 비관계형 인스턴스 스토리지입니다.
- **데이터 안정성**: Amazon EBS 암호화(encryption) 기능으로 암호화된 EBS 볼륨을 생성할 수 있으며, 암호화 표준 알고리즘(AES-256)을 사용합니다.
- **데이터 백업**: 모든 EBS 볼륨의 스냅샷(snapshot)(백업)을 생성하고, 다중 가용 영역에 중복 저장이 가능한 Amazon S3(Simple Storage Service)에 볼륨 내 데이터 사본을 백업할 수 있습니다.
- **데이터 확장성**: 서비스를 중단할 필요 없이 볼륨 유형, 볼륨 크기, IOPS(Input/Output operations Per Second) 용량을 수정할 수 있습니다.

5.3.3 EBS 볼륨 유형

EBS 볼륨에는 크게 SSD와 HDD 유형이 있습니다. SSD는 메모리형 디스크를 사용하며, HDD는 플래터(platter) 디스크를 사용합니다. 데이터를 빠르게 읽고 처리하는 능력이 좋은 SSD는 주로 서버의 운영 체제가 설치되는 OS 영역이나 일반 데이터베이스 보관용 스토리지 유형으로 사용됩니다. HDD는 속도와 상관없이 데이터 저장 용량이 많이 필요할 때 사용하므로 데이터 분석에 주로 활용됩니다.

다음 표는 SSD 및 HDD 특징을 정리한 것입니다. 사용자 요구 사항에 맞추어서 사용됩니다.

▼ 표 5-3 SSD 및 HDD 특징

구분	SSD		HDD	
볼륨 유형	범용 SSD 볼륨(gp2 및 gp3)	프로비저닝된 IOPS SSD 볼륨(io1 및 io2)	처리량 최적화 HDD 볼륨(st1)	콜드 HDD 볼륨(sc1)
특징	다양한 작업에 적합하며 요금과 성능 간 균형 유지	지연 시간에 민감한 작업을 위해 설계된 고성능 SSD 볼륨	자주 접근하고 처리량이 집약적인 작업에 적합한 저렴한 HDD	자주 접근하지 않는 작업에 적합한 최저 비용의 HDD 볼륨
볼륨 크기	1GiB~16TiB	4GiB~16TiB	125GiB~16TiB	125GiB~16TiB
기준 성능 속성	IOPS	IOPS	MiB/s	MiB/s
사용 사례	일반적인 작업	I/O 집약적 NoSQL 및 관계형 데이터베이스	Big Data 분석	간헐적 사용 데이터

처음 EBS 볼륨을 생성할 때 알맞게 잘 선택하면 좋겠지만, 사용하다가 성능이나 비용 때문에 볼륨 유형을 변경해야 하는 상황이 생기면 서비스를 중단할 필요 없이 다른 볼륨 유형으로 변경할 수 있습니다.

5.3.4 EBS 스냅샷

EBS 스토리지의 대표적인 특징인 EBS 스냅샷 기능은 말 그대로 특정 시점에 포인트를 찍어서 그 시점으로 되돌아갈 수 있는 지점을 만드는 기능입니다. 증분식 백업 방식을 이용하여 마지막 스냅샷 이후 변경되는 데이터 블록만 기록하고 복제하므로 저장 비용과 시간도 효과적으로 절감할 수 있습니다.

또한 매번 원본과 크기가 같지 않아도 변경된 부분만 증분되어 백업되기 때문에 특정 데이터를 삭제해도 어느 한 부분의 스냅샷만 가지고 있다면 복구할 수 있습니다. 스냅샷을 삭제할 때 다른 스냅샷에서 참조되지 않는 영역만 데이터에서 제거되기 때문입니다.

스냅샷은 기본적으로 Amazon S3라는 스토리지 공간에 저장되어 여러 가용 영역에 자동으로 복제됩니다.

▼ 그림 5-2 Amazon EBS 스냅샷의 증분식 백업 방식

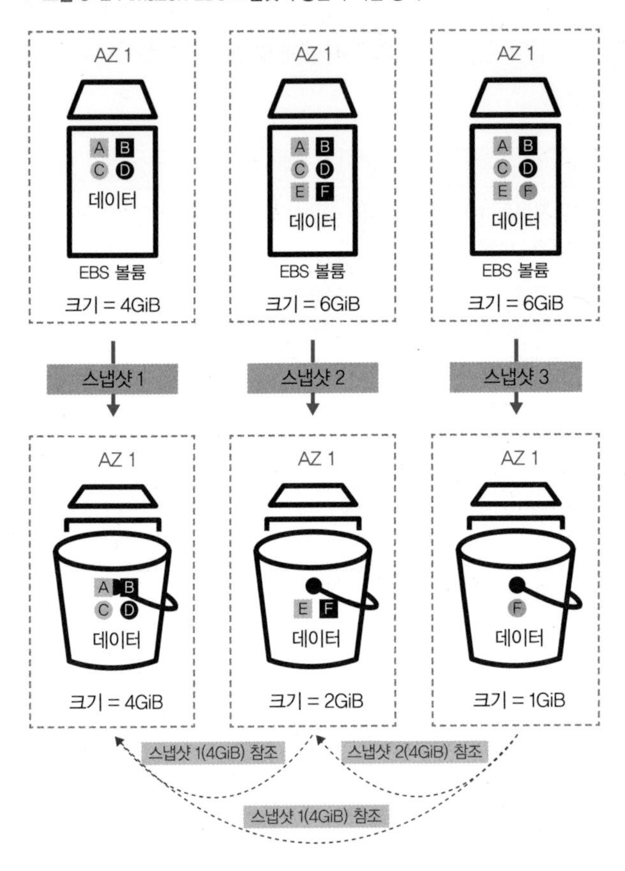

그리고 스냅샷은 다음 그림과 같이 다른 계정으로 공유할 수도 있고 스냅샷을 이용하여 손쉽게 다른 리전으로 복제할 수도 있습니다.

▼ 그림 5-3 Amazon EBS 스냅샷의 복제 기능

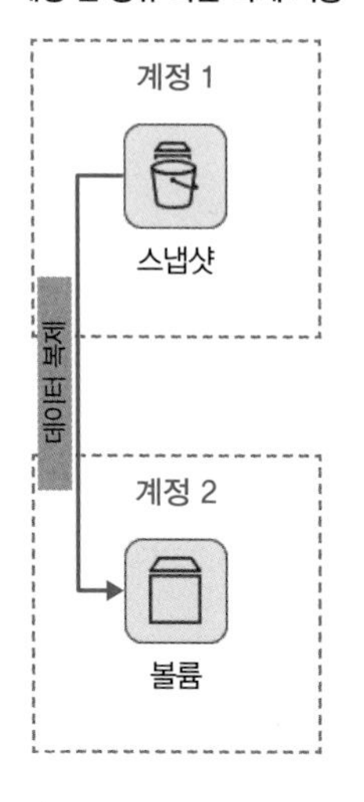

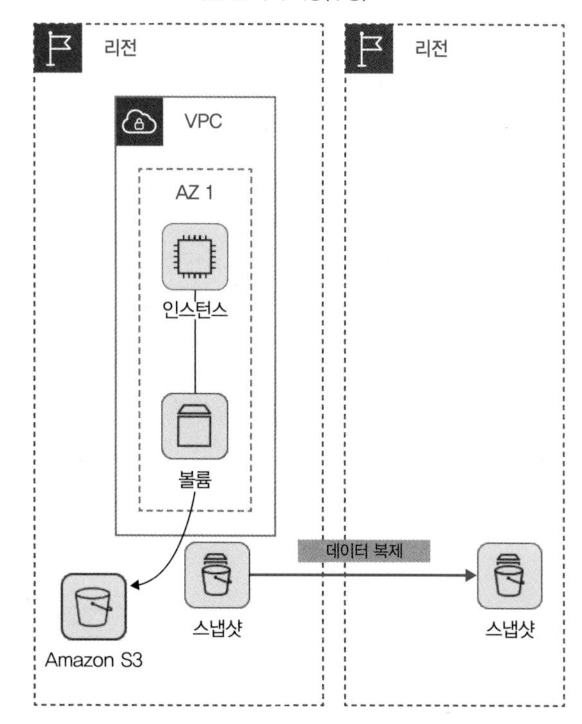

5.3.5 EFS란

Amazon EFS(Elastic File System)는 클라우드 환경과 온프레미스 환경에서 사용할 수 있는 완전 관리형 네트워크 파일 시스템입니다. 여기에서 완전 관리형이란 클라우드에서 하드웨어 프로비저닝 유지 관리, 소프트웨어 구성, 모니터링, 복잡한 성능 조절 등 모든 것을 관리하기 때문에 사용자 입장에서는 별다른 관리가 필요 없다는 의미입니다.

처음 파일 시스템을 생성한 후 서버에 연결하면 사용한 만큼 자동으로 스토리지 크기가 확장되고, 사용한 만큼만 비용을 지불하면 되기 때문에 사실상 용량 제한 없이 사용할 수 있습니다.

▼ 그림 5-4 Amazon EFS 스토리지

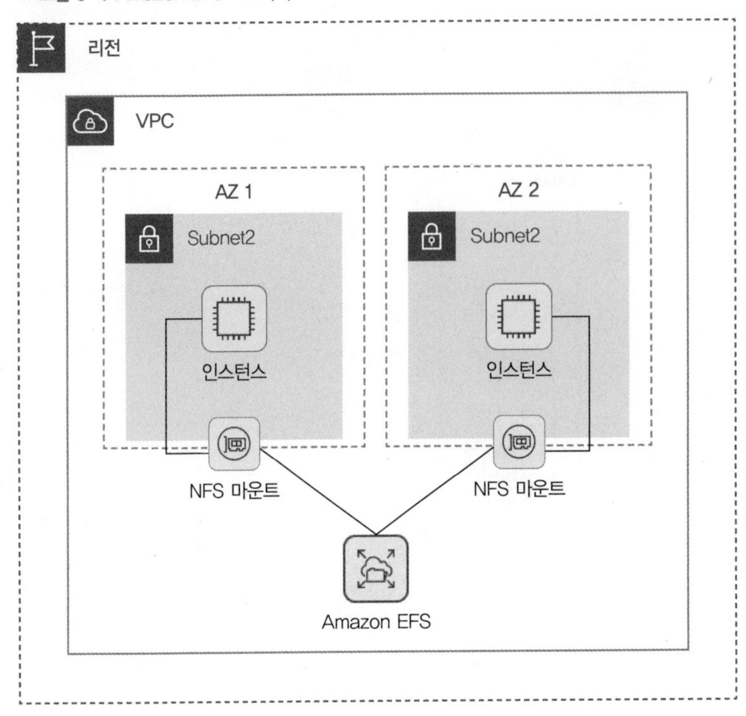

5.3.6 EFS 특징

EFS는 고성능 네트워크 파일 시스템으로, 여러 대의 컴퓨터가 네트워크상의 동일한 데이터에 접근해야 할 때 사용합니다. NFS 표준 프로토콜 기반의 연결을 지원하고 있어 기존 다양한 애플리케이션과 유연하게 통합할 수 있고, 여러 컴퓨팅 인스턴스에서 동시에 사용할 수 있습니다. 또한 기존 NAS처럼 사용자 홈 디렉터리를 공유하여 애플리케이션을 개발하고, 테스트 환경의 다양한 웹 서비스와 콘텐츠 관리, 분석이나 미디어 업무에도 활용할 수 있습니다.

> **Note** ≡ NFS(Network File System): 네트워크 기반의 파일 시스템으로, 공유된 원격의 호스트 파일을 다른 시스템이 로컬에서 가용할 수 있도록 구현한 방식입니다.

EFS 볼륨은 IOPS가 높고 용량이 매우 크기 때문에 처리량이 많고 대기 시간이 짧습니다. 또한 파일 시스템의 사용 증가에 따라 자동으로 용량 및 성능이 조정되는 탄력성을 제공하여 네트워크 스토리지의 용량 및 성능 부족을 걱정할 필요가 없습니다.

EFS는 EBS처럼 가용 영역 단위의 서비스가 아니라 가용 영역 전반에 걸쳐 사용할 수 있는 스토리지이므로, 가용 영역 장애를 고려한 디자인이 가능해서 전통적인 NAS보다 뛰어난 가용성을 가집니다.

AWS TEXTBOOK

5.4 Amazon S3

5.4.1 S3 소개

Amazon S3(Simple Storage Service)는 AWS 서비스 중에서 EC2 서비스와 더불어 가장 오래되고, 기본이 되는 객체 스토리지 서비스입니다. S3에 저장되는 데이터를 **객체**라고 하며, 이 객체 저장소를 **버킷**(bucket)이라고 합니다. 그리고 객체에 대한 입출력은 HTTP 프로토콜로 하며, REST API를 이용하여 명령이 전달됩니다.

이 스토리지의 가장 큰 특징은 높은 내구성인데, 99.999999999%의 내구성으로 디자인되어 있어 데이터 손실을 최소화하도록 규정되어 있습니다.

또한 데이터 저장 공간이 거의 무제한에 가까워 특별한 용량 제한 없이 데이터를 저장할 수 있습니다. 필요한 경우 다양한 스토리지 계층으로 데이터를 분류하여 데이터 저장 비용을 절감할 수도 있습니다.

S3의 객체는 기본적으로 웹 접속이 가능하기 때문에 간단한 정적 웹 콘텐츠를 S3에 올려 웹 서버의 도움 없이 바로 웹 서비스가 가능합니다.

그리고 S3는 보안 규정 준수 및 감시 기능을 제공하고 있어 데이터가 안전하게 저장되고 인증된 사용자만 접근할 수 있도록 구성합니다. 필요한 경우 접근 권한 정책을 이용하여 해당 객체의 접근을 제어할 수 있습니다.

▼ 그림 5-5 Amazon S3 스토리지

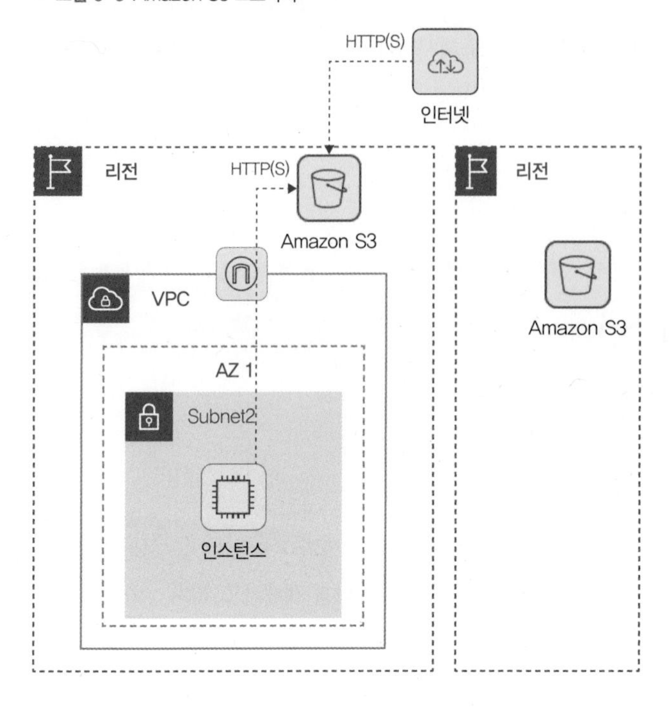

5.4.2 S3 구성 요소

Amazon S3는 데이터를 버킷 내 객체로 저장하는 객체 스토리지입니다. 각 역할별 의미는 다음과 같습니다.

- **버킷**: 데이터 스토리지를 위한 S3의 기본 컨테이너(container)입니다. 객체는 반드시 버킷에 저장되어야 하며, 하나의 리전에서 생성된 후에는 버킷 이름과 리전을 변경할 수 없습니다.
- **객체**: S3에 저장되는 기본 매체로, 객체 데이터와 객체 메타데이터로 구성되어 있습니다. 메타데이터는 객체를 설명하는 이름-값에 대한 하나의 쌍으로 존재합니다. 객체를 저장할 때 사용자 정의 메타데이터를 지정할 수 있으며, 객체는 키(이름) 및 버전 ID를 이용하여 버킷 내에서 고유하게 식별됩니다.
- **키**: 버킷 내에서 객체의 고유한 식별자입니다. 버킷 내 모든 객체는 고유한 하나의 키를 갖게 되며, S3는 '버킷 + 키 + 버전'과 객체 사이의 기본 데이터 맵으로 생각할 수 있습니다.
- **S3 데이터 일관성**: S3 버킷에 있는 객체에 대해 여러 서버로 데이터를 복제하여 고가용성 및 내구성을 구현하고 데이터 일관성 모델을 제공합니다.

❤ 그림 5-6 Amazon S3 객체 키

5.4.3 S3 특징

Amazon S3는 객체에 대해 빠르고 내구성과 가용성이 높은 키 기반의 접근성을 제공하여 데이터의 저장 및 검색에 특화된 객체 스토리지입니다.

❤ 그림 5-7 Amazon S3 버킷 데이터 요청

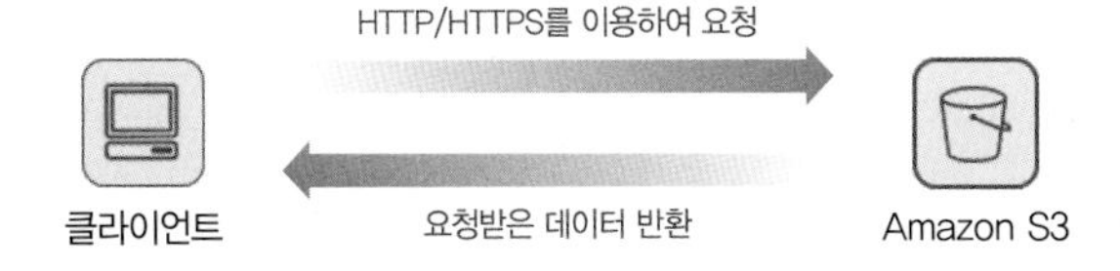

S3는 하나의 리전 내 최소 세 개 이상의 물리적으로 분리된 가용 영역에 데이터를 복제해서 저장하므로 높은 내구성과 고가용성을 제공하며, 서버의 OS 도움 없이 객체별 접근이 가능하므로 데이터 저장 및 활용에 용이합니다.

또한 Amazon S3는 동일 버킷 내 여러 개의 객체 변형을 보유하여 데이터 복구에 특화된 객체 스토리지입니다. S3에 버전 관리 기능을 이용하면 버킷에 저장된 모든 버전의 객체를 보존하거나 검색 및 복원할 수 있으며, 의도하지 않은 사용자 작업 및 애플리케이션 장애에서 쉽게 복구될 수 있습니다.

S3는 AWS와 다른 서비스를 유기적으로 연동시켜 다양한 형태로 사용할 수도 있습니다. 예를 들어 우리가 모바일로 웹에 접근할 때 표시되는 화면과 PC로 웹에 접근할 때 표시되는 화면이 다른 것을 확인할 수 있습니다. 이는 화면 크기가 다르기 때문인데, 같은 화면 크기를 표시한다면 가독성 차이로 불편함을 느낄 수 있습니다. 이런 현상이 나타나면 웹에 접근할 때 사용하는 이미지를 인터페이스별로 크기를 분리하는 기능이 필요합니다. 이때 S3를 이용하여 사용자 인터페이스 정보를 변경하면 해당 정보를 이벤트로 발생시켜 'AWS의 람다'라는 서비스와 연동합니다. 그러면 하나의 화면 이미지를 자동으로 여러 개의 해상도를 갖는 이미지로 나누어 생성하고, 접근 장치별 인터페이스 화면에 전달하여 동일한 내용을 확인할 수 있습니다.

S3의 뛰어난 내구성 덕분에 최근에는 빅데이터, 머신 러닝을 위한 데이터를 저장하거나 기업의 데이터를 영구적으로 보관하는 등 데이터를 보관하거나 분석할 때 자주 사용됩니다. 또한 웹 서버의 장치 도움 없이 S3 서비스 객체에 직접 접근할 수 있어 대규모의 이미지를 사용하는 e커머스 업무에 사용되는 이미지나 동영상을 S3에 저장한 후 고객에게 S3 웹 서비스를 이용한 직접적인 서비스와 이미지, 동영상을 제공할 수 있습니다. 이 경우 웹 서버의 부하를 줄일 수 있어 서비스 안정성과 성능 향상에 크게 기여하게 됩니다.

5.4.4 S3 스토리지 클래스

S3는 여러 사용 사례에 맞게 설계된 다양한 스토리지 클래스를 제공합니다. 여기에는 자주 접근하는 데이터를 저장하는 S3 standard와 알 수 없거나 변화하는 접근 패턴이 있는 데이터를 저장하는 S3 intelligent-tiering, 데이터 수명은 길지만 자주 접근하지 않는 데이터를 저장하는 S3 standard-IA 및 S3 one zone-IA, 데이터 수명이 제한되어 추후 삭제 예정인 데이터 및 백업을 위한 S3 glacier 등이 있습니다. 다음 표와 같이 데이터 수명 주기에 따라 데이터를 관리할 수도 있습니다.

▼ 표 5-4 Amazon S3 수명 주기 정책에 따른 스토리지 변화

데이터에 대한 S3 수명 주기 정책을 이용한 스토리지 변화

스토리지 유형	S3 standard	S3 - IA	glacier
AWS 데이터 베이스 서비스	S3 standard storage	S3 infrequent access standard storage	amazon S3 glacier
주요 특징	자주 액세스하는 데이터	액세스 빈도가 낮은 데이터	거의 액세스하지 않는 데이터
사용 사례	• 주요 사용 데이터 • 빅데이터 분석용 데이터 • 작업용 임시 백업 데이터	• 파일 동기화 • 데이터 백업 • 재해 복구용 데이터	• 장기 보존용 데이터 • 시스템 백업

AWS가 제공하는 S3 스토리지 클래스의 종류 및 특징을 좀 더 자세히 알아보겠습니다.

- **standard**: 가장 일반적인 스토리지 클래스이며, 데이터를 검색할 때 요금 및 최소 사용량에 제한 없이 사용한 만큼 비용을 지불하면 됩니다.

- **intelligent-tiering**: 객체 접근 정보가 고정되어 있지 않을 때 자동으로 빈번한 접근 그룹과 간헐적 접근 그룹에 나누어서 저장합니다.
- **infrequent access**: 객체가 자주 사용되지는 않지만 조회가 필요할 때 사용되는 데이터를 저장하는 클래스입니다. 다음과 같이 두 개의 하위 클래스로 나뉩니다.
  - standard-infrequent access: 최소 세 개 이상의 가용 영역에 데이터가 저장되기 때문에 내구성이 높은 클래스입니다.
  - one zone-infrequent access: 이름처럼 하나의 가용 영역에만 데이터가 저장되기 때문에 상대적으로 내구성이 낮고, 데이터가 삭제되어도 다시 생산할 수 있는 데이터를 위한 클래스입니다.
- **S3 glacier**: 데이터 아카이브와 장기간 백업을 고려하여 만든 스토리지 클래스입니다. 아카이빙 데이터는 오랫동안 데이터가 저장되어 있는 것을 의미하며, 이런 아카이빙 데이터에 접근하려면 많은 시간이 소요될 수 있습니다. 또한 데이터를 다른 클래스로 옮기려면 기가바이트당 비용이 발생하므로 주로 보관이 목적일 때 사용합니다.
- **S3 glacier deep archive**: 재사용이 거의 없는 데이터를 보관할 때 사용하는 클래스입니다. 일정 기간이 지나면 삭제할 데이터를 주로 보관하며, 조회하는 데 수 시간에서 수일이 소요될 수 있습니다. 그 대신 데이터 보관 비용이 가장 저렴하므로 데이터 목적에 따라 매우 유용한 저장소가 될 수 있습니다.

▼ 표 5-5 Amazon S3 스토리지 클래스 종류

스토리지 클래스	내구성	가용성	가용 영역 수	최소 기간	사용 사례	고려 사항
S3 standard	99.999999999%	99.99%	세 개 이상	없음	자주 액세스하는 데이터	
S3 intelligent-tiering	99.999999999%	99.99%	세 개 이상	없음	알 수 없거나 변경되거나 예측할 수 없는 액세스 패턴이 있는 데이터	객체당 약간의 월별 모니터링 및 자동화 요금
S3 standard-IA	99.999999999%	99.99%	세 개 이상	30일	수명이 길고 자주 액세스하지 않는 데이터	객체와 관련된 검색 비용

계속

스토리지 클래스	내구성	가용성	가용 영역 수	최소 기간	사용 사례	고려 사항
S3 one zone-IA	99.999999999%	99.95%	한 개	30일	수명이 긴 데이터에 자주 액세스하지 않는 중요하지 않은 데이터	• 단일 가용 영역에 데이터 저장 • S3 standard-IA보다 가격이 저렴
S3 glacier	99.999999999%	99.99%(객체 복원 후)	세 개 이상	90일	분에서 시간 단위로 검색 시간을 지원하는 장기간 데이터 보관	• 실시간 액세스 지원 불가 • 객체에 액세스할 때 먼저 복원 필요 • 객체 복원은 수 분에서 수 시간까지 소요
S3 glacier deep archive	99.999999999%	99.99%(객체 복원 후)	세 개 이상	없음	분에서 시간 단위로 검색 시간을 지원하는 장기간 데이터 보관	• 가장 저렴한 객체 스토리지 클래스 • 객체 복원은 최대 12시간 이상 필요

5.4.5 S3 보안

S3 버킷 접근은 일반적으로 버킷을 생성할 때 사용한 버킷 이름을 포함하여 생성된 유일한 식별자를 기반으로 언제, 어디에서든 접근이 가능합니다. 그런 점에서 보안은 가장 중요한 부분입니다. 그렇기 때문에 AWS의 자격 증명 서비스인 IAM(Identity and Access Management)과 밀접하게 연관되어 있고, IAM으로 접속 사용자나 데이터 접근을 관리할 수 있습니다. 특정 S3 버킷 접근에 대해 허용과 거부가 발생한다면 IAM에서 접근 권한을 통제하기 때문에 일어나는 상황이라고 이해하면 됩니다.

IAM으로 사용자 및 정책별 접근 권한을 제어할 수 있지만, 접근 권한이 있는 사용자가 개별 객체에 접근할 수 있게 하는 S3만의 버킷 정책으로 S3 버킷 내 모든 객체에 대한 권한을 조정할 수도 있습니다.

또한 쿼리를 요청할 때 쿼리 문자열을 인증하여 사용자 인증 정보도 함께 보낼 수 있는데, 해당 객체에 접근할 때 이 인증 정보로 일시적 허용 여부 권한을 이용할 수 있습니다. 대표적인 예가 임시 권한을 부여해서 접근하는 presign 기능입니다. 자세한 내용은 실습으로 확인해 보겠습니다.

다만 S3 객체는 기본적으로 외부 사용자가 접근할 수 없도록 설정되어 있습니다. 객체 소유자와 루트 사용자만 해당 객체에 접근할 수 있으며, 외부에서 접근하려면 앞서 설명한 별도의 정책을 이용하여 직접 설정해야 합니다.

5.5 실습 다양한 AWS 스토리지 서비스 구성하기

실습 목표

AWS의 다양한 스토리지 서비스를 직접 구성해서 사용하고, 각 스토리지 기능과 활용법을 확인해 봅니다.

▼ 그림 5-8 목표 구성도

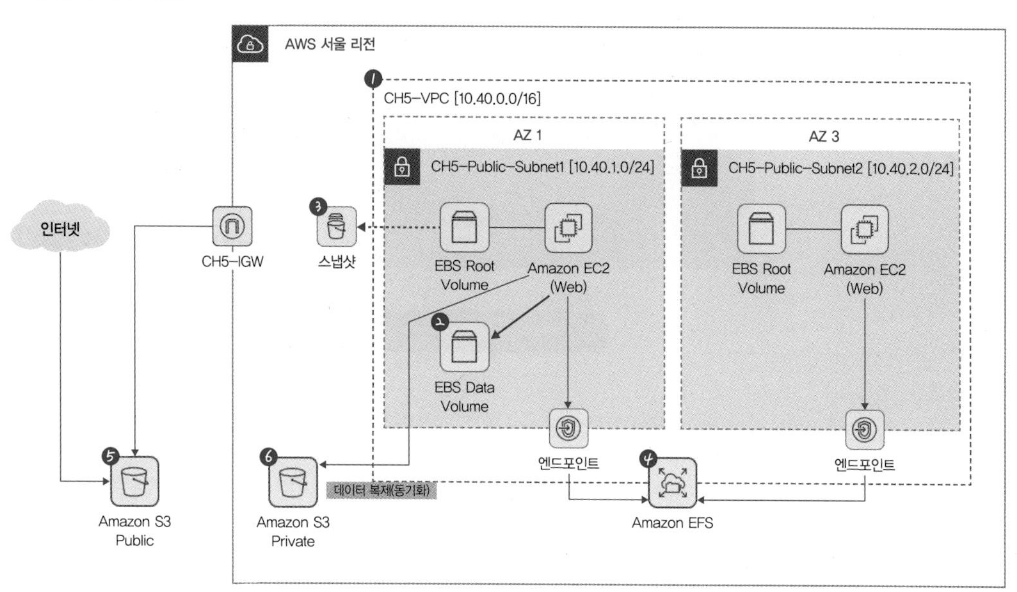

실습 단계

1. 실습에 필요한 기본 인프라를 배포합니다.
2. EBS 스토리지를 추가로 생성하고 사용해 봅니다.
3. EBS 스토리지의 볼륨 크기를 변경하고, 스냅샷 기능으로 백업을 확인해 봅니다.
4. EFS 스토리지를 생성하고 사용해 봅니다.
5. Public S3 스토리지로 외부 접근을 확인해 봅니다.
6. Private S3 스토리지의 제한된 접근 및 데이터를 백업해 봅니다.
7. 생성된 자원을 모두 삭제합니다.

5.5.1 실습에 필요한 기본 인프라 배포하기

실습 동작에 필요한 기본 인프라 자원은 AWS CloudFormation을 이용하여 자동으로 배포하겠습니다. 먼저 스택을 생성합니다.

1. AWS 관리 콘솔에서 **서비스 > 관리 및 거버넌스 > CloudFormation** 메뉴로 들어간 후 **스택 생성**을 누릅니다.

▼ 그림 5-9 CloudFormation 페이지

2. 아래쪽에 있는 Amazon S3 URL에 다음 URL을 입력하고 **다음**을 누릅니다.

URL https://cloudneta-aws-book.s3.ap-northeast-2.amazonaws.com/chapter5/storagelab.yaml

▼ 그림 5-10 CloudFormation 템플릿 URL 입력

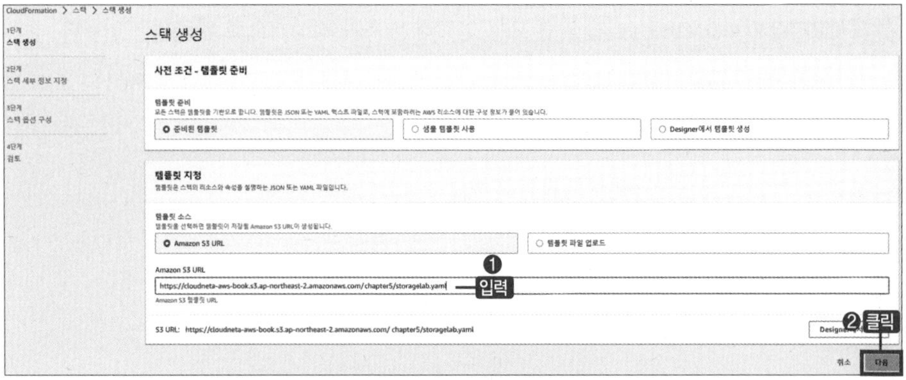

3. 스택 세부 정보 지정 페이지에서 다음과 같이 설정하고 **다음**을 누릅니다.

   ❶ 스택 이름에 'storagelab' 입력

   ❷ KeyName은 사용자 키 페어 파일 선택

▼ 그림 5-11 CloudFormation 스택 세부 정보 지정

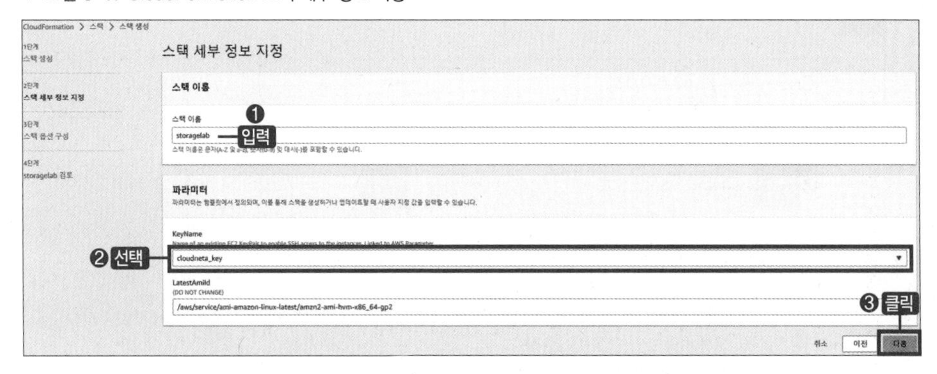

4. 스택 옵션 구성은 별도의 설정 없이 **다음**을 누릅니다. storagelab 검토에서는 별도의 설정은 없으나 가장 아래쪽에 있는 'AWS CloudFormation에서 사용자 지정 이름으로 IAM 리소스를 생성할 수 있음을 승인합니다.'에 체크하고 **전송**을 누릅니다.

▼ 그림 5-12 CloudFormation에서 IAM 리소스 생성 체크

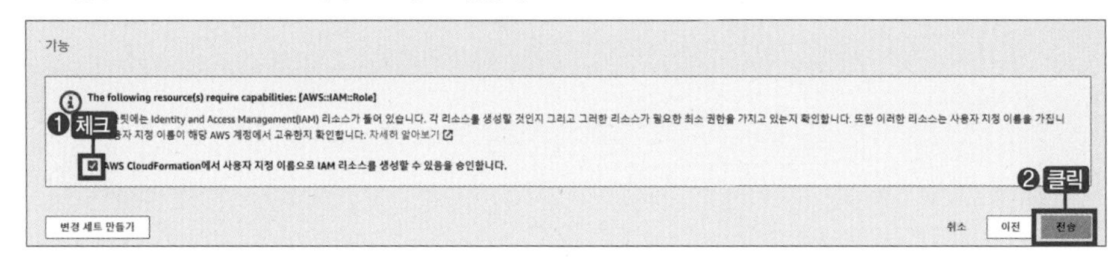

5. AWS CloudFormation 기본 인프라를 배포하고 일정 시간(5분 이상 소요)이 지나 스택 상태가 'CREATE_COMPLETE'가 되면 모든 인프라 배포가 정상적으로 완료된 것입니다.

▼ 그림 5-13 CloudFormation 스택 생성 완료

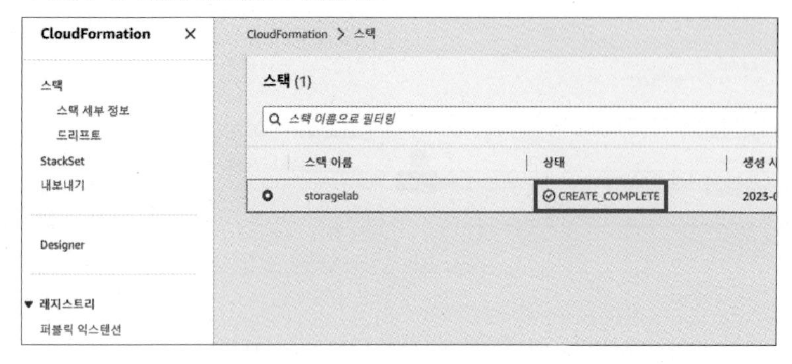

AWS CloudFormation으로 생성된 기본 인프라 자원 정보는 다음 그림과 같습니다.

▼ 그림 5-14 AWS CloudFormation으로 생성된 인프라 자원

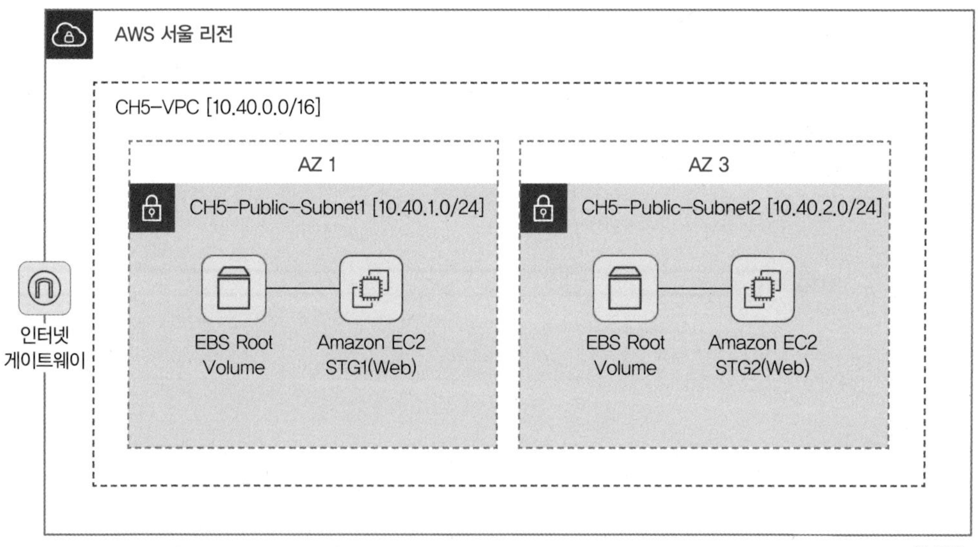

계속

생성 자원	이름	정보
VPC	CH5-VPC	10.40.0.0/16
인터넷 게이트웨이	CH5-IGW	
퍼블릭 라우팅 테이블	CH5-Public-RT	CH5-IGW 연결
서브넷 1(퍼블릭)	CH5-Public-Subnet1	CH5-PublicRT 연결 [10.40.1.0/24]
서브넷 2(퍼블릭)	CH5-Public-Subnet2	CH5-PublicRT 연결 [10.40.2.0/24]
IAM Role	STGLabInstanceRole	S3 Full 정책 연동
InstanceProfile	STGLabRoleForInstances	STGLabInstanceRole 연동
EC2 인스턴스 1	EC2-STG1	CH5-Subnet1 위치
EC2 인스턴스 2	EC2-STG2	CH5-Subnet2 위치
보안 그룹 1	CH5-SG	TCP 22/80/2049, ICMP 허용

이제 기본 인프라 자원이 생성되었으니 EC2 인스턴스(EC2-STG1, EC2-STG2)의 SSH 터미널에 접속하여 EBS 스토리지 기본 정보를 확인해 봅시다.

6. 다음과 같이 명령어를 하나씩 입력하여 EBS 스토리지 기본 정보를 확인합니다.

```
# STG1 SSH 터미널 접속
# df(disk free) 디스크 여유 공간 확인
df -hT /dev/xvda1
Filesystem     Type  Size  Used   Avail  Use%  Mounted on
/dev/xvda1     xfs   8.0G  1.9G   6.2G   23%   /

# lsblk 사용 가능한 디스크 디바이스와 마운트 포인트(해당하는 경우) 확인
lsblk
NAME      MAJ:MIN RM SIZE RO TYPE MOUNTPOINT
xvda      202:0    0 8G    0 disk
└─xvda1 202:1    0 8G    0 part /

# 디바이스의 UUID 확인
blkid
/dev/xvda1: LABEL="/" UUID="고유정보" TYPE="xfs" PARTLABEL="Linux" PARTUUID=" 고유정보 "

# 디바이스의 탑재 지점 확인
cat /etc/fstab
UUID=e6c06bf4-70a3-4524-84fa-35484afc0d19     /          xfs     defaults,noatime  1
1
```

5.5.2 EBS 스토리지를 추가로 생성한 후 사용하기

▼ 그림 5-15 EBS 스토리지 추가 생성

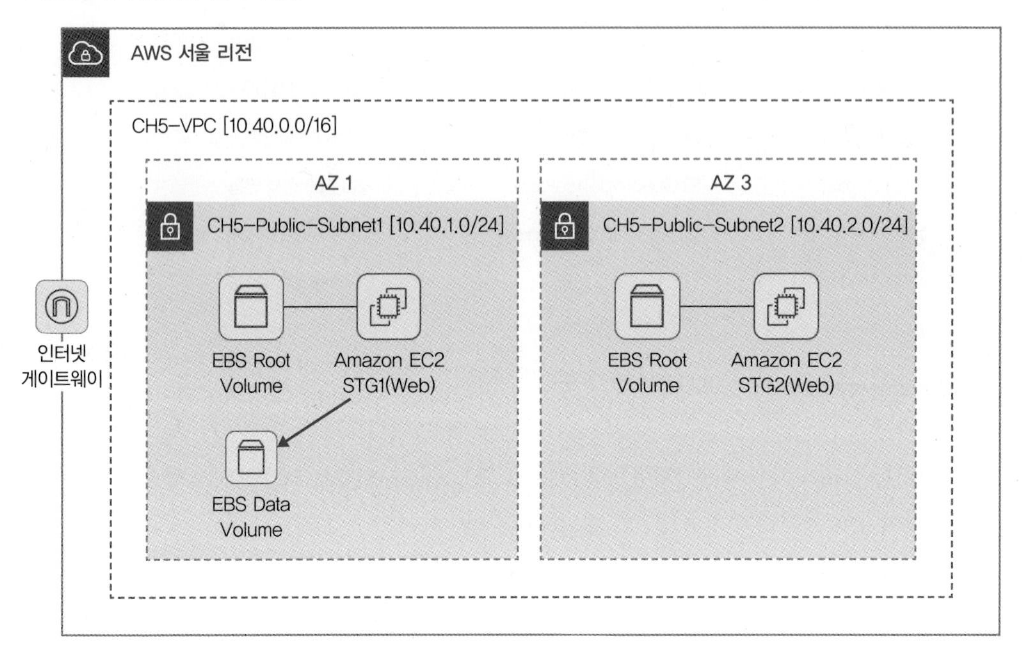

1. 새로운 EBS 볼륨을 AZ 1 영역에 생성하겠습니다. AWS 관리 콘솔에서 **서비스 > 컴퓨팅 > EC2 > Elastic Block Storage(이하 EBS) > 볼륨 > 볼륨 생성**을 선택합니다. 볼륨 생성 페이지가 나타나면 다음과 같이 설정합니다. 별도로 언급이 없는 부분은 기본값을 유지합니다.

   ❶ 볼륨 유형은 **범용 SSD(gp2)** 선택

   ❷ 크기(GiB)는 '20' 입력

   ❸ 가용 영역은 ap-northeast-2a 선택

   ❹ **태그 추가** 누르기

   ❺ 키는 'Name', 값은 'Data1' 입력

   ❻ 아래쪽 **볼륨 생성** 누르기

▼ 그림 5-16 EBS 스토리지 추가 생성

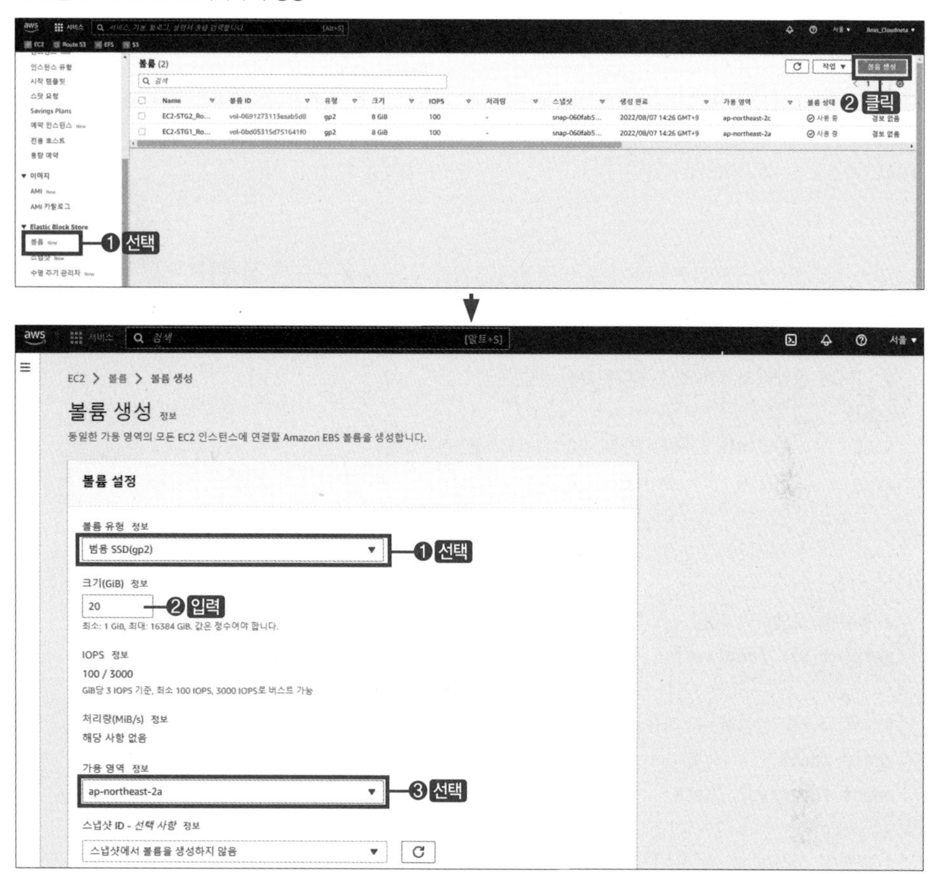

2. 생성된 EBS 스토리지를 EC2 인스턴스에 연결하겠습니다. 추가된 Data1 볼륨(available 상태인지 확인)을 체크한 후 **작업** > **볼륨 연결**을 선택합니다. '인스턴스(EC2-STG1), 디바이스(/dev/sdf)'를 선택하여 설정한 후 **볼륨 연결**을 선택합니다.

▼ 그림 5-17 EBS 스토리지 연결

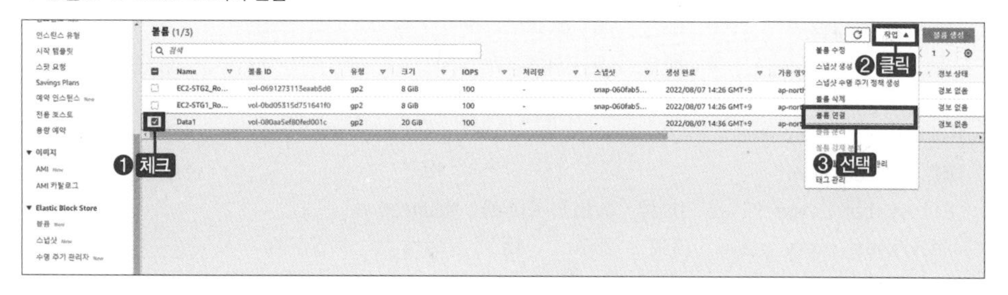

볼륨(디스크)을 추가할 때는 일반적으로 인스턴스를 중지한 후 연결해야 하지만 핫스왑(hot swap) 기능[1]이 있기 때문에 동작(라이브) 상태에서 자동으로 추가된 볼륨을 인식합니다.

> **Note** 추가된 Data 볼륨을 연결할 때 AZ 3의 인스턴스(EC2-STG2)가 나오지 않는 이유는 EBS 볼륨은 해당 AZ만 사용할 수 있기 때문입니다.

3. 인스턴스(EC2-STG1)에 추가로 연결된 EBS 볼륨을 사용하도록 설정합니다.

```
# STG1 SSH 터미널 접속
# 라이브 상태에서 디바이스 추가 확인
lsblk
NAME        MAJ:MIN   RM  SIZE RO  TYPE  MOUNTPOINT
xvda        202:0      0  8G    0  disk
└─xvda1 202:1      0  8G    0  part  /
xvdf        202:80     0  20G   0  disk

# 볼륨을 포맷하여 파일 시스템 생성
mkfs -t xfs /dev/xvdf

# 디렉터리를 생성한 후 마운트
mkdir /data
mount /dev/xvdf /data

# 파일을 생성한 후 확인
echo "EBS Test" > /data/memo.txt
cat /data/memo.txt
EBS Test

# 디바이스 확인
lsblk
NAME        MAJ:MIN   RM  SIZE  RO  TYPE  MOUNTPOINT
xvda        202:0      0  8G     0  disk
└─xvda1 202:1      0  8G     0  part  /
xvdf        202:80     0  20G    0  disk  /data

df -hT /dev/xvdf
Filesystem  Type  Size  Used  Avail   Use%  Mounted on
/dev/xvdf   xfs   20G   53M   20G     1%    /data
```

1 동작 중인 시스템을 끄지 않고 장치를 교체할 수 있는 기능입니다.

```
# 재부팅 이후에도 볼륨 자동 탑재를 위한 fstab 설정
# 파일 시스템 정보를 저장하고 있으며, 부팅할 때 파일 안에 구성 값으로 자동 마운트되도록 하는 정보
확인
cat /etc/fstab

# 장착할 볼륨 정보 확인
blkid
/dev/xvda1: LABEL="/" UUID="e6c06bf4-70a3-4524-84fa-35484afc0d19" TYPE="xfs"
PARTLABEL="Linux" PARTUUID="dab1ca2b-f52e-4316-b9a3-39529f977255"
/dev/xvdf: UUID="7f669ee3-7aea-4316-bf86-a033a31ea9f6" TYPE="xfs"

# fstab 설정(앞 코드 결과에서 확인한 자신의 UUID 입력)
echo "UUID=7f669ee3-7aea-4316-bf86-a033a31ea9f6 /data  xfs  defaults,nofail  0  2" >>
/etc/fstab

# fstab 설정 확인
cat /etc/fstab
UUID=e6c06bf4-70a3-4524-84fa-35484afc0d19   /       xfs  defaults,noatime  1   1
UUID=7f669ee3-7aea-4316-bf86-a033a31ea9f6   / data  xfs  defaults,nofail   0   2
```

Tip **자동으로 마운트하는 방법**

추가 생성된 볼륨은 재부팅할 때 자동으로 마운트되지 않아 매번 마운트 작업을 수행해야 합니다. 따라서 자동으로 마운트하는 작업은 필요할 때 사용하면 매우 유용합니다.

▼ 그림 5-18 볼륨 파일 구성 정보

자동 마운트 설정

• 설정 파일: /etc/fstab

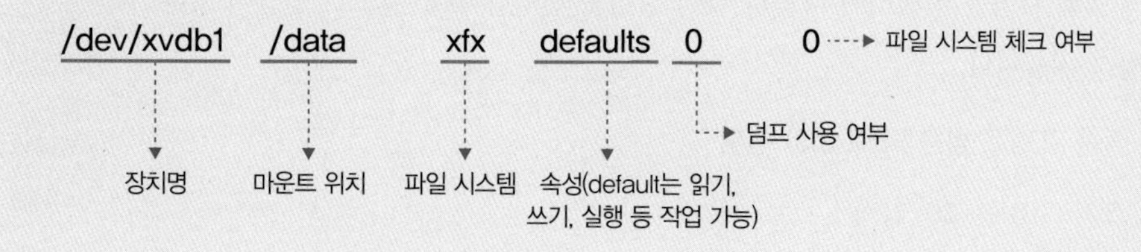

5.5.3 EBS 스토리지의 볼륨 크기를 변경하고 스냅샷 기능 확인하기

EBS 볼륨 크기 변경하기

서버를 운영할 때 로그 파일을 저장하면서 문제가 발생할 수 있는데, 저장 공간 대부분을 로그 파일이 차지해서 특정 서비스 접근이 차단되어 장애로 이어지는 경우입니다. 하지만 EBS 스토리지는 서버를 운영할 때 저장 공간 크기를 탄력적으로 조정하기 때문에 이런 서비스 장애에 대처할 수 있습니다. 다음 실습에서 장애 조치 상황이 아닌 EBS가 어떻게 탄력적으로 크기를 조정할 수 있는지 정도만 알아보겠습니다.

▼ 그림 5-19 EBS 스토리지 볼륨 크기 변경 및 스냅샷 생성

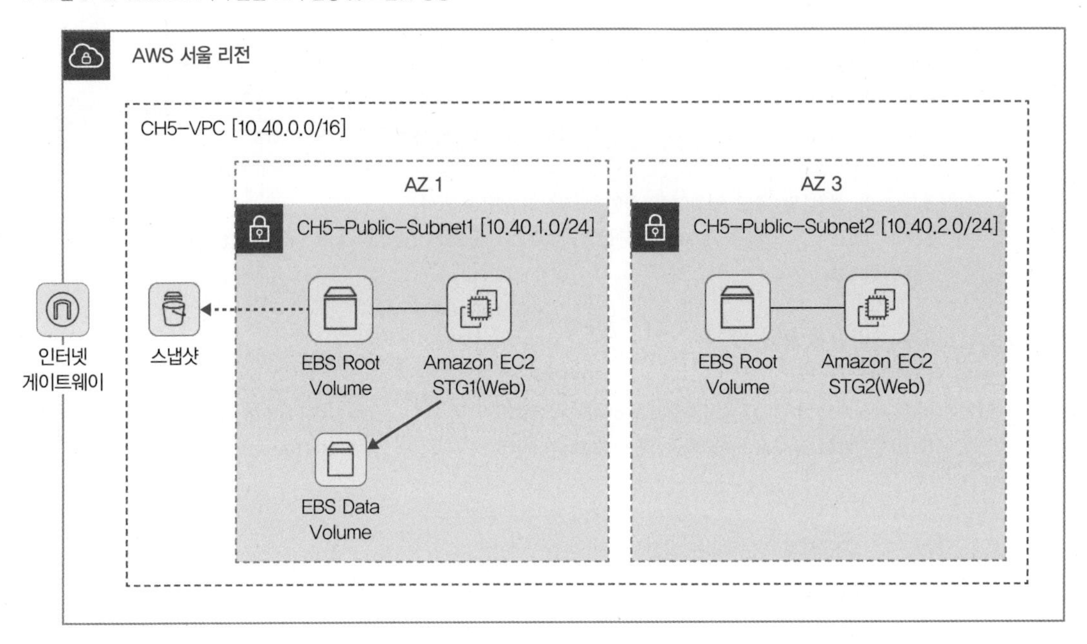

1. 인스턴스(EC2-STG1)의 루트 볼륨을 확장하고 볼륨 유형을 변경합니다. AWS 관리 콘솔에서 **서비스 > EC2 > EBS > 볼륨**을 차례로 선택합니다. 'EC2-STG1_Root_Volume'을 체크하고 **작업 > 볼륨 수정**을 선택하여 다음과 같이 설정을 변경합니다. 별도로 언급이 없는 부분은 기본값을 유지합니다.

   ❶ 볼륨 유형은 **범용 SSD(gp3)** 선택

   ❷ 크기(GiB)는 '20' 입력

   ❸ IOPS는 '3000' 입력

   ❹ 처리량(MiB/s)은 '125' 입력

   ❺ **수정** 누르기

▼ 그림 5-20 EBS 스토리지 볼륨 수정

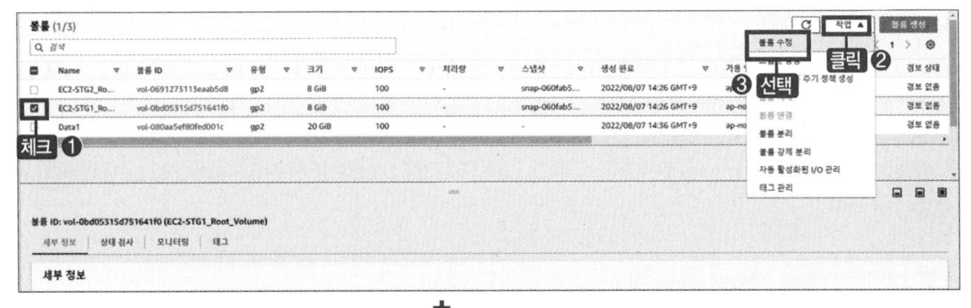

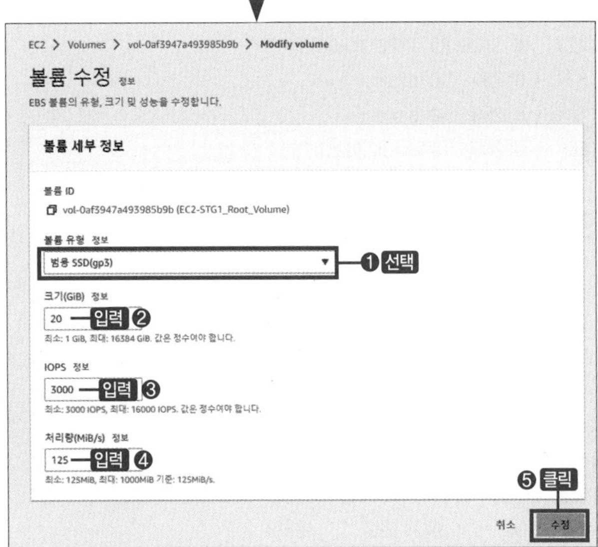

Note ≡ 설정 후 동작 상태에서 다시 설정을 변경할 수 있는데, 3~10분 정도 시간이 소요됩니다.

2. 볼륨 최적화(optimizing)를 시작하면 파일 시스템 크기를 조정할 수 있으므로 파티션 조정 → 파일 시스템 조정 순서로 파일 시스템을 확장합니다.

```
# STG1 SSH 터미널 접속
# 현재 루트
# 볼륨 상태 확인
lsblk
NAME      MAJ:MIN   RM   SIZE RO TYPE MOUNTPOINT
xvda      202:0      0   20G   0 disk
└─xvda1   202:1      0   8G    0 part /
xvdf      202:80     0   20G   0 disk / data

df -hT /dev/xvda1
```

```
Filesystem     Type  Size  Used  Avail Use% Mounted on
/dev/xvda1     xfs   8.0G  1.9G  6.2G  23%  /

# growpart 명령어로 파티션 확장(파티션 조정)
growpart /dev/xvda 1
CHANGED: partition=1 start=4096 old: size=16773087 end=16777183 new: size=41938911
end=41943007

# 변경된 루트 볼륨 파티션 상태 확인
lsblk
NAME       MAJ:MIN  RM SIZE RO TYPE MOUNTPOINT
xvda       202:0     0 20G   0 disk
└─xvda1 202:1     0 20G   0 part /
xvdf       202:80    0 20G   0 disk /data

# xfs_growfs 명령어로 볼륨의 파일 시스템 확장(파일 시스템 조정)
xfs_growfs -d /
meta-data=/dev/xvda1             isize=512    agcount=4, agsize=524159 blks
...(생략)...
data blocks changed from 2096635 to 5242363

# 변경된 루트 볼륨의 파일 시스템 상태 확인
df -hT /dev/xvdf
Filesystem    Type  Size   Used  Avail   Use%  Mounted on
/dev/xvda1    xfs   20G    1.9G  19G     10%   /
```

EBS 스냅샷 기능 확인하기

앞서 실습으로 EBS 크기를 탄력적으로 변경하여 데이터 저장 크기를 조정할 수 있다는 것을 확인했습니다. 하지만 지속적으로 크기를 확장하기는 쉽지 않으므로 백업으로 데이터를 분산 저장해야 합니다. 이런 백업을 EBS에서는 **스냅샷** 기능으로 제공합니다. 다음 실습으로 EBS의 스냅샷 기능을 확인해 보겠습니다.

1. 실습을 위해 가상 파일을 10G 크기로 만들어 테스트합니다.

```
# STG1 SSH 터미널 접속
# 가상 파일 생성 후 확인
fallocate -l 10G /home/10G.dummy
df -hT /dev/xvda1
Filesystem     Type    Size    Used   Avail   Use%   Mounted on
/dev/xvda1     xfs     20G     12G    8.2G    60%    /
```

2. 인스턴스(EC2-STG1)의 루트 볼륨을 스냅샷으로 백업하겠습니다. **서비스 > EC2 > EBS > 볼륨**에서 'EC2-STG1_Root_Volume'에 체크하고 **작업 > 스냅샷 생성**을 차례로 선택합니다. 스냅샷 생성 페이지에서 설명에 'FirstSnapshot'을 입력하고 **스냅샷 생성**을 누릅니다.

▼ 그림 5-21 EBS 스토리지 스냅샷 생성

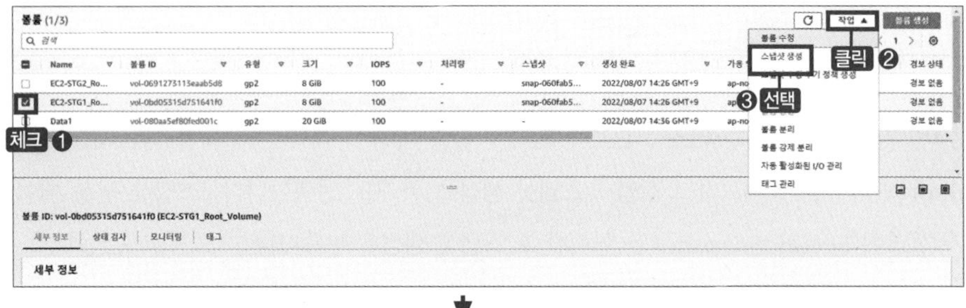

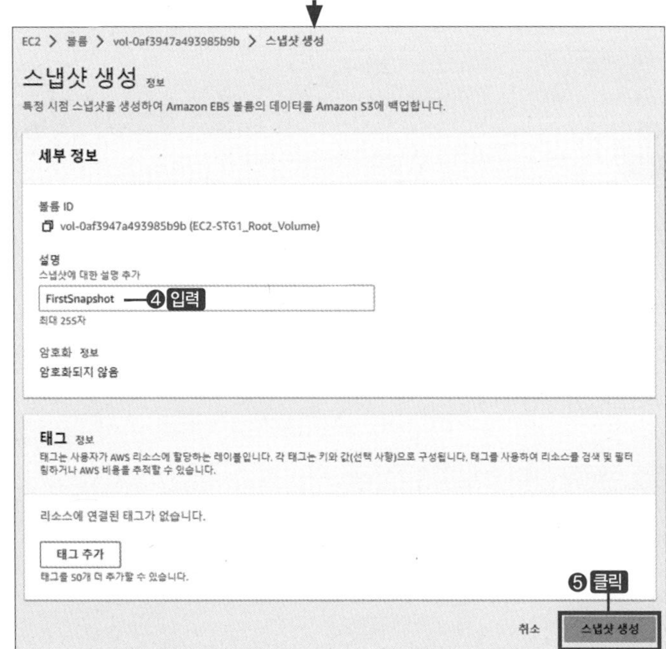

3. **서비스 > EC2 > EBS > 스냅샷**에 들어가 진행 상황을 확인합니다(최초 백업은 볼륨 전체 백업이므로 다소 시간이 소요됩니다).

▼ 그림 5-22 EBS 스토리지 스냅샷 생성 확인

Name	스냅샷 ID	크기	설명	상태
	snap-0c9b28bddb0...	20 GiB	FirstSnatshot	completed

4. 스냅샷 기능은 증분 백업하므로 실습을 위한 가상 파일을 추가로 생성해서 확인합니다.

```
# STG1 SSH 터미널 접속
# 가상 파일을 생성한 후 확인
fallocate -l 5G /home/5G.dummy
df -hT /dev/xvda1
Filesystem     Type   Size   Used   Avail   Use%   Mounted on
/dev/xvda1     xfs    20G    17G    3.2G    85%    /
```

5. AWS 관리 콘솔에서 **서비스 > EC2 > EBS > 볼륨** 메뉴를 차례로 선택합니다. 'EC2-STG1_Root_Volume'에 체크하고 **작업 > 스냅샷 생성**을 차례로 선택합니다. 스냅샷 생성 페이지에서 설명에 'SecondSnapshot'을 입력한 후 **스냅샷 생성**을 누릅니다.

▼ 그림 5-23 EBS 스토리지 스냅샷 추가 생성

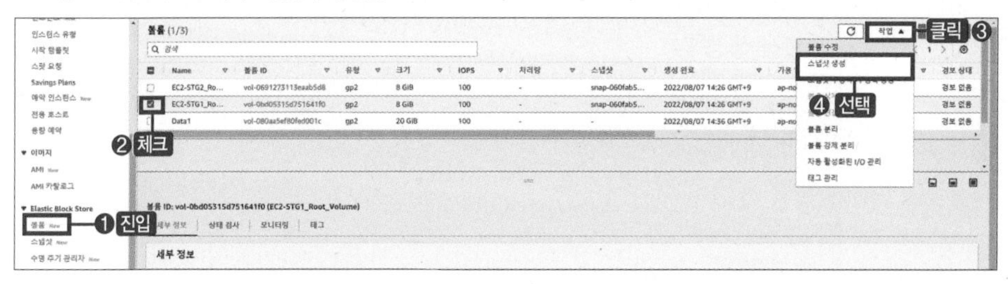

6. **서비스 > EC2 > EBS > 스냅샷** 메뉴에서 진행 상황을 확인합니다(증분 백업은 변경된 볼륨만 백업하므로 빠르게 진행됩니다).

▼ 그림 5-24 EBS 스토리지 스냅샷 추가 생성 확인

	Name	스냅샷 ID	크기	설명	상태
■		snap-0c4e0ab6f23a...	20 GiB	SecondSnatshot	completed
□		snap-0c9b28bddb0...	20 GiB	FirstSnatshot	completed

5.5.4 EFS 스토리지 생성하고 사용하기

앞의 구성도에는 각 AZ별로 인스턴스(EC2-STG)에 웹 서비스가 동작하고 있습니다. 가용 영역별 인스턴스가 파일 공유 스토리지를 사용하면 동일한 콘텐츠의 웹 서비스를 제공하는 효과를 얻을 수 있습니다. 이번에는 이 웹 서비스에 사용되는 루트 역할의 디렉터리를 EFS 스토리지로 마운트하고 다른 AZ에서도 같은 스토리지를 공유해 봅니다.

▼ 그림 5-25 EFS 스토리지 생성

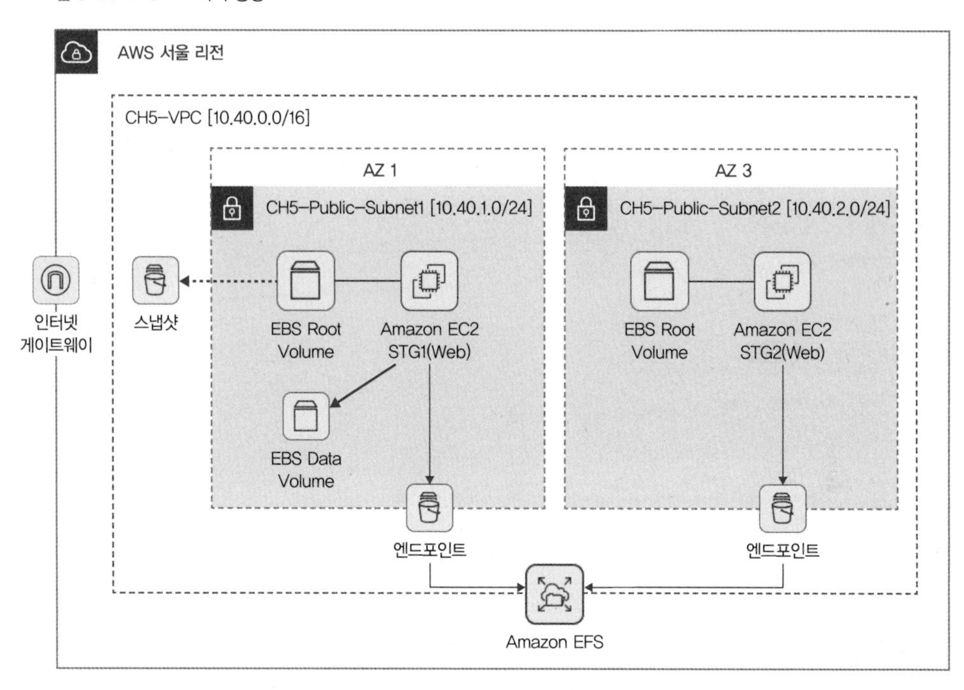

1. EFS 파일 시스템을 생성하기 위해 AWS 관리 콘솔의 **서비스** > **스토리지** > **EFS** > **파일 시스템**에서 **파일 시스템 생성** > **사용자 지정**을 선택합니다.

▼ 그림 5-26 EFS 스토리지 생성

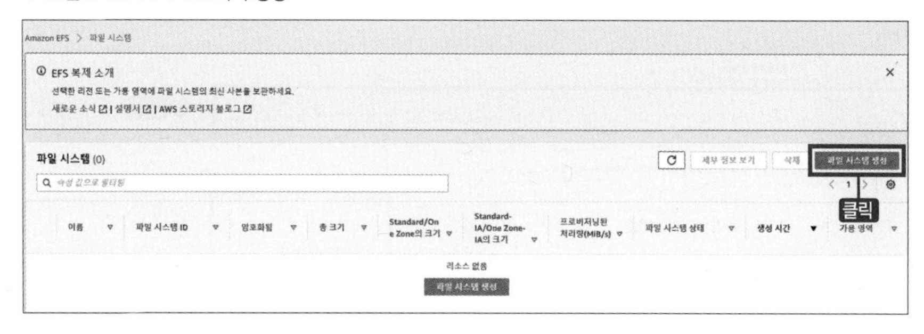

2. 설정 화면이 뜨면 다음과 같이 설정합니다. 별도로 언급이 없는 부분은 기본값을 유지합니다.

❶ [일반] 이름에 'cloudneta' 입력

❷ '자동 백업 활성화' 체크 해제

❸ IA로 전환은 **없음** 선택

❹ '유휴 시 데이터 암호화 활성화' 체크 해제 후 **다음** 누르기

❺ [네트워크 액세스] Virtual Private Cloud(VPC)는 **CH5-VPC** 선택

❻ 보안 그룹에서 storagelab~(기존 default 제거) 선택

❼ **다음** 누르기 → **다음** 누르기 → **생성** 누른 후 확인

▼ 그림 5-27 EFS 스토리지 설정

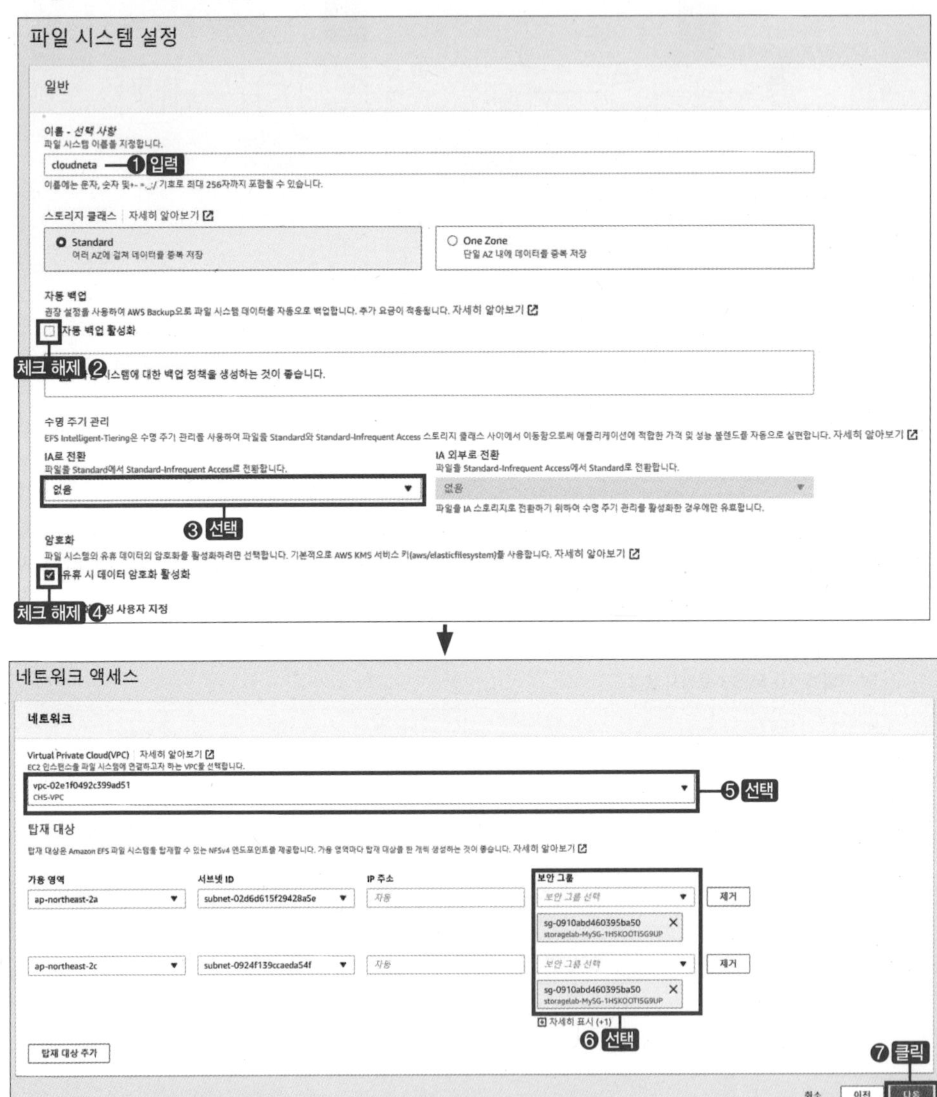

Note ☰ NFS 파일 시스템의 네트워크 접근을 위한 TCP(2049) 인바운드 보안 허용 정책을 적용합니다.

3. 다시 **파일 시스템** 메뉴로 돌아가 EFS 스토리지가 생성되었는지 확인합니다. 파일 시스템 ID는 SSH 터미널에서 바로 사용하므로 잘 기억해 두세요.

▼ 그림 5-28 EFS 스토리지 생성 확인

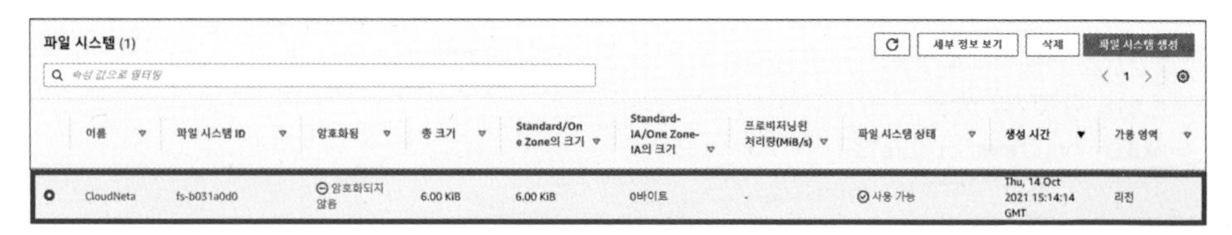

> **Note** 생성된 EFS 네트워크 인터페이스가 하나 이상인 이유는 EFS를 생성할 때 리전을 선택하여 VPC 내 가용 AZ별로 각각 생성되기 때문입니다.

4. 인스턴스(EC2-STG1)에 생성된 EFS를 사용하도록 연결하겠습니다.

```
# STG1 SSH 터미널 접속
# 현재 리전별 웹 서버 동작 확인
curl localhost
<html><h1>Storage LAB - Web Server 1</h1></html>
# 현재 리전별 웹 서버 동작 확인
curl localhost
<html><h1>Storage LAB - Web Server 2</h1></html>

# efs 디렉터리 생성
mkdir /var/www/html/efs

# 자신의 EFS ID 확인 후 마운트
EFS=fs-b031a0d0(자신의-EFS-ID)  # 변수 지정, 반드시 자신의 파일 시스템 ID 확인 후 입력
mount -t efs -o tls $EFS:/ /var/www/html/efs

# EFS 마운트한 곳에 파일 생성 후 확인
echo "<html><h1>Hello from Amazon EFS</h1></html>" > /var/www/html/efs/index.html
curl localhost/efs/
<html><h1>Hello from Amazon EFS</h1></html>

# EFS Size 확인 - 사용자는 표시된 용량과 상관없이 실제 사용한 용량만큼 비용 지불
df -hT |grep efs
127.0.0.1:/     nfs4      8.0E      0  8.0E    0% /var/www/html/efs

# EFS DNS 주소를 조회할 때 표시되는 IP는 각 AZ에 속한 인터페이스 IP 주소(dig +short 자신
의-EFS-ID.efs.ap-northeast-2.amazonaws.com)
```

```
dig +short $EFS.efs.ap-northeast-2.amazonaws.com
10.40.1.217
```

5. 인스턴스(EC2-STG2)에 EFS를 사용하도록 설정합니다.

```
# STG2 SSH 터미널 접속
# efs 디렉터리 생성
mkdir /var/www/html/efs

# 자신의 EFS ID 확인 후 마운트(mount -t efs -o tls 자신의-EFS-ID:/ /var/www/html/efs)
EFS=fs-b031a0d0(자신의-EFS-ID)  # 변수 지정, 반드시 자신의 파일 시스템 ID 확인 후 입력
mount -t efs -o tls $EFS:/ /var/www/html/efs

# EFS 마운트 확인
curl localhost/efs/
<html><h1>Hello from Amazon EFS</h1></html>

# EFS Size 확인 - 사용자는 표시된 용량과 상관없이 실제 사용한 용량만큼 비용 지불
df -hT |grep efs
127.0.0.1:/    nfs4      8.0E     0  8.0E   0% /var/www/html/efs

# EFS DNS 주소를 조회할 때 표시되는 IP는 각 AZ에 속한 인터페이스 IP 주소(dig +short 자신
의-EFS-ID.efs.ap-northeast-2.amazonaws.com)
dig +short $EFS.efs.ap-northeast-2.amazonaws.com
10.40.2.4
```

Note ≡ EFS 주소를 조회할 때 다른 IP로 표시되는 이유는 'EFS는 AZ당 하나의 Mount Target(네트워크 인터페이스)을 사용'하기 때문입니다.

6. EFS를 이용하여 각 인스턴스의 파일을 공유합니다. 각 인스턴스의 SSH 터미널에 맞는 명령어를 잘 입력해야 한다는 점을 명심하세요.

```
# STG1 SSH 터미널 접속
# 인스턴스(EC2-STG1)에서 파일 생성
for i in {1..100}; do touch /var/www/html/efs/deleteme.$i; done;

# STG2 SSH 터미널 접속
# 인스턴스(EC2-STG2)에서 생성된 파일 확인
ls /var/www/html/efs
deleteme.1 deleteme.17 deleteme.25 deleteme.33 deleteme.41 deleteme.5 deleteme.58
deleteme.66 deleteme.74 deleteme.82 deleteme.90 deleteme.99
```

```
...(생략)...

# 인스턴스(EC2-STG2)에서 생성된 파일 삭제
rm -rf /var/www/html/efs/deleteme*.*

# STG1 SSH 터미널 접속
# 인스턴스(EC2-STG1)에서 삭제된 파일 확인
ls /var/www/html/efs
index.html
```


인스턴스 간 공유 스토리지를 이용하여 동일한 파일 정보를 확인해 보았습니다. 이처럼 EFS 스토리지는 여러 가용 영역에 걸쳐 실행되는 웹 서비스에 정적 및 동적 콘텐츠를 공유하고, 새로운 파일이나 변경된 콘텐츠를 즉시 반영하여 사용해야 할 때 매우 유용합니다.

5.5.5 Public S3 스토리지로 외부 접근 확인하기

S3는 객체 스토리지 서비스로, 설정에 따라 OS 없이 자체적인 웹 서버로 사용되거나 API 방식을 이용한 데이터 백업 및 공유를 할 수 있습니다. 따라서 이번 S3 실습은 공개된 S3 스토리지를 만들고 외부에서 접근을 이용한 정적 웹 서버로 사용되는 환경을 만들어 보겠습니다.

▼ 그림 5-29 Public S3 스토리지 생성

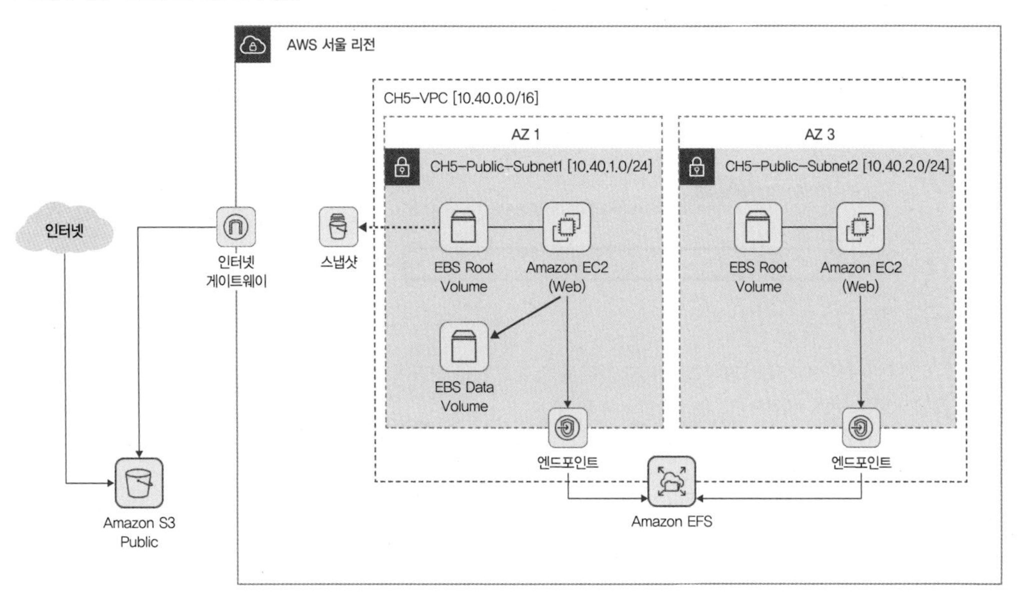

1. AWS 관리 콘솔의 **서비스 > 스토리지 > S3 > 버킷**에서 **버킷 만들기**를 눌러 버킷을 생성합니다.

▼ 그림 5-30 버킷 생성

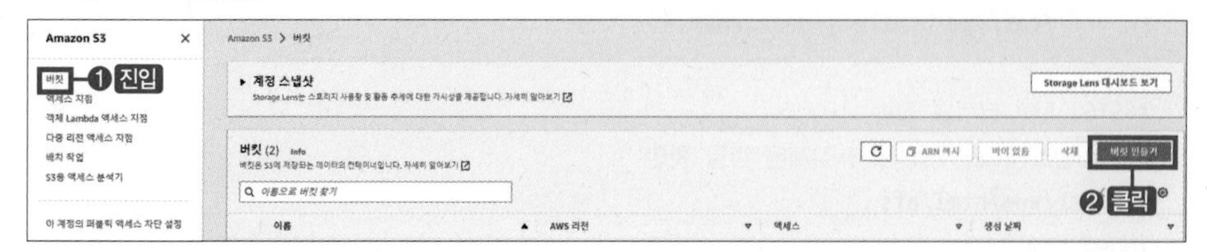

2. 설정 화면이 뜨면 다음과 같이 설정합니다. 별도로 언급이 없는 부분은 기본값을 유지합니다.

❶ [일반 구성] 버킷 이름에 'cloudneta' 입력(버킷 이름은 고유해야 하며, 버킷 이름 지정 규칙을 따라야 함)

❷ AWS 리전은 **아시아 태평양(서울) ap-northeast-2** 선택

❸ [객체 소유권] **ACL 활성화됨** 선택

❹ '현재 설정으로 인해 이 버킷과 그 안에 포함된 객체가 퍼블릭 상태가 될 수 있음을 알고 있습니다.'에 체크

❺ **버킷 만들기** 누르기

▼ 그림 5-31 버킷 설정

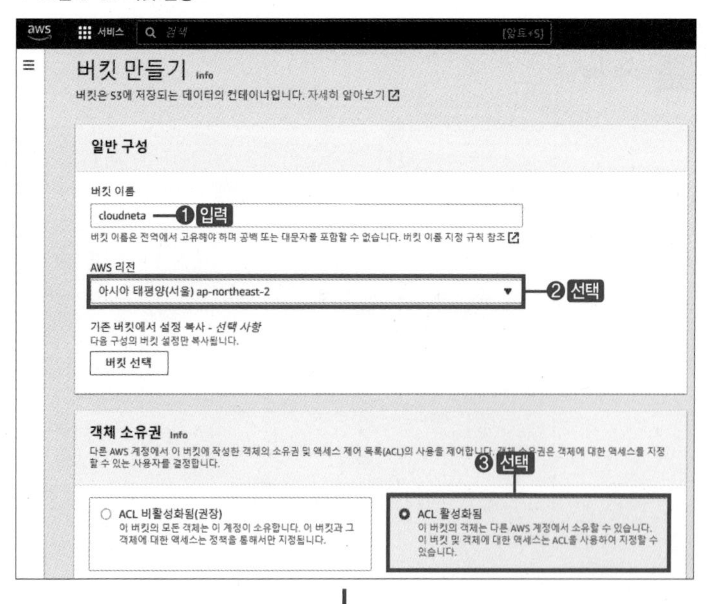

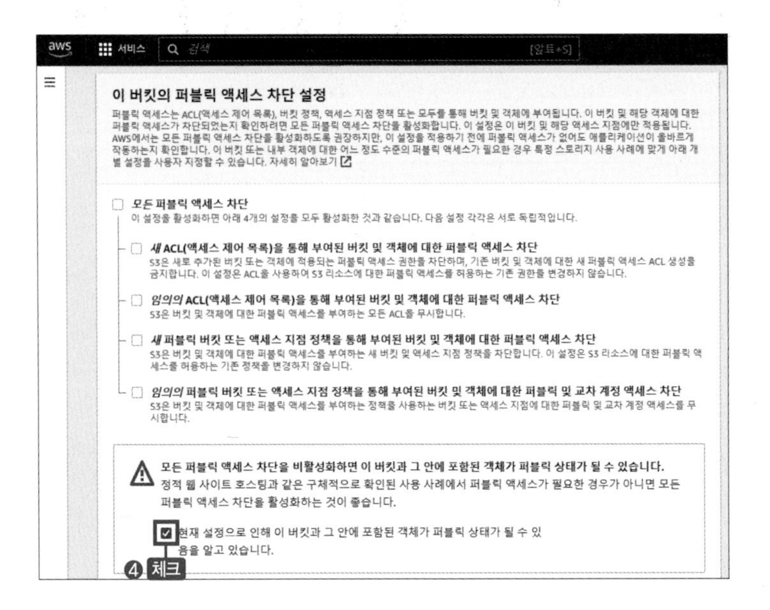

3. 생성된 버킷을 선택한 후 **업로드** > **파일 추가**를 누르고, 임의의 테스트용 이미지 파일을 선택한 후 **업로드**를 누릅니다. 업로드된 파일을 선택하면 다음 그림과 같이 객체 URL을 확인할 수 있습니다.

▼ 그림 5-32 Public S3 업로드 파일 URL 클릭

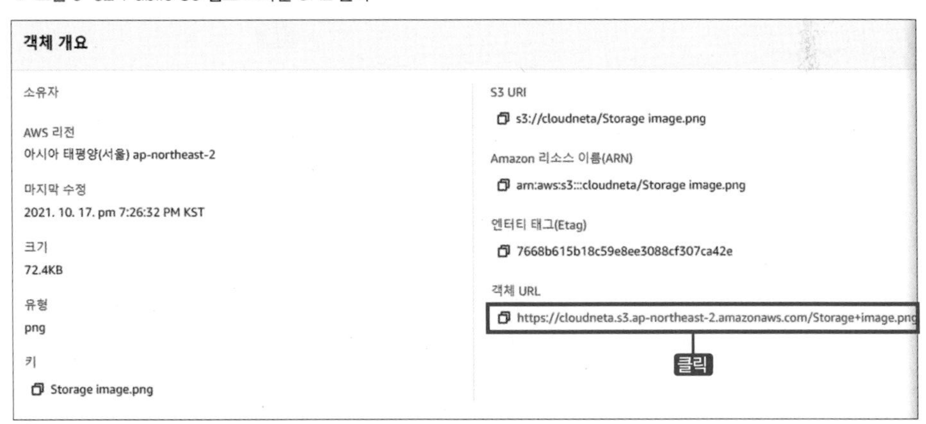

4. 업로드된 파일을 선택한 후 표시된 객체 URL로 웹에 접근하면 다음 그림과 같이 파일 정보가 표시되지 않습니다. 버킷에 업로드된 파일은 기본적으로 외부에서 접근하는 것이 차단되어 있기 때문입니다.

❤ 그림 5-33 Public S3 업로드 파일 접근 차단 확인

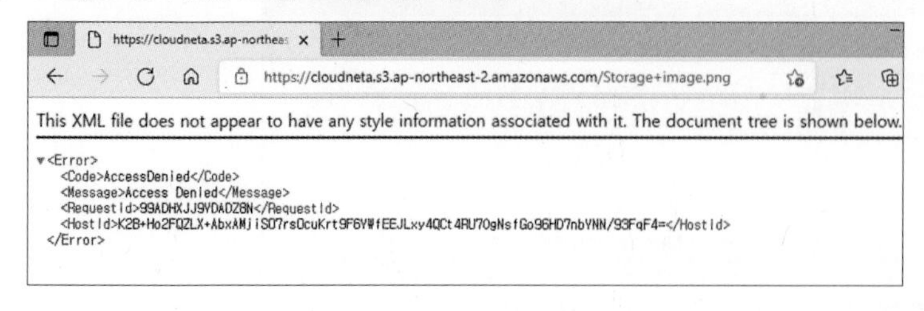

5. 외부에서 접근한 후 사용하려면 다음과 같은 설정이 추가로 필요합니다. 업로드된 파일을 선택한 후 **작업 > ACL을 사용해 퍼블릭으로 설정 > 퍼블릭으로 설정**을 선택합니다. 그리고 다시 객체 개요 페이지로 들어가 객체 URL을 클릭하여 웹으로 접근할 수 있는지 확인합니다.

❤ 그림 5-34 Public S3 업로드 파일 접근 결과 확인

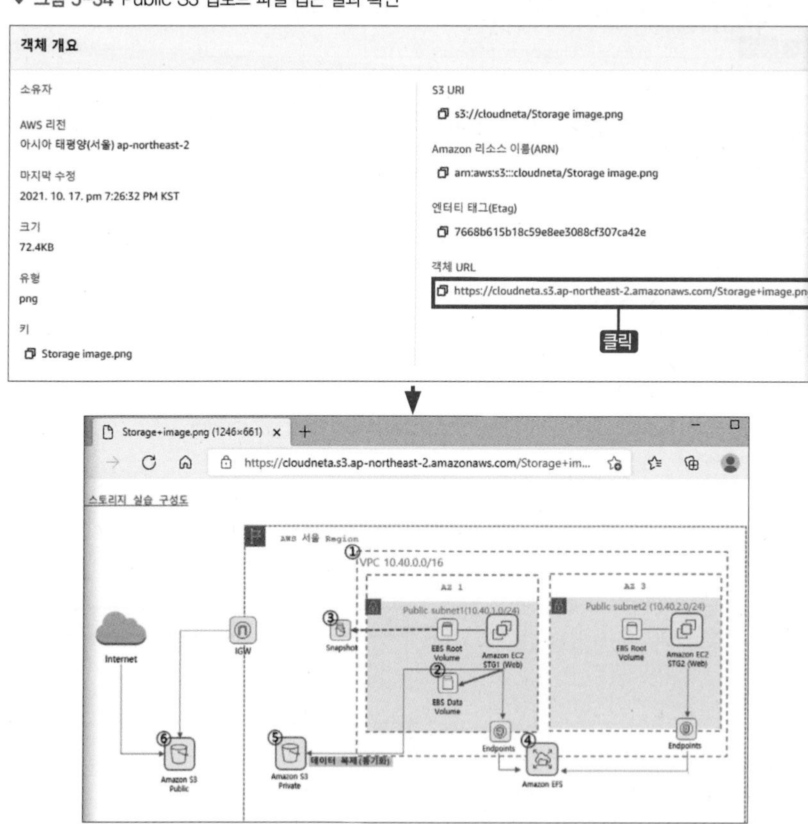

6. 인스턴스(EC2-STG1)에 웹 접근을 할 때 S3 스토리지에 업로드된 파일을 사용하도록 웹 서버의 index.html 파일을 다음과 같이 설정합니다.

```
# STG1 SSH 터미널 접속
# 인스턴스(EC2-STG1)에서 index.html 파일 생성
cat <<EOF> /var/www/html/index.html
<html>
<body>
<h1>CloudNeta S3 Storage<br>
// 앞서 업로드한 테스트 파일 객체 주소 입력
<img src="https://cloudneta.s3.ap-northeast-2.amazonaws.com/Storage+image.png">
</body>
</html>
EOF

# index.html 파일 생성 확인
cat /var/www/html/index.html
...(생략)...
```

7. 인스턴스(EC2-STG1) 웹 서버에 접근해서 표시되는 사진이 S3에 업로드한 파일임을 확인합니다.

▼ 그림 5-35 웹 서버에 Public S3 업로드 파일 사용 확인

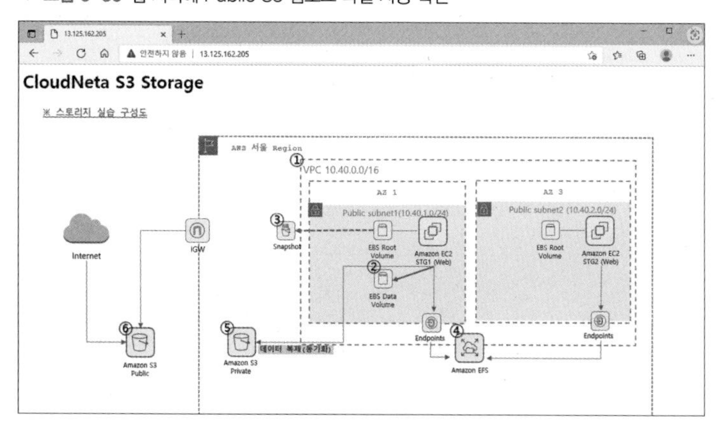

이제 객체마다 추가 설정 없이도 외부에서 접근하면 자동으로 사용할 수 있도록 설정하겠습니다.

8. 앞서 생성한 버킷을 선택하고 **권한 탭**을 클릭합니다. 버킷 정책에서 **편집**을 누른 후 다음 정책을 추가하고 **변경 사항 저장**을 선택합니다.

```
# S3의 보안 정책을 이용하여 외부 접근을 허용하는 설정
{
  "Version": "2012-10-17",
  "Statement": [
```

```
    {
      "Sid": "PublicReadGetObject",
      "Effect": "Allow",
      "Principal": "*",
      "Action": [
        "s3:GetObject"
        ],
      "Resource": [
        "arn:aws:s3:::cloudneta/*"
        ]
    }
  ]
}
```

▼ 그림 5-36 Public S3 버킷 정책 편집

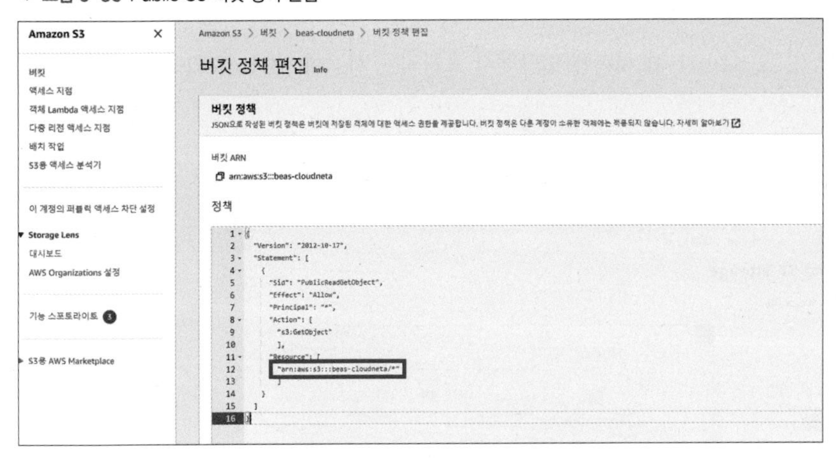

9. 설정한 후 생성된 버킷에 '퍼블릭 액세스 가능' 문구를 확인합니다.

▼ 그림 5-37 퍼블릭 액세스 가능 확인

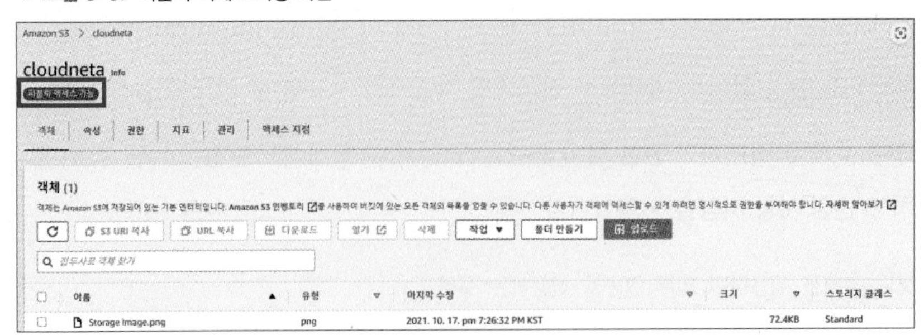

10. **버킷** 메뉴로 돌아와 테스트용 이미지 파일을 새롭게 업로드한 후 객체 URL을 클릭해 보세요. 외부에서 별다른 설정 없이 접근할 수 있습니다. 참고로 책에서는 동영상 파일을 업로드해서 테스트했습니다.

▼ 그림 5-38 파일 업로드 후 결과 확인

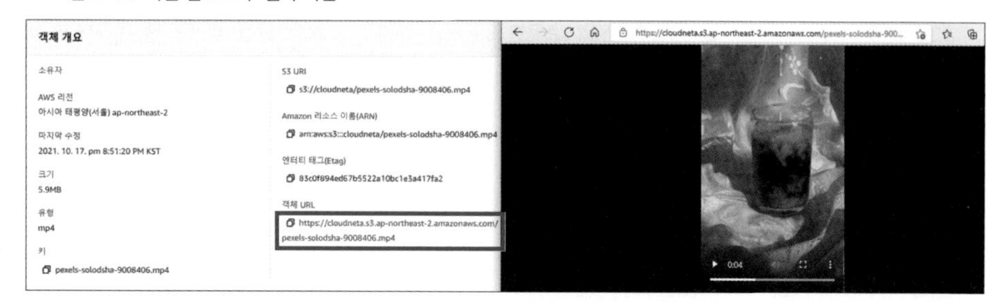

5.5.6 Private S3 스토리지의 제한된 접근 및 데이터 백업하기

이번 실습에서는 S3 스토리지를 관리 콘솔이 아닌 AWS CLI에서 만들어 VPC 내부에서만 접근해서 사용할 수 있도록 Private S3 버킷을 생성해 보겠습니다. 실습에 필요한 CLI와 S3 접근에 따른 IAM 권한은 실습 환경에 사용된 CloudFormation으로 이미 설치 및 적용되어 있으며, IAM 서비스의 자세한 내용은 보안 파트에서 다루겠습니다.

▼ 그림 5-39 Private S3 스토리지 생성

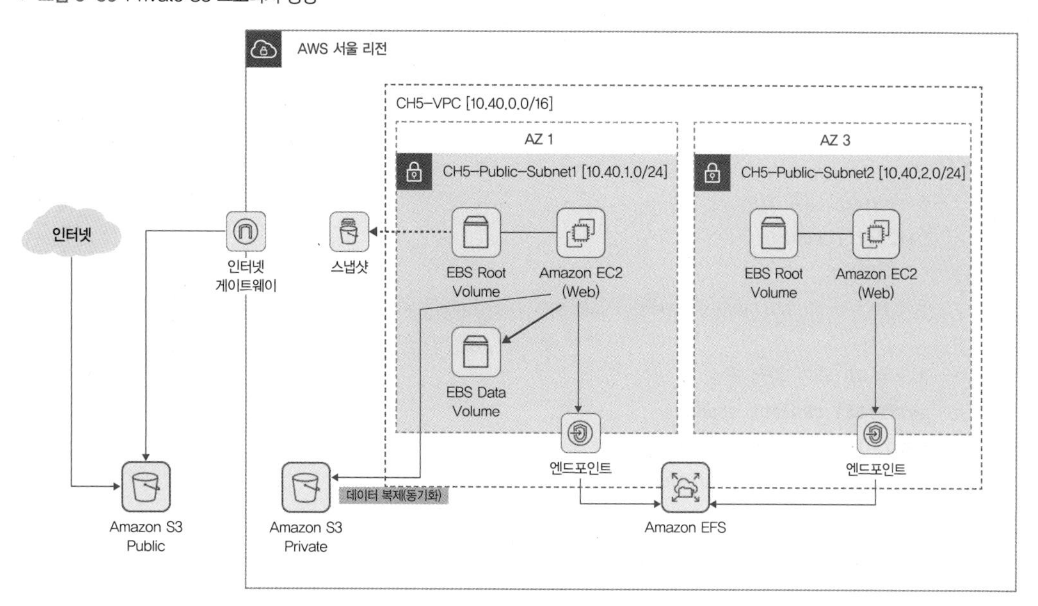

1. AWS CLI를 이용하여 Private S3 버킷을 생성한 후 사용할 수 있게 다음과 같이 설정합니다.

```
# STG1 SSH 터미널 접속
# 기존 S3 조회
aws s3 ls

# S3 버킷 생성(aws s3 mb s3://자신의 고유한 BUCKET_NAME) - 버킷 생성 후 S3 웹 콘솔에서 확인
aws s3 mb s3://cloudneta-s3-private

# 버킷 이름을 변수에 지정(MyS3=버킷)
MyS3=cloudneta-s3-private

# 파일 생성 후 S3에 업로드
echo "111" > /var/www/html/111.txt
aws s3 cp /var/www/html/111.txt s3://$MyS3
aws s3 ls s3://$MyS3
2021-10-19 14:53:33          4 111.txt

# 웹 디렉터리(하위 포함)를 S3 버킷에 업로드(수동 백업) 후 확인
aws s3 sync --delete /var/www/html s3://$MyS3
aws s3 ls s3://$MyS3 --recursive
```

2. 다음 코드를 입력하여 파일을 업로드한 후 버킷을 조회하고 로그를 확인합니다. 확인한 후에는 Ctrl + C를 눌러 빠져나옵니다.

```
# STG1 SSH 터미널 접속
# crontab 내용 추가
cat <<EOF >> /etc/crontab
*/1 * * * * root aws s3 sync --delete /var/www/html s3://$MyS3
EOF

# crontab 내용 확인
cat /etc/crontab
...(생략)...
*/1 * * * * root aws s3 sync --delete /var/www/html s3://cloudneta-s3-private

# 적용 및 추가 파일 생성
systemctl restart crond
echo "222" > /var/www/html/222.txt
echo "333" > /var/www/html/333.txt
```

```
# 실시간 버킷 조회 후 로그 확인
while true; do aws s3 ls s3://$MyS3; date; echo "---[S3 ls]---"; sleep 3; done
tail -f /var/log/cron
```

3. 생성된 Private S3 버킷은 일반적으로 외부 접근이 불가능하지만 Pre-sign URL 기능을 이용하여 특정한 사용자에게 제한된 시간 동안 외부 접근을 허용할 수 있습니다. 다음 명령어를 입력해 주세요.

```
# STG1 SSH 터미널 접속
# 테스트 파일 생성 후 S3에 업로드
echo "presigned test" > /var/www/html/presigned.txt
aws s3 cp /var/www/html/presigned.txt s3://$MyS3

# 객체 URL로 직접 접근은 불가하나 Pre-sign URL 생성
aws s3 presign s3://$MyS3/presigned.txt --expires-in 120
https://cloudneta-s3-private.s3.ap-northeast-2.amazonaws.com/presigned.txt ~~ (...생략...)
```

4. 앞서 생성된 URL(https://cloudneta-s3-private.s3.ap-northeast-2…)로 웹에서 접근할 수 있는지 확인합니다(120초 정도 소요).

▼ 그림 5-40 임시적 Private S3 스토리지 접근 확인

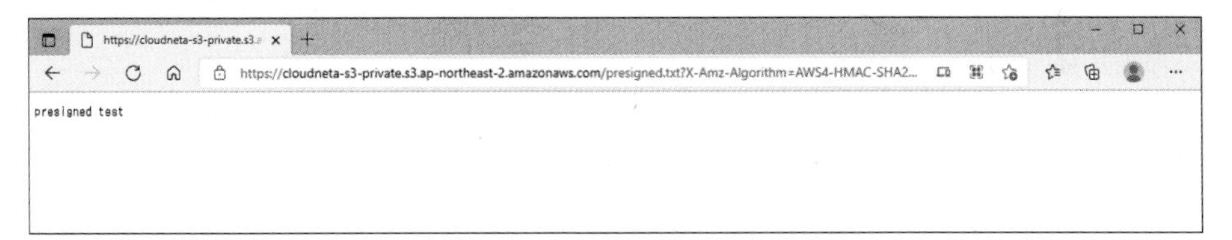

5.5.7 실습을 위해 생성된 모든 자원 삭제하기

5장 실습이 모두 끝났습니다. 실습할 때 생성한 모든 자원을 삭제하기 위해 다음 순서대로 진행해 주세요.

1. **서비스** > **EC2** > **EBS** > **스냅샷** 메뉴로 들어가 모든 스냅샷에 체크한 후 **작업** > **스냅샷 삭제**를 선택합니다.

▼ 그림 5-41 스냅샷 삭제

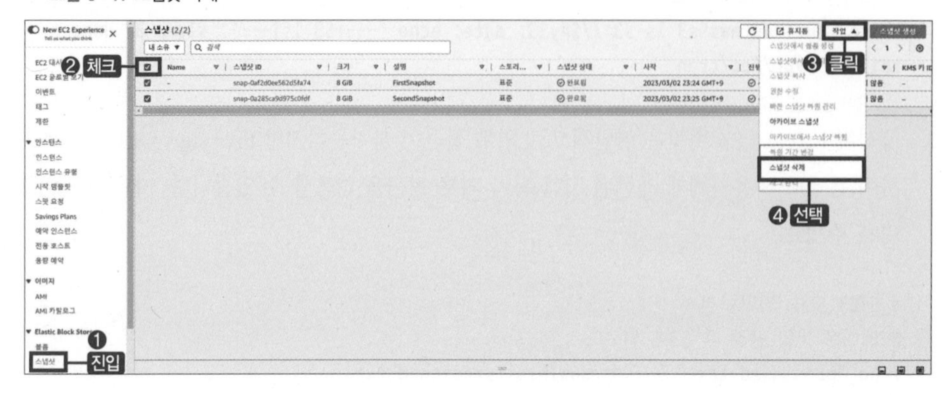

2. 스냅샷 삭제 확인을 위해 '삭제'를 입력한 후 **삭제**를 누릅니다.

▼ 그림 5-42 스냅샷 삭제 확인

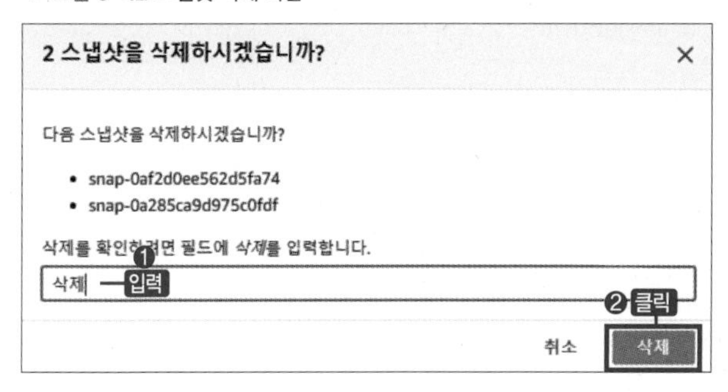

3. 그다음 **서비스 > EC2 > EBS > 볼륨** 메뉴로 들어갑니다. Data1을 체크한 후 **작업 > 볼륨 분리**를 선택합니다(5~10분 이상 소요).

▼ 그림 5-43 EBS 볼륨 분리

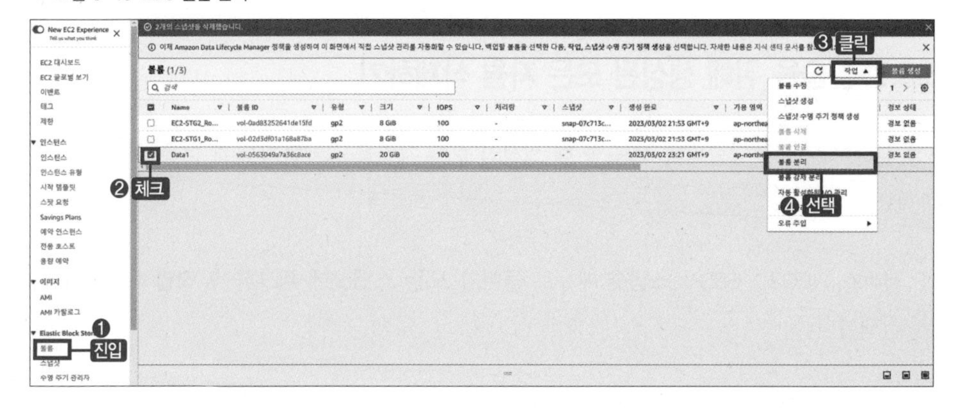

4. Data1을 체크한 후 **작업** > **볼륨 삭제**를 선택합니다.

✔ 그림 5-44 EBS 볼륨 삭제

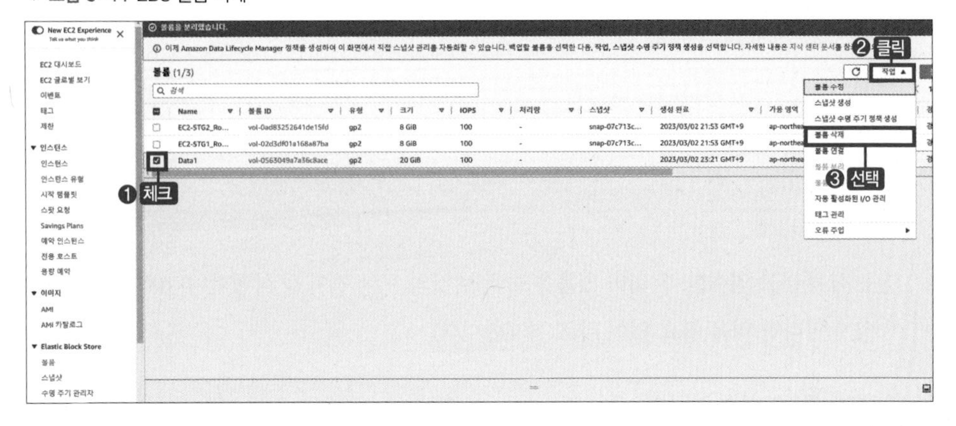

5. **서비스** > EFS > **파일 시스템** 메뉴로 들어간 후 생성한 파일 시스템을 선택하고 **삭제**를 누릅니다.

✔ 그림 5-45 EFS 삭제

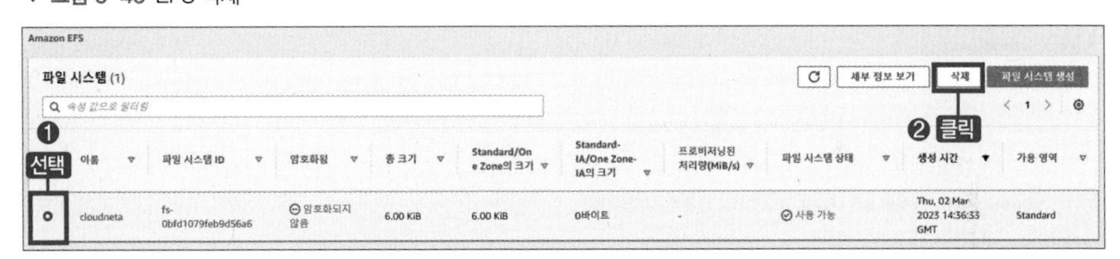

6. 파일 시스템을 삭제하기 위해 생성된 파일 시스템 ID를 입력한 후 **확인**을 누릅니다.

✔ 그림 5-46 EFS 삭제 확인

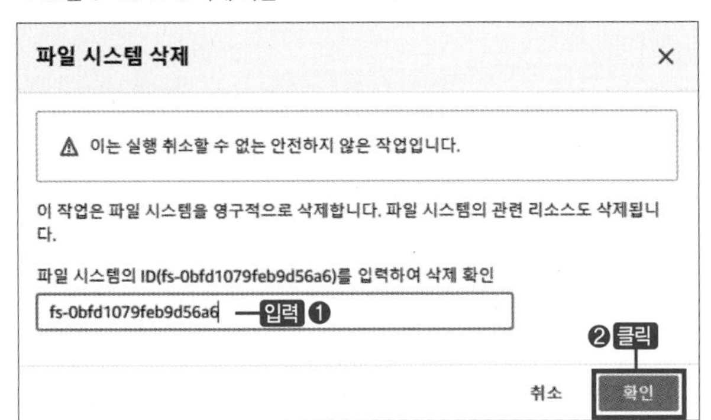

7. 이제 **서비스 > S3 > 버킷** 메뉴로 들어갑니다. 생성한 버킷을 선택한 후 오른쪽 위에 있는 **비어 있음**을 누릅니다.

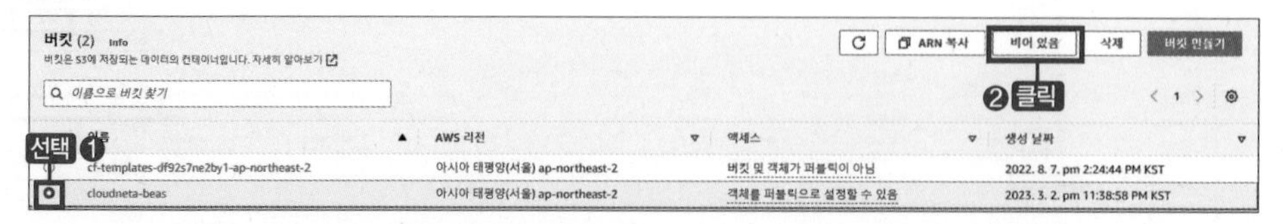

▼ 그림 5-47 S3 버킷의 객체 삭제 – 1

8. '영구 삭제'라고 입력한 후 **비어 있음**을 눌러 버킷의 모든 객체를 삭제합니다(버킷에 객체가 들어 있지 않다면 비울 필요 없이 바로 삭제합니다).

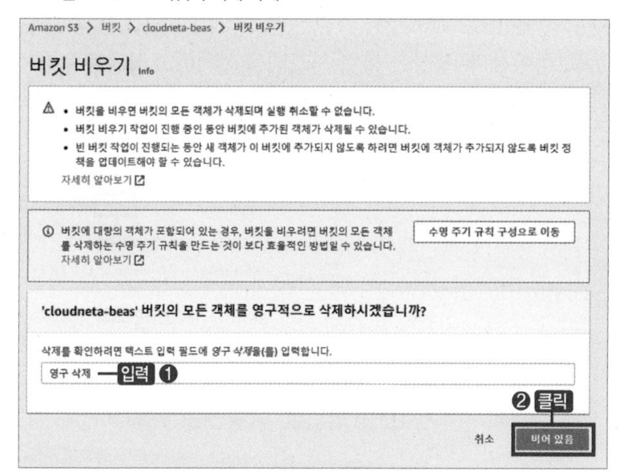

▼ 그림 5-48 S3 버킷의 객체 삭제 – 2

9. 다시 버킷을 선택하고 **삭제**를 누릅니다.

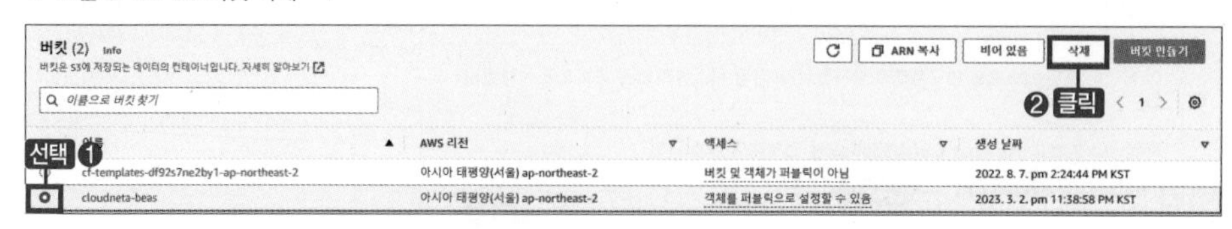

▼ 그림 5-49 S3 버킷 삭제 – 1

10. 버킷 이름을 입력한 후 **버킷 삭제**를 눌러 버킷을 삭제합니다. 다른 버킷도 동일한 방법으로 삭제합니다.

▼ 그림 5-50 S3 버킷 삭제 – 2

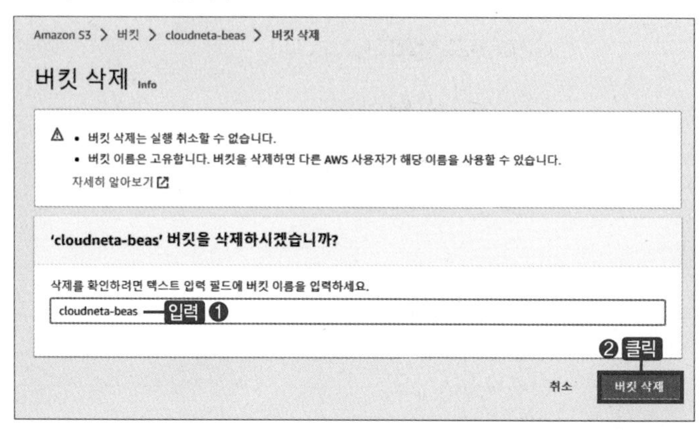

11. **서비스** > **CloudFormation** > **스택** 메뉴에서 storagelab 스택을 선택한 후 **삭제**를 누릅니다. 이후 발생하는 창에서 **스택 삭제**를 누릅니다. 정상적으로 삭제되었는지 꼭 확인하기 바랍니다.

▼ 그림 5-51 S3 버킷 삭제 – 3

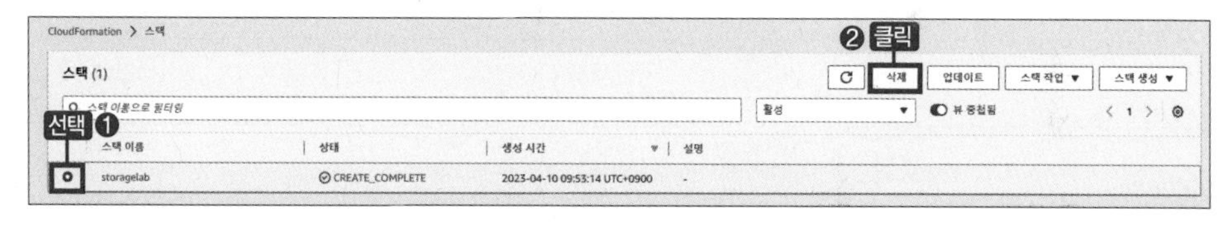

6장

AWS 데이터베이스 서비스

6.1 데이터베이스와 DBMS

AWS가 제공하는 데이터베이스 서비스를 살펴보기에 앞서 데이터베이스가 무엇인지 이해해야 합니다. 데이터와 데이터베이스, DBMS를 먼저 학습한 후 데이터베이스 모델 유형과 DBMS 종류를 알아보겠습니다.

6.1.1 데이터와 데이터베이스

데이터(data)는 어떤 이론을 세우는 데 기초가 되는 자료로, 문자와 숫자, 그림, 영상 등의 형태로 된 단위입니다. 데이터는 원시적인 자료에 불가할 뿐 특정한 의미와 가치는 없습니다. 이런 데이터를 특정 목적에 따라 가공하고 이론을 세워 의미와 가치를 부여한 결과를 **정보**(information)라고 합니다. 예를 들어 '오늘의 기온은 23℃이고 습도는 85%입니다.'는 데이터입니다. 반면 '기온이 23℃에 습도가 85%일 경우 지난 20년간 강수 확률은 82%이니 외출할 때는 우산을 챙기기 바랍니다.'는 20년간 축적된 날씨 데이터를 가공해서 도출한 정보입니다. 요즘 같이 데이터가 홍수처럼 넘쳐나는 세상 속에서 유의미하고 가치 있는 데이터만 추출하여 어떤 정보를 도출하는 것은 굉장히 중요한 일이며, 일상생활에서 보편적으로 일어나고 있는 일입니다.

앞서 예시와 같이 강수 확률 정보를 도출하는 일련의 과정에서 몇 가지 생각해 볼 부분이 있습니다. 먼저 지속적으로 날씨에 대한 원천 데이터를 모아 두는 것이 필요합니다. 이때 데이터를 하나에 모아 두는 것을 **데이터베이스**(database)라고 하며, 데이터베이스는 간단히 데이터를 모아 두는 집합이라고 정의할 수 있습니다. 그리고 데이터가 집합된 데이터베이스에서 지난 20년간 날씨 데이터를 검색하고 추출하려면 데이터베이스를 관리하는 별도의 시스템이 필요합니다. 이렇게 데이터베이스를 관리하는 시스템을 **DBMS**(DataBase Management System)라고 하며, DBMS는 데이터에 대해 사용자의 논리적 명령을 해석하고 필요한 데이터를 찾아 주는 시스템이라고 정의할 수 있습니다.

▼ 그림 6-1 데이터, 데이터베이스, DBMS

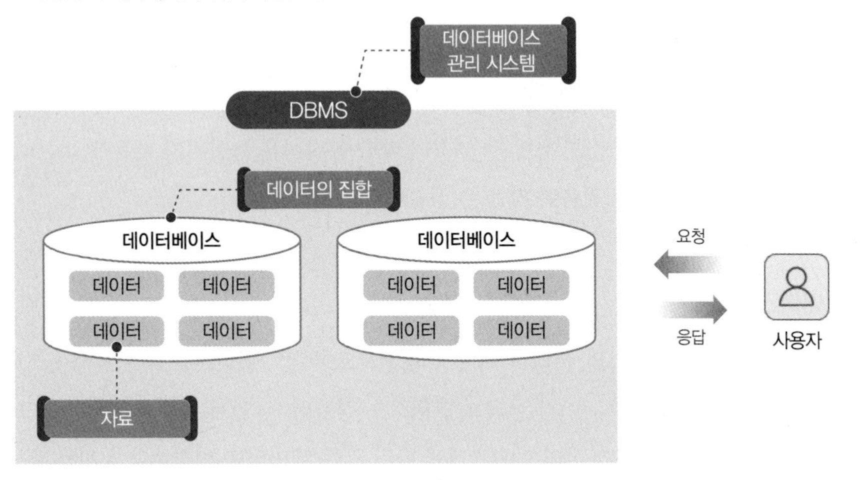

요약

- 데이터: 현실 세계에서 측정하고 수집한 사실이나 값
- 정보: 데이터를 특정 목적에 따라 가공하고 의미를 부여한 결과
- 데이터베이스: 데이터를 하나에 모아 두는 집합
- DBMS: 데이터 명령을 해석하고 필요한 데이터를 찾아 주는 데이터베이스 관리 시스템

6.1.2 데이터베이스 모델 유형

데이터베이스는 구조, 운영, 저장 방식에 따라 크게 **계층형**(hierarchical), **네트워크형**, **관계형**(relational), **객체 지향형**(object-oriented) 모델 유형으로 구분할 수 있습니다. 이런 데이터베이스 모델 유형별로 어떤 특징이 있는지 살펴보겠습니다.

계층형 데이터베이스 모델

계층형 데이터베이스 모델은 트리(tree) 구조를 기반으로 하며, 데이터는 1:N으로 상하 종속 관계 구조로 되어 있습니다. 데이터에 빠르게 접근이 가능하지만, 구조 변경에 대한 유연성이 부족하다는 단점이 있습니다.

네트워크형 데이터베이스 모델

네트워크형 데이터베이스 모델은 계층형 데이터베이스의 정형화된 구조를 해결하기 위해 1:N뿐 아니라 1:1, N:N 형태의 구조를 가질 수 있습니다. 하위 개체는 다수의 상위 개체를 가질 수 있어 형태가 좀 더 자유롭습니다. 다만 다양한 개체 간 연결에 따라 복잡성은 높아지기 때문에 데이터베이스 전반의 구조를 이해하는 데 어려움이 따를 수 있습니다.

관계형 데이터베이스 모델

관계형 데이터베이스 모델은 데이터의 논리적 관계를 초점으로 특정 개체 정보를 이용하여 열(column)과 행(row)으로 된 테이블(table)이라는 최소 단위로 구성됩니다. 앞서 계층형과 네트워크형 데이터베이스 모델은 데이터가 변화하면 상관관계에 따라 모든 데이터를 변경해야 하지만, 관계형 데이터베이스 모델은 데이터가 변화하면 쉽게 적용할 수 있다는 장점이 있습니다. 하지만 시스템 자원을 많이 차지해서 상대적으로 느리다는 단점이 있습니다. 물론 하드웨어가 발전하면서 느린 동작은 점점 해소되고 있는 편입니다. 관계형 DBMS는 현재 가장 많이 사용하는 데이터베이스 모델이며, SQL(Structured Query Language)이라는 프로그래밍 언어를 사용하여 손쉽게 데이터베이스를 읽고 쓰고 해석합니다.

객체 지향형 데이터베이스 모델

객체 지향형 데이터베이스 모델은 모든 데이터를 테이블 형태로 구성하는 관계형 데이터베이스 모델과 다르게 객체(object)라는 형태의 최소 단위로 표현합니다. 객체 집합을 정의하고 연결 구조를 확립하여 복잡한 객체 구조도 즉각적으로 표현할 수 있으며, 사용자 정의 데이터, 멀티미디어 등 비정형 데이터도 지원합니다. 하지만 보편적으로 사용하는 관계형 데이터베이스의 호환성 문제와 복잡성에 따른 문제도 있습니다. 현재 객체 지향형 데이터베이스 모델은 특수한 전문 분야가 아니면 잘 쓰지 않습니다.

▼ 그림 6-2 데이터베이스 모델 유형

계층형 데이터베이스 모델

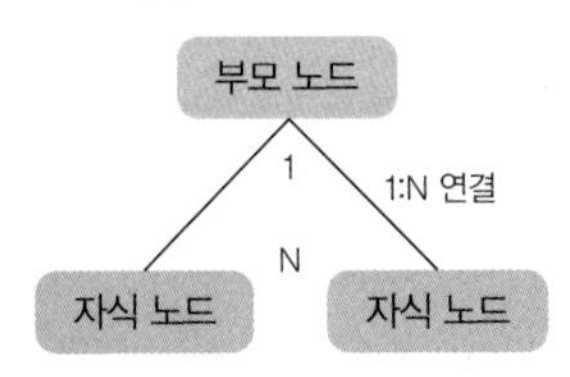

네트워크형 데이터베이스 모델

부모 노드
부모 노드
N
N:N 연결
N
자식 노드
자식 노드
자식 노드

관계형 데이터베이스 모델

테이블
키(key)에 의한
논리적 연결
테이블

객체 지향형 데이터베이스 모델

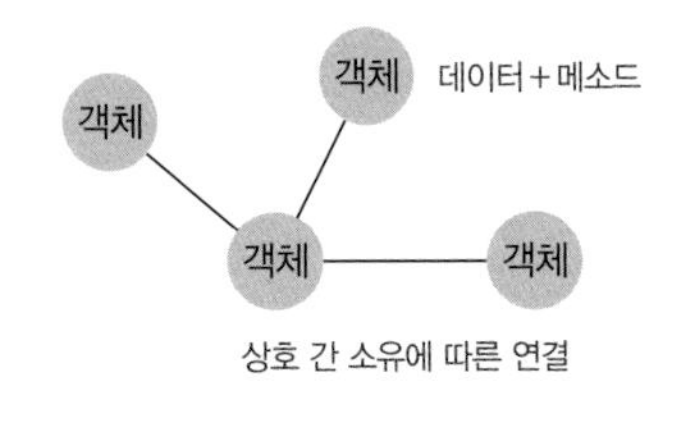

6.1.3 관계형 DBMS의 SQL 언어

앞서 언급했듯이 현재 가장 보편적으로 사용하는 데이터베이스 모델은 **관계형** DBMS입니다. 여기에 저장된 데이터와 통신할 때 사용하는 SQL 프로그래밍 언어를 좀 더 알아보겠습니다. SQL 명령은 데이터 정의, 데이터 조작, 데이터 제어로 분류하며, 다음과 같이 정리할 수 있습니다.

SQL 데이터 정의

DBMS와 연계되는 다양한 응용 프로그램에서 요구하는 데이터의 형식과 구조를 정의하는 기능으로, 테이블이나 관계의 구조를 정의하는 목적에 따라 `CREATE`, `ALTER`, `DROP` 등 명령어가 있습니다.

- **`CREATE`**: 테이블을 구성하고 속성에 대한 제약을 정의하는 명령어
- **`ALTER`**: 생성된 테이블 속성을 정의하고 변경하는 명령어
- **`DROP`**: 생성된 테이블을 삭제하는 명령어

SQL 데이터 조작

데이터 검색, 삽입, 삭제 등을 처리하는 인터페이스를 제공하는 기능으로 SELECT, INSERT, UPDATE, DELETE 등 명령어가 있습니다.

- **SELECT**: 테이블에 있는 정보를 가져오는 명령어
- **INSERT**: 테이블에 새로운 데이터를 삽입하는 명령어
- **UPDATE**: 테이블에 있는 데이터를 수정하는 명령어
- **DELETE**: 테이블에 있는 기존 데이터를 삭제하는 명령어

SQL 데이터 제어

데이터 무결성 유지와 접근 권한 및 다수의 사용자 데이터베이스에 정확하게 접근하는 기능으로 GRANT, DENY, REVOKE 등 명령어가 있습니다.

- **GRANT**: 테이블에 대한 권한을 허용하는 명령어
- **DENY**: 테이블에 대한 권한을 차단하는 명령어
- **REVOKE**: 테이블에 대한 권한을 회수하는 명령어

6.1.4 DBMS 종류

다양한 회사에서 만든 DBMS 제품들이 있는데, 대표적으로 Oracle, MySQL, MS-SQL, PostgreSQL 등이 있습니다. DBMS 인기도에 따라 순위를 매기는 랭킹 사이트에서 최신 DBMS 트렌드를 확인할 수 있습니다.

URL https://db-engines.com/en/ranking

▼ 그림 6-3 DBMS 인기도

410 systems in ranking, March 2023

Rank			DBMS	Database Model	Score		
Mar 2023	Feb 2023	Mar 2022			Mar 2023	Feb 2023	Mar 2022
1.	1.	1.	Oracle	Relational, Multi-model	1261.29	+13.77	+9.97
2.	2.	2.	MySQL	Relational, Multi-model	1182.79	-12.66	-15.45
3.	3.	3.	Microsoft SQL Server	Relational, Multi-model	922.01	-7.08	-11.77
4.	4.	4.	PostgreSQL	Relational, Multi-model	613.83	-2.67	-3.10
5.	5.	5.	MongoDB	Document, Multi-model	458.78	+6.02	-26.88
6.	6.	6.	Redis	Key-value, Multi-model	172.45	-1.39	-4.31
7.	7.	7.	IBM Db2	Relational, Multi-model	142.92	-0.04	-19.22
8.	8.	8.	Elasticsearch	Search engine, Multi-model	139.07	+0.47	-20.88
9.	9.	↑10.	SQLite	Relational	133.82	+1.15	+1.64
10.	10.	↓9.	Microsoft Access	Relational	132.06	+1.03	-3.37

6.2 AWS 데이터베이스 서비스

AWS에서는 사용자 요구 사항에 따라 관계형 데이터베이스 서비스, 키-값 데이터베이스, 인-메모리 데이터베이스 등 다양한 데이터베이스 서비스를 제공합니다. 데이터베이스 유형별 AWS 데이터베이스 서비스는 다음 표에서 확인할 수 있습니다.

▼ 표 6-1 데이터베이스 유형별 AWS 데이터베이스 서비스

데이터베이스 유형	AWS 데이터베이스 서비스	주요 특징	사용 사례
관계형	Amazon RDS, Amazon Aurora	참조 무결성, 안전한 트랜잭션 수행	ERP, CRM, 전자상거래
키-값	Amazon DynamoDB	빠른 응답 시간, 처리량	대규모 트래픽의 웹 서비스, 게임 APP
문서형	Amazon DocumentDB	각종 문서 저장 인덱싱	콘텐츠 관리, 카탈로그, 프로필
인-메모리	Amazon ElastiCache	메모리 저장, 1밀리초 응답 시간	캐싱, 세션 관리
그래프형	Amazon Neptune	쉽고 빠른 데이터 관계 생성 및 탐색	소셜 네트워킹, 추천 엔진
시계열	Amazon Timestream	순차적 데이터 수집, 저장, 처리	DevOps, 산업용 텔레메트리
원장	Amazon QLDB	모든 변경에 대한 불변, 검증 기록 유지	레코드 시스템, 은행 거래

이 책에서는 다양한 AWS 데이터베이스 서비스 중에서 관계형 데이터베이스 서비스인 Amazon RDS와 Amazon Aurora, 키-값 데이터베이스 서비스인 Amazon DynamoDB, 인-메모리 데이터베이스 서비스인 Amazon ElastiCache를 좀 더 알아보겠습니다.

6.2.1 Amazon RDS

Amazon RDS(Relational Database Service)는 클라우드 환경에서 관계형 데이터베이스를 간편하게 설정하고 운영할 수 있는 서비스입니다. 원하는 성능 요구에 따라 다양한 데이터베이스 인스턴스 유형을 선택할 수 있습니다. Amazon Aurora, PostgreSQL, MariaDB, Oracle Database, SQL Server 등 관계형 데이터베이스 엔진을 선택할 수 있습니다.

▼ 그림 6-4 Amazon RDS에서 제공하는 관계형 데이터베이스 엔진

Amazon RDS는 관계형 데이터베이스 모델 유형으로, 다음 그림과 같이 테이블 구조에 행(row)과 열(column)로 구성됩니다. 그리고 Amazon RDS는 관계형 데이터베이스 엔진을 사용하기 때문에 SQL 언어 기반으로 데이터베이스를 손쉽게 제어할 수 있습니다.

▼ 그림 6-5 Amazon RDS의 데이터베이스 구조

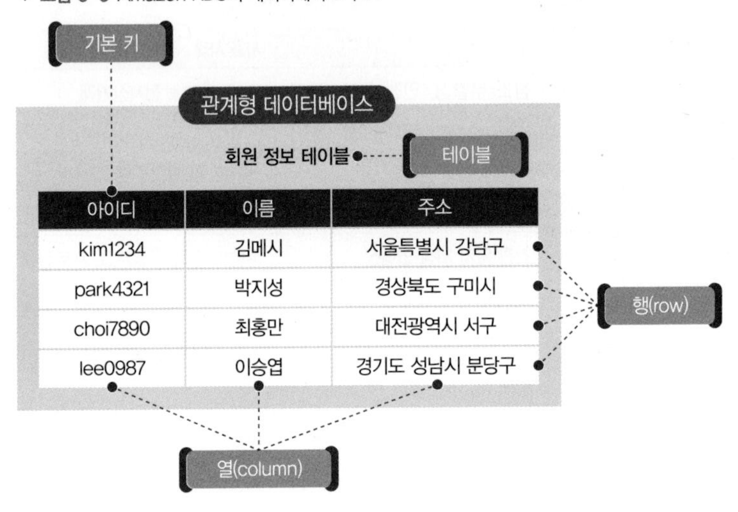

Amazon RDS는 사용 편의성이 높고, 모니터링 및 지표와 이벤트 알람을 이용하여 높은 관리 효율성을 보장하며, 비용도 상대적으로 매우 저렴합니다. 또한 간편한 복제 기능을 이용하여 워크로드의 가용성과 확장성을 확보할 수 있습니다. Amazon RDS가 지원하는 데이터 복제 기능인 Multi-AZ와 Read Replica를 다시 다루겠습니다.

요약

Amazon RDS는 AWS에서 제공하는 관계형 데이터베이스 서비스로 다양한 관계형 데이터베이스 엔진을 사용할 수 있습니다. 관계형 데이터베이스의 기본 구성은 행과 열로 된 테이블 형태이며, SQL 언어 기반으로 정형 데이터를 손쉽게 제어할 수 있습니다.

6.2.2 Amazon RDS 데이터 복제

Amazon RDS의 데이터베이스를 복제하는 방법으로 Multi-AZ와 Read Replica가 있습니다. 이런 복제 기능으로 데이터베이스에 있는 데이터를 복제하여 Primary DB의 데이터를 동기화할 수 있습니다.

Multi-AZ 복제 방식

Multi-AZ 복제 방식은 기본적으로 액티브-스탠바이(active-standby) 형태로 동작합니다. Primary DB가 액티브(활성) 상태이며, 보조의 Standby Replica가 스탠바이(대기) 상태입니다. Primary DB에 문제가 발생하면 Standby Replica를 Primary DB로 승격하여 동적으로 유지합니다.

이런 Multi-AZ 복제 방식은 데이터 정합성을 유지하는 것이 가장 중요합니다. 데이터 정합성이란 데이터가 서로 일관되게 일치하는 것으로, 이를 위해 동기식 복제(synchronous replica)로 다른 가용 영역에 있는 데이터베이스와 데이터를 동기화합니다. 여기에서 동기식 복제는 데이터에 변화가 일어나면 원본 데이터를 복제해서 전달하여 동기화하는 것을 의미합니다.

Read Replica 복제 방식

Read Replica 복제 방식은 원본 데이터를 Primary DB에 두고, 읽기 전용의 복제 데이터를 Read Replica 데이터베이스에 생성하여 유지합니다. 읽기 전용 복제 데이터가 있는 Read Replica 데이터베이스는 확장이 가능하며, 데이터 읽기 처리 속도를 높일 수 있습니다. Amazon RDS는 최대 다섯 개의 Read Replica 데이터베이스를 복제할 수 있으며, 다른 리전까지 Read Replica 데이터베이스를 가질 수 있습니다.

▼ 그림 6-6 Multi-AZ 방식과 Read Replica 방식

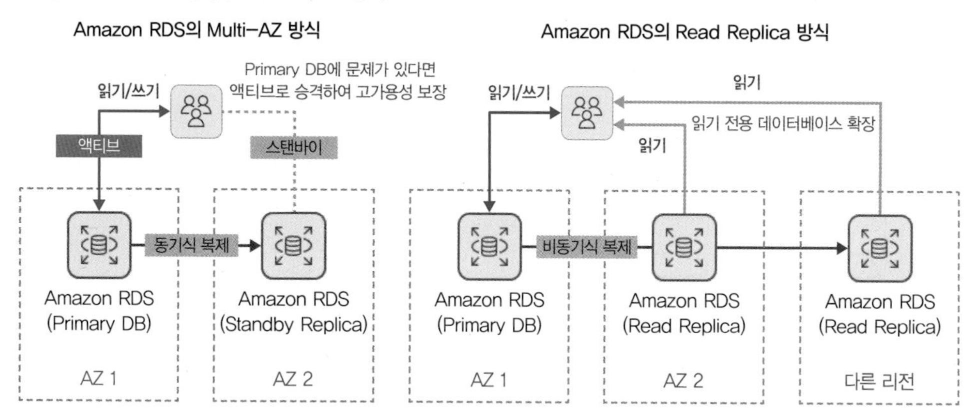

요약

Amazon RDS의 복제 방식에는 Multi-AZ와 Read Replica가 있습니다. Multi-AZ는 동기식 복제 방식을 따르는 고가용성 유지가 목적이라면, Read Replica는 읽기 전용의 복제를 생성하여 성능을 확장하는 것이 목적입니다.

6.2.3 Amazon Aurora

AWS 관계형 데이터베이스 서비스는 Amazon RDS를 이용하여 MySQL, PostgreSQL, Oracle 등 데이터베이스 엔진을 주로 사용하다 Amazon Aurora라는 AWS 자체의 클라우드 데이터베이스 엔진을 개발했습니다. Amazon Aurora는 엔터프라이즈 수준의 관계형 데이터베이스 엔진으로 안정적이고 고성능의 데이터베이스 처리가 가능합니다. 또한 오픈 소스를 기반으로 다른 관계형 데이터베이스와 호환성이 우수하며, 비용 효율이 높다는 장점이 있습니다. 이런 Amazon Aurora 데이터베이스 엔진은 Amazon RDS에서 관리하며 프로비저닝, 패치, 백업, 복원, 장애 복구 등 작업을 수행합니다.

Amazon Aurora 복제 방식

Amazon Aurora 데이터베이스 엔진은 다른 관계형 데이터베이스 엔진보다 스토리지 내결함성이 우수합니다. 예를 들어 MySQL 데이터베이스 엔진은 데이터베이스 인스턴스에 EBS 스토리지가 연결되어 서로 다른 가용 영역으로 동기식 복제가 됩니다. 반면 Amazon Aurora 데이터베이스 엔진은 공유 스토리지를 통해 최소 세 개의 가용 영역에서 두 개씩 총 여섯 개의 복제 데이터를 가지고 있어 더욱 안정적으로 서비스할 수 있습니다.

▼ 그림 6-7 MySQL과 Amazon Aurora의 복제 방식 차이

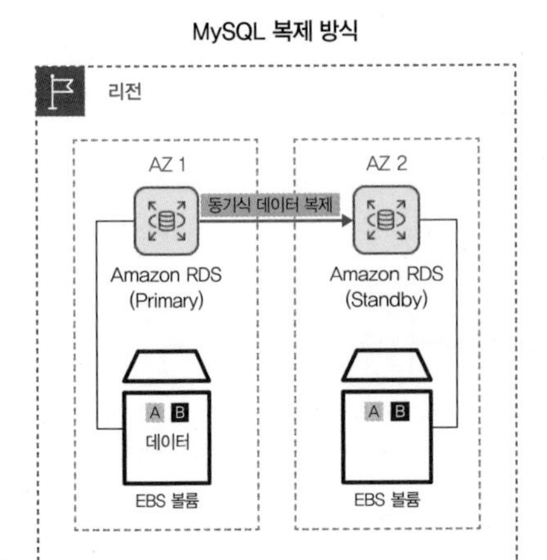

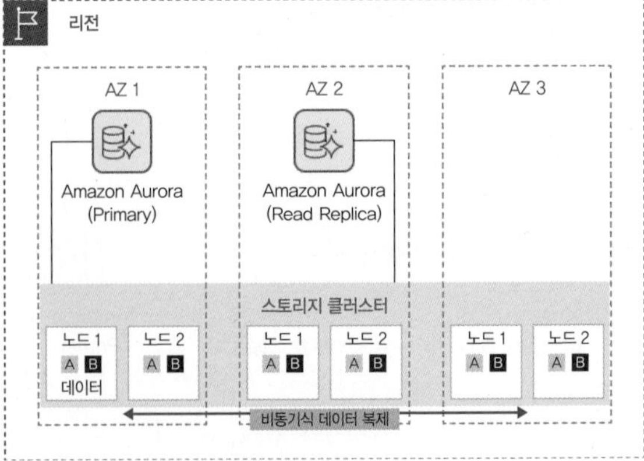

요약

Amazon Aurora는 AWS에서 개발한 관계형 데이터베이스 엔진으로, Amazon RDS에 엔진을 올려 사용합니다. 다른 관계형 데이터베이스 엔진에 비해 빠른 처리 속도와 안정적인 스토리지 구성으로 내결함성이 우수한 장점이 있습니다.

6.2.4 Amazon DynamoDB

Amazon DynamoDB는 비관계형 데이터베이스로, 키-값(key-value) 메소드를 사용하는 키-값 데이터베이스입니다. 여기에서 비관계형 데이터베이스는 관계형 데이터베이스와 다르게 데이터가 서로 연결되지 않는 개별 형태로 저장하여 복잡하고 구조화되지 않은 데이터 유형에 적합한 데이터베이스입니다. 앞서 관계형 데이터베이스가 SQL 언어를 사용했다면, Amazon DynamoDB는 비관계형 데이터베이스로 SQL 문을 사용하지 않습니다. 이런 측면에서 NoSQL 데이터베이스라고도 합니다.

Amazon DynamoDB의 데이터베이스 구조는 키와 값으로 된 비관계형 데이터베이스 유형입니다. 키를 데이터의 고유한 식별자로 사용하고, 값은 유형의 제한이 없어 단순한 개체(entity)뿐 아니라 복잡한 집합체까지 무엇이든 가능한 비정형 데이터를 입력할 수 있습니다. 이런 키와 값을 쌍으로 집합해서 저장합니다.

▼ 그림 6-8 Amazon DynamoDB의 데이터베이스 구조

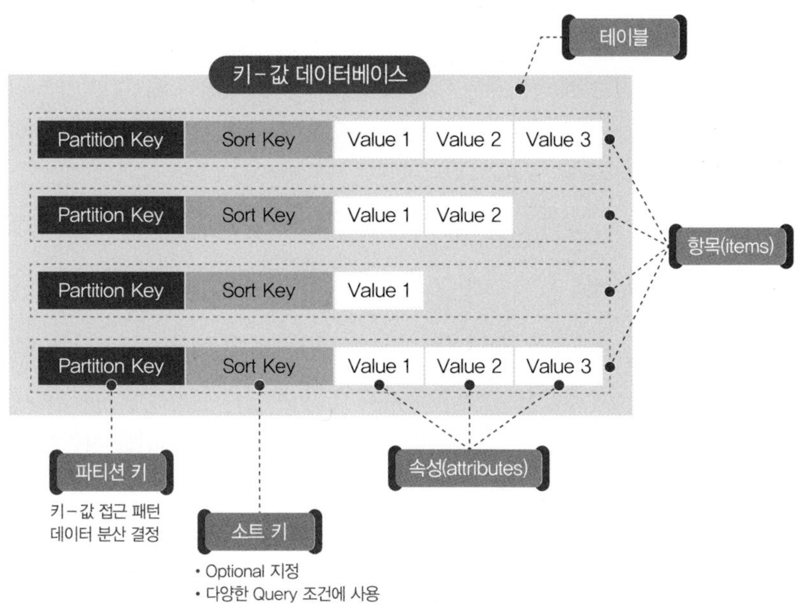

키-값 데이터베이스는 데이터베이스 구조가 단순하여 빠른 처리가 가능합니다. 이런 특성에 따라 Amazon DynamoDB는 대규모 환경에서도 일관되게 10밀리초 미만의 처리 성능을 제공합니다. 그리고 Amazon DynamoDB는 별도 서버를 구축하지 않고 운영되는 서버리스(serverless)로 동작하기 때문에 서버에 대한 프로비저닝, 패치, 소프트웨어 설치가 필요 없고 용량에 따라 테이블을 자동으로 확장 및 축소해서 관리 편의성이 높습니다.

요약

Amazon DynamoDB는 비관계형 데이터베이스 서비스로 키-값을 사용하는 NoSQL 데이터베이스입니다. 키로 객체를 식별하고 값은 비정형 데이터(이미지, 오디오 등) 형태로 저장할 수 있습니다. 안정적이고 빠른 데이터 처리에 따라 대규모 사이트 환경에 적합하고, 별도의 서버 구축 없이 동작해서 관리 편의성이 우수합니다.

6.2.5 Amazon ElastiCache

Amazon ElastiCache는 인-메모리 데이터베이스로, 데이터를 메모리에 저장하는 형태로 동작합니다. 데이터가 메모리상에 위치하여 데이터를 빠르게 처리할 수 있다는 장점이 있지만, 데이터 양이 많다면 데이터 처리가 느려질 수 있기 때문에 대용량 데이터에는 적합하지 않고 주로 데이터를 빠르게 자주 접근해야 할 때 사용합니다. 이런 Amazon ElastiCache는 Memcached 방식과 Redis 방식 두 가지로 구분됩니다.

Amazon ElastiCache for Memcached

Memcached는 보편적으로 사용하는 메모리 객체 캐싱 시스템으로, 인-메모리 데이터베이스 서비스입니다. Amazon ElastiCache for Memcached는 Memcached와 호환하여 자주 접근할 데이터를 메모리에 놓고 빠르게 처리할 수 있습니다.

Amazon ElastiCache for Redis

Redis는 데이터베이스, 캐시, 메시지 브로커 및 대기열 용도로 사용되는 인-메모리 데이터베이스 서비스입니다. Amazon ElastiCache for Redis는 오픈 소스인 Redis 기반으로 구축되고 Redis API와 호환하여 개방형 Redis 데이터 형식으로 저장합니다. 실시간 애플리케이션을 지원할 수 있도록 1밀리초 미만의 지연으로 빠른 데이터를 처리할 수 있습니다.

요약

Amazon ElastiCache는 인-메모리 기반의 데이터베이스 서비스로 데이터를 메모리에 저장하여 빠른 데이터 처리를 보장받습니다. Memcached용과 Redis용으로 분류되며, 주로 실시간 애플리케이션의 데이터베이스 처리를 지원합니다.

6.3 실습 웹 서버와 Amazon RDS 연동하기

실습 목표

이번 실습은 AWS의 관계형 데이터베이스인 Amazon RDS를 배포하고 웹 서버와 연동하는 것으로, 고가용성 확보를 위한 Multi-AZ 기능과 성능 확장을 위한 Read Replica 기능을 알아봅니다.

▼ 그림 6-9 목표 구성도

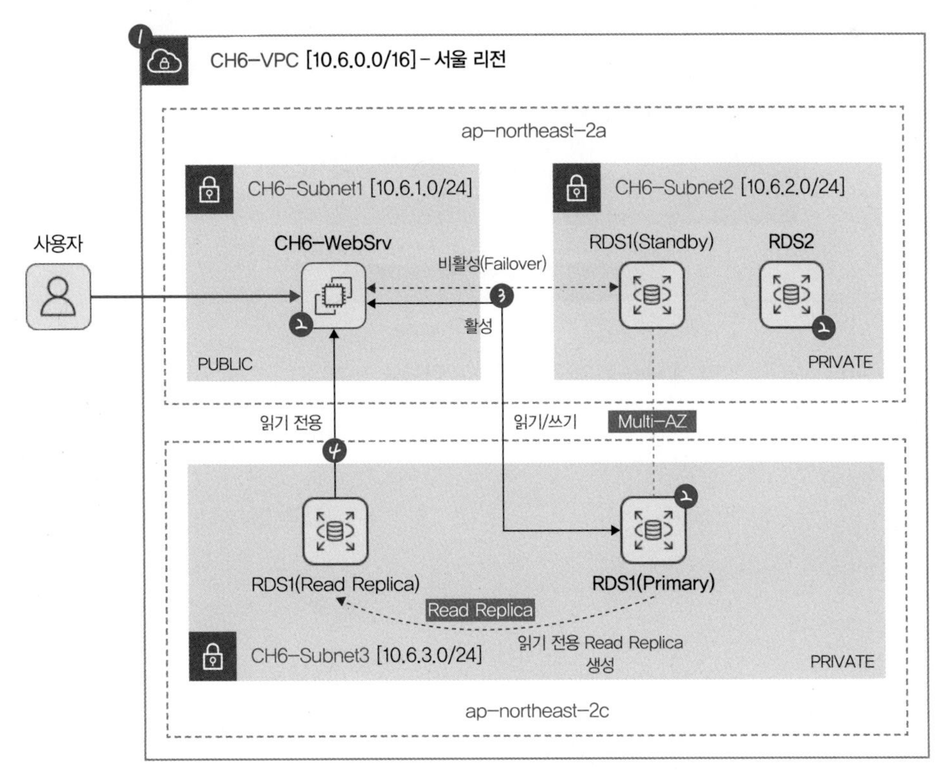

실습 단계

1. 실습을 위한 기본 인프라를 CloudFormation으로 배포합니다.
2. Amazon RDS를 생성하고 웹 서버와 연동합니다.
3. Amazon RDS의 고가용성을 위한 Multi-AZ를 구성하고 동작을 확인합니다.
4. Amazon RDS의 성능 확장을 위한 Read Replica를 구성하고 동작을 확인합니다.
5. 실습을 위해 생성된 자원을 모두 삭제합니다.

6.3.1 CloudFormation으로 기본 인프라 배포하기

실습에 필요한 기본 인프라 자원은 AWS CloudFormation으로 자동 배포합니다.

1. AWS 관리 콘솔에서 **서비스 > 관리 및 거버넌스 > CloudFormation**으로 들어가 **스택 생성**을 누릅니다.

▼ 그림 6-10 CloudFormation 스택 생성 진입

2. 아래쪽 Amazon S3 URL에 다음 URL을 입력하고 **다음**을 누릅니다.

URL https://cloudneta-aws-book.s3.ap-northeast-2.amazonaws.com/chapter6/dblab.yaml

그림 6-11 CloudFormation 템플릿 URL 입력

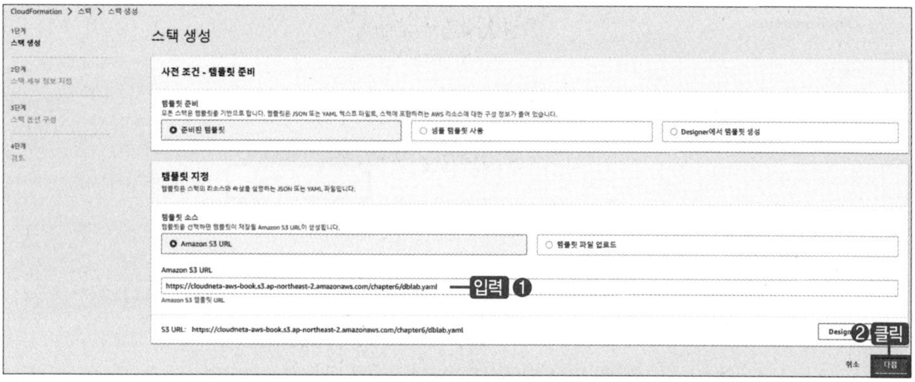

3. 스택 세부 정보 지정 페이지에서 다음과 같이 설정하고 **다음**을 누릅니다.

   ❶ 스택 이름에 'dblab' 입력

   ❷ KeyName은 사용자 키 페어 파일 선택

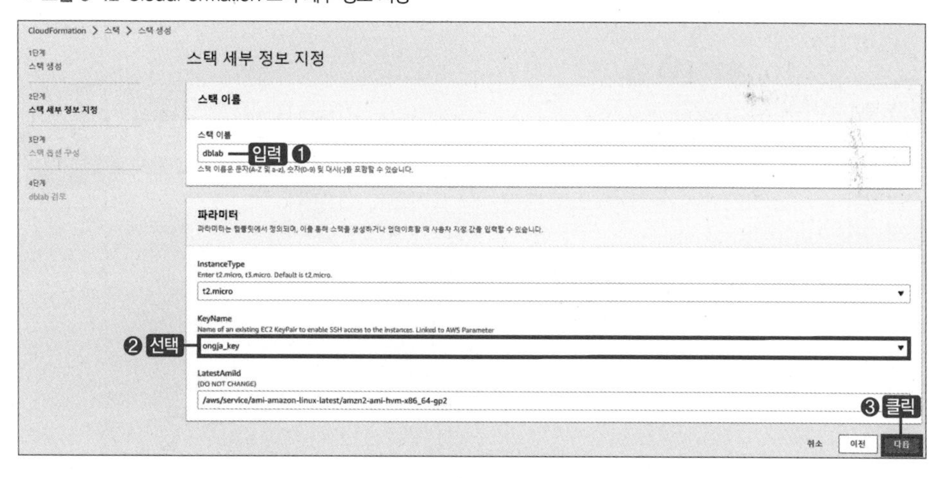

그림 6-12 CloudFormation 스택 세부 정보 지정

4. 스택 옵션 구성에서는 별도 설정 없이 바로 **다음**을 누릅니다. 계속해서 dblab 검토도 별도 설정 없이 **전송**을 누릅니다. AWS CloudFormation 기본 인프라를 배포하고 일정 시간(약 5분)이 지나 스택 상태가 'CREATE_COMPLETE'가 되면 모든 인프라 배포가 정상적으로 완료된 것입니다.

▼ 그림 6-13 CloudFormation 스택 생성 완료

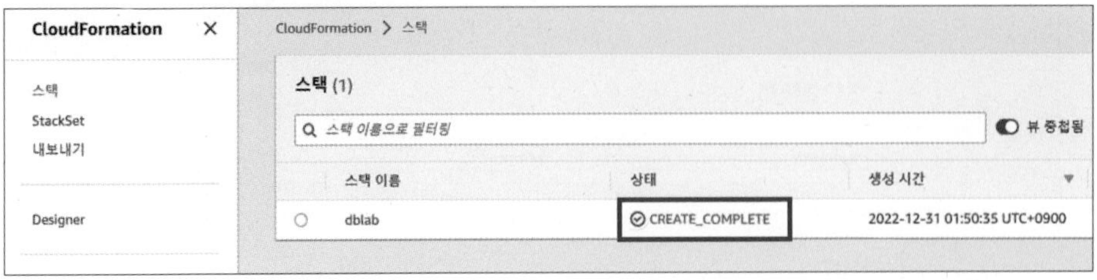

CloudFormation
스택
StackSet
내보내기
Designer

CloudFormation > 스택

스택 (1)

스택 이름	상태	생성 시간
dblab	CREATE_COMPLETE	2022-12-31 01:50:35 UTC+0900

AWS CloudFormation으로 생성된 기본 인프라 자원 정보는 다음 그림과 같습니다.

▼ 그림 6-14 CloudFormation으로 생성된 기본 인프라 자원

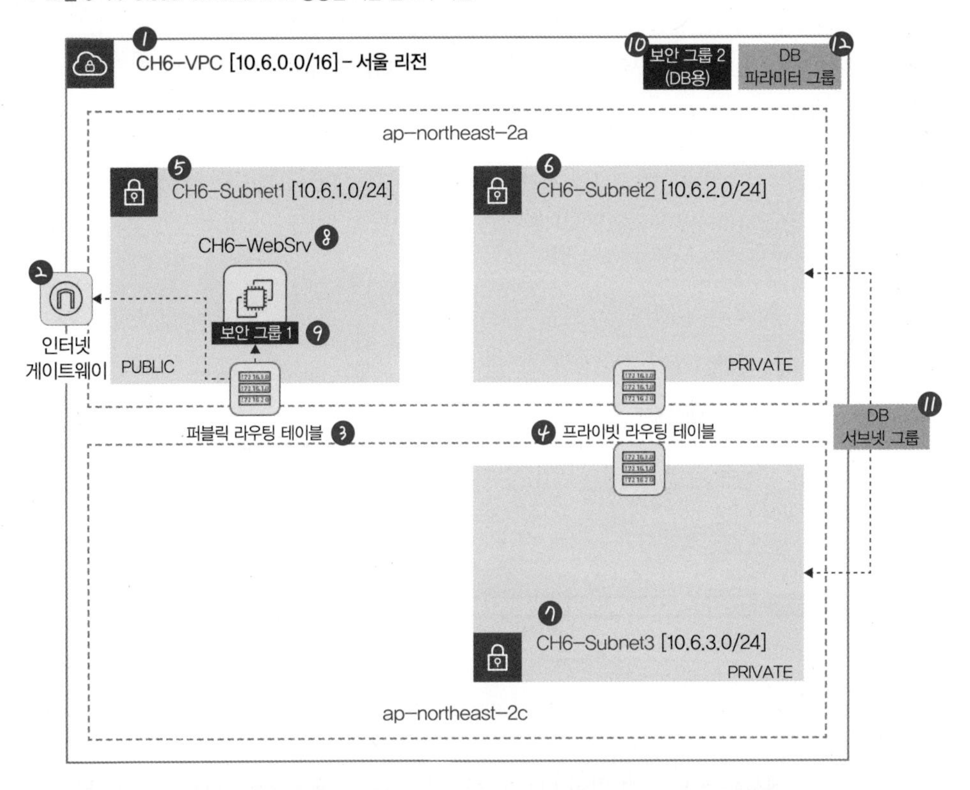

생성 자원	이름	정보
❶ VPC	CH6-VPC	10.6.0.0/16
❷ 인터넷 게이트웨이	CH6-IGW	
❸ 퍼블릭 라우팅 테이블	CH6-PublicRT	
❹ 프라이빗 라우팅 테이블	CH6-PrivateRT	
❺ 서브넷 1(퍼블릭)	CH6-Subnet1	CH6-PublicRT 연결

계속

생성 자원	이름	정보
❻ 서브넷 2(프라이빗)	CH6-Subnet2	CH6-PrivateRT 연결
❼ 서브넷 3(프라이빗)	CH6-Subnet3	CH6-PrivateRT 연결
❽ EC2 인스턴스	CH6-WebSrv	10.6.1.10
❾ 보안 그룹 1	CH6-SGWebSrv	TCP 22, 88, ICMP 허용
❿ 보안 그룹 2	CH6-SGRDS	TCP 3306 허용
⓫ DB 서브넷 그룹	DBLab-Subnet2 · 3	CH6-Subnet2, CH6-Subnet3
⓬ DB 파라미터 그룹	mymysql8	

기본 인프라 자원이 생성되고 EC2 인스턴스(CH6-WebSrv)에 정상적으로 SSH 접속이 되는지 확인해 봅니다.

6.3.2 Amazon RDS를 생성하고 웹 서버와 연동하기

이번 실습에서는 두 개의 Amazon RDS를 생성합니다. 데이터베이스 생성, 수정, 삭제 등은 각 5~15분 정도 시간이 소요되므로 실습 시간이 길어질 수 있으니 참고하기 바랍니다.

1. Amazon RDS1 데이터베이스를 생성하기 위해 AWS 관리 콘솔에서 **서비스 > 데이터베이스 > RDS**를 차례로 선택하고 대시보드에서 **데이터베이스 생성**을 누릅니다.

▼ 그림 6-15 Amazon RDS 대시보드 페이지

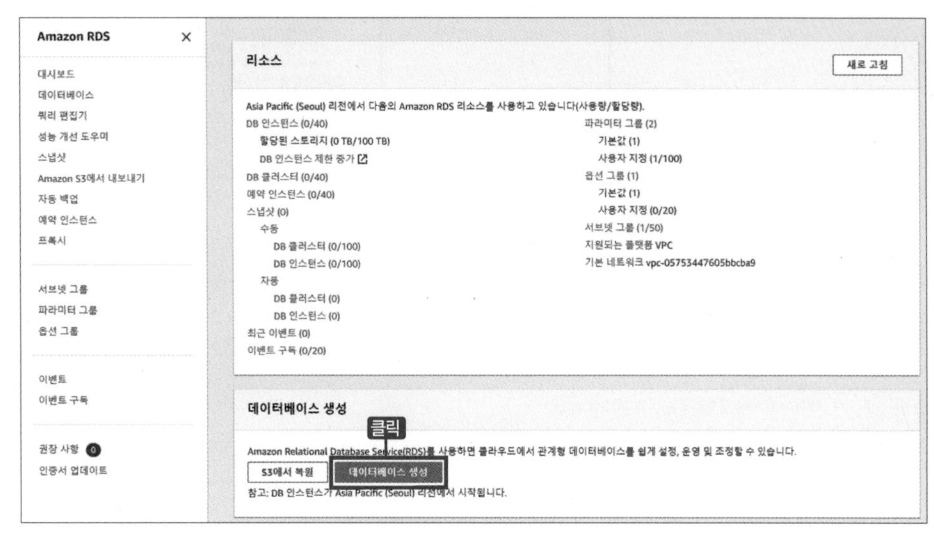

2. RDS 데이터베이스 생성 페이지에서 다음과 같이 설정합니다. 설정할 부분이 많은 관계로 천천히 따라오기 바랍니다.

❶ [엔진 옵션] 엔진 유형은 **MySQL** 선택

▼ 그림 6-16 RDS1 설정 – 1

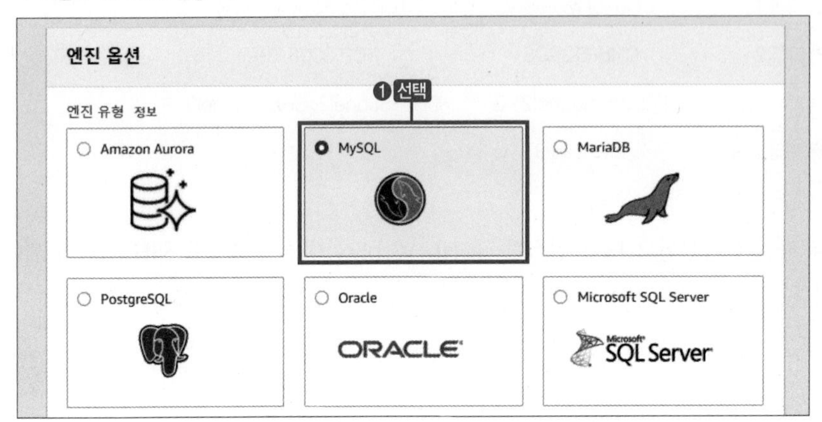

❷ 템플릿은 **개발/테스트** 선택

❸ [가용성 및 내구성] 배포 옵션은 **다중 AZ DB 인스턴스** 선택

▼ 그림 6-17 RDS1 설정 – 2

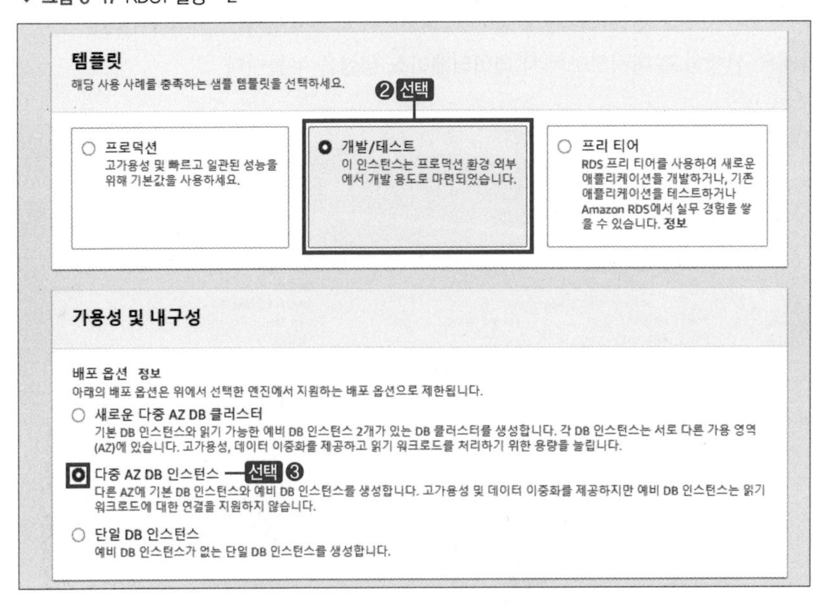

❹ [설정] DB 인스턴스 식별자에 'rds1' 입력

❺ 마스터 사용자 이름에 'root' 입력

❻ 마스터 암호와 암호 확인에 'qwe12345' 입력

▼ 그림 6-18 RDS1 설정 - 3

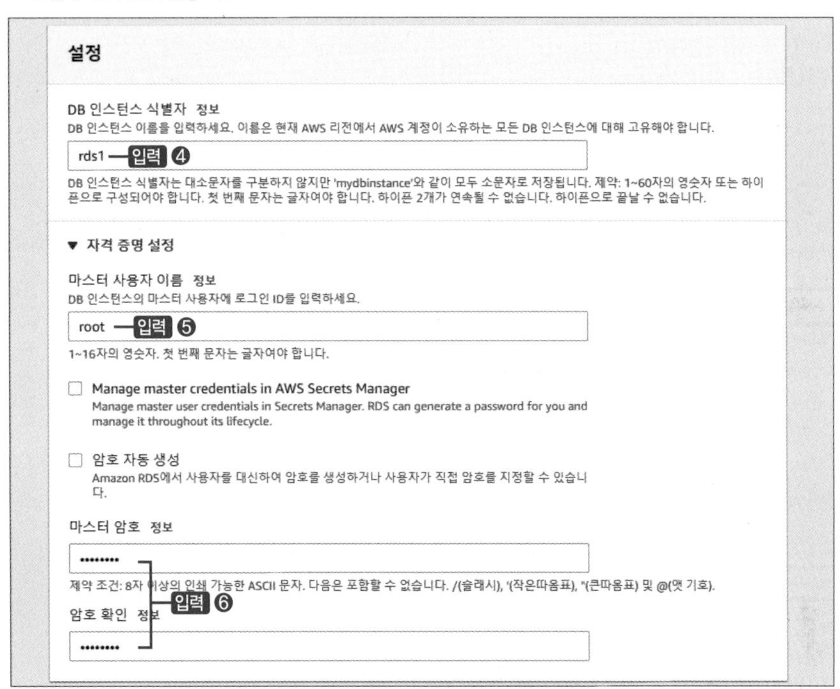

❼ [인스턴스 구성] DB 인스턴스 클래스는 **버스터블 클래스**로 선택, '이전 세대 클래스 포함'에 체크한 후 db.t2.micro 선택

▼ 그림 6-19 RDS1 설정 - 4

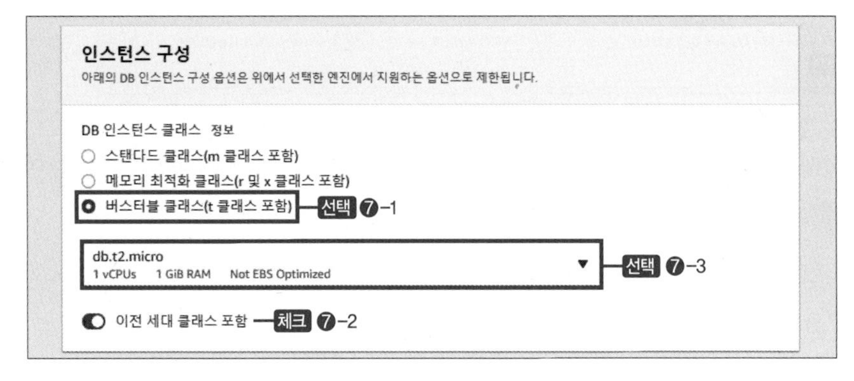

❽ [연결] Virtual Private Cloud(VPC)는 **CH6-VPC** 선택

❾ 기존 VPC 보안 그룹(방화벽)은 'default'를 제거한 후 **dblab-CH6SG2-XXXX** 선택

▼ 그림 6-20 RDS1 설정 - 5

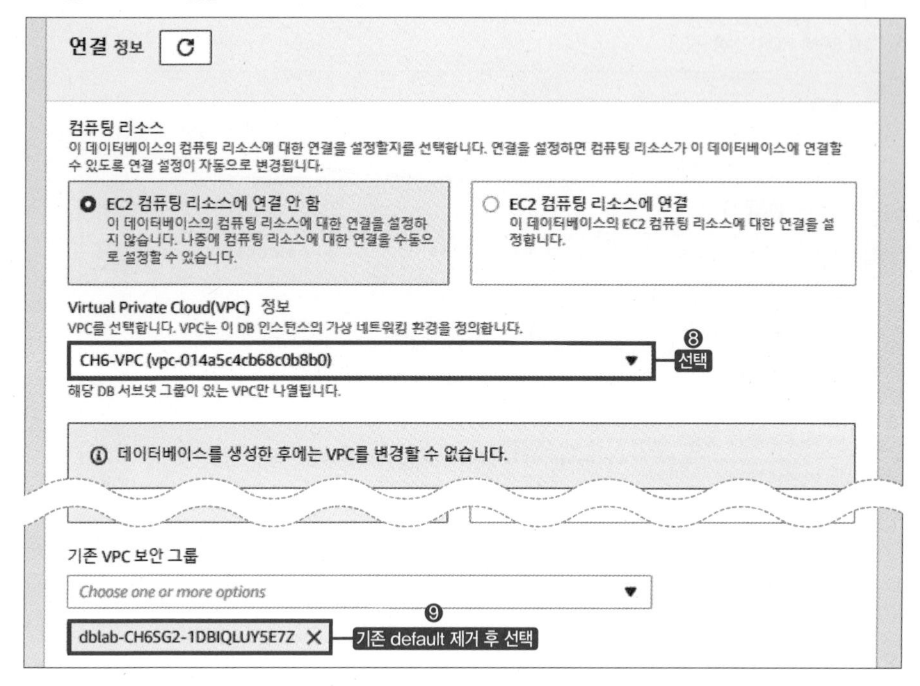

❿ [모니터링] 'Enhanced 모니터링 활성화'에 체크 해제

▼ 그림 6-21 RDS1 설정 - 6

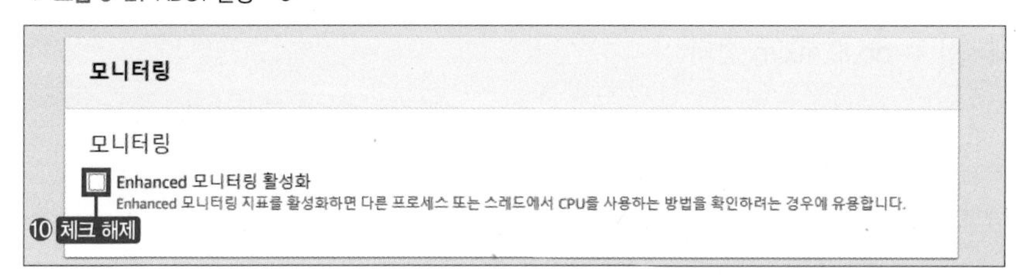

⓫ 맨 아래쪽으로 내려가 **추가 구성**(기존 VPC 보안 그룹 바로 아래에 위치한 추가 구성 아님)을 클릭하고 초기 데이터베이스 이름에 'sample' 입력

⓬ DB 파라미터 그룹은 **dblab-mydbparametergroup-XXXX** 선택

⓭ 백업 보존 기간은 **35**일 선택

❤ 그림 6-22 RDS1 설정 - 7

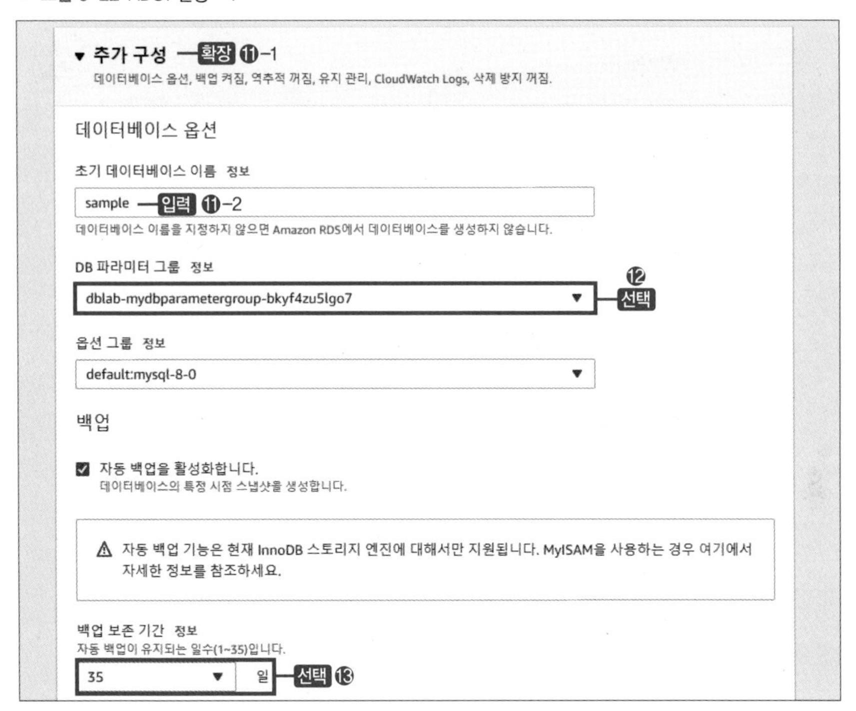

⑭ 마지막으로 맨 아래쪽에 있는 **데이터베이스 생성** 누르기

RDS1 데이터베이스가 생성되기까지 약 12분 정도 소요됩니다. 이번에 생성한 RDS1 데이터베이스의 특징은 '다중 AZ DB 인스턴스'를 선택하여 Multi-AZ 기능을 활성화했습니다. 참고로 Multi-AZ 기능을 활성화하면 Primary DB와 Standby Replica가 생성되기 때문에 생성 시간이 길어집니다.

RDS1 데이터베이스가 생성되는 동안 두 번째 데이터베이스인 RDS2를 생성하는 작업도 진행하겠습니다.

3. RDS > **대시보드**에서 **데이터베이스 생성**을 누릅니다.

❤ 그림 6-23 Amazon RDS 대시보드 페이지

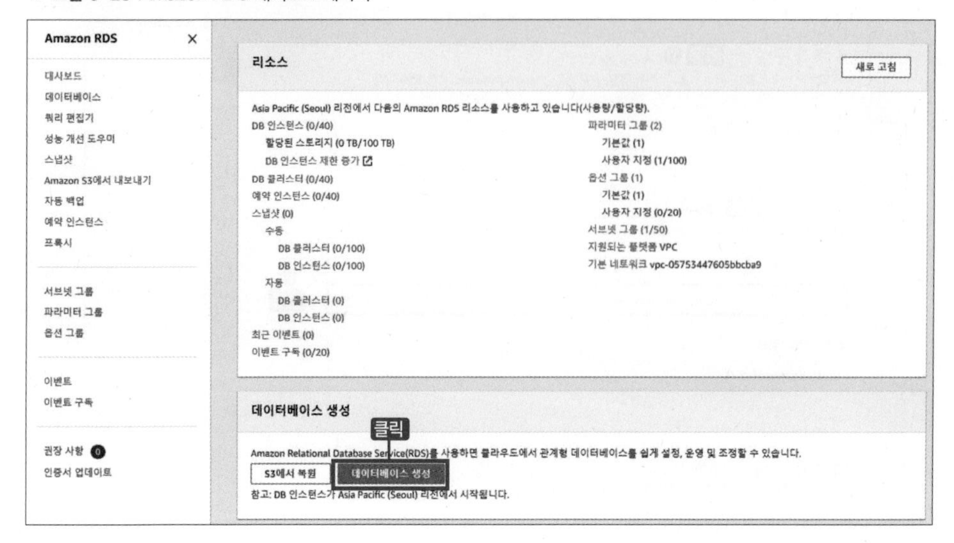

4. RDS 데이터베이스 생성 페이지에서 다음과 같이 설정합니다.

❶ [엔진 옵션] 엔진 유형은 **MySQL** 선택

❤ 그림 6-24 RDS2 설정 - 1

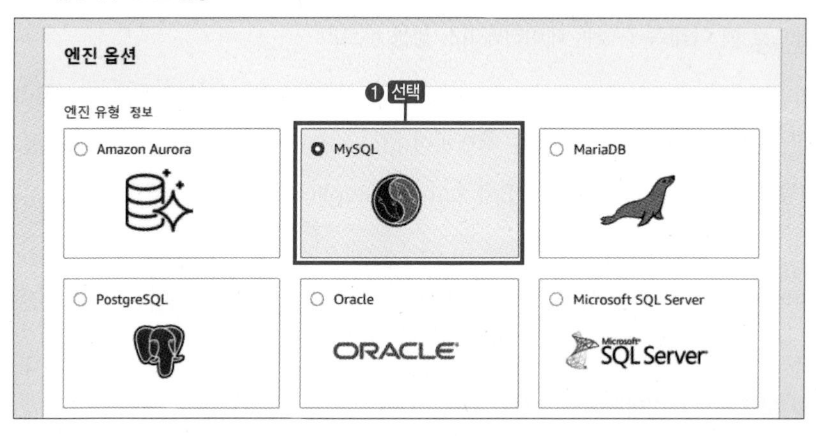

❷ [템플릿] **프리 티어** 선택

▼ 그림 6-25 RDS2 설정 - 2

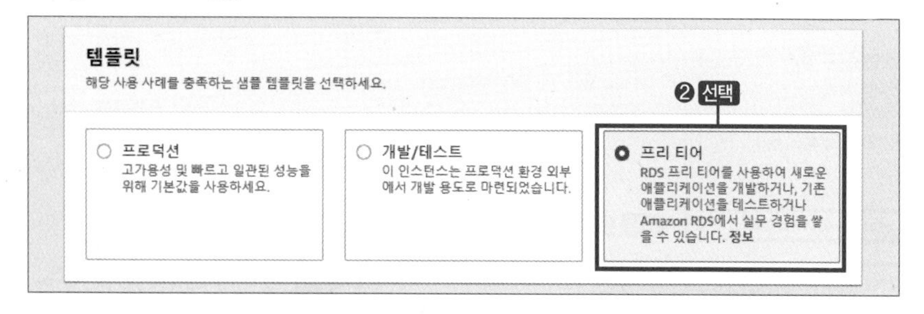

❸ [설정] DB 인스턴스 식별자에 'rds2' 입력

❹ 마스터 사용자 이름에 'root' 입력

❺ 마스터 암호와 암호 확인에 'qwe12345' 입력

▼ 그림 6-26 RDS2 설정 - 3

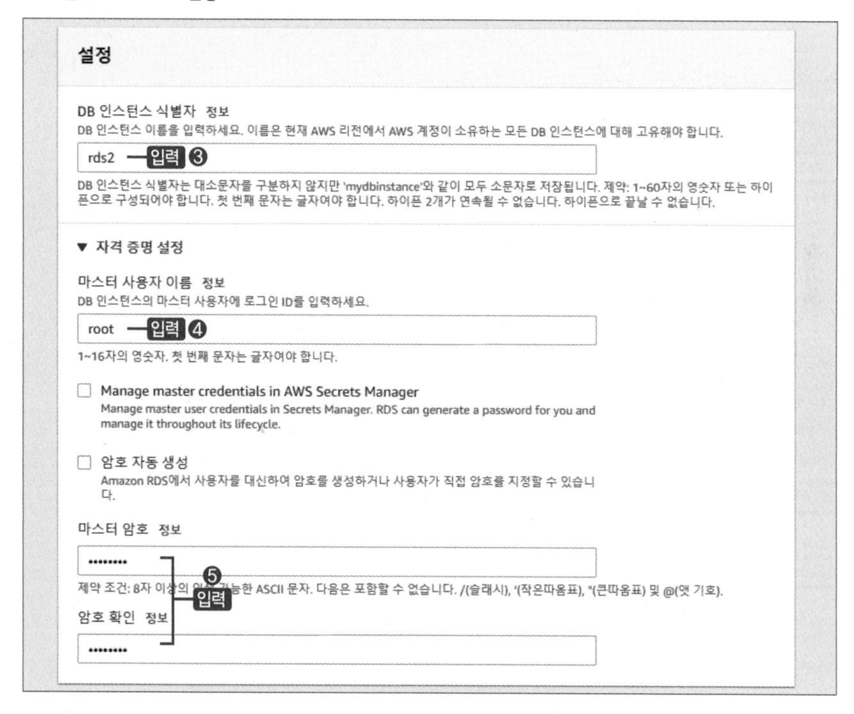

❻ [인스턴스 구성] DB 인스턴스 클래스는 **버스터블 클래스** 선택, '이전 세대 클래스 포함'에 체크한 후 db.t2.micro 선택

▼ 그림 6-27 RDS2 설정 - 4

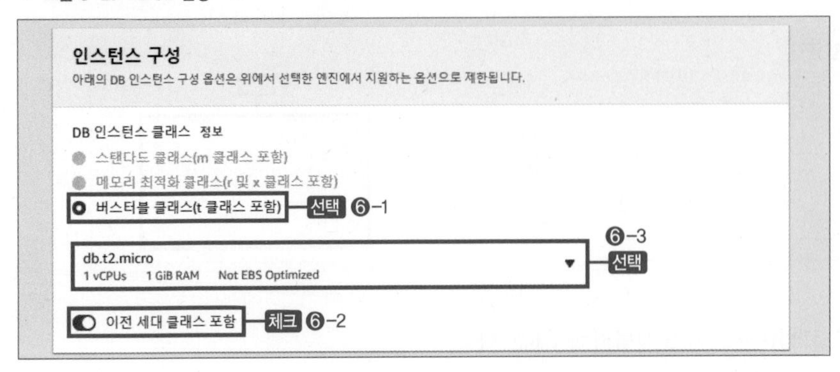

❼ [연결] Virtual Private Cloud(VPC)는 CH6-VPC 선택

❽ 기존 VPC 보안 그룹은 'default'를 제거한 후 dblab-CH6SG2-XXXX 선택

❾ 가용 영역은 ap-northeast-2a 선택

▼ 그림 6-28 RDS2 설정 - 5

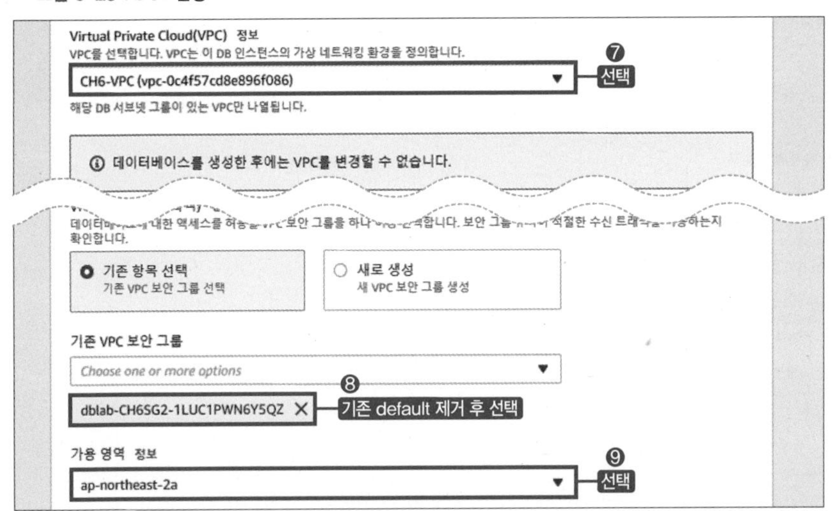

❿ 맨 아래쪽으로 내려가 **추가 구성**(기존 VPC 보안 그룹 바로 아래에 위치한 추가 구성 아님)을 클릭하고 초기 데이터베이스 이름에 'sample' 입력

⓫ DB 파라미터 그룹은 dblab-mydbparametergroup-XXXX 선택

⓬ 백업 보존 기간은 0일 선택

⓭ 백업 기간은 **기간 선택**을 선택하고 '01:00 UTC', '0.5시간'으로 지정

❤ 그림 6-29 RDS2 설정 - 6

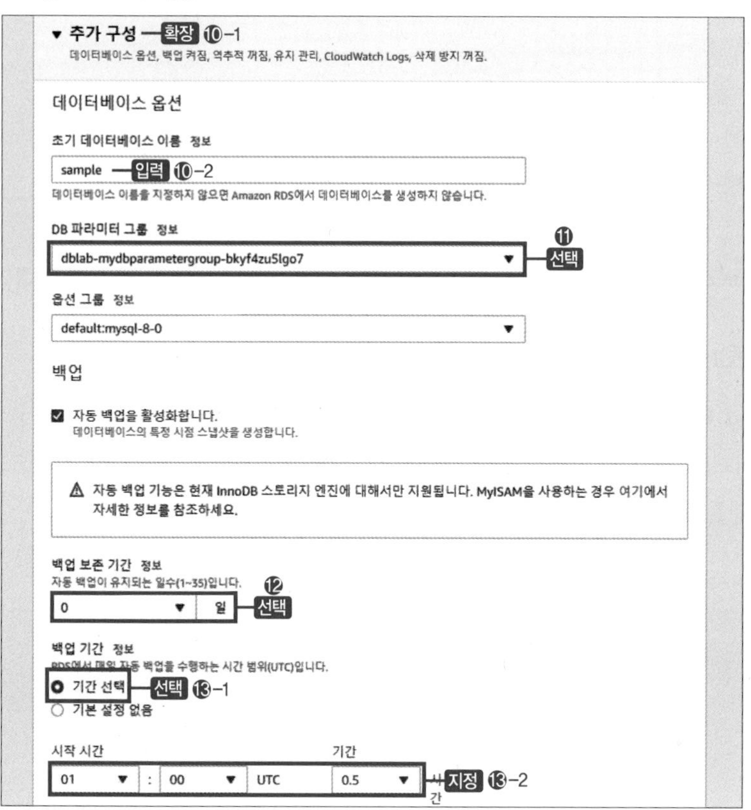

⑭ 마지막으로 맨 아래쪽에 있는 **데이터베이스 생성** 누르기

RDS2 데이터베이스는 생성까지 약 4분 정도 소요됩니다. 이번에 생성한 RDS2 데이터베이스의 특징은 'Multi-AZ 기능이 비활성화된' 상태로, 백업 보존 기간을 0일로 설정하여 '자동 백업 기능을 비활성화'했습니다. 아무래도 데이터베이스 하나만 단독으로 생성되므로 RDS1보다는 빠르게 생성됩니다.

5. 왼쪽 Amazon RDS > **데이터베이스** 메뉴를 선택하면 생성된 데이터베이스를 확인할 수 있습니다. 정상적으로 데이터베이스가 생성되면 다음 그림과 같이 RDS1과 RDS2는 '사용 가능' 상태로 전환한 것을 확인할 수 있습니다.

❤ 그림 6-30 RDS1과 RDS2 데이터베이스 생성 확인

이번에는 웹 서버(CH6-WebSrv) 및 Amazon RDS와 연동하겠습니다.

6. RDS1과 RDS2 데이터베이스의 엔드포인트 주소를 확인합니다. 데이터베이스 메뉴에서 생성된 데이터베이스의 DB 식별자를 각각 클릭하면 아래쪽에 있는 연결 & 보안 탭에서 엔드포인트 주소를 확인할 수 있습니다.

❤ 그림 6-31 데이터베이스 엔드포인트 주소 확인

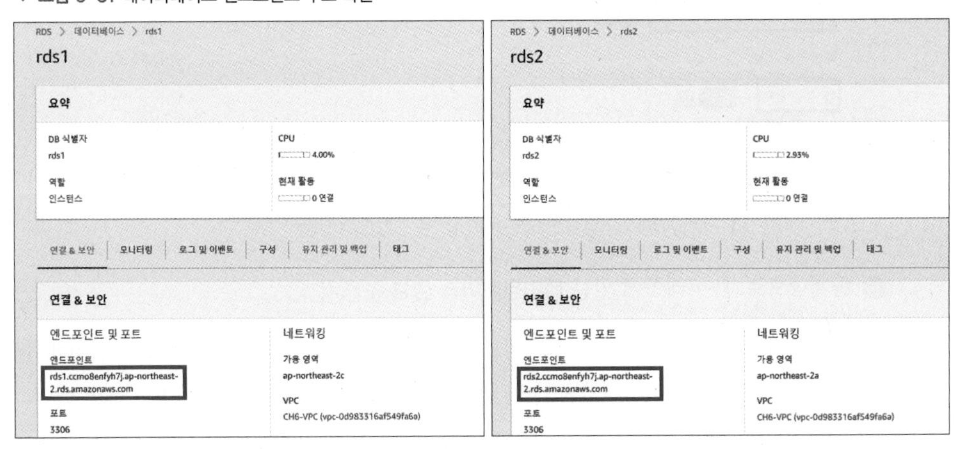

7. CH6-WebSrv에 SSH로 접속하여 확인한 엔드포인트 주소를 변수로 선언합니다.

```
# CH6-WebSrv의 SSH 터미널
# RDS1과 RDS2의 엔드포인트 주소를 변수로 선언(각자의 엔드포인트 주소로 입력)
RDS1=[앞에서 메모한 각자의 엔드포인트]

RDS2=[앞에서 메모한 각자의 엔드포인트]

# 선언된 변수 호출
echo $RDS1
```

```
rds1.ccmo8enfyh7j.ap-northeast-2.rds.amazonaws.com

echo $RDS2
rds2.ccmo8enfyh7j.ap-northeast-2.rds.amazonaws.com
```

8. RDS1과 RDS2 데이터베이스에 MySQL 명령어로 접속하고 데이터베이스 정보를 확인합니다. 참고로 MySQL 명령어에서 -h 옵션으로 데이터베이스 주소($RDS1)를 지정하고, -u 옵션으로 사용자 ID(root)를 입력하며, -p 옵션으로 암호(qwe12345)를 입력합니다. 이렇게 접속한 데이터베이스에서 빠져나올 때는 Ctrl + C를 입력합니다.

```
# CH6-WebSrv의 SSH 터미널
# RDS1 데이터베이스에 접속(RDS2도 동일하게 수행)
mysql -h $RDS1 -uroot -pqwe12345
Welcome to the MariaDB monitor.  Commands end with ; or \g.
Your MySQL connection id is 19
Server version: 8.0.28 Source distribution
...
MySQL [(none)]>

# 상태 정보와 데이터베이스 확인
status;
--------------
mysql  Ver 15.1 Distrib 5.5.68-MariaDB, for Linux (x86_64) using readline 5.1

Connection id:          22
Current database:
Current user:           root@10.6.1.10
...
Server:                 MySQL
Server version:         8.0.28 Source distribution
Protocol version:       10
Connection:             rds1.ccmo8enfyh7j.ap-northeast-2.rds.amazonaws.com via TCP/IP
...
--------------

show databases;
+--------------------+
| Database           |
+--------------------+
| information_schema |
| mysql              |
```

```
| performance_schema |
| sample             |
| sys                |
+--------------------+
5 rows in set (0.00 sec)
```

9. CH6-WebSrv의 index.php 파일을 수정하여 RDS2 데이터베이스와 연동합니다.

```
# CH6-WebSrv의 SSH 터미널
# index.php 파일의 상위 다섯 줄만 확인
head -5 /var/www/html/index.php
<?php
define('DB_SERVER', 'dbaddress');
define('DB_USERNAME', 'root');
define('DB_PASSWORD', 'qwe12345');
define('DB_DATABASE', 'sample');
```

10. index.php 파일에서 DB_SERVER 값은 임의로 설정되어 있어 데이터베이스 주소를 입력해야 합니다. RDS2의 엔드포인트 주소를 해당 영역에 입력하기 위해 다음과 같이 명령어를 입력합니다.

```
# CH6-WebSrv의 SSH 터미널
# index.php 파일의 DB_SERVER 값을 RDS2 엔드포인트 주소로 치환
sed -i "s/dbaddress/$RDS2/g" /var/www/html/index.php

# index.php 파일의 상위 두 줄만 확인
head -2 /var/www/html/index.php
<?php
define('DB_SERVER', 'rds2.ccmo8enfyh7j.ap-northeast-2.rds.amazonaws.com');
```

DB_SERVER 주소는 변수로 선언한 RDS2 엔드포인트 주소로 변환되어 CH6-WebSrv와 RDS2 데이터베이스 간 연동 환경을 구성합니다.

11. EC2 인스턴스(CH6-WebSrv)의 퍼블릭 IP 주소를 입력하여 인터넷 웹 브라우저로 접속한 후 데이터를 추가합니다.

▼ 그림 6-32 CH6-WebSrv의 웹 페이지에 접속하여 데이터 추가

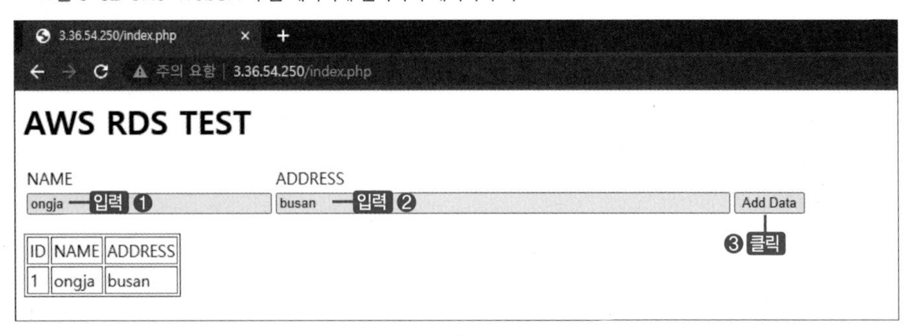

12. CH6-WebSrv의 SSH 터미널에 접속하여 MySQL 명령어로 데이터베이스 테이블을 확인합니다.

```
# CH6-WebSrv의 SSH 터미널
# RDS2의 데이터베이스 EMPLOYEES 테이블 확인(1회)
mysql -h $RDS2 -uroot -pqwe12345 -e "USE sample;SELECT * FROM EMPLOYEES;"
+----+-------+---------+
| ID | NAME  | ADDRESS |
+----+-------+---------+
|  1 | ongja | busan   |
+----+-------+---------+

# RDS2의 데이터베이스 EMPLOYEES 테이블 확인(반복문)
while true; do mysql -h $RDS2 --connect-timeout=2 -uroot -pqwe12345 -e "USE
sample;SELECT * FROM EMPLOYEES;"; host $RDS2; date; sleep 1; done
+----+-------+---------+
| ID | NAME  | ADDRESS |
+----+-------+---------+
|  1 | ongja | busan   |
+----+-------+---------+
rds2.ccmo8enfyh7j.ap-northeast-2.rds.amazonaws.com has address 10.6.2.213
Mon Nov 28 00:07:58 KST 2022
+----+-------+---------+
| ID | NAME  | ADDRESS |
+----+-------+---------+
|  1 | ongja | busan   |
+----+-------+---------+
rds2.ccmo8enfyh7j.ap-northeast-2.rds.amazonaws.com has address 10.6.2.213
Mon Nov 28 00:07:59 KST 2022
...
```

RDS2 데이터베이스에 직접 진입하지 않고 명령어를 이용하여 EMPLOYEES 테이블을 확인할 수 있습니다. 1회성 명령어와 반복문 명령어가 가능합니다.

▼ 그림 6-33 CH6-WebSrv와 RDS2를 연동한 후 데이터 읽기/쓰기 동작

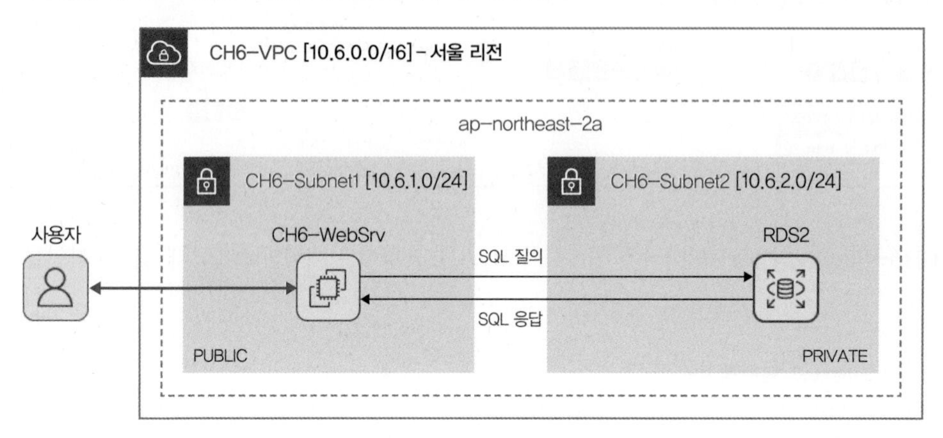

앞의 그림과 같이 CH6-WebSrv와 RDS2를 연동하여 사용자는 데이터를 읽고 쓰는 작업을 수행합니다.

RDS2가 중지될 경우 동작 확인하기

RDS2 데이터베이스가 장애 발생으로 중지되면 어떨까요? 현재 RDS2는 Multi-AZ 기능이 동작하지 않고 단일 데이터베이스로 동작합니다. 이 때문에 RDS2는 장애에 대한 페일오버(failover)(장애 극복 기능)를 수행할 수 없습니다. 실습으로 확인해 보겠습니다.

1. CH6-WebSrv의 SSH 터미널에 접속하여 MySQL 명령어로 데이터베이스 테이블을 확인하는 반복문을 수행합니다. 참고로 명령어가 길어 편의를 위해 스크립트(SELECT_TABLE_RDS2.sh)를 구성해 두었습니다.

```
# CH6-WebSrv의 SSH 터미널
# RDS2의 데이터베이스 EMPLOYEES 테이블 확인 스크립트(반복문)
. /db_sh/SELECT_TABLE_RDS2.sh
```

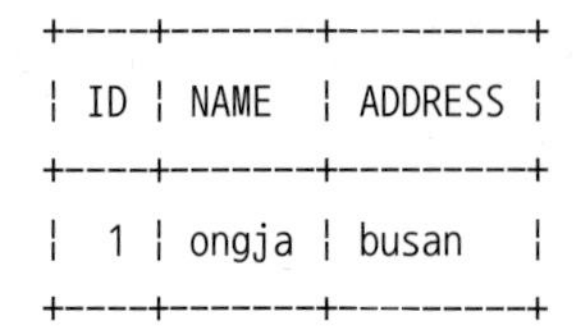

```
+----+-------+---------+
| ID | NAME  | ADDRESS |
+----+-------+---------+
|  1 | ongja | busan   |
+----+-------+---------+
```

```
rds2.ccmo8enfyh7j.ap-northeast-2.rds.amazonaws.com has address 10.6.2.213
Mon Nov 28 00:07:58 KST 2022
...
```

2. RDS2 EMPLOYEES 테이블을 확인하는 반복문을 유지한 상태에서 RDS2 데이터베이스를 중지합니다. RDS2를 선택한 후 **작업** > **일시적으로 중지**를 선택합니다. 이때 버튼을 클릭하면 팝업창이 열리는데 '7일 후 DB 인스턴스가 자동으로 다시 시작하는 것에 동의합니다'에 체크한 후 **일시적으로 중지**를 클릭합니다. 일정 시간이 지나면 RDS2 상태 정보는 '중지 중' 상태를 거쳐 '일시적으로 중지됨' 상태로 전환됩니다.

그림 6-34 RDS2 일시적으로 중지

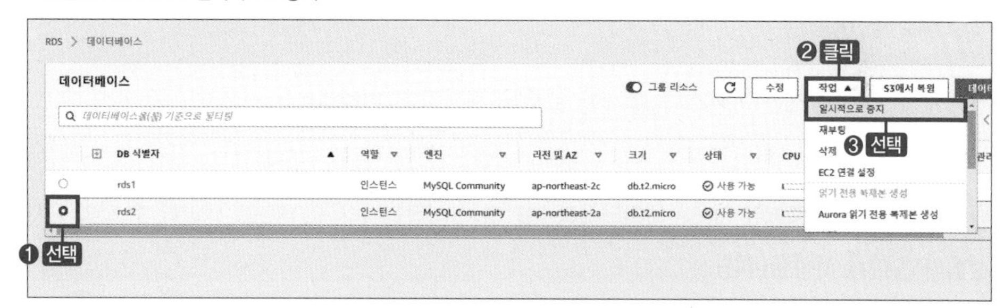

3. 데이터베이스 테이블을 확인하는 반복문을 다시 확인합니다. 다음 그림과 같이 RDS2가 중지되어 데이터베이스 테이블 정보를 가져오지 못하고 있습니다.

그림 6-35 데이터베이스를 확인하는 반복 명령어

```
+----+-------+---------+
rds2.ccmo8enfyh7j.ap-northeast-2.rds.amazonaws.com has address 10.6.2.213
Mon Nov 28 00:34:06 KST 2022
+----+-------+---------+
| ID | NAME  | ADDRESS |
+----+-------+---------+
|  1 | ongja | busan   |
+----+-------+---------+
rds2.ccmo8enfyh7j.ap-northeast-2.rds.amazonaws.com has address 10.6.2.213
Mon Nov 28 00:34:07 KST 2022
+----+-------+---------+
| ID | NAME  | ADDRESS |
+----+-------+---------+
|  1 | ongja | busan   |
+----+-------+---------+
rds2.ccmo8enfyh7j.ap-northeast-2.rds.amazonaws.com has address 10.6.2.213
Mon Nov 28 00:34:08 KST 2022
ERROR 2003 (HY000): Can't connect to MySQL server on 'rds2.ccmo8enfyh7j.ap-northeast-2.rds.amazonaws.com' (111)
rds2.ccmo8enfyh7j.ap-northeast-2.rds.amazonaws.com has address 10.6.2.213
Mon Nov 28 00:34:09 KST 2022
ERROR 2003 (HY000): Can't connect to MySQL server on 'rds2.ccmo8enfyh7j.ap-northeast-2.rds.amazonaws.com' (111)
rds2.ccmo8enfyh7j.ap-northeast-2.rds.amazonaws.com has address 10.6.2.213
Mon Nov 28 00:34:10 KST 2022
ERROR 2003 (HY000): Can't connect to MySQL server on 'rds2.ccmo8enfyh7j.ap-northeast-2.rds.amazonaws.com' (111)
rds2.ccmo8enfyh7j.ap-northeast-2.rds.amazonaws.com has address 10.6.2.213
Mon Nov 28 00:34:11 KST 2022
ERROR 2003 (HY000): Can't connect to MySQL server on 'rds2.ccmo8enfyh7j.ap-northeast-2.rds.amazonaws.com' (111)
rds2.ccmo8enfyh7j.ap-northeast-2.rds.amazonaws.com has address 10.6.2.213
```

4. RDS2 데이터베이스는 단일로 동작하고 있기 때문에 중지되거나 재부팅이 발생하면 데이터베이스를 찾을 수 없어 문제가 발생합니다.

▼ 그림 6-36 RDS2 데이터베이스 중지 상태 동작

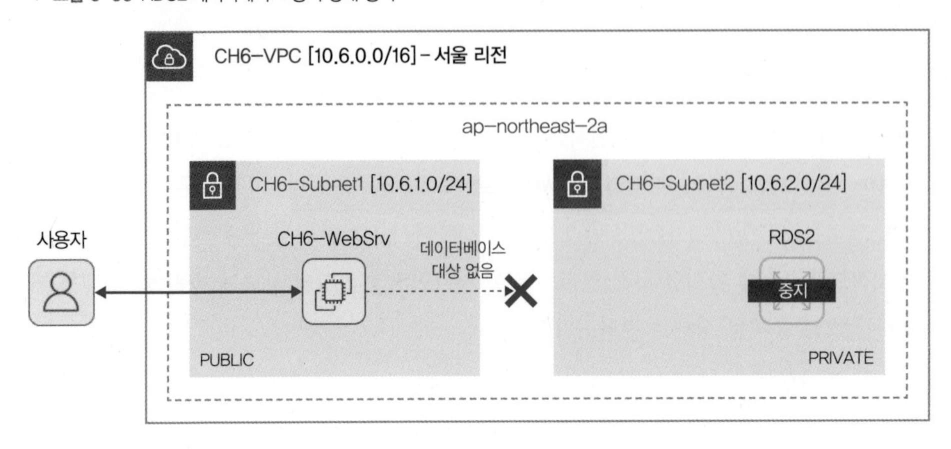

장애에 따라 지속적인 서비스가 불가한 문제를 해결하기 위해 Multi-AZ 기능을 확인해 보겠습니다.

다음 실습을 위해 중지된 RDS2 데이터베이스를 다시 시작합니다. RDS2를 선택한 후 **작업** > **시작**을 선택하면 다시 시작합니다.

6.3.3 Amazon RDS의 고가용성을 위한 Multi-AZ 동작 확인하기

이번 단계에서는 앞서 제기된 문제를 해결하기 위해 Multi-AZ 기능을 알아봅니다. CH6-WebSrv를 Multi-AZ 기능이 활성화된 RDS1로 연결합니다.

1. CH6-WebSrv의 index.php 파일을 수정하여 RDS1 데이터베이스와 연동합니다.

```
# CH6-WebSrv의 SSH 터미널
# index.php 파일의 DB_SERVER 값을 RDS1 엔드포인트 주소로 치환
sed -i "s/$RDS2/$RDS1/g" /var/www/html/index.php

# index.php 파일의 상위 두 줄만 확인
head -2 /var/www/html/index.php
<?php
define('DB_SERVER', 'rds1.ccmo8enfyh7j.ap-northeast-2.rds.amazonaws.com');
```

DB_SERVER 주소를 RDS1 엔드포인트 주소로 변환하여 CH6-WebSrv와 RDS1 데이터베이스 간 연동 환경을 구성합니다.

2. RDS1 데이터베이스의 EMPLOYEES 테이블 정보를 확인합니다.

```
# CH6-WebSrv의 SSH 터미널
# RDS1의 데이터베이스 EMPLOYEES 테이블 확인 스크립트(반복문)
. /db_sh/SELECT_TABLE_RDS1.sh
ERROR 1146 (42S02) at line 1: Table 'sample.EMPLOYEES' doesn't exist
rds1.ccmo8enfyh7j.ap-northeast-2.rds.amazonaws.com has address 10.6.3.95
Mon Nov 28 14:24:25 KST 2022
ERROR 1146 (42S02) at line 1: Table 'sample.EMPLOYEES' doesn't exist
rds1.ccmo8enfyh7j.ap-northeast-2.rds.amazonaws.com has address 10.6.3.95
Mon Nov 28 14:24:26 KST 2022
...
```

3. 현재 RDS1은 EMPLOYEES 테이블이 없어 오류 메시지가 발생합니다. 웹 서버의 웹 페이지에 접속하면 생성되지만 이번에는 명령어를 이용하여 테이블을 생성해 봅니다.

```
# CH6-WebSrv의 SSH 터미널
# EMPLOYEES 테이블 생성
mysql -h $RDS1 -uroot -pqwe12345 -e "USE sample;CREATE TABLE EMPLOYEES(ID int, NAME
CHAR(20), ADDRESS CHAR(20));"
```

다시 RDS1의 EMPLOYEES 테이블을 확인하는 스크립트(. /db_sh/SELECT_TABLE_RDS1.sh)를 실행해 보면 오류 메시지는 발생하지 않습니다.

4. INSERT 명령어로 RDS1의 EMPLOYEES 테이블에 데이터를 추가합니다.

```
# CH6-WebSrv의 SSH 터미널
# EMPLOYEES 테이블에 데이터 추가
mysql -h $RDS1 -uroot -pqwe12345 -e "USE sample;INSERT INTO EMPLOYEES VALUES
('1','Son', 'UK');"
```

5. RDS1 데이터베이스의 EMPLOYEES 테이블 정보를 확인합니다. RDS1 데이터베이스의 EMPLOYEES 테이블에 데이터가 추가된 것을 확인할 수 있습니다.

```
# CH6-WebSrv의 SSH 터미널
# RDS1의 데이터베이스 EMPLOYEES 테이블 확인 스크립트(반복문)
. /db_sh/SELECT_TABLE_RDS1.sh
```

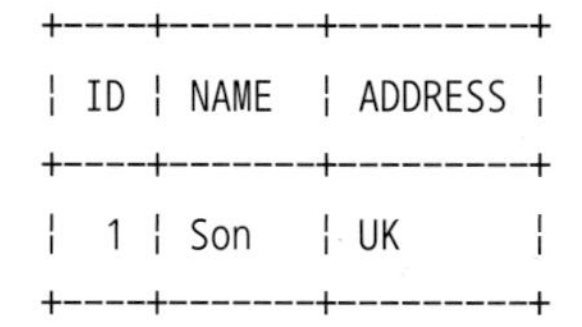

```
+----+-------+---------+
| ID | NAME  | ADDRESS |
+----+-------+---------+
|  1 | Son   | UK      |
+----+-------+---------+
```

```
rds1.ccmo8enfyh7j.ap-northeast-2.rds.amazonaws.com has address 10.6.3.95
Mon Nov 28 14:35:19 KST 2022
...
```

다음 그림과 같이 CH6-WebSrv는 RDS1과 연동되어 SQL 질의와 응답을 이용해서 데이터를 생성하고 조회할 수 있습니다. 여기에서 RDS1은 Multi-AZ가 활성화되어 Primary DB와 Standby Replica는 서로 다른 가용 영역에 위치합니다.

▼ 그림 6-37 CH6-WebSrv와 RDS1을 연동한 후 데이터 읽기와 쓰기 동작

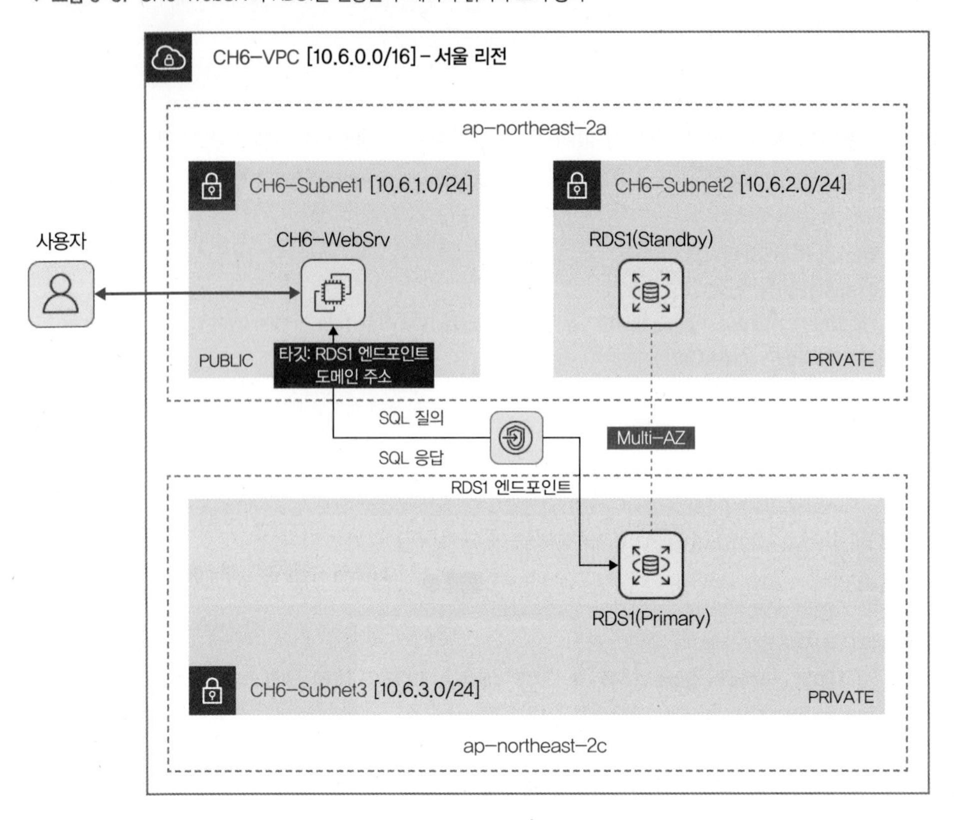

Primary DB와 Standby Replica는 서로 동기화되어 테이블을 유지하며, Primary DB에 장애가 발생하면 Standby Replica가 Primary DB로 승격되어 페일오버를 수행할 수 있습니다.

RDS1 데이터베이스를 재부팅했을 때 페일오버 동작을 확인해 봅니다.

6. RDS1 데이터베이스의 EMPLOYEES 테이블 정보를 반복하는 SELECT_TABLE_RDS1.sh 스크립트를 실행하고 유지합니다.

```
# CH6-WebSrv의 SSH 터미널
# RDS1의 데이터베이스 EMPLOYEES 테이블 확인 스크립트(반복문)
. /db_sh/SELECT_TABLE_RDS1.sh
```

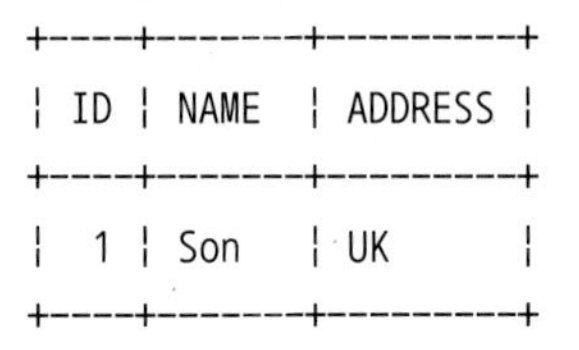

```
+----+-------+---------+
| ID | NAME  | ADDRESS |
+----+-------+---------+
|  1 | Son   | UK      |
+----+-------+---------+
rds1.ccmo8enfyh7j.ap-northeast-2.rds.amazonaws.com has address 10.6.3.95
Mon Nov 28 14:35:19 KST 2022
...
```

여기에서 RDS1의 IP 주소는 10.6.3.95입니다. 물론 각자 실습한 IP 주소는 다릅니다.

7. RDS1을 재부팅하기 위해 데이터베이스 메뉴에서 **RDS1**을 선택하고 **작업 > 재부팅**을 선택합니다. 재부팅 창이 열리면 '장애 조치로 재부팅하시겠습니까?'에 체크하고 **확인**을 누릅니다.

▼ 그림 6-38 RDS1 재부팅

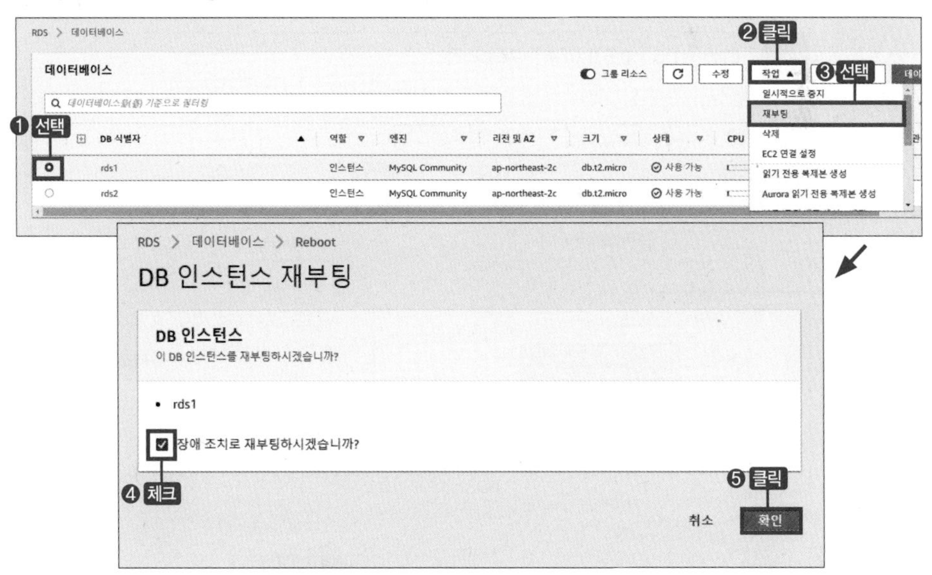

8. 앞서 유지하고 있는 스크립트를 다시 확인합니다.

▼ 그림 6-39 RDS1로 재부팅할 경우 EMPLOYEES 테이블 확인

```
ERROR 2003 (HY000): Can't connect to MySQL server on 'rds1.ccmo8enfyh7j.ap-northeast-2.rds.amazonaws.com' (4)
rds1.ccmo8enfyh7j.ap-northeast-2.rds.amazonaws.com has address 10.6.3.95
Mon Nov 28 15:47:58 KST 2022
ERROR 2003 (HY000): Can't connect to MySQL server on 'rds1.ccmo8enfyh7j.ap-northeast-2.rds.amazonaws.com' (4)
rds1.ccmo8enfyh7j.ap-northeast-2.rds.amazonaws.com has address 10.6.3.95
Mon Nov 28 15:48:01 KST 2022
ERROR 2003 (HY000): Can't connect to MySQL server on 'rds1.ccmo8enfyh7j.ap-northeast-2.rds.amazonaws.com' (4)
rds1.ccmo8enfyh7j.ap-northeast-2.rds.amazonaws.com has address 10.6.2.70
Mon Nov 28 15:48:04 KST 2022
+------+------+---------+
| ID   | NAME | ADDRESS |
+------+------+---------+
|    1 | Son  | UK      |
+------+------+---------+
rds1.ccmo8enfyh7j.ap-northeast-2.rds.amazonaws.com has address 10.6.2.70
Mon Nov 28 15:48:05 KST 2022
+------+------+---------+
| ID   | NAME | ADDRESS |
+------+------+---------+
|    1 | Son  | UK      |
+------+------+---------+
rds1.ccmo8enfyh7j.ap-northeast-2.rds.amazonaws.com has address 10.6.2.70
Mon Nov 28 15:48:06 KST 2022
+------+------+---------+
| ID   | NAME | ADDRESS |
+------+------+---------+
|    1 | Son  | UK      |
+------+------+---------+
rds1.ccmo8enfyh7j.ap-northeast-2.rds.amazonaws.com has address 10.6.2.70
Mon Nov 28 15:48:07 KST 2022
```

재부팅

페일오버

RDS1을 재부팅하면서 Primary DB는 중지될 것이고 장애 조치를 위해 Standby Replica를 Primary DB로 승격시켜 자동으로 페일오버를 수행합니다. 여기에서 RDS1의 IP 주소를 확인해 보면 최초 10.6.3.95에서 10.6.2.70으로 변경된 것을 확인할 수 있습니다. 이 의미는 Primary DB가 변경된 것으로 이해할 수 있겠네요.

▼ 그림 6-40 RDS1 페일오버 동작

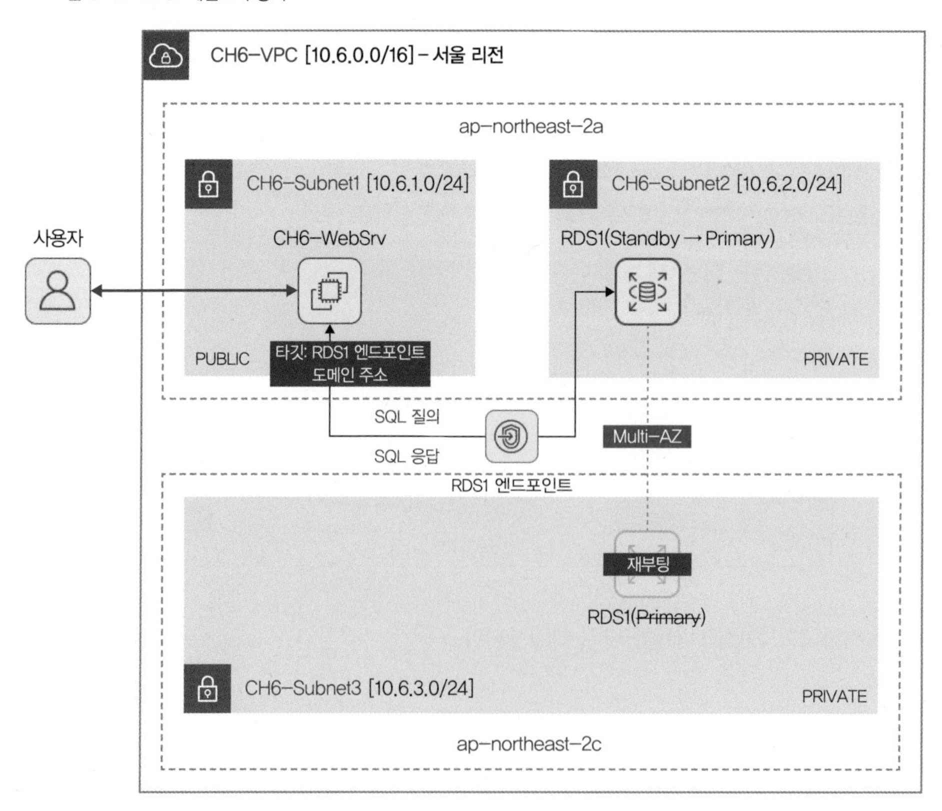

앞의 그림과 같이 RDS1의 Primary DB에 장애가 발생하면 Multi-AZ 설정에 따라 다른 가용 영역에 생성된 Standby Replica를 자동으로 승급하기 때문에 Primary DB 역할로 서비스를 지속적으로 유지할 수 있습니다.

6.3.4 Amazon RDS의 성능을 확장하는 Read Replica 동작 확인하기

이번에는 데이터베이스의 데이터 처리 성능 확장을 위한 Read Replica 기능을 살펴봅니다. 참고로 Read Replica는 앞서 설명한 Multi-AZ 같은 고가용성 서비스가 아닙니다. 읽기 전용 데이터베이스인 Read Replica 데이터베이스를 복제하여 데이터 처리 성능을 높이는 기능입니다.

RDS2 데이터베이스의 Read Replica를 설정하기 위해 데이터베이스 메뉴에서 **RDS2**를 선택하고 **작업 > 읽기 전용 복제본 생성**을 선택합니다.

하지만 RDS2의 Read Replica를 설정하는 읽기 전용 복제본 생성 메뉴가 비활성화되어 설정할 수 없습니다. 왜 그럴까요?

▼ 그림 6-41 백업 보존 기간 0일: 읽기 전용 복제본 생성 불가

Read Replica 설정 조건 중에는 자동 백업 기능이 활성화 상태여야 한다는 조건이 있습니다. 처음 RDS2를 생성할 때 백업 보존 기간을 '0일'로 설정했습니다. 이는 자동 백업을 비활성화한다는 의미입니다. 그래서 RDS2 데이터베이스는 Read Replica 설정을 할 수 없습니다. 설정을 원한다면 RDS2 데이터베이스를 선택한 후 **수정**을 눌러 백업 보존 기간을 1일 이상의 값으로 변경해야 합니다.

아무래도 데이터베이스 수정에 따른 대기 시간이 발생하는 관계로 이번에는 Read Replica의 제약 조건이 자동 백업 기능을 활성화해야 한다는 점만 이해하고 넘어갑니다. 실제 Read Replica 실습은 RDS1에서 진행하겠습니다.

▼ 그림 6-42 백업 보존 기간 1일: 읽기 전용 복제본 생성 가능

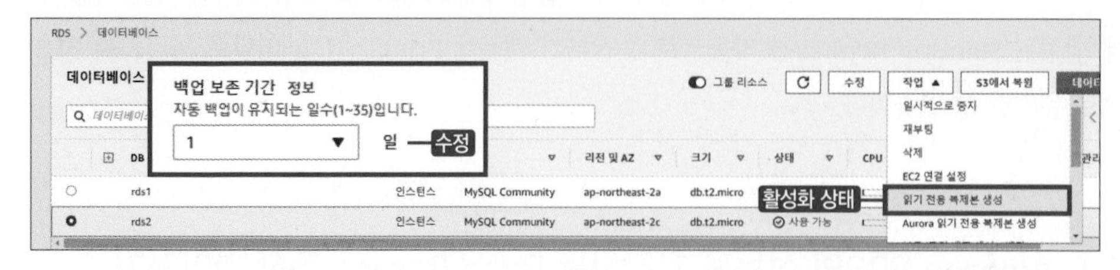

RDS1의 Read Replica 설정으로 읽기 전용의 데이터베이스 복제본을 생성해 보겠습니다. 최초 RDS1 설정값 중 백업 보존 기간은 35일로 설정했습니다. 자동 백업 기능이 활성화된 상태로 Read Replica 설정에 대한 제약이 없습니다.

1. RDS1 데이터베이스의 Read Replica 설정을 위해 데이터베이스 메뉴에서 **RDS1**를 선택하고 **작업** > **읽기 전용 복제본 생성**을 선택합니다.

▼ 그림 6-43 RDS1의 읽기 전용 복제본 생성

2. DB 인스턴스의 읽기 전용 복제본 생성 페이지가 나타나면 다음 그림과 같이 설정합니다.

   ❶ [설정] DB 인스턴스 식별자는 'rds1-rr'로 입력

   ❷ 가장 아래쪽에 있는 **읽기 전용 복제본 생성** 누르기

▼ 그림 6-44 RDS1-RR 설정

설정

읽기 전용 복제본 원본
원본 DB 인스턴스 식별자
rds1

DB 인스턴스 식별자
DB 인스턴스 식별자. DB 인스턴스를 식별하는 고유한 키입니다. 이 파라미터는 소문자 문자열로 저장됩니다(예: mydbinstance).
rds1-rr 입력 ❶

유지 관리

자동 마이너 버전 업그레이드
자동 엔진 버전 업그레이드를 사용할 수 있을 때 DB 인스턴스가 이 업그레이드를 수신해야 하는지 여부를 지정합니다.
예
아니요

❷ 클릭
취소 읽기 전용 복제본 생성

3. 일정 시간을 대기하면 다음 그림과 같이 RDS1에 대한 Read Replica가 생성된 것을 확인할 수 있습니다.

▼ 그림 6-45 RDS1의 복제본 RDS1-RR 생성

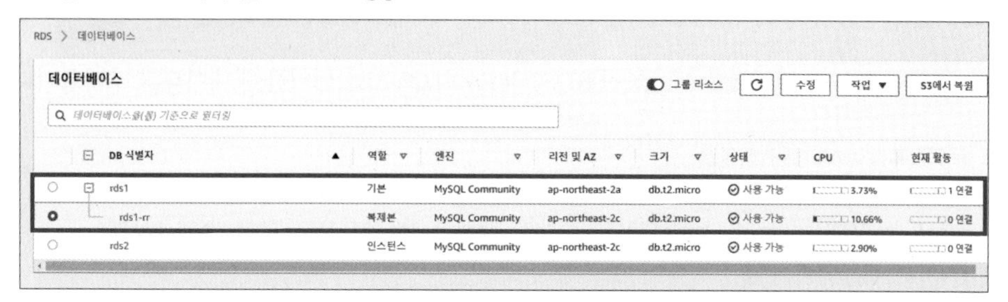

RDS1-RR 생성이 완료되면 DB 식별자를 클릭하고 엔드포인트 주소를 메모해 둡니다.

4. CH6-WebSrv에 SSH로 접속하여 메모해 둔 RDS1-RR의 엔드포인트 주소를 변수로 선언합니다.

```
# CH6-WebSrv의 SSH 터미널
# RDS1-RR의 엔드포인트 주소를 변수로 선언
RDS1RR=rds1-rr.ccmo8enfyh7j.ap-northeast-2.rds.amazonaws.com[RDS1-RR의 엔드포인트 주소 입력]

# 선언된 변수 호출
echo $RDS1RR
rds1-rr.ccmo8enfyh7j.ap-northeast-2.rds.amazonaws.com
```

5. RDS1과 RDS1-RR의 데이터베이스 EMPLOYEES 테이블을 확인합니다.

```
# CH6-WebSrv의 SSH 터미널
# RDS1의 EMPLOYEES 테이블 확인
mysql -h $RDS1 -uroot -pqwe12345 -e "USE sample;SELECT * FROM EMPLOYEES;"
```

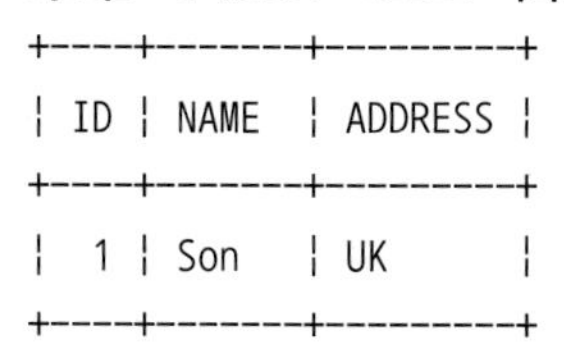

```
+----+-------+---------+
| ID | NAME  | ADDRESS |
+----+-------+---------+
|  1 | Son   | UK      |
+----+-------+---------+

# RDS1-RR의 EMPLOYEES 테이블 확인
mysql -h $RDS1RR -uroot -pqwe12345 -e "USE sample;SELECT * FROM EMPLOYEES;"
+----+-------+---------+
| ID | NAME  | ADDRESS |
```

```
+----+-------+---------+
| 1 | Son   | UK      |
+----+-------+---------+
```

RDS1-RR은 RDS1의 복제본 데이터베이스이기 때문에 서로 동일한 테이블을 유지합니다.

6. MySQL `INSERT` 명령어를 이용하여 RDS1의 EMPLOYEES 테이블에 데이터를 추가합니다.

```
# CH6-WebSrv의 SSH 터미널
# RDS1의 EMPLOYEES 테이블에 데이터 추가
mysql -h $RDS1 -uroot -pqwe12345 -e "USE sample;INSERT INTO EMPLOYEES VALUES
('2','Park','Suwon');"
```

7. RDS1과 RDS1-RR의 데이터베이스 EMPLOYEES 테이블을 확인합니다.

```
# CH6-WebSrv의 SSH 터미널
# RDS1의 EMPLOYEES 테이블 확인
mysql -h $RDS1 -uroot -pqwe12345 -e "USE sample;SELECT * FROM EMPLOYEES;"
+----+-------+---------+
| ID | NAME  | ADDRESS |
+----+-------+---------+
|  1 | Son   | UK      |
|  2 | Park  | Suwon   |
+----+-------+---------+

# RDS1-RR의 EMPLOYEES 테이블 확인
mysql -h $RDS1RR -uroot -pqwe12345 -e "USE sample;SELECT * FROM EMPLOYEES;"
+----+-------+---------+
| ID | NAME  | ADDRESS |
+----+-------+---------+
|  1 | Son   | UK      |
|  2 | Park  | Suwon   |
+----+-------+---------+
```

마찬가지로 RDS1과 RDS1-RR은 서로 동기화되어 테이블을 유지합니다.

8. `INSERT` 명령어를 이용하여 RDS1-RR의 EMPLOYEES 테이블에 데이터를 추가하면 어떻게 될까요?

```
# CH6-WebSrv의 SSH 터미널
# RDS1의 EMPLOYEES 테이블에 데이터 추가
mysql -h $RDS1RR -uroot -pqwe12345 -e "USE sample;INSERT INTO EMPLOYEES VALUES
('3','Lee','China');"
```

```
ERROR 1290 (HY000) at line 1: The MySQL server is running with the --read-only option
so it cannot execute this statement
```

RDS1-RR은 읽기 전용(read-only) 데이터베이스라는 오류 메시지를 출력하며 데이터를 추가하지 못합니다.

▼ 그림 6-46 RDS1의 Read Replica 동작

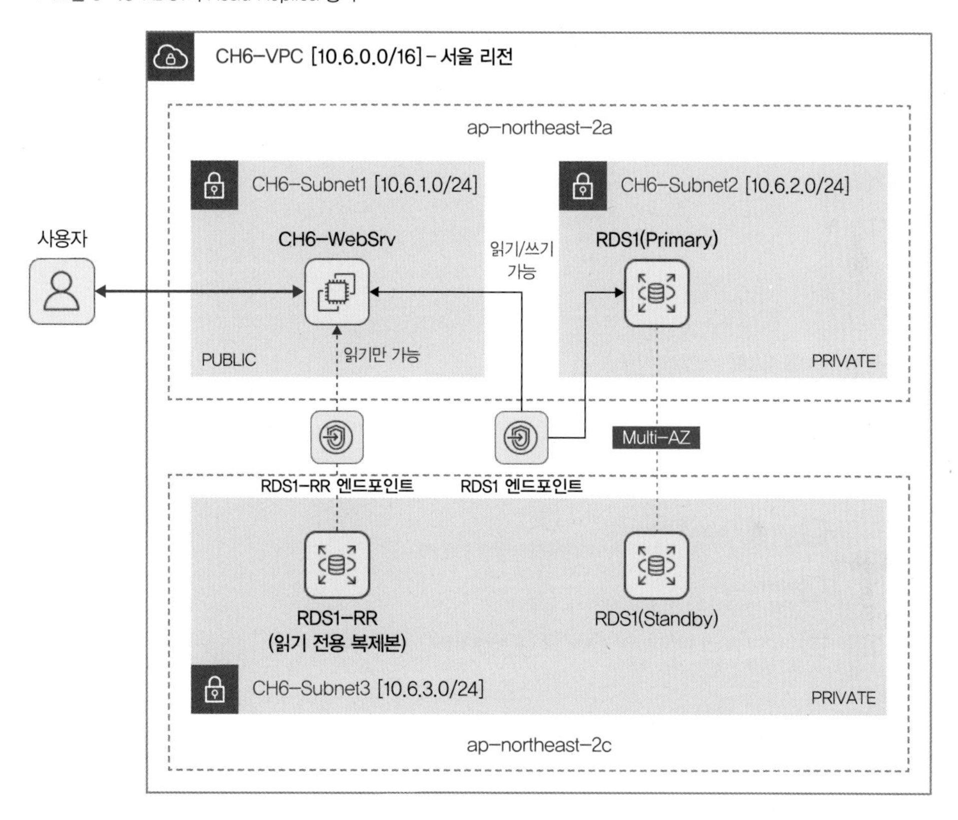

정리하면 RDS1은 Primary DB로 읽기와 쓰기가 모두 가능하며, RDS1-RR은 RDS1의 복제본 데이터베이스로 데이터를 동기화해서 읽을 수만 있는 데이터베이스입니다. 복제본 데이터베이스를 생성하면 데이터 읽기 처리를 분산해서 성능을 확장할 수 있겠네요.

6.3.5 실습을 위해 생성된 모든 자원 삭제하기

6장의 모든 실습이 끝났습니다. 실습할 때 생성한 모든 자원을 삭제하기 위해 다음 순서대로 진행해 주세요.

1. **RDS > 데이터베이스** 메뉴에 들어갑니다. RDS1, RDS1-RR, RDS2를 각각 선택한 후 **작업 > 삭제**를 선택합니다.

   ❶ '최종 스냅샷 생성', '자동 백업 보존' 체크 해제

   ❷ '인스턴스 삭제 시 시스템 스냅샷 및 특정 시점으로 ~ 사용할 수 없다는 점을 인정합니다.'에 체크

   ❸ 입력에 'delete me' 입력

   ❹ **삭제** 누르기

▼ 그림 6-47 RDS를 삭제할 경우 체크 사항

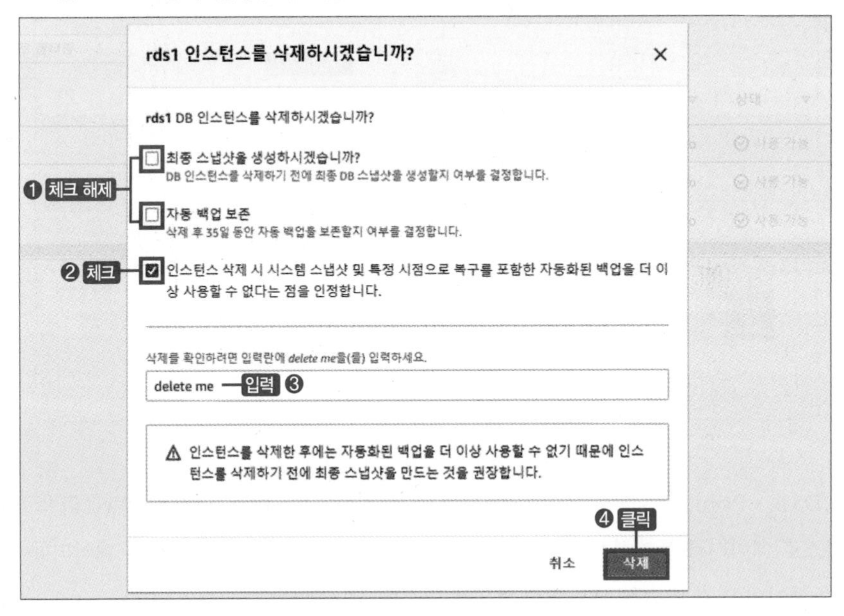

삭제 작업은 약 10분 내외가 소요되므로 대기 시간 이후 삭제되었는지 반드시 확인하기 바랍니다. RDS가 삭제되어야 CloudFormation 스택을 삭제할 수 있습니다.

2. 이제 CloudFormation 스택을 삭제하겠습니다. **CloudFormation > 스택** 메뉴에 들어가서 'dblab' 스택을 선택한 후 **삭제**를 누릅니다. 이후 나타나는 창에서 **스택 삭제**를 누릅니다. 정상적으로 삭제되었는지 꼭 확인하기 바랍니다.

▼ 그림 6-48 스택 삭제

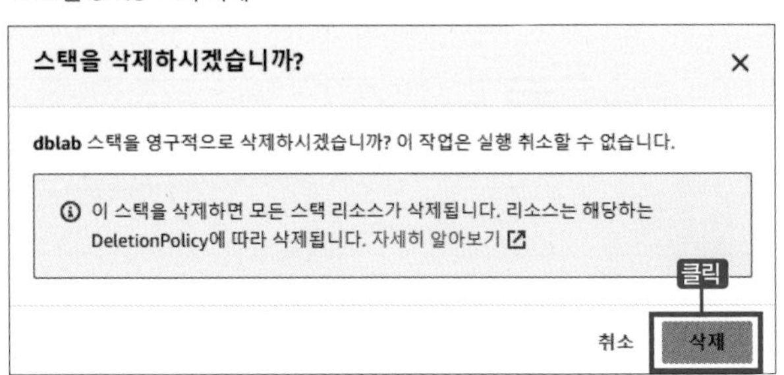

7장

AWS 고급 네트워킹 서비스

7.1 DNS란

AWS가 제공하는 고급 네트워킹 기능 중 AWS의 관리형 DNS 서비스인 Amazon Route 53을 살펴보기에 앞서 DNS가 무엇인지 이해해야 합니다. 이 절에서는 먼저 DNS 개념을 학습한 후 도메인 구조와 DNS 서버들을 살펴보고 DNS 레코드 유형까지 알아보겠습니다.

7.1.1 DNS 서비스

DNS는 Domain Name System의 약어로, 네트워크 통신을 위한 주소 체계를 문자 형태인 도메인으로 매핑하여 연결하는 서비스를 의미합니다. 여기에서 네트워크 통신 주소는 일반적으로 IP 주소를 사용하는데, 한마디로 IP 주소를 문자 형태의 도메인 주소로 매핑해서 사용하는 서비스를 의미합니다. 우리 일상에서는 이런 DNS 서비스를 자연스럽게 사용하고 있습니다.

예를 들어 구글 웹 페이지에 접속한다고 가정하면, 구글 웹 서버의 IP 주소로 접속해야 합니다. 하지만 우리는 IP 주소가 아닌 google.com이라는 문자로 된 주소로 접속하죠? DNS 서비스 덕분에 바로 이런 google.com이라는 도메인 주소로 구글 웹 페이지에 접근할 수 있는 것입니다.

▼ 그림 7-1 IP 주소와 도메인 주소

앞의 그림과 같이 홈페이지 웹 서버를 IP 주소로 표현하기보다 도메인 주소로 표현하면 훨씬 쉽고 편리합니다. 그렇다면 도메인 주소를 활용한 웹 서버 접근은 어떤 단계를 거치는지 살펴볼까요?

다음 그림과 같은 과정을 거쳐 사용자는 웹 서버의 도메인 주소로 접근합니다.

▼ 그림 7-2 도메인 주소를 이용한 통신 과정

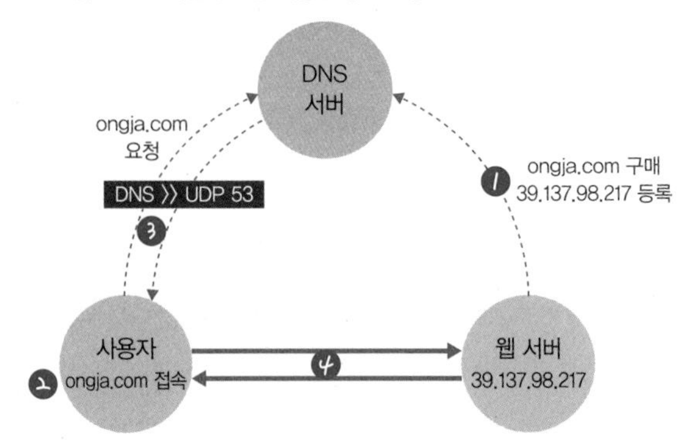

❶ 웹 서버의 IP 주소를 도메인 주소로 사용하고자 ongja.com 도메인을 구매하고 등록합니다. 그러면 DNS 서버는 ongja.com의 IP 주소가 무엇인지 알고 정보를 기록해 둡니다.

❷ 사용자는 ongja.com이라는 도메인 주소가 어떤 IP 주소인지 모르고 있으므로 해당 정보를 확인하는 작업이 필요합니다.

❸ 사용자는 도메인 주소의 IP 주소를 확인하기 위해 DNS 서버에 ongja.com의 도메인 주소를 요청하고 응답받습니다. 이때 UDP 53번 포트를 사용하는 DNS 프로토콜을 이용하여 통신합니다. 그러면 사용자는 ongja.com에 대한 IP 주소가 무엇인지 알 수 있습니다.

❹ 사용자는 ongja.com의 IP 주소를 알아냈기 때문에 해당 IP 주소로 통신합니다.

물론 DNS 서버는 용도에 따라 종류가 다양하며 이들 사이에 복잡한 통신 과정이 있지만, 이번에는 간단하게 어떤 구조로 통신하는지 정도만 이해하기 바랍니다.

7.1.2 도메인 구조

앞서 설명한 도메인 주소를 자세히 살펴보면 영역별로 도메인을 분류할 수 있습니다. 다음 예시로 도메인 구조를 살펴보겠습니다.

▼ 그림 7-3 도메인 구조 예시

blog.cloudneta.net.

서브 도메인	세컨드 레벨 도메인 (SLD)	탑 레벨 도메인 (TLD)	루트 도메인

루트 도메인

우리가 사용하는 모든 도메인 주소의 가장 마지막에는 온점이 있는데, 일반적으로 이 부분은 생략하고 사용합니다. 여기에서 마지막에 위치하는 온점을 루트 도메인이라고 합니다.

탑 레벨 도메인

도메인 주소에서 가장 상위에 위치한 도메인을 탑 레벨 도메인이라고 하며, 줄여서 TLD(Top Level Domain)라고 합니다. 예시에서 보면 .net이 TLD에 해당합니다. 이런 TLD는 종류가 다양한데, 우리가 흔히 접하는 .com, .co.kr, .org 등이 있습니다.

세컨드 레벨 도메인

TLD 다음에 위치한 두 번째 도메인 영역을 세컨드 레벨 도메인이라고 하며, 줄여서 SLD(Second Level Domain)라고 합니다. 예시에서 보면 cloudneta가 SLD에 해당합니다. 이런 SLD는 상위 TLD에서 유일하게 존재하고 식별하는 도메인 영역입니다. 일반적으로 도메인 이름은 SLD와 TLD를 합친 형태로 표현합니다. 예시에서 보면 cloudneta.net이라는 도메인 이름이겠네요.

서브 도메인

도메인을 용도에 따라 앞에 명칭을 부여해서 분류할 수 있는데, 이를 서브 도메인이라고 합니다. 예를 들어 blog.cloudneta.net이나 test.cloudneta.net처럼 앞의 blog와 test가 서브 도메인입니다.

7.1.3 DNS 서버 종류

도메인 구조를 루트 도메인, 탑 레벨 도메인, 세컨드 레벨 도메인, 서브 도메인으로 구분하는 가장 큰 이유는 영역별 도메인을 관리하는 주체를 분리하기 위해서입니다. **도메인은 DNS 네임 서버**로 관리하는데, 이때 도메인 영역별로 DNS 네임 서버를 분류해서 관리합니다. 이런 DNS 서버 종류를 살펴보겠습니다.

루트 네임 서버

루트 도메인을 관리하는 DNS 서버를 루트 네임 서버라고 합니다. DNS 요청에 대해 TLD에 해당하는 네임 서버 정보를 응답합니다. 참고로 루트 네임 서버는 전 세계에 13개만 존재합니다(a.root-servers.net.~m.root-servers.net.).

TLD 네임 서버

도메인 이름의 최상위 영역인 TLD를 관리하는 DNS 서버로, TLD 네임 서버라고 합니다. TLD 영역에서 식별되는 모든 SLD를 관리하여 DNS 요청에 대해 SLD 네임 서버 정보를 응답합니다. 예를 들어 .com이라는 TLD 네임 서버는 .com 내에 있는 google.com 도메인을 관리하는 SLD 네임 서버 정보를 알고 있습니다. 해당 도메인에 대한 DNS 요청이 있으면 SLD 네임 서버 주소를 알려 줍니다.

SLD 네임 서버

실질적인 도메인 이름을 관리하는 DNS 서버로, SLD 네임 서버(권한 있는 네임 서버)라고 합니다. 이런 SLD 네임 서버는 실제 도메인의 최종 관리 서버로 권한이 있는 네임 서버라고 합니다. 도메인 주소에 대한 IP 주소를 확인하는 가장 마지막 단계입니다.

DNS 해석기

사용자와 네임 서버 사이에서 중계자 역할을 수행하는 목적으로 DNS 해석기가 있습니다. 사용자가 DNS 해석기로 DNS 요청을 하면, DNS 해석기가 DNS 네임 서버와 정보를 주고받아 도메인 주소를 해석하여 최종적으로 IP 주소를 사용자에게 알려 줍니다.

▼ 그림 7-4 DNS 서버 구성

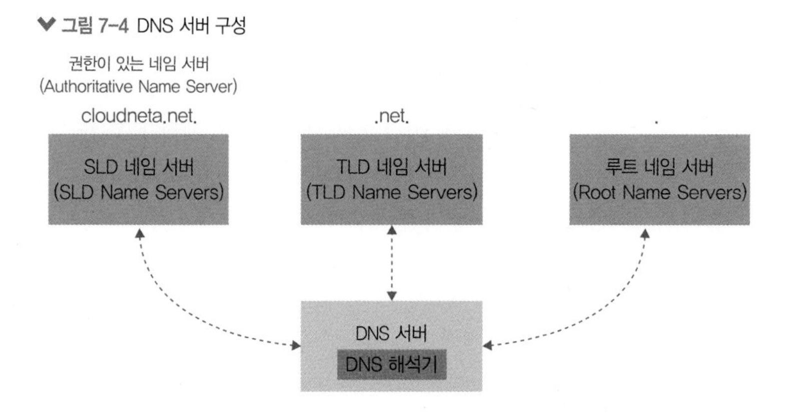

앞의 그림과 같이 영역별로 도메인 이름을 관리하는 루트 네임 서버, TLD 네임 서버, SLD 네임 서버가 있습니다. DNS 해석기를 이용하여 단계별로 DNS 요청과 응답을 수행하여 도메인 주소의 최종 IP 주소를 확인합니다.

7.1.4 DNS 통신 흐름

앞서 설명한 DNS 네임 서버들을 이용하여 도메인 주소의 IP 주소를 확인하는 DNS 통신 흐름을 살펴보겠습니다.

그림 7-5 DNS 서버 통신 흐름

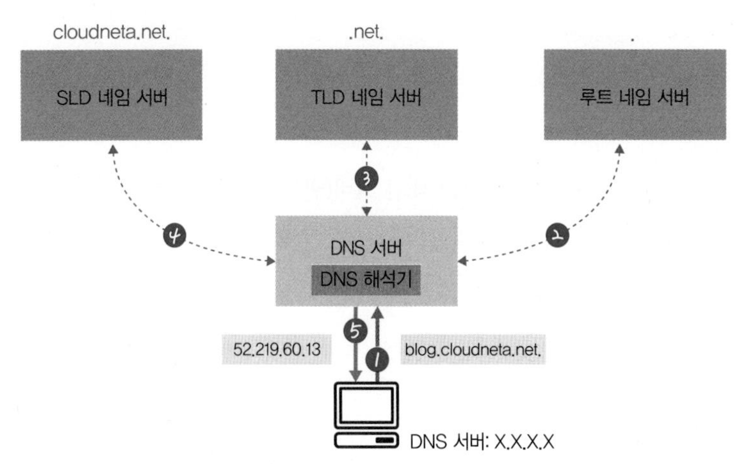

❶ 사용자 PC에서 blog.cloudneta.net이라는 도메인 주소의 IP 주소를 알기 위해 DNS 서버에 질의합니다. 여기에서 DNS 서버는 DNS 해석기를 이용하여 다양한 네임 서버와 통신하는 중계자 역할을 수행합니다.

❷ 기본적으로 DNS 해석기는 전 세계에 있는 루트 네임 서버의 주소를 알고 있습니다. 해당 루트 네임 서버에 blog.cloudneta.net 도메인 주소의 IP 주소를 물어봅니다. 여기에서 루트 네임 서버는 blog.cloudneta.net이라는 도메인 주소를 알지 못하지만 .net의 TLD 네임 서버는 알고 있기 때문에 해당 정보를 DNS 해석기에 전달합니다.

❸ 그러면 DNS 해석기는 .net에 해당하는 TLD 네임 서버에 blog.cloudneta.net 도메인 주소의 IP 주소를 물어봅니다. 여기에서 TLD 네임 서버는 blog.cloudneta.net이라는 도메인 주

소를 알지 못하지만 cloudneta.net의 SLD 네임 서버는 알고 있어 해당 정보를 DNS 해석기에 전달합니다.

❹ 다시 DNS 해석기는 cloudneta.net에 해당하는 SLD 네임 서버에 blog.cloudneta.net 도메인 주소의 IP 주소를 물어봅니다. 이 SLD 네임 서버는 도메인 주소의 최종 정보가 있는 '권한이 있는 네임 서버'로, blog.cloudneta.net에 대한 IP 주소를 DNS 해석기에 전달합니다.

❺ DNS 해석기는 blog.cloudneta.net에 대해 최종적으로 해석한 IP 주소를 사용자 PC에 전달합니다. 이것으로 사용자 PC는 blog.cloudneta.net 도메인 주소의 IP 주소를 알게 되어 해당 IP 주소로 통신합니다.

7.1.5 DNS 레코드 유형

DNS 레코드는 도메인에 대한 요청 처리 방법을 정의한 것으로, 용도에 따라 DNS 레코드 유형을 분류합니다. 다양한 DNS 레코드 유형이 있지만, 보편적으로 사용하는 DNS 레코드를 몇 가지 소개합니다.

A 레코드 유형

도메인 이름을 IPv4 주소로 매핑하는 가장 기본적인 DNS 레코드 유형입니다. 다음 형태로 표현합니다.

```
blog.cloudneta.net A 52.219.60.13
```

blog.cloudneta.net이라는 도메인 주소로 질의하면 IPv4 주소인 52.219.60.13으로 응답합니다.

AAAA 레코드 유형

도메인 이름을 IPv6 주소로 매핑하는 DNS 레코드 유형입니다. A 레코드 유형의 IPv6 버전이라고 생각하면 됩니다. 다음 형태로 표현합니다.

```
blog.cloudneta.net AAAA 2001:A10::2001
```

blog.cloudneta.net이라는 도메인 주소로 질의하면 IPv6 주소인 2001:A10::2001로 응답합니다.

NS 레코드 유형

도메인 이름의 네임 서버 주소로 매핑하는 DNS 레코드 유형입니다. 다음 형태로 표현합니다.

```
net NS a.gtld-servers.net.
```

blog.cloudneta.net이라는 도메인 주소로 질의하면 .net의 TLD 네임 서버 주소인 a.gtld-servers.net.이라는 도메인 주소로 응답합니다.

CNAME 레코드 유형

도메인 이름의 별칭을 지정하는 DNS 레코드 유형으로, 다른 도메인 이름을 정의합니다. 다음 형태로 표현합니다.

```
www.cloudneta.net CNAME cloudneta.net
```

www.cloudneta.net이라는 도메인 주소로 질의하면 cloudneta.net의 도메인 주소로 응답합니다.

이외에도 다양한 DNS 레코드 유형이 있으며, 이런 DNS 레코드 유형은 DNS 서버에서 다양하게 정의하고 동작합니다.

요약

- A 레코드 유형: 도메인을 IPv4 주소로 매핑하는 유형
- AAAA 레코드 유형: 도메인을 IPv6 주소로 매핑하는 유형
- NS 레코드 유형: 도메인의 네임 서버 주소를 매핑하는 유형
- CNAME 레코드 유형: 도메인 별칭을 지정

7.2 Amazon Route 53 서비스

Amazon Route 53 서비스는 AWS에서 제공하는 관리형 DNS 서비스입니다. Amazon Route 53의 주요 기능과 DNS 레코드를 활용한 라우팅 정책을 알아보겠습니다.

7.2.1 Amazon Route 53의 주요 기능

Amazon Route 53은 다음 그림과 같은 형태의 아이콘으로 표현합니다. 그런데 여기에서 Route 53에서 53이라는 숫자가 눈에 띄네요. 앞서 DNS 설명에서 DNS 프로토콜은 UDP 53번 포트를 사용한다고 했습니다. 여기에서 포트 번호를 착안해서 Amazon Route 53이라고 명명한 것으로 보입니다.

▼ 그림 7-6 Amazon Route 53의 주요 기능

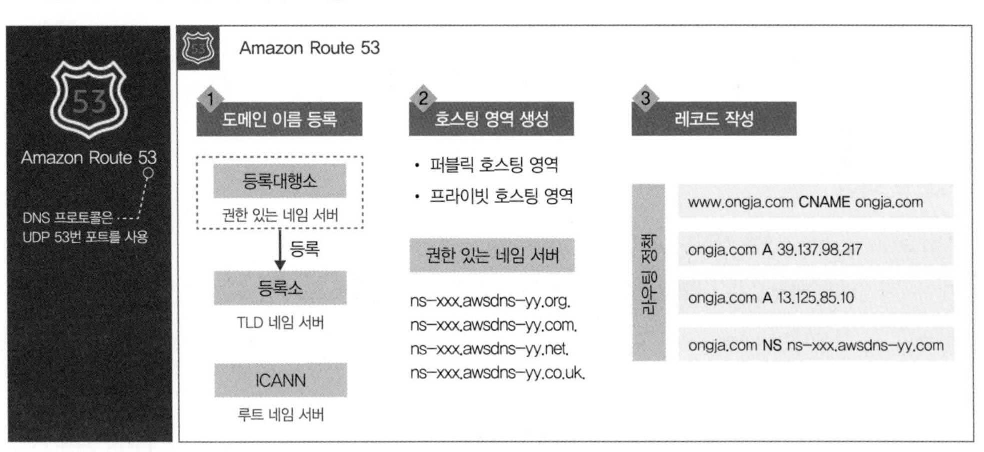

Amazon Route 53은 주로 **도메인 이름 등록**과 **호스팅 영역 생성**, **레코드 작성** 같은 기능을 제공합니다. 이런 Amazon Route 53의 주요 기능을 하나씩 자세히 살펴보겠습니다.

도메인 이름 등록

도메인 이름을 사용하려면 도메인 이름을 등록하는 절차가 필요합니다. 도메인을 등록하려면 전 세계에 위치한 네임 서버에 도메인 이름을 사용한다고 알려야 하는데, 이 작업은 개인이 아닌 등

록대행소에서 관장합니다. 즉, 사용자가 도메인 등록대행소에 도메인 이름 등록을 요청하면 도메인 등록 작업을 대행하는 것이죠. 도메인 등록대행소로 국내외에 다양한 웹 사이트가 존재하는데 Amazon Route 53도 도메인 등록대행소 역할을 수행합니다.

도메인 이름을 등록하는 작업을 살펴보기 전에 도메인 영역별 네임 서버를 관리하고 등록을 관장하는 단체들을 알아보겠습니다. 가장 상위에 ICANN이라는 비영리 단체가 루트 네임 서버를 관리하고 TLD 네임 서버를 등록하는 역할을 수행합니다. 다음으로 '등록소'라고 하는 기관이나 기업들이 TLD 네임 서버를 관리하고 권한 있는 네임 서버를 등록하는 역할을 수행합니다.

이런 구성에서 Amazon Route 53의 도메인 등록대행소는 도메인 이름의 TLD에 해당하는 등록소로 도메인 등록 작업을 수행합니다. 그래야 앞서 설명한 DNS 통신 흐름에 따라 최종적인 서비스가 가능합니다.

호스팅 영역 생성

Amazon Route 53으로 호스팅 영역을 생성하여 네임 서버를 관리할 수 있습니다. 이렇게 호스팅 영역을 생성해야 Amazon Route 53이 등록된 도메인 이름에 대한 권한 있는 네임 서버이자 SLD 네임 서버의 역할을 수행할 수 있습니다. 호스팅 영역의 네임 서버들은 고가용성을 위해 다수의 서버로 구성하는데, 마치 네임 서버들의 Zone을 구성하는 개념입니다.

레코드 작성

Amazon Route 53은 DNS 레코드를 정의하여 도메인에 대한 요청 처리 방법을 정의할 수 있는데, 이런 DNS 레코드는 다양한 형태의 라우팅 정책을 연결하여 도메인 요청에 대한 응답 방식을 정의할 수 있습니다. Amazon Route 53이 수행하는 DNS 라우팅 정책은 다음 절에서 좀 더 자세히 살펴보겠습니다.

이렇게 Amazon Route 53은 DNS 서비스를 위해 다양한 일을 수행하는 관리형 DNS 서비스를 제공합니다.

7.2.2 Amazon Route 53의 라우팅 정책

앞서 설명한 것처럼 Amazon Route 53에는 DNS 요청에 어떻게 응답할지 정의하는 다양한 라우팅 정책이 있습니다. 여기에서 Amazon Route 53이 제공하는 라우팅 정책을 소개합니다.

▼ 그림 7-7 단순 라우팅, 가중치 기반 라우팅, 지연 시간 기반 라우팅

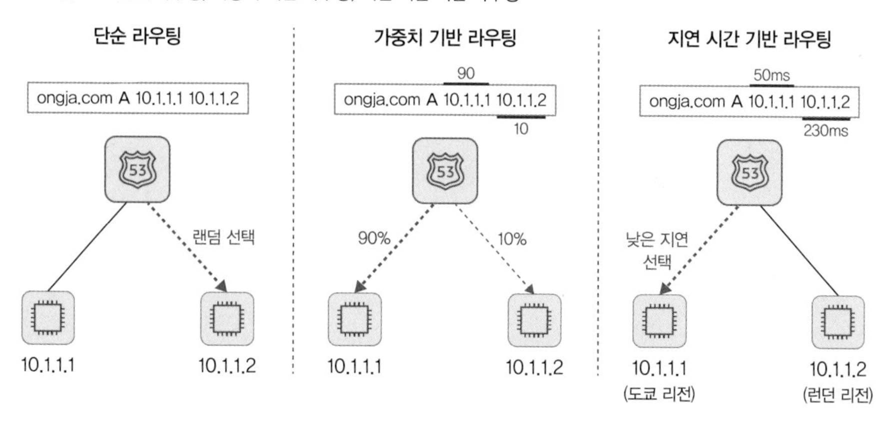

단순 라우팅 정책

단순 라우팅 정책은 도메인에 대해 특정 대상을 지정하는 방식으로 여러 대상이 있으면 랜덤한 대상을 선택하고 응답합니다. 예를 들어 ongja.com이라는 도메인의 A 레코드가 10.1.1.1과 10.1.1.2로, 단순 라우팅 정책으로 레코드를 구성하면 DNS 요청에 대해 둘 중 하나의 IP 주소로 랜덤하게 응답합니다.

가중치 기반 라우팅 정책

단순 라우팅 정책이 랜덤하게 대상을 지정했다면 가중치 기반 라우팅 정책은 대상의 가중치를 지정하여 비중에 따라 대상을 선택하고 응답합니다. 참고로 가중치는 0~255 범위에서 설정하는데, 대상별 가중치 값을 합산한 전체 가중치를 대상별 가중치로 나누어 비중을 부여합니다. 예를 들어 ongja.com이라는 도메인의 A 레코드가 10.1.1.1과 10.1.1.2로, 가중치 기반 라우팅 정책으로 레코드를 구성할 때 10.1.1.1의 가중치가 90이고 10.1.1.2의 가중치가 10이라고 합시다. 그러면 DNS 요청에 대해 10.1.1.1로 응답하는 비중은 90/100이고 10.1.1.2로 응답하는 비중은 10/100이 됩니다.

지연 시간 기반 라우팅 정책

지연 시간 기반 라우팅 정책은 다수의 리전에 대상 자원이 있으면 사용자와 인접한 리전을 기준으로 대상 자원의 리전까지 지연 시간을 파악해서 낮은 지연 시간의 대상을 선택하고 응답합니다. 예를 들어 ongja.com이라는 도메인의 A 레코드가 10.1.1.1과 10.1.1.2로, 지연 시간 기반 라우팅 정책이라고 합시다. 이때 10.1.1.1은 도쿄 리전에 위치하고 10.1.1.2는 런던 리전에 위치한다

고 가정하면, 사용자 위치상 인접한 리전과 대상 자원의 리전까지 지연 시간을 파악합니다. 이때 도쿄 리전은 50ms의 지연 시간을 갖고 런던 리전은 230ms의 지연 시간을 갖는다면 DNS 요청에 대해 도쿄 리전에 속한 대상으로 응답합니다.

▼ 그림 7-8 장애 조치 라우팅

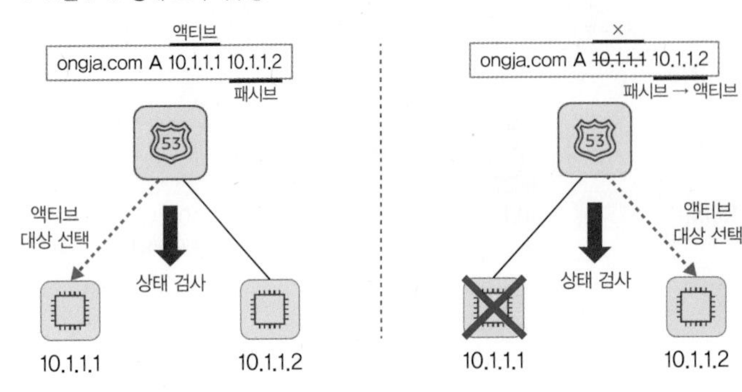

장애 조치 라우팅 정책

장애 조치 라우팅 정책은 다수의 대상 자원에 대해 액티브와 패시브로 분류하고 대상 상태를 주기적으로 검사하여 액티브 대상을 선택하고 응답합니다. 액티브 대상이 통신 불가능할 때는 패시브 대상을 액티브로 승격하여 대상 경로로 라우팅합니다.

그 밖에 사용자 PC가 지정하는 DNS 서버의 지리적으로 인접한 리전에 위치한 대상으로 경로를 선택하는 지리 위치 라우팅 정책, 지리 위치 라우팅과 형태가 동일하지만 영향도를 조정하는 바이어스(bias)라는 값을 사용하여 제어하는 지리 근접 라우팅 정책이 있습니다. 또한 DNS 요청에 대해 다수의 값을 반환할 수 있는 다중 값 응답 라우팅 정책도 있습니다. Amazon Route 53은 다양한 라우팅 정책을 제공한다는 정도만 이해하기 바랍니다.

요약

- Amazon Route 53 라우팅 정책: DNS 요청에 대해 어떻게 응답할지 정의하는 정책
- 단순 라우팅 정책: 도메인에 대해 특정 대상을 지정하고 랜덤하게 대상 선택
- 가중치 기반 라우팅 정책: 도메인에 대해 특정 대상을 지정하고 가중치에 따라 대상 선택
- 지연 시간 기반 라우팅 정책: 사용자 인접 리전을 기준으로 대상 자원의 리전 간 지연 시간을 파악하여 대상 선택
- 장애 조치 라우팅 정책: 다수의 대상을 액티브와 패시브로 분류하고 액티브 대상을 선택하며, 주기적인 상태를 확인하여 액티브 대상 유지

7.2.3 도메인 이름 생성하기

이 장에서 진행할 Amazon Route 53 실습에서는 자신만의 도메인 이름이 필요합니다. 실습에 앞서 사전 작업으로 도메인 이름을 생성하는 작업을 진행해 보겠습니다.

앞서 설명한 것처럼 도메인 등록대행소를 통해 도메인 이름을 등록해서 생성할 수 있는데, 도메인 이름을 생성하고 Amazon Route 53의 호스팅 영역에 등록할 때는 과금이 발생합니다. 도메인 이름을 등록하는 작업으로 두 가지 방법을 제안합니다.

- **무료 도메인 이름 생성 사이트 활용**

  freenom 웹 사이트를 활용하면 무료로 도메인 이름을 생성할 수 있습니다. 하지만 집필 시점에 해당 웹 사이트의 기술적 이슈로 신규 도메인 생성이 중지된 상태입니다. 언제 서비스가 가능할지는 미지수라서 책에서는 서비스를 재개했을 때 활용할 수 있도록 설정 방법을 정리한 URL을 공유하는 정도로 마무리하겠습니다.

  URL http://bit.ly/cnba0502

Note ≡ 해당 웹 사이트에서도 무료로 도메인 이름을 생성할 수 있지만, 생성한 도메인의 네임 서버 역할로 Amazon Route 53 호스팅 영역에서 관리하면 월 $0.5 과금이 발생합니다.

- **Amazon Route 53을 사용한 유료 도메인 이름 생성**

  도메인 이름을 생성하는 두 번째 방법으로 Amazon Route 53을 등록대행소로 하여 유료 도메인 이름을 생성할 수 있습니다. 참고로 생성하려는 TLD마다 금액이 천차만별인데 Amazon Route 53에서 가장 저렴한 TLD는 click이라는 TLD로 1년 사용료는 $3입니다. 호스팅 영역에서 네임 서버를 관리하는 비용인 $0.5를 합산하면 총 $3.5로, 한화 5000원 가량의 과금이 발생합니다.

그러면 Amazon Route 53을 이용한 유료 도메인 네임 생성 단계를 살펴보겠습니다.

1. AWS 관리 콘솔에서 Route 53 서비스에 진입하고 왼쪽 **등록된 도메인** 메뉴를 선택한 후 **도메인 등록**을 누릅니다.

▼ 그림 7-9 등록된 도메인 페이지

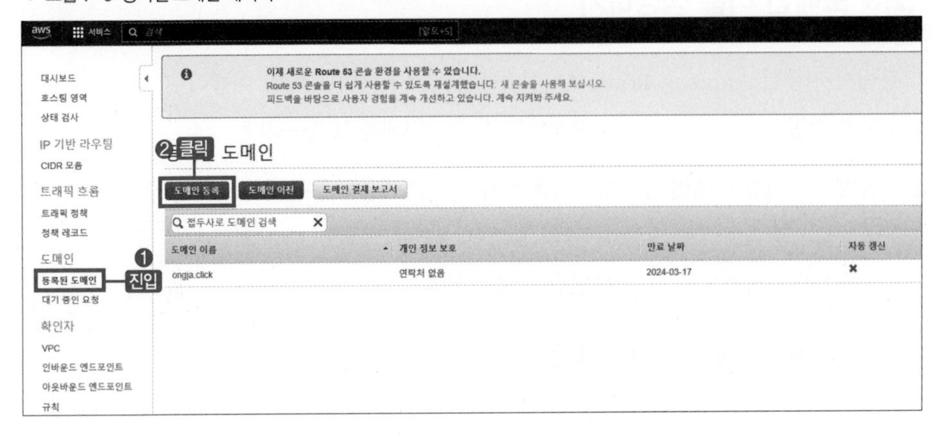

2. 검색 페이지에서 다음과 같이 설정합니다.

❶ TLD는 .click – $3.00으로 선택

❷ 도메인 이름은 각자 원하는 이름으로 입력

❸ **확인** 누르기

▼ 그림 7-10 도메인 이름 선택 - 1

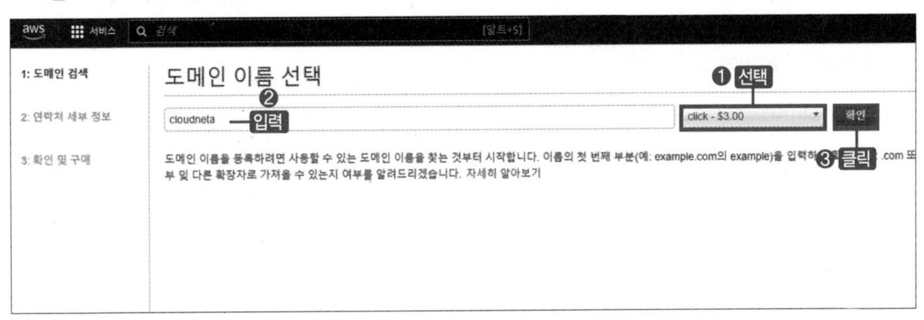

3. 도메인 이름 사용 가능 여부를 확인하고 장바구니에 넣어 다음과 같이 구매를 진행합니다.

❶ 입력한 도메인 이름의 상태가 '사용 가능'인지 확인, 중복된 도메인 이름으로 사용이 불가능하다면 다른 도메인 이름을 입력하고 다시 진행

❷ 오른쪽에 있는 **장바구니에 추가** 누르기

❸ 장바구니에 입력한 도메인이 담겨 있는지 확인

❹ 가장 아래쪽에 있는 **계속** 누르기

▼ 그림 7-11 도메인 이름 선택 – 2

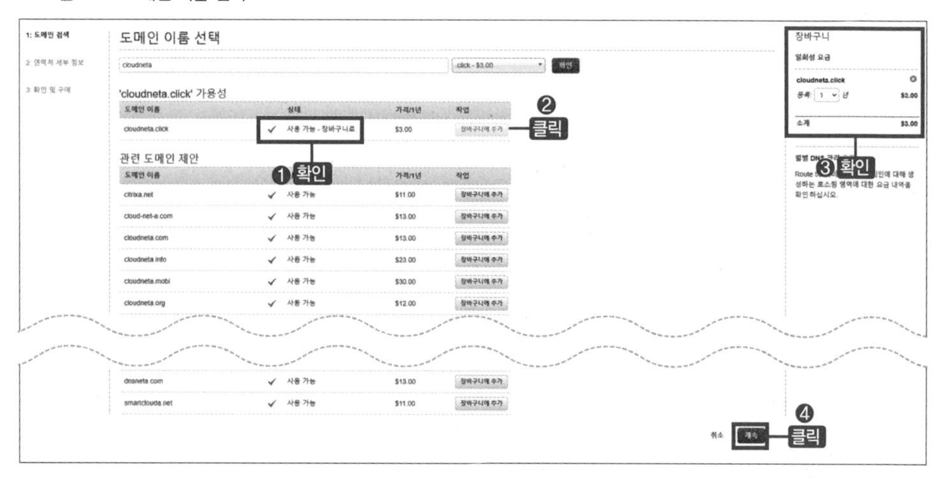

4. 도메인에 대한 연락처 세부 정보 페이지에서 개인 정보를 영문으로 입력한 후 **계속**을 누릅니다.

▼ 그림 7-12 도메인에 대한 연락처 입력

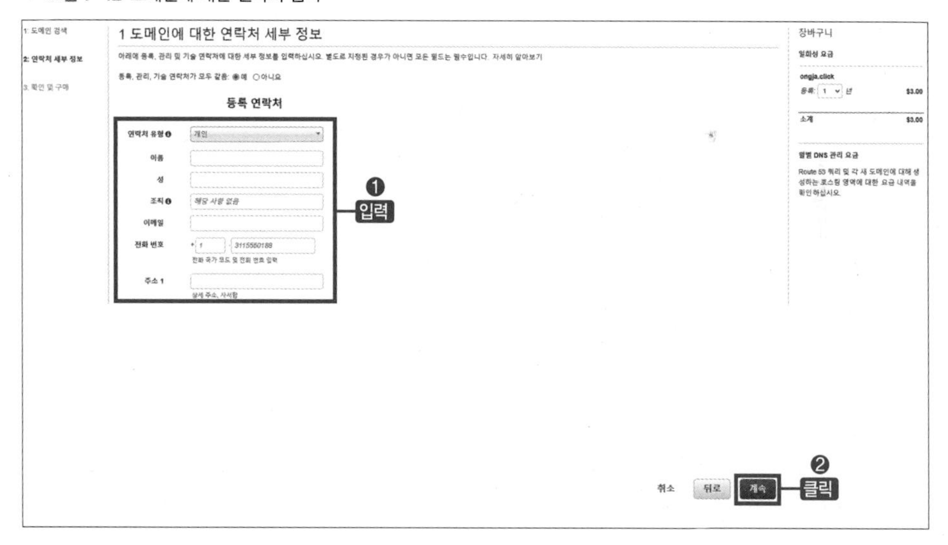

5. 도메인 확인 및 구매 페이지에서 다음과 같이 설정합니다.

❶ 도메인 자동 갱신은 **비활성화**로 선택

❷ 'AWS 도메인 이름 등록 약관'에 체크

❸ **주문 완료** 누르기

▼ 그림 7-13 도메인 갱신 및 등록 약관 설정

6. Route 53에 도메인 등록 주문이 진행되고 관련 내용을 읽은 후 **닫기**를 누릅니다.

▼ 그림 7-14 도메인 이름 주문 제출

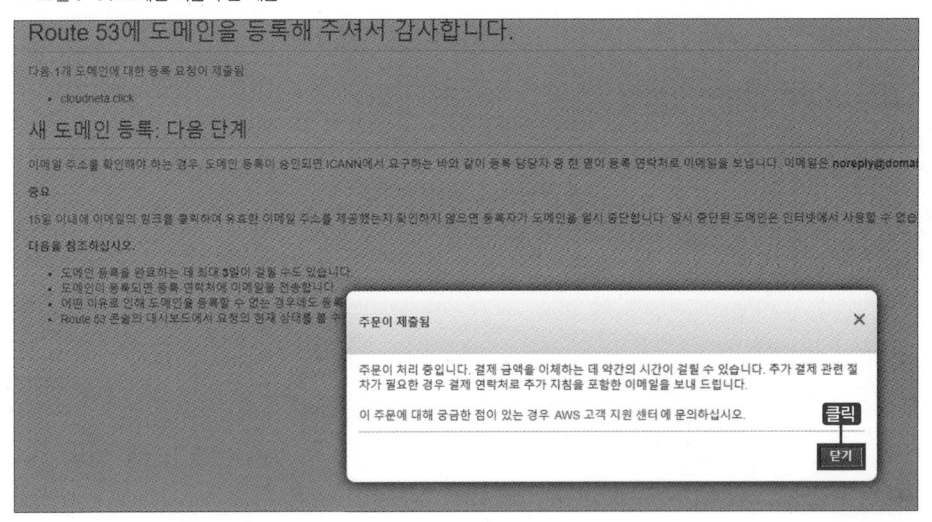

7. Route 53 서비스에서 **대기 중인 요청** 메뉴를 선택한 후 생성할 도메인 이름을 확인합니다. 현재 '도메인 등록 진행 중'인 상태입니다.

✔ 그림 7-15 도메인 등록 대기 중인 요청

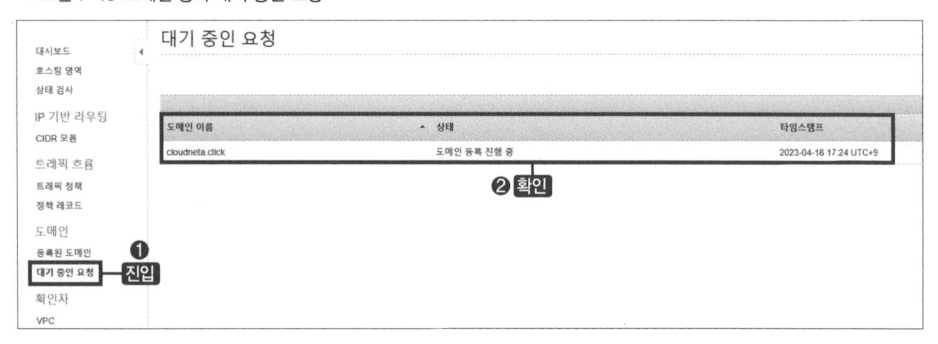

결제가 되고 모든 과정이 완료되면 AWS에서 도메인이 등록되었다는 이메일을 보냅니다. 참고로 소요 시간은 10분에서 1시간까지 걸릴 수 있습니다.

8. 다시 Route 53 서비스에서 **등록된 도메인** 메뉴를 선택하면 정상적으로 도메인 이름이 생성된 것을 확인할 수 있습니다.

✔ 그림 7-16 신규 도메인 생성 확인

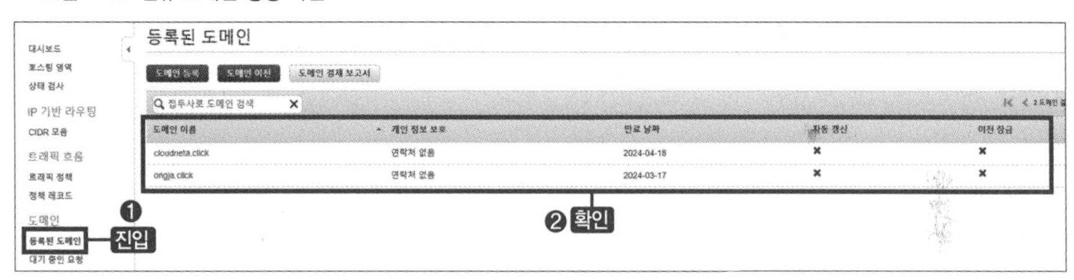

9. Route 53 서비스에서 **호스팅 영역** 메뉴를 선택한 후 생성한 도메인을 클릭하여 호스팅 영역에 진입합니다.

✔ 그림 7-17 생성한 도메인의 호스팅 영역 진입

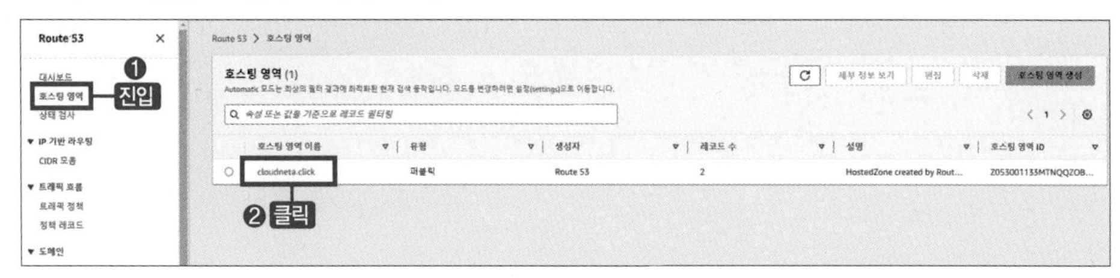

10. 생성한 도메인의 호스팅 영역에서 가지고 있는 레코드를 확인하고, 테스트용 레코드를 생성하기 위해 **레코드 생성**을 누릅니다.

▼ 그림 7-18 생성한 도메인의 호스팅 영역 진입

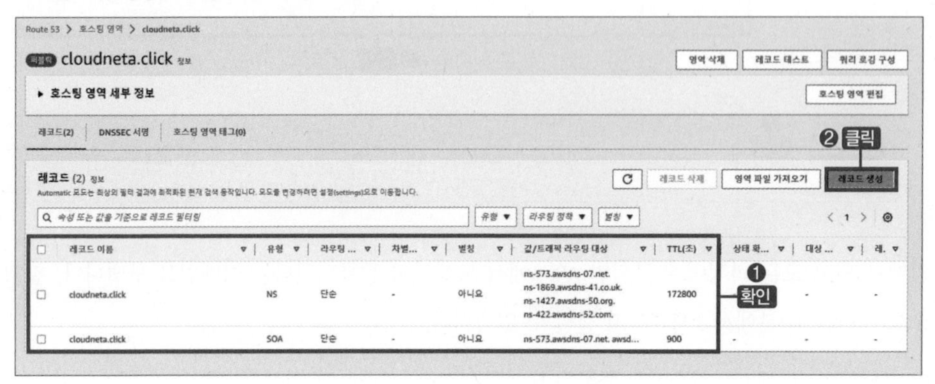

생성한 도메인에 기본적으로 있는 레코드를 확인해 보면, 먼저 NS 레코드 유형으로 네임 서버의 도메인 주소가 있습니다. 즉, 도메인의 권한 있는 네임 서버 도메인 주소로 최종적인 DNS 응답을 처리해 주는 서버들입니다. 그리고 SOA 레코드 유형으로 도메인 호스팅 영역의 주요 정보를 담고 있는 레코드도 있습니다.

11. 간단한 테스트용 레코드를 생성하기 위해 다음과 같이 설정합니다.

❶ 레코드 이름에 내 도메인의 서브 도메인으로 'test' 입력

❷ 레코드 유형은 A **레코드 유형** 선택

❸ 값에 A 레코드의 IPv4 값으로 '8.8.8.8' 입력

❹ 라우팅 정책은 **단순 라우팅** 선택

❺ **레코드 생성** 누르기

✔ 그림 7-19 테스트용 레코드 생성

12. 생성된 레코드 정보를 확인합니다.

✔ 그림 7-20 생성된 레코드 확인

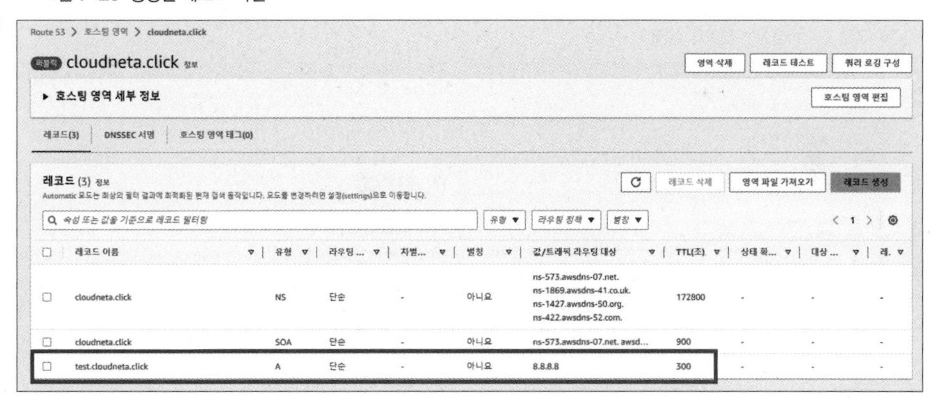

생성된 레코드 의미는 다음과 같습니다. test.cloudneta.click이라는 도메인 이름은 A 레코드 유형으로 IPv4 주소를 8.8.8.8로 매핑한 단순 라우팅 정책입니다. 즉, test.cloudneta.click 도메인 이름을 요청하면 8.8.8.8의 IP 주소를 반환합니다.

13. 각자 사용자 PC의 CMD나 터미널에서 다음 명령어를 수행합니다.

```
# [test.각자_도메인_이름]으로 nslookup 테스트
nslookup test.cloudneta.click
서버:    acns.uplus.co.kr
Address:  1.214.68.2
```

```
권한 없는 응답:
이름:    test.cloudneta.click
Address:  8.8.8.8

# [test.각자_도메인_이름]으로 ping 테스트
ping test.cloudneta.click
Ping test.cloudneta.click [8.8.8.8] 32바이트 데이터 사용:
8.8.8.8의 응답: 바이트=32 시간=43ms TTL=51
8.8.8.8의 응답: 바이트=32 시간=38ms TTL=51
8.8.8.8의 응답: 바이트=32 시간=38ms TTL=51
...
```

test.cloudneta.click에 대해 nslookup 명령어로 확인해 보면 DNS 서버에서 8.8.8.8 IP 주소를 응답합니다. 그리고 ping 명령어로 통신 테스트를 하면 8.8.8.8 IP 주소로 통신하는 것을 확인할 수 있습니다.

14. 각자 도메인의 호스팅 영역에서 앞서 생성한 레코드를 체크한 후 **레코드 삭제**를 누릅니다. 이후 발생하는 창에서 **삭제**를 누릅니다.

▼ 그림 7-21 생성된 레코드 삭제

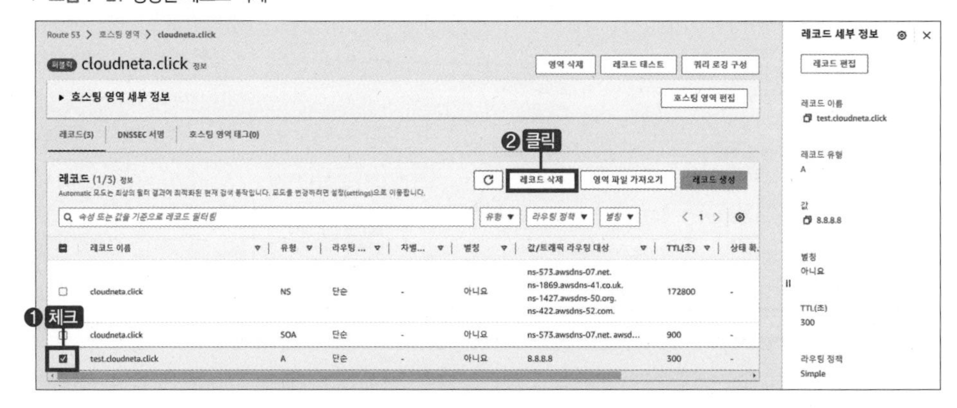

여기까지 Amazon Route 53을 이용하여 각자의 도메인을 만들어 간단하게 레코드를 생성하고 삭제해 보았습니다. 이 장 실습에서 생성한 도메인을 활용하여 레코드를 다시 설정하겠습니다.

7.3 CDN이란

CDN은 Contents Delivery Network의 약어로, 콘텐츠 제공자와 사용자가 지리적으로 멀리 떨어져 있는 환경에서 콘텐츠를 빠르게 전달하는 네트워크 기술입니다. 콘텐츠 형태가 대용량이나 실시간성을 요구하는 현재 추세에서 빠르게 콘텐츠를 전달하는 것은 굉장히 중요한 이슈입니다. 이때 CDN 기술로 사용자에게 빠르게 콘텐츠를 전달할 수 있습니다.

7.3.1 CDN 환경

CDN 기술이 없는 일반적인 네트워크 통신 환경에서는 원본 콘텐츠를 가지고 있는 오리진(origin) 서버에서 사용자에게 콘텐츠를 전달합니다.

▼ 그림 7-22 CDN 기술이 없는 일반 네트워크 환경

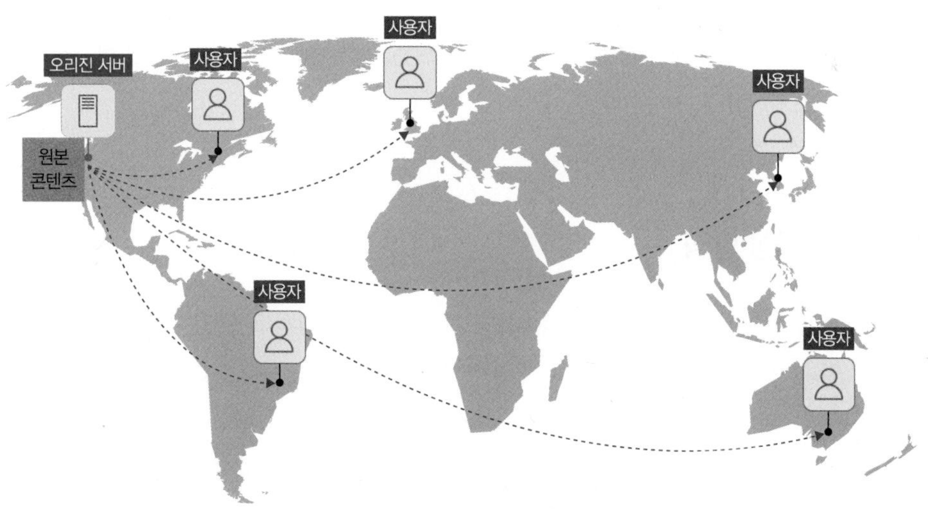

이런 환경에서는 오리진 서버에 높은 부하가 발생하고 지리적으로 멀리 떨어져 있는 사용자에게 콘텐츠를 전달할 때 지연 시간이 길어지는 것은 불가피합니다. 즉, 콘텐츠를 효율적이고 원활하게 제공하는 데 어려움이 있을 것입니다. 이런 이슈를 CDN 기술로 극복할 수 있는데, CDN 기술 핵심은 캐시 서버를 지역적으로 분산하고 콘텐츠를 동기화하여 분산 처리하는 것입니다.

▼ 그림 7-23 CDN 기술을 이용한 네트워크 환경

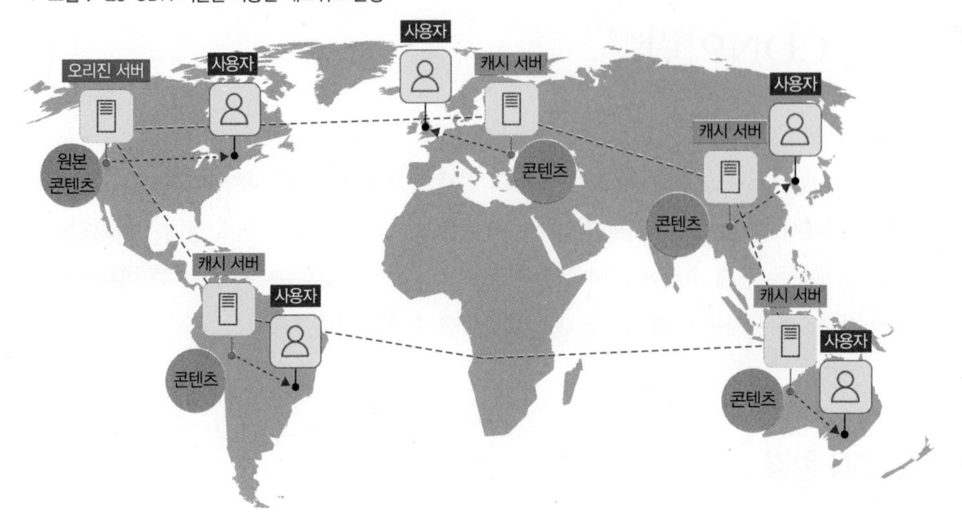

오리진 서버에서 지역적으로 분산된 캐시 서버에 콘텐츠를 동기화해서 콘텐츠가 분산된 환경을 구성합니다. 그러면 사용자는 인접한 캐시 서버로 콘텐츠를 전달받아 빠르고 효율적인 서비스를 제공받을 수 있습니다.

이렇게 많은 비즈니스 환경에서 콘텐츠 목적에 따라 CDN을 도입해서 활용하고 있으며, 높은 성능과 가용성을 보장받을 수 있습니다.

7.3.2 CDN 캐싱 방식

오리진 서버의 원본 콘텐츠를 지역적으로 분산된 캐시 서버로 전달하고 콘텐츠를 저장하는 것을 **캐싱**이라고 합니다. 캐시 서버에 콘텐츠를 가지고 있지 않으면 캐싱 상태를 Cache Miss(캐시 미스)라고 하고, 콘텐츠를 가지고 있으면 캐싱 상태를 Cache Hit(캐시 히트)라고 합니다. Cache Miss와 Cache Hit의 캐싱 상태에 따른 동작을 살펴보면 다음 그림과 같습니다.

Cache Miss

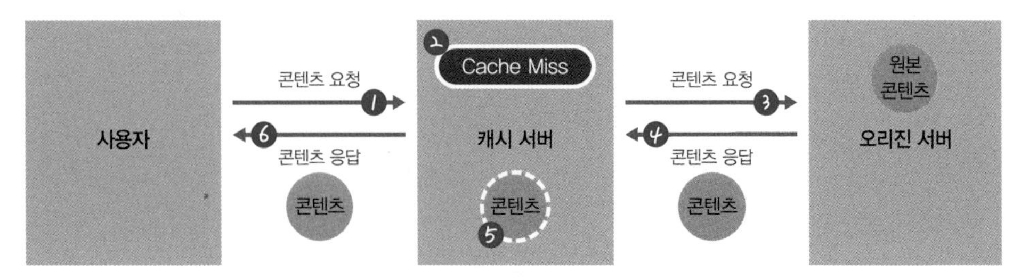

Cache Hit

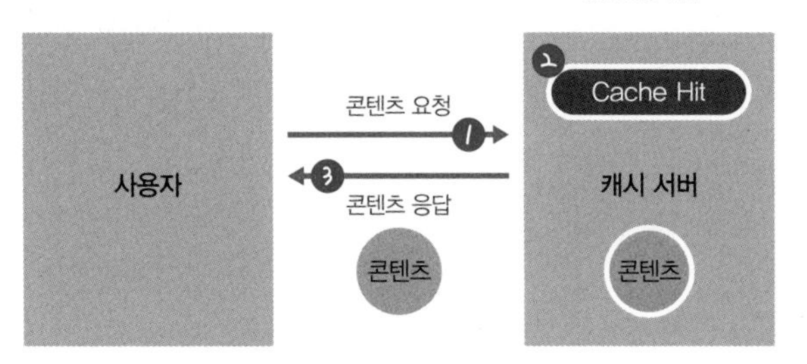

▼ 그림 7-24 Cache Miss와 Cache Hit

Cache Miss 상황

❶ 사용자가 캐시 서버에 콘텐츠를 요청합니다.

❷ 캐시 서버에 해당 콘텐츠가 없어 Cache Miss 판정을 합니다.

❸ 캐시 서버는 오리진 서버에 콘텐츠를 요청합니다.

❹ 오리진 서버는 원본 콘텐츠를 복제하여 캐시 서버에 전달합니다.

❺ 캐시 서버는 해당 콘텐츠를 저장하는 캐싱을 수행합니다.

❻ 캐시 서버는 사용자에게 콘텐츠를 전달합니다.

> **Note** ❺는 정적 캐싱에 해당하는 동작입니다. 참고로 동적 캐싱은 콘텐츠를 저장하지 않고 통과시킵니다. 정적 캐싱과 동적 캐싱은 다음 파트에서 설명합니다.

Cache Hit 상황

❶ 사용자가 캐시 서버에 콘텐츠를 요청합니다.

❷ 캐시 서버에서 해당 콘텐츠를 가지고 있어 Cache Hit 판정을 합니다.

❸ 캐시 서버는 사용자에게 콘텐츠를 전달합니다.

여기에서 캐시 서버는 콘텐츠를 저장하는 캐싱을 수행할 때, 유연하게 관리하고자 일정 시간 동안 콘텐츠를 유지하고 삭제하는 동작을 취합니다. 이렇게 콘텐츠를 캐싱하는 시간을 TTL(Time To Live)이라고 합니다. 그러면 본격적으로 두 가지 형태의 캐싱 방식을 살펴보겠습니다.

정적 캐싱

정적 콘텐츠는 변경되거나 수정되지 않는 콘텐츠를 의미합니다. 일반적으로 이미지 파일, 자바스크립트, CSS 등 콘텐츠가 정적 콘텐츠에 해당하며, 웹 사이트의 레이아웃을 구성하는 콘텐츠는 대부분 정적 콘텐츠입니다. 여기에서 정적 캐싱은 정적 콘텐츠를 캐싱하는 방식을 의미합니다.

이렇게 정적 캐싱은 정적 콘텐츠가 변경되지 않는 특징에 따라 별도의 사용자 요청이 없어도 오리진 서버에서 캐시 서버로 미리 콘텐츠를 복사합니다. 그래서 사용자가 캐시 서버로 콘텐츠를 요청하면 TTL 동안 바로 응답할 수 있는 Cache Hit 상태로 동작합니다. 아무래도 정적 캐싱은 CDN 캐싱의 이점을 살려 효율적으로 전송할 수 있습니다.

동적 캐싱

동적 콘텐츠는 사용자 요청이나 정보에 따라 즉석에서 생성되는 콘텐츠를 의미합니다. 즉, 사용자 정보를 활용하여 매번 변경되는 형태의 콘텐츠가 동적 콘텐츠입니다. 여기에서 동적 캐싱은 동적 콘텐츠를 캐싱하는 방식을 의미합니다.

이렇게 동적 캐싱은 동적 콘텐츠가 요청할 때마다 변경이 되는 특징이 있어 캐시 서버에서 콘텐츠를 보관하지 않고 Cache Miss 상태로 동작합니다. 이때 캐시 서버는 콘텐츠를 저장하지 않고 통과시키기 때문에 결국 사용자는 오리진 서버에서 캐시 서버를 거쳐 콘텐츠를 전달받습니다. 동적 캐싱은 캐시 서버에서 동적 콘텐츠를 저장하지 않기 때문에 TTL을 0으로 설정하는데, 아무래도 CDN 캐싱의 이점을 살리기가 어렵습니다.

요약

- 캐싱: 캐시 서버에서 콘텐츠를 저장하는 행위
- Cache Miss: 캐시 서버에 콘텐츠를 가지고 있지 않은 상태
- Cache Hit: 캐시 서버에 콘텐츠를 가지고 있는 상태
- 정적 콘텐츠: 변경되거나 수정되지 않는 콘텐츠
- 동적 콘텐츠: 사용자 요청에 따라 변경되는 콘텐츠
- 정적 캐싱: 정적 콘텐츠에 대한 캐싱으로 TTL 동안 미리 콘텐츠를 저장해 두고 Cache Hit 상태로 동작
- 동적 캐싱: 동적 콘텐츠에 대한 캐싱으로 캐시 서버는 콘텐츠를 저장하지 않고 지속적인 Cache Miss 상태로 동작

7.4 Amazon CloudFront란

Amazon CloudFront는 AWS에서 제공하는 CDN 서비스로 정적 콘텐츠나 동적 콘텐츠를 사용자에게 빠르게 배포하도록 지원하는 서비스입니다. Amazon CloudFront는 전 세계에 분포된 엣지 로케이션(edge location)이라는 곳에 콘텐츠를 캐싱하고 사용자 요청에 따라 가장 지연 시간이 낮은 엣지 로케이션이 응답하여 최적의 성능을 보장합니다.

▼ 그림 7-25 Amazon CloudFront의 엣지 로케이션

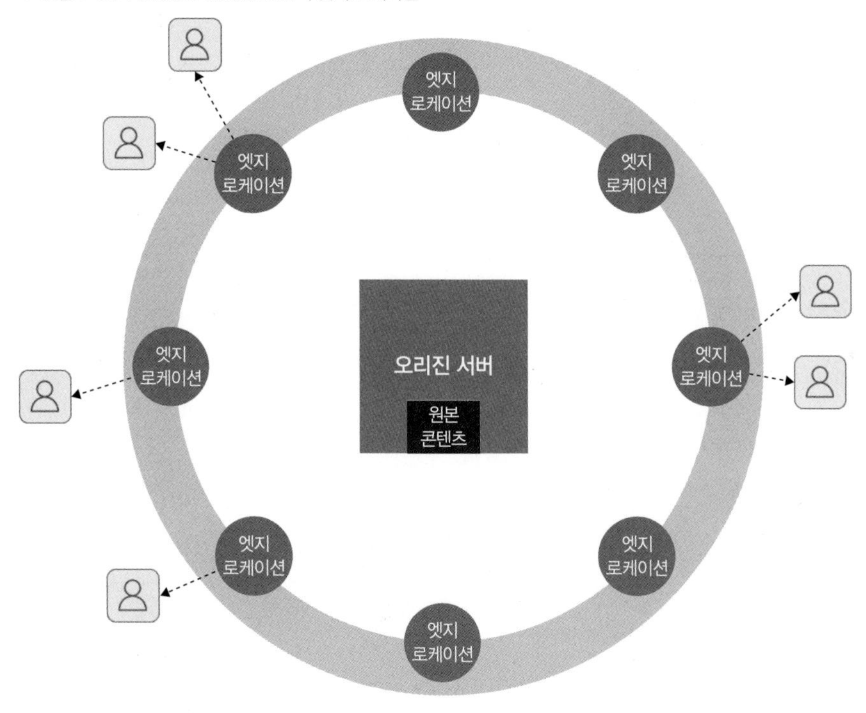

7.4.1 Amazon CloudFront 구성

AWS의 글로벌 엣지 네트워크를 이용하여 오리진 대상의 콘텐츠를 전 세계에 위치한 엣지 로케이션과 리전 엣지 캐시에 캐싱하여 CDN 서비스를 제공합니다. 참고로 Amazon CloudFront는 48개국 90개 이상의 도시에 위치한 450개 이상의 엣지 로케이션을 두고 AWS 글로벌 네트워크를 활용하여 서비스합니다(2023년 4월 기준).

URL https://aws.amazon.com/ko/cloudfront/features/

▼ 그림 7-26 Amazon CloudFront 글로벌 엣지 네트워크

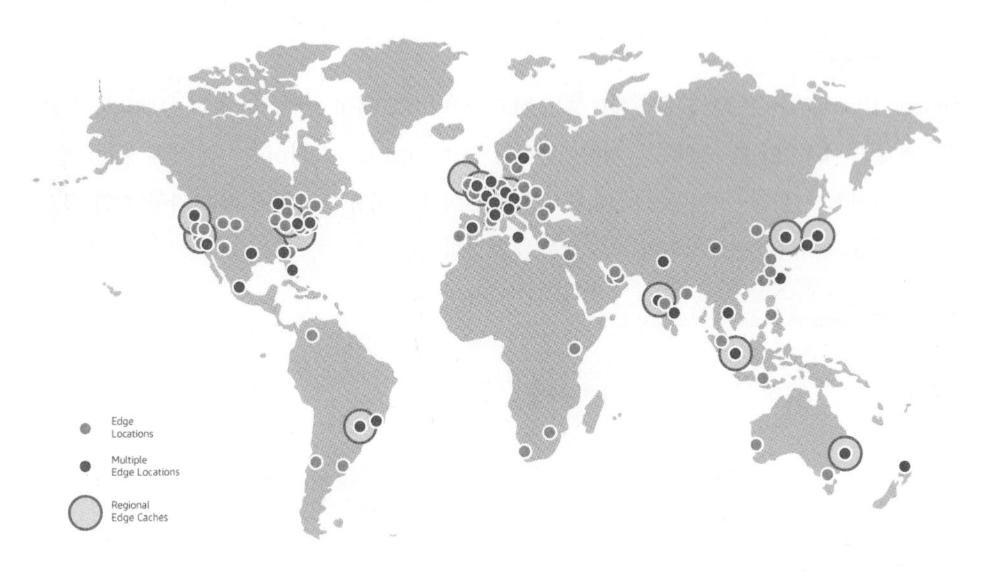

그러면 Amazon CloudFront 서비스를 구성하는 요소를 살펴보겠습니다.

▼ 그림 7-27 Amazon CloudFront 구성 요소

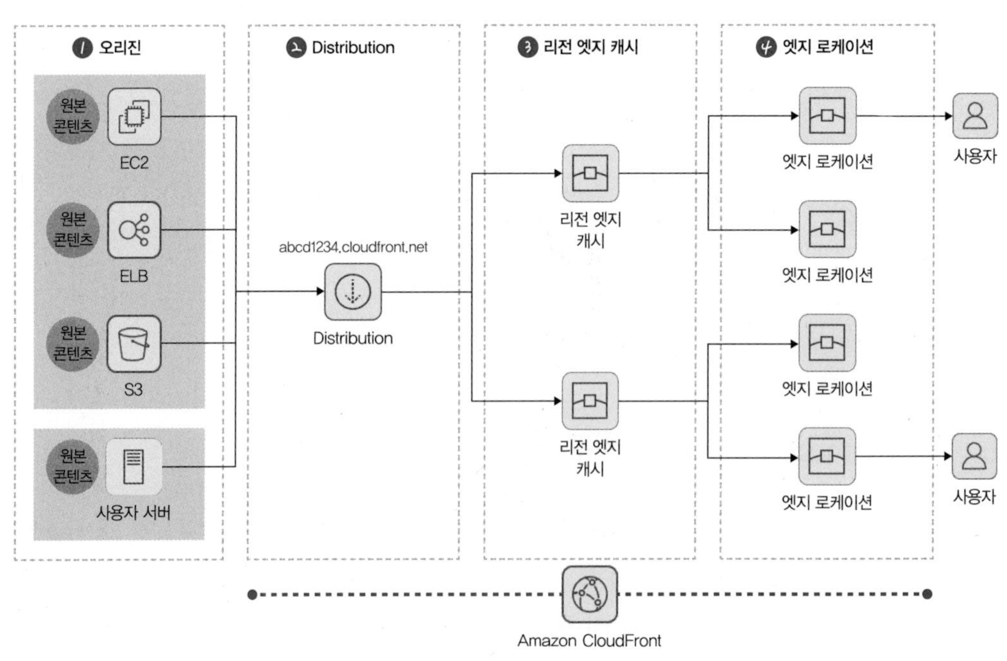

❶ **오리진**: 원본 콘텐츠를 가지고 있는 대상입니다. 이 대상은 온프레미스의 일반 서버나 AWS 서비스의 EC2, ELB, S3가 될 수 있습니다.

❷ **Distribution**: 오리진과 엣지 중간에서 콘텐츠를 배포하는 역할을 수행하는 CloudFront의 독립적인 단위로, 웹 서비스 전용의 Web Distribution과 스트리밍 전용의 RTMP Distribution으로 분류합니다.

❸ **리전 엣지 캐시**: 빈번하게 사용되는 콘텐츠에 대해 캐싱하는 큰 단위의 엣지 영역으로, 오리진과 엣지 로케이션 사이에 위치합니다. 엣지 로케이션에서 오리진으로 콘텐츠를 요청하는 상황을 줄여 효율적으로 CDN 서비스를 제공합니다.

❹ **엣지 로케이션**: Distribution으로 배포되는 콘텐츠를 캐싱하는 작은 단위의 엣지 영역으로, 사용자 입장에서 가장 인접한 엣지 로케이션이 콘텐츠를 전달합니다.

7.4.2 Amazon CloudFront 기능

Amazon CloudFront는 다양한 기능을 이용하여 효율적인 CDN 서비스를 제공합니다. 이 중 몇 가지 기능들을 알아보겠습니다.

- **정적 및 동적 콘텐츠 처리**

  Amazon CloudFront는 정적 콘텐츠와 동적 콘텐츠에 최적화된 캐싱 동작을 제공합니다.

- **HTTPS 기능**

  오리진 대상이 HTTPS를 지원하지 않아도 Amazon CloudFront가 알아서 HTTPS 통신을 중계합니다. 즉, 사용자와 CloudFront는 HTTPS로 통신하고 CloudFront와 오리진은 HTTP로 통신할 수 있습니다.

- **다수의 오리진 선택 기능**

  Amazon CloudFront의 단일 Distribution 환경에서 다수의 오리진을 지정하고 선택하여 콘텐츠를 분산 처리할 수 있습니다.

- **접근 제어**

  서명된 URL과 쿠키(cookie)로 사용자 인증을 지원하여 인증된 사용자만 접근할 수 있도록 지원합니다.

7.5 실습 Amazon CloudFront로 CDN 서비스 구성하기

실습 목표

이번 실습은 AWS의 CDN 기능인 Amazon CloudFront 서비스를 알아보는 것으로, 오리진 서버와 직접 통신하는 방식과 CloudFront를 이용하여 통신하는 방식의 차이를 알아봅니다.

▼ 그림 7-28 목표 구성도

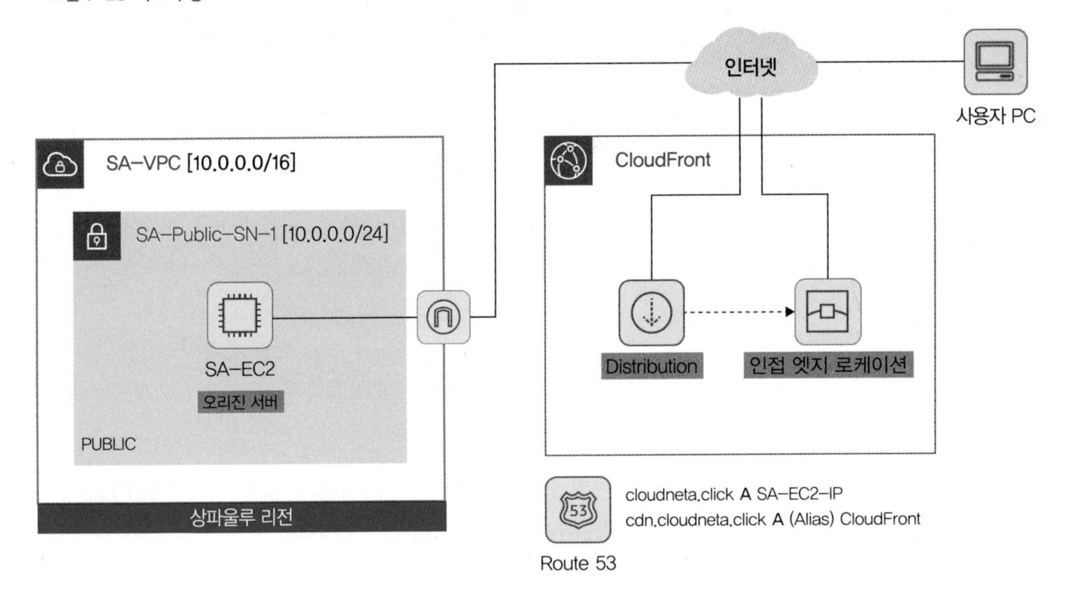

실습 단계

1. 실습을 위한 기본 인프라를 CloudFormation으로 배포합니다.
2. Amazon Route 53을 설정하고 기본 인프라 환경의 검증을 수행합니다.
3. Amazon CloudFront Distribution을 생성합니다.
4. Amazon Route 53을 설정하고 Amazon CloudFront 환경의 검증을 수행합니다.
5. 실습을 위해 생성된 자원을 모두 삭제합니다.

7.5.1 CloudFormation으로 기본 인프라 배포하기

실습에 필요한 기본 인프라 자원은 AWS CloudFormation으로 자동 배포합니다. 참고로 오리진 서버의 지연 시간을 높이고자 '상파울루 리전'에서 진행합니다.

1. **남아메리카 (상파울루)** sa-east-1 리전을 선택한 후 CloudFormation 메뉴에서 **스택 생성**을 누릅니다.

▼ 그림 7-29 CloudFormation 스택 생성 진입(상파울루 리전)

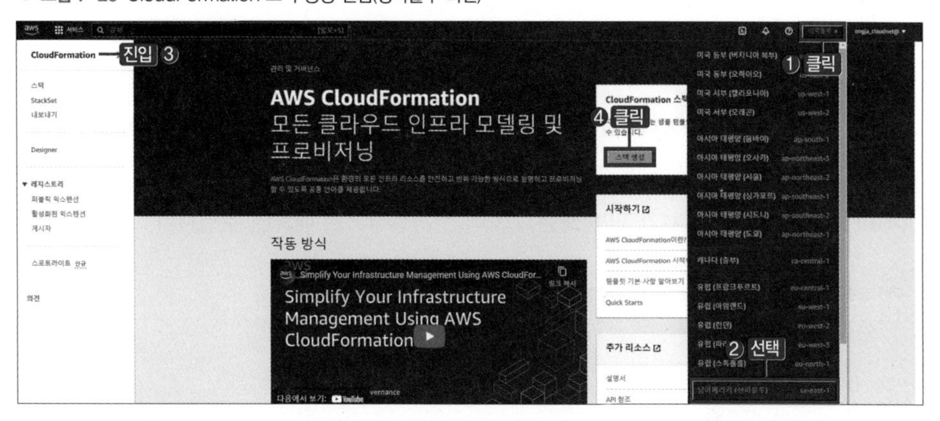

2. 다음과 같이 아래쪽에서 Amazon S3 URL에 다음 URL을 입력하고 **다음**을 누릅니다.

URL https://cloudneta-aws-book.s3.ap-northeast-2.amazonaws.com/chapter7/cflab.yaml

▼ 그림 7-30 CloudFormation 템플릿 URL 입력

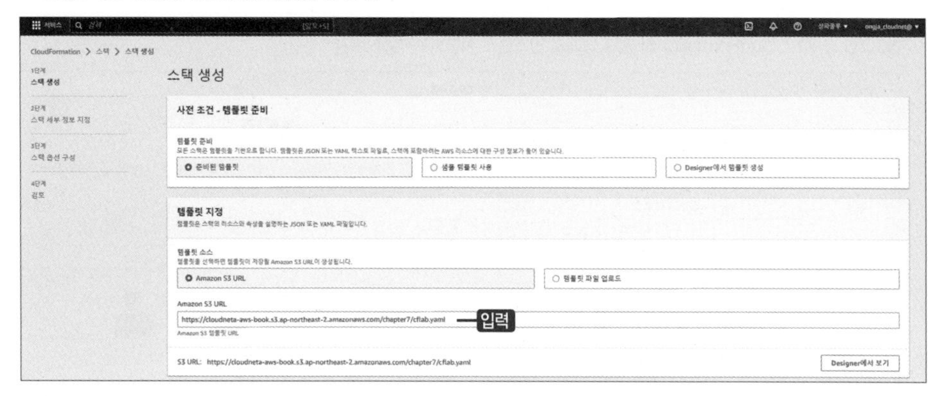

3. 스택 세부 정보 지정 페이지에서 스택 이름에 'CF-LAB'를 입력하고 **다음**을 누릅니다.

그림 7-31 CloudFormation 스택 세부 정보 지정

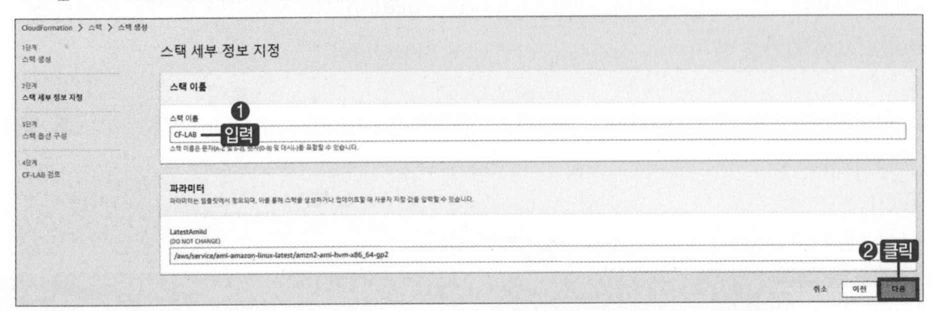

4. 스택 옵션 구성과 CF-LAB 검토에서는 별도의 설정을 하지 않고 각각 **다음**과 **전송**을 누릅니다. AWS CloudFormation 기본 인프라를 배포하고 일정 시간(약 5분)이 지나 스택 상태가 'CREATE_COMPLETE'가 되면 모든 인프라가 정상적으로 배포된 것입니다.

그림 7-32 CloudFormation 스택 생성 완료

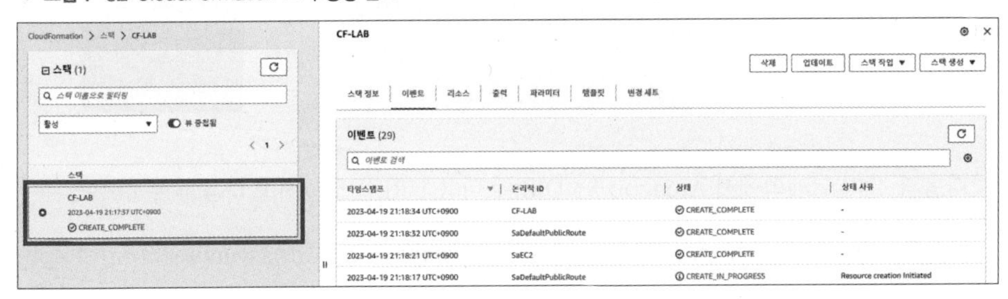

5. CloudFormation 페이지의 출력 탭에서 EC2 인스턴스의 퍼블릭 IP 주소를 복사해 둡니다.

그림 7-33 CloudFormation의 출력 탭에서 인스턴스 퍼블릭 IP 주소 복사

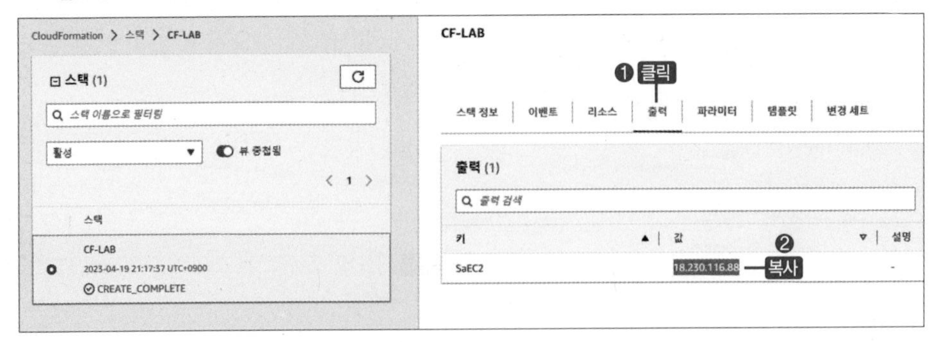

AWS CloudFormation으로 생성된 기본 인프라 자원 정보는 다음과 같습니다.

생성 자원	이름	정보
VPC	SA-VPC	10.0.0.0/16
인터넷 게이트웨이	SA-IGW	SA-VPC에 연결
퍼블릭 라우팅 테이블	SA-Public-RT	0.0.0.0/0 → SA-IGW
퍼블릭 서브넷	SA-Public-SN-1	CH6-PublicRT 연결
보안 그룹	WEBSG	TCP 22/80 허용
EC2 인스턴스	SA-EC2	오리진 서버(웹 서비스)

7.5.2 Amazon Route 53 설정과 기본 인프라 검증하기

앞서 CloudFormation을 이용하여 상파울루 리전에서 EC2 인스턴스를 생성했습니다. 해당 인스턴스에서 웹 서비스가 동작하고 있는데, Amazon Route 53으로 레코드를 설정한 후 웹에 접속해 보겠습니다.

1. Amazon Route 53 > **호스팅 영역**으로 들어가 사전 작업에서 생성한 도메인 이름을 클릭합니다.

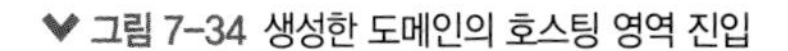
그림 7-34 생성한 도메인의 호스팅 영역 진입

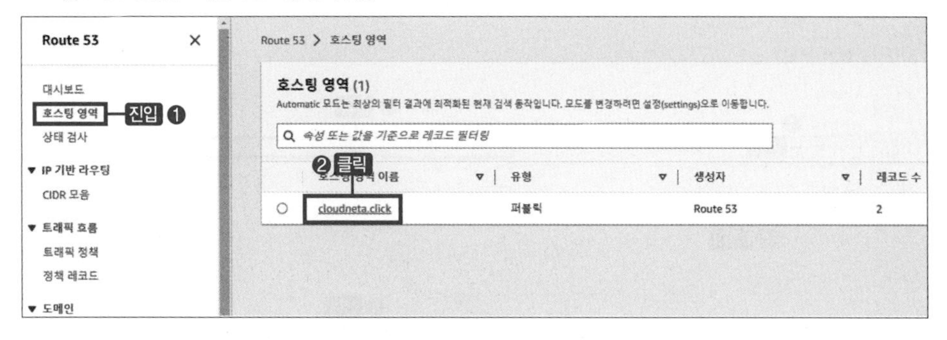

2. 도메인의 호스팅 영역 페이지에서 오른쪽에 있는 **레코드 생성**을 누릅니다.

❤ 그림 7-35 레코드 생성 진입

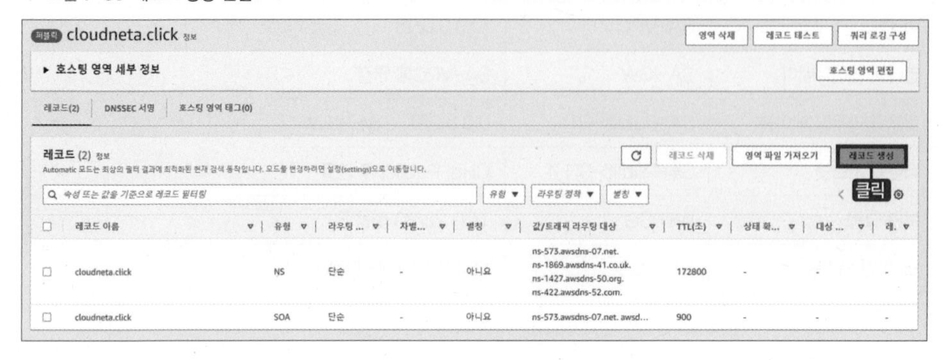

3. 신규 레코드를 생성하기 위해 다음과 같이 설정합니다.

❶ 레코드 이름은 빈칸으로 유지

❷ 레코드 유형은 A **레코드 유형** 선택

❸ 값에는 앞서 복사한 인스턴스의 퍼블릭 IP 주소 붙여 넣기

❹ 라우팅 정책은 **단순 라우팅** 선택

❺ **레코드 생성** 누르기

❤ 그림 7-36 레코드 생성

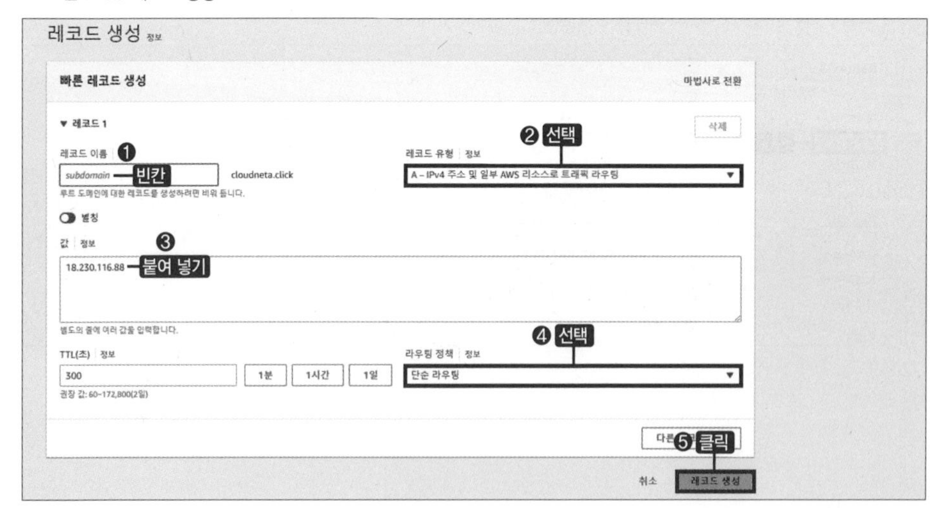

4. 다음과 같이 신규 레코드가 생성된 것을 확인합니다.

▼ 그림 7-37 레코드 생성 확인

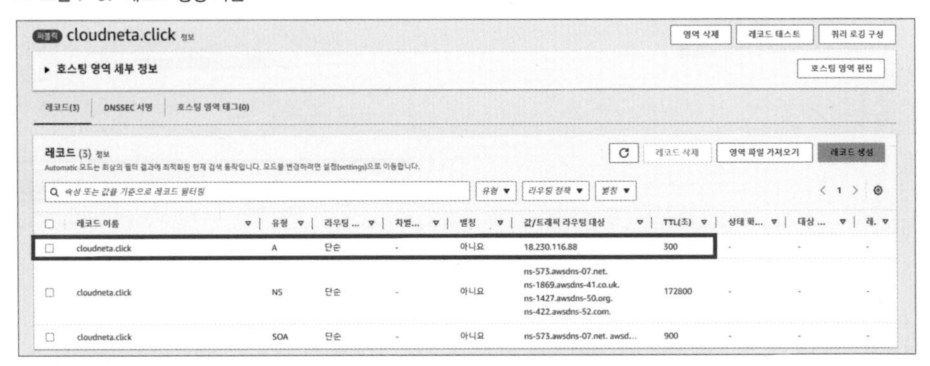

Amazon Route 53의 A 레코드 유형으로 각자 생성한 인스턴스의 퍼블릭 IP 주소를 연결했습니다.

계속해서 사용자 PC에서 상파울루 리전에 생성된 EC2 인스턴스로 웹에 접근해 보겠습니다. 해당 인스턴스에서 제공하는 웹 페이지는 대용량의 이미지 파일이 구성되며, 구글 크롬 브라우저에서 지연 시간을 체크할 것입니다.

5. 구글 크롬 브라우저에서 단축키를 눌러 개발자 도구를 실행하고 **Network 탭**을 클릭합니다.

- 윈도우 단축키: F12
- macOS 단축키: COMMAND + OPTION + i

▼ 그림 7-38 구글 크롬 브라우저의 개발자 도구

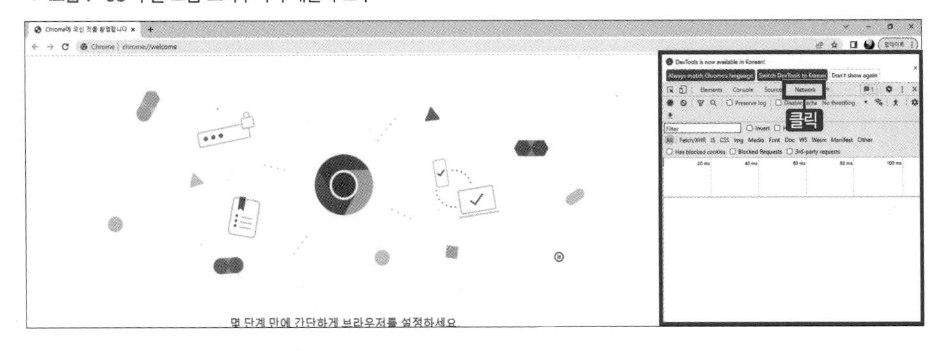

6. Amazon Route 53 레코드에서 정의한 각자 생성한 도메인 주소로 접근합니다.

▼ 그림 7-39 도메인 주소로 웹 접근

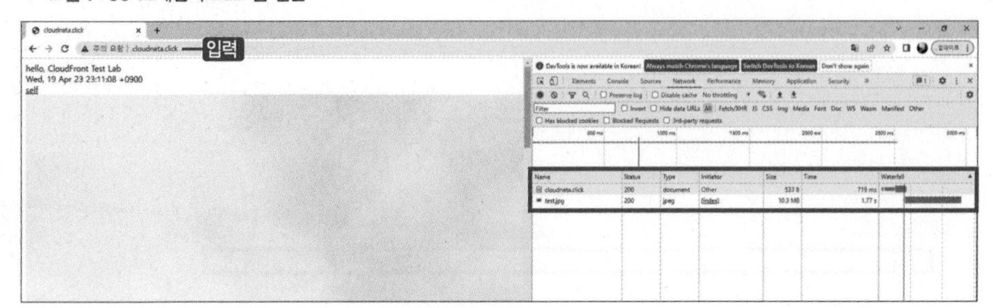

상파울루 리전의 인스턴스는 웹 서비스를 하고 있으며, 10MB의 대용량 이미지를 출력합니다. 필자는 지연 시간이 1.77초로 측정되었습니다. 재접속하여 평균 측정값을 확인해 보겠습니다.

7. 구글 크롬 브라우저의 **새로고침** 위에서 마우스 오른쪽 버튼을 눌러 **캐시 비우기 및 강력 새로고침**을 선택하여 지연 시간을 측정합니다.

▼ 그림 7-40 캐시 비우기 및 강력 새로고침

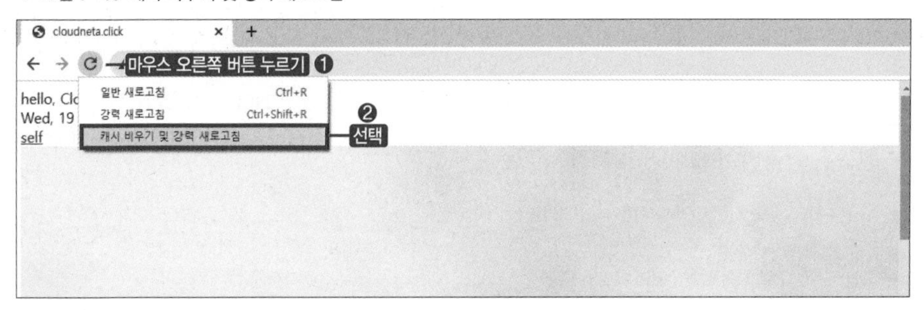

총 5회 반복해서 측정하면 다음과 같이 지연 시간이 평균 약 1.78초로 측정됩니다. 물론 각자 실습 환경에 따라 다를 수 있습니다.

접근 방식	1회	2회	3회	4회	5회	평균
인스턴스 직접 접속	1.77초	1.68초	1.82초	1.71초	1.91초	1.78초
CloudFront로 접속	–	–	–	–	–	–

Note ☰ 참고로 캐시 비우기 및 강력 새로고침이 아닌 일반적인 새로고침을 수행하면 사용자 PC의 로컬 캐싱에 따라 동작하므로 지연 시간을 측정할 수 없습니다.

▼ 그림 7-41 일반 새로고침

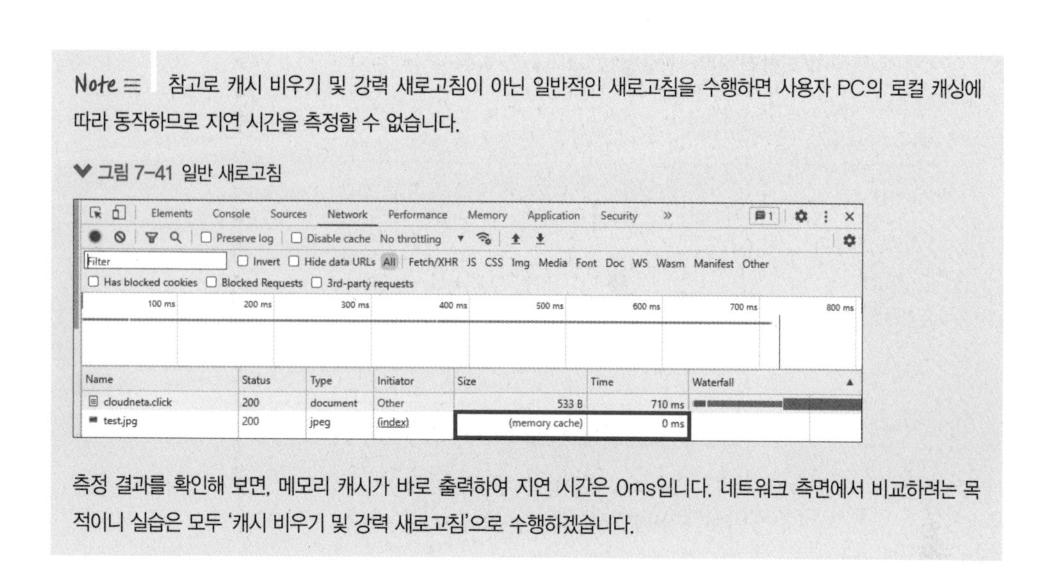

측정 결과를 확인해 보면, 메모리 캐시가 바로 출력하여 지연 시간은 0ms입니다. 네트워크 측면에서 비교하려는 목적이니 실습은 모두 '캐시 비우기 및 강력 새로고침'으로 수행하겠습니다.

7.5.3 Amazon CloudFront Distribution 생성하기

이번에는 Amazon CloudFront의 Distribution을 생성해 볼 것입니다. 작업에 앞서 Amazon CloudFront Distribution을 생성하면 도메인 주소가 만들어지는데, 우리는 해당 주소가 아닌 Amazon Route 53으로 CloudFront 주소를 연결해서 사용할 것입니다. 이때 도메인을 인증서로 등록하는 작업이 선행되어야 설정이 가능한데 해당 작업을 먼저 수행하겠습니다.

AWS Certificate Manager에서 도메인 인증서 등록하기

AWS Certificate Manager는 AWS 서비스 및 연결된 리소스에 대해 SSL/TLS 인증서를 관리하는 서비스입니다. 앞서 설명한 것처럼 도메인 인증서를 등록하려면 AWS Certificate Manager에서 작업해야 합니다. 참고로 해당 작업은 **버지니아 북부 리전**에서 진행합니다.

1. **미국 동부 (버지니아 북부) us-east-1** 리전을 선택하고 AWS Certificate Manager 서비스에 들어가 **인증서 요청**을 누릅니다.

▼ 그림 7-42 AWS Certificate Manager에서 인증서 요청(버지니아 리전)

2. 인증서 유형에서 **퍼블릭 인증서 요청**을 선택하고 **다음**을 누릅니다.

▼ 그림 7-43 인증서 유형 선택

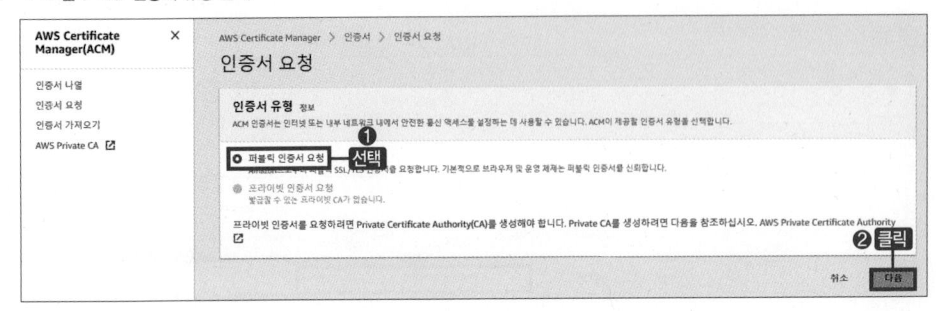

3. 퍼블릭 인증서 요청 페이지에서 다음과 같이 설정합니다.

❶ 완전히 정규화된 도메인 이름에는 *.(도메인 이름) 입력(책에서는 '*.cloudneta.click'으로 입력)

❷ 검증 방법은 DNS **검증** 선택

❸ 가장 아래쪽에 있는 **요청** 누르기

▼ 그림 7-44 퍼블릭 인증서 요청 설정

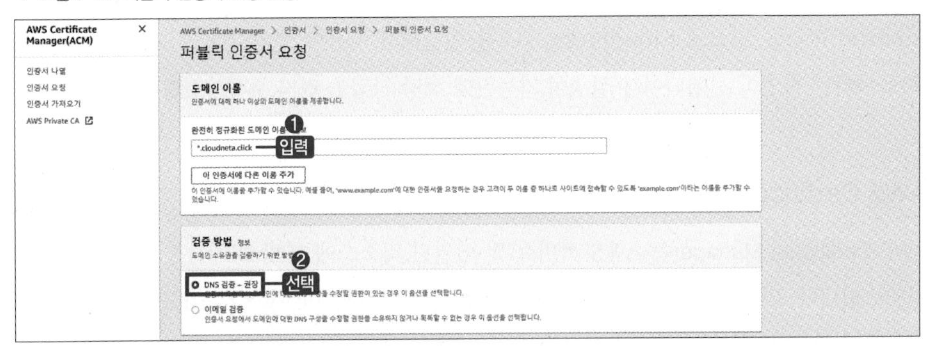

4. **새로고침**을 클릭하고 **인증서 ID 값**을 선택합니다.

▼ 그림 7-45 인증서 정보 확인

5. 오른쪽 위에 있는 **Route 53에서 레코드 생성**을 누릅니다.

▼ 그림 7-46 Route 53에서 레코드 생성 진입

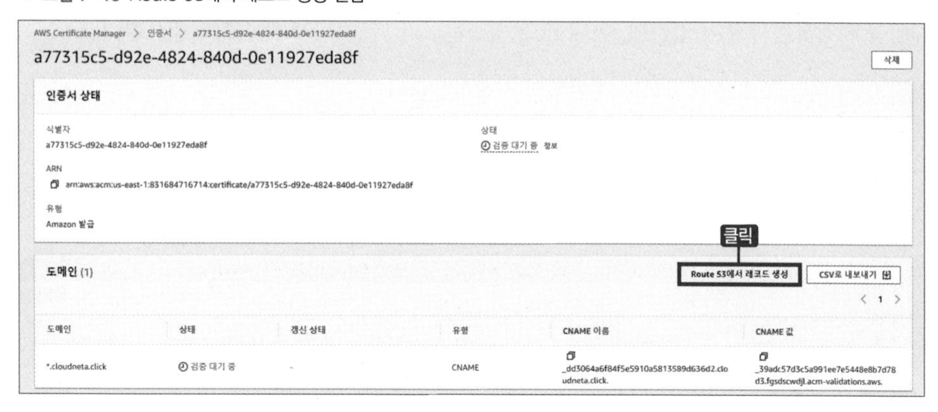

6. DNS 검증을 위해 **레코드 생성**을 누릅니다.

▼ 그림 7-47 DNS 검증을 위한 레코드 생성

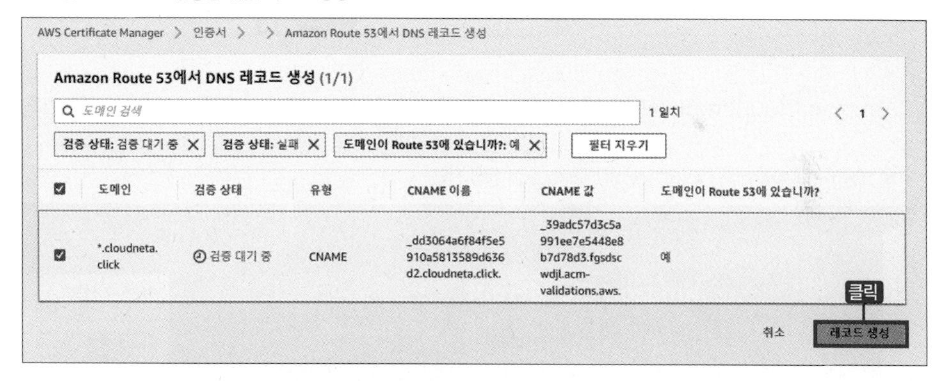

7. 약 5분 내외로 대기하면 다음과 같이 인증서가 발급됩니다.

▼ 그림 7-48 인증서 발급 확인

Amazon CloudFront Distribution 생성하기

본격적으로 Amazon CloudFront의 Distribution을 생성해 보겠습니다. 생성 작업 중 오리진 대상을 지정하는 부분이 있는데, 이때 EC2 인스턴스의 퍼블릭 DNS 주소가 필요합니다.

가장 먼저 해당 주소를 복사하는 작업부터 시작하겠습니다.

1. EC2 > **인스턴스**에서 생성한 인스턴스를 체크하고 퍼블릭 DNS 주소를 복사합니다.

▼ 그림 7-49 EC2 인스턴스의 퍼블릭 DNS 주소 복사

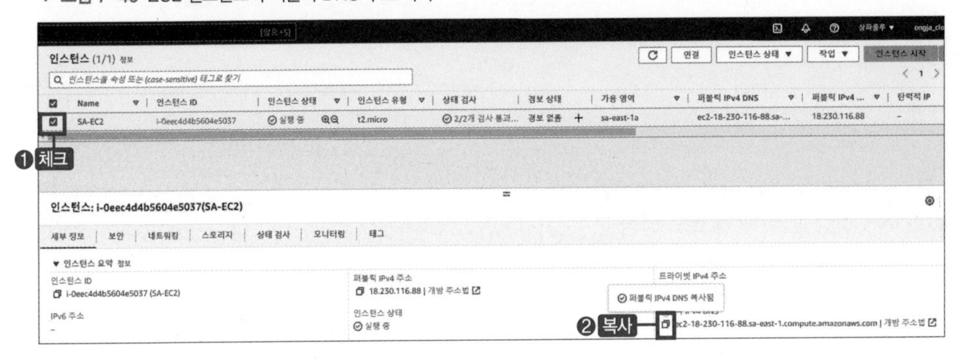

2. Amazon CloudFront 서비스에 들어가 오른쪽에 있는 **CloudFront 배포 생성**을 누릅니다.

▼ 그림 7-50 Amazon CloudFront의 Distribution 생성 진입

3. Amazon CloudFront의 Distribution을 생성하기 위해 다음과 같이 설정합니다.

   ❶ 원본 도메인에는 앞서 복사한 EC2 인스턴스의 퍼블릭 DNS 주소 붙여 넣기

   ❷ 프로토콜은 **HTTP만 해당** 선택

▼ 그림 7-51 Amazon CloudFront의 Distribution 생성 – 1

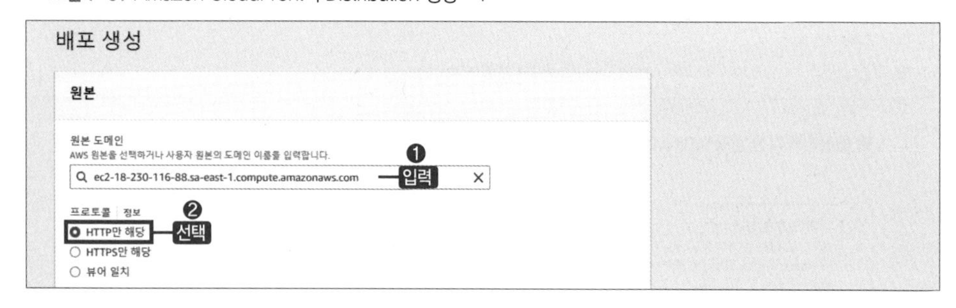

❸ 자동으로 객체 압축은 No 선택

❹ 뷰어 프로토콜 정책은 HTTP and HTTPS 선택

▼ 그림 7-52 Amazon CloudFront의 Distribution 생성 – 2

기본 캐시 동작

경로 패턴 정보

기본값(*)

자동으로 객체 압축 정보 ❸

No 선택

Yes

뷰어

뷰어 프로토콜 정책 ❹

HTTP and HTTPS 선택

Redirect HTTP to HTTPS

HTTPS only

❺ [캐시 키 및 원본 요청] Legacy cache settings를 선택하고 하위 설정은 기본값 유지

▼ 그림 7-53 Amazon CloudFront의 Distribution 생성 – 3

캐시 키 및 원본 요청

캐시 정책 및 원본 요청 정책을 사용하여 캐시 키 및 원본 요청을 제어할 것을 권장합니다.

Cache policy and origin request policy (recommended)

Legacy cache settings 선택 ❺

헤더

캐시 키에 포함할 헤더를 선택합니다.

없음

쿼리 문자열

캐시 키에 포함할 쿼리 문자열을 선택합니다.

없음

쿠키

캐시 키에 포함할 쿠키를 선택합니다.

없음

객체 캐싱

Use origin cache headers

Customize

❻ 웹 애플리케이션 방화벽(WAF)은 **보안 보호 비활성화** 선택

▼ 그림 7-54 Amazon CloudFront의 Distribution 생성 – 4

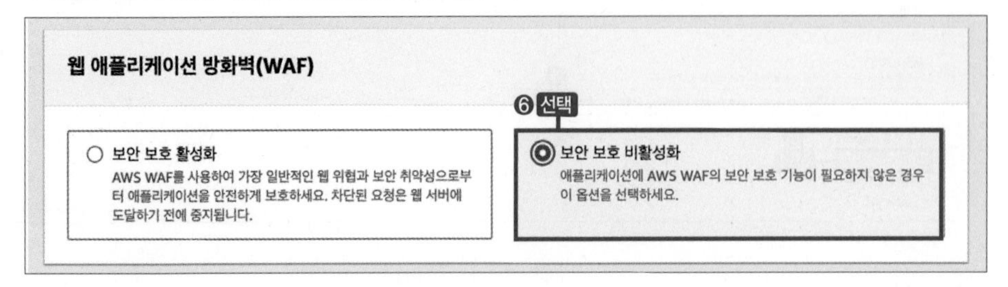

❼ 가격 분류는 **모든 엣지 로케이션에서 사용** 선택

❽ 대체 도메인 이름에서 **항목 추가**를 눌러 cdn.도메인 이름 입력

❾ 사용자 정의 SSL 인증서는 앞서 생성한 **ACM 인증서** 선택

▼ 그림 7-55 Amazon CloudFront의 Distribution 생성 – 5

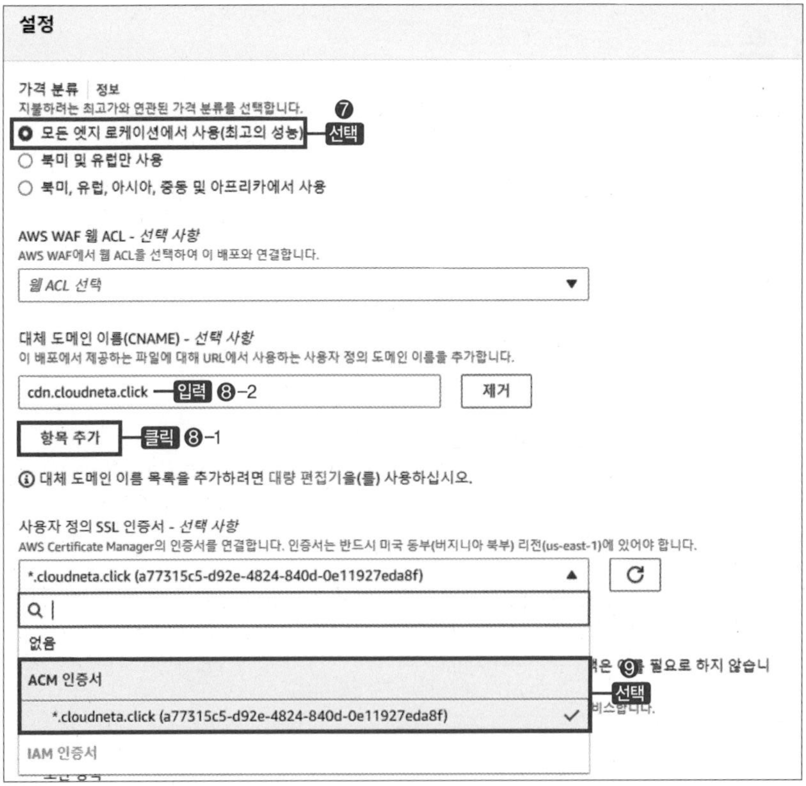

설정

가격 분류 | 정보
지불하려는 최고가와 연관된 가격 분류를 선택합니다.
모든 엣지 로케이션에서 사용(최고의 성능) ❼ 선택
북미 및 유럽만 사용
북미, 유럽, 아시아, 중동 및 아프리카에서 사용

AWS WAF 웹 ACL - *선택 사항*
AWS WAF에서 웹 ACL을 선택하여 이 배포와 연결합니다.
웹 ACL 선택

대체 도메인 이름(CNAME) - *선택 사항*
이 배포에서 제공하는 파일에 대해 URL에서 사용하는 사용자 정의 도메인 이름을 추가합니다.
cdn.cloudneta.click 입력 ❽-2 제거
항목 추가 클릭 ❽-1
ⓘ 대체 도메인 이름 목록을 추가하려면 대량 편집기을(를) 사용하십시오.

사용자 정의 SSL 인증서 - *선택 사항*
AWS Certificate Manager의 인증서를 연결합니다. 인증서는 반드시 미국 동부(버지니아 북부) 리전(us-east-1)에 있어야 합니다.
*.cloudneta.click (a77315c5-d92e-4824-840d-0e11927eda8f)
없음
ACM 인증서
*.cloudneta.click (a77315c5-d92e-4824-840d-0e11927eda8f) ✓ ❾ 선택
IAM 인증서

⑩ 기본값 루트 객체는 '/index.php' 입력

⑪ IPv6는 **끄기** 선택

⑫ 마지막으로 **배포 생성** 누르기

▼ 그림 7-56 Amazon CloudFront의 Distribution 생성 – 6

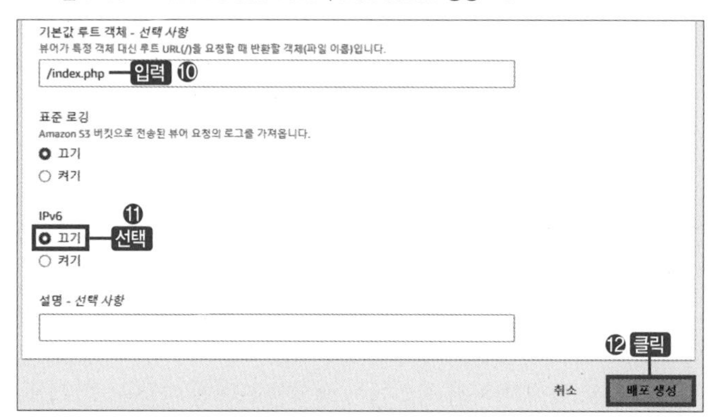

4. Amazon CloudFront의 Distribution이 생성되었습니다.

▼ 그림 7-57 Amazon CloudFront의 Distribution 생성 확인

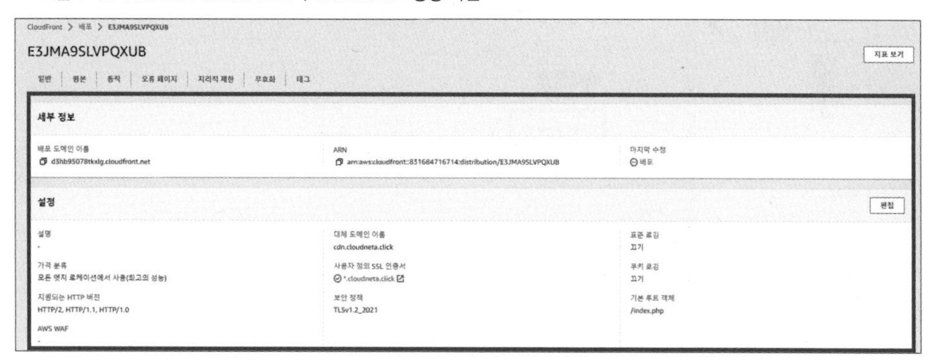

7.5.4 Amazon Route 53 설정과 CloudFront 환경 검증하기

앞서 Amazon CloudFront의 Distribution을 생성하고 오리진과 엣지 로케이션을 지정했습니다. 해당 Distribution에서 Amazon Route 53으로 레코드를 설정한 후 웹에 접속해 보겠습니다.

1. 먼저 Amazon CloudFront에서 Distribution의 도메인 이름을 복사합니다. 생성된 Distribution을 선택하고 배포 도메인 이름의 복사 아이콘을 클릭합니다.

▼ 그림 7-58 Amazon CloudFront의 Distribution 도메인 이름 복사

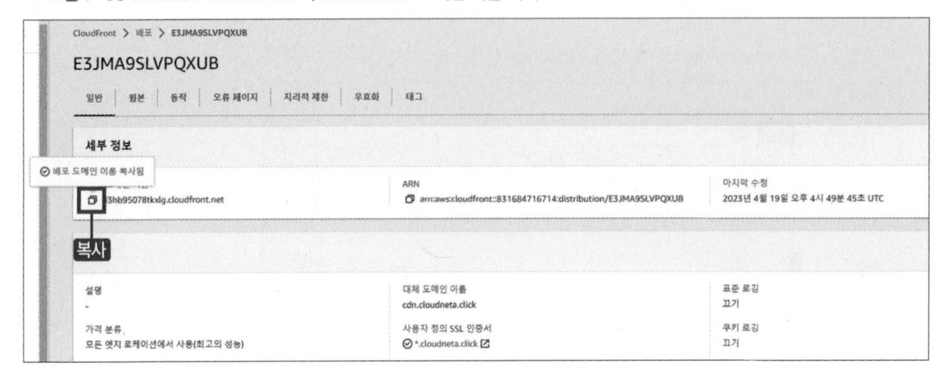

2. Amazon Route 53 > **호스팅 영역**으로 들어가 사전 작업에서 생성한 도메인 이름을 클릭합니다.

▼ 그림 7-59 생성한 도메인의 호스팅 영역 진입

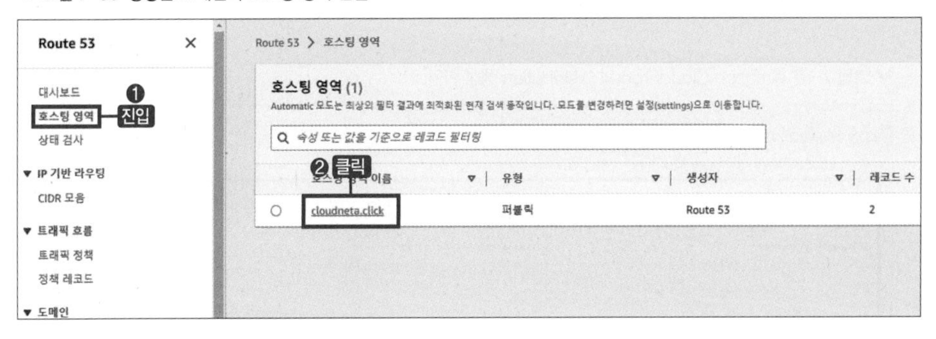

3. 도메인의 호스팅 영역 페이지에서 오른쪽에 있는 **레코드 생성**을 누릅니다.

▼ 그림 7-60 레코드 생성 진입

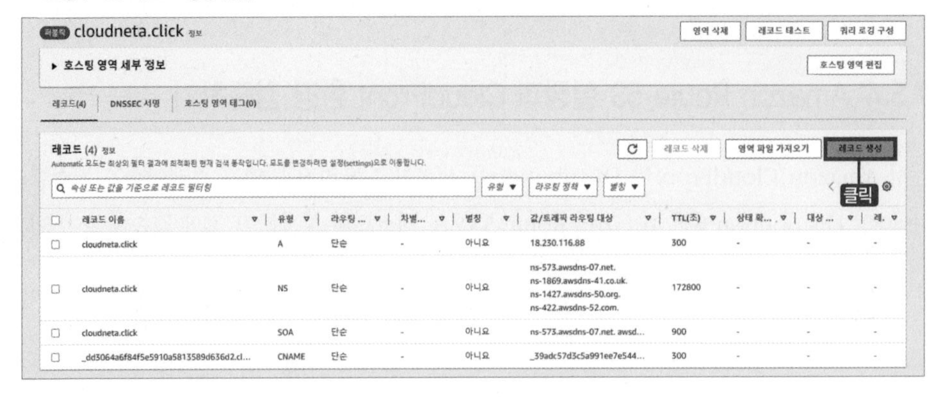

4. 신규 레코드를 생성하기 위해 다음과 같이 설정합니다.

❶ 레코드 이름에 'cdn' 입력

❷ 레코드 유형은 **A 레코드 유형** 선택

❸ **별칭** 선택

❹ 트래픽 라우팅 대상은 **CloudFront 배포에 대한 별칭** 선택

❺ 앞서 생성한 CloudFront Distribution의 도메인 이름 선택

❻ 라우팅 정책은 **단순 라우팅** 선택

❼ **레코드 생성** 누르기

▼ 그림 7-61 레코드 생성

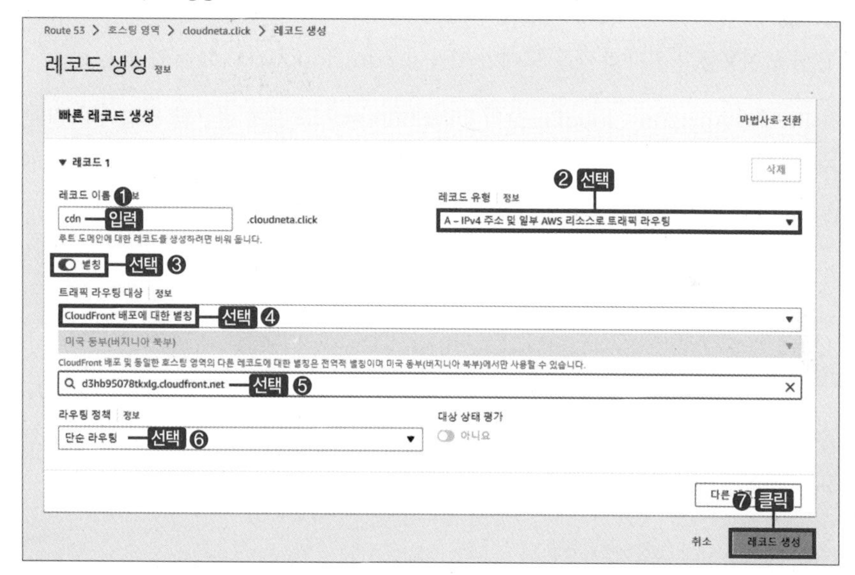

> **Note** ≡ Amazon Route 53은 별칭(alias) 옵션을 이용하여 AWS 내 생성된 특정 자원과 연결해서 레코드를 생성할 수 있습니다.

5. 다음과 같이 신규 레코드가 생성된 것을 확인합니다.

❤ 그림 7-62 레코드 생성 확인

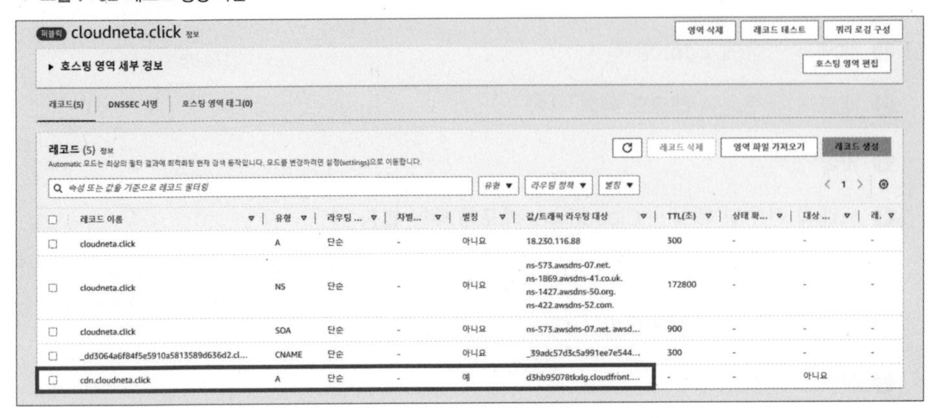

Amazon Route 53의 레코드 유형으로 Amazon CloudFront의 Distribution에 연결했습니다. 이때 별칭 옵션을 이용했고 필자의 경우 도메인 이름이 'cdn.cloudneta.click'입니다.

이제 사용자 PC에서 Amazon CloudFront의 Distribution으로 웹에 접근할 것입니다. 기본 환경 검증 때와 마찬가지로 구글 크롬 브라우저에서 지연 시간을 체크해 보겠습니다. 해당 검증은 최초 접속과 재접속으로 분류해서 확인합니다.

최초 접속

1. 구글 크롬 브라우저에서 단축키로 개발자 도구를 실행하고 **Network 탭**을 클릭합니다.
   - 윈도우 단축키: F12
   - macOS 단축키: COMMAND + OPTION + i

❤ 그림 7-63 구글 크롬 브라우저의 개발자 도구

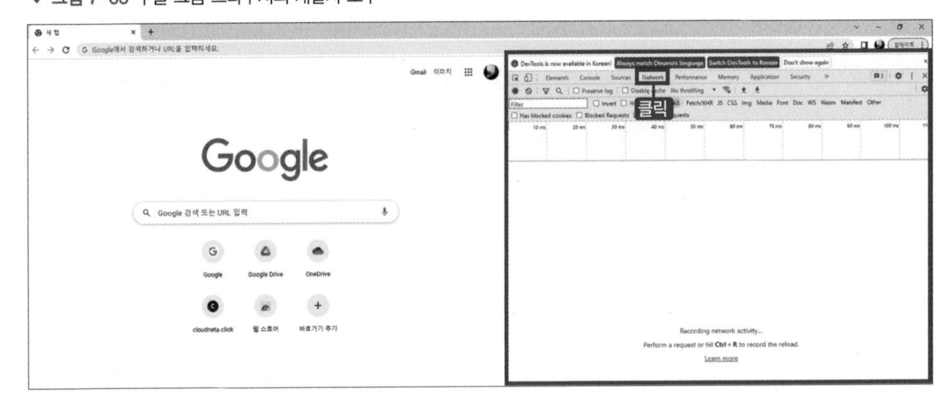

2. Amazon Route 53 레코드에서 정의한 각자 생성한 도메인 주소로 접근합니다(cdn.도메인 이름).

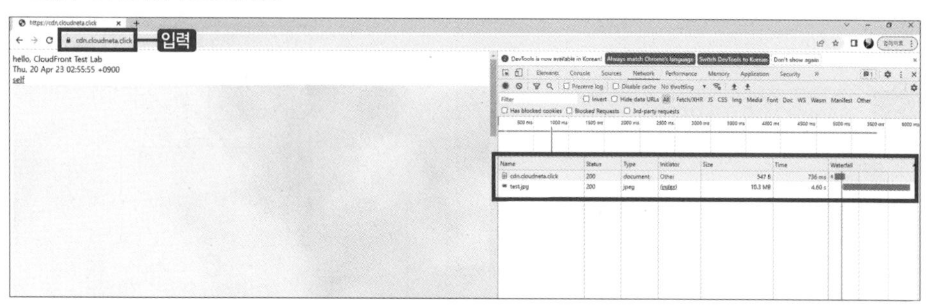

▼ 그림 7-64 도메인 주소로 웹 접근

사용자 PC에서 최초로 Amazon CloudFront Distribution의 도메인 주소로 접근하면 엣지 로케이션에 콘텐츠가 없어 오리진으로 콘텐츠를 받아 전달합니다. 그래서 지연 시간이 4.6초로 높게 측정됩니다.

3. 왼쪽 콘텐츠에서 test.jpg 파일을 클릭하고 오른쪽에서 헤더 정보를 확인합니다.

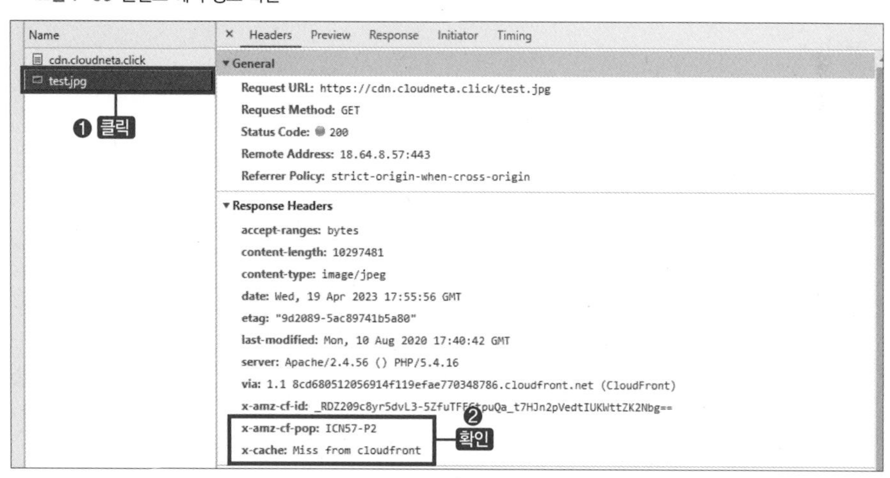

▼ 그림 7-65 콘텐츠 헤더 정보 확인

콘텐츠 헤더 정보 중 x-cache 필드가 있는데, 이 x-cache 필드 값은 'Miss from cloudfront'입니다. 이것은 콘텐츠 응답을 엣지 로케이션이 아닌 오리진을 통해 응답했다는 의미입니다. 앞서 설명한 것처럼 최초 접속이기 때문에 이런 동작을 취하는 것입니다.

4. Amazon CloudFront Distribution의 최초 접속에 대한 통신 흐름은 다음 그림과 같습니다.

▼ 그림 7-66 Amazon CloudFront Distribution의 최초 접속 통신 흐름

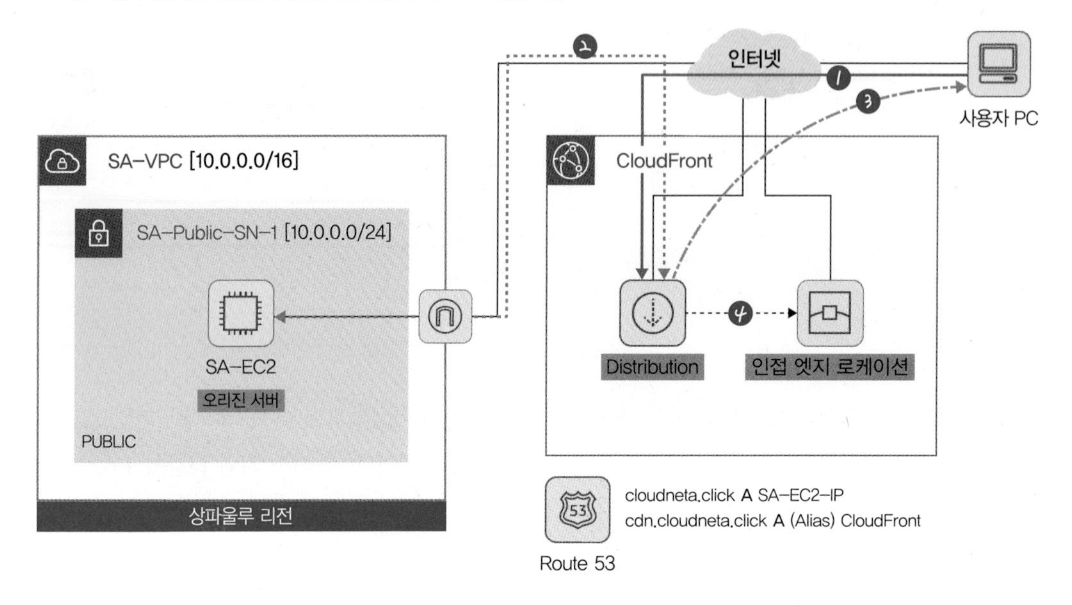

❶ 사용자 PC에서 CloudFront Distribution 도메인 이름(cdn.cloudneta.click)으로 웹에 접속합니다.

❷ Distribution은 최초 연결로 오리진 서버로 콘텐츠를 요청하고 응답받습니다.

❸ 사용자 PC로 웹 접근 요청에 대한 콘텐츠를 응답합니다.

❹ Distribution은 설정된 엣지 로케이션으로 배포하여 동기화합니다.

재접속

1. 구글 크롬 브라우저의 **새로고침** 위에서 마우스 오른쪽 버튼을 눌러 **캐시 비우기 및 강력 새로고침**을 선택합니다.

▼ 그림 7-67 캐시 비우기 및 강력 새로고침

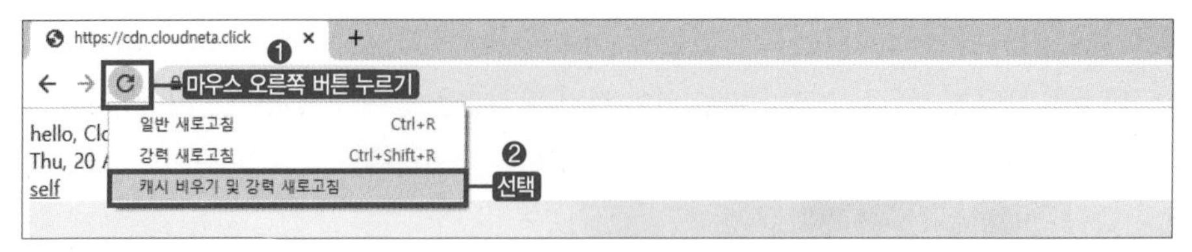

2. 오른쪽에서 콘텐츠 지연 시간을 확인합니다.

▼ 그림 7-68 콘텐츠 지연 시간 확인

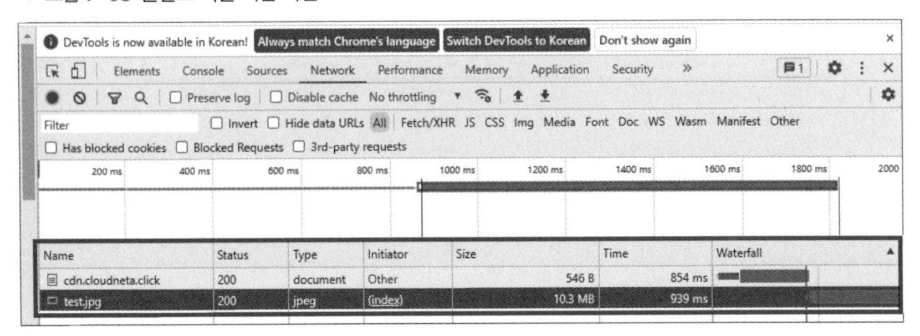

측정된 지연 시간은 0.94초입니다. 최초 접속에 비해 굉장히 빠른 처리 속도를 보여 줍니다.

3. 왼쪽 콘텐츠에서 test.jpg 파일을 클릭하고 오른쪽에서 헤더 정보를 확인합니다.

▼ 그림 7-69 콘텐츠 헤더 정보 확인

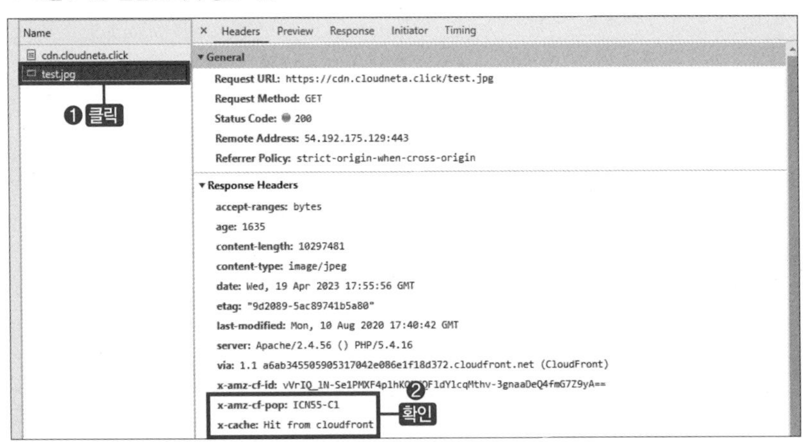

이번에는 콘텐츠 헤더 정보 중 x-cache 필드 값이 'Hit from cloudfront'입니다. 이것은 콘텐츠 응답을 엣지 로케이션을 통해 응답했다는 의미입니다. 사용자 PC에서 인접한 엣지 로케이션이 콘텐츠를 제공해 준 것입니다.

4. 콘텐츠 헤더 정보 중 x-amz-cf-pop 필드 값으로 엣지 로케이션 위치를 확인할 수 있습니다. 코드 번호로 식별하는데, 다음 URL에서 정보를 확인할 수 있습니다.

URL https://www.feitsui.com/en/article/3

▼ 그림 7-70 x-amz-cf-pop 코드 값 확인

feitsui.com/en/article/3

ICN55-C1 1/1

검색

ICN51-C2	Incheon International Airport	Seoul	South Korea	2023-
ICN54-C1	Incheon International Airport	Seoul	South Korea	2023-04-19
ICN54-C2	Incheon International Airport	Seoul	South Korea	2023-04-19
ICN55-C1	Incheon International Airport	Seoul	South Korea	2023-04-19
ICN57-P1	Incheon International Airport	Seoul	South Korea	2023-04-19
ICN57-P2	Incheon International Airport	Seoul	South Korea	2023-04-19
BCN50-P1	Josep Tarradellas Barcelona-El Prat Airport	Barcelona	Spain	2023-04-17
MAD51-C3	Adolfo Suárez Madrid-Barajas Airport	Madrid	Spain	2023-04-19

해당 웹 사이트에 접속하여 코드 값을 검색해 보면, 서울에 위치한 엣지 로케이션이라는 것을 알 수 있습니다.

5. 마지막으로 총 5회 반복해서 지연 시간을 측정하면 다음과 같이 약 0.89초가 나옵니다. 물론 각자 실습 환경에 따라 다를 것입니다.

접근 방식	1회	2회	3회	4회	5회	평균
인스턴스 직접 접속	1.77초	1.68초	1.82초	1.71초	1.91초	1.78초
CloudFront로 접속	0.94초	0.89초	0.88초	0.88초	0.87초	0.89초

결론적으로 Amazon CloudFront로 콘텐츠를 전달받으면 지연 시간을 획기적으로 줄일 수 있습니다. 더 크기가 큰 콘텐츠라면 차이는 더 벌어지겠죠?

Amazon CloudFront Distribution의 재접속 통신 흐름은 다음 그림과 같습니다.

▼ 그림 7-71 Amazon CloudFront Distribution의 재접속 통신 흐름

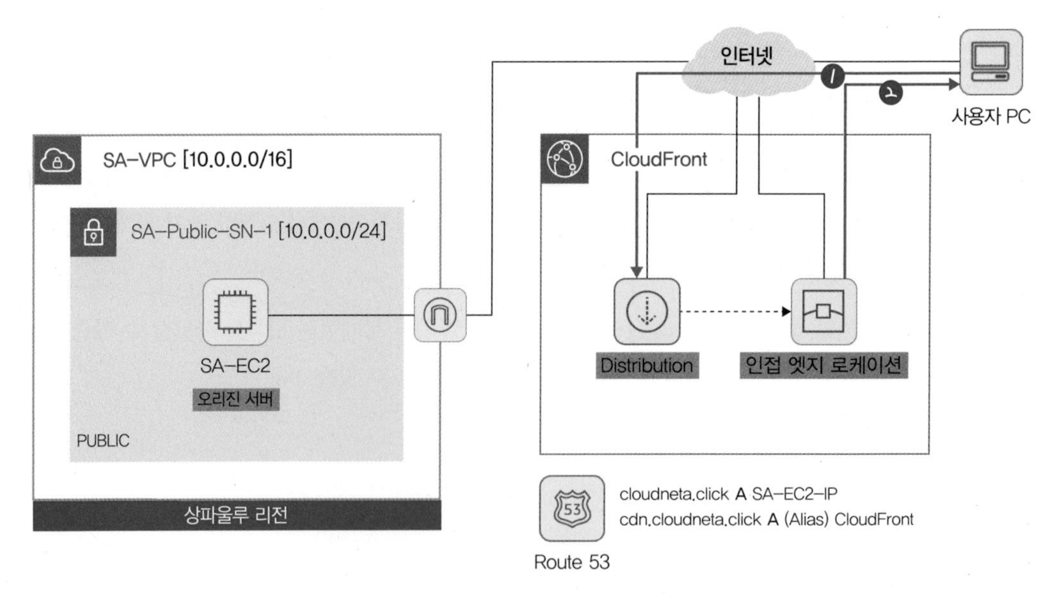

이미 엣지 로케이션에 콘텐츠를 배포한 상태이기 때문에 사용자 PC의 요청에 인접 엣지 로케이션이 즉각 응답합니다.

7.5.5 실습을 위해 생성된 모든 자원 삭제하기

7장 실습이 모두 끝났습니다. 실습을 위해 생성된 모든 자원을 삭제하기 위해 다음 순서대로 진행해 주세요.

1. CloudFront > **배포**에 들어가서 생성한 Distribution을 체크한 후 **비활성화**를 누릅니다. 그리고 나타나는 창에서 **비활성화**를 누릅니다.

▼ 그림 7-72 Amazon CloudFront Distribution 비활성화

비활성화 작업은 약 5분 내외로 소요되니 대기 후 진행합니다.

2. 생성한 Distribution을 다시 체크한 후 **삭제**를 누릅니다. 그리고 출력되는 창에서 **삭제**를 누릅니다.

▼ 그림 7-73 Amazon CloudFront Distribution 삭제

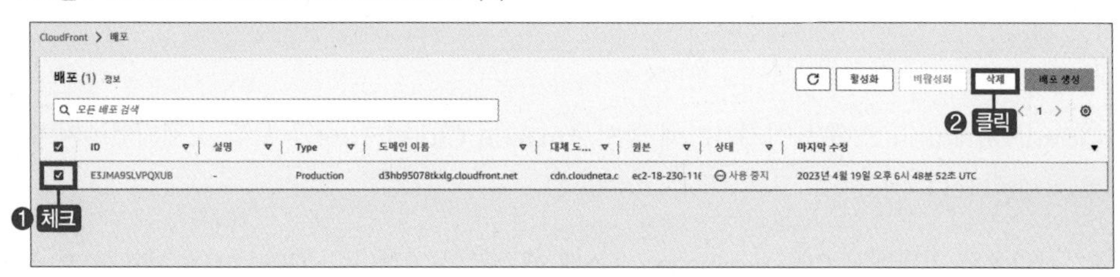

3. 버지니아 북부 리전의 Amazon Certificate Manager 서비스에서 **인증서 나열** 메뉴로 들어가 생성한 인증서를 체크한 후 **삭제**를 누릅니다. 그리고 출력되는 창에서 '삭제'를 입력하고 **삭제**를 누릅니다.

▼ 그림 7-74 Amazon Certificate Manager 인증서 삭제

4. Amazon Route 53 서비스에서 호스팅 영역 메뉴로 들어가 도메인 이름을 클릭합니다. 생성한 레코드를 체크한 후 **레코드 삭제**를 누릅니다. 그리고 출력되는 창에서 '삭제'를 입력하고 **삭제**를 누릅니다. 이후 발생하는 창에서 **삭제**를 누릅니다.

▼ 그림 7-75 Amazon Route 53 레코드 삭제

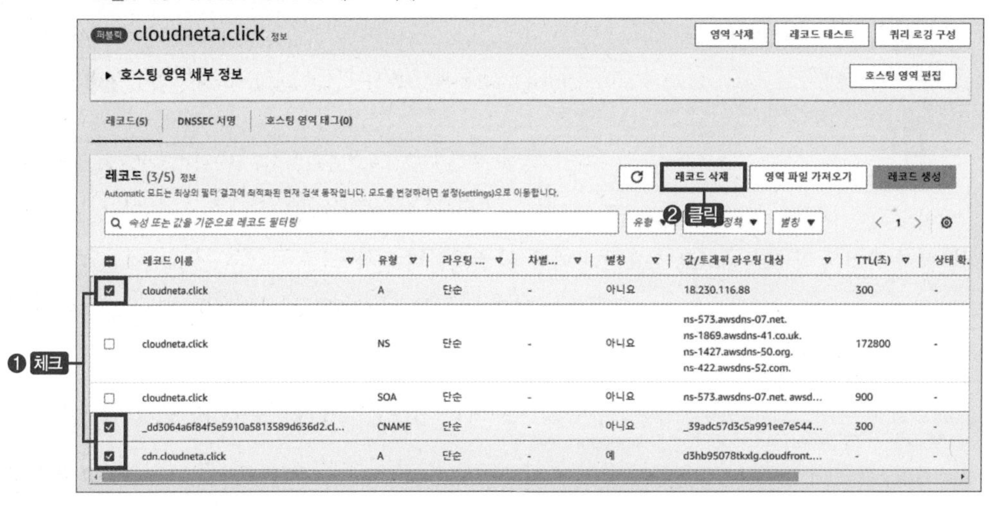

CloudFormation 스택을 삭제하기에 앞서 Amazon CloudFront가 모두 삭제되었는지 확인한 후 진행합니다.

5. 상파울루 리전에서 **CloudFormation > 스택** 메뉴로 들어갑니다. **CF-LAB**를 체크한 후 **삭제**를 누릅니다. 이후 열리는 창에서 **스택 삭제**를 누릅니다. 정상적으로 삭제되었는지 꼭 확인하기 바랍니다.

8장

AWS IAM 서비스

8.1 배경 소개

사용자 인증과 **권한 통제**는 온프레미스 환경과 더불어 클라우드 환경에서도 가장 중요한 보안 요소입니다. 이 때문에 AWS는 더욱 안전하게 사용할 수 있도록 AWS IAM 기능을 제공합니다. 이 절에서는 AWS IAM을 살펴보기 전에 먼저 AWS IAM 위에서 AWS 리소스가 어떻게 생성되고 관리되는지 살펴보겠습니다.

8.1.1 AWS 리소스 생성하고 관리하기

AWS 리소스를 다루는 방법을 살펴보겠습니다.

AWS 관리 콘솔

AWS 관리 콘솔(AWS management console)에서는 AWS 리소스를 생성하고 관리하는 데 사용할 수 있는 '웹(web)' 기반 사용자 인터페이스를 제공합니다. 앞선 실습까지는 AWS 관리 콘솔처럼 웹 기반 GUI 방식으로 진행했습니다. 아무래도 직관적이기 때문에 AWS 입문 단계에서 사용하기에 굉장히 편리합니다.

AWS 명령줄 인터페이스

AWS 명령줄 인터페이스(AWS Command Line Interface, AWS CLI)는 AWS 서비스를 관리하는 통합 도구입니다. 운영 체제(윈도우, macOS, 리눅스)에 설치하면 '셸(shell)' 프로그램에서 AWS 서비스를 사용할 수 있습니다. 명령줄 인터페이스나 프로그래밍에서도 AWS 리소스를 다룰 수 있다는 점을 알고 있으면 좋습니다.

AWS 소프트웨어 개발 키트

특정 소프트웨어를 개발할 때 도움을 주는 개발 도구 집합을 소프트웨어 개발 키트(Software Development Kit, SDK)라고 합니다. AWS SDK는 AWS 리소스를 프로그래밍적으로 사용하기 편리하도록 제공되는 라이브러리들을 의미합니다. 예를 들어 AWS 리소스를 사용하는데 인증 동작이 필요할 때는 직접 프로그래밍해서 구현해야 하지만, AWS SDK를 이용하면 최소한의 노력만으로도 동작을 구현할 수 있습니다. AWS SDK는 파이썬(Python), Go, 루비(Ruby), 자바(Java) 등 주요 프로그래밍 언어별로 다양한 라이브러리를 제공합니다.

▼ 그림 8-1 AWS 리소스 사용법

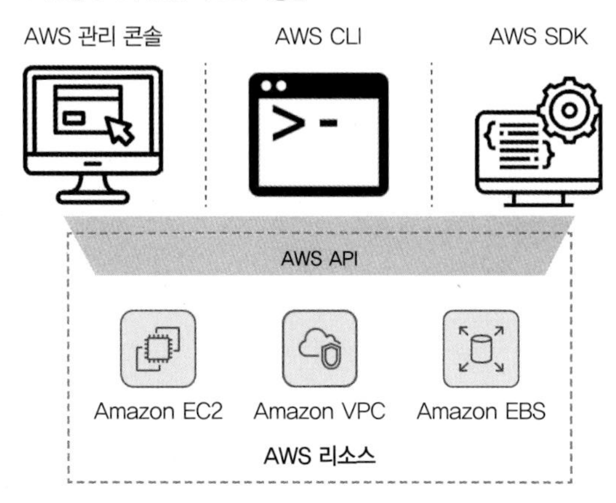

앞의 그림에서 볼 수 있듯이, 앞서 설명한 AWS 리소스를 다루는 방법들은 AWS API에서 요청을 받아 옵니다. 그렇다면 AWS API란 무엇일까요? 바로 이어서 알아보겠습니다.

8.1.2 AWS API란

API란

AWS API를 이야기하기 전에 먼저 API가 무엇인지 살펴봅시다.

API(Application Programming Interfaces)는 두 애플리케이션이 상호 작용할 수 있게 도와주는 매개체입니다. 즉, API를 이용하여 두 애플리케이션이 서로 통신하면서 정보를 주고받을 수 있는 것이죠. 예를 들어 공공 데이터 포털 사이트에는 공공 데이터를 제공할 수 있는 API 서버가 구성되어 있습니다. 사용자가 누구든 포털 사이트의 API 서버에 데이터를 요청하면 정보를 얻을 수 있습니다.

API를 사용할 때는 두 가지 규칙을 따라야 합니다. 첫 번째 규칙은 외부에 공개된 API 서버가 아닐 때는 인증된 사용자만 접속할 수 있게 해야 합니다. 따라서 인증된 사용자인지 확인하는 '인증'과 데이터를 내려받아도 된다고 허가하는 '인가'가 필요합니다. 두 번째 규칙은 요청할 때 규칙을 정리한 문서인 '명세서'가 필요합니다. 예를 들어 최대 글자 수 제한은 몇 글자까지인지, 전달하려는 데이터 유형은 무엇인지 등 정해진 규칙이 요청서에 담겨 있어야 합니다.

사용자가 특정 데이터를 조회하면 공공 데이터 포털 API 서버에 API 요청이 전달됩니다. API 서버는 사용자에 대한 인증과 인가를 확인한 후 인증된 사용자라고 판단하면 명세서 규칙을 확인하여 요청한 데이터의 결과 값을 사용자에게 보여 줍니다(그림 8-2).

▼ 그림 8-2 API 요청

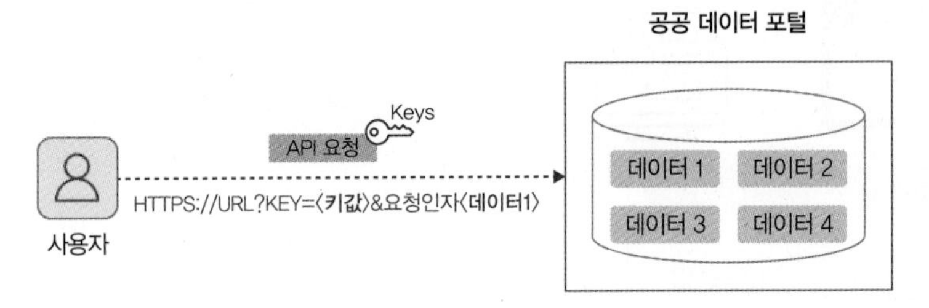

Note ≡ **인증과 인가**

본문에 언급한 것처럼 허가받은 사용자가 프로그래밍에서 API를 사용하려면 인증과 인가가 필요합니다. 이후에도 계속 사용하는 용어이니 잘 숙지하고 넘어가 주세요.

- **인증(authentication)**: 사용자가 적법한 서명 값을 가졌는지 확인합니다.
- **인가(authorization)**: 인증이 확인된 사용자가 API 권한을 수행할 수 있는지 확인합니다.

AWS 클라우드에서 인프라, 보안, 데이터베이스, 분석, 배포 및 모니터링 등 모든 IT 리소스는 AWS API 호출로 제어할 수 있습니다.

AWS API란

AWS API는 사용자나 애플리케이션이 AWS 서비스를 사용하기 위해 도와주는 매개체입니다. 예를 들어 사용자가 Amazon S3 서비스를 사용하려고 한다면 사용자는 요청 정보를 AWS API에 보냅니다. 이때 AWS API는 사용자 인증을 확인한 후 요청이 적합하다고 판단되면 Amazon S3 서비스에 전달하여 서비스를 처리하게 합니다.

예를 들어 AWS 명령줄 인터페이스를 이용하여 Amazon S3 버킷을 생성한다고 가정해 봅시다. AWS 명령줄 인터페이스에서 버킷을 생성하는 명령어를 작성하면 AWS 리소스를 사용할 수 있게 AWS API를 호출합니다. 그리고 AWS API를 사용할 수 있도록 '인증, 인가'를 확인한 후 요청했던 대로 S3 버킷을 생성합니다.

▼ 그림 8-3 AWS API 요청

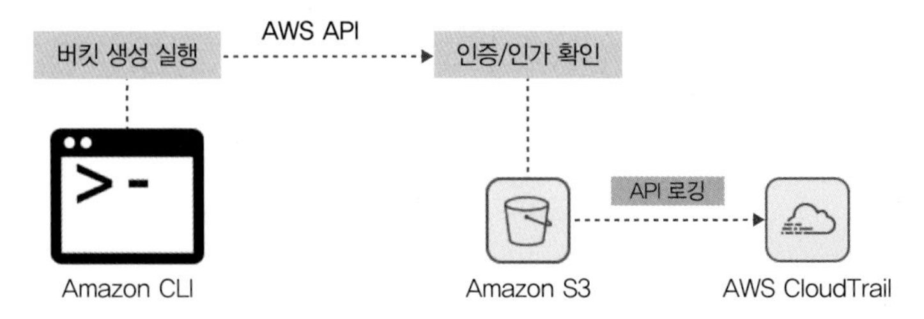

앞의 그림에서 볼 수 있듯이 인증과 인가를 확인한 후에는 AWS CloudTrail 서비스를 이용하여 'API 로깅'을 남깁니다. 여기에서 **API 로깅**이란 AWS API의 활동 기록을 저장하는 것으로, 보안 사고나 장애가 발생하면 더욱 빠르게 대응할 수 있습니다. AWS 모든 서비스는 AWS API로 상호 작용하기 때문에 API 로깅을 기록하는 것은 매우 중요합니다.

▼ 그림 8-4 AWS API 인증, 인가, 로깅 동작

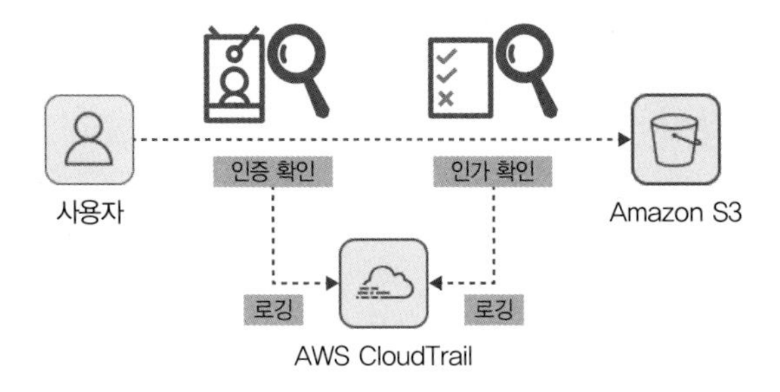

> **Note** AWS CloudTrail
>
> AWS CloudTrail은 AWS 계정의 거버넌스, 규정 준수, 운영 감사, 위험 감사를 지원하는 서비스입니다. CloudTrail을 사용하면 AWS 인프라에서 계정 활동과 관련된 작업을 기록하고 지속적으로 모니터링하여 보관할 수 있습니다.

8.2 AWS IAM

앞서 알아본 인증과 인가는 AWS IAM으로 동작합니다. 이 절에서는 AWS IAM 동작을 알아보고자 AWS IAM 구성 요소와 관련 용어를 살펴보고, IAM 정책과 역할을 학습해 보겠습니다.

8.2.1 AWS IAM이란

AWS IAM(Identity & Access Management)은 AWS 서비스와 리소스에 안전하게 접근할 수 있도록 관리하는 기능입니다. IAM을 이용하여 리소스를 사용하도록 '인증'과 '권한'을 통제합니다. AWS 사용자 및 그룹을 만들고 관리하거나 권한을 이용하여 AWS 리소스 접근을 허용하거나 거부할 수 있습니다. AWS IAM은 대부분의 AWS 서비스와 연결되어 활용할 수 있으며, 추가 비용 없이 사용할 수 있습니다.

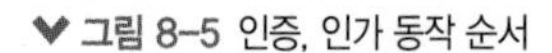

▼ 그림 8-5 인증, 인가 동작 순서

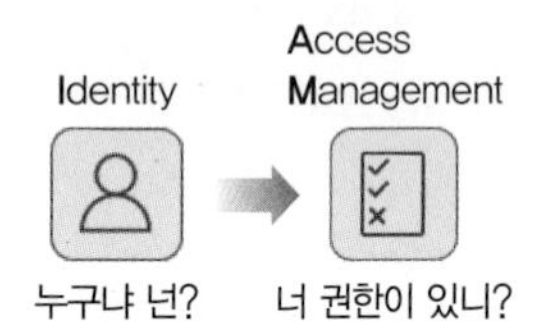

8.2.2 AWS IAM 구성 요소와 동작 방식

구성 요소

AWS IAM은 사용자, 그룹, 역할, 정책으로 구성됩니다. AWS API로 서비스를 사용하려면 허가받은 사용자인지 확인해야 한다고 했었죠? 여기에서 허가받은 사용자는 AWS IAM 구성 요소 중 사용자와 그룹으로 볼 수 있습니다. 그리고 허가받은 사용자가 최종적으로 서비스를 사용하려면 해당 서비스에 대한 권한이 필요하다고 했었죠? 여기에서 권한은 AWS IAM 구성 요소 중 정책과 역할로 볼 수 있습니다.

▼ 그림 8-6 AWS IAM 구성 요소

그러면 AWS IAM의 구성 요소와 관련된 개념을 자세히 살펴봅시다.

- **AWS 계정 루트 사용자**: 맨 처음 생성된 AWS 계정이며, 해당 계정의 모든 권한을 가지고 있습니다.
- **IAM 사용자**(user): 별도의 AWS 계정이 아닌 계정 내 사용자이며, 각 IAM 사용자는 자체 자격 증명을 보유합니다. 즉, IAM 사용자마다 특정 AWS 작업을 수행할 수 있게 권한을 통제할 수 있습니다.
- **IAM 그룹**(group): IAM 사용자 집합을 의미합니다. IAM 그룹에 권한을 지정해서 다수의 IAM 사용자의 권한을 쉽게 관리할 수 있습니다.
- **IAM 정책**(policy): 자격 증명이나 리소스와 연결될 때 요청을 허용하거나 거부할 수 있는 권한을 정의하는 AWS 객체입니다.
- **IAM 역할**(role): 특정 권한을 가진 계정에 생성할 수 있는 IAM 자격 증명입니다. 역할에는 그와 연관된 암호 또는 접근 키 같은 장기 자격 증명이 없습니다. 그 대신 역할을 주면 역할 세션을 위한 임시 보안 자격 증명을 제공합니다. 역할을 이용하여 일반적으로 AWS 리소스에 접근할 수 없는 사용자, 애플리케이션, 서비스에 접근 권한을 위임할 수 있습니다.
- **보안 주체**(principals): AWS 계정 루트 사용자, IAM 사용자, IAM 역할을 이용하여 로그인하고 AWS에 요청하는 사람 또는 애플리케이션입니다.

인증, 인가 동작 방식

IAM 사용자가 AWS 리소스를 사용할 때는 암호나 접근 키 같은 자격 증명을 사용하여 인증받아야 합니다. IAM 사용자 계정에 따른 암호나 접근 키가 올바르다면 적합한 사용자로 간주되어 인증 동작이 마무리됩니다.

▼ 그림 8-7 AWS IAM 인증 동작 예시

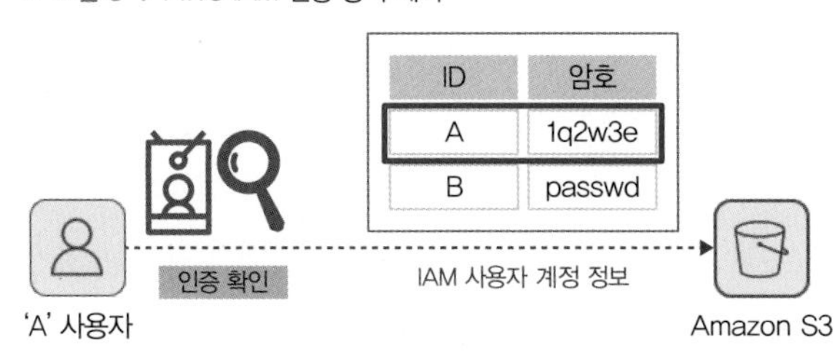

그다음 인증이 처리되면 IAM 사용자는 적합한 권한이 있는지 확인하는 인가 동작을 진행합니다. 예를 들어 사무실은 회사 구성원 모두가 사원증을 인증하고 들어갈 수 있지만 사장실은 사장님만 들어갈 수 있습니다. 즉, 사장실에 들어가려면 인증한 후에도 추가로 권한이 더 필요하다고 볼 수 있습니다.

다음 그림과 같이 A 사용자는 S3를 사용할 수 있는 S3 FullAccess 권한을 가지고 있으므로 S3 리소스에 대해 파일을 업로드하거나 내려받거나 삭제할 수 있습니다. 반면 사용자 B는 EC2는 사용할 수 있지만 S3는 사용할 수 없습니다.

▼ 그림 8-8 AWS IAM 인가 동작 예시

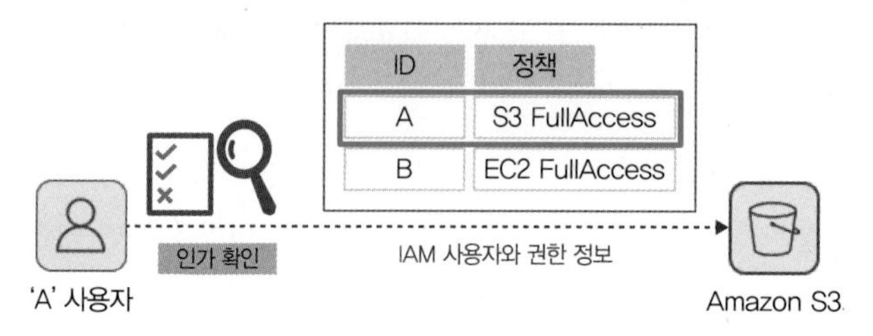

또한 IAM 사용자 이외에 IAM 그룹에 정책을 부여해서 그룹별로 좀 더 편리하게 관리할 수 있습니다.

▼ 그림 8-9 AWS IAM 그룹별 정책 관리

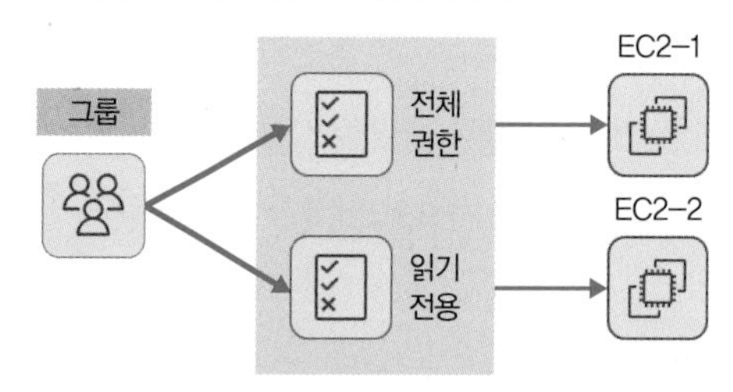

8.2.3 AWS IAM 사용자

IAM 사용자는 일반적으로 '루트 사용자'와 '일반 IAM 사용자'로 나뉩니다. 여기에서 루트 사용자는 AWS의 모든 리소스에 접근할 수 있는 전체 권한이 있어 AWS 계정 생성 및 해지와 IAM 사용자 관리 등에 사용하지만, 직접 AWS 리소스를 사용하도록 권장하지는 않습니다. 예를 들어 루트 사용자 계정을 다수 사용자가 공용으로 사용할 때는 어떤 사용자가 어떤 행위를 했는지 구별할 수가 없습니다. 루트 사용자 계정이 해킹되기라도 하면 공격자가 AWS 계정에 대한 모든 권한을 가지게 됩니다. 하지만 IAM 사용자 계정이 해킹된 경우에는 루트 사용자의 계정으로 해킹된 IAM 사용자를 차단하거나 AWS API 로깅으로 침해 행위를 분석할 수 있습니다. 따라서 일반적으로 AWS 리소스를 사용할 IAM 사용자를 생성하고 권한을 부여한 후 사용하기를 강력히 권장합니다.

▼ 그림 8-10 AWS IAM 루트 사용자 vs IAM 사용자

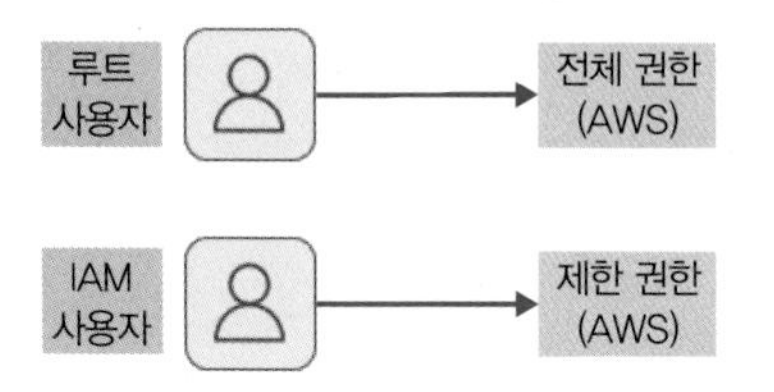

AWS 관리 콘솔로 로그인하면 루트 사용자와 IAM 사용자를 선택할 수 있습니다.

▼ 그림 8-11 AWS 관리 콘솔 로그인

8.2.4 AWS IAM 정책

앞서 알아본 것처럼 사용자를 인가하고 나면, 사용자별로 권한에 대한 확인 절차를 진행합니다. 사용자별 권한 검사는 AWS IAM 정책을 이용해서 진행합니다. 사용자에 연결된 IAM 정책으로 사용자별 AWS 서비스와 리소스에 대한 인가(권한)를 얻을 수 있습니다. 사용자가 특정 AWS 서비스를 사용하려고 인가를 요청하면, IAM은 IAM 정책을 기반으로 AWS 요청을 검사, 평가한 후 최종적으로 허용할지 차단할지를 결정합니다.

```
{
  "Version": "2012-10-17",
  "Statement": [
    {
      "Effect": "Allow or Deny",
      "principal": "principal",
      "Action": ["action"],
      "Resource": ["*"],
      "Condition": {"key":"value"}
    }
  ]
}
```

- **Effect**: 명시적 정책에 대한 허용 혹은 차단
- **principal**: 접근을 허용 혹은 차단하고자 하는 대상
- **Action**: 허용 혹은 차단하고자 하는 접근 타입
- **Resource**: 요청의 목적지가 되는 서비스
- **Condition**: 명시적 조건이 유효하다고 판단될 수 있는 조건

앞서 설명한 정책 동작을 예를 들어 설명하겠습니다. AWS 계정 A와 계정 B가 있다고 가정해 봅시다. 여기에서 계정 A는 EC2 서비스를 사용할 수 있는 권한이 부여되어 있으며, 계정 B는 EC2 서비스 사용을 차단하는 권한이 부여되어 있습니다. 다음 그림과 같이 EC2 생성을 요청하면 계정 A 사용자는 EC2가 생성되는 반면, 계정 B 사용자는 요청을 거절당하는 것을 확인할 수 있습니다.

▼ 그림 8-12 정책 동작 예시

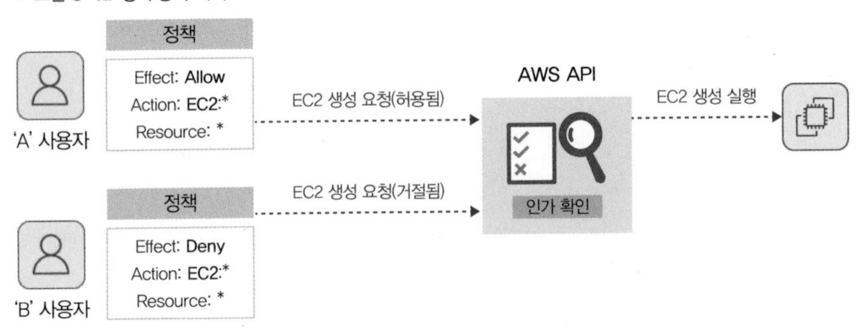

8.2.5 AWS IAM 역할

IAM 역할이란 정의된 권한 범위 내 AWS API를 사용할 수 있는 임시 자격 증명을 의미합니다. 코드에 하드 코딩하지 않고 실행할 때 임시(+Token, 일정 시간 이후 만료됨) 자격 증명을 사용하는데, 이를 'Assume'이라고 합니다. IAM 역할을 사용하면 사용자 권한을 공유하거나 매번 권한을 부여할 필요가 없습니다. EC2 Instance Profile, Federations(Cross-Account, SAML2.0, Web Identify Provider)들은 IAM 역할을 활용한 예입니다.

그러면 AWS IAM 역할이 어떻게 활용되는지 여러 상황을 가정하면서 살펴봅시다. 첫 번째 시나리오로 개발자가 S3 버킷에 대한 접근 권한이 필요한 EC2 인스턴스에서 애플리케이션을 실행하는 상황을 생각해 봅시다. 관리자는 S3 Full 권한이 연결된 IAM 역할을 생성해서 EC2 인스턴스에 연결합니다(EC2 Instance Profile). EC2상의 애플리케이션은 IAM 역할의 임시 자격 증명을 사용하여 S3 버킷에 접근할 수 있습니다. 관리자가 개발자에게 별도의 권한을 부여하지 않아도 애플리케이션이 S3 버킷에 접근할 수 있고, 개발자는 이를 위해 추가적인 자격 증명을 공유하거나 관리할 필요가 전혀 없습니다.

▼ 그림 8-13 EC2상의 애플리케이션이 IAM 역할을 이용하여 S3 버킷에 접근

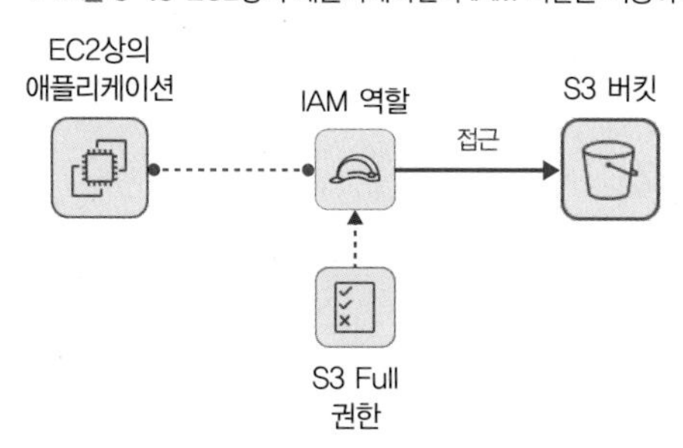

두 번째 시나리오는 AWS IAM 시스템과 연동된 외부 사용자 관리 시스템이 구성되는 환경일 때입니다. 외부 사용자가 AWS 영역 내 S3 버킷을 사용하기 위해 IAM 역할을 바탕으로 임시 자격 증명을 이용하여 S3 버킷에 접근할 수 있습니다.

▼ 그림 8-14 외부 사용자가 IAM 역할을 이용하여 S3 버킷 접근

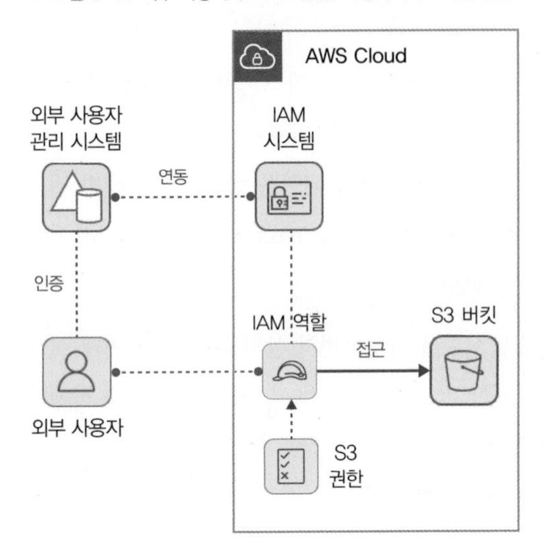

이외에도 서비스 간에 권한을 제어하거나 멀티 계정 환경에서 리소스 권한을 위임할 수 있습니다.

AWS TEXTBOOK

8.3 실습 AWS IAM 사용자 생성 및 정책, 역할 동작 확인하기

실습 목표

AWS IAM 서비스의 주요 기능인 IAM 사용자, IAM 정책, IAM 역할을 실습으로 확인해 봅니다.

▼ 그림 8-15 IAM 사용자로 '인증 인가' 동작 실습

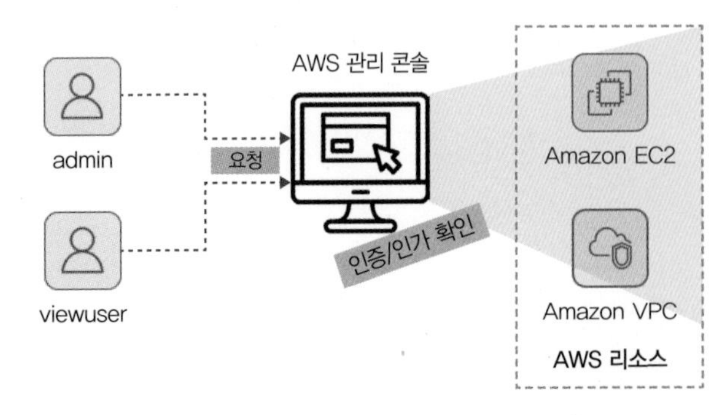

IAM을 설정하여 S3 관리와 EC2 재부팅 동작을 실행하거나 차단할 수 있습니다.

▼ 그림 8-16 IAM 정책과 IAM 역할 동작 환경

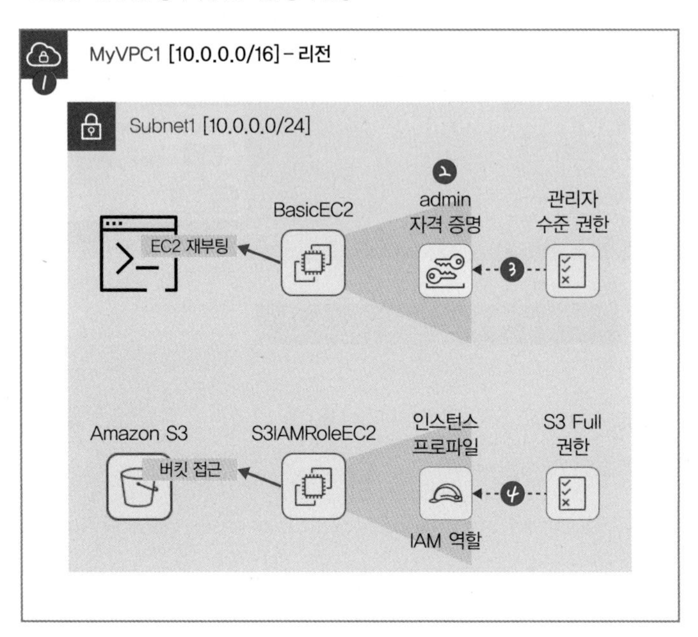

실습 단계

1. 실습을 위한 기본 인프라를 배포합니다.
2. IAM 사용자(user) 생성 및 동작을 확인합니다.
3. IAM 정책(policy) 설정 및 동작을 확인합니다.
4. IAM 역할(role) 설정 및 동작을 확인합니다.
5. 실습을 위해 생성된 자원을 모두 삭제합니다.

8.3.1 실습을 위한 기본 인프라 배포하기

실습 동작에 필요한 리소스들은 AWS CloudFormation으로 자동 배포합니다.

1. AWS 관리 콘솔에서 CloudFormation 서비스에 들어간 후 **스택 생성**을 누릅니다.

▼ 그림 8-17 스택 생성

2. 다음 그림과 같이 아래쪽에 있는 Amazon S3 URL에 다음 URL을 입력하고 **다음**을 누릅니다. 별도로 언급이 없는 부분은 기본값을 유지합니다.

URL https://cloudneta-aws-book.s3.ap-northeast-2.amazonaws.com/chapter8/iamlab.yaml

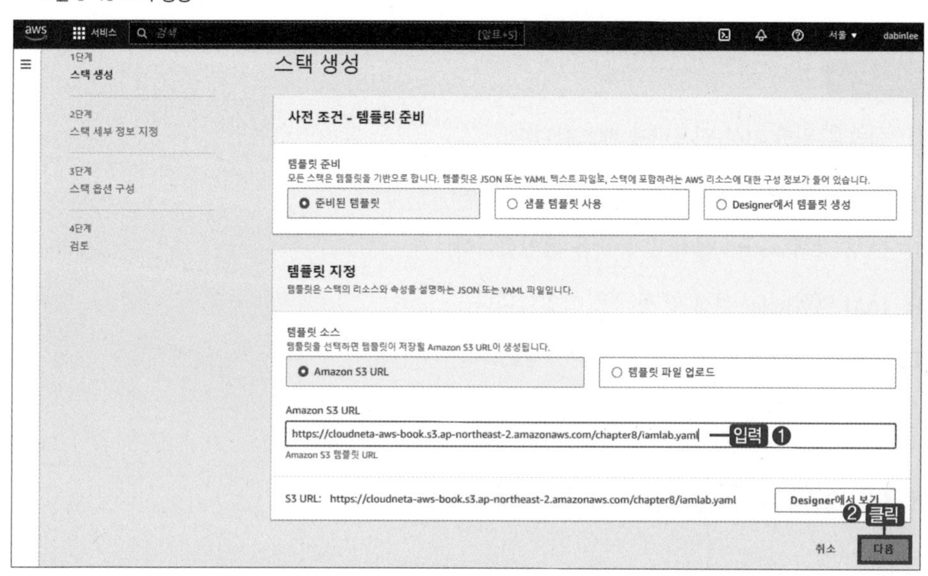

▼ 그림 8-18 스택 생성

3. 스택 세부 정보 지정 페이지에서 다음과 같이 설정하고 **다음**을 누릅니다.

❶ 스택 이름에 'iamlab' 입력

❷ KeyName은 자신의 SSH 키 페어 파일 선택

▼ 그림 8-19 스택 세부 정보 지정

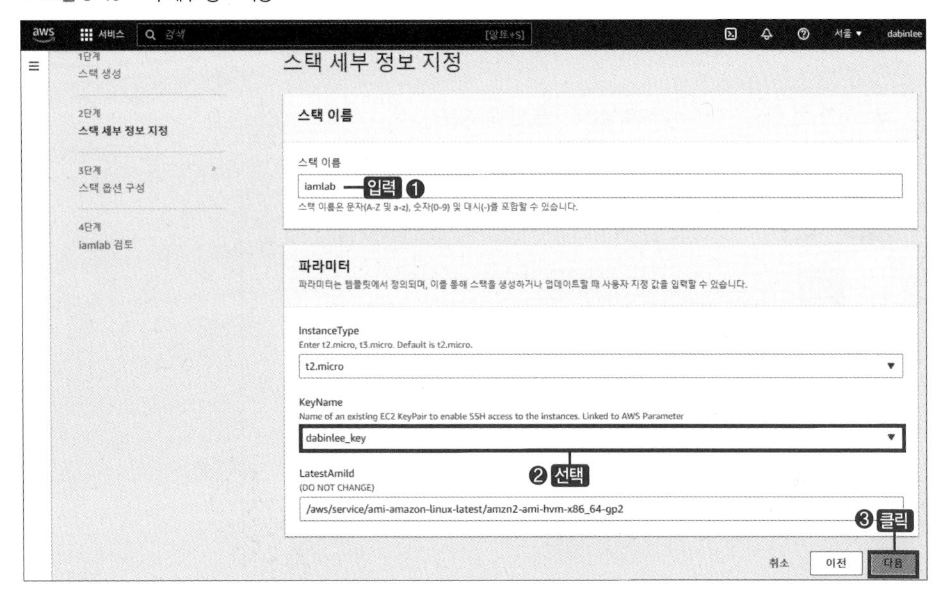

4. 스택 옵션 구성에서는 별도의 설정을 하지 않고 **다음**을 누릅니다. 검토 단계에서는 'AWS CloudFormation에서 사용자 지정 이름으로 IAM 리소스를 생성할 수 있음을 승인합니다.'에 체크하고 **전송**을 누릅니다.

▼ 그림 8-20 CloudFormation 스택 생성 완료

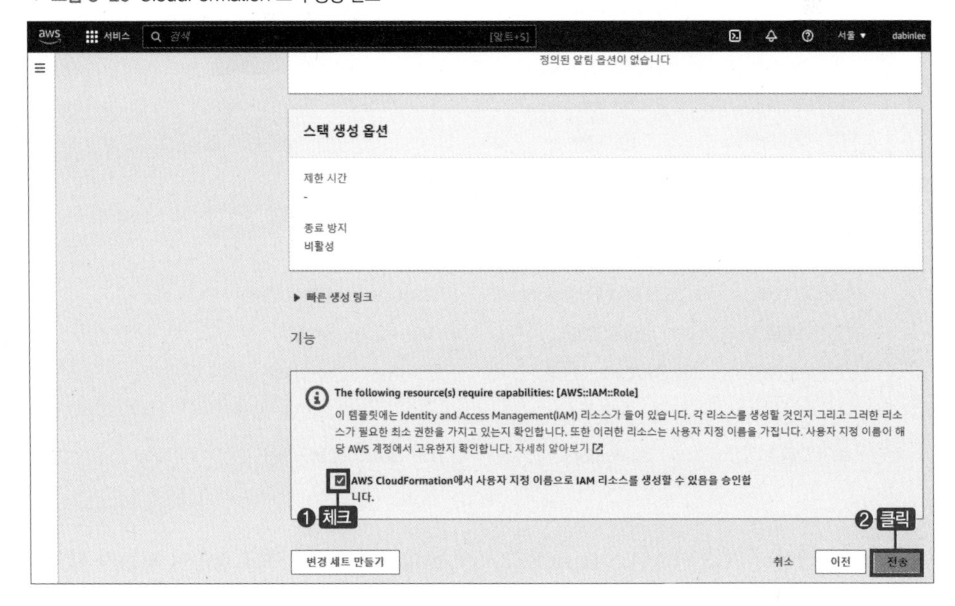

5. 일정 시간(약 5분 이상 소요)이 지나 스택 상태가 'CREATE_COMPLETE'가 되면 모든 인프라 배포가 완료된 것입니다. 생성된 정보는 다음 그림과 같습니다.

▼ 그림 8-21 CloudFormation으로 생성된 기본 인프라 자원

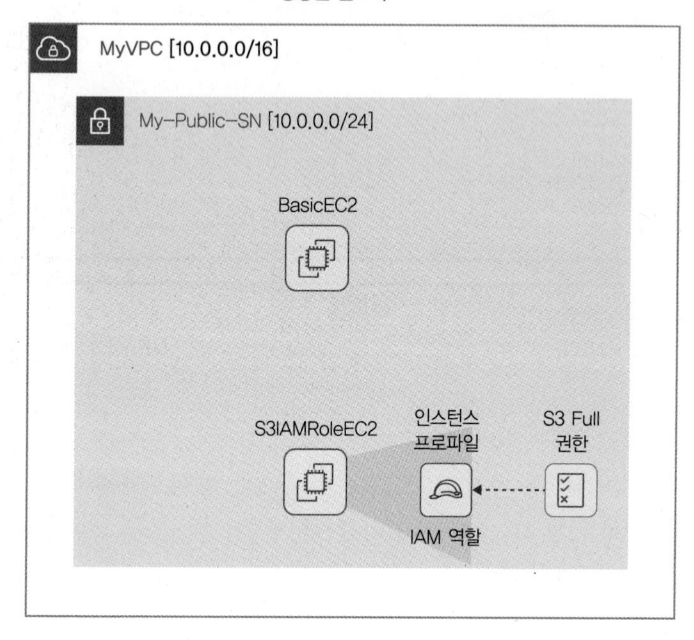

생성된 인프라 리스트

생성 자원	이름	정보
VPC	MyVPC	10.0.0.0/16
인터넷 게이트웨이	My-IGW	
퍼블릭 라우팅 테이블	My-Public-RT	My-IGW 연결
퍼블릭 서브넷	My-Public-SN	My-Public-RT 연결
IAM Role	STGLabInstanceRole	S3 Full 정책 연동
InstanceProfile	STGLabRoleForInstance	STGLabInstanceRole 연동
EC2 인스턴스 1	BasicEC2	My-Public-SN 위치
EC2 인스턴스 2	S3IAMRoleEC2	My-Public-SN 위치 STGLabRoleForInstances 사용
보안 그룹 1	SGWebSrv	TCP 22/80, ICMP 허용

마지막으로 생성된 EC2 인스턴스(BasicEC2, S3IAMRoleEC2)에 SSH 접속이 되는지 확인해 봅니다.

8.3.2 IAM 사용자 생성 및 동작 확인하기

IAM 사용자로 admin과 viewuser를 각각 생성하고 인라인(inline) 정책을 연동하여 동작을 확인해 봅시다.

IAM 사용자 생성하기

admin 사용자 생성하기

1. **보안, 자격 증명 및 규정 준수** > IAM으로 들어갑니다. **사용자** > **사용자 추가**를 눌러 사용자 생성 페이지로 들어갑니다.

▼ 그림 8-22 IAM 사용자 생성

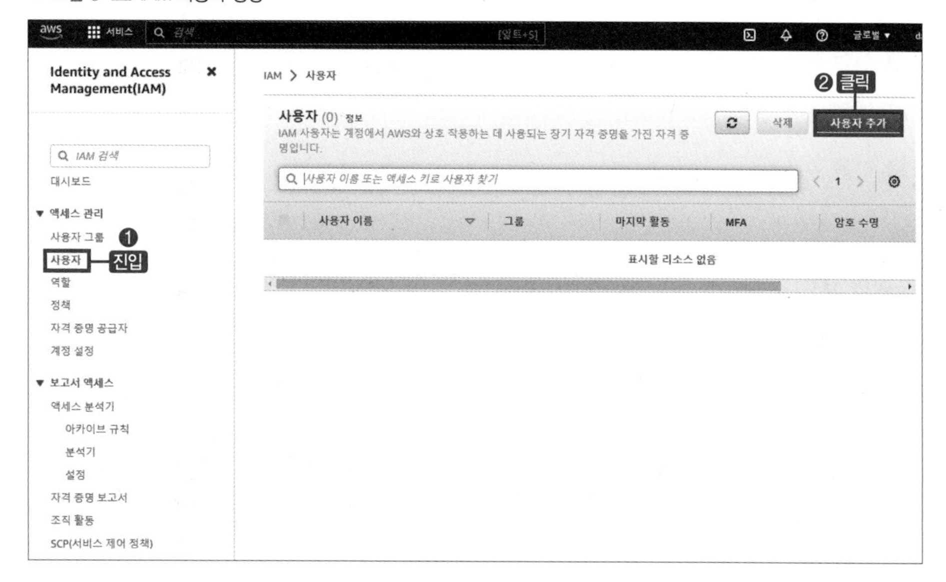

2. 사용자 세부 정보 지정 페이지에서 다음과 같이 설정합니다. 별도로 언급이 없는 부분은 기본값을 유지합니다.

   ❶ 사용자 이름에 'admin' 입력

   ❷ **다음** 누르기

▼ 그림 8-23 admin 사용자 생성

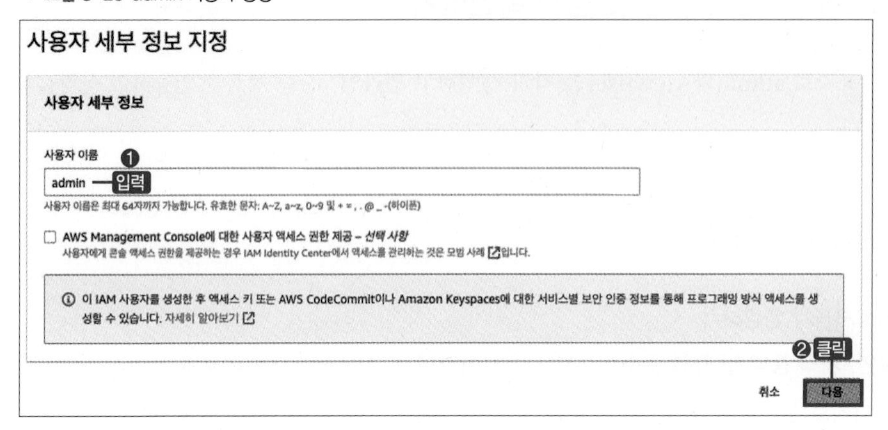

3. 권한 설정 페이지에서 다음과 같이 설정하고 **사용자 생성**을 누릅니다.

❶ **직접 정책 연결** 선택

❷ 권한 정책에서 'AdministratorAccess'에 체크

❸ **다음** 누르기

▼ 그림 8-24 admin 사용자에 정책 연결

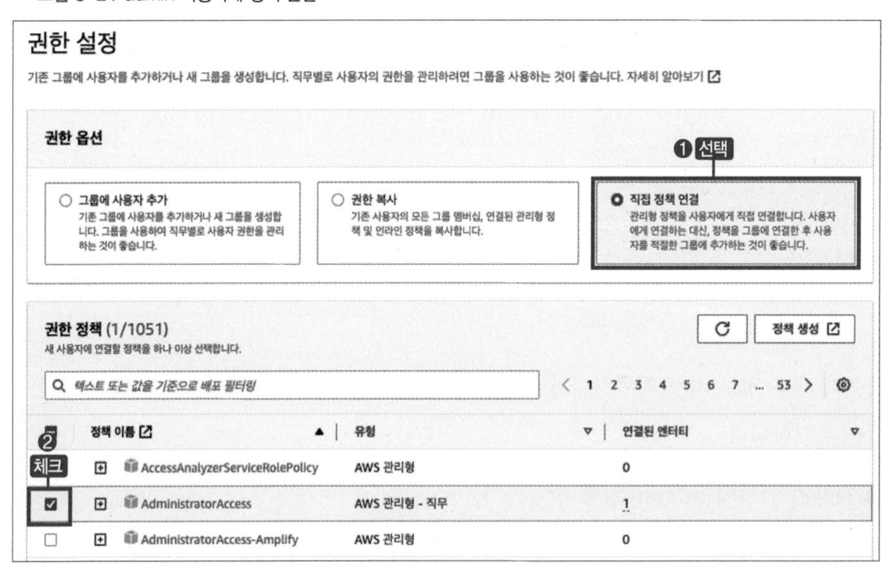

4. 검토 및 생성 페이지에서 잘 설정했는지 확인한 후 **사용자 생성**을 누릅니다.

▼ 그림 8-25 사용자 생성 전 최종 검토

검토 및 생성

선택 사항을 검토합니다. 사용자를 생성한 후 자동 생성된 암호를 보고 다운로드할 수 있습니다(활성화된 경우).

사용자 세부 정보

사용자 이름	콘솔 암호 유형	암호 재설정 필요
admin2	None	아니요

권한 요약

< 1 >

이름	유형	다음과 같이 사용
AdministratorAccess	AWS 관리형 - 직무	권한 정책

태그 - *선택 사항*

태그는 리소스를 식별, 구성 또는 검색하는 데 도움이 되도록 AWS 리소스에 추가할 수 있는 키 값 페어입니다. 이 사용자와 연결할 태그를 선택합니다.

리소스와 연결된 태그가 없습니다.

새 태그 추가

최대 50개의 태그를 더 추가할 수 있습니다.

클릭

취소 이전 사용자 생성

admin 사용자를 생성했습니다. 추가로 프로그래밍 방식을 사용하기 위해 액세스 키를 만들겠습니다.

5. 먼저 생성된 admin 사용자를 선택한 후 신규 메뉴 화면에서 아래쪽에 있는 **보안 자격 증명 탭**을 클릭합니다. 보안 자격 증명 아래 **액세스 키 만들기**를 누릅니다.

▼ 그림 8-26 사용자의 액세스 키 생성

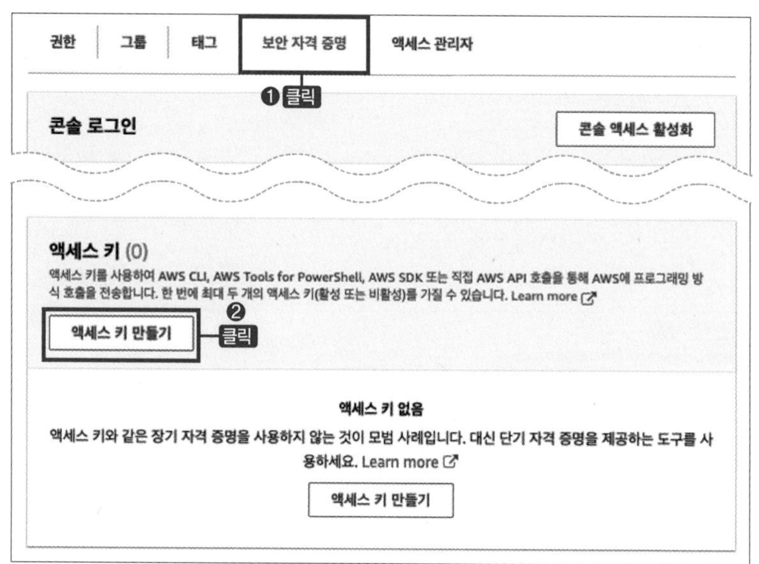

6. 액세스 키 모범 사례 및 대안 페이지에서 다음과 같이 설정하고 **다음**을 누릅니다.

❶ Command Line Interface(CLI) 선택

❷ '위의 권장 사항을 이해했으며 액세스 키 생성을 계속하려고 합니다.'에 체크

❸ **다음** 누르기

▼ 그림 8-27 액세스 키 만들기 - 1

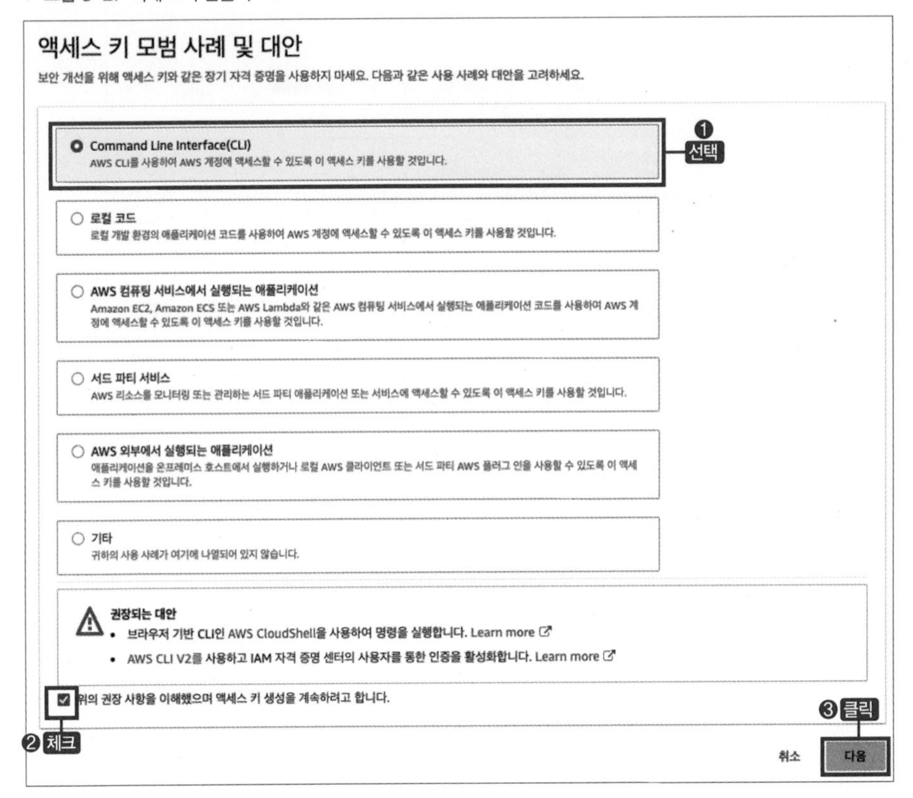

7. 설명 태그 설정 - 선택 사항 페이지에서 설명 태그 값에 'admin access key'를 입력한 후 **액세스 키 만들기**를 누릅니다.

▼ 그림 8-28 액세스 키 만들기 - 2

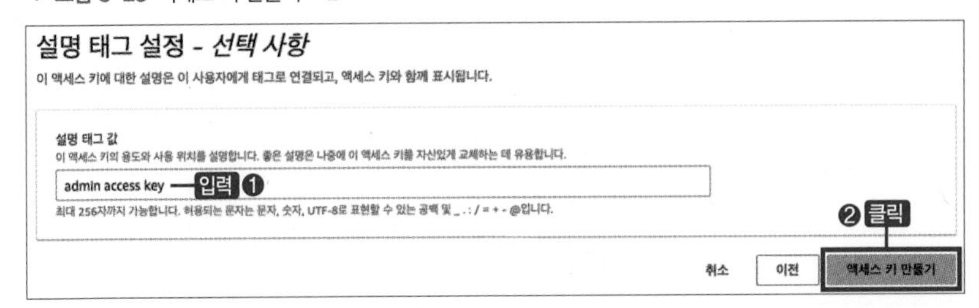

8. 액세스 키 검색 페이지에서는 액세스 키와 비밀 액세스 키를 확인할 수 있습니다. 비밀 액세스 키는 외부에 노출되지 않게 안전하게 보관해야 합니다. 확인했으면 **완료**를 누릅니다.

▼ 그림 8-29 액세스 키 만들기 - 3

액세스 키 검색

액세스 키

분실하거나 잊어버린 비밀 액세스 키는 검색할 수 없습니다. 대신 새 액세스 키를 생성하고 이전 키를 비활성화합니다.

액세스 키	비밀 액세스 키
AKIA5ILF2FJI2UOKGYDA	zAELMjo+YmwGwBLd8IcgAPFXep/68/cY+hsCOOSs 숨기기

액세스 키 모범 사례

- 액세스 키를 일반 텍스트, 코드 리포지토리 또는 코드로 저장해서는 안됩니다.
- 더 이상 필요 없는 경우 액세스 키를 비활성화하거나 삭제합니다.
- 최소 권한을 활성화합니다.
- 액세스 키를 정기적으로 교체합니다.

액세스 키 관리에 대한 자세한 내용은 AWS 액세스 키 관리 모범 사례를 참조하세요.

클릭

.csv 파일 다운로드 완료

이제 마지막으로 admin 사용자가 웹 관리 콘솔에 접속할 수 있게 콘솔 액세스 활성화를 설정하겠습니다.

9. **보안 자격 증명 탭**에서 오른쪽 위에 있는 **콘솔 액세스 활성화**를 누릅니다.

▼ 그림 8-30 콘솔 액세스 활성화 설정

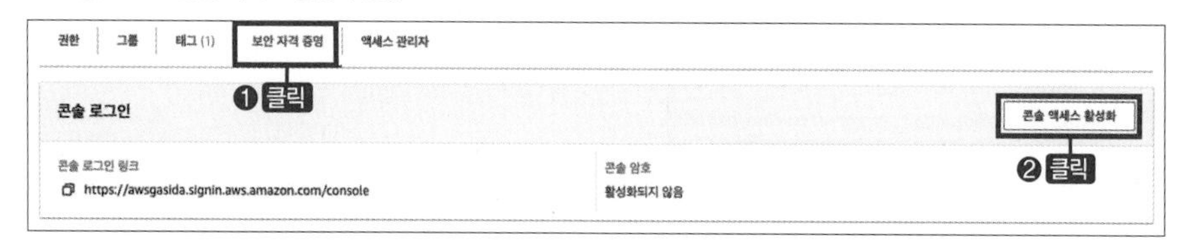

10. 관리 콘솔에 접속할 때 사용할 사용자 암호를 설정합니다.

❶ 콘솔 액세스에서 **활성화** 선택

❷ 사용자 지정 암호(8자 이상의 복잡성을 만족하는 암호) 입력

❸ **적용** 누르기

▼ 그림 8-31 콘솔에 액세스할 때 필요한 사용자 암호 설정

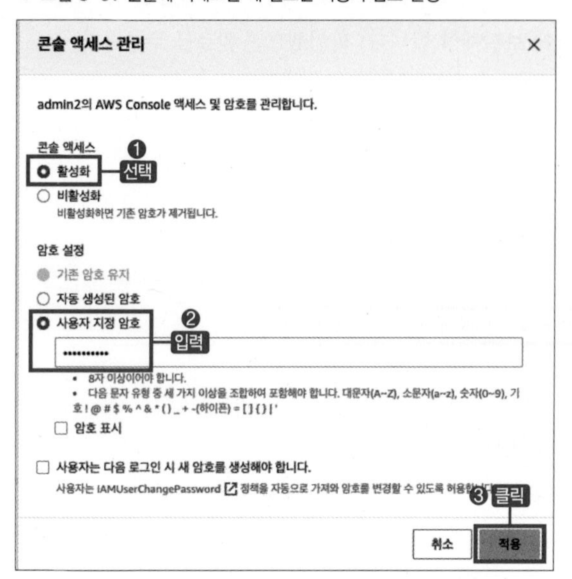

11. 콘솔 로그인 URL 정보와 암호가 잘 활성화되었는지 확인하고 **닫기**를 누릅니다.

▼ 그림 8-32 콘솔 로그인 URL 정보 확인

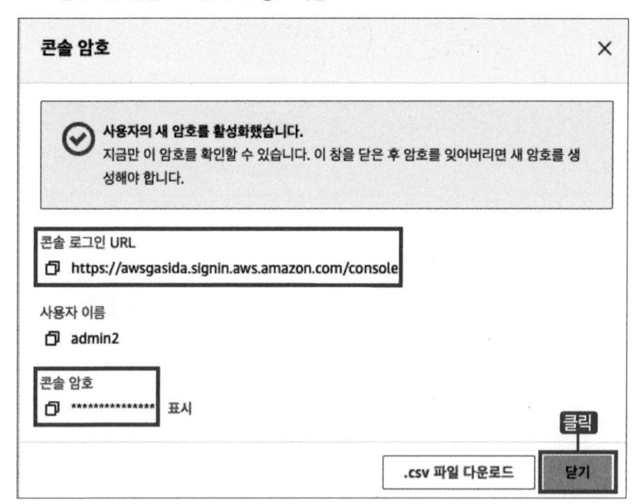

viewuser 사용자 생성하기

1. 다시 IAM > **사용자** 메뉴를 선택하고 **사용자 추가**를 눌러 사용자 생성 페이지로 들어갑니다. 사용자 세부 정보 지정 페이지에서 다음과 같이 설정합니다. 별도로 언급이 없는 부분은 기본값을 유지합니다.

❶ 사용자 이름에 'viewuser' 입력

❷ **다음** 누르기

▼ 그림 8-33 viewuser 사용자 생성

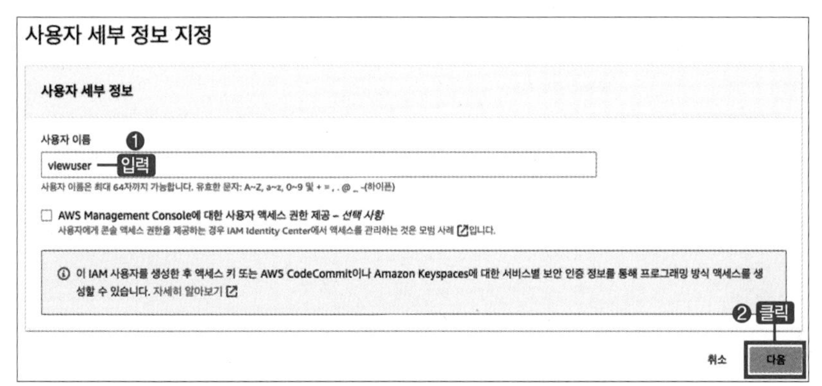

2. viewuser 사용자는 읽기만 가능한 권한을 부여하고자 권한 설정에서 다음과 같이 설정합니다.

❶ **직접 정책 연결** 선택

❷ 'ViewOnlyAccess'에 체크(권한 정책에서 'viewonly'까지 입력한 후 Enter를 누르면, ViewOnlyAccess 정책이 필터링되어 출력)

❸ **다음** 누르기

▼ 그림 8-34 권한 설정

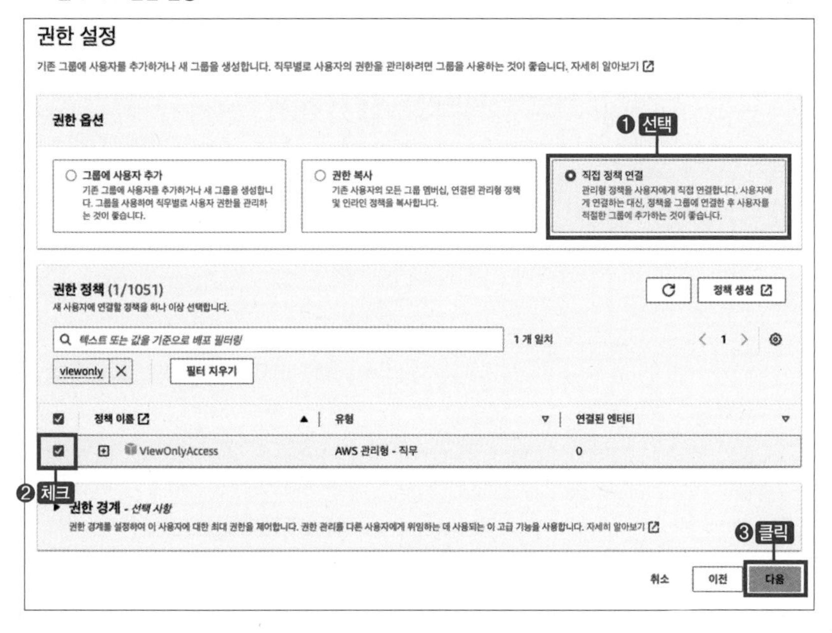

3. 검토 및 생성 단계에서 아래쪽에 있는 **사용자 생성**을 눌러 viewuser 사용자를 생성합니다.

▼ 그림 8-35 검토 및 생성

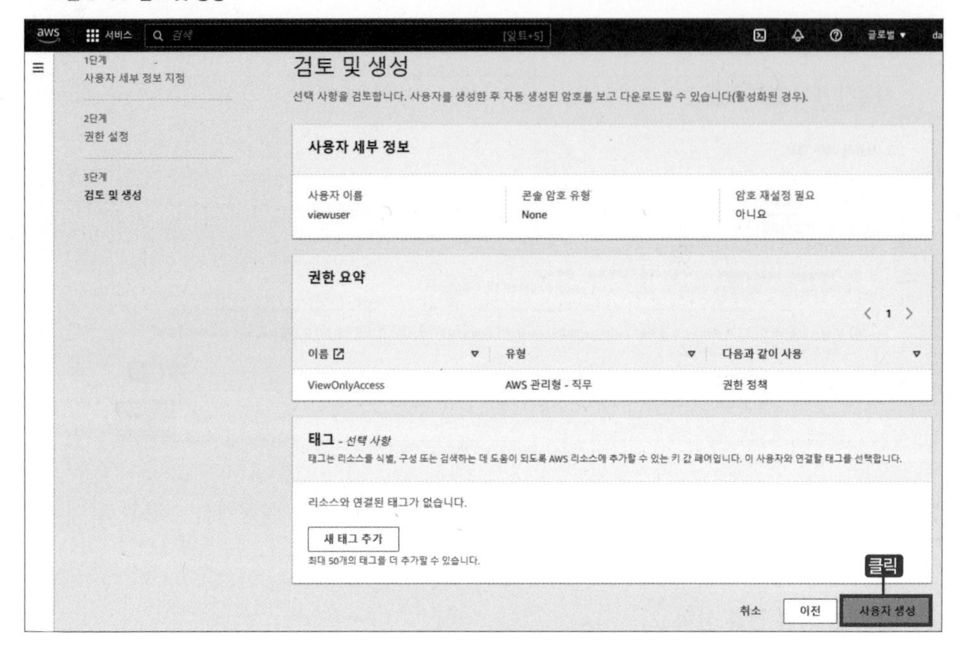

viewuser 사용자도 웹 관리 콘솔에 접속할 수 있게 콘솔 액세스 활성화를 설정하겠습니다.

4. **사용자** 메뉴로 다시 들어와서 viewuser 사용자를 선택한 후 **보안 자격 증명 탭**에서 오른쪽 위에 있는 **콘솔 액세스 활성화**를 누릅니다. 그다음 관리 콘솔에 접속할 때 필요한 사용자 암호를 다음과 같이 설정합니다.

   ❶ 콘솔 액세스에서 **활성화** 선택

   ❷ 사용자 지정 암호(8자 이상의 복잡성을 만족하는 암호) 입력

   ❸ **적용** 누르기

▼ 그림 8-36 콘솔 액세스 활성화

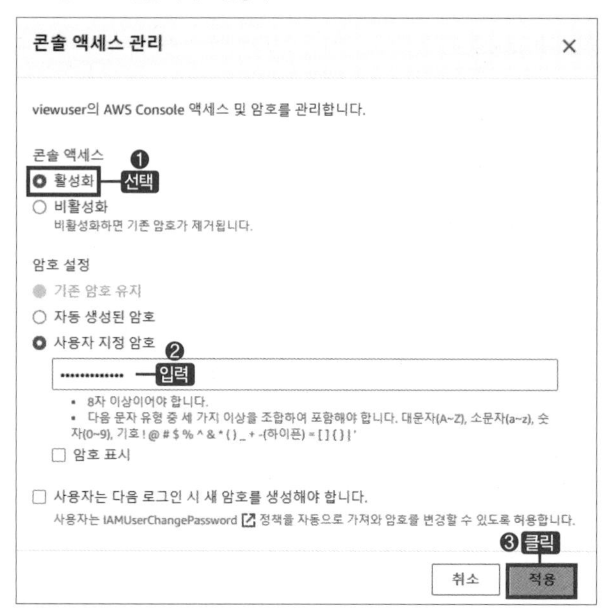

관리 콘솔에 접속할 때 필요한 사용자 암호를 설정했습니다.

IAM 사용자로 AWS 관리 콘솔 로그인하기

1. AWS 관리 콘솔에서 오른쪽 위에 있는 자신의 계정 이름을 선택합니다. 바로 아래에 출력되는 내 계정 뒤의 숫자(12자리)는 계정 ID로, 이 숫자를 메모하고 로그아웃합니다.

▼ 그림 8-37 AWS 계정 ID 확인

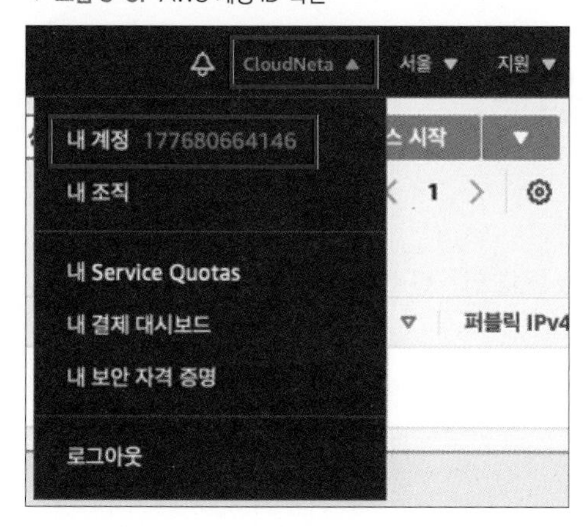

2. 로그인 화면에서 **IAM 사용자**를 선택하고 계정 ID를 입력한 후 **다음**을 누릅니다. 사용자 이름에 앞서 생성한 IAM 사용자 이름(admin)과 암호를 입력하고 **로그인**을 누릅니다.

▼ 그림 8-38 IAM 사용자 로그인

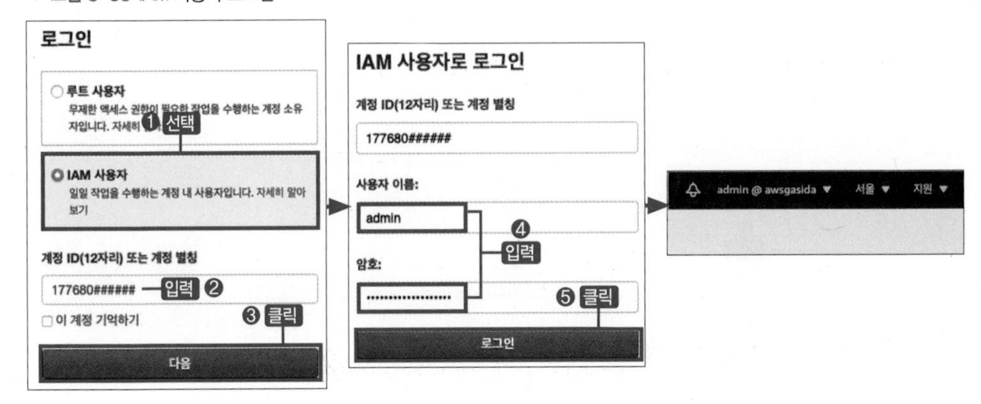

admin IAM 사용자는 AdministratorAccess 정책이 연동되어 있어 관리자 수준의 AWS 리소스를 조회, 생성, 변경, 삭제할 수 있습니다.

3. EC2 > **인스턴스** 메뉴에 들어갑니다. BasicEC2 위에서 마우스 오른쪽 버튼을 눌러 **인스턴스 재부팅**을 선택하여 EC2 재부팅을 시도합니다.

▼ 그림 8-39 EC2 재부팅 시도

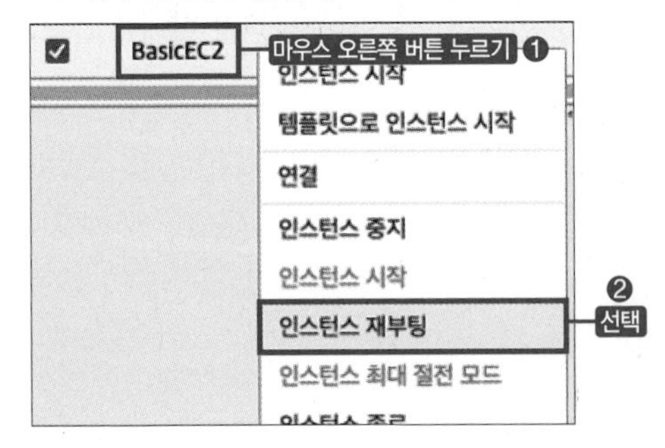

AWS 리소스 변경에 대한 권한이 있으므로 BasicEC2 인스턴스가 정상적으로 재부팅됩니다.

admin IAM 사용자에서 로그아웃하고 admin과 동일하게 viewuser로 로그인합니다. viewuser IAM 사용자는 ViewOnlyAccess 정책이 연동되어 있어 AWS 리소스를 조회할 수 있지만 AWS 리소스를 생성, 변경, 삭제할 수는 없습니다.

4. EC2 > **인스턴스** 메뉴에 들어갑니다. BasicEC2 위에서 마우스 오른쪽 버튼을 눌러 **인스턴스 종료**를 선택하여 EC2 종료를 시도합니다.

▼ 그림 8-40 EC2 종료 시도

BasicEC2
마우스 오른쪽 버튼 누르기 ❶
a5ea
템플릿으로 인스턴스 시작
연결
인스턴스 중지
인스턴스 시작
인스턴스 재부팅
인스턴스 최대 절전 모드
❷
인스턴스 종료
선택
인스턴스 설정

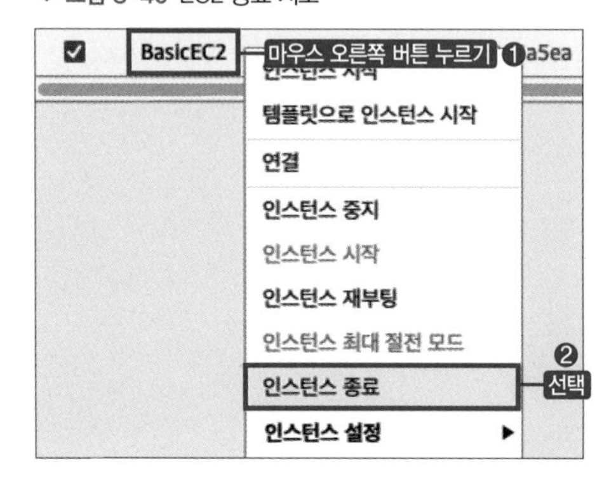

5. 권한이 없으므로 다음 그림과 같이 EC2 인스턴스 종료에 실패한 것을 볼 수 있습니다.

▼ 그림 8-41 EC2 종료 실패

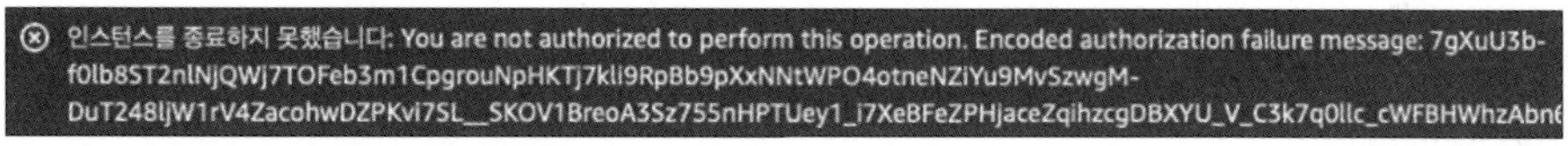

인스턴스를 종료하지 못했습니다: You are not authorized to perform this operation. Encoded authorization failure message: 7gXuU3b-f0lb8ST2nlNjQWj7TOFeb3m1CpgrouNpHKTj7kli9RpBb9pXxNNtWPO4otneNZiYu9MvSzwgM-DuT248ljW1rV4ZacohwDZPKvi7SL__SKOV1BreoA3Sz755nHPTUey1_i7XeBFeZPHjaceZqihzcgDBXYU_V_C3k7q0llc_cWFBHWhzAbn

다음 실습을 위해 viewuser IAM 사용자는 로그아웃하고 원래 관리자 계정으로 로그인합니다.

8.3.3 IAM 정책 설정 및 동작 확인하기

BasicEC2에 IAM 사용자 자격 증명을 설정한 후 IAM 정책이 어떻게 동작하는지 살펴봅시다.

▼ 그림 8-42 목표 동작

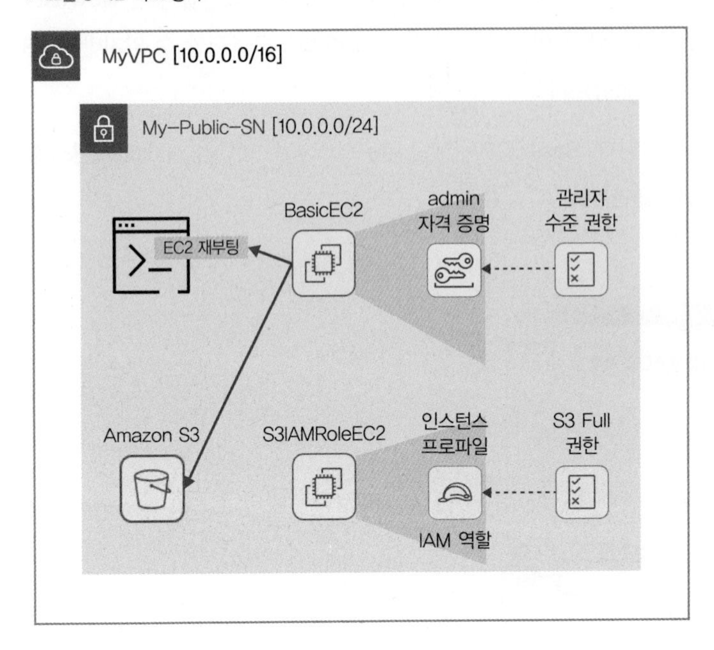

1. BasicEC2에 SSH로 접속한 후 admin IAM 사용자 자격 증명을 설정합니다.

```
# BasicEC2 SSH 터미널
# AWS CLI 사용을 위한 admin IAM 사용자 자격 증명 설정
# admin IAM 사용자를 생성할 때 csv 파일의 액세스 접근 키 ID와 비밀 액세스 접근 키 정보 사용
aws configure
AWS Access Key ID [None]: AKIAIOSFO###                          # 접근 키 ID 입력
AWS Secret Access Key [None]: wJalrXUtnFEMI/K7MDENG/bPx###  # 비밀 접근 키 입력
Default region name [None]: ap-northeast-2                      # 서울 리전 입력
Default output format [None]:

# 자격 증명 List 확인
aws configure list

# S3 정보 조회로 자격 증명 설정이 정상인지 확인
aws s3 ls
```

2. BasicEC2에 SSH로 접속한 상태에서 S3IAMRoleEC2 재부팅을 시도하는 데 필요한 기본 정보를 확인합니다.

```
# BasicEC2 SSH 터미널
# 인스턴스 상세 정보 조회, Space나 q를 눌러서 출력 종료
aws ec2 describe-instances

# 인스턴스 ID와 태그 Name 값 조회, S3IAMRoleEC2의 인스턴스 ID 확인
aws ec2 describe-instances --query 'Reservations[*].Instances[*].{Instance:InstanceId
,Name:Tags[?Key==`Name`]|[0].Value}' --output text
        i-07236abe96df7f3ee     S3IAMRoleEC2
        i-0c158d0f86842a5ea     BasicEC2

# 인스턴스 ID와 프라이빗 IP 조회, S3IAMRoleEC2의 프라이빗 IP 확인
aws ec2 describe-instances --query 'Reservations[*].Instances[*].{Instance:PrivateIp
Address,Name:Tags[?Key==`Name`]|[0].Value}' --output text
        10.0.0.47       S3IAMRoleEC2
        10.0.0.141      BasicEC2
```

3. 이제 S3IAMRoleEC2 재부팅을 시도합니다.

```
# 재부팅 시도 전 S3IAMRoleEC2 프라이빗 IP 주소로 ping 테스트, 정상적으로 ping 응답받기
# ping 앞에서 확인한 S3IAMRoleEC2의 프라이빗 IP 주소 넣고 확인, Ctrl+C로 빠져나오기
ping 10.0.0.47

# S3IAMRoleEC2 인스턴스 재부팅, aws ec2 reboot-instances --instance-ids 'S3IAMRoleEC2의
인스턴스 ID'
# 앞에서 확인한 aws ec2 'S3IAMRoleEC2의 인스턴스 ID'를 넣어서 확인
aws ec2 reboot-instances --instance-ids i-07236abe96df7f3ee

# 재부팅 시도 중 ping 테스트, ping 'S3IAMRoleEC2의 프라이빗 IP'
ping 10.0.0.47  # 앞에서 확인한 S3IAMRoleEC2의 프라이빗 IP 주소 넣고 확인
```

정상적으로 재부팅이 실행됩니다. 이제 EC2 '재부팅/중지'를 거부하는 정책을 admin IAM 사용자에 연동해 봅시다.

4. IAM > **사용자**에서 admin을 클릭하여 admin 요약 페이지로 들어갑니다. **권한 탭** 오른쪽 위에 있는 **인라인 정책 추가**를 클릭합니다.

▼ 그림 8-43 인라인 정책 추가

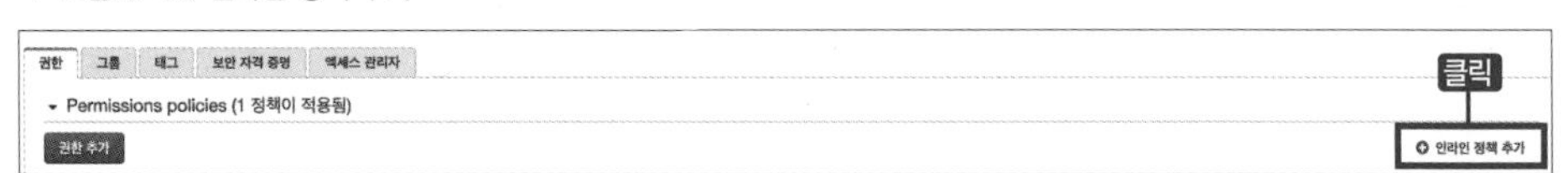

5. JSON을 선택한 후 다음 코드를 입력합니다. 모두 입력했으면 **정책 검토**를 선택하고 다음으로 넘어갑니다.

```
{
    "Version": "2012-10-17",
    "Statement": [
        {
            "Effect": "Deny",
            "Action": [
                "ec2:RebootInstances",
                "ec2:StopInstances"
            ],
            "Resource": "*"
        }
    ]
}
```

▼ 그림 8-44 JSON 형식의 인라인 정책 입력

```
시각적 편집기   JSON

1  {
2      "Version": "2012-10-17",
3      "Statement": [
4          {
5              "Effect": "Deny",
6              "Action": [
7                  "ec2:RebootInstances",
8                  "ec2:StopInstances"
9              ],
10             "Resource": "*"
11         }
12     ]
13 }
```

이름에 'ec2denypolicy'를 입력하고 **정책 생성**을 누르면 모든 설정이 끝납니다.

6. 재부팅 거부 정책이 적용된 admin IAM 사용자로 S3IAMRoleEC2를 재부팅합니다.

```
# S3IAMRoleEC2 인스턴스 재부팅, aws ec2 reboot-instances --instance-ids 'S3IAMRoleEC2의 인스턴스 ID'
aws ec2 reboot-instances --instance-ids i-07236abe96df7f3ee
        An error occurred (UnauthorizedOperation) when calling the RebootInstances
operation: You are not authorized to perform this operation.
        Encoded authorization failure message: s5yvX6DuAbgaZ
```

재부팅 요청이 거부되는 것을 확인할 수 있습니다.

8.3.4 IAM 역할 설정 및 동작 확인하기

IAM 사용자 정보를 직접 입력하지 않고 IAM 역할의 임시 자격 증명을 이용하여 EC2 재부팅과 S3 버킷에 접근을 확인합니다.

▼ 그림 8-45 목표 동작

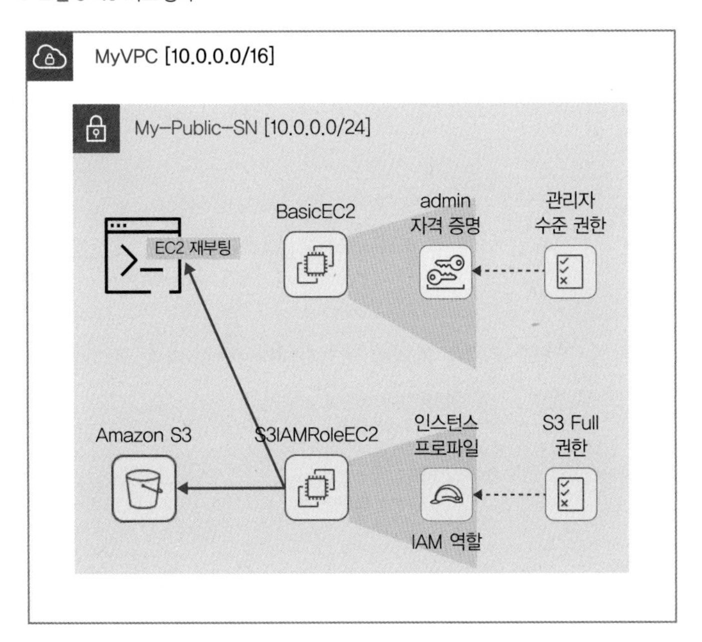

AWS CloudFormation으로 미리 설정한 IAM 역할 정보를 확인해 보겠습니다.

1. IAM > **역할** 메뉴를 선택하고 **STGLabInstanceRole**을 클릭하여 요약 페이지로 들어갑니다.

▼ 그림 8-46 요약 페이지 중간에 인라인 정책(AmazonS3FullAccess) 연결 확인

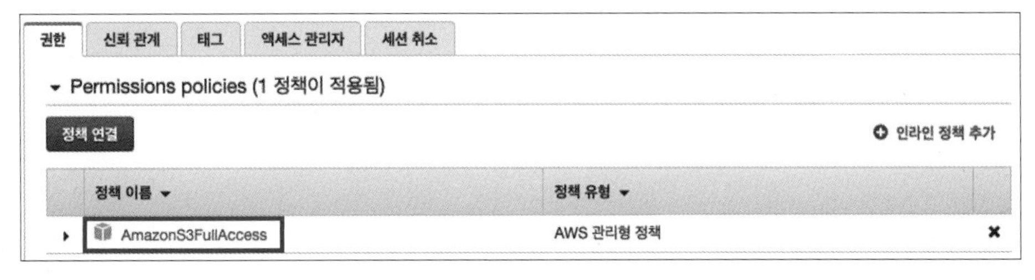

이제 IAM 역할은 S3 리소스에 대한 모든 권한을 가지게 됩니다.

2. EC2 > **인스턴스** 메뉴에 들어갑니다. 'S3IAMRoleEC2'에 체크하고 아래쪽 **보안 탭**을 클릭한 후 IAM 역할 정보를 확인합니다.

▼ 그림 8-47 S3IAMRoleEC2 인스턴스에 연결된 IAM 역할 확인

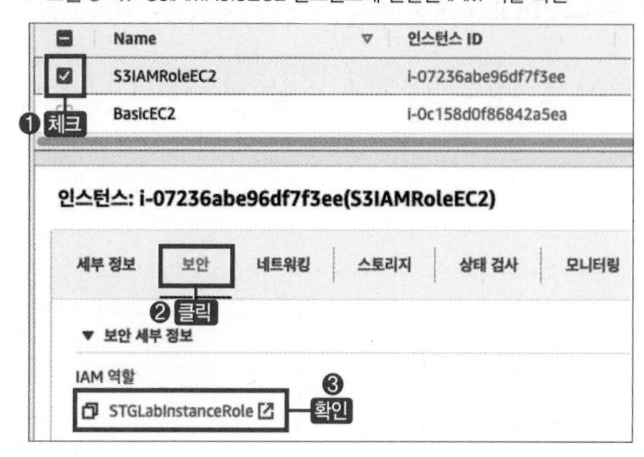

즉, S3IAMRoleEC2 인스턴스는 'IAM 사용자 자격 증명'이 없어도 IAM 역할로 S3 리소스를 사용할 수 있습니다.

3. S3IAMRoleEC2에 SSH로 접속해서 여러 동작을 확인해 보겠습니다. 먼저 다음 코드를 입력해서 자격 증명을 확인합니다.

```
# 자격 증명 List 확인, Type에 IAM 역할 정보가 확인됨
aws configure list
```

4. 이번에는 다음 코드를 입력하여 S3 버킷을 조회, 생성, 삭제해 보겠습니다.

```
# S3 버킷 조회
aws s3 ls

# S3 버킷 생성: S3 버킷 이름은 전 세계에서 유일한 이름으로 생성
aws s3 mb s3://버킷(유일한 이름) --region ap-northeast-2
예시) aws s3 mb s3://cloudnetagasidamybucket --region ap-northeast-2

# S3 버킷 삭제
aws s3 rb s3://버킷
```

5. VPC 정보를 확인하고 인스턴스를 재부팅합니다.

```
# VPC 정보 확인, 연결된 IAM 역할에 권한이 없으므로 오류 발생
aws ec2 describe-vpcs
An error occurred (UnauthorizedOperation) when calling the RebootInstances operation:
You are not authorized to perform this operation.

# S3IAMRoleEC2 인스턴스 재부팅, 연결된 IAM 역할에 권한이 없으므로 오류 발생
```

```
aws ec2 reboot-instances --instance-ids 'S3IAMRoleEC2의 인스턴스 ID'
aws ec2 reboot-instances --instance-ids i-07236abe96df7f3ee
An error occurred (UnauthorizedOperation) when calling the RebootInstances operation:
You are not authorized to perform this operation.
```

8.3.5 실습을 위해 생성된 모든 자원 삭제하기

8장 실습이 모두 끝났습니다. 모든 실습이 끝나면 반드시 생성된 모든 자원을 삭제해야 합니다.

1. IAM 사용자(admin, viewuser)를 삭제하기 위해 IAM > **사용자** 메뉴로 들어갑니다. admin, viewuser를 선택하고 **삭제**를 누릅니다.

▼ 그림 8-48 사용자 삭제

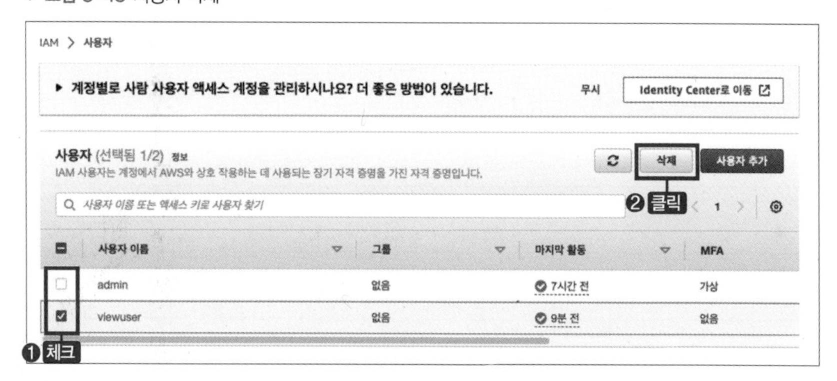

2. 삭제하려는 사용자 이름을 입력한 후 **삭제**를 누릅니다.

▼ 그림 8-49 사용자 삭제

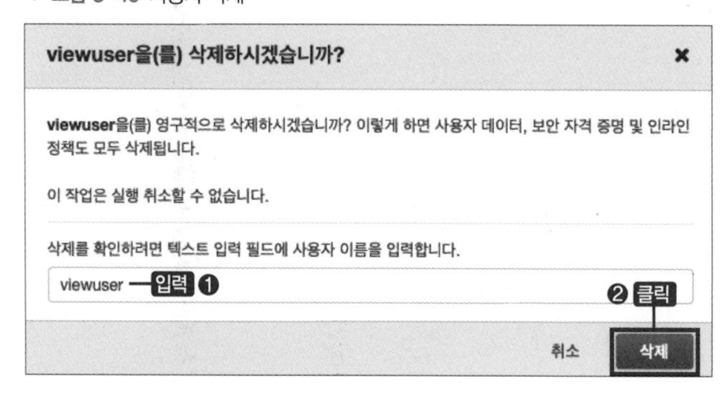

3. 스택을 삭제하기 위해 AWS CloudFormation 메뉴에서 생성한 스택을 선택한 후 오른쪽 위에 있는 **삭제**를 누릅니다. 이후 나타나는 창에서 **스택 삭제**를 누릅니다

9장

AWS 오토 스케일링 서비스

9.1 스케일링

이 장의 주제인 AWS 오토 스케일링 서비스를 살펴보기에 앞서, 먼저 스케일링은 무엇이고 어떤 종류로 분류되는지 이해해야 합니다. 스케일링 기본 개념을 숙지한 후 본격적으로 AWS 오토 스케일링 서비스를 알아보겠습니다.

9.1.1 스케일링이란

IT 측면에서 **스케일링**(scaling)이란 IT 자원을 확장하거나 축소하는 기능을 의미합니다. IT 자원의 사용 요구는 항상 고정적이지 않고 특정 상황이나 이벤트에 따라 가변적입니다. 이렇게 IT 자원의 사용 요구가 가변적일수록 자원의 성능 및 수량을 확장하거나 축소하는 개념인 스케일링은 필수입니다. 예를 들어 '인터넷 쇼핑몰 운영 중 특정 기간에 할인 정책이 들어갔다'고 가정해 보겠습니다. 평상시에는 할당된 IT 자원만으로 서비스가 충분히 유지되겠지만, 할인 정책에 따라 사용자가 폭증하면 현재 IT 자원만으로는 서비스를 유지하기가 어려울 것입니다. 이때 스케일링으로 IT 자원의 용량이나 수량을 확장하여 서비스를 수용하도록 조정할 수 있습니다.

반대로 쇼핑몰 할인 정책이 종료되어 평상시로 돌아왔다면 앞서 확장한 IT 자원으로 서비스를 유지하는 것은 낭비일 것입니다. 이때 스케일링 기능으로 IT 자원의 용량이나 수량을 축소하면 낭비 없이 적절한 서비스가 가능할 것입니다. 이렇게 스케일링으로 IT 자원의 고가용성과 내결함성을 확보할 수 있습니다.

9.1.2 스케일링의 종류

스케일링 기법은 확장 및 축소 방향에 따라 **수직 스케일링**(vertical scaling)과 **수평 스케일링**(horizontal scaling)으로 구분됩니다. 수직 스케일링은 상하로 변화하는 것이고, 수평 스케일링은 좌우로 변화하는 것을 의미합니다. 그럼 하나씩 자세히 살펴봅시다.

수직 스케일링

수직 스케일링은 IT 자원의 용량을 확장하거나 축소하는 것으로, 스케일 업(scale-up)과 스케일 다운(scale-down)으로 분류합니다. IT 자원에 부하가 증가하면 CPU나 메모리 등을 성능이 높은 것으로 대체하는 것을 스케일 업이라고 합니다. 반대로 IT 자원에 부하가 감소하면 CPU나 메모리 등을 성능이 낮은 것으로 대체하는 것을 스케일 다운이라고 합니다. 즉, 수직 스케일링은 부하 상태에 따라 IT 자원 자체 성능을 조정하는 것으로 정의할 수 있습니다.

수평 스케일링

수평 스케일링은 IT 자원의 수량을 확장하거나 축소하는 것으로, 스케일 인(scale-in)과 스케일 아웃(scale-out)으로 분류합니다. IT 자원에 부하가 증가하면 자원 수량을 늘리는 것을 스케일 아웃이라고 합니다. 반대로 IT 자원에 부하가 감소하면 자원 수량을 줄이는 것을 스케일 인이라고 합니다. 즉, 수평 스케일링은 부하 상태에 따라 IT 자원의 수량을 조정하는 것으로 정의할 수 있습니다.

▼ 그림 9-1 수직 스케일링과 수평 스케일링

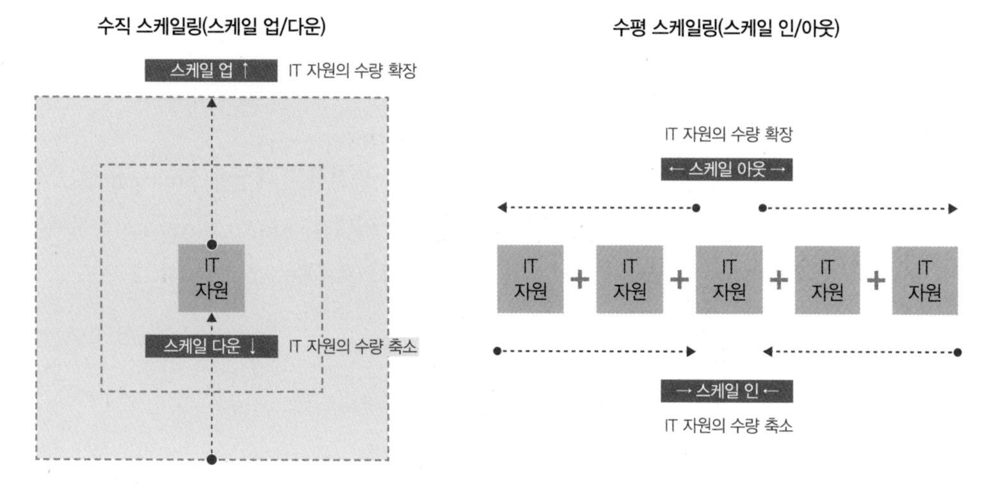

요약

- 스케일링(scaling): IT 자원을 확장하거나 축소하는 기능
- 수직 스케일링(vertical scaling): IT 자원의 용량을 확장하거나 축소하는 기능
  - 스케일 업(scale-up): IT 자원에 부하가 증가하면 자원 용량 확장
  - 스케일 다운(scale-down): IT 자원에 부하가 감소하면 자원 용량 축소
- 수평 스케일링(horizontal scaling): IT 자원의 수량을 확장하거나 축소하는 기능
  - 스케일 아웃(scale-out): IT 자원에 부하가 증가하면 자원 수량 확장
  - 스케일 인(scale-in): IT 자원에 부하가 감소하면 자원 수량 축소

9.2 AWS 오토 스케일링 서비스

AWS는 클라우드 자원에 대한 스케일링 서비스를 제공하는데, 이 서비스를 AWS **오토 스케일링**이라고 합니다. 오토 스케일링이라는 명칭에서 알 수 있듯이, 스케일링으로 클라우드 자원을 '동적으로' 확장하거나 축소하여 클라우드 자원의 규모를 조정합니다. 동적으로 스케일링을 수행한다는 것은 클라우드 환경과 밀접한 관계가 있습니다. 수동으로 스케일링을 수행하는 것은 굉장히 번거롭고 불편한 작업일 것입니다. 언제 어느 시점에 부하가 발생할지 예측하기 어려운 상태에서 수동으로 스케일링을 작업한다면 항시 부하 상태를 모니터링해야 가능하니까요. 이때 AWS는 클라우드의 온디맨드 특성으로 요구가 있을 때 즉시 자원을 할당한다는 측면에서 동적인 스케일링 작업을 수행할 수 있습니다.

이렇게 AWS 오토 스케일링 기능으로 클라우드 자원 규모를 조정하는 대상에 Amazon EC2 인스턴스, Amazon ECS, Amazon DynamoDB의 테이블 및 인덱스, Amazon Aurora의 복제본 등이 있습니다. 이 책에서는 Amazon EC2 인스턴스를 대상으로 하는 Amazon EC2 오토 스케일링 서비스를 알아보겠습니다.

9.2.1 Amazon EC2 오토 스케일링이란

Amazon EC2 오토 스케일링 서비스란 EC2 인스턴스에 설치된 애플리케이션 워크로드[1]를 수용하도록 동적으로 EC2 인스턴스 수를 확장하거나 축소하여 워크로드를 유지하는 서비스를 의미합니다. 즉, EC2 인스턴스에 대해 수평 스케일링으로 스케일 아웃과 스케일 인을 동적으로 수행하는 개념입니다.

기본적으로 **오토 스케일링 그룹**이라는 EC2 인스턴스 모음을 생성하며, 최소 및 최대 인스턴스 수를 지정하여 그룹 내 해당 범위로 인스턴스 수를 유지합니다. 그리고 스케일링 조정 정책(scaling policy)에 따라 설정한 기준으로 인스턴스를 시작하거나 종료할 수 있습니다.

예를 들어 AWS EC2 오토 스케일링에 대해 오토 스케일링 그룹을 생성할 때 최소 인스턴스 크기는 한 개, 최대 인스턴스 크기는 네 개, 최초 요구 용량은 두 개라고 가정하면, 다음 그림과 같이 표현할 수 있습니다.

▼ 그림 9-2 Amazon EC2 오토 스케일링 그룹 예시

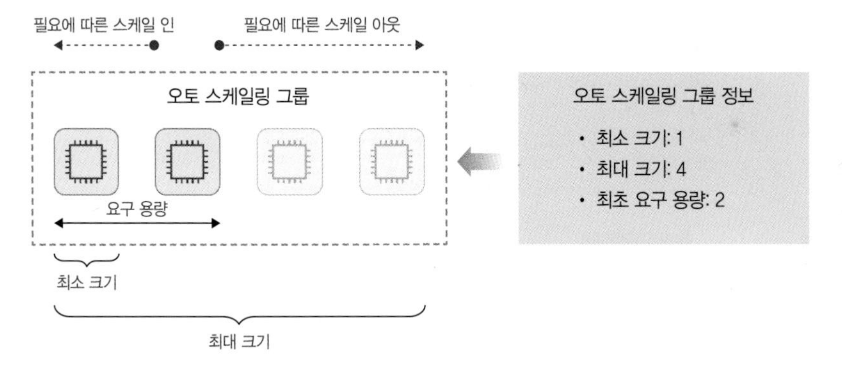

요약

AWS EC2 오토 스케일링: 동적으로 변하는 애플리케이션 워크로드를 수용하려고 동적으로 EC2 인스턴스 수를 확장하거나 축소하여 안정적으로 서비스를 유지하는 기능

1 주어진 시간 안에 컴퓨터 시스템이 처리해야 하는 작업량을 의미합니다.

9.2.2 AWS EC2 오토 스케일링 구성 요소

Amazon EC2 오토 스케일링 서비스의 핵심 구성 요소는 **그룹**, **구성 템플릿**, **조정 옵션**으로 구분합니다.

- **그룹**: EC2 인스턴스를 오토 스케일링으로 조정하고 관리하기 위해 EC2 인스턴스를 논리적으로 구분하는 그룹으로 구성합니다. 그룹을 생성할 때 EC2 인스턴스의 최소 및 최대 인스턴스 수와 최초 요구하는 인스턴스 수 등 정보를 지정할 수 있습니다.
- **구성 템플릿**: EC2 인스턴스를 구성하는 템플릿으로 인스턴스 AMI, 인스턴스 유형, 키 페어, 보안 그룹 등 정보를 지정할 수 있습니다.
- **조정 옵션**: 오토 스케일링 그룹을 조정하는 다양한 방법을 정의하는 것으로, 지정한 조건이나 일정에 따라 오토 스케일링 그룹을 조정할 수 있습니다.

▼ 그림 9-3 Amazon EC2 오토 스케일링 구성 요소

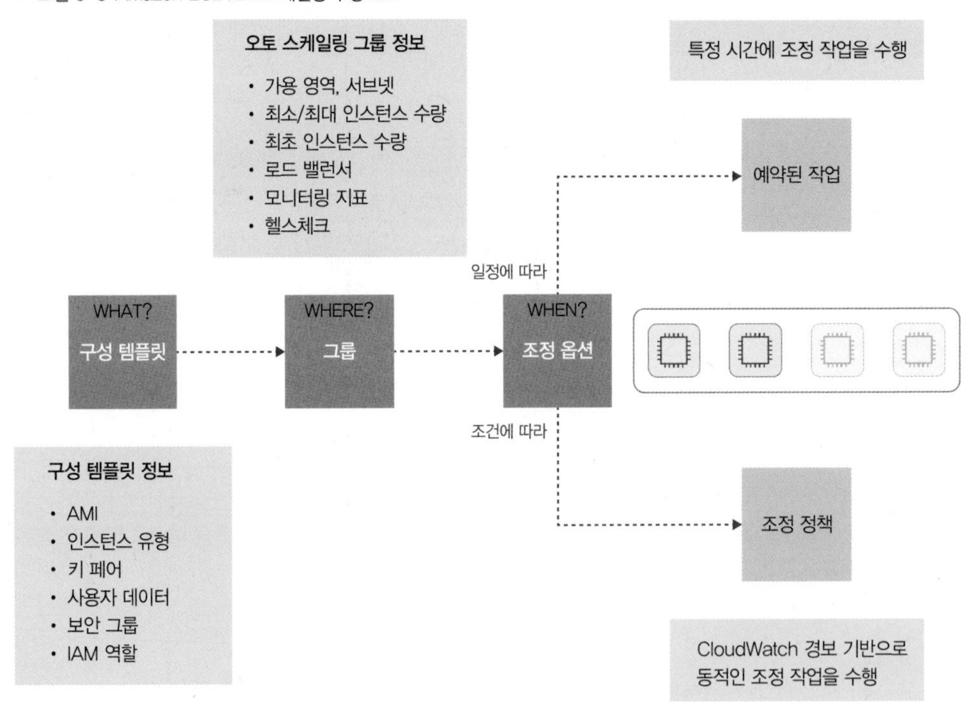

9.2.3 Amazon EC2 오토 스케일링의 인스턴스 수명 주기

Amazon EC2 오토 스케일링은 일반적인 EC2 인스턴스와는 다른 수명 주기(life cycle)가 있습니다. 이런 수명 주기는 Amazon EC2 오토 스케일링이 인스턴스를 시작하고 서비스에 들어갈 때 시작되며, 인스턴스를 종료할 때는 서비스에서 제외하고 대상을 종료합니다.

▼ 그림 9-4 Amazon EC2 오토 스케일링 인스턴스 수명 주기

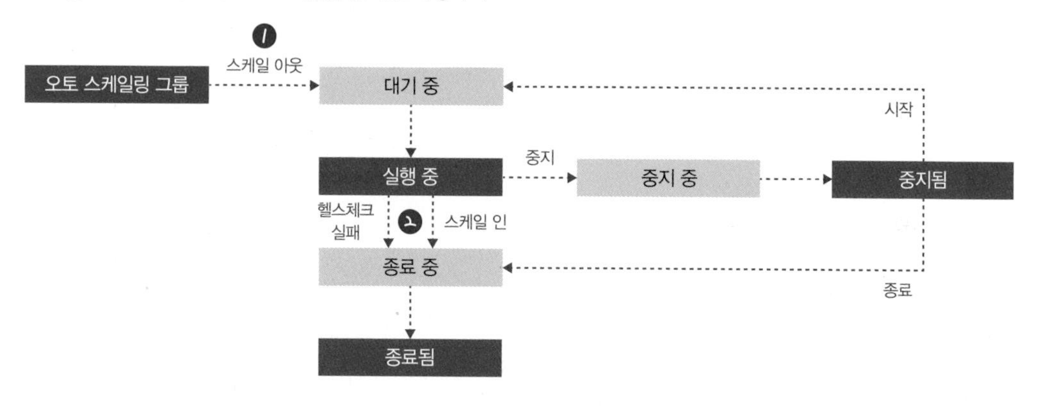

앞의 그림과 같이 다양한 이벤트로 인스턴스의 상태 정보가 전환됩니다. 이 중 ❶ **인스턴스 확장에 따른 이벤트**와 ❷ **인스턴스 축소에 따른 이벤트**에서 상태 전환을 좀 더 상세하게 알아보겠습니다.

인스턴스 확장에 따른 이벤트

Amazon EC2 오토 스케일링에서 인스턴스 확장에 따른 이벤트는 다음과 같은 경우에 발생합니다.

1. 오토 스케일링 그룹의 크기를 수동으로 늘리는 경우
2. 지정된 수요 증가에 따라 오토 스케일링 그룹의 크기를 자동으로 늘리는 조정 정책을 적용하는 경우
3. 특정 시간에 오토 스케일링 그룹의 크기를 자동으로 늘리는 예약된 작업을 수행하는 경우

이런 인스턴스 확장 이벤트가 발생하면 오토 스케일링은 할당된 구성 템플릿을 사용하여 필요한 수의 인스턴스를 시작합니다. 이때 인스턴스 상태는 '대기 중'으로 시작됩니다.

인스턴스가 완전히 구성되면 오토 스케일링에 연결되어 '실행 중' 상태에 들어갑니다. 여기에서 오토 스케일링이 로드 밸런서와 연결되면 로드 밸런서가 인스턴스를 자동으로 등록하는 작업이 진행되고 '실행 중' 상태로 전환됩니다.

▼ 그림 9-5 인스턴스 확장 이벤트에 따른 동작

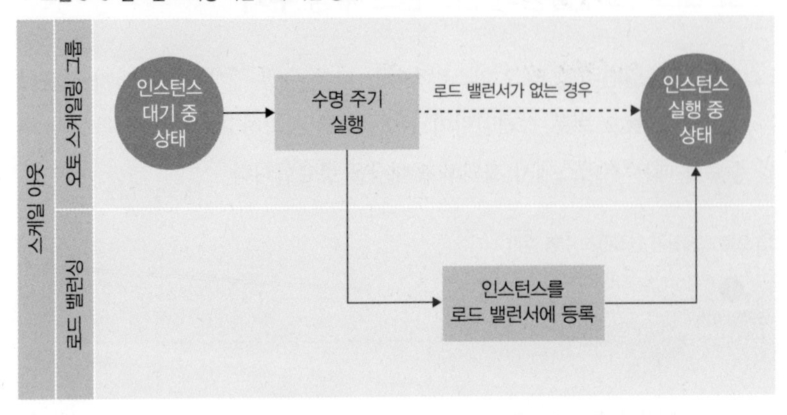

인스턴스 축소에 따른 이벤트

Amazon EC2 오토 스케일링에서 인스턴스를 축소하는 이벤트는 다음과 같은 경우에 발생합니다.

- 오토 스케일링 그룹의 크기를 수동으로 줄이는 경우
- 지정된 수요 감소에 따라 오토 스케일링 그룹의 크기를 자동으로 줄이는 조정 정책을 적용하는 경우
- 특정 시간에 오토 스케일링 그룹의 크기를 자동으로 줄이는 예약된 작업을 수행하는 경우

이런 인스턴스 축소 이벤트가 발생하면 오토 스케일링은 하나 이상의 인스턴스를 종료합니다. 이때 오토 스케일링은 종료 정책을 이용하여 종료할 인스턴스를 결정합니다. 선택된 대상 인스턴스의 상태는 '종료 중'으로 전환되며, 다시 '실행 중' 상태로는 돌아갈 수 없습니다.

인스턴스가 완전히 종료되면 오토 스케일링에서 삭제되어 '종료됨' 상태에 들어갑니다. 여기에서 오토 스케일링이 로드 밸런서와 연결되면 오토 스케일링은 로드 밸런서가 인스턴스의 등록을 취소할 때까지 기다렸다 '종료됨' 상태로 전환됩니다.

이런 인스턴스 축소 이벤트를 수행하여 어떤 인스턴스를 종료할 때 바로 삭제되지 않고 일정 시간 대기하기도 합니다. 예를 들어 삭제 대상 인스턴스에서 파일을 내려받고 있을 때는 바로 삭제하지 않고 사용자 요청을 처리할 수 있도록 지정된 시간만큼 기다리는데, 이런 상태를 '드레이닝(draining)'이라고 합니다. 물론 드레이닝 상태에서는 새로운 연결을 수행하지 않습니다.

❤ 그림 9-6 인스턴스 축소 이벤트에 따른 동작

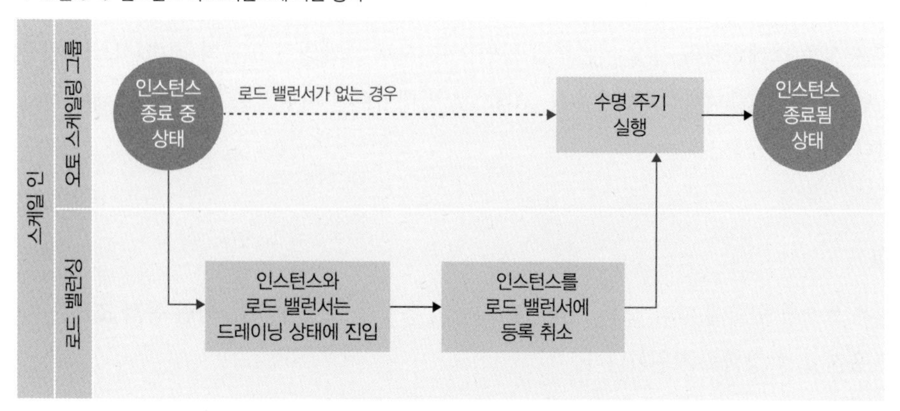

이렇게 인스턴스 확장 이벤트나 인스턴스 축소 이벤트에 따라 오토 스케일링이 동작하여 인스턴스 자원의 수요와 서비스 중인 인스턴스 자원을 최대한 일치시킬 수 있습니다.

요약

Amazon EC2 오토 스케일링은 이벤트에 따른 수명 주기가 동작하여 인스턴스 상태를 전환합니다. 이 중 인스턴스 확장에 따른 이벤트나 인스턴스 축소에 따른 이벤트로 인스턴스를 실행하거나 종료하여 자원의 수요를 최대한 일치시킬 수 있습니다.

9.2.4 Amazon EC2 오토 스케일링 조정 옵션

Amazon EC2 오토 스케일링 조정 옵션은 오토 스케일링 그룹을 조정하는 다양한 방법을 제공합니다. 몇 가지 조정 옵션을 알아보면 다음과 같습니다.

인스턴스를 일정한 수로 유지

오토 스케일링 조정 옵션으로 오토 스케일링 그룹의 인스턴스를 지정된 수로 유지할 수 있습니다. 실행 중인 인스턴스를 주기적으로 확인하여 비정상 상태의 인스턴스가 있으면 해당 인스턴스를 종료하고 새로운 인스턴스를 시작해서 일정한 수로 유지합니다.

수동 조정

수동 조정은 오토 스케일링의 가장 기본적인 방법으로, 오토 스케일링 그룹의 최대/최소 용량을 수동으로 변경할 수 있습니다. 이렇게 수동 조정으로 업데이트된 사항으로 인스턴스를 생성하거나 종료합니다.

동적 조정

동적 조정은 트래픽 변화에 따라 오토 스케일링 그룹의 용량을 조정합니다. 이런 동적 조정은 다음과 같은 동적 조정 정책을 지원합니다.

- **대상 추적 조정**: 대상 인스턴스를 추적해서 특정 지표의 목표 값을 기준으로 유지하기 위해 오토 스케일링을 적용합니다. 예를 들어 평균 CPU 사용률 50%를 목표로 하는 지표 값으로 대상 추적 조정 정책을 생성하면, 인스턴스 수를 조정하여 지표 값에 맞게 유지합니다.
- **단계 조정**: 오토 스케일링 그룹의 용량을 단계별로 조정하여 오토 스케일링을 적용합니다. 즉, 임곗값 기준으로 임곗값을 넘어서는 크기에 따라 단계적으로 조정합니다.
- **단순 조정**: 오토 스케일링 그룹의 용량을 단일하게 조정하여 오토 스케일링을 적용합니다. 즉, 임곗값 기준으로 임곗값을 넘어서는 크기와 무관하게 단일하게 조정합니다.

일정을 기반으로 예약된 조정

작업 시간이나 날짜에 따라 오토 스케일링을 수행하는 것으로, 그룹의 인스턴스 수를 늘려야 할지 또는 줄여야 할지 정확히 아는 경우에 유용합니다. 예를 들어 업무 시간에는 사용량이 많고 업무 시간 이후에는 사용량이 줄어드는 것처럼 반복되는 일정에서는 업무가 시작되면 예약된 조정을 바탕으로 미리 용량을 추가할 수 있습니다.

일정을 기반으로 예측 조정

지난 측정값으로 누적된 기록을 이용하여 트래픽 흐름의 일일 및 주간 패턴을 예측해서 오토 스케일링 그룹의 인스턴스 수를 늘리거나 줄일 수 있습니다.

이렇게 Amazon EC2 오토 스케일링은 다양한 조정 옵션을 제공하기 때문에 자원의 애플리케이션이 가진 특징을 충분히 이해하고 적합한 조정 기능을 선택하는 것이 중요합니다. 이번 실습에서는 오토 스케일링 조정 옵션을 동적 조정의 **대상 추적 조정 정책**과 **단순 조정 정책**을 바탕으로 진행할 것입니다.

9.2.5 Amazon EC2 오토 스케일링 요금

Amazon EC2 오토 스케일링을 사용할 때 별도로 발생하는 요금은 없습니다. 단지 사용한 EC2 인스턴스와 CloudWatch 경보에 따른 요금만 발생합니다. 우리는 프리 티어 정책으로 EC2 인스턴스와 CloudWatch를 일정 수준까지 무료로 사용할 수 있기 때문에 따로 요금이 발생하지 않습니다.

AWS TEXTBOOK

9.3 실습 Amazon EC2 오토 스케일링 구성하기

실습 목표

이번 실습은 Amazon EC2 오토 스케일링을 구성하고 특정 상황을 가져오는 이벤트를 발생시켜 보면서 동적 조정으로 인스턴스를 자동으로 확장하고 축소하는 오토 스케일링 기능을 알아봅니다.

▼ 그림 9-7 목표 구성도

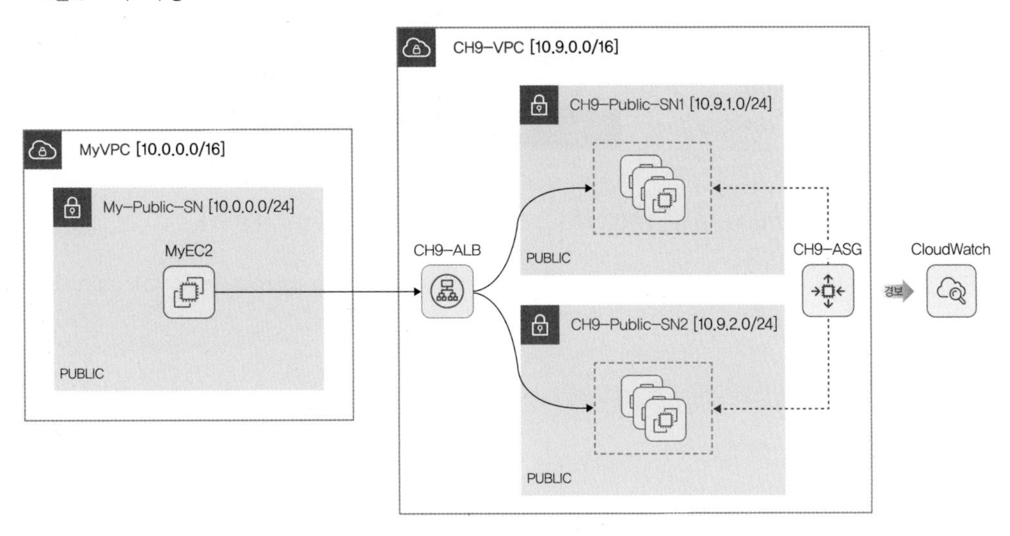

실습 단계

1. 실습을 위한 기본 인프라를 CloudFormation으로 배포합니다.
2. 기본 인프라 환경의 검증을 수행합니다.
3. EC2 인스턴스 시작 템플릿을 구성합니다.
4. 오토 스케일링 그룹을 생성하고 조정 옵션을 구성합니다.
5. 오토 스케일링으로 생성된 인스턴스에 CPU 부하를 발생하고 동작을 확인합니다.
6. 실습을 위해 생성된 자원을 모두 삭제합니다.

9.3.1 CloudFormation으로 기본 인프라 배포하기

실습 동작에 필요한 기본 인프라 자원은 AWS CloudFormation으로 자동 배포합니다.

1. AWS 관리 콘솔에서 CloudFormation 서비스에 들어가 **스택 생성**을 누릅니다.

▼ 그림 9-8 CloudFormation 스택 생성 진입

2. 아래쪽에 있는 Amazon S3 URL에 다음 URL을 입력하고 **다음**을 누릅니다.

   URL https://cloudneta-aws-book.s3.ap-northeast-2.amazonaws.com/chapter9/aslab.yaml

▼ 그림 9-9 CloudFormation 템플릿 URL 입력

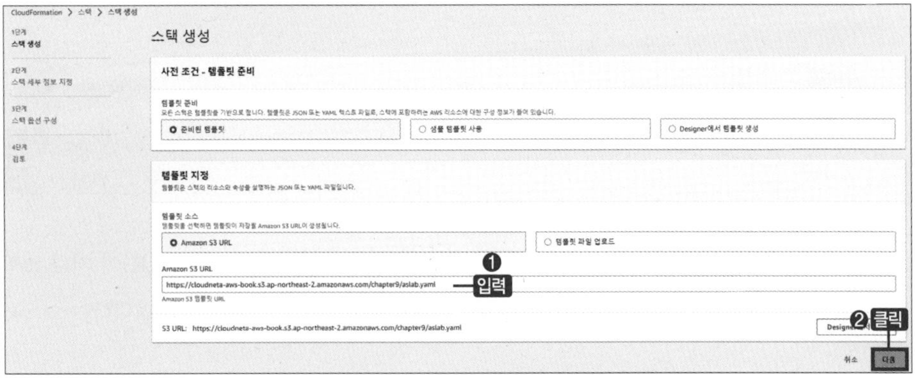

3. 스택 세부 정보 지정 페이지에서 다음과 같이 설정하고 **다음**을 누릅니다.

❶ 스택 이름에 'aslab' 입력

❷ KeyName은 사용자 키 페어 파일 선택

▼ 그림 9-10 CloudFormation 스택 세부 정보 지정

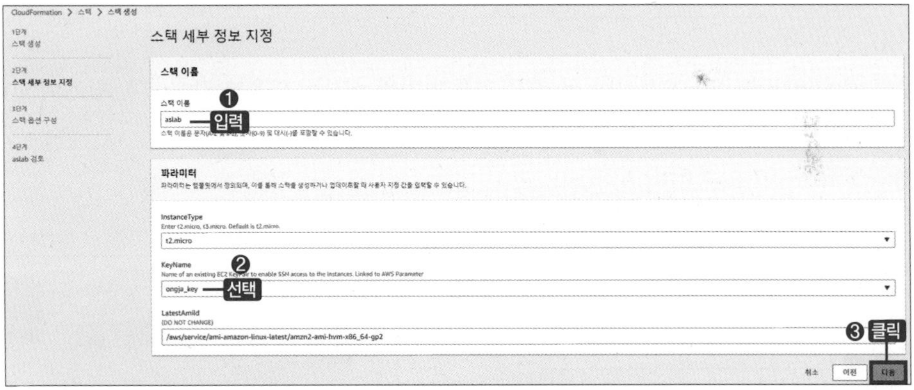

4. 스택 옵션 구성에서는 별도의 설정을 하지 않고 **다음**을 누릅니다. aslab 검토는 별도의 설정은 없으나 가장 아래쪽에 있는 'AWS CloudFormation에서 사용자 지정 이름으로 IAM 리소스를 생성할 수 있음을 승인합니다.'에 체크하고 **전송**을 누릅니다.

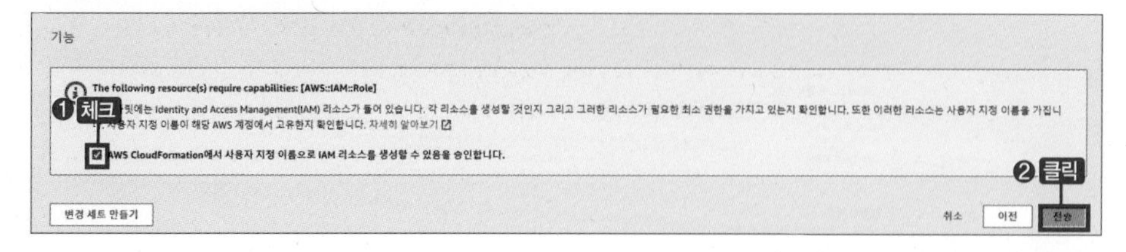

▼ 그림 9-11 CloudFormation에서 IAM 리소스 생성 체크

5. AWS CloudFormation 기본 인프라를 배포하고 일정 시간(약 5분 이상 소요)이 지나 스택 상태가 'CREATE_COMPLETE'가 되면 모든 인프라가 정상적으로 배포된 것입니다.

▼ 그림 9-12 CloudFormation 스택 생성 완료

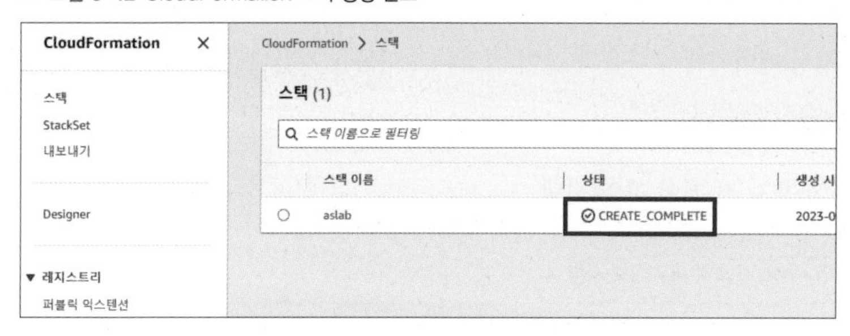

AWS CloudFormation으로 생성된 기본 인프라 자원 정보는 다음과 같습니다. 참고로 인터넷 게이트웨이나 라우팅 테이블과 같은 자원 표기는 생략했습니다.

▼ 그림 9-13 CloudFormation으로 생성된 기본 인프라 자원

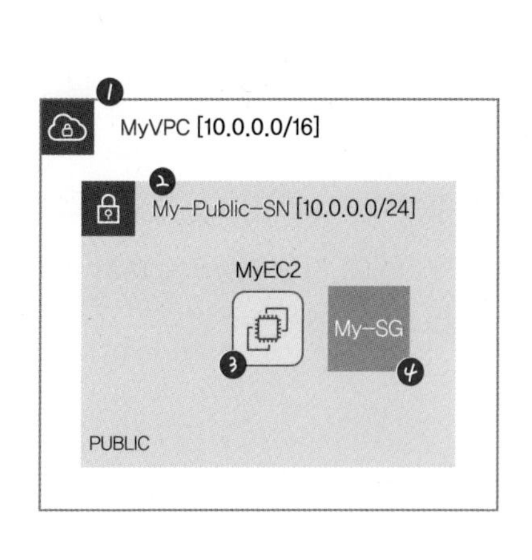

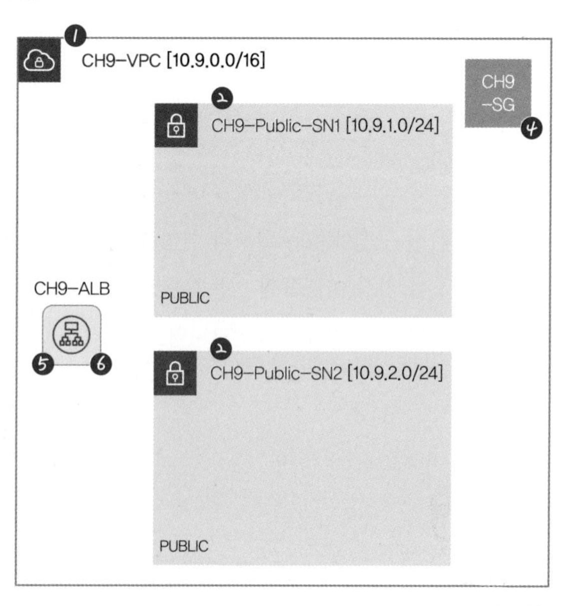

계속

생성 자원	이름	정보
❶ VPC	MyVPC	10.0.0.0/16
	CH9-VPC	10.9.0.0/16
❷ 서브넷	My-Public-SN	MyVPC에 위치
	CH9-Public-SN1	CH9-VPC에 위치
	CH9-Public-SN2	CH9-VPC에 위치
❸ EC2 인스턴스	MyEC2	My-Public-SN에 위치
❹ 보안 그룹	My-SG	TCP 22/88, ICMP 허용
	CH9-SG	TCP 22/88, ICMP 허용
❺ ALB	CH9-ALB	CH9-Public-SN1 · 2 대상
❻ ALB Target Group	CH0-ALBTG	

마지막으로 생성된 EC2 인스턴스(MyEC2)에 SSH 접속이 정상적으로 되었는지 확인합니다.

9.3.2 기본 인프라 환경 검증하기

기본 인프라로 생성된 자원 중 MyEC2 인스턴스에는 AWS CLI 툴과 웹 서비스의 벤치마킹을 위한 ApacheBench 툴이 설치되어 있습니다. MyEC2에 SSH로 접속하여 해당 툴들이 정상적으로 설치되었는지 확인하고, ALB와 정상적으로 통신되는지 확인합니다.

> **Note** ≡ ApacheBench 툴은 HTTP 웹 서버 성능을 측정하는 도구로, HTTP 요청을 다수 실행하여 부하를 발생시키고 성능을 측정할 수 있습니다.

1. MyEC2 인스턴스에 SSH 접속하여 MyEC2에서 설치된 툴을 확인합니다.

```
# MyEC2의 SSH 터미널
# AWS CLI 툴 버전 확인
aws --version
aws-cli/2.10.3 Python/3.9.11 Linux/4.14.304-226.531.amzn2.x86_64 exe/x86_64.amzn.2
prompt/off

# AWS CLI로 생성된 인스턴스 정보 확인(1회)
aws ec2 describe-instances --query 'Reservations[*].Instances[*].[InstanceId, State.
Name, PrivateIpAddress]' --output text
```

```
i-0a88fc7beed1a855f      running 10.0.0.163

# AWS CLI로 생성된 인스턴스 정보 확인(연속)
while true; do aws ec2 describe-instances --query 'Reservations[*].Instances[*].
[InstanceId, State.Name, PrivateIpAddress]' --output text; date; sleep 1; done
i-0a88fc7beed1a855f      running 10.0.0.163
Tue Feb 28 01:49:37 KST 2023
...

# ApacheBench 툴 버전 확인
ab -V
This is ApacheBench, Version 2.3 <$Revision: 1903618 $>
...
```

2. MyEC2 인스턴스에 SSH로 접속하여 MyEC2에서 ALB를 확인합니다. 작업을 수행하기 전에 각자 생성한 ALB의 DNS 주소를 복사해야 합니다. EC2 > **로드 밸런서** > **CH9-ALB 선택** > **세부 정보 탭** > **DNS 이름** 순서로 경로를 확인합니다.

```
# MyEC2의 SSH 터미널
# ALB DNS 이름 변수 지정
ALB=CH9-ALB-20389253.ap-northeast-2.elb.amazonaws.com  # 각자의 ALB DNS 이름 입력

# ALB DNS에 대한 IP 정보 확인
dig +short $ALB
3.35.109.116

# ALB DNS로 통신 테스트(현재 ALB에서 전달한 타깃이 없어 HTTP 503 에러)
while true; do curl $ALB --silent --connect-timeout 1; date; echo
"---[AutoScaling]---"; sleep 1; done
<html>
<head><title>503 Service Temporarily Unavailable</title></head>
...
Tue Feb 28 02:01:29 KST 2023
---[AutoScaling]---
...
```

9.3.3 EC2 인스턴스 시작 템플릿 생성하기

Amazon EC2 오토 스케일링 서비스로 생성될 EC2 인스턴스를 정의하기 위해 인스턴스에 대한 시작 템플릿을 구성해야 합니다. 시작 템플릿을 생성하려면 다음 단계를 거칩니다.

1. **서비스 > EC2 > 시작 템플릿**을 클릭한 후 나타나는 페이지에서 **시작 템플릿 생성**을 누릅니다.

▼ 그림 9-14 인스턴스 시작 템플릿 생성 진입

2. 시작 템플릿 생성 페이지에서 다음과 같이 설정합니다.

❶ 시작 템플릿 이름에 'EC2Template' 입력

❷ 템플릿 버전 설명에 'EC2 Auto Scaling' 입력

❸ 'EC2 Auto Scaling에 사용할 수 있는 템플릿을 설정하는 데 도움이 되는 지침 제공'에 체크

▼ 그림 9-15 시작 템플릿 - 시작 템플릿 이름 및 설명

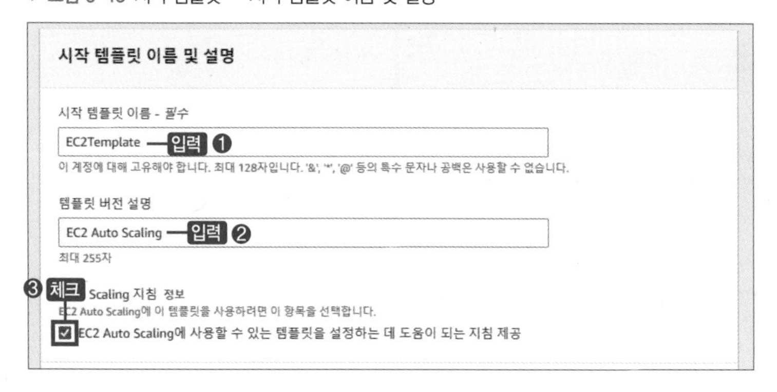

❹ [애플리케이션 및 OS 이미지] Quick Start 탭 클릭

❺ Amazon Linux 선택

❻ AMI를 Amazon Linux 2 AMI (HVM)로 선택

▼ 그림 9-16 시작 템플릿 - AMI 설정

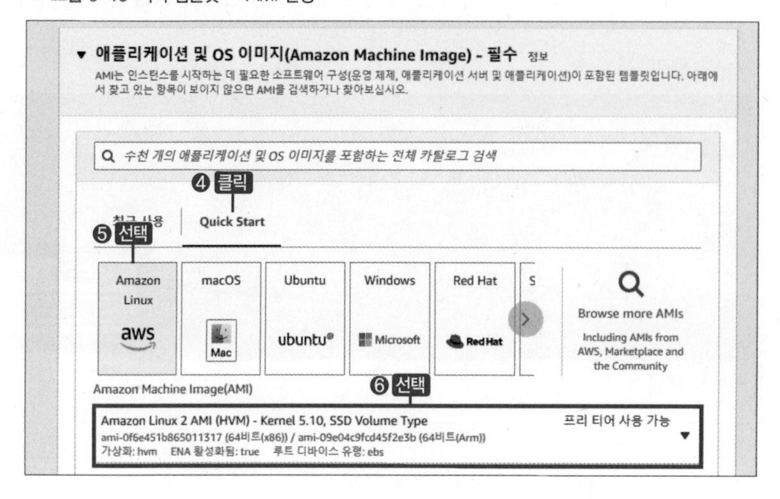

❼ 인스턴스 유형은 t2.micro 선택

❽ 키 페어 이름은 각자 자신의 키 페어 파일 선택

▼ 그림 9-17 시작 템플릿 - 인스턴스 유형과 키 페어 이름

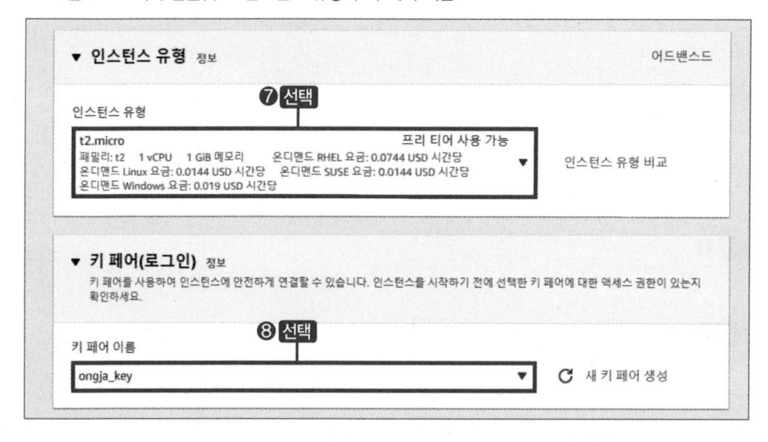

❾ [네트워크 설정] '기존 보안 그룹 선택' 유지, 일반 보안 그룹은 aslab-VPC1SG-XXXX로 선택

❤ 그림 9-18 시작 템플릿 - 보안 그룹

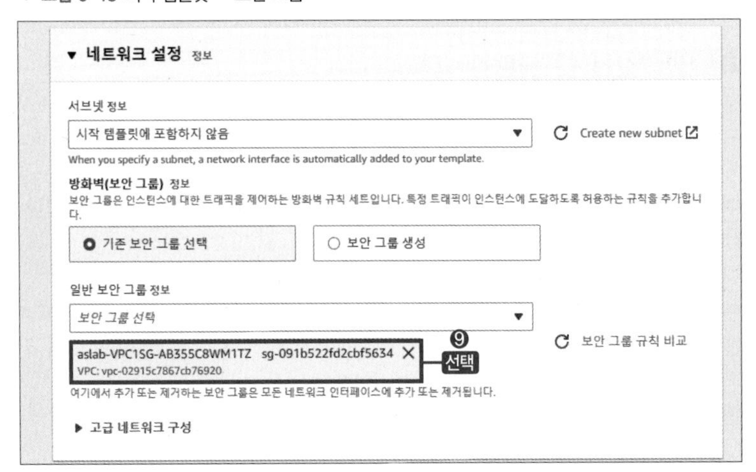

⑩ [리소스 태그] **태그 추가**를 눌러 키 정보는 Lab, 값 정보는 ASLab 입력

❤ 그림 9-19 시작 템플릿 - 리소스 태그

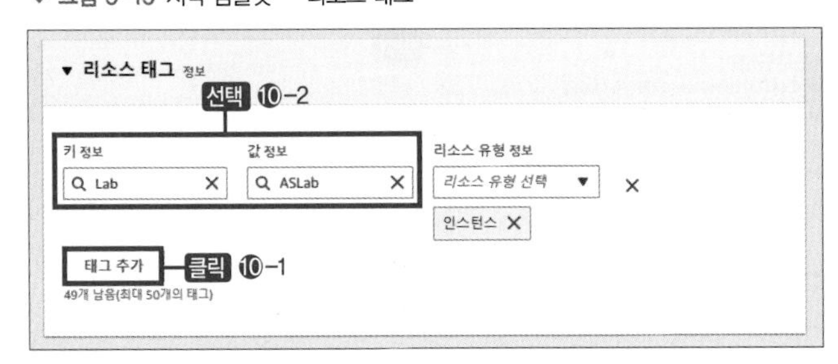

⑪ 고급 세부 정보를 확장하고 아래에 세부 CloudWatch 모니터링은 **활성화** 선택

❤ 그림 9-20 시작 템플릿 - 세부 CloudWatch 모니터링

⑫ 메타데이터 엑세스 가능은 **활성**으로 선택하고, 메타데이터 버전은 V1 및 **V2(토큰 선택 사항)**으로 선택한 후 아래 사용자 데이터에 다음 코드 입력

```
# 사용자 데이터 코드 정보
#!/bin/bash
```

```
RZAZ='curl http://169.254.169.254/latest/meta-data/placement/availability-zone-id'
IID='curl 169.254.169.254/latest/meta-data/instance-id'
LIP='curl 169.254.169.254/latest/meta-data/local-ipv4'
amazon-linux-extras install -y php8.0
yum install httpd htop tmux -y
systemctl start httpd && systemctl enable httpd
echo "<h1>RegionAz($RZAZ) : Instance ID($IID) : Private IP($LIP) : Web Server</h1>" >
/var/www/html/index.html
echo "1" > /var/www/html/HealthCheck.txt
curl -o /var/www/html/load.php https://cloudneta-book.s3.ap-northeast-2.amazonaws.com/
chapter5/load.php --silent
```

▼ 그림 9-21 시작 템플릿 – 사용자 데이터

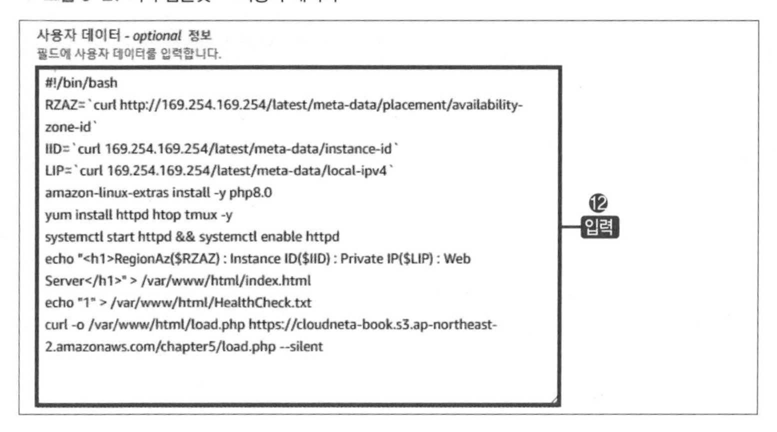

⑬ 마지막으로 오른쪽에 있는 **시작 템플릿 생성**을 누르고 **시작 템플릿 보기**를 누릅니다.

▼ 그림 9-22 시작 템플릿 생성

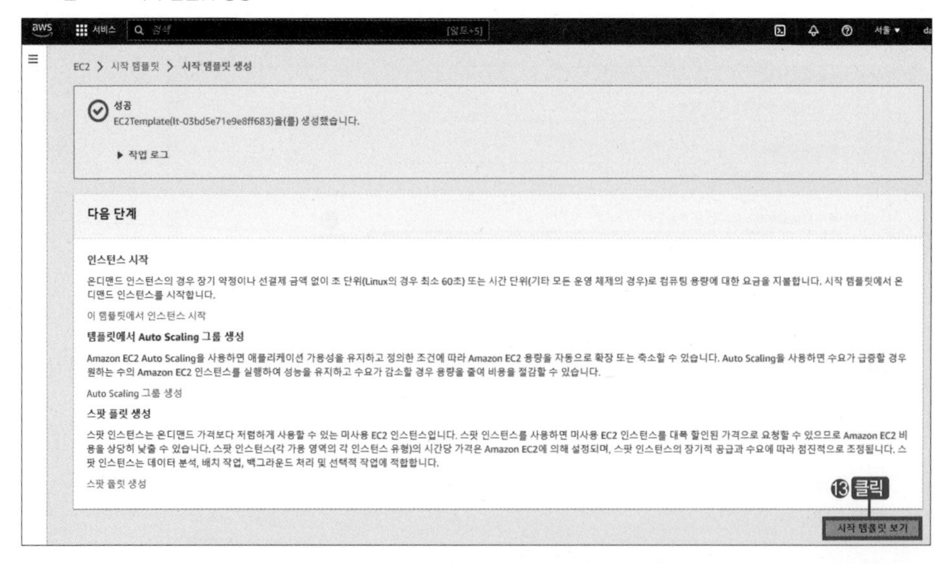

모든 작업을 마치면 다음 그림과 같이 시작 템플릿이 생성된 것을 확인할 수 있습니다.

▼ 그림 9-23 시작 템플릿 생성 완료

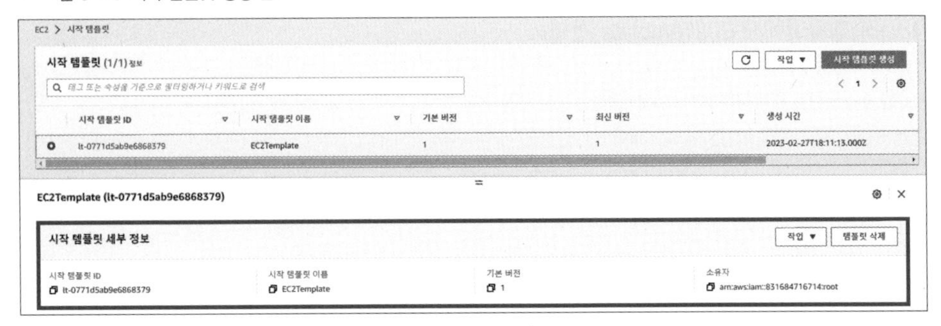

이렇게 생성된 인스턴스의 시작 템플릿에서 정의한 다양한 설정을 활용하여 인스턴스를 생성할 수 있습니다. 이번 실습에는 생성한 시작 템플릿을 오토 스케일링 그룹에 적용할 것입니다.

9.3.4 Amazon EC2 오토 스케일링 그룹 생성하기

앞서 생성한 인스턴스 템플릿을 활용하여 오토 스케일링 그룹을 생성합니다. 오토 스케일링 그룹이 생성되면 조정 옵션으로 인스턴스를 확대하고 축소해 보겠습니다.

오토 스케일링 그룹 생성 및 인스턴스 확대 정책 수립하기

1. **서비스 > EC2 > Auto Scaling > Auto Scaling 그룹**에서 **Auto Scaling 그룹 생성**을 누릅니다.

▼ 그림 9-24 오토 스케일링 그룹 생성 진입

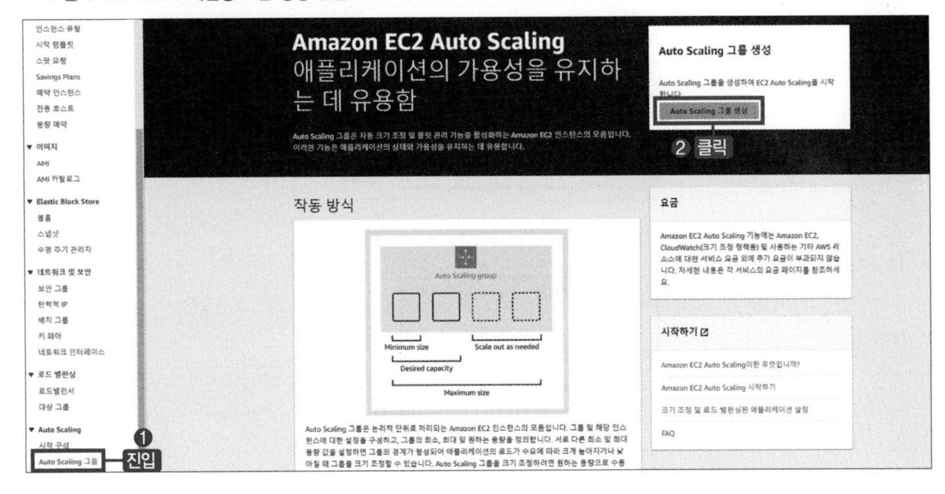

2. 시작 템플릿 또는 구성 선택 페이지에서 다음과 같이 설정하고 **다음**을 누릅니다.

❶ Auto Scaling 그룹 이름에 'FirstEC2ASG' 입력

❷ 시작 템플릿에서 EC2Template 선택

▼ 그림 9-25 오토 스케일링 그룹 - 시작 템플릿 또는 구성 선택

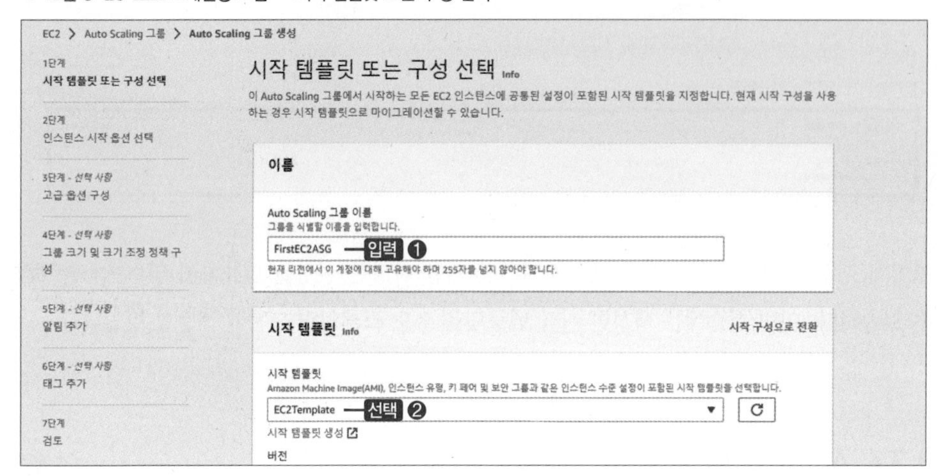

3. 인스턴스 시작 옵션 선택 페이지에서 다음과 같이 설정하고 **다음**을 누릅니다.

❶ VPC는 CH9-VPC 선택

❷ 가용 영역 및 서브넷은 CH9-Public-SN1과 CH9-Public-SN2 선택

▼ 그림 9-26 오토 스케일링 그룹 - 인스턴스 시작 옵션 선택

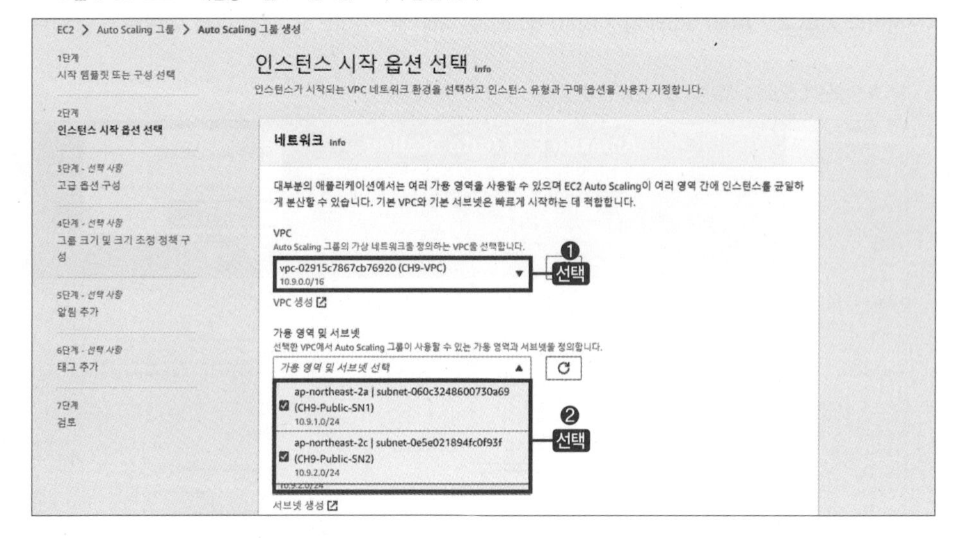

4. 고급 옵션 구성 페이지에서는 다음과 같이 설정하고 **다음**을 누릅니다.

❶ [로드 밸런싱] **기존 로드 밸런서에 연결** 선택

❷ [기존 로드 밸런서에 연결] '로드 밸런서 대상 그룹에서 선택'을 유지한 후 기존 로드 밸런서 대상 그룹을 ALB-TG로 선택

▼ 그림 9-27 오토 스케일링 그룹 - 로드 밸런싱

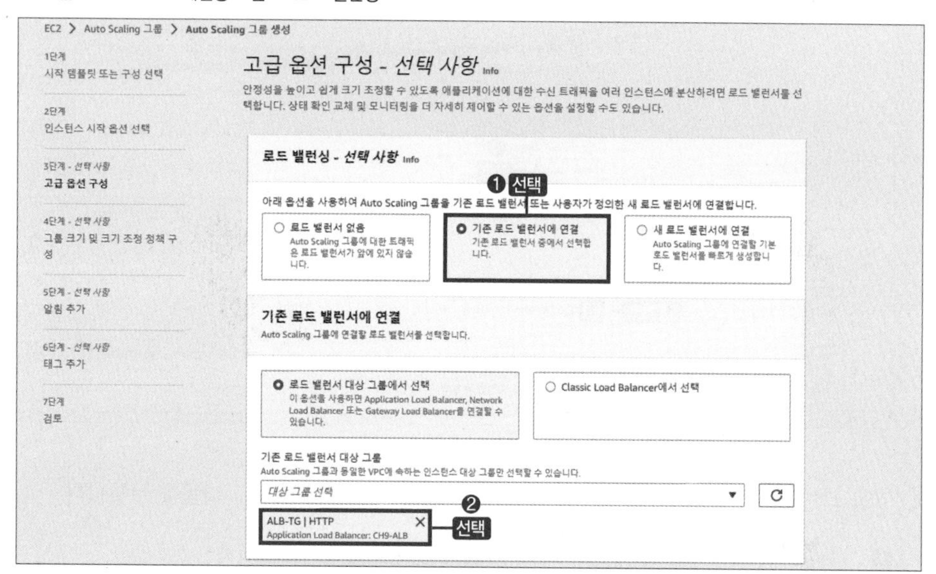

❸ [상태 확인] 추가 상태 확인 유형에서 'Elastic Load Balancer 상태 확인 켜기'에 체크

❹ 상태 확인 유예 기간은 '60초'로 입력

❺ [추가 설정] 모니터링은 'CloudWatch 내에서 그룹 지표 수집 활성화'에 체크

❻ **다음** 누르기

▼ 그림 9-28 오토 스케일링 그룹 - 상태 확인 및 추가 설정

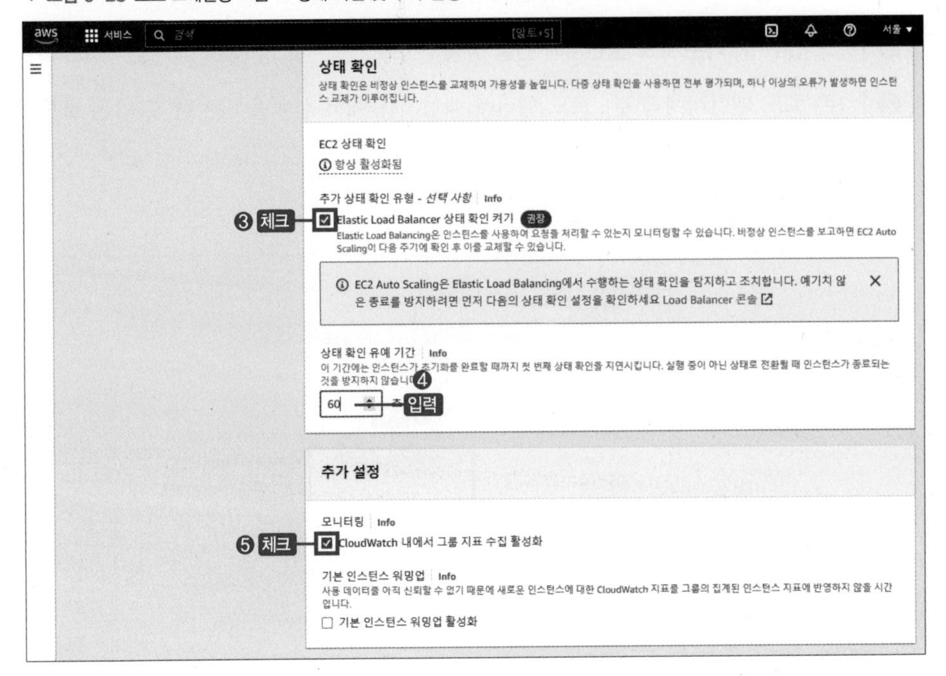

5. 그룹 크기 및 크기 조정 정책 구성 페이지에서 다음과 같이 설정하고 **다음**을 누릅니다.

❶ 그룹 크기는 '원하는 용량: 1', '최소 용량: 1', '최대 용량: 4'로 입력

▼ 그림 9-29 오토 스케일링 그룹 - 그룹 크기

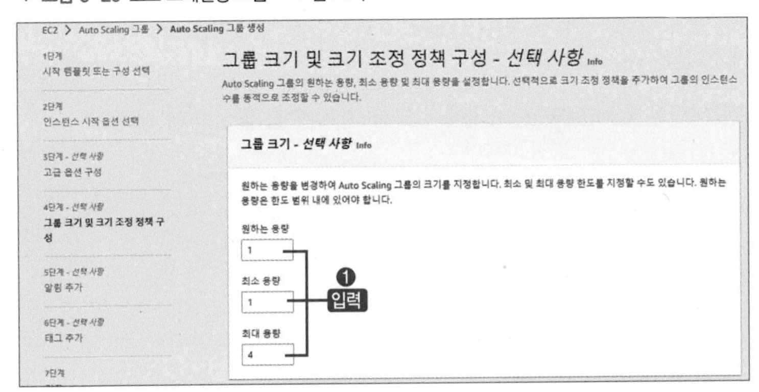

❷ **대상 추적 크기 조정 정책** 선택

❸ 크기 조정 정책 이름에 'Scale Out Policy' 입력

❹ 대상 값은 '80'으로 입력, 인스턴스 요구 사항은 '60'으로 입력

❺ 바로 아래 '확대 정책만 생성하려면 축소 비활성화'에 체크

▼ 그림 9-30 오토 스케일링 그룹 - 크기 조정 정책

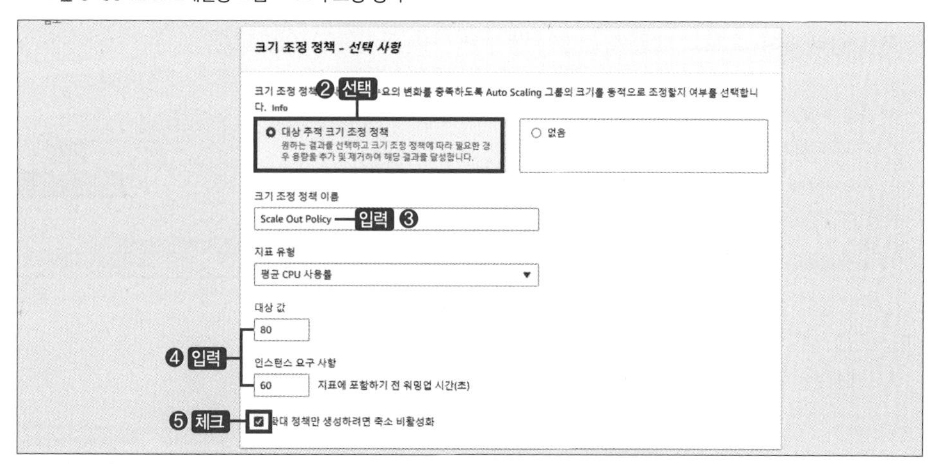

이것으로 최초 인스턴스 생성 수는 한 대이며, 오토 스케일링 동작으로 인스턴스를 1~4대로 유지합니다. 그리고 이런 인스턴스 수의 크기를 확대하는 조정 정책으로 대상 추적 크기 조정 정책을 구성하고, 3분 동안 세 번 연속으로 CPU 평균 사용률이 80% 이상일 때는 스케일 아웃을 수행합니다.

6. 알림 추가는 별도의 설정 없이 **다음**을 누릅니다. 태그 추가에서는 **태그 추가**를 눌러 다음과 같이 설정합니다.

   ❶ 키는 'Name'으로 입력

   ❷ 값은 'WebServers'로 입력

   ❸ **다음** 누르기

▼ 그림 9-31 오토 스케일링 그룹 - 태그 추가

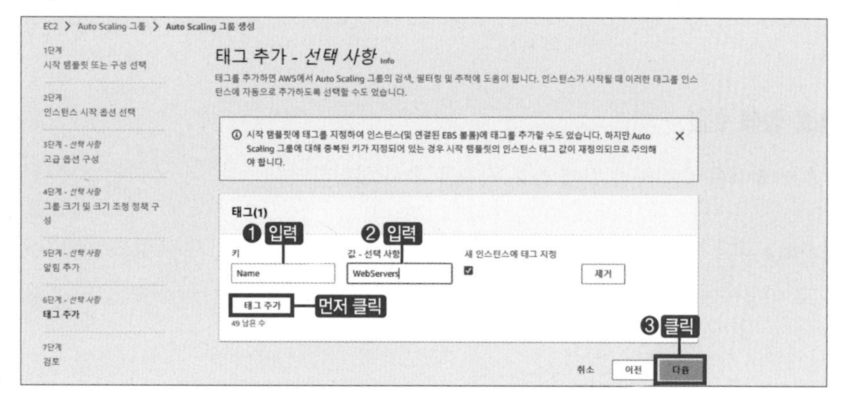

7. 검토 페이지에서 지금까지 설정한 내용을 확인하고 **Auto Scaling 그룹 생성**을 누릅니다. 그러면 다음과 같이 오토 스케일링 그룹이 생성된 것을 확인할 수 있습니다.

▼ 그림 9-32 오토 스케일링 그룹 생성 완료

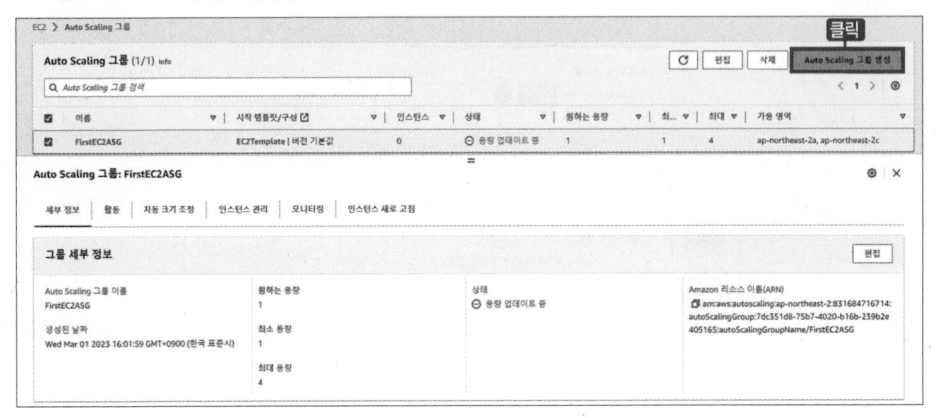

8. 현재는 용량을 업데이트하는 상태로, 최초 원하는 용량에 맞게 인스턴스를 한 대 생성합니다. **인스턴스** 메뉴에 접근해 보면 WebServers라는 인스턴스가 한 대 생성된 것을 확인할 수 있습니다.

▼ 그림 9-33 EC2 오토 스케일링으로 인스턴스를 한 대 생성

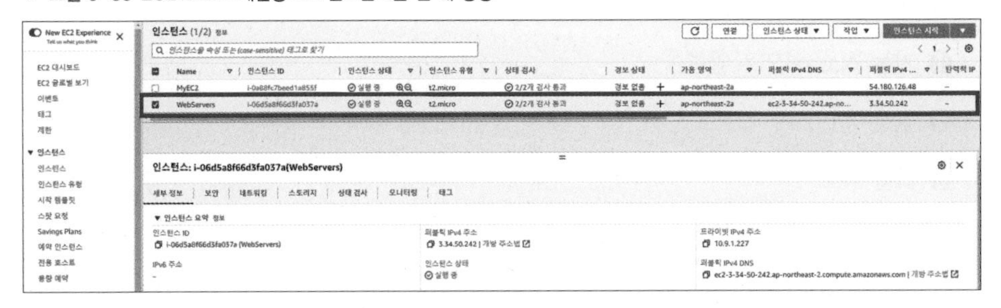

인스턴스 종료 정책 수립

인스턴스의 축소 정책을 수립하기 전에 종료 정책을 우선 설정합니다.

1. Auto Scaling 그룹 메뉴에서 앞서 생성한 'FirstEC2ASG'를 체크하고, 세부 정보 페이지의 맨 아래쪽으로 이동하여 고급 구성의 **편집**을 누릅니다.

▼ 그림 9-34 생성한 오토 스케일링 그룹을 선택하고 고급 구성 편집

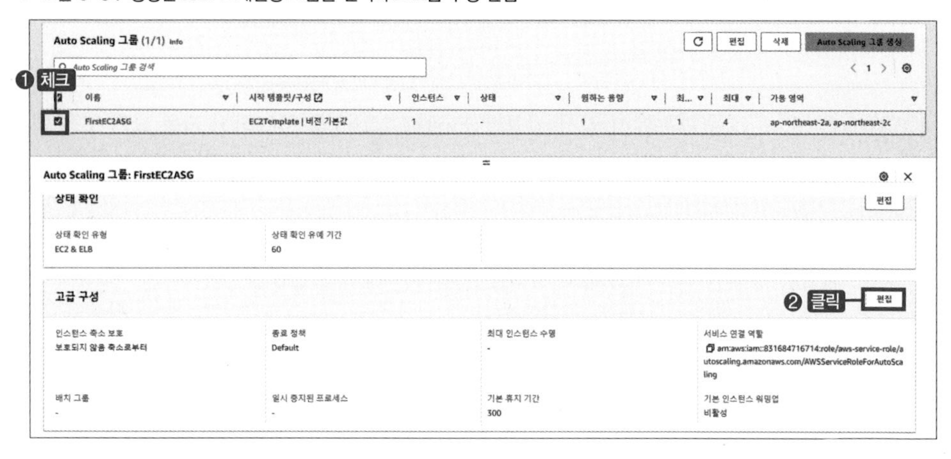

2. 오토 스케일링 그룹의 편집 페이지에서 다음과 같이 설정하고 **업데이트**를 누릅니다.

❶ 종료 정책에서 **정책 추가** 누르기, 종료 정책은 **최신 인스턴스** 선택

❷ 기본값으로 설정된 종료 정책은 오른쪽 X를 클릭하여 삭제

❸ 기본 휴지 기간에 '180초' 입력

▼ 그림 9-35 오토 스케일링 그룹 종료 정책 편집

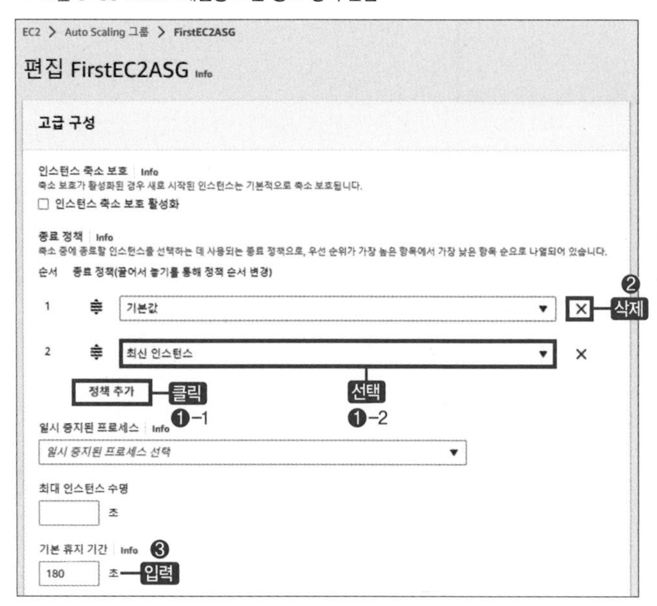

이것으로 인스턴스 축소 정책으로 삭제되는 인스턴스는 최신 인스턴스가 해당됩니다.

인스턴스 축소 정책 수립하기

이제 본격적으로 인스턴스의 축소 정책을 수립합니다.

1. Auto Scaling 그룹 메뉴에서 앞서 생성한 'FirstEC2ASG'를 체크하고 **자동 크기 조정 탭**을 클릭합니다. 그리고 동적 크기 조정 정책 오른쪽에서 **동적 크기 조정 정책 생성**을 누릅니다.

   참고로 현재 오토 스케일링 정책은 스케일 아웃 정책인 인스턴스 확장 정책만 있습니다. 따라서 스케일링 정책인 인스턴스 축소 정책을 생성하는 작업을 진행할 것입니다.

▼ 그림 9-36 오토 스케일링 조정 정책 생성

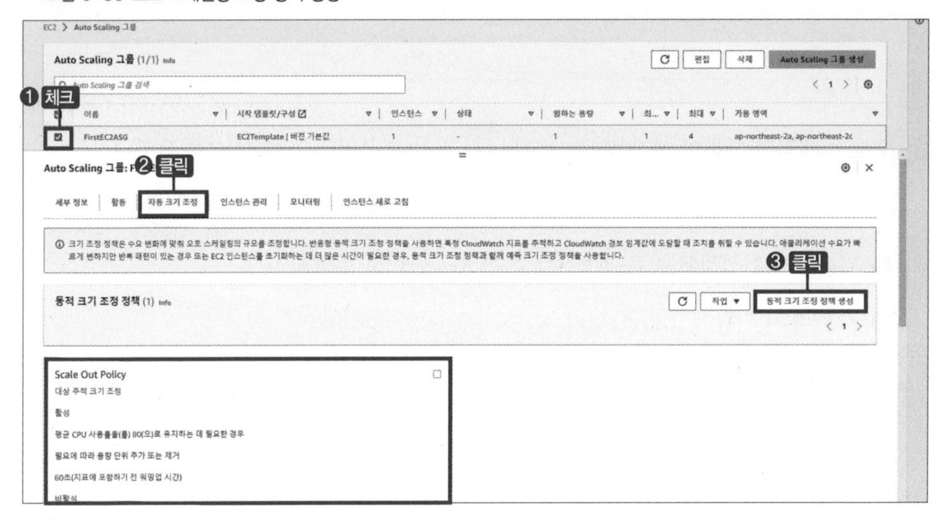

2. 동적 크기 조정 정책 생성 페이지에서 다음과 같이 설정하고, 중간에 있는 CloudWatch **경보 생성** 링크를 클릭합니다.

   ❶ 정책 유형은 **단순 크기 조정** 선택

   ❷ 크기 조정 정책 이름에 'Scale In Policy' 입력

   ❸ 작업 수행에서 **제거** 선택, 값은 '1'로 입력

   ❹ 그런 다음 대기에 '60초' 입력

   ❺ CloudWatch **경보 생성** 링크 클릭

▼ 그림 9-37 동적 크기 조정 정책 생성

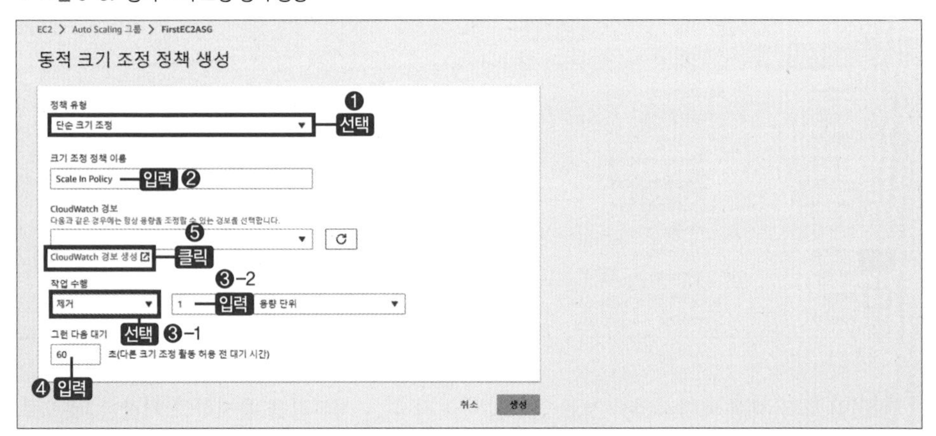

그러면 현재 페이지가 유지된 상태로 CloudWatch 서비스에 경보 생성 페이지가 새로 출력됩니다.

3. 지표 및 조건 지정 페이지에서 **지표 〉** EC2 선택, Auto Scaling **그룹별**을 선택합니다.

▼ 그림 9-38 지표 〉 EC2 〉 Auto Scaling 그룹별 선택

4. 출력되는 다양한 지표 중에 FirstEC2ASG에 대한 'CPUUtilization'을 체크하고 아래쪽에 있는 **지표 선택**을 누릅니다.

▼ 그림 9-39 CPUUtilization 지표 선택

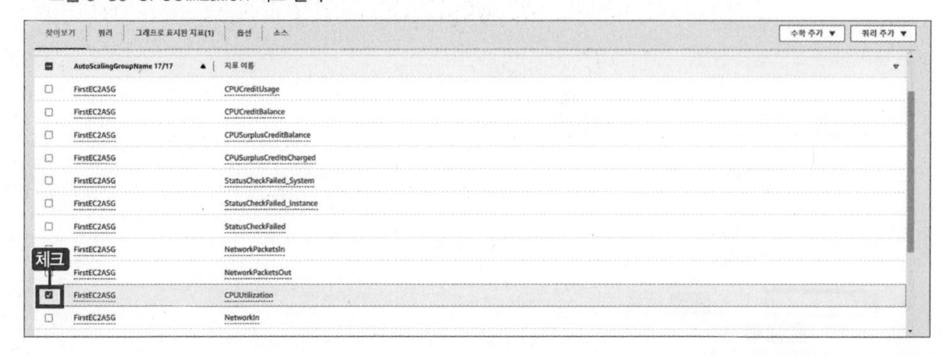

5. 지표 및 조건 지정 페이지에서 지표 영역에 나머지 값은 기본값을 유지하고 기간을 **1분**으로 선택합니다.

▼ 그림 9-40 지표 및 조건 지정 - 1

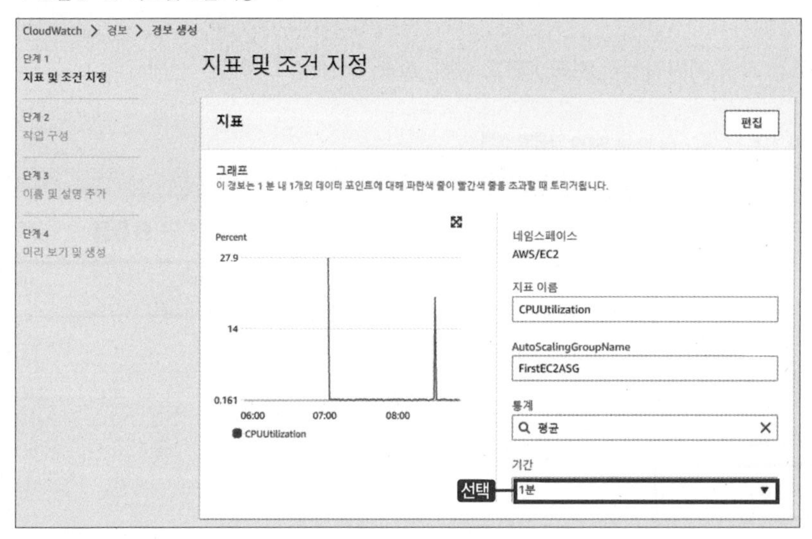

6. 조건 영역에서 다음과 같이 설정하고 **다음**을 누릅니다.

❶ 임곗값 유형은 '정적'으로 유지, 경보 조건을 '보다 작음'으로 선택

❷ 임곗값은 '10'으로 입력

❸ 아래 **추가 구성** 영역을 확장하고 경보를 알릴 데이터 포인트를 '2/2'로 입력

▼ 그림 9-41 지표 및 조건 지정 – 2

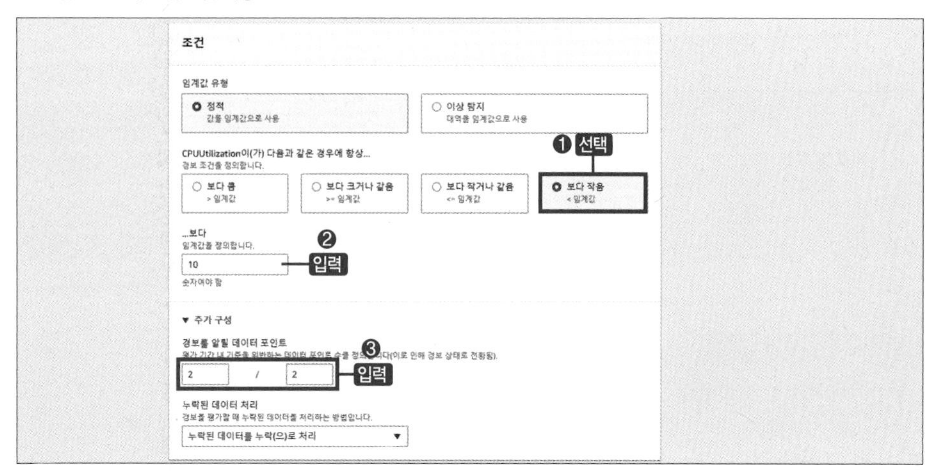

7. 작업 구성 페이지에서 경보 상태 트리거의 오른쪽에서 **제거**를 눌러 삭제하고, 아래쪽에 있는 **다음**을 누릅니다.

▼ 그림 9-42 지표 및 조건 지정 – 3

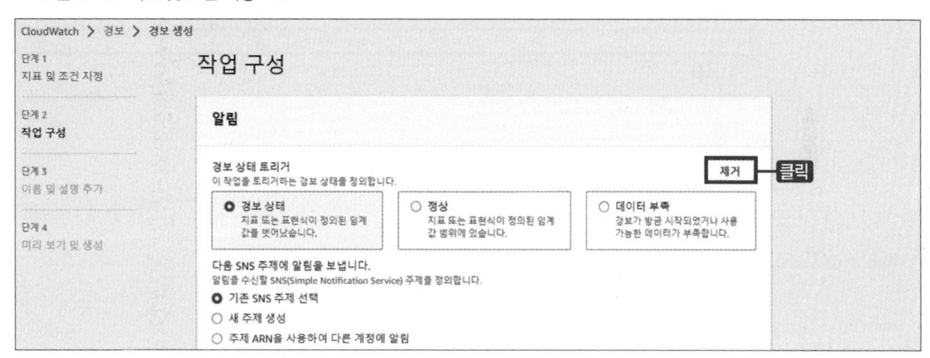

8. 이름 및 설명 추가 페이지에서 경보 이름에 'ASG-CPU'를 입력하고 **다음**을 누릅니다.

▼ 그림 9-43 지표 및 조건 지정 – 4

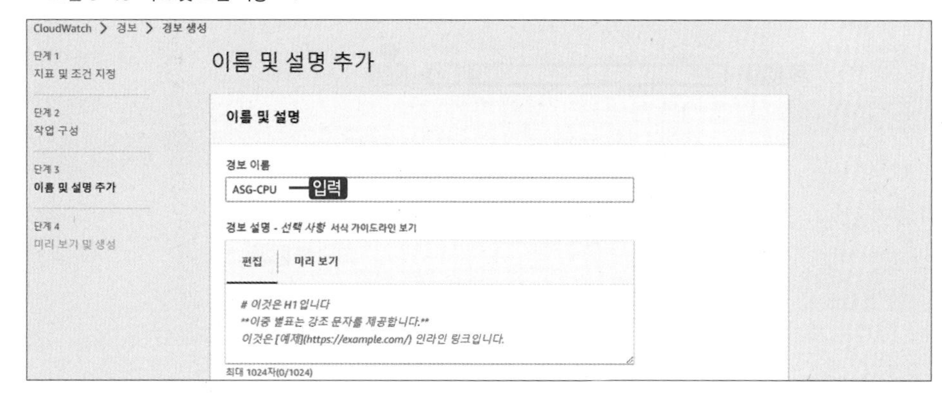

9. 미리보기 및 생성 페이지에서 가장 아래쪽의 **경보 생성**을 누릅니다.

▼ 그림 9-44 지표 및 조건 지정 - 5

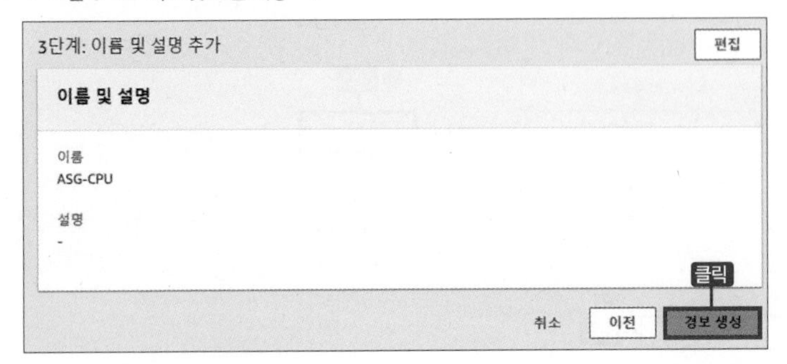

10. 다음 그림과 같이 CloudWatch의 ASG-CPU 경보가 생성됩니다.

▼ 그림 9-45 ASG-CPU 경보 생성

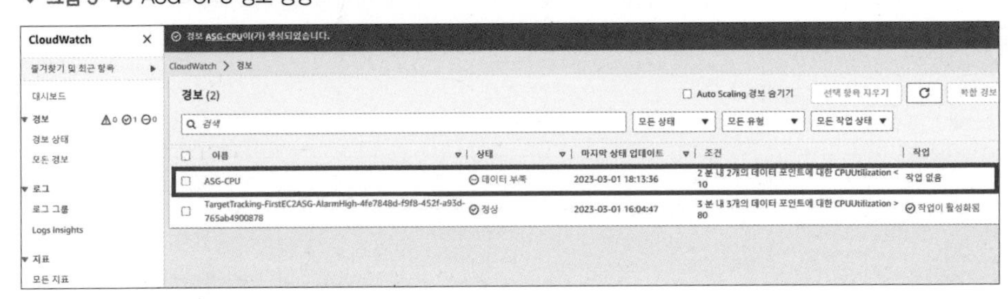

11. 다시 동적 크기 조정 정책 생성 페이지로 돌아와서 오른쪽에서 **새로고침**을 한 번 클릭합니다. CloudWatch 경보에서 **ASG-CPU**를 선택하고 **생성**을 누릅니다.

▼ 그림 9-46 동적 크기 조정 정책 생성 - CloudWatch 경보 선택

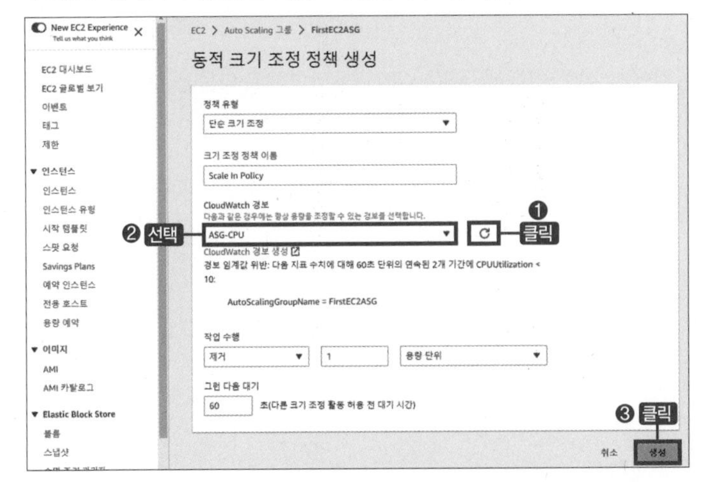

12. 다음 그림과 같이 FirstEC2ASG의 축소 정책인 Scale In Policy와 확장 정책인 Scale Out Policy가 생성됩니다.

▼ 그림 9-47 오토 스케일링 그룹의 동적 크기 조정 정책 확인

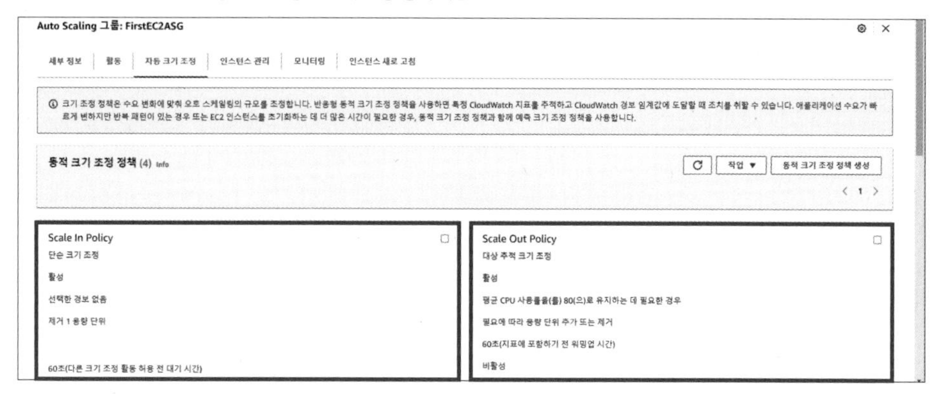

CloudWatch 대시보드 구성하기

앞서 생성한 CloudWatch 경보를 대시보드에 추가하고 별도의 지표를 생성하여 대시보드에 추가합니다.

1. **서비스** > **CloudWatch** > **경보** > **모든 경보** 메뉴로 들어갑니다. 생성된 경보 두 개를 체크한 후 오른쪽 위에서 **작업** > **대시보드에 추가**를 선택합니다.

▼ 그림 9-48 CloudWatch의 경보를 대시보드에 추가

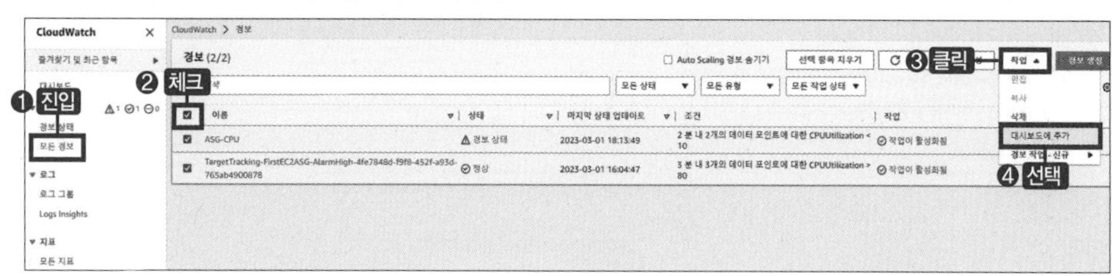

2. 대시보드에 추가 창이 열리면 **새로 생성**을 눌러 이름을 'MyASG'로 입력하고 **생성**을 누릅니다. 대시보드가 생성되면 아래쪽에 있는 **대시보드에 추가**를 누릅니다.

▼ 그림 9-49 CloudWatch의 신규 대시보드 생성하고 경보 추가

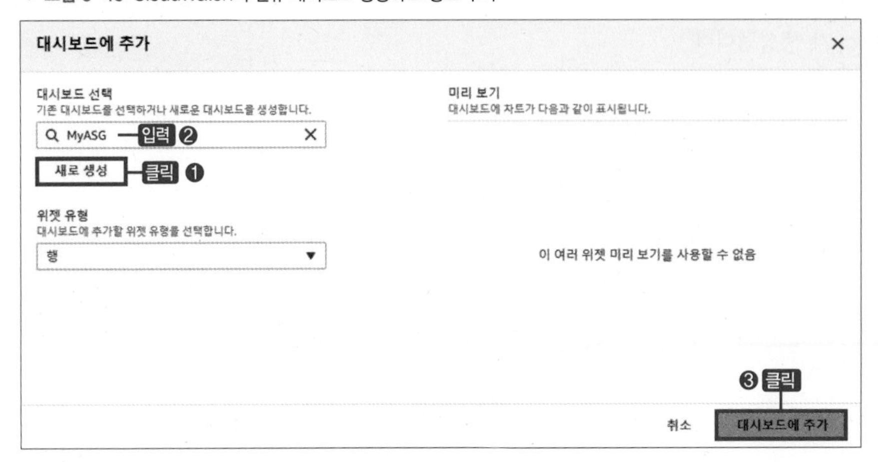

3. 창을 닫고 오른쪽 위의 **대시보드 보기**를 누릅니다.

▼ 그림 9-50 CloudWatch의 대시보드 보기 진입

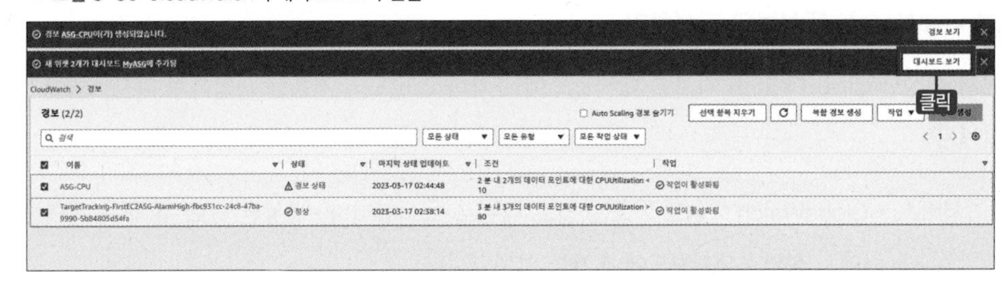

4. 그러면 다음 그림과 같이 경보에 대한 대시보드를 확인할 수 있습니다.

▼ 그림 9-51 CloudWatch의 대시보드 확인

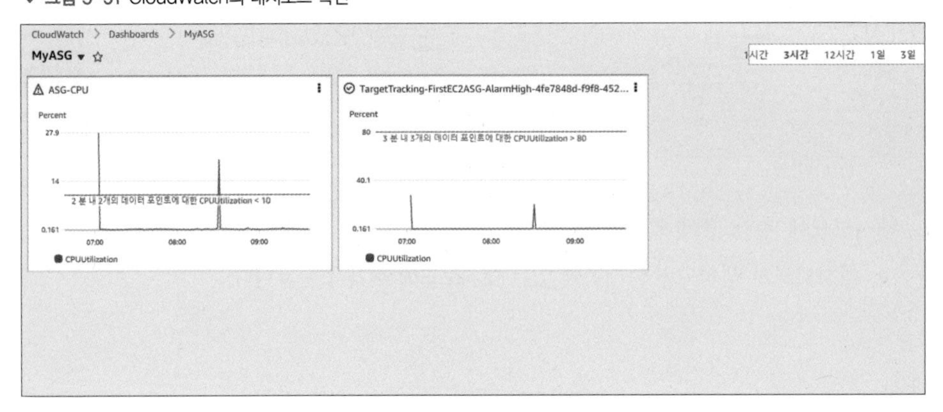

다음으로 오토 스케일링 그룹의 인스턴스 수를 확인하는 지표를 추가해 보겠습니다.

5. **서비스 > CloudWatch > 지표 > 모든 지표** 메뉴로 들어갑니다. Auto Scaling > **그룹 지표**를 선택합니다.

▼ 그림 9-52 CloudWatch의 지표 설정 – 1

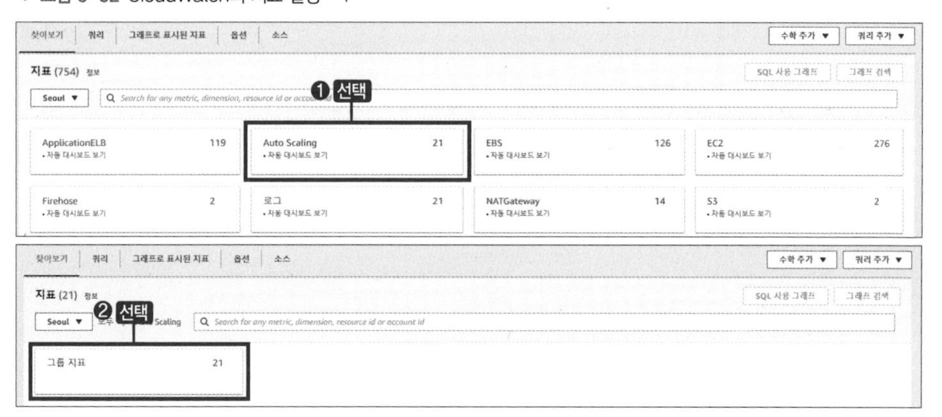

6. 출력되는 지표 중 FirstEC2ASG의 'GroupInServiceInstances'를 체크하고 위쪽 **그래프로 표시된 지표 탭**을 클릭합니다.

▼ 그림 9-53 CloudWatch의 지표 설정 – 2

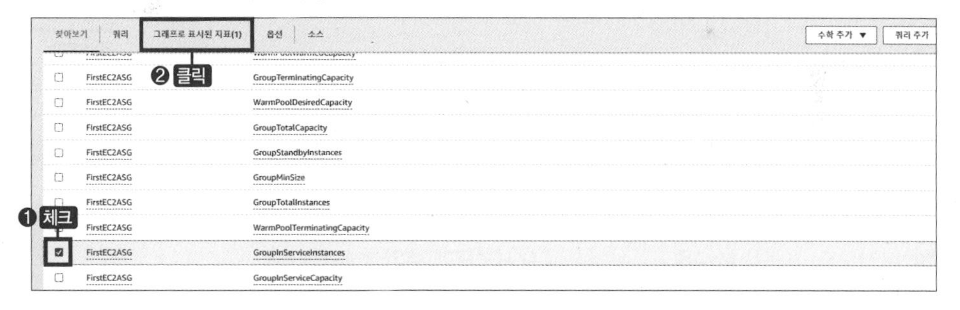

7. 그래프로 표시된 지표 탭에서 기간을 **1분**으로 선택합니다.

▼ 그림 9-54 CloudWatch의 지표 설정 – 3

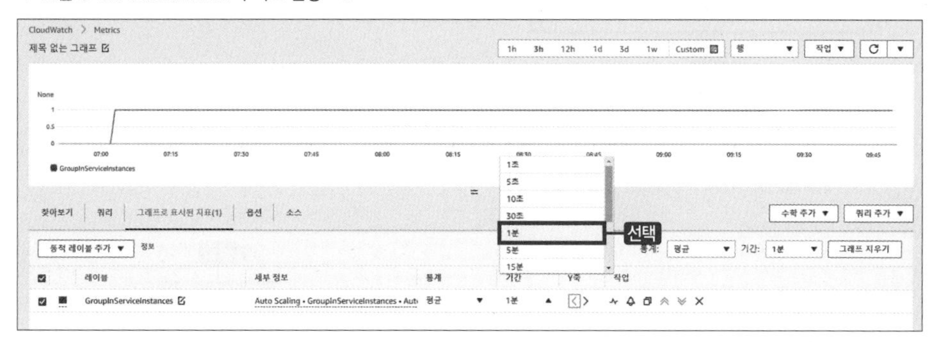

8. **옵션 탭**을 클릭하고 왼쪽 Y축의 '최소 값은 0'으로, '최대 값은 4'로 입력합니다.

▼ 그림 9-55 CloudWatch의 지표 설정 – 4

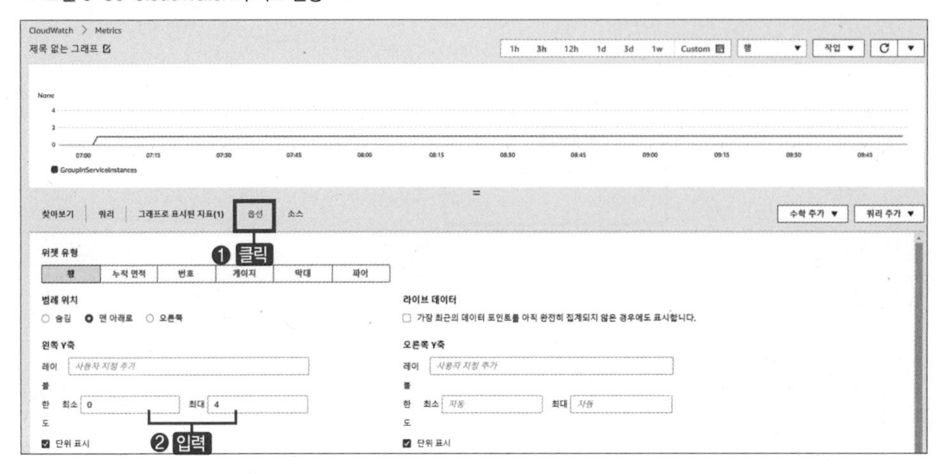

9. 현재 설정하는 지표의 오른쪽 위에서 **작업 > 대시보드에 추가**를 선택합니다.

▼ 그림 9-56 CloudWatch의 지표 설정 – 5

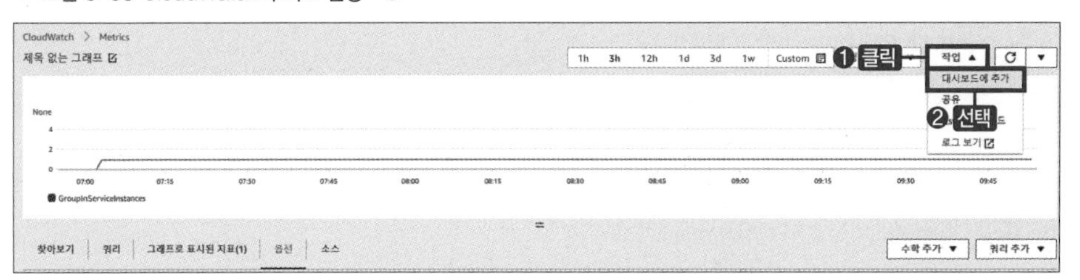

10. 대시보드 선택은 MyASG를 선택하고 **대시보드에 추가**를 누릅니다.

▼ 그림 9-57 대시보드 추가

대시보드에 추가

대시보드 선택
기존 대시보드를 선택하거나 새로운 대시보드를 생성합니다.
MyASG
❶ 선택
새로 생성

위젯 유형
대시보드에 추가할 위젯 유형을 선택합니다.
행

위젯 제목 사용자 지정
위젯에는 제목이 자동으로 지정됩니다. 여기에서 위젯 제목을 사용자 지정할 수도 있습니다.
GroupTerminatingInstances

미리 보기
대시보드에 차트가 다음과 같이 표시됩니다.
GroupTerminatingInstances

❷ 클릭
취소
대시보드에 추가

11. 다음과 같이 MyASG 대시보드가 출력됩니다.

▼ 그림 9-58 CloudWatch의 대시보드 확인

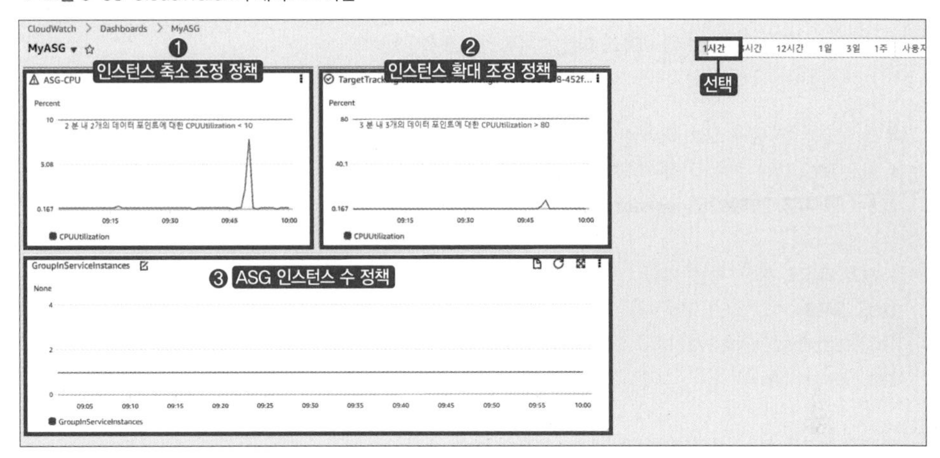

두 개의 경보와 한 개의 지표를 확인할 수 있습니다.

❶은 인스턴스 축소 조정에 따른 스케일 인 경보

❷는 인스턴스 축소 조정에 따른 스케일 아웃 경보

❸은 오토 스케일링 그룹이 생성한 인스턴스 수

그리고 그래프를 잘 살펴보기 위해 출력 시간 단위를 1시간으로 조정했습니다. 최근에 추가한 지표인 'GroupInServiceInstances'를 보면 현재 오토 스케일링 그룹의 인스턴스 수는 한 대로 유지되고 있네요.

9.3.5 MyEC2에 접속하여 인스턴스에 CPU 부하 발생시키기

오토 스케일링으로 생성된 인스턴스에 CPU 부하를 발생시키면 어떻게 오토 스케일링이 동작하는지 확인해 보겠습니다. 이 작업은 명령어를 사용하여 MyEC2 인스턴스에서 강제적으로 CPU 부하를 내려 줄 수 있습니다. 이번 실습에서는 정보를 원활하게 확인하려고 MyEC2 인스턴스 SSH 접속 터미널은 두 개, WebServers 인스턴스 SSH 접속 터미널은 한 개를 사용합니다.

1. MyEC2 인스턴스의 첫 번째 터미널을 생성하여 ALB 부하분산을 확인해 보겠습니다.

> **Note** 아래 작업을 수행하기 전에 각자 생성한 ALB의 DNS 주소를 복사해야 합니다. EC2 > **로드 밸런서** > **CH9-ALB 선택** > **세부 정보 탭** > **DNS 이름** 순서로 경로를 확인합니다.

```
# MyEC2의 첫 번째 SSH 터미널
# ALB DNS 이름 변수 지정
ALB=CH9-ALB-20389253.ap-northeast-2.elb.amazonaws.com  # 각자의 ALB DNS 이름 입력

# ALB DNS로 통신 확인(1회)
curl $ALB
<h1>RegionAz(apne2-az1) : Instance ID(i-06d5a8f66d3fa037a) : Private IP(10.9.1.227) :
Web Server</h1>

# ALB DNS로 통신 확인(반복)
while true; do curl $ALB --silent --connect-timeout 1; date; echo
"---[AutoScaling]---"; sleep 1; done
Wed Mar  1 19:23:23 KST 2023
---[AutoScaling]---
<h1>RegionAz(apne2-az1) : Instance ID(i-06d5a8f66d3fa037a) : Private IP(10.9.1.227) :
Web Server</h1>
Wed Mar  1 19:23:24 KST 2023
---[AutoScaling]---
<h1>RegionAz(apne2-az1) : Instance ID(i-06d5a8f66d3fa037a) : Private IP(10.9.1.227) :
Web Server</h1>
...
```

ALB DNS 주소를 변수로 지정한 후 ALB DNS 주소로 반복적으로 접근하면 10.9.1.227이라는 한 대의 인스턴스로 통신하게 됩니다. 당연히 현재 오토 스케일링 그룹으로 생성된 인스턴스가 한 대이니 그렇겠죠? 참고로 프라이빗 IP 주소는 사용자마다 다릅니다.

2. curl 명령어를 사용하여 ALB DNS 주소로 반복해서 통신하는 상태를 유지하고, 계속해서 WebServers 인스턴스의 터미널을 생성하여 CPU 부하를 확인합니다.

```
# WebServers SSH 터미널
# 서버 자원의 CPU나 메모리 사용률 출력
htop
...
```

▼ 그림 9-59 WebServers의 htop 명령어 수행

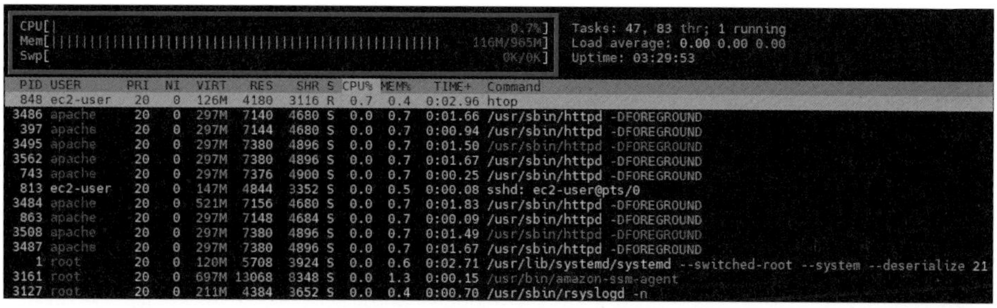

```
CPU[|                                             0.7%]   Tasks: 47, 83 thr; 1 running
Mem[|||||||||||||||||||||||||||||||||||||||| 116M/965M]   Load average: 0.00 0.00 0.00
Swp[                                            0K/0K]   Uptime: 03:29:53

  PID USER      PRI  NI  VIRT   RES   SHR S CPU% MEM%   TIME+  Command
  848 ec2-user   20   0  126M  4180  3116 R  0.7  0.4  0:02.96 htop
 3486 apache     20   0  297M  7140  4680 S  0.0  0.7  0:01.66 /usr/sbin/httpd -DFOREGROUND
  397 apache     20   0  297M  7144  4680 S  0.0  0.7  0:00.94 /usr/sbin/httpd -DFOREGROUND
 3495 apache     20   0  297M  7380  4896 S  0.0  0.7  0:01.50 /usr/sbin/httpd -DFOREGROUND
 3562 apache     20   0  297M  7380  4896 S  0.0  0.7  0:01.67 /usr/sbin/httpd -DFOREGROUND
  743 apache     20   0  297M  7376  4900 S  0.0  0.7  0:00.25 /usr/sbin/httpd -DFOREGROUND
  813 ec2-user   20   0  147M  4844  3352 S  0.0  0.5  0:00.08 sshd: ec2-user@pts/0
 3484 apache     20   0  521M  7156  4680 S  0.0  0.7  0:01.83 /usr/sbin/httpd -DFOREGROUND
  863 apache     20   0  297M  7148  4684 S  0.0  0.7  0:00.09 /usr/sbin/httpd -DFOREGROUND
 3508 apache     20   0  297M  7380  4896 S  0.0  0.7  0:01.49 /usr/sbin/httpd -DFOREGROUND
 3487 apache     20   0  297M  7380  4896 S  0.0  0.7  0:01.67 /usr/sbin/httpd -DFOREGROUND
    1 root       20   0  120M  5708  3924 S  0.0  0.6  0:02.71 /usr/lib/systemd/systemd --switched-root --system --deserialize 21
 3161 root       20   0  697M 13068  8348 S  0.0  1.3  0:00.15 /usr/bin/amazon-ssm-agent
 3127 root       20   0  211M  4384  3652 S  0.0  0.4  0:00.70 /usr/sbin/rsyslogd -n
```

htop 명령어를 수행하면 앞의 그림과 같이 CPU나 메모리 사용률을 확인할 수 있습니다. 현재 CPU 사용률은 0%에 가까운 상태입니다.

다음 단계를 진행합니다.

3. htop 명령어로 CPU 상태를 확인한 채로 MyEC2 인스턴스의 두 번째 터미널을 추가로 생성해서 강제로 CPU 부하를 발생시켜 봅시다.

```
# MyEC2의 두 번째 SSH 터미널
# ALB DNS 이름 변수 지정
ALB=CH9-ALB-20389253.ap-northeast-2.elb.amazonaws.com  # 각자의 ALB DNS 이름 입력

# load.php 페이지로 접근하여 강제 CPU 부하 발생(1회)
curl $ALB/load.php; echo
Server Hostname : ip-10-9-1-227.ap-northeast-2.compute.internal
Hash Calculation Time : 1.1057341098785 Second
Password Hash Result : $2y$14$ec15j/cmeSQZwhohmqnfP.4Jppm5BoPVfm6FtUCdMm5QtHmIT9c0e

# ApacheBench 명령어로 load.php 반복 요청(한 개 요청을 500번 반복)
ab -n 500 -c 1 http://$ALB/load.php
This is ApacheBench, Version 2.3 <$Revision: 1903618 $>
...
Benchmarking CH9-ALB-20389253.ap-northeast-2.elb.amazonaws.com (be patient)
Completed 100 requests
Completed 200 requests
Completed 300 requests
...
```

load.php 페이지에 접근하면 강제로 CPU 부하를 발생시키는 코드가 미리 입력되어 있습니다. ApacheBench 툴을 사용하여 500회 반복 작업을 수행하는 명령어를 입력하고 다음 단계를 확인해 보겠습니다.

오토 스케일링의 스케일 아웃 확인하기

1. WebServers 인스턴스의 터미널에 접속하면 다음 그림과 같이 CPU 사용률이 100%로 올라간 것을 확인할 수 있습니다.

▼ 그림 9-60 WebServers의 htop 명령어 수행(CPU 부하 상태)

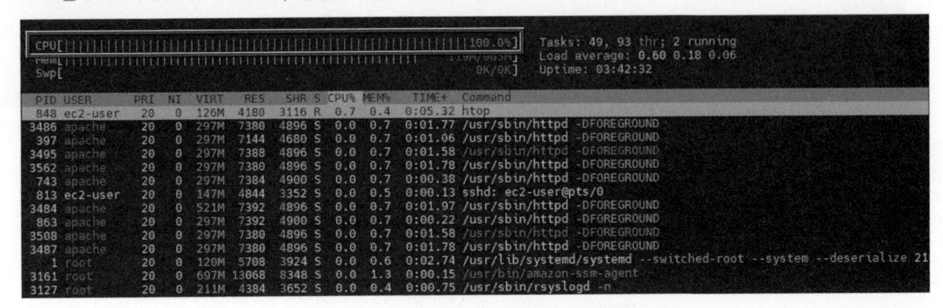

2. MyEC2 인스턴스의 첫 번째 터미널에 접속하면 다음 그림과 같이 두 대의 인스턴스로 부하분산하고 있습니다.

▼ 그림 9-61 ALB의 부하분산 확인

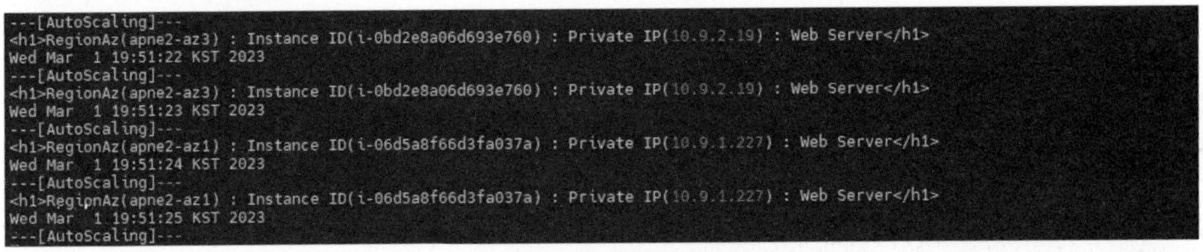

```
---[AutoScaling]---
<h1>RegionAz(apne2-az3) : Instance ID(i-0bd2e8a06d693e760) : Private IP(10.9.2.19) : Web Server</h1>
Wed Mar  1 19:51:22 KST 2023
---[AutoScaling]---
<h1>RegionAz(apne2-az3) : Instance ID(i-0bd2e8a06d693e760) : Private IP(10.9.2.19) : Web Server</h1>
Wed Mar  1 19:51:23 KST 2023
---[AutoScaling]---
<h1>RegionAz(apne2-az1) : Instance ID(i-06d5a8f66d3fa037a) : Private IP(10.9.1.227) : Web Server</h1>
Wed Mar  1 19:51:24 KST 2023
---[AutoScaling]---
<h1>RegionAz(apne2-az1) : Instance ID(i-06d5a8f66d3fa037a) : Private IP(10.9.1.227) : Web Server</h1>
Wed Mar  1 19:51:25 KST 2023
---[AutoScaling]---
```

Note ≡ 참고로 CPU 사용률을 측정하는 타이밍에 따라 세 대가 생성될 수도 있습니다. 그리고 반복 횟수를 500회에서 더 많은 수로 설정하면 최대 네 대까지 증가할 수 있습니다.

3. EC2 > **로드 밸런싱** > **대상 그룹** 메뉴로 들어가면 ALB-TG라는 로드 밸런서의 대상 그룹이 보입니다. 해당 ALB-TG를 체크하고 **대상 탭**을 클릭하면 ALB에 추가된 인스턴스 정보를 확인할 수 있습니다.

▼ 그림 9-62 ALB-TG의 인스턴스 대상 확인

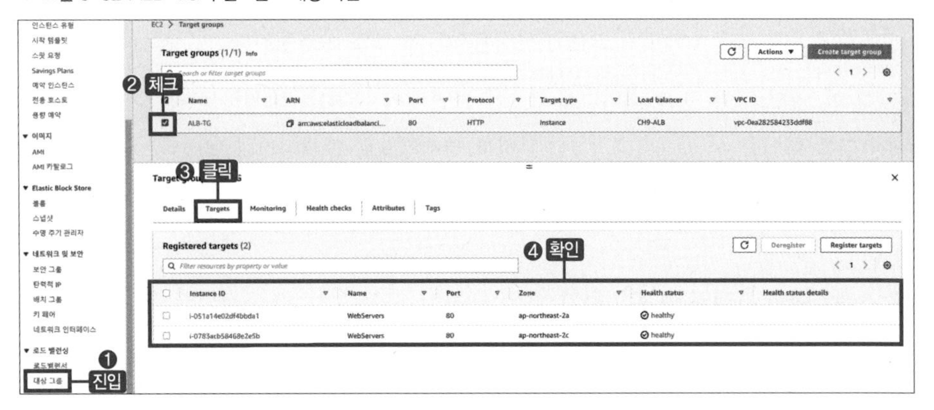

4. 관리 콘솔의 EC2 서비스에서 인스턴스 메뉴로 들어가면 다음 그림과 같이 인스턴스를 확인할 수 있습니다. 스케일 아웃으로 인스턴스가 한 대 추가되었네요.

▼ 그림 9-63 WebServers 인스턴스 확인

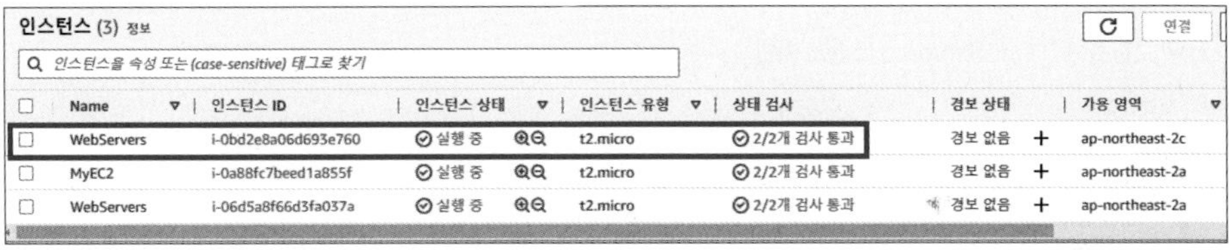

인스턴스 (3) 정보

Name	인스턴스 ID	인스턴스 상태	인스턴스 유형	상태 검사	경보 상태	가용 영역
WebServers	i-0bd2e8a06d693e760	실행 중	t2.micro	2/2개 검사 통과	경보 없음 +	ap-northeast-2c
MyEC2	i-0a88fc7beed1a855f	실행 중	t2.micro	2/2개 검사 통과	경보 없음 +	ap-northeast-2a
WebServers	i-06d5a8f66d3fa037a	실행 중	t2.micro	2/2개 검사 통과	경보 없음 +	ap-northeast-2a

5. CloudWatch 대시보드에 진입해 보면 다음 그림과 같이 스케일 아웃 경보와 인스턴스 수를 확인할 수 있습니다.

▼ 그림 9-64 CloudWatch 대시보드 확인

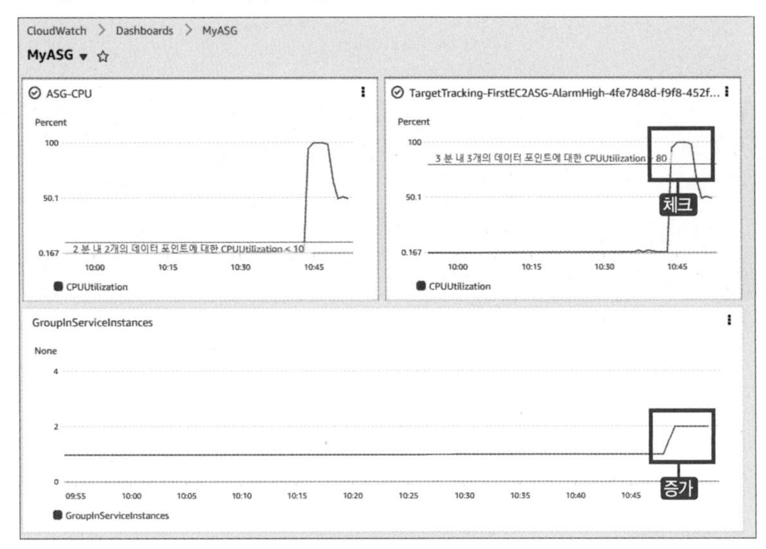

CPU 사용률이 3분 내로 평균 80% 이상을 넘어서 스케일 아웃 조정으로 인스턴스를 한 대 추가했습니다. 이것으로 오토 스케일링 그룹의 인스턴스는 두 대로 운영됩니다.

MyEC2 인스턴스의 두 번째 터미널에 접속해 보면 CPU 부하를 발생하는 명령어를 500회 모두 수행한 것을 확인할 수 있습니다. CPU 부하를 강제적으로 발생시키니 인스턴스 확장 조정에 따라 스케일 아웃되어 결론적으로 인스턴스가 두 대로 운영됩니다.

오토 스케일링의 스케일 인 확인하기

이제 강제적인 CPU 부하가 발생하지 않으니 CPU 사용률 평균값은 0에 가깝도록 낮아질 것입니다. 인스턴스 축소 조정으로 스케일 인되어 인스턴스 대수는 1로 맞추어지겠네요. 약간의 시간을 대기하고 다음 작업을 진행합니다.

1. MyEC2 인스턴스의 첫 번째 터미널에 접속해 보면 다음 그림과 같이 한 대의 WebServers 인스턴스가 종료되었습니다.

▼ 그림 9-65 WebServers 인스턴스 확인

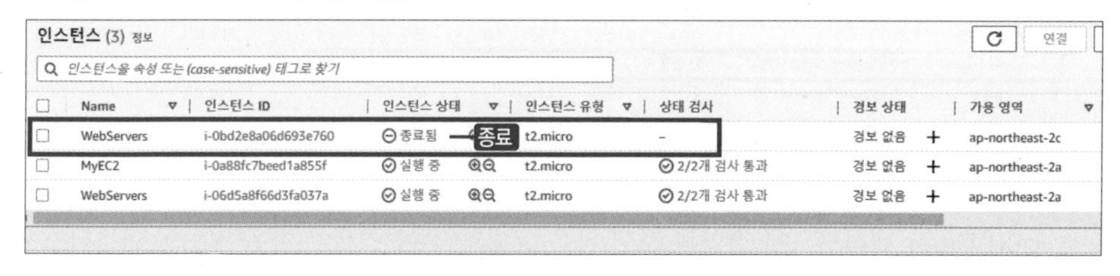

2. MyEC2 인스턴스의 첫 번째 터미널에 접속해 보면 다음 그림과 같이 한 대의 인스턴스로 통신하고 있습니다.

▼ 그림 9-66 ALB 부하분산 확인

```
<h1>RegionAz(apne2-az1) : Instance ID(i-06d5a8f66d3fa037a) : Private IP(10.9.1.227) : Web Server</h1>
Wed Mar  1 20:02:20 KST 2023
---[AutoScaling]---
<h1>RegionAz(apne2-az1) : Instance ID(i-06d5a8f66d3fa037a) : Private IP(10.9.1.227) : Web Server</h1>
Wed Mar  1 20:02:21 KST 2023
---[AutoScaling]---
<h1>RegionAz(apne2-az1) : Instance ID(i-06d5a8f66d3fa037a) : Private IP(10.9.1.227) : Web Server</h1>
Wed Mar  1 20:02:22 KST 2023
---[AutoScaling]---
<h1>RegionAz(apne2-az1) : Instance ID(i-06d5a8f66d3fa037a) : Private IP(10.9.1.227) : Web Server</h1>
Wed Mar  1 20:02:23 KST 2023
---[AutoScaling]---
```

3. CloudWatch 대시보드에 진입해 보면 다음 그림과 같이 스케일 인 경보와 인스턴스 수를 확인할 수 있습니다.

▼ 그림 9-67 CloudWatch 대시보드 확인

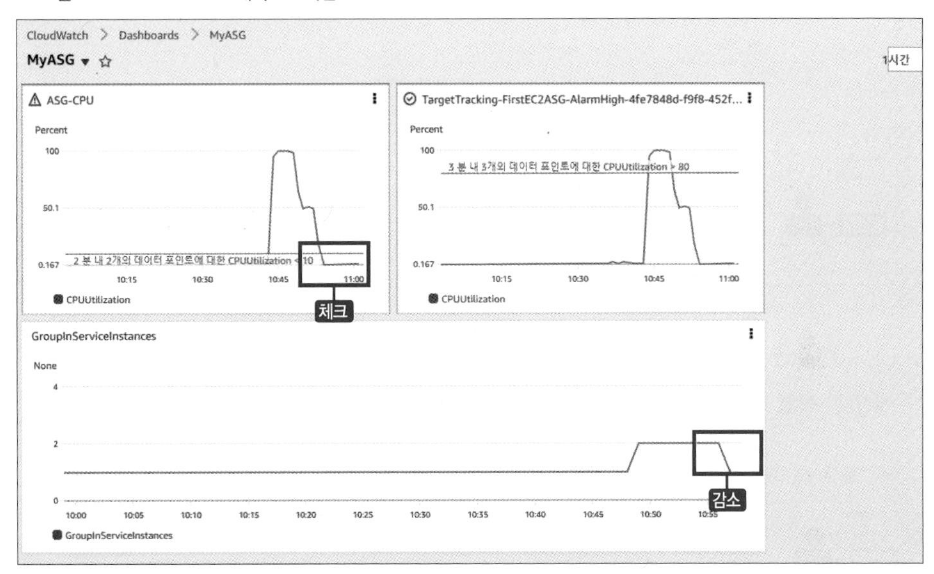

CPU 사용률이 2분 내로 평균 10% 이하로 내려가서 스케일 인 조정으로 한 대의 인스턴스를 삭제했습니다. 이것으로 오토 스케일링 그룹의 인스턴스는 한 대로 운영됩니다.

강제적인 CPU 부하가 종료되어 CPU 평균 사용률은 낮아질 것이고, 결국 인스턴스 축소 조정으로 스케일 인되어 한 대의 인스턴스로 운영됩니다.

이렇게 오토 스케일링 그룹에 대해 조정 옵션을 이용하여 스케일 아웃과 스케일 인을 동작하는 실습을 진행했습니다.

9.3.6 실습을 위해 생성된 모든 자원 삭제하기

9장의 모든 실습이 끝났습니다. 실습을 위해 생성된 모든 자원을 삭제하기 위해 다음 순서대로 진행해 주세요.

1. CloudWatch 서비스에서 **모든 지표** 메뉴로 들어가 오른쪽 X를 클릭하여 지표를 삭제합니다.

▼ 그림 9-68 CloudWatch 지표 삭제

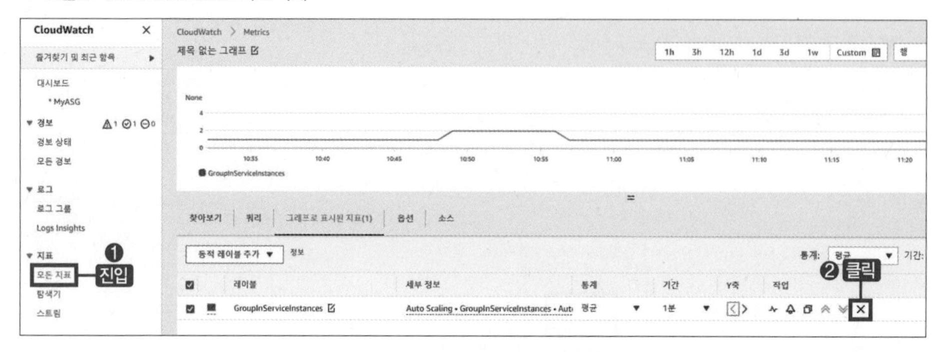

2. CloudWatch 서비스에서 **대시보드** 메뉴로 들어가 MyASG 대시보드를 선택합니다. 오른쪽 위에 있는 **작업** > **삭제**를 눌러 표시되는 창에서 **삭제**를 누릅니다.

▼ 그림 9-69 CloudWatch 대시보드 삭제

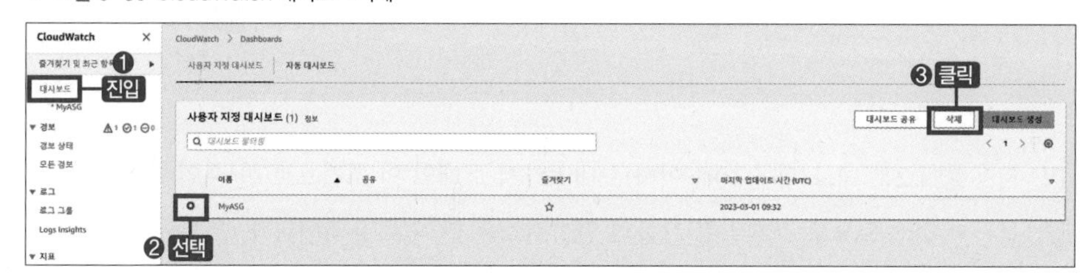

3. EC2 > Auto Scaling **그룹** 메뉴에서 'FirstEC2ASG'를 체크하고 오른쪽 위에서 **삭제**를 눌러 창이 열리면 '삭제'를 입력합니다.

▼ 그림 9-70 오토 스케일링 그룹 삭제

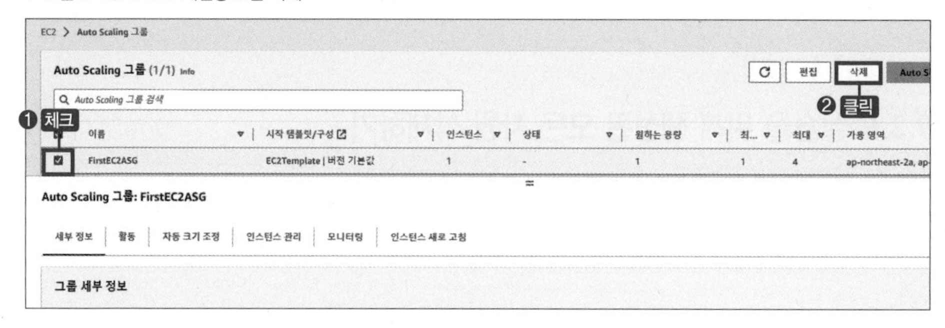

일정 시간이 지나고 삭제된 것을 확인한 후 다음 단계로 넘어갑니다.

4. EC2 > **시작 템플릿** 메뉴에서 생성한 시작 템플릿을 선택하고 오른쪽 위에서 **작업** > **템플릿 삭제**를 선택합니다. 열린 창에서 '삭제'를 입력합니다.

▼ 그림 9-71 시작 템플릿 삭제

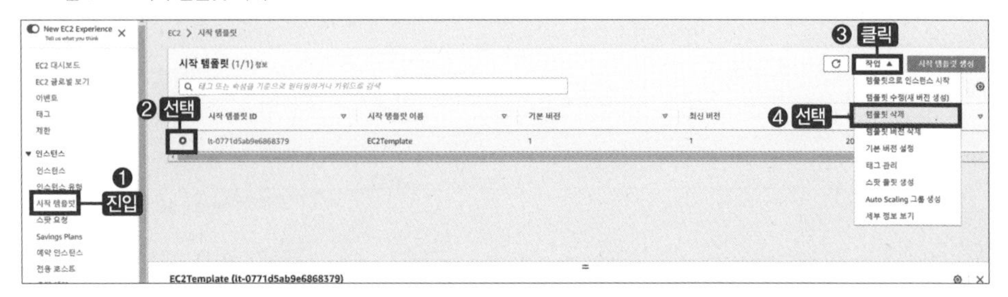

5. CloudFormation > **스택** 메뉴에서 'aslab' 스택을 체크한 후 **삭제**를 누릅니다. 이후 열린 창에서 **스택 삭제**를 누릅니다. 정상적으로 삭제되었는지 꼭 확인하기 바랍니다.

10장

워드프레스

10.1 워드프레스 소개

지금까지 개별적인 AWS 서비스들을 학습했는데, 이 장에서는 AWS 서비스를 활용하여 **워드프레스**(wordpress) 블로그를 구성해 보겠습니다. 여기에서 워드프레스는 손쉽게 블로그, 웹 사이트, 쇼핑몰 등 웹 사이트를 제작할 수 있는 오픈 소스 플랫폼입니다.

워드프레스는 수많은 테마와 플러그인을 제공하는데, 유료 또는 무료로 제공하는 테마를 적용하여 얼마든지 디자인을 변경할 수 있습니다. 플러그인도 테마와 마찬가지로 유료나 무료로 제공되며, 이것으로 기능을 확장할 수 있습니다.

10.1.1 웹 시스템 구성 요소

일반적으로 웹 시스템을 구성하려면 웹 서버, 웹 애플리케이션 서버, 데이터베이스 서버가 필요합니다. 여기에서 웹 서버는 클라이언트 요청에 대해 정적 및 동적 콘텐츠를 제공하며, 웹 애플리케이션 서버는 클라이언트 요청에 따라 동적 콘텐츠를 제공합니다. 그리고 데이터베이스 서버에서 데이터를 가져오거나 저장해서 활용합니다.

▼ 그림 10-1 웹 시스템 구성 요소

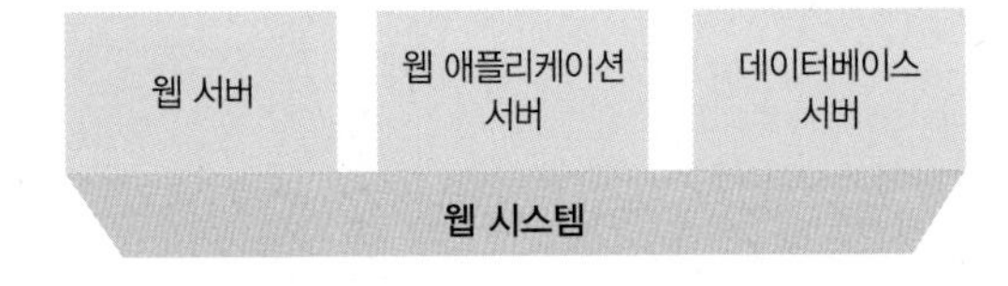

웹 사용자가 얼마 되지 않고 소규모일 때 웹 시스템을 하나의 서버에서 구성하여 서비스를 제공할 수 있습니다. 단일 시스템만 운영을 관리하면 되는 장점이 있지만, 구성 요소 중 하나라도 수정이 필요할 때는 다른 구성 요소에 영향을 미칠 수 있다는 단점이 있습니다. 또한 한 구성 요소가 침해 사고를 당하면 전체 웹 시스템이 장악당할 수 있습니다.

보통은 '웹 서버와 웹 애플리케이션 서버'와 '데이터베이스 서버'를 별도의 서버에서 구성합니다. 이 경우 '웹 서버'에 변경 작업이 있더라도 '데이터베이스 서버'에는 영향을 주지 않습니다. 또한 '웹 서버'는 외부 인터넷망에서 접속해야 해서 공개된 네트워크에 위치하고, '데이터베이스 서버'는 외부에서 접속이 불가능한 네트워크에 위치하고 앞 단에는 방화벽 보안 장비를 두어 통제할 수 있습니다. 이를 이용하여 보안적으로 안전한 환경을 제공할 수 있습니다.

10.1.2 워드프레스 구성 요소

워드프레스 역시 앞서 웹 서비스와 동일한 형태의 구성 요소가 필요합니다. 웹 서버는 아파치(apache) 웹 서버와 엔진엑스(nginx) 웹 서버를 지원합니다. 웹 애플리케이션 서버는 PHP를 지원하는데, 여기에서 PHP는 C 언어를 기반으로 만들어진 서버 측에서 실행되는 서버 사이드 스크립트 언어입니다. PHP로 작성된 코드를 HTML 코드 안에 추가하면, 웹 서버는 해당 PHP 코드를 해석하여 동적 웹 페이지를 생성합니다. 마지막으로 데이터베이스 서버는 MySQL과 MariaDB를 지원합니다.

▼ 그림 10-2 워드프레스 구성 요소

다음 절부터는 직접 AWS 환경에서 워드프레스를 설치하겠습니다. 실습은 두 가지 방식의 구성으로 나누어서 진행합니다.

첫 번째 실습은 한 대의 EC2 인스턴스에 웹 서버와 웹 애플리케이션 서버, 데이터베이스 서버를 모두 구성하는 단일 구성의 실습 환경입니다. 앞서 설명했던 단일 서버에서 웹 시스템을 구성하는 방법을 직접 실습해 봅니다.

두 번째 실습은 한 대의 EC2 인스턴스와 Amazon EFS에 웹 서버와 웹 애플리케이션 서버를 구성하고, Amazon RDS에 데이터베이스 서버를 구성하는 복합 구성의 실습 환경입니다. '웹 서버 + 웹 애플리케이션 서버'와 '데이터베이스 서버'를 별도로 구성하는 방법이며, 추가로 '웹 서버 관련 파일 시스템'을 별도의 무제한 저장소를 사용하여 안정성을 높일 수 있습니다.

저장소가 꽉 차서 서버가 동작하지 못하는 문제가 발생하지 않도록 현업에서는 보통 복합 구성 방법을 사용합니다. 책에서는 명확하게 이해할 수 있도록 단일 구성부터 복합 구성까지 단계적으로 실습을 진행하겠습니다.

❤ 그림 10-3 단일 구성과 복합 구성의 실습 환경

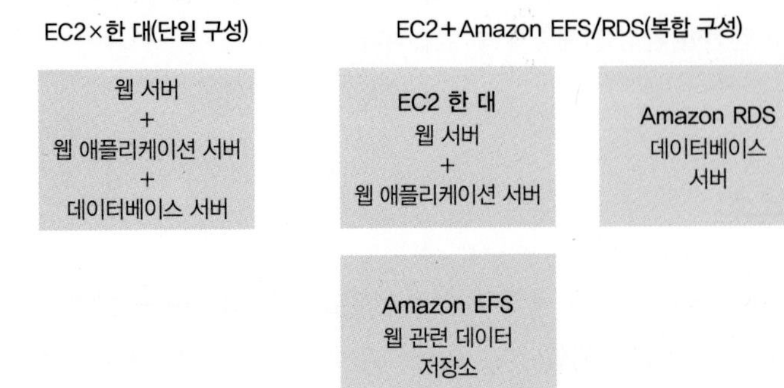

AWS TEXTBOOK

10.2 실습 워드프레스 구성하기

실습 목표

이번 실습은 워드프레스의 단일 구성과 복합 구성의 실습 환경에서 자신만의 블로그 환경을 만들고, 두 가지 구성 환경의 차이를 이해해 봅니다.

❤ 그림 10-4 목표 구성도

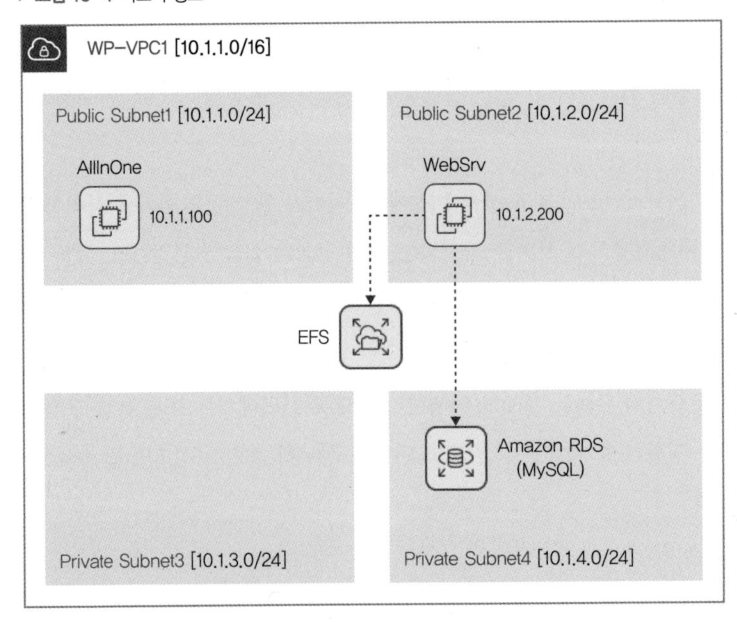

실습 단계

1. 실습을 위한 기본 인프라를 CloudFormation으로 배포합니다.
2. 기본 인프라 환경을 검증합니다.
3. 워드프레스의 단일 구성 환경을 구성합니다.
4. 워드프레스의 복합 구성 환경을 구성합니다.
5. 실습을 위해 생성된 자원을 모두 삭제합니다.

10.2.1 CloudFormation으로 기본 인프라 배포하기

실습에 필요한 기본 인프라 자원을 AWS CloudFormation으로 자동 배포하겠습니다.

1. **서비스** > CloudFormation 메뉴에서 **스택 생성**을 누릅니다.

▼ 그림 10-5 CloudFormation 스택 생성 진입

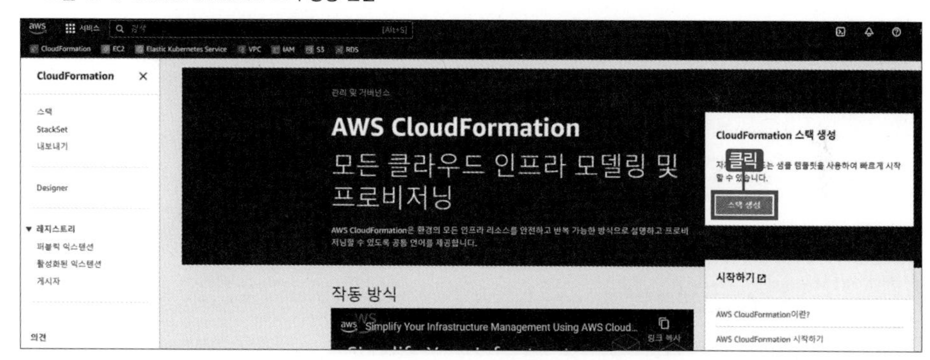

2. 아래쪽에서 Amazon S3 URL에 다음 URL을 입력하고 **다음**을 누릅니다.

   URL https://cloudneta-aws-book.s3.ap-northeast-2.amazonaws.com/chapter10/wplabs.yaml

▼ 그림 10-6 CloudFormation 템플릿 URL 입력

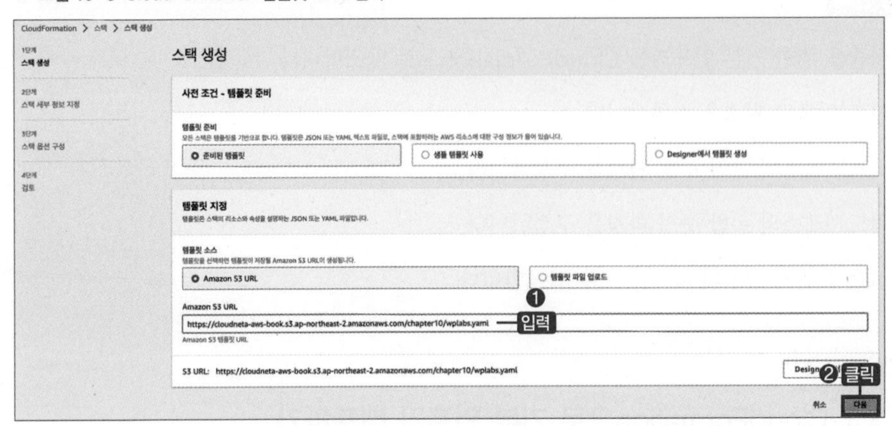

3. 스택 세부 정보 지정 페이지에서 다음과 같이 설정하고 **다음**을 누릅니다.

❶ 스택 이름에 'wplab' 입력

❷ KeyName은 사용자 키 페어 파일 선택

▼ 그림 10-7 CloudFormation 스택 세부 정보 지정

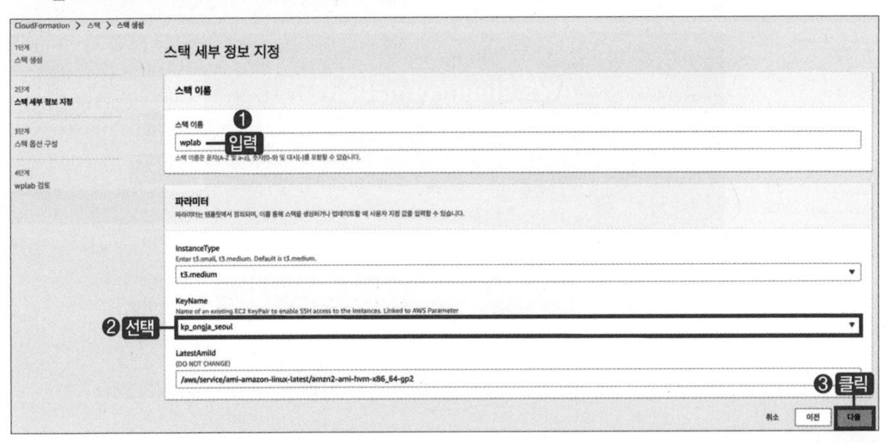

4. 스택 옵션 구성에서는 별도의 설정을 하지 않고 **다음**을 누릅니다. wplab 검토에서 별도의 설정은 없으나 가장 아래쪽에서 'AWS CloudFormation에서 사용자 지정 이름으로 IAM 리소스를 생성할 수 있음을 승인합니다.'에 체크하고 **전송**을 누릅니다.

▼ 그림 10-8 CloudFormation에서 IAM 리소스 생성 체크

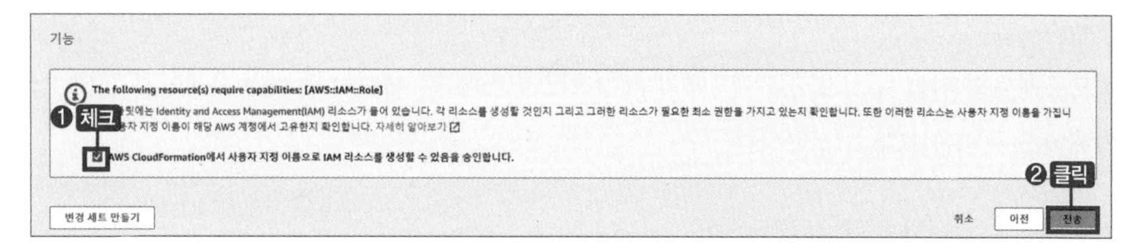

5. AWS CloudFormation 기본 인프라를 배포하고 일정 시간(약 5분)이 지나 스택 상태가 'CREATE_COMPLETE'가 되면 모든 인프라 배포가 정상적으로 완료된 것입니다.

▼ 그림 10-9 CloudFormation 스택 생성 완료

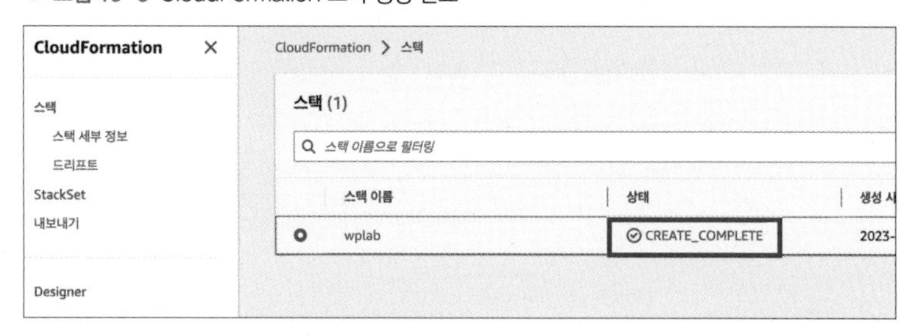

10.2.2 기본 인프라 환경 검증하기

기본 인프라로 생성된 자원 중에는 Amazon EFS 파일 시스템과 Amazon RDS 인스턴스가 있습니다. EFS와 RDS 서비스에 들어가 생성된 자원을 확인합니다.

▼ 그림 10-10 Amazon EFS 파일 시스템 확인

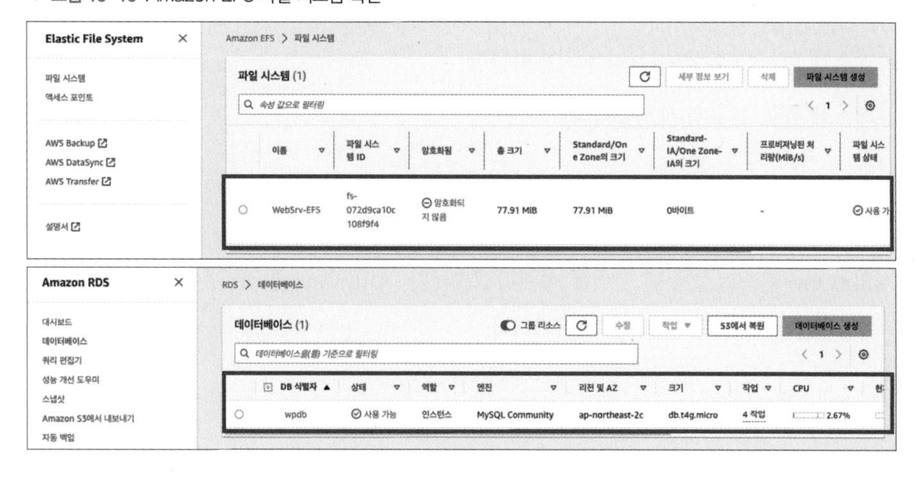

10.2.3 워드프레스의 단일 구성 환경 구성하기

워드프레스의 단일 구성 환경은 한 대의 EC2 인스턴스에 웹 서버 + 웹 애플리케이션 서버 + 데이터베이스 서버를 모두 구성합니다.

▼ 그림 10-11 단일 구성 환경 목표 구성도

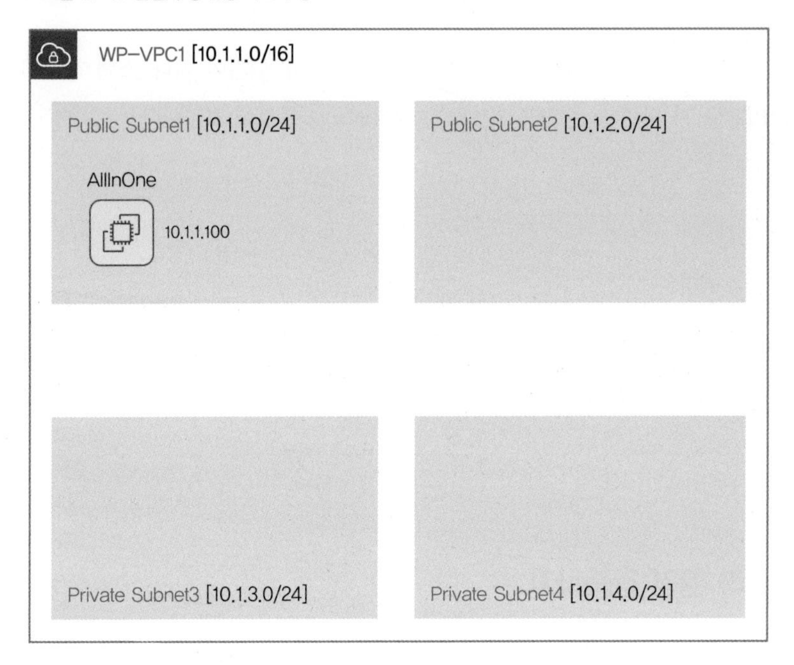

그리고 워드프레스의 단일 구성 환경은 다음 단계로 진행합니다.

1. EC2 인스턴스에 웹 서버 + 웹 애플리케이션 서버 + 데이터베이스 서버를 모두 구성합니다.
2. 워드프레스를 설치한 후 초기 설정을 진행합니다.
3. 워드프레스에 블로그 글을 작성합니다.

웹 서버 + 웹 애플리케이션 서버 + 데이터베이스 서버 구성하기

1. 먼저 AllInOne 인스턴스에 웹 서버를 설치하겠습니다. AllInOne 인스턴스에 SSH로 접속하여 다음 명령어를 입력하고 결과를 확인합니다.

```
# AllInOne의 SSH 터미널
# apache 웹 서버 설치
yum install httpd -y
```

```
# 서비스 실행
systemctl start httpd && systemctl enable httpd

# 웹 서버 버전 확인
httpd -v
Server version: Apache/2.4.57 ()
...

# 웹 서버에 접속
curl http://10.1.1.100
...
```

2. 웹 브라우저에서 AllInOne 인스턴스의 퍼블릭 IP 주소로 접속하여 잘 접속되는지 확인합니다.

▼ 그림 10-12 웹 서버 접속 확인

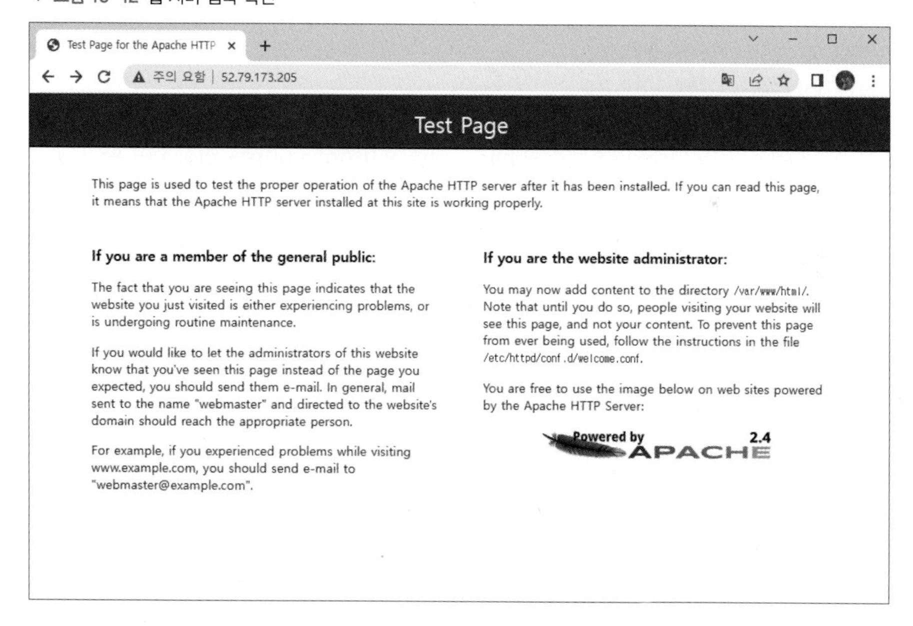

3. 이제 AllInOne 인스턴스에 웹 애플리케이션 서버를 설치하겠습니다. AllInOne 인스턴스에 SSH로 접속하여 다음 명령어를 입력하고 결과를 확인합니다.

```
# AllInOne의 SSH 터미널
# php 설치
amazon-linux-extras install php8.2 -y

# PHP 버전 확인
php -v
```

```
PHP 8.2.9 (cli) (built: Mar 28 2023 17:41:50) ( NTS )

# PHP Extensions 설치 후 적용
yum install -y php-xml php-mbstring ImageMagick ImageMagick-devel php-pear php-devel

printf "\n" | pecl install imagick

echo "extension = imagick.so" > /etc/php.d/40-imagick.ini
systemctl restart php-fpm && systemctl restart httpd

# PHP Extensions 정보 확인
php --ini

# php 정보를 출력하는 웹 페이지 생성 및 확인
echo "<?php phpinfo(); ?>" > /var/www/html/info.php
ls /var/www/html

# info.php 웹에 접속해서 확인
curl http://10.1.1.100/info.php
```

4. 웹 브라우저에서 AllInOne 인스턴스의 http://퍼블릭IP/info.php로 접속하여 확인합니다.

▼ 그림 10-13 PHP 설정 정보 확인

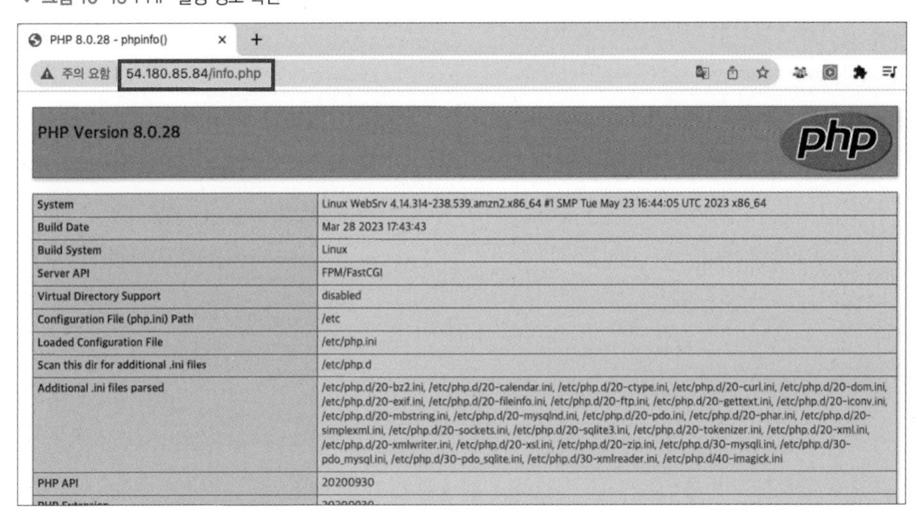

5. 마지막으로 AllInOne 인스턴스에 데이터베이스 서버를 설치하겠습니다. AllInOne 인스턴스에 SSH로 접속하여 다음 명령어를 입력하고 결과를 확인합니다.

```
# AllInOne의 SSH 터미널
# mariadb 설치
```

```
amazon-linux-extras install mariadb10.5 -y

# mariadb 서비스 시작
systemctl start mariadb && systemctl enable mariadb

# mariadb 계정 관련 초기화 설정
echo -e "\n n\n n\n Y\n n\n Y\n Y\n" | /usr/bin/mysql_secure_installation

# mariadb root 계정 암호 설정: qwe123
mysql -e "set password = password('qwe123');"

# mariadb root 계정을 원격에서도 접속 가능하게 설정
mysql -e "GRANT ALL PRIVILEGES ON *.* TO 'root'@'%' IDENTIFIED BY 'qwe123';"

# mariadb에 워드프레스가 사용할 wordpressdb 데이터베이스 생성 및 확인
mysql -e "CREATE DATABASE wordpressdb"
mysql -e "show databases;"

# mariadb 서비스 재시작
systemctl restart mariadb

# mariadb 버전 확인
mysql --version
mysql Ver 15.1 Distrib 10.5.18-MariaDB, for Linux (x86_64) using  EditLine wrapper
```


워드프레스 설치하고 초기 설정하기

1. AllInOne 인스턴스에 SSH로 접속하여 다음 명령어를 입력하고 결과를 확인합니다.

```
# AllInOne의 SSH 터미널
# 워드프레스 내려받기
wget https://wordpress.org/wordpress-6.2.zip

# 압축 풀기
unzip wordpress-6.2.zip

# 워드프레스 설정 파일 복사: wp-config.php
cp wordpress/wp-config-sample.php wordpress/wp-config.php

# 워드프레스 설정 파일에 mariadb 접속을 위한 정보 입력: 데이터베이스 이름, 계정 이름, 계정 암호
sed -i "s/database_name_here/wordpressdb/g" wordpress/wp-config.php
sed -i "s/username_here/root/g" wordpress/wp-config.php
```

```
sed -i "s/password_here/qwe123/g" wordpress/wp-config.php

# 정보가 입력된 워드프레스 설정 파일 확인
grep 'Database settings -' wordpress/wp-config.php -A15

# 압축 푼 wordpress 파일을 apache 웹 디렉터리에 복사
cp -r wordpress/* /var/www/html/

# 웹 사용자와 권한 설정
chown -R apache /var/www
chgrp -R apache /var/www
chmod 2775 /var/www
find /var/www -type d -exec chmod 2775 {} \;
find /var/www -type f -exec chmod 0664 {} \;

# 웹 서비스 재시작
systemctl restart httpd
```

2. AllInOne 인스턴스에 퍼블릭 IP 주소로 웹에 접속합니다. 최초 접속하는 것이므로 자동으로 초기 설정 페이지로 진입합니다. 언어를 **한국어**로 선택하고 아래쪽에 있는 **계속**을 누릅니다.

▼ 그림 10-14 워드프레스 웹 접속

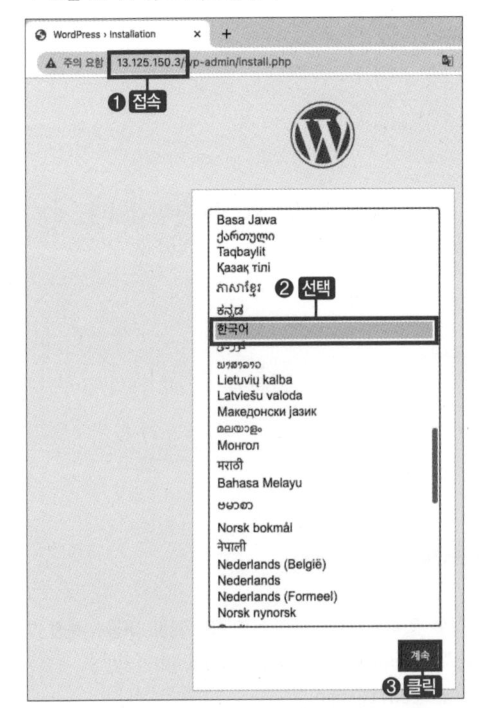

3. 워드프레스 초기 설정을 진행합니다. 사이트 제목과 관리자 정보를 입력한 후 아래쪽에 있는 **워드프레스 설치**를 누릅니다.

❶ 사이트 제목에 'my blog' 입력

❷ 사용자명에 'myuser' 입력

❸ 비밀번호에 'qwe123' 입력

❹ 비밀번호 확인에서 '약한 비밀번호 사용 확인'에 체크

❺ 이메일 주소에 'a@a.com' 입력

❻ **워드프레스 설치** 누르기

▼ 그림 10-15 워드프레스 초기 설정

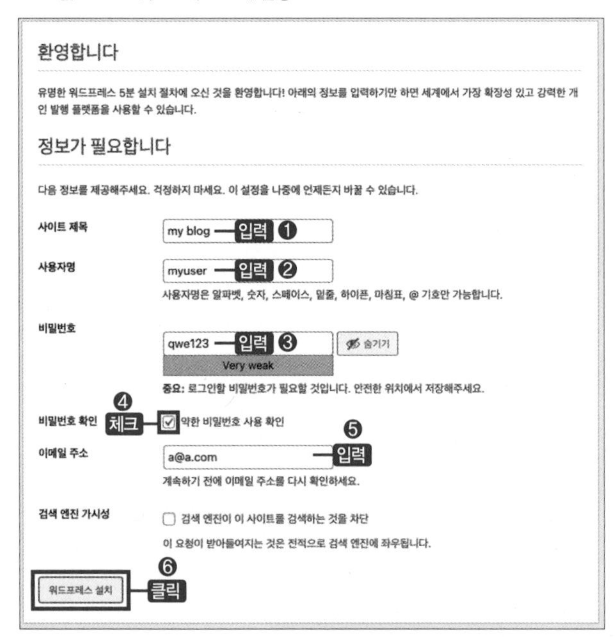

워드프레스 초기 설정이 완료되었습니다.

4. 워드프레스 관리자로 로그인합니다.

▼ 그림 10-16 워드프레스 로그인 진입

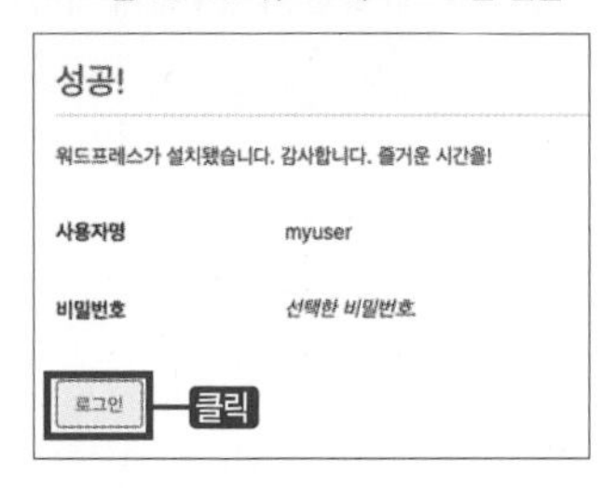

5. 앞서 지정했던 관리자 계정과 암호를 입력한 후 아래쪽에 있는 **로그인**을 누릅니다.

   ❶ 사용자명 또는 이메일 주소에 'myuser' 입력

   ❷ 비밀번호에 'qwe123' 입력

▼ 그림 10-17 워드프레스 관리자 로그인

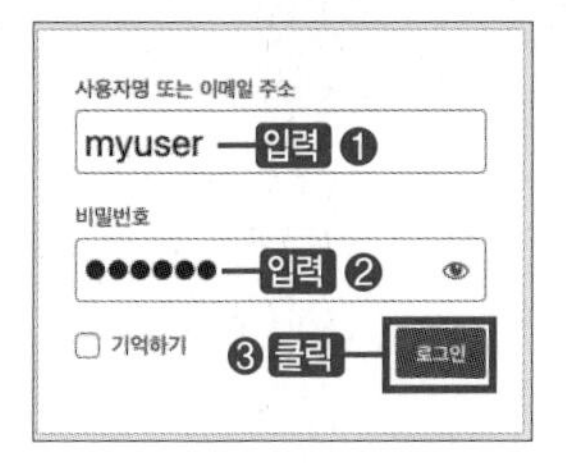

워드프레스에 블로그 글 작성하기

설치한 워드프레스에 직접 블로그 글을 작성해 봅시다.

1. 워드프레스 관리자 로그인 페이지에서 **글** 메뉴를 선택한 후 오른쪽 **새로 추가**를 누릅니다.

▼ 그림 10-18 블로그 글 새로 추가

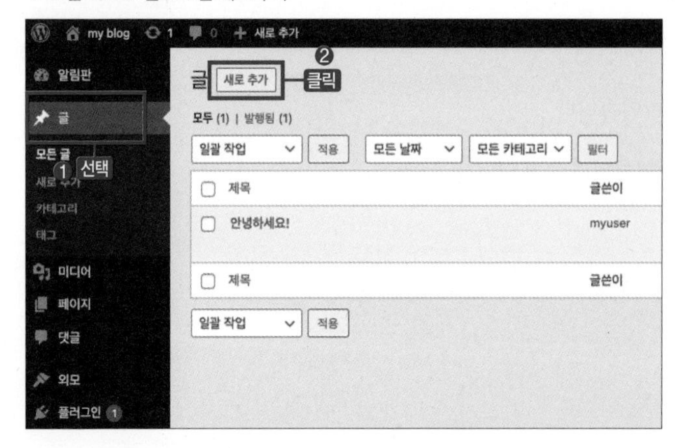

블록 편집기 설명 창이 열리면 오른쪽 위에 X를 클릭해서 건너뜁니다.

2. 간단하게 제목과 내용을 작성합니다. 오른쪽에서 **+ > 이미지**를 선택하고 이미지 파일을 아무 것이나 업로드합니다.

▼ 그림 10-19 블로그 글 작성

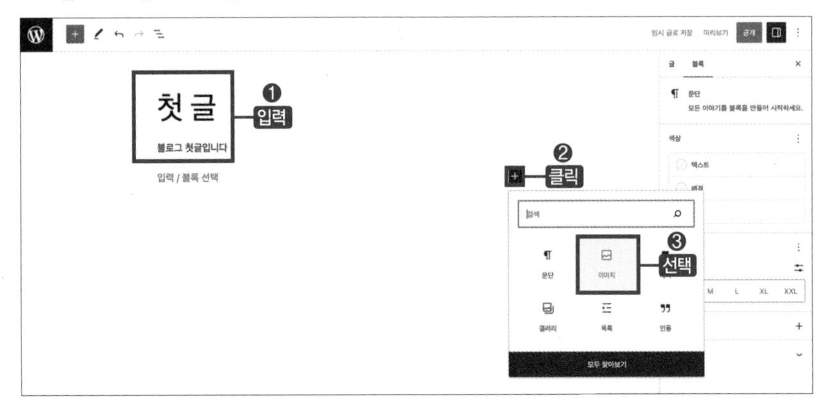

3. 글을 모두 작성했으면 오른쪽 위에서 **공개**를 선택하고 한 번 더 **공개**를 클릭하여 글을 발행합니다.

▼ 그림 10-20 블로그 글 공개

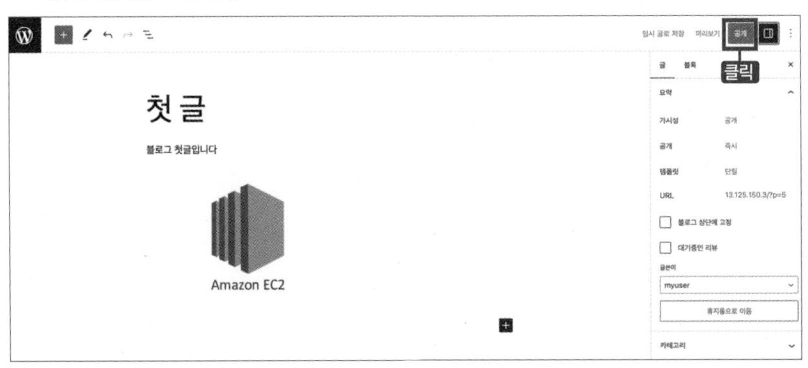

4. 오른쪽에서 **글 보기**를 선택하면 작성한 글을 확인할 수 있습니다.

▼ 그림 10-21 블로그 글 확인

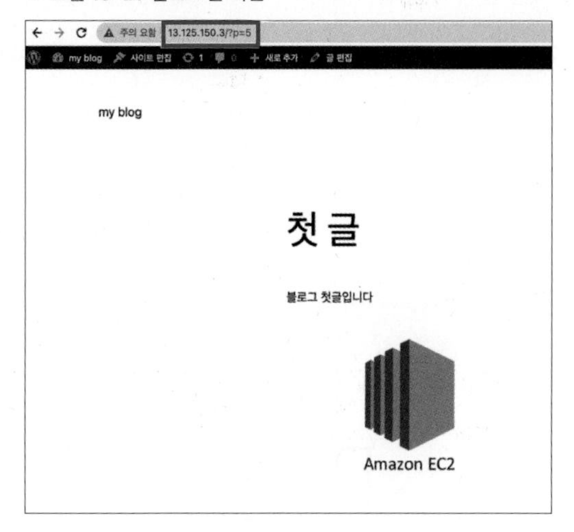

10.2.4 워드프레스의 복합 구성 환경 구성하기

워드프레스의 복합 구성 환경은 한 대의 EC2 인스턴스와 Amazon EFS에 웹 서버와 웹 애플리케이션 서버를 구성하고, Amazon RDS에 데이터베이스 서버를 구성합니다.

▼ 그림 10-22 복합 구성 환경 목표 구성도

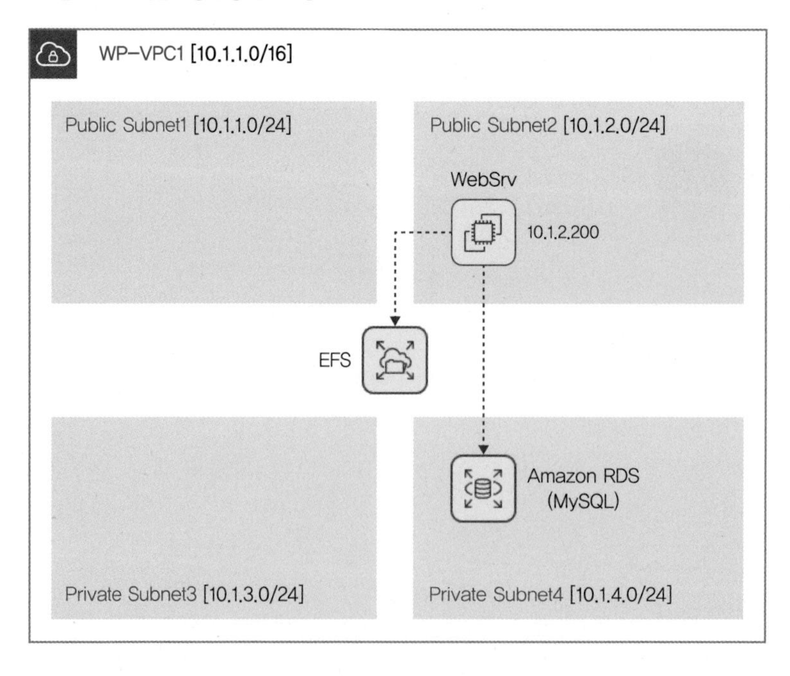

그리고 워드프레스의 복합 구성 환경은 다음 단계로 진행합니다.

1. WebSrv EC2 인스턴스의 기본 설정 정보를 확인합니다.
2. WebSrv EC2 인스턴스에서 워드프레스를 사용할 수 있게 설정합니다.
3. 워드프레스 웹에 접속하여 초기 설정을 진행합니다.

WebSrv 인스턴스의 기본 설정 정보 확인하기

WebSrv 인스턴스에 SSH로 접속하여 다음 명령어를 입력하고 결과를 확인합니다.

```
# WebSrv의 SSH 터미널
# EFS 저장소 마운트 확인: EFS 저장소에 워드프레스 관련 파일이 저장됨
df -hT --type nfs4
Filesystem                                           Type  Size  Used Avail Use%
Mounted on
fs-072d9ca10c108f9f4.efs.ap-northeast-2.amazonaws.com:/ nfs4  8.0E  77M  8.0E  1%
/var/www/wordpress

# 워드프레스 관련 파일 확인
ls /var/www/wordpress

# EFS 파일 시스템 확인: WebSrv 인스턴스에 마운트된 EFS 파일 시스템 정보 확인
aws efs describe-file-systems --output table --region ap-northeast-2

# Amazon RDS 인스턴스 정보 확인
aws rds describe-db-instances --region ap-northeast-2 --output table

# RDS 인스턴스의 접속 주소 확인: Endpoint
aws rds describe-db-instances --region ap-northeast-2 --query 'DBInstances[*].Endpoint.
Address' --output text
```

EFS와 RDS 서비스에 들어가서 생성된 자원을 확인합니다.

WebSrv 인스턴스에서 워드프레스를 사용할 수 있게 설정하기

WebSrv 인스턴스에 SSH로 접속하여 다음 명령어를 입력하고 결과를 확인합니다.

```
# WebSrv의 SSH 터미널
# RDS 인스턴스의 접속 주소를 변수에 지정
RDS=$(aws rds describe-db-instances --region ap-northeast-2 --query 'DBInstances[*].
```

```
Endpoint.Address' --output text)
echo $RDS

# 워드프레스 설정 파일에 mariadb 접속을 위한 정보 확인
grep 'Database settings -' /var/www/wordpress/wp-config.php -A15

# 워드프레스 설정 파일에 mariadb 접속 주소 설정을 변경하고 확인
sed -i "s/localhost/$RDS/g" /var/www/wordpress/wp-config.php
grep 'Database settings -' /var/www/wordpress/wp-config.php -A15

# 워드프레스가 사용할 wordpressdb 데이터베이스 생성
mysql -h $RDS -uroot -pqwe12345 -e 'CREATE DATABASE wordpressdb;'

# 생성된 데이터베이스 확인
mysql -h $RDS -uroot -pqwe12345 -e 'show databases;'
```

웹 브라우저에서 WebSrv 인스턴스의 퍼블릭 IP 주소로 접속하여 잘 접속하는지도 확인합니다.

워드프레스 웹에 접속하여 초기 설정하기

WebSrv 인스턴스에 퍼블릭 IP 주소로 웹에 접속합니다. 최초 접속하는 것이므로 자동으로 초기 설정 페이지로 이동합니다. 나머지 과정은 10.2.3절과 작업이 동일합니다.

▼ 그림 10-23 복합 구성 환경에서 워드프레스 웹 접속

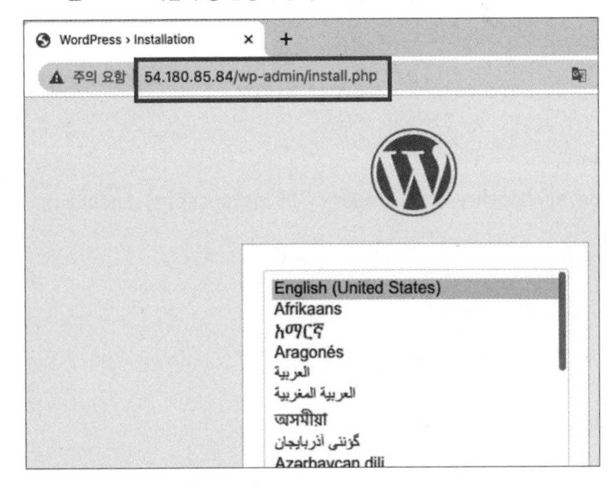

10.2.5 실습을 위해 생성된 모든 자원 삭제하기

10장 실습이 모두 끝났습니다. 실습을 위해 생성된 모든 자원을 삭제합니다.

CloudFormation > **스택** 메뉴에서 'wplab' 스택을 체크한 후 **삭제**를 누릅니다. 이후 열린 창에서 **스택 삭제**를 누릅니다. 정상적으로 삭제되었는지 꼭 확인하기 바랍니다.

11장

워드프레스 이중화

11.1 실습 소개

11장에서는 성능과 확장성, 안정성을 고려한 두 가지 형태의 워드프레스 환경을 직접 구성해 볼 것입니다.

첫 번째는 성능을 높이는 형태로, 11.2절에서 직접 실습해 봅니다. 다음 그림의 ❷와 같이 정적인 콘텐츠인 이미지와 첨부 파일은 워드프레스 가상 머신이 아닌 Amazon S3에서 처리하고, 그 외 요청은 ❶과 같이 CloudFront로 워드프레스 가상 머신에서 하는 형태입니다.

▼ 그림 11-1 AWS 서비스를 활용한 워드프레스 구성 - 1

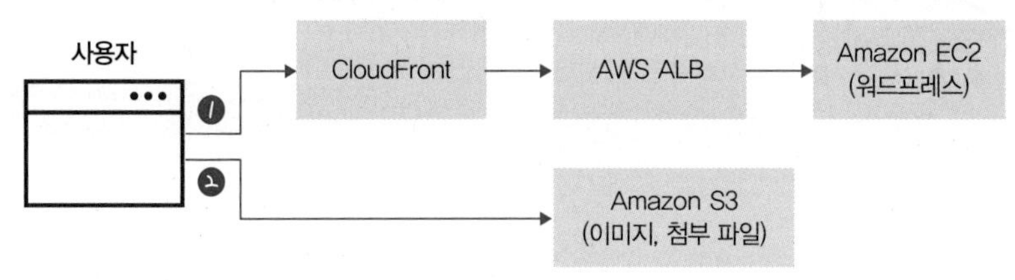

두 번째는 확장성과 안정성을 확보하는 형태로, 11.3절에서 직접 실습해 봅니다. 다음 그림과 같이 워드프레스 가상 머신을 EC2 오토 스케일링 서비스로 처리하는 형태입니다. 워드프레스 파일 시스템은 Amazon EFS를 사용하여 확장성을 제공하며, 데이터베이스는 Amazon RDS 관리형 서비스를 사용하여 서비스 안정성을 확보합니다.

▼ 그림 11-2 AWS 서비스를 활용한 워드프레스 구성 - 2

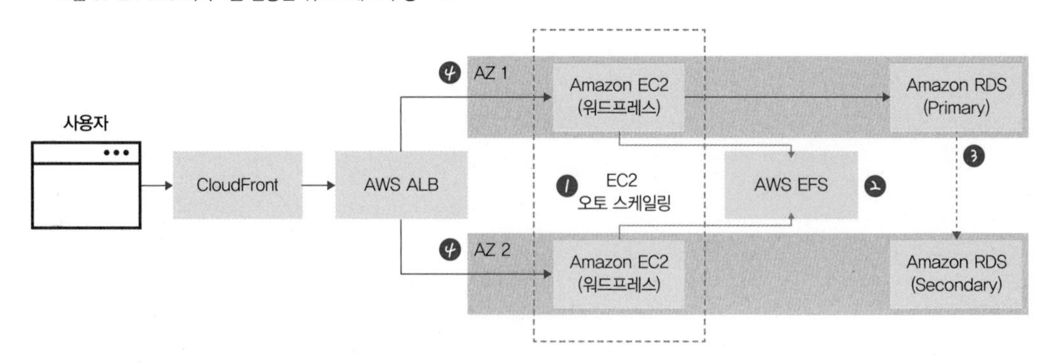

11.2 실습 1 AWS 서비스를 활용한 워드프레스 구성하기

실습 목표

이번 실습은 단일 워드프레스 웹 서버 환경에서 최대한 많은 사용자 요청 트래픽을 처리하려고 AWS CDN 서비스인 CloudFront를 사용합니다. 또한 정적인 콘텐츠는 Amazon S3에서 처리할 수 있도록 설정해 보겠습니다.

▼ 그림 11-3 목표 구성도

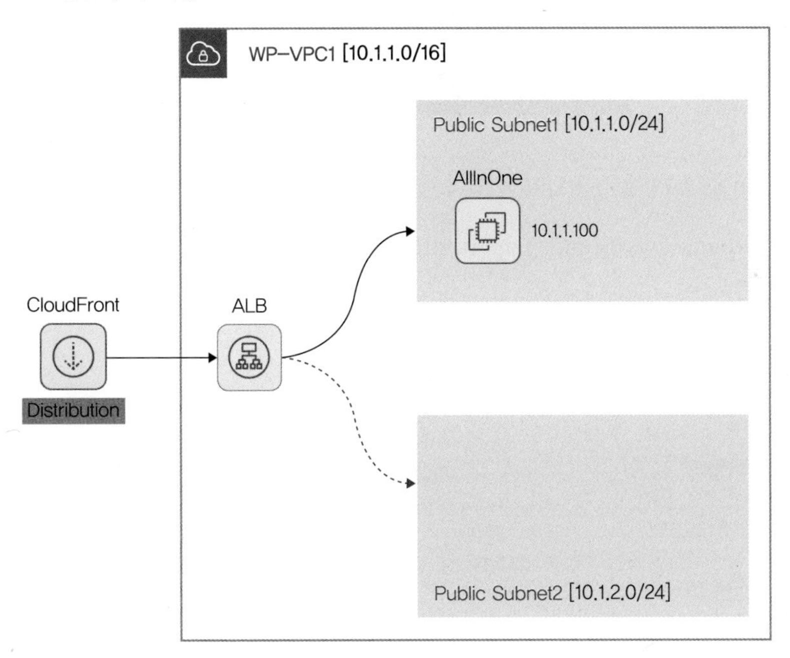

실습 단계

1. 실습을 위한 기본 인프라를 CloudFormation으로 배포합니다.
2. 기본 인프라 환경의 검증을 수행합니다.
3. 워드프레스의 초기 설정을 마치고 블로그 글을 작성한 후 확인합니다.
4. S3에서 정적 콘텐츠 처리를 설정합니다.
5. 실습을 위해 생성된 자원을 모두 삭제합니다.

11.2.1 CloudFormation으로 기본 인프라 배포하기

실습 동작에 필요한 기본 인프라 자원은 AWS CloudFormation으로 자동 배포합니다.

1. AWS 관리 콘솔에서 CloudFormation 서비스로 들어가 **스택 생성**을 누릅니다.

▼ 그림 11-4 CloudFormation 스택 생성 진입

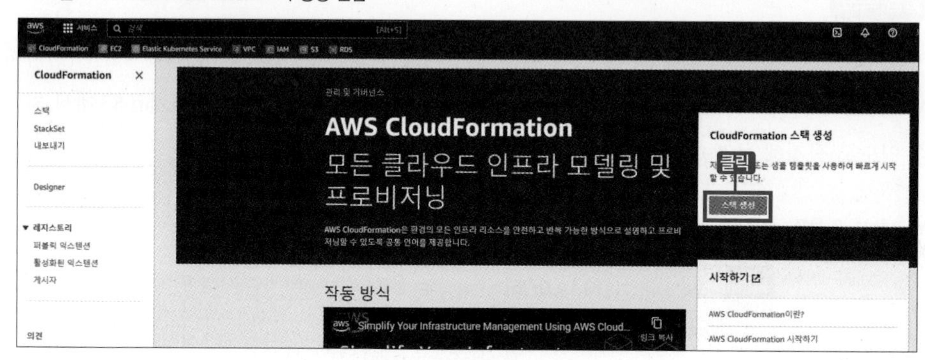

2. 아래쪽에서 Amazon S3 URL에 다음 URL을 입력하고 **다음**을 누릅니다.

URL https://cloudneta-aws-book.s3.ap-northeast-2.amazonaws.com/chapter11/wplabs-ha1.yaml

▼ 그림 11-5 CloudFormation 템플릿 URL 입력

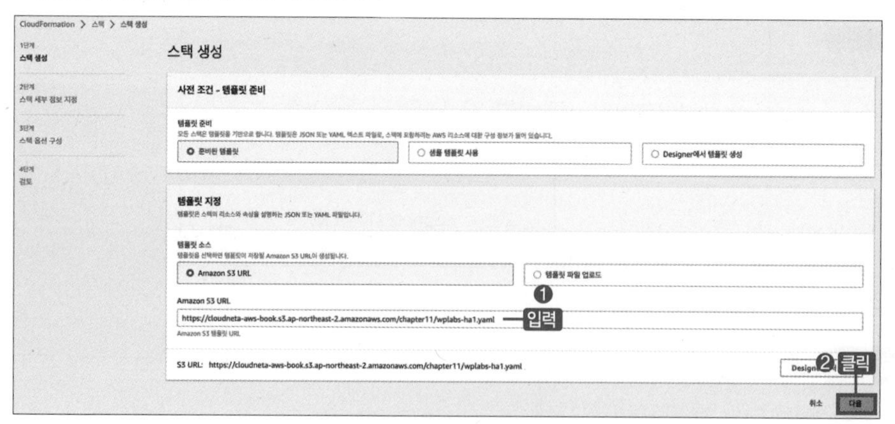

3. 스택 세부 정보 지정 페이지에서 다음과 같이 설정하고 **다음**을 누릅니다.

❶ 스택 이름에 'wpha1lab' 입력

❷ KeyName은 사용자 키 페어 파일 선택

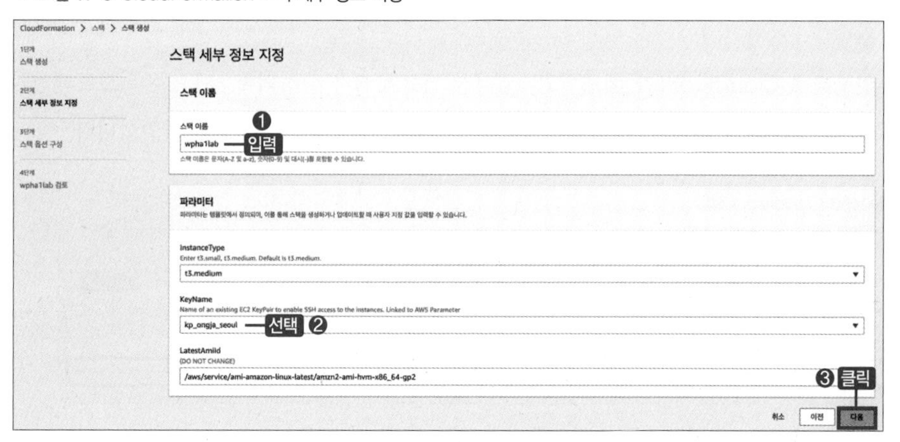

✔ 그림 11-6 CloudFormation 스택 세부 정보 지정

4. 스택 옵션 구성에서는 별도의 설정은 하지 않고 **다음**을 누릅니다. wpha1lab 검토에서도 별다른 설정은 없으나 맨 아래쪽에서 'AWS CloudFormation에서 사용자 지정 이름으로 IAM 리소스를 생성할 수 있음을 승인합니다.'에 체크하고 **전송**을 누릅니다.

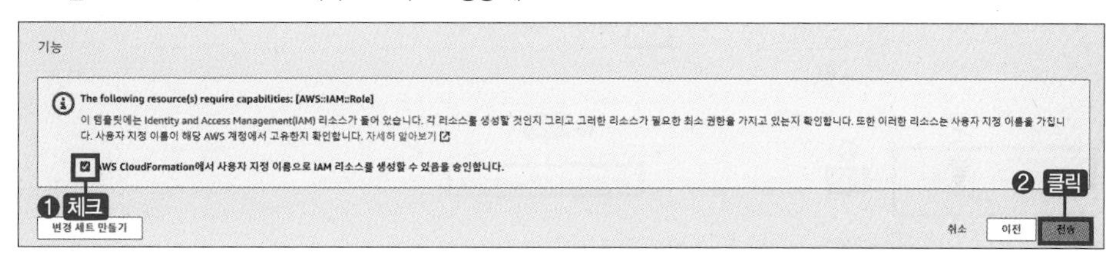

✔ 그림 11-7 CloudFormation에서 IAM 리소스 생성 체크

5. AWS CloudFormation 기본 인프라를 배포하고 일정 시간(약 8분)이 지나 스택 상태가 'CREATE_COMPLETE'가 되면 모든 인프라가 정상적으로 배포된 것입니다.

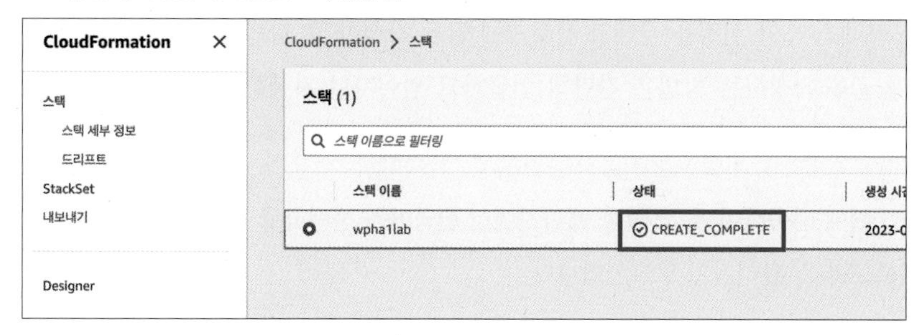

✔ 그림 11-8 CloudFormation 스택 생성 완료

11.2.2 기본 인프라 환경 검증하기

기본 인프라로 CloudFront가 배포되고, 오리진으로 ALB가 설정되며, ALB는 워드프레스가 설치된 EC2로 전달하게 됩니다. CloudFront 서비스로 들어가 배포된 정보를 확인합니다.

▼ 그림 11-9 CloudFront 확인

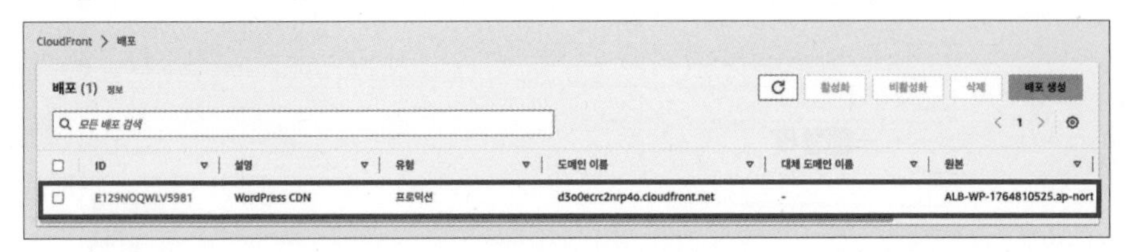

AWS CloudFormation 메뉴로 돌아가 배포 완료된 스택을 선택한 후 **출력 탭**을 클릭합니다. CloudFrontDNS 키 값에 있는 링크를 클릭하여 워드프레스 웹 페이지에 접속합니다.

▼ 그림 11-10 CloudFormation 출력 정보 확인

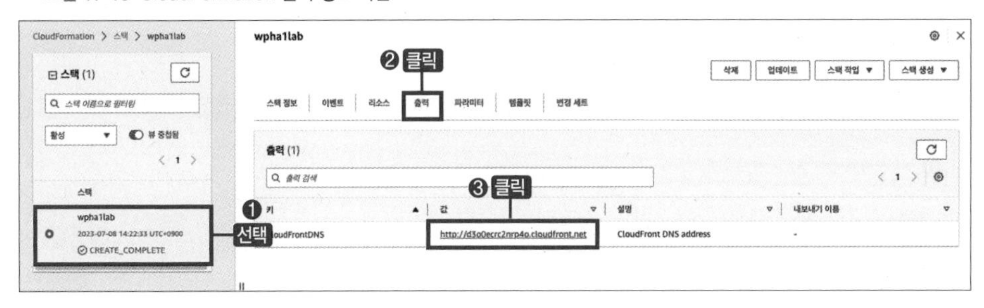

11.2.3 워드프레스 초기 설정 및 블로그에 작성된 글 확인하기

계속해서 워드프레스 초기 설정을 끝내고 블로그에 글을 작성한 후 확인해 보겠습니다. 초기 설정과 블로그에 글을 작성하는 방법은 간단히 언급하고 넘어가니 자세한 과정은 10장을 참고해 주세요.

1. 워드프레스 웹에 접속하여 초기 설정 페이지에서 **한국어**를 선택하고 **관리자 정보** 설정을 진행합니다. 워드프레스 관리자로 로그인합니다.

2. 워드프레스에 이미지를 포함하여 글을 작성합니다. 작성한 블로그 글의 웹 주소로 접속해서 작성된 글을 확인합니다.

▼ 그림 11-11 블로그 글 확인

블로그 글의 웹 주소는 'CloudFront 도메인 주소와 날짜 정보와 글 제목'으로 구성되어 있습니다.

3. 블로그 글에 삽입된 이미지 위에서 마우스 오른쪽 버튼을 누르고 **새 탭에서 이미지 열기**를 선택하여 이미지 URL 정보를 확인합니다.

▼ 그림 11-12 이미지 URL 정보 확인

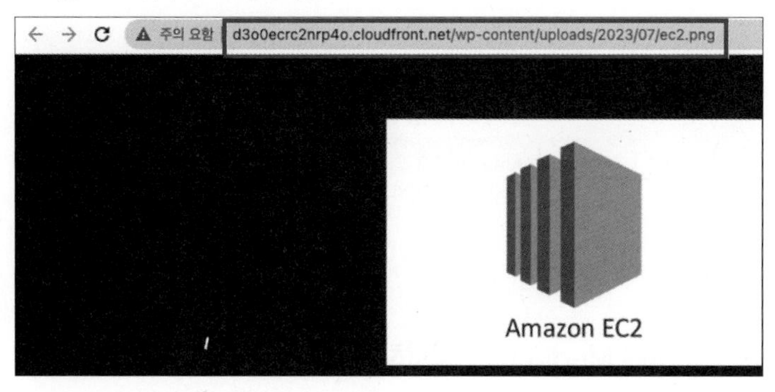

이미지 URL 정보는 'CloudFront 도메인 주소와 날짜 정보와 이미지 이름'으로 되어 있습니다.

4. AllInOne 인스턴스에 SSH로 접속하여 다음 명령어를 입력하고 결과를 확인합니다.

```
# AllInOne의 SSH 터미널
# 워드프레스 업로드 디렉터리 확인: 서브 디렉터리가 날짜로 구분되고, 업로드한 이미지 파일을 확인할
수 있음
tree /var/www/wordpress/wp-content/uploads/
```

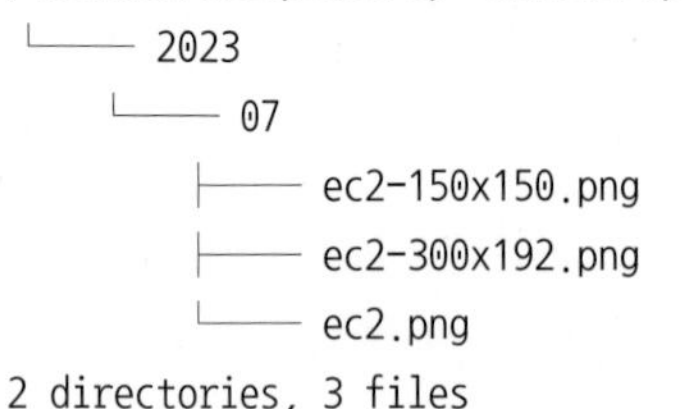


```
# 플러그인이 S3를 사용할 수 있게, 가상 머신에서 Amazon S3를 사용할 수 있는 IAM 역할 부여
# 자신의 S3 버킷 정보 확인: 출력되는 정보는 각자의 계정에 존재하는 S3 버킷에 따라 다름
aws s3 ls
2021-02-07 12:20:50 cf-templates-hz95tdxauxgc-ap-northeast-2
...
```

11.2.4 S3에서 정적 콘텐츠 처리 설정하기

정적 콘텐츠인 이미지와 첨부 파일은 워드프레스 가상 머신이 아닌 Amazon S3에서 처리할 수 있도록 워드프레스 플러그인을 사용합니다.

▼ 그림 11-13 S3에서 정적 콘텐츠 처리

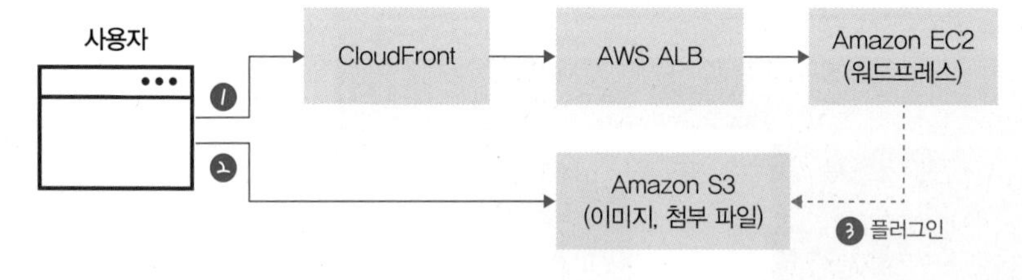

워드프레스 플러그인 WP Offload Media Lite 설치하기

1. 워드프레스에 관리자로 로그인한 후 왼쪽 **플러그인** 메뉴를 선택합니다. 출력되는 플러그인 내용 위쪽에서 **새로 추가**를 누릅니다.

▼ 그림 11-14 플러그인 새로 추가

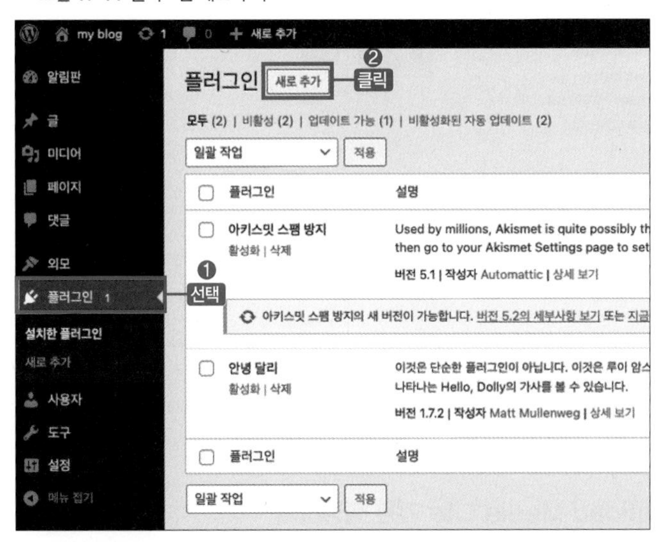

2. 오른쪽 위에 있는 키워드에 'WP Offload Media Lite'를 입력합니다. 표시되는 플러그인 중에서 WP Offload Media Lite의 **지금 설치**를 누릅니다.

▼ 그림 11-15 WP Offload Media Lite 플러그인 설치

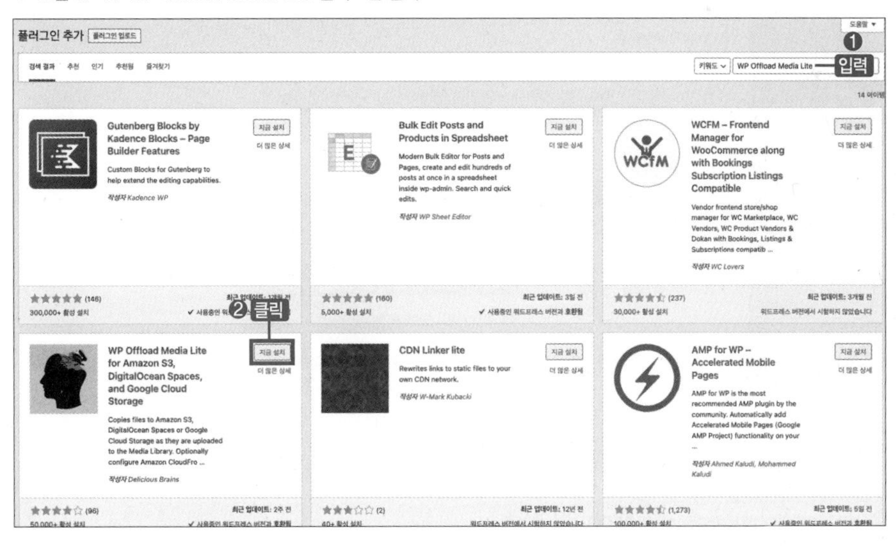

3. 플러그인이 설치되면 **활성화**를 누릅니다.

▼ 그림 11-16 WP Offload Media Lite 플러그인 활성화

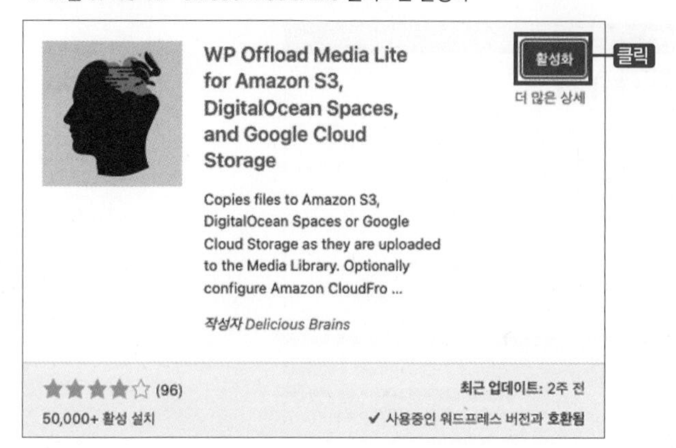

워드프레스 플러그인 WP Offload Media Lite 기본 설정하기

1. **플러그인** 메뉴에서 'WP 오프로드 미디어 라이트'의 **설정**을 누릅니다.

▼ 그림 11-17 WP Offload Media Lite 플러그인 설정

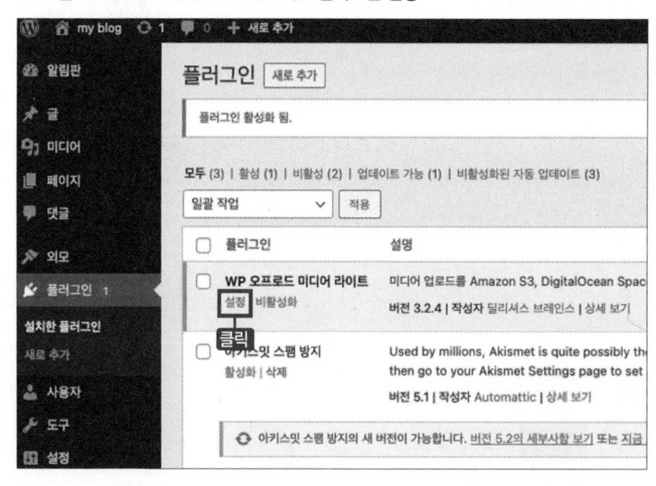

2. Storage Provider를 다음과 같이 설정합니다.

   ❶ Select Provider는 **Amazon S3** 선택

   ❷ Connection Method에서 **내 서버가 Amazon Web Services에 있고 IAM 역할을 사용하고 싶습니다.** 선택

   ❸ 아래쪽 **Save & Continue** 누르기

▼ 그림 11-18 플러그인 스토리지 제공자 설정

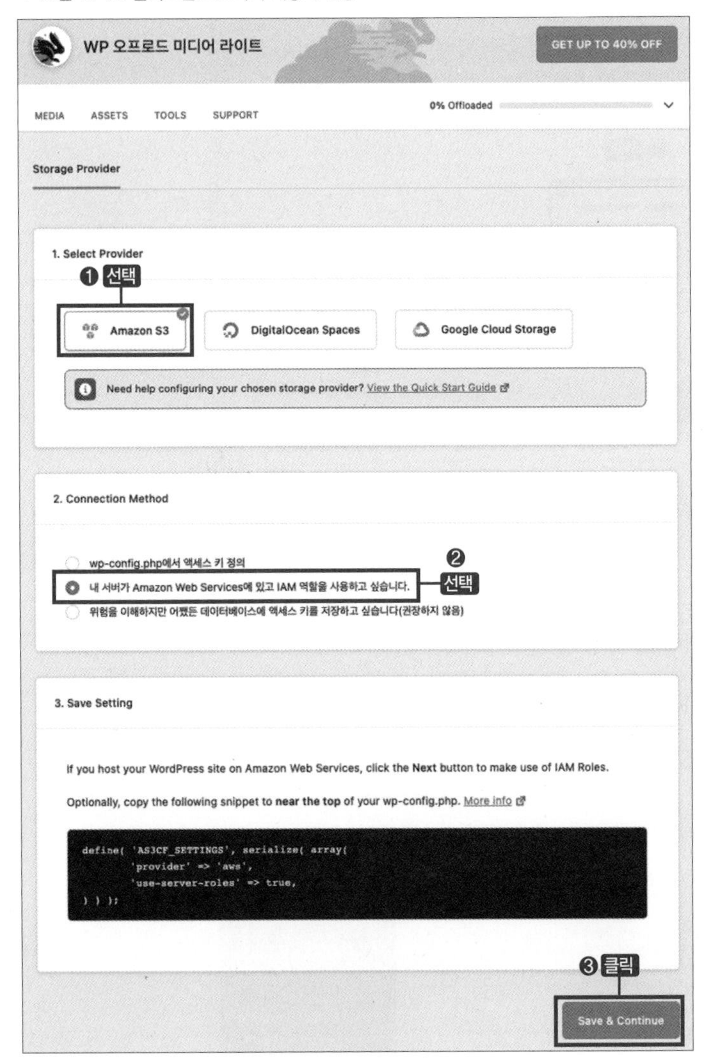

워드프레스가 설치된 가상 머신에 IAM 역할로 S3를 사용하는 설정으로, 해당 플러그인이 S3를 관리할 수 있습니다.

3. Bucket을 다음과 같이 설정합니다.

❶ New or Existing Bucket?은 Create New Bucket 선택

❷ BUCKET NAME은 각자의 버킷 이름 입력

❸ REGION은 Asia Pacific (Seoul) 선택

❹ 아래쪽에서 Create New Bucket 누르기

▼ 그림 11-19 플러그인 버킷 설정

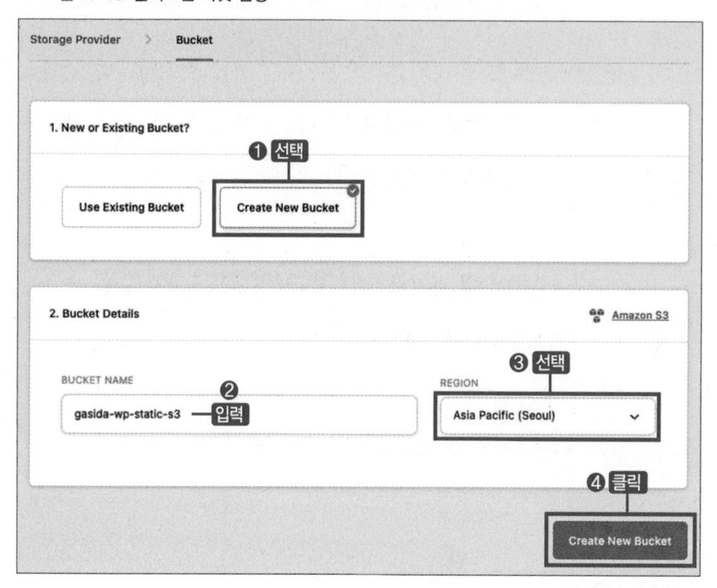

4. Storage Settings에서 다음과 같이 설정합니다.

❶ 'Remove Local Media'에 체크(활성화)

❷ 아래쪽에서 Save Changes 누르기

▼ 그림 11-20 플러그인 스토리지 설정

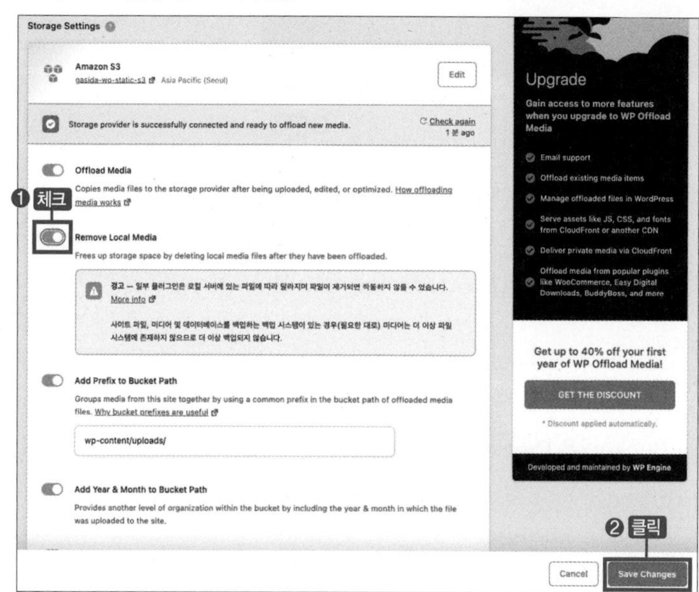

워드프레스에 블로그 글을 작성한 후 확인하기

1. 글 메뉴로 돌아와 이미지를 포함한 두 번째 글을 작성합니다. 작성한 블로그 글의 웹 주소로 접속하여 글을 확인합니다.

▼ 그림 11-21 두 번째 블로그 글 확인

2. 블로그 글에 삽입된 이미지 위에서 마우스 오른쪽 버튼을 누르고 **새 탭에서 이미지 열기**를 선택하여 이미지 URL 정보를 확인합니다.

▼ 그림 11-22 이미지 URL 정보 확인

3. AllInOne 인스턴스에 SSH로 접속하여 다음 명령어를 입력하고 결과를 확인합니다.

```
# 워드프레스 업로드 디렉터리 확인: 더 이상 이미지 파일이 해당 가상 머신의 파일 시스템에 저장되지 않음
tree /var/www/wordpress/wp-content/uploads/
/var/www/wordpress/wp-content/uploads/
```

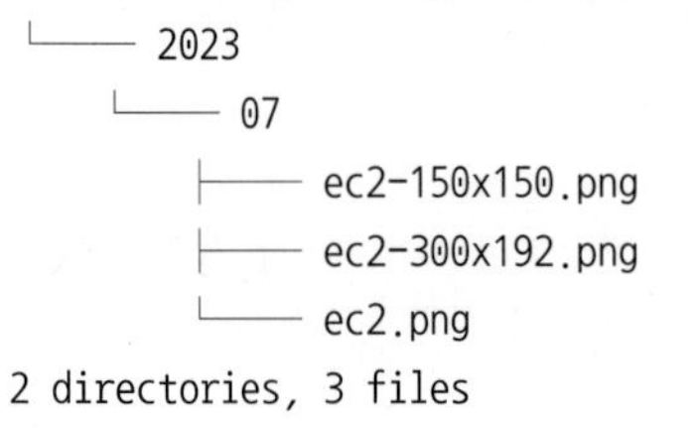

이제 워드프레스 이미지와 첨부 파일은 S3 버킷에 업로드되고, 이후 사용자는 외부에서 해당 S3 객체 주소로 내려받을 수 있습니다.

11.2.5 실습을 위해 생성된 모든 자원 삭제하기

11장 첫 번째 실습이 끝났습니다. 실습을 위해 생성된 모든 자원을 삭제하기 위해 다음 순서대로 진행해 주세요.

CloudFormation 스택 삭제하기

서비스 > CloudFormation > 스택 메뉴에 들어갑니다. 'wpha1lab' 스택을 체크한 후 **삭제**를 누르고, 이후 열린 창에서 **스택 삭제**를 누릅니다. 정상적으로 삭제되었는지 꼭 확인하기 바랍니다.

S3 버킷 삭제하기

워드프레스 플러그인 설정에서 생성한 S3 버킷을 삭제하겠습니다. 해당 버킷에서 객체를 삭제할 수 있게 먼저 **비어 있음**을 눌러 버킷을 모두 비운 후 **삭제**를 눌러 해당 버킷을 삭제합니다.

11.3 실습 2 확장성과 안정성을 고려한 워드프레스 구성하기

실습 목표

이번 실습에서는 사용자 요청에 따라 워드프레스 웹 서버의 대수를 자동으로 증가하거나 감소시켜 요청을 처리할 수 있도록 오토 스케일링을 구성합니다. 또한 워드프레스 관련 파일 저장소는 무제한으로 저장할 수 있는 Amazon EFS를 사용하고, 데이터를 안정적으로 제공할 수 있게 Amazon RDS를 구성하는 실습을 진행합니다.

▼ 그림 11-23 목표 구성도

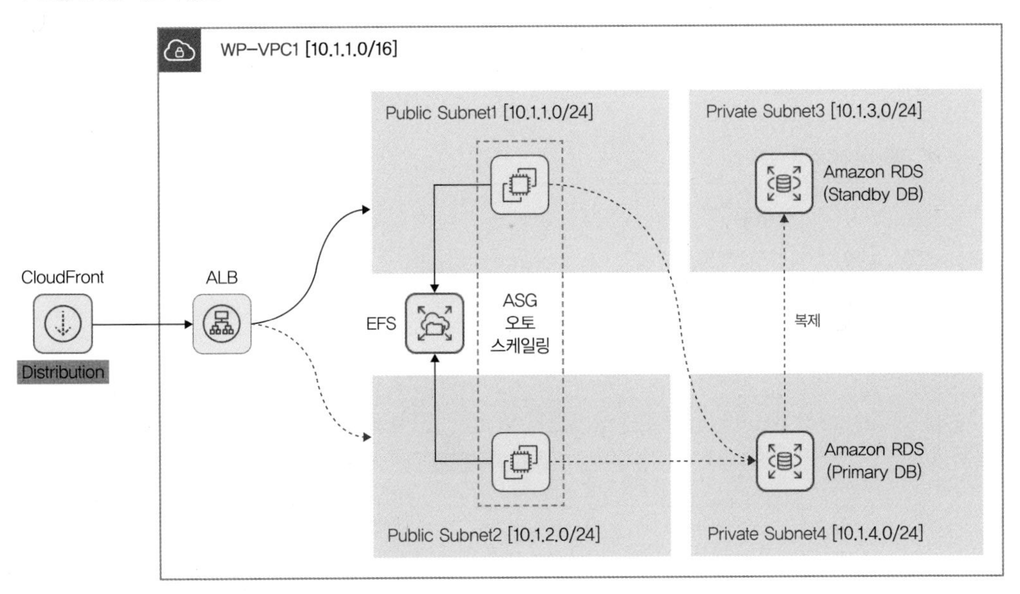

실습 단계

1. 실습을 위한 기본 인프라를 CloudFormation으로 배포합니다.
2. 기본 인프라 환경의 검증을 수행합니다.
3. 인스턴스에 기본 설정을 마치고 워드프레스를 사용할 수 있도록 설정합니다.
4. 워드프레스의 초기 설정을 마치고 블로그 글을 작성한 후 확인합니다.

5. ALB 대상 그룹에서 WebSrv-Leader EC2 인스턴스를 삭제합니다.

6. 오토 스케일링 그룹으로 워드프레스 웹 서버를 구성합니다.

7. 장애 발생 및 서비스 연속성을 확인합니다.

8. 실습을 위해 생성된 자원을 모두 삭제합니다.

11.3.1 CloudFormation으로 기본 인프라 배포하기

실습 동작에 필요한 기본 인프라 자원은 AWS CloudFormation으로 자동 배포합니다.

1. CloudFormation 서비스에 들어가 **스택 생성**을 누릅니다. 아래쪽에 있는 Amazon S3 URL에 다음 URL을 입력하고 **다음**을 누릅니다.

   URL https://cloudneta-aws-book.s3.ap-northeast-2.amazonaws.com/chapter11/wplabs-ha2.yaml

▼ 그림 11-24 스택 생성

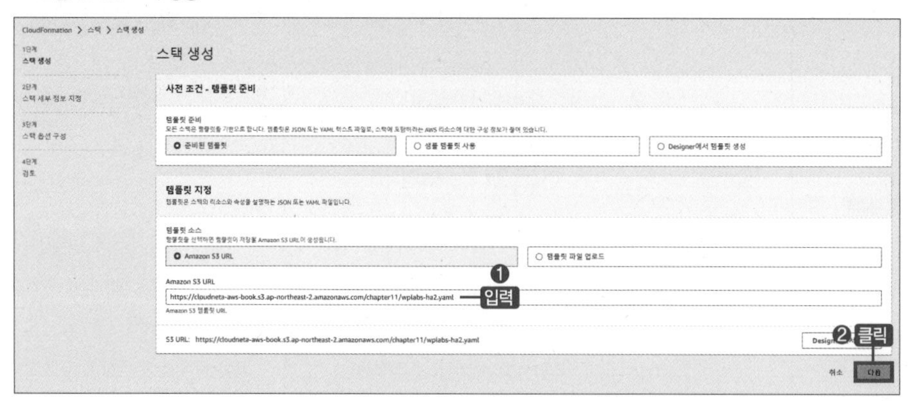

2. 스택 세부 정보 지정 페이지에서 다음과 같이 설정하고 **다음**을 누릅니다.

   ❶ 스택 이름에 'wpha2lab' 입력

   ❷ KeyName은 사용자 키 페어 파일 선택

▼ 그림 11-25 스택 세부 정보 지정

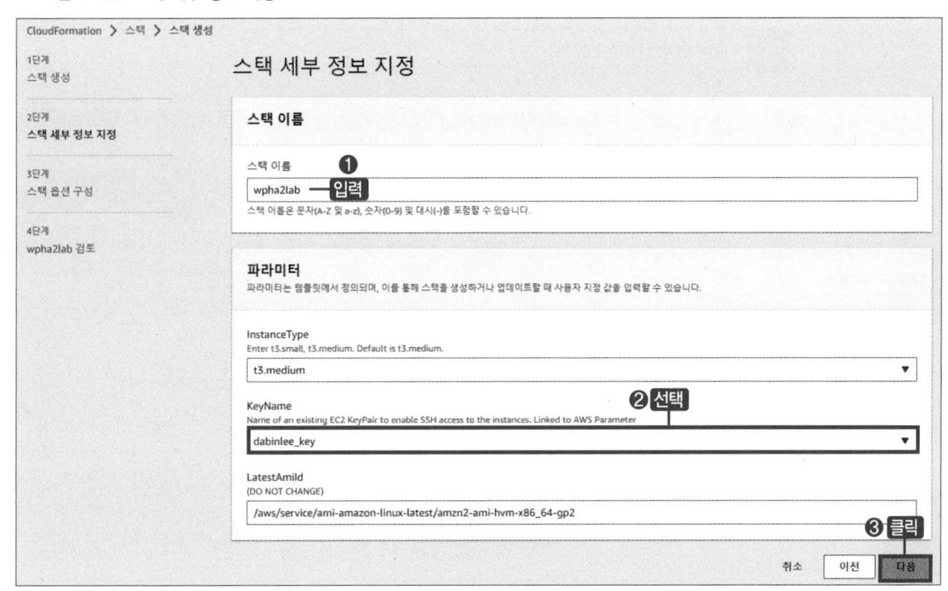

3. 스택 옵션 구성에서는 별도로 설정하지 않고 **다음**을 누릅니다. wpha2lab 검토에서 별도의 설정은 없으나 맨 아래쪽에 있는 'AWS CloudFormation에서 사용자 지정 이름으로 IAM 리소스를 생성할 수 있음을 승인합니다.'에 체크하고 **전송**을 누릅니다.

▼ 그림 11-26 스택 세부 정보 설정

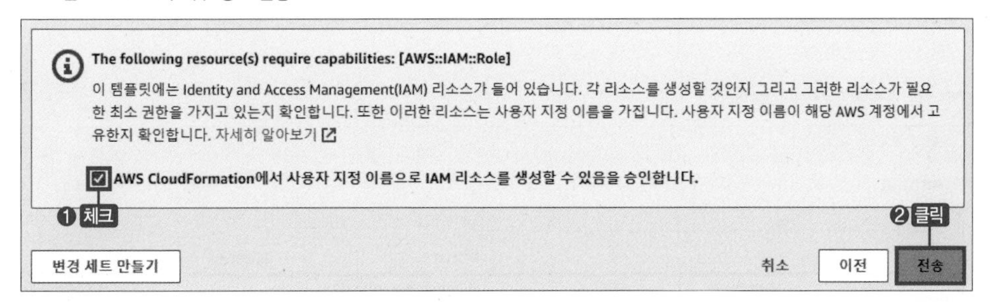

AWS CloudFormation 기본 인프라를 배포하고 일정 시간(약 16분)이 지나 스택 상태가 'CREATE_COMPLETE'가 되면 모든 인프라 배포가 정상적으로 완료된 것입니다.

AWS CloudFormation 기본 인프라 배포에 대한 구성도는 다음 그림과 같습니다.

▼ 그림 11-27 기본 인프라 배포 구성도

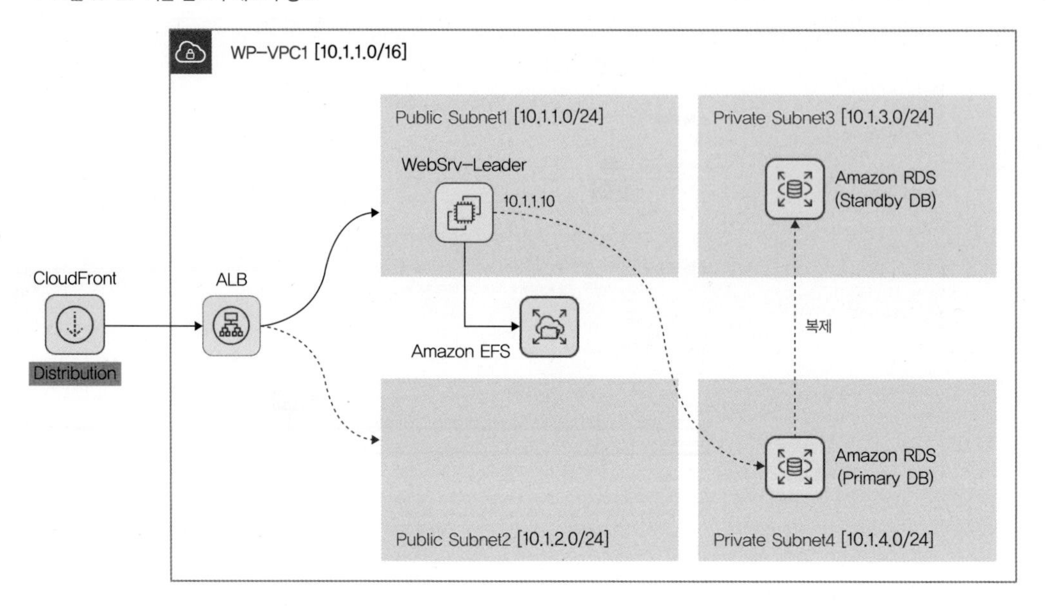

11.3.2 기본 인프라 환경 검증하기

기본 인프라로 CloudFront가 배포되고, 오리진으로 ALB가 설정되며, ALB는 워드프레스가 설치된 EC2로 전달하게 됩니다. CloudFront 서비스로 들어가 배포된 정보를 확인합니다.

▼ 그림 11-28 CloudFront 확인

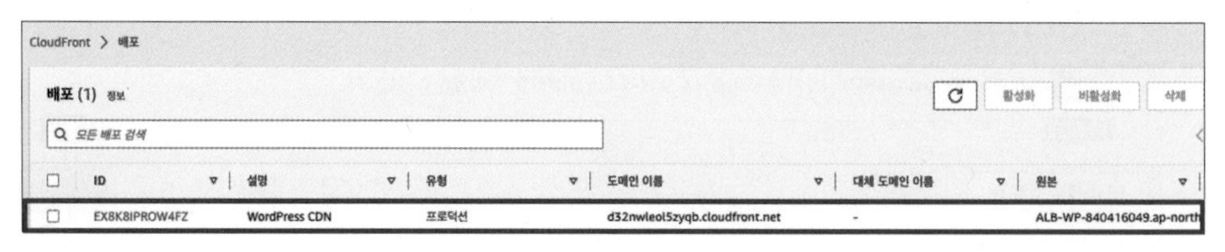

다시 AWS CloudFormation 메뉴로 돌아가 배포가 완료된 스택을 선택한 후 **출력 탭**을 클릭하여 출력 정보를 확인합니다. WebSrvLeaderEC2IP 값은 리더 웹 서버 역할을 담당하며, 해당 IP로 SSH 접속을 진행합니다.

▼ 그림 11-29 WebSrv-Leader EC2 인스턴스 IP 확인

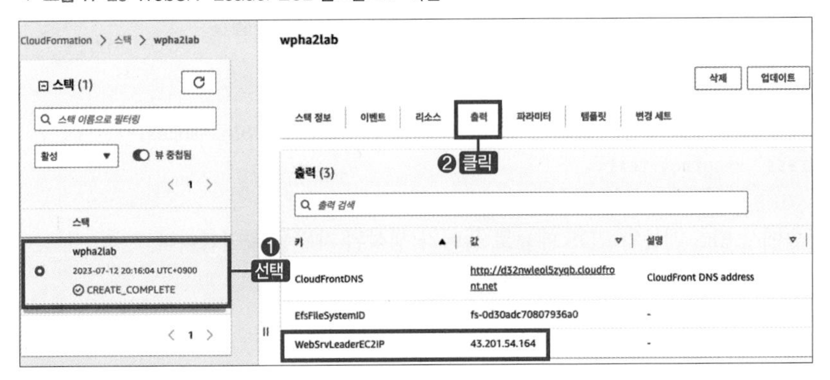

11.3.3 인스턴스 기본 설정 및 워드프레스 사용 설정 진행하기

WebSrv-Leader 인스턴스에 SSH로 접속하여 기본 설정 정보를 확인한 후 워드프레스를 사용할 수 있는 설정을 진행하겠습니다.

1. 먼저 WebSrv-Leader EC2 인스턴스에 SSH로 접속하여 다음 명령어를 입력하고 결과를 확인합니다.

```
# WebSrv의 SSH 터미널
# EFS 저장소 마운트 확인: EFS 저장소에 워드프레스 관련 파일이 저장됨
df -hT --type nfs4
Filesystem                                                Type  Size  Used Avail Use%
Mounted on
fs-0d30adc70807936a0.efs.ap-northeast-2.amazonaws.com:/ nfs4  8.0E     0 8.0E   0%
/var/www/wordpress

# 워드프레스 관련 파일 확인
ls /var/www/wordpress

# EFS 파일 시스템 확인: WebSrv 인스턴스에 마운트된 EFS 파일 시스템 정보 확인
aws efs describe-file-systems --output table --region ap-northeast-2

# EFS 파일 시스템 ID만 출력: 오토 스케일링을 구성할 때 EC2 시작 템플릿에서 사용할 예정으로 메모
해 두기
aws efs describe-file-systems --query 'FileSystems[].FileSystemId' --output text
--region ap-northeast-2
fs-0d30adc70807936a0
```

```
# Amazon RDS 인스턴스 정보 확인
aws rds describe-db-instances --region ap-northeast-2 --output table

# RDS 인스턴스의 접속 주소 확인: Endpoint
aws rds describe-db-instances --region ap-northeast-2 --query 'DBInstances[*].
Endpoint.Address' --output text
```

2. AWS 관리 콘솔에서 EFS 메뉴와 RDS 메뉴로 들어가 생성된 자원을 확인합니다.

▼ 그림 11-30 생성된 자원 확인

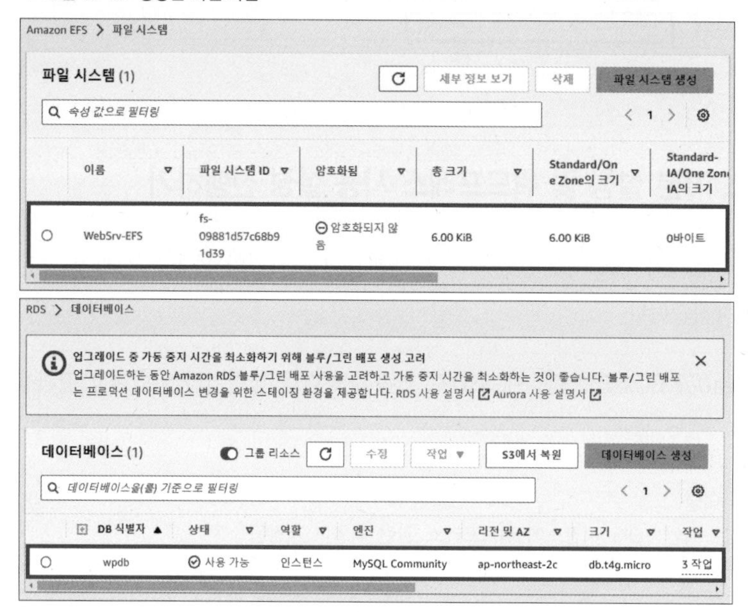

3. 다시 SSH 터미널로 돌아가 워드프레스를 사용할 수 있도록 설정을 마저 진행합니다.

```
# WebSrv의 SSH 터미널
# RDS 인스턴스의 접속 주소를 변수에 지정
RDS=$(aws rds describe-db-instances --region ap-northeast-2 --query 'DBInstances[*].
Endpoint.Address' --output text)
echo $RDS

# 워드프레스 설정 파일에 mariadb 접속 주소 변경 설정
sed -i "s/localhost/$RDS/g" /var/www/wordpress/wp-config.php
```

```
# 워드프레스가 사용할 wordpressdb 데이터베이스 생성
mysql -h $RDS -uroot -pqwe12345 -e 'CREATE DATABASE wordpressdb;'

# 생성된 데이터베이스 확인
mysql -h $RDS -uroot -pqwe12345 -e 'show databases;'
```

4. AWS 관리 콘솔에서 AWS CloudFormation 메뉴로 들어갑니다. 생성된 스택을 선택한 후 **출력 탭**을 클릭하여 출력 정보를 확인합니다. CloudFrontDNS 키 값에 있는 **링크**를 클릭하여 워드프레스 웹에 접속합니다.

▼ 그림 11-31 CloudFrontDNS 접속 도메인 주소 확인

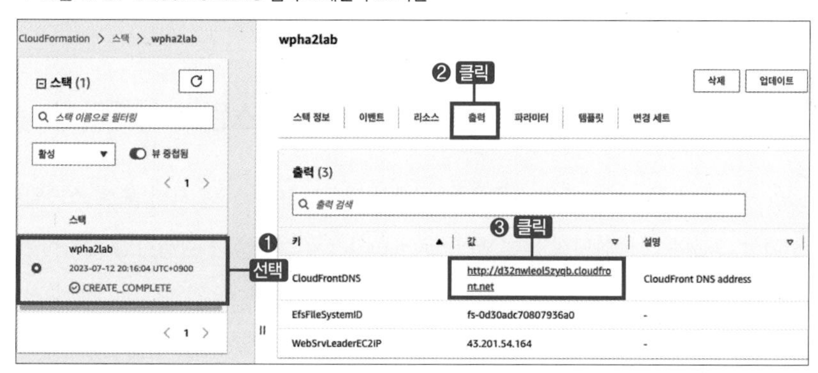

11.3.4 워드프레스 초기 설정 및 블로그 글 작성하기

계속해서 워드프레스 초기 설정을 끝내고 블로그에 글을 작성한 후 확인해 보겠습니다. 초기 설정과 블로그에 글을 작성하는 방법은 간단하게 언급하고 넘어가니 자세한 과정은 10장을 참고해 주세요.

1. 워드프레스 웹에 접속하여 초기 설정 페이지에서 **한국어**를 선택하고 **관리자 정보**를 설정한 후 워드프레스 관리자로 로그인합니다.

2. 워드프레스에 이미지를 포함한 글을 작성하고 작성한 블로그 글의 웹 주소로 접속해서 작성된 글을 확인합니다.

▼ 그림 11-32 블로그 글 확인

11.3.5 ALB 대상 그룹에서 WebSrv-Leader EC2 인스턴스 삭제하기

WebSrv-Leader 인스턴스를 ALB 대상 그룹에서 삭제하고 워드프레스 웹 서버 오토 스케일링을 구성하여 ALB 대상 그룹에 등록합니다. 즉, WebSrv-Leader 인스턴스는 관리자만 접속하며, 실제 외부에서 워드프레스 웹 트래픽 처리는 오토 스케일링으로 구성된 EC2 인스턴스에서 처리합니다. 우선 여기에서는 WebSrv-Leader 인스턴스를 ALB 대상 그룹에서 삭제하겠습니다.

EC2 > **로드 밸런싱** > **대상 그룹** 메뉴로 들어가 'ALB-TG' 대상 그룹을 체크합니다. 아래 **대상 탭**을 클릭한 후 현재 등록된 대상을 체크하고 **등록 취소**를 누릅니다.

▼ 그림 11-33 ALB 대상 그룹에서 EC2 인스턴스 삭제

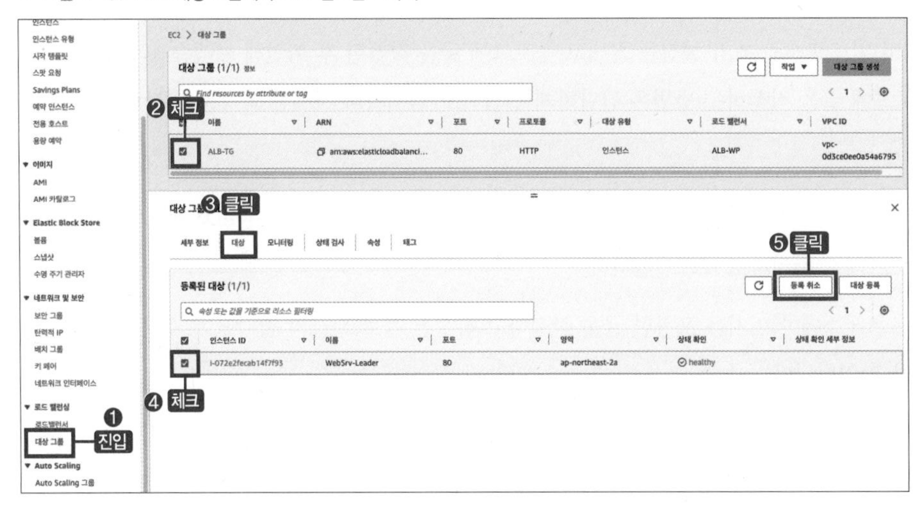

11.3.6 오토 스케일링 그룹으로 워드프레스 웹 서버 구성하기

WebSrv-Leader 인스턴스를 ALB 대상 그룹에서 삭제했으므로 이제 워드프레스 웹 서버 오토 스케일링을 구성해서 ALB 대상 그룹에 등록하겠습니다. 오토 스케일링 그룹으로 워드프레스 웹 서버를 구성하기 위해 먼저 EC2 인스턴스 시작 템플릿을 구성하고 나서 오토 스케일링 그룹을 구성합니다. 이렇게 구성된 오토 스케일링 환경에서 워드프레스에 잘 접속하는지 확인하고 부하분산 동작을 확인합니다.

시작 템플릿을 구성하고 오토 스케일링 그룹을 생성하는 과정은 간단하게 언급하고 넘어가니 자세한 과정은 9장을 참고해 주세요.

EC2 인스턴스 시작 템플릿 구성하기

1. EC2 > **인스턴스** > **시작 템플릿** 메뉴로 들어가 **시작 템플릿 생성**을 누릅니다.

▼ 그림 11-34 인스턴스 시작 템플릿 생성 진입

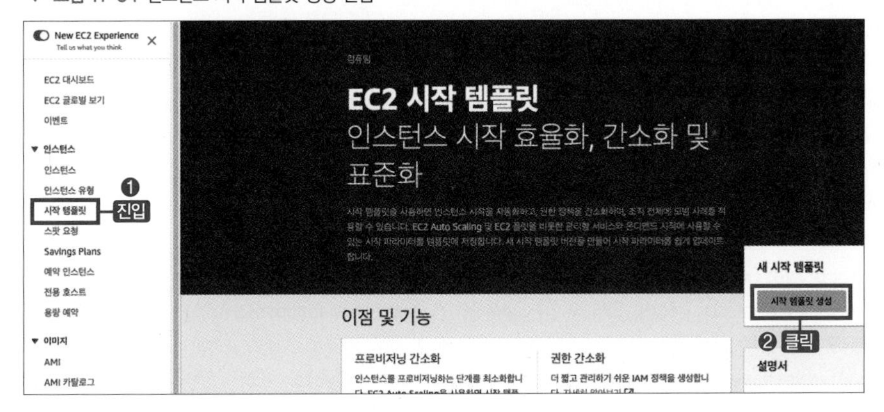

2. 시작 템플릿 생성 페이지에서 다음과 같이 설정합니다.

❶ 시작 템플릿 이름에 'WPEC2LaunchTemplate' 입력

❷ 템플릿 버전 설명에 'Wordpress WebServer Auto Scaling v1.0' 입력

❸ 'Auto Scaling guidance 지침'에 체크

❹ [애플리케이션 및 OS 이미지] Quick Start **탭** > Amazon Linux > Amazon Linux 2 AMI (HVM) 선택, 아키텍처는 **64비트(x86)** 선택

❺ 인스턴스 유형은 **t3.medium** 선택

❻ 키 페어 이름은 각자 자신의 SSH 키 페어 선택

❼ 방화벽(보안 그룹)은 '###wpha2lab-VPC1SG1-### 포함된 것' 선택

❽ EBS 볼륨에서 볼륨 유형은 **gp3** 선택

❾ [리소스 태그] **태그 추가**를 눌러 키 정보는 Lab, 값 정보는 WPLab 선택

❿ **고급 세부 정보** 누르기

⓫ IAM 인스턴스 프로파일은 WPLabInstanceProfile 선택

⓬ 세부 CloudWatch 모니터링은 **활성화** 선택

⓭ 사용자 데이터에 다음 코드 입력

```
#!/bin/bash
echo "sudo su -" >> /home/ec2-user/.bashrc
# Apache 설치
yum update -y && yum install jq htop tree gcc amazon-efs-utils mariadb -y
yum install httpd -y
systemctl start httpd && systemctl enable httpd
# PHP 설치
amazon-linux-extras install php8.2 -y
yum install -y php-xml php-mbstring ImageMagick ImageMagick-devel php-pear php-devel
printf "\n" | pecl install imagick
echo "extension = imagick.so" > /etc/php.d/40-imagick.ini
systemctl restart php-fpm && systemctl restart httpd
# EFS 파일시스템 설정
mkdir -p /var/www/wordpress/
mount -t efs -o tls 자신의 EFS 파일시스템 ID:/ /var/www/wordpress
# 워드프레스 설치
echo 'ServerName 127.0.0.1:80' >> /etc/httpd/conf.d/MyBlog.conf
echo 'DocumentRoot /var/www/wordpress' >> /etc/httpd/conf.d/MyBlog.conf
echo '<Directory /var/www/wordpress>' >> /etc/httpd/conf.d/MyBlog.conf
echo '  Options Indexes FollowSymLinks' >> /etc/httpd/conf.d/MyBlog.conf
echo '  AllowOverride All' >> /etc/httpd/conf.d/MyBlog.conf
echo '  Require all granted' >> /etc/httpd/conf.d/MyBlog.conf
echo '</Directory>' >> /etc/httpd/conf.d/MyBlog.conf
systemctl restart php-fpm && systemctl restart httpd
```

Note ≡ 사용자 데이터 내용 중에서 앞서 확인한 자신의 EFS 파일 시스템 ID를 해당 영역에 입력합니다.

3. 설정이 완료되면 오른쪽에 있는 **시작 템플릿 생성**을 누릅니다. 이어서 **시작 템플릿 보기**를 누릅니다.

▼ 그림 11-35 시작 템플릿 생성

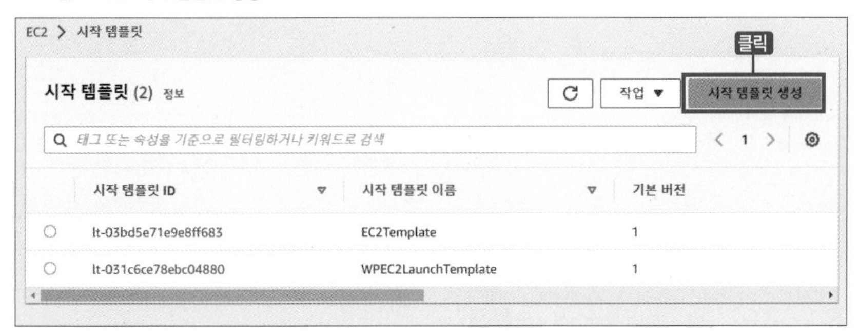

오토 스케일링 그룹 구성하기

앞서 생성한 인스턴스 템플릿을 활용하여 오토 스케일링 그룹을 생성합니다.

1. EC2 > **Auto Scaling 그룹** 메뉴로 들어가 **Auto Scaling 그룹 생성**을 누릅니다.

▼ 그림 11-36 오토 스케일링 그룹 생성 진입

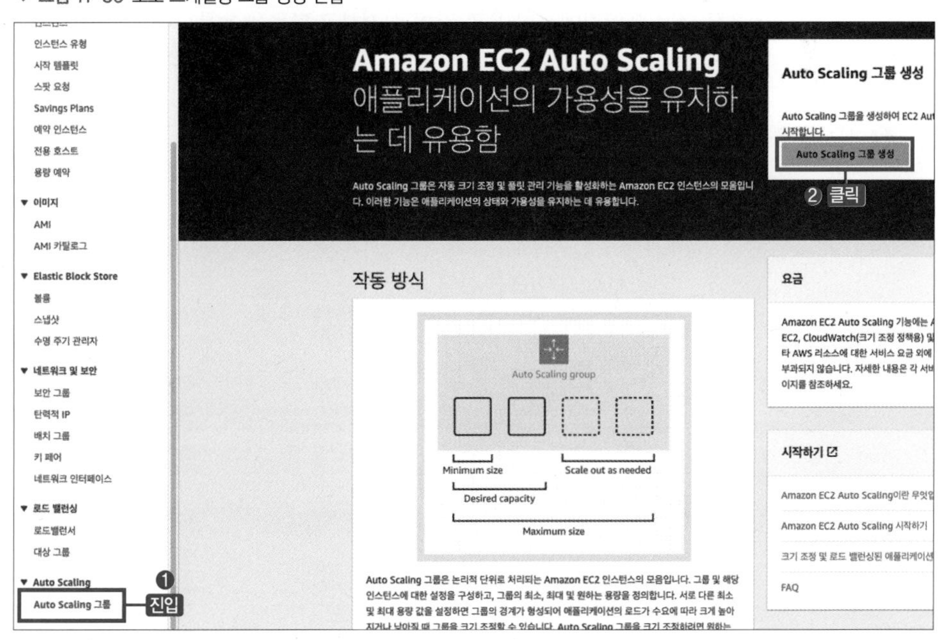

2. 시작 템플릿 또는 구성 선택 페이지에서 다음과 같이 설정하고 **다음**을 누릅니다.

❶ Auto Scaling 그룹 이름에 'WPEC2AutoScalingGroup' 입력

❷ 시작 템플릿은 WPEC2LaunchTemplate 선택

▼ 그림 11-37 시작 템플릿 또는 구성 선택

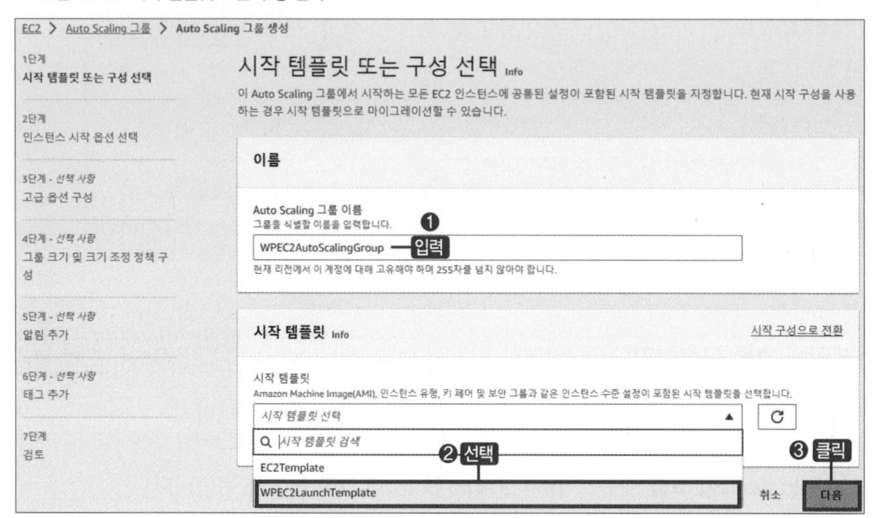

3. 인스턴스 시작 옵션 선택 페이지에서 다음과 같이 설정하고 **다음**을 누릅니다.

❶ [네트워크] VPC는 WP-VPC1 선택

❷ 서브넷은 WP-VPC1-Subnet1, WP-VPC1-Subnet2 선택

▼ 그림 11-38 인스턴스 시작 옵션 선택

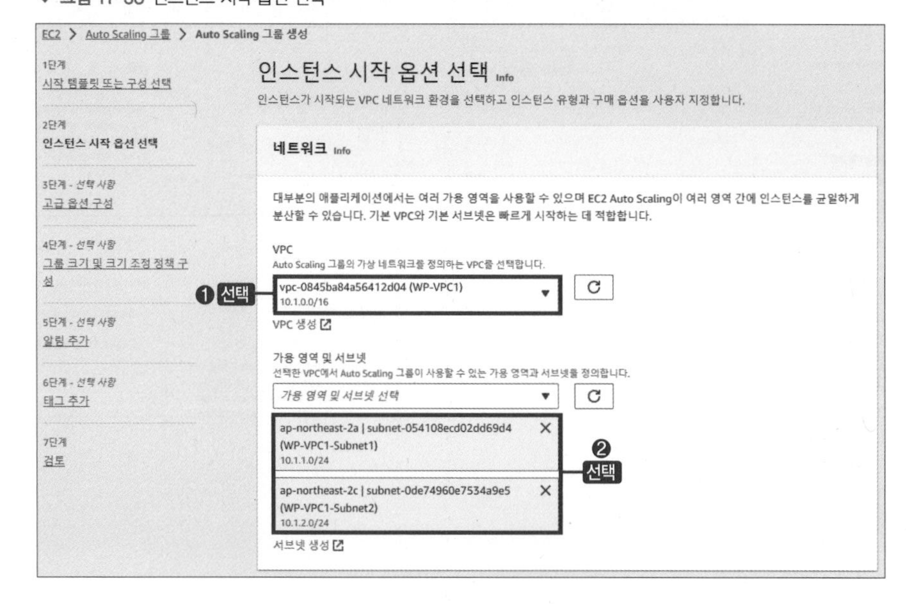

4. 고급 옵션 구성 페이지에서 다음과 같이 설정하고 **다음**을 누릅니다.

❶ [로드 밸런싱] **기존 로드 밸런서에 연결** 선택

❷ [기존 로드 밸런서에 연결] **로그 밸런서 대상 그룹에서 선택** 선택

❸ 기존 로드 밸런서 대상 그룹은 ALB-TG | HTTP 선택

❹ [상태 확인] 추가 상태 확인 유형에서 'Elastic Load Balancer 상태 확인 켜기'에 체크

❺ 상태 확인 유예 기간은 '300초'로 입력

❻ [추가 설정] 모니터링에서 'CloudWatch 내에서 그룹 지표 수집 활성화'에 체크

❼ '기본 인스턴스 워밍업 활성화'에 체크, '90초'로 설정

▼ 그림 11-39 고급 옵션 구성

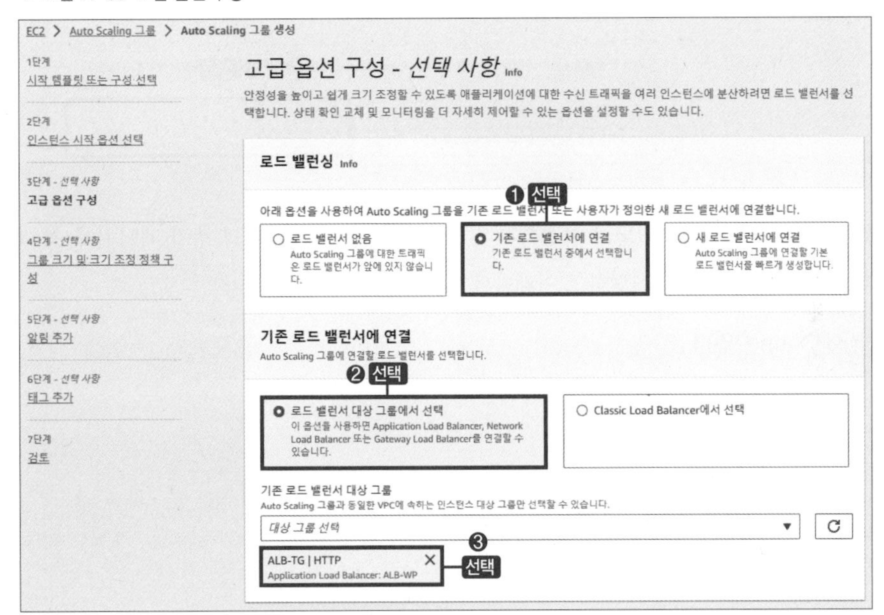

5. 그룹 크기 및 크기 조정 정책 구성 페이지에서 다음과 같이 설정하고 **다음**을 누릅니다.

❶ 원하는 용량에 '2' 입력

❷ 최소 용량에 '2' 입력

❸ 최대 용량에 '4' 입력

❹ 크기 조정 정책은 **없음** 선택

▼ 그림 11-40 그룹 크기 및 크기 조정 정책 구성

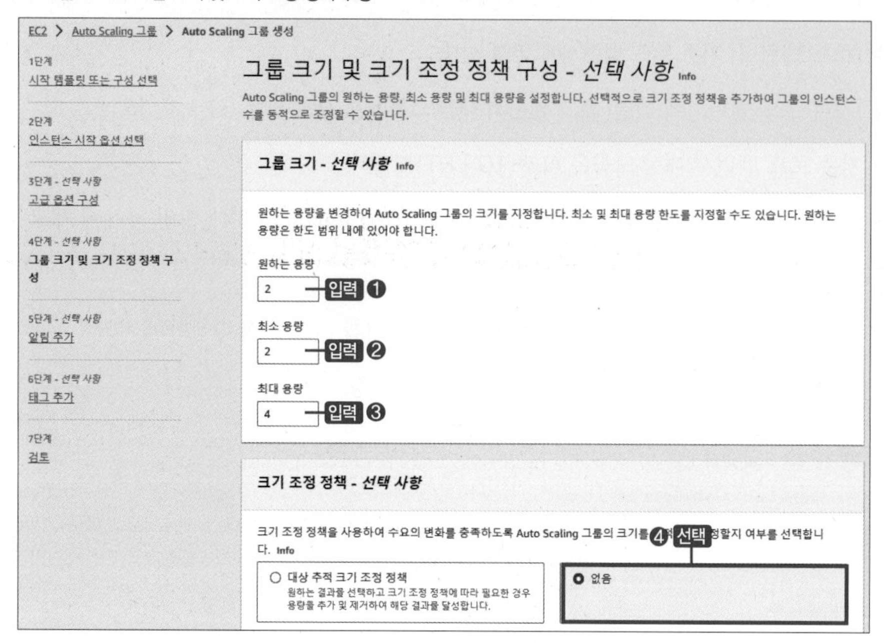

6. 알림 추가 페이지에서는 별도로 설정하지 않고 **다음**을 누릅니다. 태그 추가 페이지에서는 **태그 추가**를 눌러 다음과 같이 설정하고 아래쪽에 있는 **다음**을 누릅니다.

❶ 키에 'Name' 입력

❷ 값에 'WebServers' 입력

▼ 그림 11-41 오토 스케일링 그룹 생성 진입

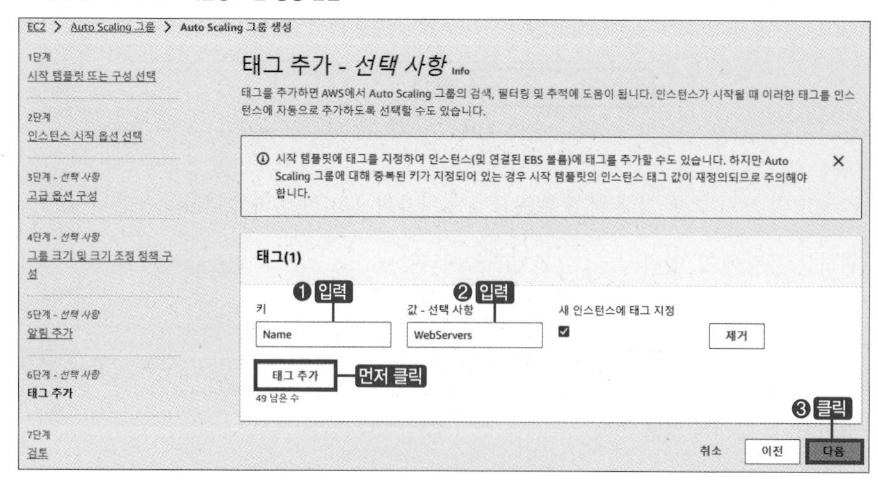

7. 검토 페이지에서 지금까지 설정한 내용을 확인하고 아래쪽에 있는 Auto Scaling **그룹 생성**을 누릅니다.

워드프레스 동작 확인하기

1. EC2 > **인스턴스** 메뉴로 들어가 오토 스케일링 구성으로 배포된 EC2 인스턴스를 확인합니다.

▼ 그림 11-42 EC2 인스턴스 확인

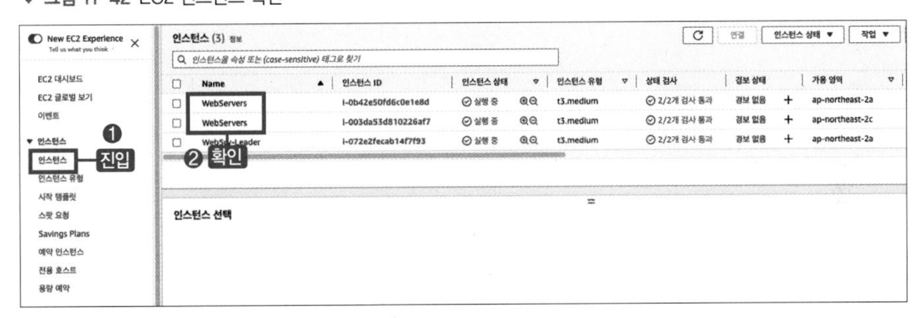

해당 인스턴스는 워드프레스 웹 서버 역할을 하며, WebServers 이름으로 배포됩니다.

2. **로드 밸런싱** > **대상 그룹** 메뉴로 들어가 ALB-TG 대상 그룹을 체크합니다. **대상 탭**을 클릭하여 오토 스케일링으로 배포된 EC2 인스턴스가 자동으로 추가되어 있는지 확인합니다.

▼ 그림 11-43 로드 밸런싱 대상 그룹에 등록된 대상 확인

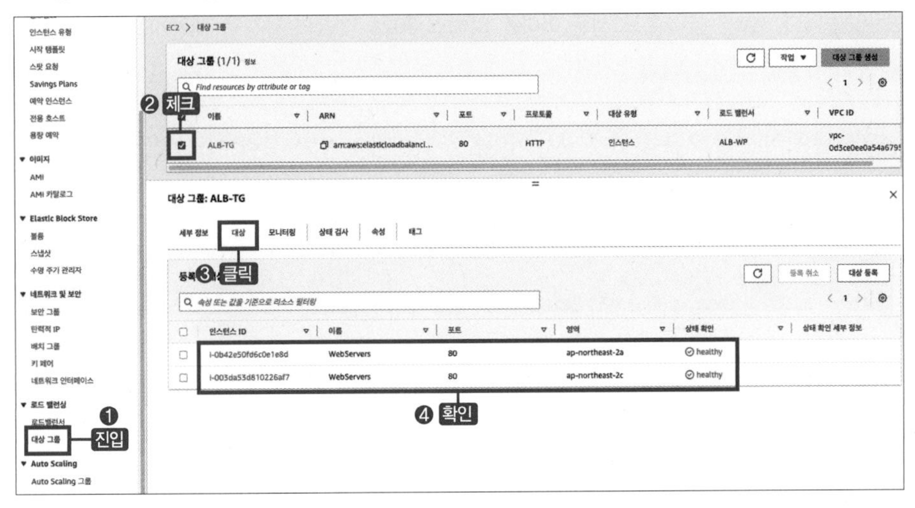

3. AWS CloudFormation 메뉴에서 배포 완료된 스택을 선택합니다. **출력 탭**을 클릭하고 CloudFrontDNS 키 값에 있는 링크를 눌러 워드프레스 웹에 접속합니다. 정상적으로 접속되는지 확인하고 두 번째 글을 작성합니다.

▼ 그림 11-44 워드프레스 동작 확인

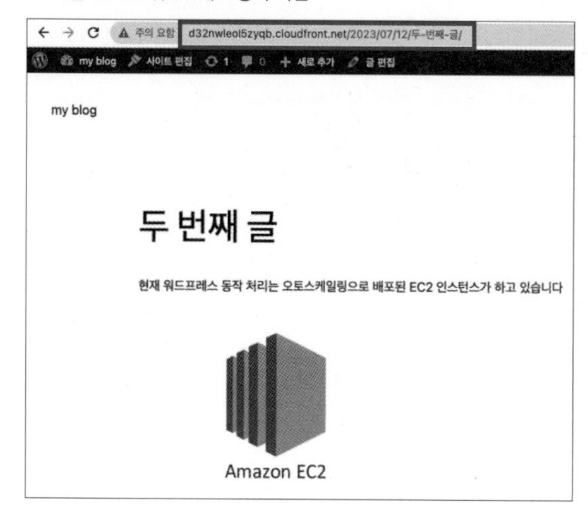

AWS 클라우드 셸에서 웹 서버 부하분산 접속 확인하기

AWS 클라우드 셸(CloudShell)은 웹 브라우저 기반의 사전 인증된 셸로, AWS 관리 콘솔에서 사용할 수 있습니다. AWS 클라우드 셸은 **아마존 리눅스 2023** 기반의 환경을 제공하므로 별도의 추가 비용 없이 사용할 수 있습니다.

1. AWS 웹 관리 콘솔 오른쪽 위에 있는 아이콘을 클릭하여 AWS 클라우드 셸을 실행합니다.

▼ 그림 11-45 AWS 클라우드 셸 실행

2. AWS 클라우드 셸에서 CloudFrontDNS 도메인 주소로 접속한 후 명령어로 웹 서버 부하분산 접속을 확인합니다.

```
# AWS 클라우드 셸
# CloudFrontDNS 도메인 주소를 변수에 지정
WPDNS=d32nwleol5zyqb.cloudfront.net  # 각자 자신의 CloudFrontDNS 도메인 주소 입력
```

```
# 웹 서버의 xff.php로 접속하여 출력 내용 확인
curl -s $WPDNS/xff.php ; echo
CloudNeta WordPress HA Test Page
Wed, 12 Jul 23 23:14:44 +0900
Last Client IP: 10.1.1.200
Server Public IP = d32nwleol5zyqb.cloudfront.net
Server Private IP: 10.1.1.141
X-Forwarded-for: 3.36.15.3, 15.158.3.82

# 웹 서버의 xff.php로 접속하여 Private이 포함된 줄만 출력 내용 확인
# Server Private IP는 ALB로 부하분산되어 접속한 EC2 인스턴스의 프라이빗 IP임
curl -s $WPDNS/xff.php | grep Private

# 100번 반복 접속한 후 ALB로 부하분산됨을 확인
for i in {1..100}; do curl -s $WPDNS/xff.php | grep Private ; done | sort | uniq -c |
sort -nr
  50 Server Private IP: 10.1.2.148
  50 Server Private IP: 10.1.1.141
```


11.3.7 장애 발생 및 서비스 연속성 확인하기

이번 단계에서는 강제로 장애를 발생시키고 워드프레스 서비스가 연속성 있게 제공되는지 확인합니다. 총 두 가지 시나리오로 서비스 연속성을 확인합니다.

첫 번째로 Amazon RDS Primary 데이터베이스에 장애를 발생시켜 Amazon RDS Secondary가 DB 서비스를 연속성 있게 제공하는지 알아봅니다.

▼ 그림 11-46 Amazon RDS Primary 장애 발생

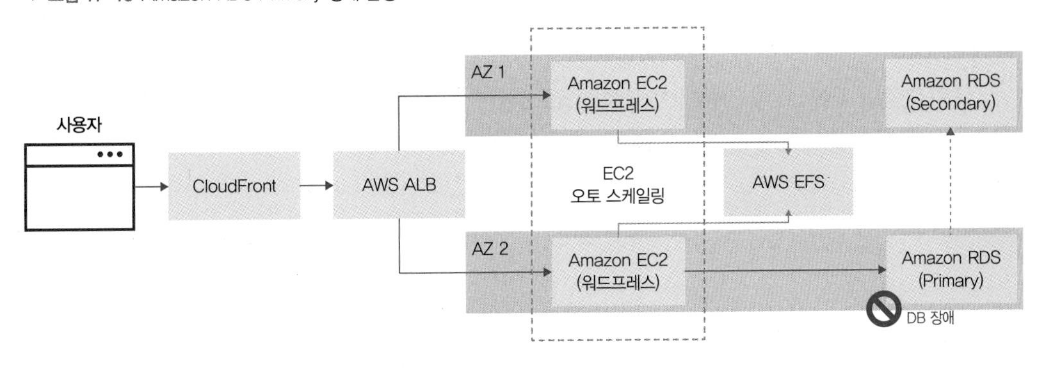

Amazon RDS Primary 장애를 인지하면 다음 그림과 같이 Amazon RDS Secondary가 연속성 있게 DB 서비스를 제공합니다.

▼ 그림 11-47 Amazon RDS Failover

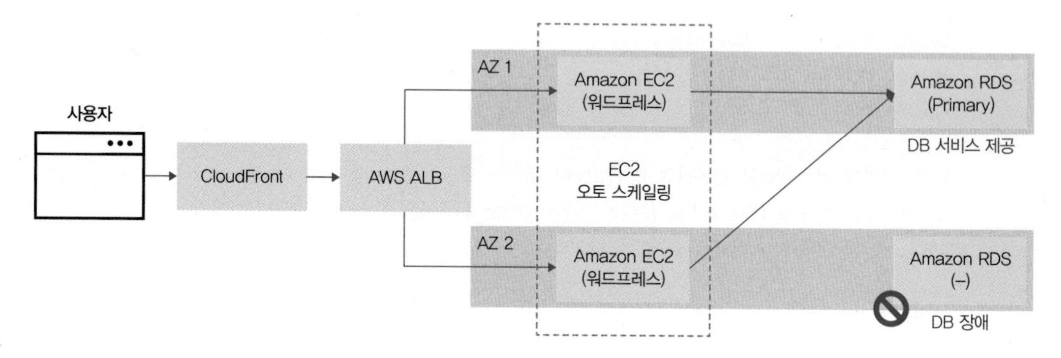

두 번째로 가용 영역 수준에서 장애가 발생한다는 가정하에 AZ 1 가용 영역에 장애를 발생시켜 AZ 2 가용 영역에서 워드프레스 서비스를 연속성 있게 제공하는지 알아봅니다.

▼ 그림 11-48 AZ 1 가용 영역 수준의 장애 발생

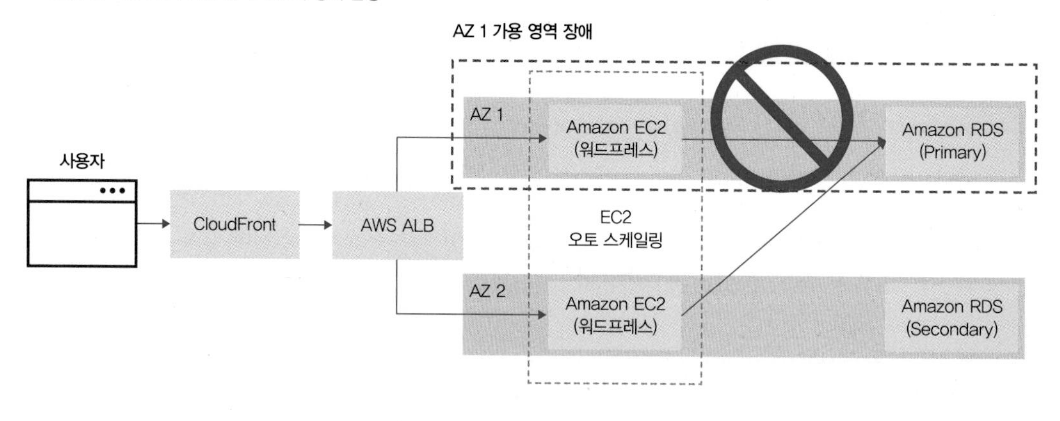

다음 그림과 같이 AZ 1 장애가 발생해도 AZ 2에 워드프레스 EC2 인스턴스에 있는 웹 요청을 처리하고 AZ 2에 배치된 Amazon RDS가 데이터를 처리합니다.

✔ 그림 11-49 AZ 2에서 연속성 있게 서비스 제공

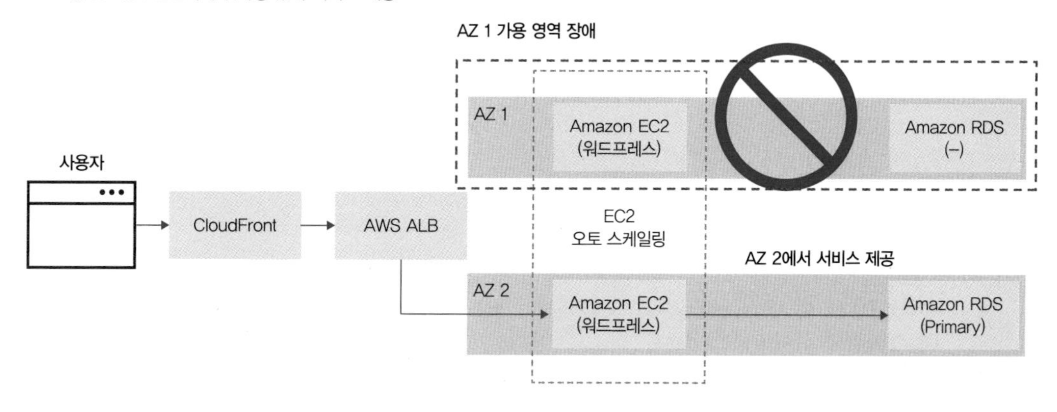

Amazon RDS Primary 장애 발생 후 서비스 동작 확인하기

장애 시점에 서비스 연속성을 확인하려고 WebSrv-Leader 인스턴스에서 모니터링 명령어를 수행합니다.

1. 두 개의 터미널에서 각각 WebSrv-Leader 인스턴스에 SSH로 접속하여 다음 명령어를 입력하고 결과를 확인합니다.

```
# WebSrv-Leader의 SSH 터미널 1번
# RDS 인스턴스의 접속 도메인 주소를 변수에 지정
RDS=$(aws rds describe-db-instances --region ap-northeast-2 --query 'DBInstances[*].
Endpoint.Address' --output text)

# RDS 인스턴스의 접속 도메인 주소 질의: 출력되는 IP 주소는 현재 ap-northeast-2c 가용 영역에
속함
dig +short $RDS
10.1.4.226

# RDS 인스턴스의 접속 도메인 주소 질의(반복)
while true; do date && dig +short $RDS && echo "------------------------------" &&
sleep 1; done
```

```
# WebSrv-Leader의 SSH 터미널 2번
# RDS 인스턴스의 접속 도메인 주소를 변수에 지정
RDS=$(aws rds describe-db-instances --region ap-northeast-2 --query 'DBInstances[*].
Endpoint.Address' --output text)
```

```
# Amazon RDS mysql 엔진의 버전 정보 확인: 정상적으로 RDS 데이터베이스가 동작 중
mysql -h $RDS -u root -pqwe12345 -e "SELECT @@version;"
```

```
+-----------+
| @@version |
+-----------+
| 8.0.32    |
+-----------+
```

```
# Amazon RDS mysql 엔진의 버전 정보 확인(반복)
while true; do date && mysql -h $RDS -u root -pqwe12345 --connect-timeout=1 -e "SELECT
@@version;" ; sleep 1; done
...
```

2. Amazon RDS에서는 wpdb가 현재 ap-northeast-2c 가용 영역에서 동작 중인데, **wpdb**를 선택하고 오른쪽 위에서 **작업 > 재부팅**을 선택합니다.

▼ 그림 11-50 Amazon RDS 데이터베이스 재부팅

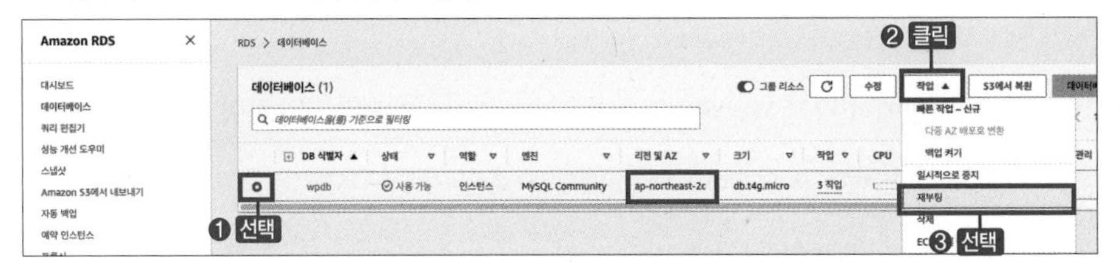

3. DB 인스턴스 재부팅 창에서 '장애 조치로 재부팅하시겠습니까?'에 체크하고 **확인**을 누릅니다.

▼ 그림 11-51 Amazon RDS 데이터베이스 재부팅

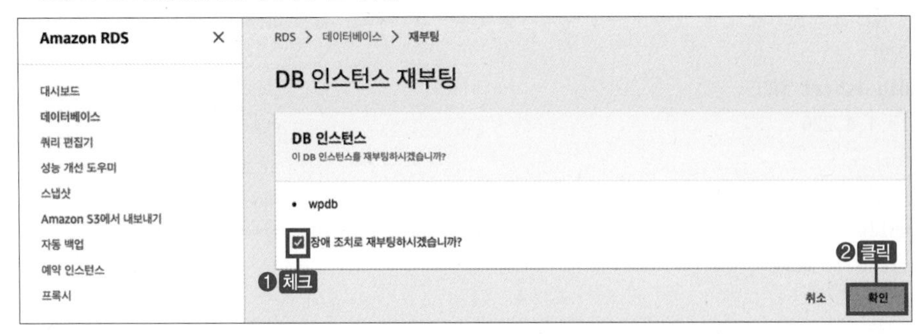

4. Amazon RDS Secondary가 Primary로 동작해서 현재 가용 영역은 ap-northeast-2a로 변경되었음을 확인합니다. RDS 서비스에서 가용 영역 변경 출력은 다소 시간이 걸립니다.

▼ 그림 11-52 Amazon RDS 가용 영역 확인

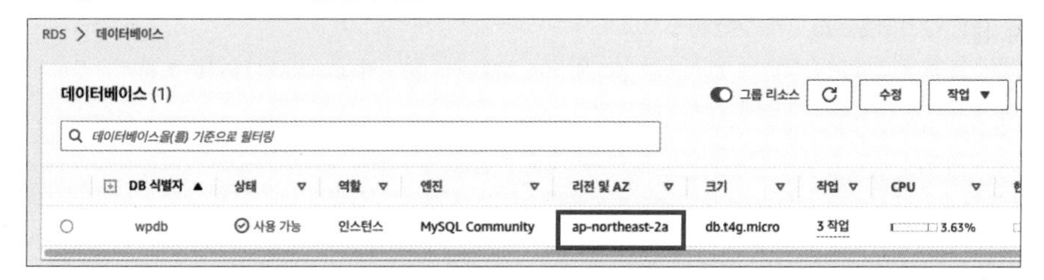

5. WebSrv-Leader 인스턴스의 터미널 두 개에서 모니터링을 확인합니다.

```
# WebSrv-Leader의 SSH 터미널 1번
# RDS 인스턴스의 접속 도메인 주소 질의(반복): 다음과 같이 동일한 도메인 주소의 IP가 변경됨을 확인
while true; do date && dig +short $RDS && echo "------------------------------" &&
sleep 1; done
------------------------------
Wed Jul 12 15:25:49 UTC 2023
10.1.4.226
------------------------------
Wed Jul 12 15:25:50 UTC 2023
10.1.4.226
------------------------------
Wed Jul 12 15:25:51 UTC 2023
10.1.3.155
------------------------------
Wed Jul 12 15:25:52 UTC 2023
10.1.3.155
...
```

```
# WebSrv-Leader의 SSH 터미널 2번
# RDS mysql 엔진의 버전 정보를 확인(반복): RDS가 정체되는 동안 15~20초 정도 쿼리에 실패되고,
이후에는 정상적으로 쿼리 응답 확인
while true; do date && mysql -h $RDS -u root -pqwe12345 --connect-timeout=1 -e "SELECT
@@version;" ; sleep 1; done
Wed Jul 12 15:25:24 UTC 2023
+-----------+
| @@version |
+-----------+
| 8.0.32    |
+-----------+
Wed Jul 12 15:25:25 UTC 2023
ERROR 2003 (HY000): Can't connect to MySQL server on 'wpdb.cb79jlim4dyq.ap-
```

```
northeast-2.rds.amazonaws.com'
Wed Jul 12 15:25:25 UTC 2023
ERROR 2003 (HY000): Can't connect to MySQL server on 'wpdb.cb79jlim4dyq.ap-
northeast-2.rds.amazonaws.com' (4)

...(중략) x15회 정보 발생...

Wed Jul 12 15:25:53 UTC 2023
+-----------+
| @@version |
+-----------+
| 8.0.32    |
+-----------+
```

6. 웹 브라우저에서 CloudFrontDNS 도메인 주소로 접속하여 워드프레스에 접속되는지 확인합니다.

AZ 1 가용 영역 수준 장애를 가정해서 설정 후 서비스 동작 확인하기

AZ 1 가용 영역 수준 장애를 가정해서 설정은 완벽하지 않지만 오토 스케일링 그룹으로 유사한 장애 상황을 만들 수 있습니다. 오토 스케일링에 목표 서버를 두 대에서 한 대로 줄이면, 한 개의 가용 영역에서 워드프레스 웹 서비스를 제공합니다.

▼ 그림 11-53 가용 영역 장애 상황

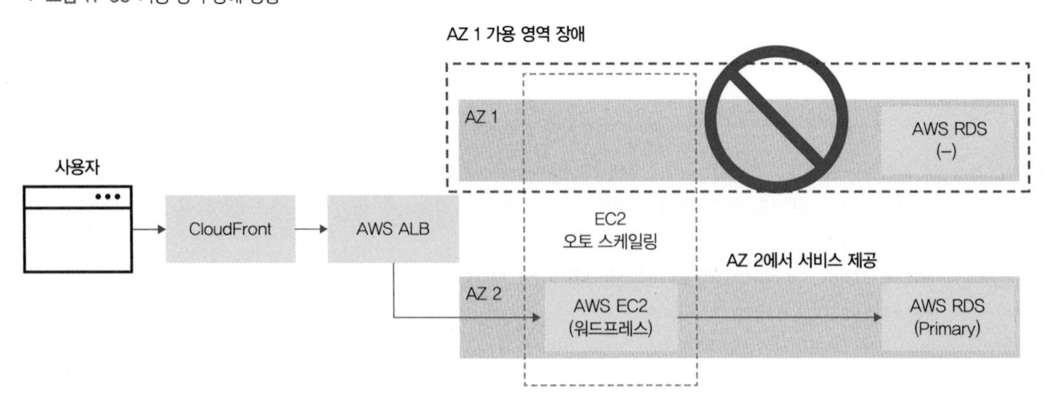

장애 시점에서 서비스 연속성을 확인하고자 **AWS 클라우드 셸**에서 모니터링 명령어를 수행합니다.

1. AWS 클라우드 셸에서 CloudFrontDNS 도메인 주소로 접속하여 웹 서버 부하분산 접속을 확인합니다.

```
# AWS 클라우드 셸
# CloudFrontDNS 도메인 주소를 변수에 지정
WPDNS=d32nwleol5zyqb.cloudfront.net  # 각자 자신의 CloudFrontDNS 도메인 주소

# CloudFrontDNS 도메인 주소에 xff.php 접속 확인(반복)
while true; do date ; curl -s --connect-timeout 1 $WPDNS/xff.php | grep Private ; echo
"---[Webserver]---"; sleep 1; done
...
```

2. 오토 스케일링 그룹에서 목표 서버를 변경하기 위해 Auto Scaling **그룹** 메뉴에서 설정된 그룹을 체크합니다. **세부 정보 탭**을 클릭하여 그룹 세부 정보 오른쪽에 있는 **편집**을 누릅니다.

▼ 그림 11-54 오토 스케일링 그룹 세부 정보 편집

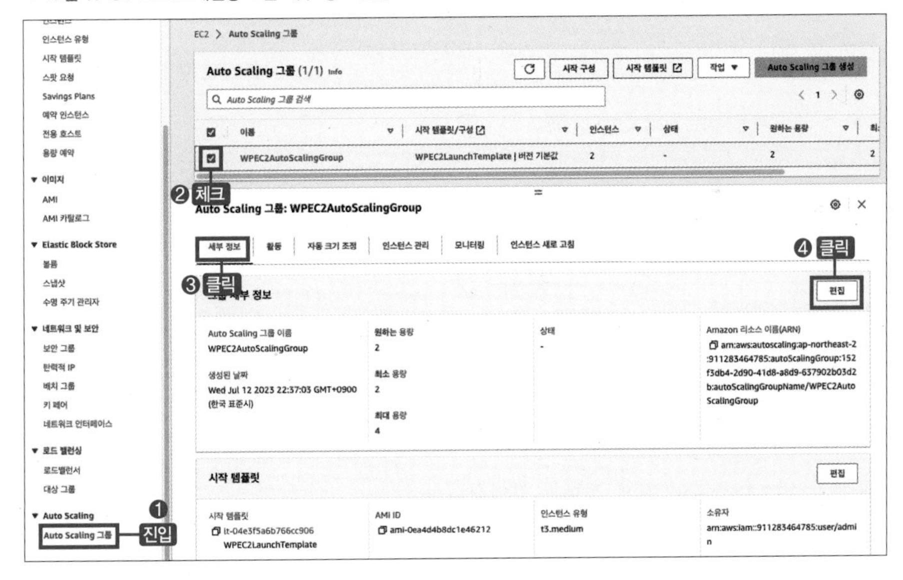

3. 그룹 크기에서 값을 다음과 같이 수정하고 오른쪽 아래에 있는 **업데이트**를 누릅니다.

❶ 원하는 용량에 '1' 입력

❷ 최소 용량에 '1' 입력

❸ 최대 용량에 '4' 입력

▼ 그림 11-55 오토 스케일링 그룹 크기 수정

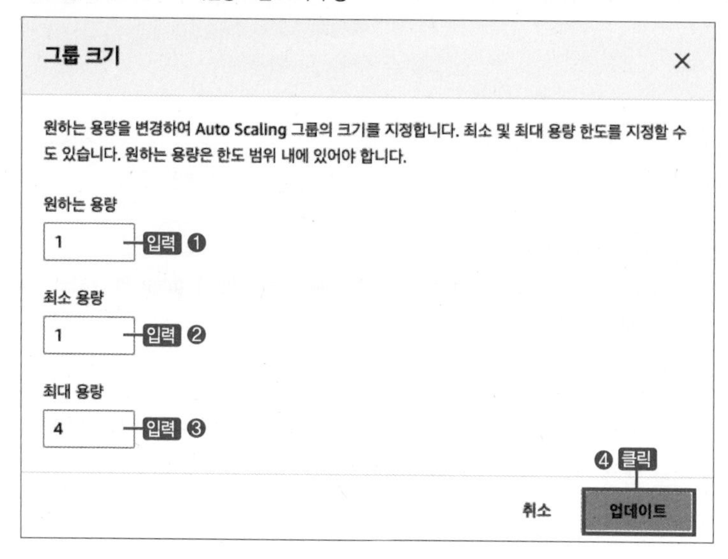

4. 설정한 후 현재 동작하는 EC2 인스턴스를 확인합니다.

▼ 그림 11-56 현재 동작하는 EC2 인스턴스 확인

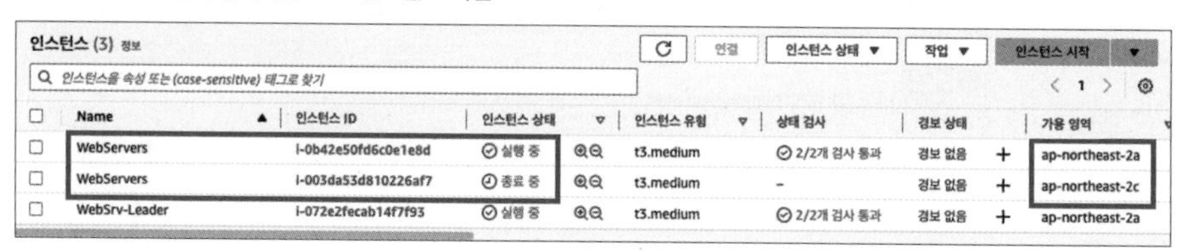

필자는 ap-northeast-2c 가용 영역에 배치된 WebServers가 종료된 상태입니다. 즉, 현재 워드프레스 서비스는 ap-northeast-2a 가용 영역에 배치된 WebServers가 처리하고 있습니다.

5. 현재 동작하는 Amazon RDS 정보를 확인합니다.

▼ 그림 11-57 현재 동작하는 EC2 인스턴스 확인

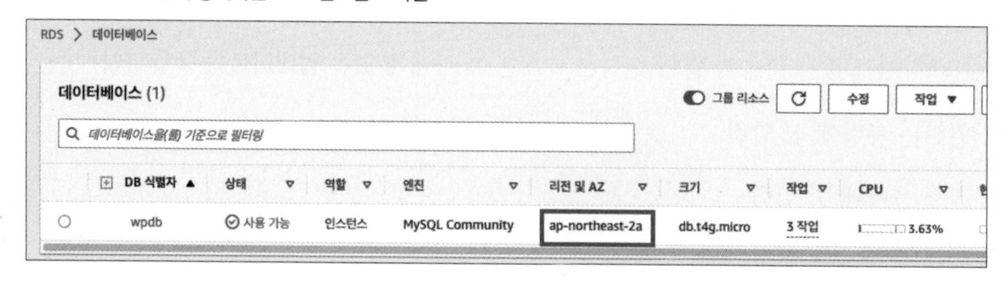

필자는 ap-northeast-2a 가용 영역에 Amazon RDS Primary 역할로 동작하고 있습니다.

6. AWS 클라우드 셸에서 CloudFrontDNS 도메인 주소로 접속하여 웹 서버 부하분산 접속을 확인합니다.

```
# AWS 클라우드 셸
# CloudFrontDNS 도메인 주소에 xff.php 접속 확인(반복): ap-northeast-2a 가용 영역에 배치된
WebServers에서 정상적으로 처리 중
while true; do date ; curl -s --connect-timeout 1 $WPDNS/xff.php | grep Private ; echo
"---[Webserver]---"; sleep 1; done
Wed Jul 12 16:45:08 UTC 2023
Server Private IP: 10.1.1.141
---[Webserver]---
...
```

7. 웹 브라우저에서 CloudFrontDNS 도메인 주소로 접속하고 워드프레스에 관리자로 로그인한 후 세 번째 글을 작성합니다.

▼ 그림 11-58 워드프레스 정상 동작 확인

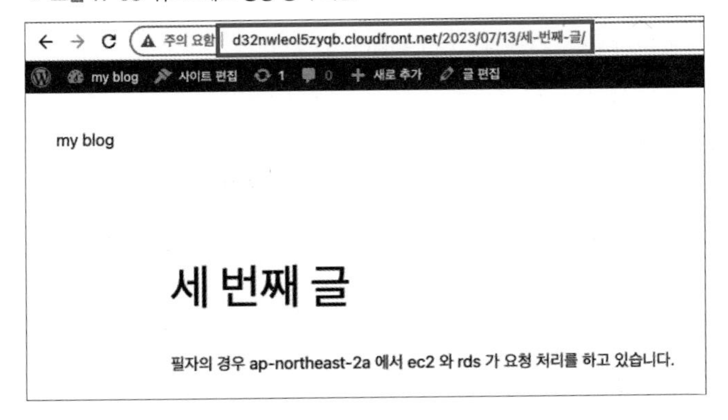

ap-northeast-2a 가용 영역에서 Amazon RDS가 요청을 처리하면서 워드프레스가 잘 작동하고 있는 것을 웹 페이지에서 확인할 수 있습니다.

11.3.8 실습을 위해 생성된 모든 자원 삭제하기

11장 두 번째 실습이 끝났습니다. 실습을 위해 생성된 모든 자원을 삭제하기 위해 다음 순서대로 진행해 주세요.

오토 스케일링 그룹 삭제하기

Auto Scaling 그룹 > WPEC2AutoScalingGroup 메뉴로 들어가 오른쪽 위에서 **작업** > **삭제**를 선택합니다. 이후 열린 창에서 '삭제'를 입력하고 오른쪽 아래에 있는 **삭제**를 누릅니다. Auto Scaling 그룹이 완전히 삭제되면 다음 단계를 진행합니다.

CloudFormation 스택 삭제하기

서비스 > **CloudFormation** > **스택** 메뉴로 들어가 'wpha2lab' 스택을 체크한 후 **삭제**를 누릅니다. 이후 열린 창에서 **스택 삭제**를 누릅니다. 정상적으로 삭제되었는지 꼭 확인하기 바랍니다.

EC2 인스턴스 시작 템플릿 삭제하기

EC2 인스턴스 시작 템플릿을 선택한 후 시작 템플릿 이름이 'WPEC2LaunchTemplate'인 대상을 체크합니다. 오른쪽 위에서 **작업** > **템플릿 삭제**를 선택합니다.

이후 열린 창에서 '삭제'를 입력하고 오른쪽 아래에 있는 **삭제**를 누릅니다.

Amazon Route 53 호스팅 영역 삭제하기

서비스 > **Route 53** > **호스팅 영역** 메뉴로 들어가 대상을 선택한 후 **삭제**를 누릅니다. 이후 열린 창에서 **삭제**를 누릅니다.

지금까지 AWS를 이용하여 성능 및 확장성, 안정성을 고려한 워드프레스 환경을 두 가지 형태로 구성해 보았습니다. 여기까지 AWS를 배우는 긴 여정을 마무리하느라 수고 많으셨습니다. 이 책이 AWS를 시작하는 여러분에게 많은 도움이 되었기를 바라며, 앞으로 행운이 가득하기를 기원하겠습니다.

A

C

D

E

G

H

I

ㄴ

ㄷ

ㄹ

ㅁ

ㅂ

ㅅ

ㅇ